W0260628

Informationsverarbeitung in Versicherungsunternehmen

Michael Aschenbrenner · Ralph Dicke ·
Bertel Karnarski · Franz Schweiggert
Herausgeber

Informationsverarbeitung in Versicherungsunternehmen

Herausgeber
Michael Aschenbrenner
Capgemini sd&m AG
Carl-Wery-Straße 42
81739 München
michael.aschenbrenner@capgemini-sdm.com

Dr. Ralph Dicke
COR & FJA Deutschland GmbH
Domstraße 55–73
50668 Köln
ralph.dicke@cor.fja.com

Dr. Bertel Karnarski
viadico AG
Sendlinger Straße 18
80331 München
bertel.karnarski@viadico.com

Prof. Dr. Franz Schweiggert
Universität Ulm
Institut für Angewandte
Informationsverarbeitung
Helmholtzstraße 18
89069 Ulm
franz.schweiggert@uni-ulm.de

ISBN 978-3-642-04320-8 e-ISBN 978-3-642-04321-5
DOI 10.1007/978-3-642-04321-5
Springer Heidelberg Dordrecht London New York

Die Deutsche Nationalbibliothek verzeichnet diese Publikation in der Deutschen Nationalbibliografie; detaillierte bibliografische Daten sind im Internet über http://dnb.d-nb.de abrufbar.

Einbandentwurf: WMXDesign GmbH, Heidelberg

Gedruckt auf säurefreiem Papier

Springer ist Teil der Fachverlagsgruppe Springer Science+Business Media (www.springer.com)

Vorwort

Die Versicherungswirtschaft wird geschäftspolitisch, fachlich und methodisch immer anspruchsvoller und komplexer. Die Ausbildung zum Aktuar (DAV) als Zusatzqualifikation, um sich dieser wachsenden Herausforderung zu stellen, gewinnt immer mehr an Bedeutung. Gerade die Berufsgruppe der Aktuare ist in besonderem Maße befähigt, in Veränderungsprozessen Managementverantwortung zu übernehmen oder Entscheidungen vorzubereiten.

Die Versicherungswirtschaft ist mit ihren immateriellen Produkten auf das Produktionsmittel Informationsverarbeitung wie kaum eine andere Industrie angewiesen. Die Anwendungslandschaft von Versicherungsunternehmen ist extrem vernetzt. Kaum ein Prozess, auch kein aktuarieller, ist wirklich lokal veränderbar, ohne das gesamte Umfeld berücksichtigen zu müssen. Aktuare greifen mit ihrer Arbeit sehr stark in die Prozesse ein und benötigen dafür regelmäßig Auswertungen der immensen Informationsmengen ihrer Versicherung. Deshalb ist in Deutschland „Informationsverarbeitung" Teil der Ausbildung zum Aktuar.

Das Ausbildungsfach „Informationsverarbeitung" kann angesichts des umfangreichen Stoffs in den aktuariellen Kernfächern nur eine Einführung in die Materie geben. Deshalb hat der Prüfungsausschuss „Informationsverarbeitung in Versicherungsunternehmen" der Deutschen Aktuarvereinigung (DAV) beschlossen, nicht nur begleitende schriftliche Unterlagen für das Ausbildungsfach bereitzustellen, sondern mit dem vorliegenden Handbuch ein Arbeitsmittel auch für die praktische Arbeit danach und für Vorlesungen an Universitäten und Hochschulen zu schaffen.

Die Anwendungssysteme der Versicherungen sind in den Kernprozessen nach wie vor wenig standardisiert und sehr spezifisch, auch im Vergleich zu anderen Unternehmen der Finanzbranche. Wir haben uns deshalb entschieden, kein geglättetes und durch zuviel Abstraktion praxisfernes Lehrbuch zu schreiben, sondern namhafte Führungskräfte der Versicherungswelt im deutschsprachigen Raum zu bitten, Best Practice Lösungen aus ihren Unternehmen zu den einzelnen Themen darzustellen.

Daraus ist ein umfangreiches und trotz aller notwendigen Auslassungen relativ vollständiges Handbuch zur Informationsverarbeitung in Versicherungsunternehmen entstanden, das keineswegs nur Aktuaren, sondern allen, die fachliche Veränderungsprozesse in dieser Branche betreiben, praktische Hinweise für ihre Arbeit gibt und sie in die Lage versetzen soll, Chancen und Restriktionen zu erkennen, die Wirtschaftlichkeit realistisch zu beurteilen und das Produktionsmittel Informationsverarbeitung optimal für sich zu nutzen. Das Handbuch ist damit nicht auf die deutsche Versicherungswirtschaft beschränkt.

Wir danken vor allem den zahlreichen Autorinnen und Autoren aus der Versicherungswelt für ihre Beiträge zu diesem Handbuch. Alle waren spontan bereit, an dieser Gesamtdarstellung mitzuwirken, da sie von ihrem Sinn und Nutzen überzeugt sind. Angesichts der starken beruflichen Herausforderungen, denen alle täglich gegenüberstehen, kann man der zusätzlichen, hochwertigen Arbeit, die sie für dieses Buch erbracht haben, gar nicht genug Anerkennung zollen.

Wir danken des Weiteren dem Springer Verlag für die verlegerische und technische Unterstützung, ohne die dieses Buch nicht möglich gewesen wäre. Das Gleiche gilt für Herrn Entenmann, Doktorand an der Universität Ulm, der uns bei der einheitlichen Aufbereitung der Artikel entscheidende Hilfestellung gab.

Als Herausgeber des vorliegenden Handbuches fungieren alle Mitglieder des Prüfungsausschusses „Informationsverarbeitung in Versicherungsunternehmen" der DAV. Die Kapitel 1 und 3 wurden von Herrn Dr. Karnarski, Kapitel 2 und 4 von Herrn Aschenbrenner, Kapitel 5 von Herrn Dr. Dicke und Kapitel 6 von Herrn Prof. Dr. Schweiggert mit tatkräftiger gegenseitiger Hilfe betreut. Herrn Dr. Dicke gilt dabei der besondere Dank der Mitherausgeber für seine tragende Rolle bei der Erstellung und Qualitätssicherung des Handbuches.

Der Prüfungsausschuss DAV „Informationsverarbeitung in Versicherungsunternehmen":

Dr. Bertel Karnarski (Vorsitzender)
viadico AG
Sendlinger Straße 18
80331 München
www.viadico.com
bertel.karnarski@viadico.com

Michael Aschenbrenner
Capgemini sd&m AG
Carl Wery Straße 42
81739 München
michael.aschenbrenner@capgemini-sdm.com

Dr. Ralph Dicke
COR & FJA Deutschland GmbH
Domstraße 55-73
50668 Köln
ralph.dicke@cor.fja.com

Prof. Dr. Franz Schweiggert
Universität Ulm
Institut für Angewandte Informationsverarbeitung
Helmholtzstraße 18
89069 Ulm
franz.schweiggert@uni-ulm.de

Im Mai 2010

Kurzbiographien

Michael Aschenbrenner, Jahrgang 1950, ist Chefberater im IT-Beratungsbereich der Capgemini sd&m AG München. Nach seinem Abschluss als Diplom-Informatiker mit Nebenfach Mathematik an der Technischen Universität München hat er in mehreren Softwareunternehmen zunächst als Softwareentwickler und Architekt, dann als Qualitätsmanager, Projektmanager, Berater, Bereichsleiter und Leiter eines Competence Center gearbeitet. Zehn Jahre war er in einem auf Versicherungen spezialisierten Softwarehaus tätig. Dort hat er zahlreiche Projekte für Versicherungen und die Entwicklung von Standardsoftware für Versicherungen mitgestaltet, gesteuert und begleitet. Herr Aschenbrenner ist langjähriger Dozent für „Informationsverarbeitung in Versicherungsunternehmen" der Deutschen Aktuarvereinigung (DAV). Er ist Mitglied des zugehörigen Prüfungsausschusses der DAV. Seit 1997 ist er Lehrbeauftragter für „Informationsverarbeitung in Versicherungsunternehmen" am Mathematischen Institut der Ludwig-Maximilians-Universität München.

Dr. Ralph Dicke studierte in Aachen und Bonn. Nach Forschungstätigkeiten und Promotion in Physik 1978 wechselte er in die Informatik. Unter anderem war er langjähriger Geschäftsführer der Bonndata, der Konzerngesellschaft für Datenverarbeitung der Deutschen Herold Versicherungen, und leitete dort die Anwendungsentwicklung. 1999 wechselte er in die FJA AG Gruppe und war seither Geschäftsführer verschiedener Tochtergesellschaften in Deutschland und der Schweiz. Zu den Aufgaben zählten neben Betreuung und Beratung von großen Versicherungsgesellschaften die Ausrichtung der Informatik und die Verantwortung für verschiedenste Geschäftsfelder. Seit 2001 wirkt Ralph Dicke auch als Dozent für „Informationsverarbeitung in Versicherungsunternehmen" an der Ausbildung zum Aktuar bei der Deutschen Aktuarvereinigung (DAV) mit. Er ist Mitglied des zugehörigen Prüfungsausschusses der DAV.

Dr. Bertel Karnarski, Jahrgang 1948, promovierte nach erfolgreichem Physik- und Mathematikstudium 1982 in Osnabrück zum Dr. rer. nat.. Nach einer mehrjährigen Assistententätigkeit an der Universität Osnabrück war er ca. 20 Jahre bei der FJA GmbH in diversen verantwortungsvollen Positionen tätig. Seit 2007 leitet er als Mitglied der Geschäftsleitung das Geschäftsfeld „Aktuariat" der viadico AG mit Sitz in München. Seit 1989 ist Dr. Bertel Karnarski Mitglied in der DGVM und seit 1994 in der DAV. Seit 2001 ist er Mitglied im Ausschuss für Prüfung und Qualifikation der DAV und leitet seit Anfang 2006 die Prüfungskommission der DAV für das Fach Informationsverarbeitung. Als Dozent für die DAA ist er schon langjährig bei den Repetitorien für die Informationsverarbeitung tätig.

Prof. Dr. Franz Schweiggert studierte von 1970 bis 1975 an der TU München Mathematik mit Nebenfach Informatik und promovierte dort am Institut für Statistik und Unternehmensforschung 1979 zum Dr. rer. nat.. Begleitend dazu absolvierte er an der Verwaltungs- und Wirtschaftsakademie ein berufsbegleitendes dreijähriges betriebswirtschaftliches Studium. Von 1980 bis 1984 war er bei der Fa. AEG-Telefunken im Bereich Qualitätssicherung tätig. Seit 1984 ist er Professor für Informatik an der Universität Ulm. In Form zahlreicher Industrie-Kooperationen, so u.a. mit dem Haftpflichtverband der Deutschen Industrie (HDI), VaG oder der Daimler AG, hält er intensiven Kontakt zu angewandten Fragestellungen aus dem Bereich IT-/Software-Entwicklung.

Inhalt

Autorenverzeichnis

1 Bedeutung der Informationsverarbeitung für den Aktuar, Dr. Bertel Karnarski, viadico AG, München, Deutschland

2.1 Informationsverarbeitung – Überblick, Michael Aschenbrenner, Capgemini sd&m AG, München, Deutschland

2.2 Anwendungssysteme – Der Fachliche Kern der Informationsverarbeitung, Heike Walz, Capgemini sd&m AG, Düsseldorf, Deutschland

2.3 Bedeutung der Informationsverarbeitung für das Geschäft einer Versicherung, Ralf Stankat, W&W Informatik GmbH, Ludwigsburg, Deutschland

2.4 Die Assekuranz im Umbruch – Herausforderungen der IT, Norbert Dick, IBM Deutschland GmbH, Köln, Deutschland

3.1 IT-Alignment in einem Versicherungsunternehmen auf der Grundlage einer Corporate- und IT-Governance, Lothar Engelke, Gothaer Systems GmbH, Köln, Deutschland

3.2 Kerngeschäftsprozesse eines Versicherungsunternehmens, Ralph Broschinski, viadico AG, München, Deutschland

3.3 Industrialisierung von Geschäftsprozessen in Versicherungsunternehmen, Roland Kritzinger, Heidelberger Lebensversicherung AG, Heidelberg, Deutschland

3.4 Sourcing und Organisationsmodelle, Dr. Bernd Höddinghaus, Öffentliche Versicherung Braunschweig, Braunschweig, Deutschland

4.1 Architekturen – Eine Einführung, Michael Aschenbrenner, Capgemini sd&m AG, München, Deutschland

4.2 Referenzarchitekturen für Versicherungen und ihre Bedeutung, Johannes Schlattmann, LVM-Versicherungen, Münster, Deutschland

4.3 Anwendungslandschaften von Versicherungsunternehmen, José-Luis Uzquiano, Capgemini sd&m AG, Düsseldorf, Deutschland

4.4 Serviceorientierte Architekturen (SOA), Dr. Dirk Krafzig, SOAPARK, Düsseldorf, Deutschland

4.5 Business Process Management, Klaus Wolf, Generali Deutschland Informatik Services GmbH, Aachen, Deutschland

5.1 Informationsverarbeitung in Versicherungen – Eine stark vernetzte Anwendungslandschaft, Dr. Ralph Dicke, COR&FJA Deutschland GmbH, Köln, Deutschland

5.2 Multikanalvertrieb von Versicherungen, Dr. Ralf Schneider, Allianz Deutschland AG, München, Deutschland; Dr. Gerhard Hastreiter, Allianz Deutschland AG, München, Deutschland

5.3 Beratungs- und Verkaufsunterstützung, Klaus W. Missy, Generali Versicherungen, München, Deutschland; Thomas Wolf, i.S^2 Intelligent Solution Services AG, Marzling, Deutschland

5.4 Customer Relationship Management: Bildung und Umsetzung eines Kundenwertmodells, Adrian Allemann, Basler Versicherung AG, Basel, Schweiz; Dr. Yves-Laurent Grize, Basler Versicherung AG, Basel, Schweiz; Dr. Franz Josef Kaltenbach, Basler Versicherung AG, Basel, Schweiz

5.5 Prozessuale Nutzung eines zentralen Partnersystems zur Realisierung von Up- und Cross-Selling-Potenzialen im Mehrmarkenkonzern, Dr. Bettina Anders, ERGO Versicherungsgruppe AG, Düsseldorf, Deutschland, Dr. Georg Diedrich, ERGO Versicherungsgruppe AG, Düsseldorf, Deutschland

5.6 Bestandsverwaltungssysteme für Versicherungen, Dr. Michael Regauer, ITERGO Informationstechnologie GmbH, Düsseldorf, Deutschland

5.7 Zentralisierung des Produktwissens in Produktmaschinen, Axel Helmert, COR&FJA Austria Ges.m.b.H., Wien, Österreich

5.8 Leistungsbearbeitung in der Personenversicherung, Dr. Joachim von Rieth, Central Krankenversicherung AG, Köln, Deutschland

5.9 Effektives Schadenmanagement in der Komposit-Versicherung, Dr. Christian Hofer, HUK-COBURG, Coburg, Deutschland; Rainer Weiß, HUK-COBURG, Coburg, Deutschland

5.10 Zahlungsverkehrssysteme für Versicherungen, Rainer Knittel, DEVK Versicherungen, Köln, Deutschland; Jürgen Schwiedessen, ASCD Abrechnungssysteme GmbH, Pulheim, Deutschland

5.11 Außendienst-Vergütungssysteme als Bestandteil wirkungsvoller Vertriebsunterstützung, Sabine Dapper, Zurich Gruppe Deutschland, Bonn, Deutschland; Dr. Daniel Englberger, Zurich Gruppe Deutschland, Bonn, Deutschland; Dr. Jens Prusseit, Zurich Gruppe Deutschland, Bonn, Deutschland

5.12 Vorgangs- und Belegmanagement, Prozessautomatisierung, Ulrich Kuchelmeister, R+V Allgemeine Versicherung AG, Wiesbaden, Deutschland

5.13 Business Intelligence, Dr. Ralf Schneider, Allianz Deutschland AG, München, Deutschland; Dr. László Teleki, Allianz Deutschland AG, München, Deutschland

5.14 Unternehmenssteuerung, Laszlo Hrabovszki, Generali Deutschland Holding AG, Köln, Deutschland; Dr. Michael Leitschkis, Generali Deutschland Holding AG, Köln, Deutschland

6.1 Management von IT-Projekten, Torsten Arnold, BeOne-Group, Stuttgart, Deutschland; Wolfgang Krebs, BeOne-Group, Stuttgart, Deutschland; Joachim Mauersberger, BeOne-Group, Stuttgart, Deutschland; Uwe Wursthorn, BeOne-Group, Stuttgart, Deutschland

6.2 Zur Qualität von IT-Systemen – Methoden und Verfahren für den Aktuar, Marei Colditz, COR&FJA Systems GmbH, Köln, Deutschland; Jörg Henning, COR&FJA Systems GmbH, Leinfelden-Echterdingen, Deutschland; Prof. Dr. Franz Schweiggert, Universität Ulm, Ulm, Deutschland

6.3 Statische und dynamische Modellierung von Anforderungen, Maria Deeg, MID GmbH, Nürnberg, Deutschland; Andreas Ditze, MID GmbH, Nürnberg, Deutschland

Einführung

Dr. Ralph Dicke, **Köln, Deutschland**

1. Warum es dieses Handbuch gibt

Versicherungsgeschäft basiert wie kaum ein anderes auf hochvernetzter Informationsverarbeitung. Ohne grundsätzliches Verständnis dafür sind Wirtschaftlichkeit, Chancen und Restriktionen der Unternehmensentwicklung und der Veränderung von Geschäftsprozessen nicht beurteilbar.

Die Kernprozesse Leistungserbringung und Absatz sind in der Versicherungswirtschaft sehr spezifisch. Deshalb ist die dafür notwendige Anwendungslandschaft auch nicht mit anderen Bereichen der Finanzwirtschaft wie beispielsweise Banken vergleichbar.

Für Nichtinformatiker verständliche Literatur über die Informationsverarbeitung in Versicherungen ist eher auf Zeitschriftenartikel, Kongressberichte u.Ä.m. beschränkt und entsprechend unsystematisch. Das vorliegende Handbuch versucht, diese Lücke zu schließen.

Die Anwendungslandschaft von Versicherungen ist bis heute im Detail nicht stark standardisiert. Die Lebenszyklen einzelner Systeme sind lang. Gleichzeitig wächst die Geschwindigkeit, mit der sich die Geschäftsanforderungen weiter entwickeln. Umso wichtiger ist es, dass Fachbereich und IT bei Veränderungsprozessen den aktuellen Stand des eigenen Unternehmens im Bereich Informationsverarbeitung realistisch einschätzen.

Veränderungsprozesse mit Auswirkungen auf die Informationsverarbeitung werden vom Fachbereich beauftragt, bezahlt und abgenommen. Die wichtigsten methodischen Erfolgsfaktoren müssen bekannt sein. Die meisten Probleme treten in der Kommunikation an Schnittstellen auf, wenn sich die Partner nicht verstehen. Das Produktionsmittel Informationsverarbeitung muss nachhaltig über die Lebenszyklen hinweg entwickelbar bleiben.

Das Handbuch vermittelt deshalb in konsequenter Ausrichtung *branchenspezifische* Aspekte der Informationsverarbeitung in Versicherungen:

- Kenntnis der wichtigsten, versicherungsspezifischen Anwendungssysteme aus Sicht der fachlichen Anforderungen (Facharchitektur)
- Verständnis der Grundbegriffe von Informationsverarbeitung, Anwendungssystemen, Anwendungslandschaften und weiteren relevanten Architekturthemen
- Wissen über Industrialisierung in der Versicherung, Kerngeschäftsprozesse, Organisation und Sourcing von Informationsverarbeitung
- Methodische Aspekte des Projekt- und Qualitätsmanagements und der Modellierung von Anforderungen in Veränderungsprozessen.

2. Wem dieses Handbuch nützt

Bei der Gestaltung dieses Handbuches haben sich die Herausgeber an folgenden Zielgruppen im deutschsprachigen Raum orientiert:

Zielgruppe	Nutzen
Zukünftige Aktuare	Begleitmaterial für die Ausbildung
Aktuare	Wissen über Umsetzung aktuarieller Themen in Anwendungssystemen
Alle Fachbereichsmitarbeiter, die in Veränderungsprozessen mitarbeiten oder sie managen	Grundwissen für Mitwirkung und Beurteilung • Grundbegriffe der Informationsverarbeitung • Gesamtsicht der Anwendungssysteme • Methodische Aspekte der Umsetzung von Projekten
Studenten (BWL oder Mathematik mit Nebenfach Versicherungswirtschaft oder ähnliche Studiengänge)	Begleitmaterial für das Studium
Praktiker des Fachbereichs und der IT (in Versicherungen, in Software- / Beratungshäusern, Versicherungsaufsicht)	Gesamtsicht auf die Informationsverarbeitung und Verständnis der End-to End Prozessketten speziell in Versicherungsunternehmen

3. Informationsverarbeitung in Versicherungen

Business meets IT – hier treffen häufig zwei sehr unterschiedliche Welten aufeinander. Ablauf und Erfolg von Projekten mit Einfluss auf die Informationsverarbeitung (IV) in Unternehmen werden wesentlich von dieser Konstellation beeinflusst. Jede Seite kann auf einen großen Schatz an rollenspezifischer Literatur zugreifen. An der Grenze zwischen diesen Bereichen werden die relevanten Themen bei der Zusammenarbeit zwischen Fachabteilung und Informatik aber nur selten aus einem gemeinsamen Blickwinkel betrachtet. Das provoziert Fehler in der Kommunikation.

Dabei spielt in kaum einer Industrie die IV als Produktionsmittel eine ähnlich überragende Rolle. Versicherungen bieten ein immaterielles Gut an. So gut wie alle Prozesse, und diese sind in Leistungserstellung und Absatz sehr versicherungsspezifisch, basieren bereits seit Jahrzehnten auf Informationsverarbeitung.

Angesichts von mehreren hundert Mio. Euro, die es ein größeres Versicherungsunternehmen kostet, eine komplette Anwendungslandschaft zu erstellen, kann diese weder häufiger noch ganzheitlich ausgetauscht werden. Das hat zu durchschnittlichen Lebenszyklen von rund 20 Jahren für die einzelnen Anwendungssysteme geführt. Durch deren versetzte Erneuerung umspannt der reale Stand im einzelnen Unternehmen im Inneren der Systeme in etwa auch diesen

Zeitraum. Man bewegt sich nie auf der „grünen Wiese“, sondern immer in einem gewachsenen Umfeld. Gleichzeitig greift eine hohe Dynamik in der Technik (beispielsweise Internet) und im Markt (Deregulierung, Alterung der Gesellschaft, gesetzliche Vorgaben etc.).

Für die informationstechnische Umsetzung der Kerngeschäftsprozesse von Versicherungen haben sich außerdem weder faktische Marktstandards z.B. durch Standardsoftware ergeben, noch haben Bemühungen des Verbandes (GDV[1]) oder der IBM und anderer, durch Referenzarchitekturen einheitliche Softwarelösungen am Markt zu etablieren, durchschlagenden Erfolg erzielt.

Die eine, überall vorzufindende Lösung für die Anwendungssysteme einer Versicherung existiert also nicht. Es gibt aber eine relativ einheitliche Facharchitektur und weitgehend anerkannte Architekturgrundsätze, wie man daraus Anwendungssysteme formt. Natürlich sind dabei die Entwicklung über die Zeit und die technischen Möglichkeiten nicht aus den Augen zu verlieren.

Dieses Handbuch verzichtet deshalb darauf, eine ideale Lösung lehrbuchmäßig aufzubereiten, da sie der praktischen Arbeit im Unternehmen wenig nutzen würde. Die Darstellung durch unterschiedliche, renommierte Führungskräfte der deutschsprachigen Versicherungswirtschaft hat den Vorzug, in der Realität bewährte Best Practice Lösungen für die einzelnen Themen aufzuzeigen. Die grundsätzliche Ausprägung der Anwendungslandschaft dürfte in allen Unternehmen ähnlich sein. Je tiefer man geht, desto mehr Unterschiede wird man im Detail entdecken.

Die Anwendungssysteme sind außerdem in einer extremen Weise untereinander vernetzt. Wertschöpfende Prozesse wie z.B. der Abschluss eines Versicherungsvertrages beanspruchen, wenn man sie vom Auslöser bis zur Erledigung aller Aktivitäten betrachtet, Services von so gut wie allen relevanten Anwendungssystemen.

Wer z.B. Versicherungsprodukte entwickeln und Produktmanagement (Gestaltung, Einführung, Controlling) verantwortungsvoll betreiben will, kann sich deshalb nicht mit der Analyse eines Teilprozesses begnügen, sondern muss den Gesamtprozess und damit die ganze, möglicherweise betroffene fachliche Architektur der Anwendungslandschaft bedenken.

Umgekehrt gilt auch für den Informatiker, der die fachlichen Anforderungen in den Anwendungssystemen abbilden soll, dass er ein Verständnis für die fachlichen Prozesse von der Entstehung bis zu ihrem Abschluss haben und die Vernetzung der Anwendungssysteme untereinander aus Sicht der Facharchitektur verstehen muss.

---

[1] Gesamtverband der Deutschen Versicherungswirtschaft.

4. Inhaltsübersicht und Lesehinweise

Das Handbuch beschränkt sich auf die Darstellung von operativen und dispositiven Systemen, die von großen Datenmengen, regelmäßigen Wiederholungen, gemeinsamer Nutzung durch Anwendergruppen und Revisionssicherheit gekennzeichnet sind. Individuelle Datenverarbeitung, so interessant z.B. Tabellenkalkulationsprogramme u.a.m. für die tägliche Arbeit auch sein mögen, wird hier nicht betrachtet.

Wie schon der Begriff „Handbuch“ ausdrückt, wird man in der Regel – außer in einer speziellen Qualifizierungssituation – das Buch nicht in einem Zug von vorne bis hinten durchlesen. Die Artikel sind in sich geschlossen formuliert und einzeln lesbar. Auch einige Redundanzen werden deshalb bewusst in Kauf genommen. Beispielsweise wird die Anwendungslandschaft an verschiedenen Stellen und mit etwas differierenden Beispielen angesprochen. Die Unterschiede im Einzelnen ergeben sich aus der oben angeprochenen vorhandenen Vielfalt, geben aber gleichzeitig ein Gefühl dafür, wo die Übereinstimmungen und wo die Abweichungen sind.

Zum Verständnis der im Einzelartikel angesprochenen Prozesse, Anwendungsschnittstellen, Architektur- und Technikfragen und methodischen Vorgehensweise kann es aber oft interessant sein, passende Artikel hinzuzunehmen, wenn man nicht schon über das entsprechende Wissen verfügt.

Es bieten sich also zwei Wege an:

1. Man steigt aus aktuellem Bedarf oder Interesse gezielt bei dem passenden Artikel ein und liest ggf. ergänzend und vertiefend weitere Artikel.
2. Man erschließt sich systematisch einen ersten Gesamtüberblick und vertieft einzelne Punkte sogleich oder später nach Interesse und Bedarf. Die für diesen Ansatz empfohlenen Einstiegspunkte sind in der folgenden Inhaltsübersicht mit einem (*) markiert.

Kapitel 1, Bedeutung der Informationsverarbeitung für den Aktuar

Standardmaterial über die Informationsverarbeitung (IV) in Versicherungsunternehmen (VU) für die Ausbildung und Tätigkeit von Aktuaren zu schaffen, war ein konkreter Anlass, dieses Handbuch zu schreiben. Da diese Lesergruppe einen wichtigen Bereich hochqualifizierter Tätigkeit in Fachbereichen der Versicherungswirtschaft darstellt, dienen ihre Bedürfnisse sicher als Beispiel auch für andere (*).

Kapitel 2, Informationsverarbeitung in Versicherungsunternehmen

In diesem Kapitel wird zunächst eine kurze Einführung in die Grundbegriffe der Informationsverarbeitung für Nichtinformatiker (Kap. 2.1) gegeben. Dabei werden Anwendungssysteme, Anwender und Zugangswege betrachtet und die Grundzüge der IT-Infrastruktur, der IT-Organisation und des Betriebs der IT erläutert (*).

Diese Themen werden dann in den Artikeln zu Anwendungssystemen (Kap. 2.2) und zur Bedeutung der Informationsverarbeitung für das Geschäft einer Versicherung (2.3) vertieft. Im letzten Artikel des Kapitels (Kap. 2.4) werden die Megatrends, denen sich die Versicherungsunternehmen in der heutigen Umbruchsituation stellen müssen, diskutiert (*).

Kapitel 3, Prozesse und Organisation

IT-Governance und IT-Alignment (Kap. 3.1) haben das Ziel, die Ausrichtung der IV auf die Geschäftsstrategie abzusichern. Die in Versicherungsunternehmen spezifischen Kerngeschäftsprozesse werden dargestellt (Kap.3.2) (*). Industrialisierung ist ein wichtiges Ziel auch von Versicherungsunternehmen im Rahmen ihres spezifischen Geschäftsmodelles (Kap. 3.3) (*). Der steigende Kostendruck und Qualitätsgesichtspunkte zwingen die Versicherungsunternehmen immer mehr, sich auf ihre Kernkompetenz der Absicherung von Risiken durch Entwicklung und Vertrieb entsprechender Produkte zu beschränken und bestimmte Dienstleistungen insbesondere aus dem IT-Bereich outzusourcen (Kap. 3.4).

Kapitel 4, Architekturen und Anwendungslandschaften

In der Einführung (Kap. 4.1) wird die Vielzahl der verschiedenen in der Praxis (auch vom Fachbereichsmitarbeiter) benutzten Architekturbegriffe, die sich nach dem jeweiligen Blickwinkel differenzieren, definiert und erläutert (*). Der deutsche GDV und IT-Unternehmen, vorneweg die IBM, haben versucht, zur Standardisierung der IV Referenzarchitekturen festzulegen. Dies wird in Kap. 4.2 näher beschrieben. Ein allgemeinerer Ansatz, wie Anwendungslandschaften in VU sinnvoll strukturiert und weiterentwickelt werden, ist in Kap. 4.3 dargestellt. Die im Kap. 4.4 beschriebene Serviceorientierte Architektur (SOA) ist der aktuell interessanteste Weg, die Anwendungslandschaften von VU flexibler zu gestalten. Kapitel 4.5 betrachtet diesen Aspekt vom Business Process Management her. Beide Artikel beleuchten diese wichtigen Konzepte für den Nichtinformatiker verständlich und beschäftigen sich auch mit der Wechselwirkung zur Organisation.

Kapitel 5, Anwendungssysteme

Im Einführungsartikel 5.1 wird an Beispielen der Prozesse Produktentwicklung und Abschluss eines Versicherungsvertrages verdeutlicht, in welchem besonderen Maß Anwendungssysteme von VU untereinander vernetzt sind (*). Im Folgenden werden dann in den Kap. 5.2 bis 5.14 die wichtigsten Anwendungssysteme nach Geschäftsdomänen, also fachlichen und organisatorischen Handlungsfeldern strukturiert, beschrieben. Neben Systemen für Kernprozesse der VU wurden wegen ihrer operativen und versicherungsmathematischen Bedeutung auch die Anwendungssysteme für die Abbildung eines Kundenwertmodells (Kap. 5.4), die Business Intelligence Plattfom (Kap. 5.13) und die Anwendungen zur Unternehmenssteuerung (Kap. 5.14) aufgenommen. Als Beispiel eines der wichtigsten

Unterstützungsprozesse auch mit Blick auf Industrialisierung und Prozessautomatisierung dient das Vorgangs- und Belegmanagement (Kap. 5.12).

Es werden nur Anwendungssysteme mit stark versicherungsspezifischen Besonderheiten beschrieben, nicht also z.B. Finanzbuchhaltung und Vermögensverwaltung. Das für Aktuare sicher interessante Thema Kapitalanlage wurde hingegen bewusst ausgespart. Zum einen wird der eigentliche Kapitalanlageprozess meist an Banken, Fondsgesellschaften und andere spezialisierte Anlagegesellschaften ausgelagert. Zum anderen werden in diesem Buch grundsätzlich keine speziellen Versicherungsprodukte behandelt, so auch keine Fonds-, Hybrid- oder Variable Annuity Produkte in der Lebensversicherung mit ihrer engen Kopplung an die jeweilig zugrunde liegenden vertragsindividuellen Kapitalanlagen. Eine weitere Fokussierung des Handbuches liegt in der Beschränkung auf das Privat- und Gewerbekundengeschäft, es werden keine Kredit-, Industrie- und Rückversicherungen u.Ä.m. beschrieben.

Kapitel 6, Projekte und Methoden

Hier werden die wichtigsten methodischen Grundlagen für Veränderungsprojekte, immer auch mit Rücksicht auf eventuelle Besonderheiten der Versicherungswirtschaft, dargestellt. Kapitel 6.1 beschäftigt sich mit dem Management von IT-Projekten, Kap. 6.2 mit Methoden und Verfahren bei der Qualitätssicherung und dem Test versicherungsspezifischer Software. Aktuelle Methoden für die Modellierung von Anforderungen fasst Kap. 6.3 zusammen. Vor dem Hintergrund, dass die meisten Versicherungsunternehmen spezifische Vorgehensmodelle einsetzen und eigene Werkzeugkästen nutzen, wird besonderer Wert auf das Verständnis der Grundsätze methodischen Vorgehens gelegt.

Kurzbiographie

Dr. Ralph Dicke studierte in Aachen und Bonn. Nach Forschungstätigkeiten und Promotion in Physik 1978 wechselte er in die Informatik. Unter anderem war er langjähriger Geschäftsführer der Bonndata, der Konzerngesellschaft für Datenverarbeitung der Deutschen Herold Versicherungen, und leitete dort die Anwendungsentwicklung. 1999 wechselte er in die FJA AG Gruppe und war seither Geschäftsführer verschiedener Tochtergesellschaften in Deutschland und der Schweiz. Zu den Aufgaben zählten neben Betreuung und Beratung von großen Versicherungsgesellschaften die Ausrichtung der Informatik und die Verantwortung für verschiedenste Geschäftsfelder. Seit 2001 wirkt Ralph Dicke auch als Dozent für „Informationsverarbeitung in Versicherungsunternehmen“ an der Ausbildung zum Aktuar bei der Deutschen Aktuarvereinigung (DAV) mit. Er ist Mitglied des zugehörigen Prüfungsausschusses der DAV.

1 Bedeutung der Informationsverarbeitung für den Aktuar

Dr. Bertel Karnarski, München, Deutschland

Zusammenfassung

Die aktuariellen Problemstellungen, insbesondere in der Produktentwicklung, der Unternehmenssteuerung und dem Risikomanagement, nehmen in ihrer Komplexität zu und lassen sich nur noch durch den Einsatz der Informationsverarbeitung und ihrer Methoden effizient und performant lösen. Ein grundlegendes Verständnis der Anwendungslandschaft in einem Versicherungsunternehmen und ihrer zugrunde liegenden fachlichen Konzeption wird für die aktuarielle Arbeit zunehmend unverzichtbar. Dem trägt auch das Ausbildungssystem der DAV Rechnung, in das die Informationsverarbeitung als unverzichtbarer Baustein seit ihrem Bestehen integriert ist.

1.1 Überblick

Die Informationsverarbeitung und ihre Methoden gehören neben dem aktuariellen Rüstzeug und dem ökonomischen Verständnis des Geschäftsmodelles eines Versicherungsunternehmens zu den wesentlichen Werkzeugen aktuarieller Arbeit. Mit Beginn des technologischen Zeitalters in der Assekuranz haben sich Prozesse und insbesondere auch die aktuarielle Arbeitsweise grundlegend geändert. Erst über effiziente und performante Anwendungsprogramme lassen sich komplexe aktuarielle Modelle z.B. zur Unternehmensbewertung und zum Risikomanagement umsetzen und anwenden. Für Einzelheiten wird auf Kap. 1.2 verwiesen.

In Kap. 1.3 wird die Bedeutung der Informationsverarbeitung und ihrer Methoden in einem Versicherungsunternehmen für die aktuarielle Arbeit aufgezeigt. Aktuare nutzen zur Lösung ihrer Problemstellungen neben spezifisch aktuariellen und versicherungstechnischen Anwendungssystemen insbesondere Bestandsführungssysteme. Mit Hilfe der fachlichen Modellierung lassen sich komplexe aktuarielle Modelle in eine für die Informationsverarbeitung verarbeitbare Form transformieren. In Softwareprojekten werden verstärkt Aktuare für unterschiedliche Aufgaben, insbesondere auch im Projektmanagement und im Testumfeld,

M. Aschenbrenner et al. (eds.), *Informationsverarbeitung in Versicherungsunternehmen*,
Springer-Lehrbuch Masterclass, DOI 10.1007/978-3-642-04321-5_1,

eingesetzt, so dass die entsprechenden methodischen Kenntnisse für die Arbeit unabdingbar sind.

Mit der Komplexität der aktuariellen Modelle steigt auch die Bedeutung von Aktuaren, die sie konzeptionell für eine Umsetzung vorbereiten. Teilweise werden operative Systeme sogar direkt aus den Modellen generiert. Entsprechend dem angelsächsischen Sprachgebrauch kann man dieses Tätigkeitsprofil treffend mit IT-Aktuar bezeichnen. Am Beispiel Solvency II werden in Kap. 1.4 die Aufgaben eines IT-Aktuars näher erläutert.

Entsprechend ihrer Bedeutung für die aktuarielle Arbeit stellt die Informationsverarbeitung einen integralen Bestandteil in der DAV-Ausbildung dar, was im abschließenden Kap. 1.5 näher erläutert wird. Die Themenschwerpunkte des vorliegenden Handbuches sind auf die aktuell gültigen Lernziele für das Fach Informationsverarbeitung ausgerichtet.

1.2 Paradigmenwechsel im Berufsbild des Aktuars durch die IT

Das elektronische Zeitalter hat in der europäischen Assekuranz endgültig am 20.01.1956 mit der Installation des Magnet-Trommel-Rechners IBM 650 und der gleichzeitigen Gründung eines Rechenzentrums bei der Allianz in München begonnen. Mit dem Einsatz von datenbankgestützten Anwendungssystemen in den 70-er Jahren und erst recht mit der flächendeckenden Einführung des PCs in der Versicherungsbranche ab ca. 1985 wurde ein Paradigmenwechsel in Richtung einer weitgehenden dv-gestützten Automatisierung eingeläutet, der einerseits die bestehenden Geschäftsabläufe in den Unternehmen sukzessive immer mehr vereinfachte und beschleunigte und andererseits komplexere Abläufe und Produktgestaltungen erst mit vertretbaren Aufwänden und Kosten ermöglichte. Dieser Prozess verläuft evolutionär und wird primär durch den technologischen Fortschritt getrieben, wie man an der Entwicklung des Internets und seiner effektiven Nutzung als heute allgemein anerkanntes Vertriebs- und Marketingmedium gut erkennen kann.

Insbesondere veränderten sich mit Einführung der Informationstechnologie in den Versicherungsunternehmen auch die Anforderungen an die Arbeitswelt aller Mitarbeiter und es entstanden absolut neue Berufsfelder wie z.B. die Mitarbeit in einem Rechenzentrum, in der Anwendungs- oder in der Systementwicklung. Wir wollen diese Aspekte hier nicht weiter diskutieren, sondern uns ausschließlich auf die Bedeutung der Informationsverarbeitung für die aktuarielle Arbeit beschränken.

Aktuare sind in allen Sparten der Versicherungsunternehmen, in Pensionskassen und bei Pensionsfonds, in Bausparkassen, zunehmend im Bankensektor, in der Versicherungsaufsicht, in Verbänden, im Consulting, in bAV-Gutachterbüros und in der Forschung tätig. Wenn diese Aufzählung auch nicht den Anspruch der Vollständigkeit erhebt, so erkennt man doch schon die Vielschichtigkeit aktuarieller

Tätigkeit. Auf einen detaillierteren Überblick kann hier mit Verweis auf die aktuellen DAV-Publikationen (DAV 2008) und (DAV 2009a) verzichtet werden.

Der gemeinsame Nenner aller dieser Tätigkeiten lässt sich gemäß (DAV 2008) wie folgt kurz und prägnant beschreiben:

Aktuare sind wissenschaftlich ausgebildete und speziell geprüfte Experten, die mit mathematischen Methoden der Wahrscheinlichkeitstheorie, der mathematischen Statistik und der Finanzmathematik Fragestellungen aus den Bereichen Versicherungs- und Bausparwesen, Kapitalanlage und Altersversorgung analysieren und unter Berücksichtigung des rechtlichen und wirtschaftlichen Umfeldes Lösungen entwickeln.

In einem Versicherungsunternehmen werden heute Aktuare nicht nur in den klassischen versicherungsmathematischen Fachabteilungen wie z.B. der Produktentwicklung und des Versicherungstechnischen Jahresabschlusses, sondern insbesondere auch in der Unternehmenssteuerung und dem Risikomanagement eingesetzt. Auch der Einsatz von statistischen Modellen beispielsweise für Kundenwertmodelle und Business Intelligence Anwendungen gewinnt zunehmend an Bedeutung. Ihre erfolgreich absolvierte mathematische Ausbildung prädestiniert Aktuare zu einer logischen und strukturierten Lösung von Problemen unterschiedlichster Art und befähigt sie zu einer produktiven Mitarbeit in mehr oder weniger allen Bereichen einer Versicherung.

Entsprechend dem jeweiligen Aufgabengebiet eines Aktuars unterscheidet sich auch die Bedeutung und Rolle der Informationsverarbeitung für seine Arbeit. Ohne aktive Nutzung der Informationsverarbeitung ist heute generell keine aktuarielle Tätigkeit mehr sinnvoll denkbar. Vor einer detaillierteren Beschreibung der Wechselbeziehungen zwischen aktuarieller Tätigkeit und Informationsverarbeitung soll für ein gemeinsames Verständnis der Begrifflichkeiten gesorgt werden:

Informationsverarbeitung beschreibt den Prozess, in dem Informationen erfasst, gespeichert, übertragen und transformiert werden. Dieser Prozess erfolgt manuell, maschinell über Anwendungssysteme oder maschinell gestützt.

Alleine diese kurze Erläuterung zeigt die heutige Bedeutung der Informationsverarbeitung und ihrer Methoden für die Assekuranz mit ihren vielen umfassenden Informationen zu Vertrieb, Verträgen, Kunden, Produkten, Kapitalanlagen, Schäden und Leistungen usw. auf, die gemäß obiger Beschreibung zu verarbeiten sind. Im Unterschied zum vortechnologischen Zeitalter erfolgen die notwendigen Verarbeitungen nicht mehr manuell, sondern zumindest weitgehend maschinell gestützt.

Ein Aktuar sieht die Informationsverarbeitung aus einer primär fachlichen Sicht, die es ihm erlaubt, Probleme mit vertretbarem Aufwand und in akzeptabler Zeit in eine maschinell verarbeitbare Form zu transformieren und zu lösen. Dazu dient in erster Linie das fachliche Verständnis der eingesetzten Anwendungssoftware und ihrer Einsatzmöglichkeiten; Hardwareaspekte sind i. A. von untergeordneter Bedeutung für die aktuarielle Arbeit. Ohne eine effiziente Informationsverarbeitung könnten die aktuellen Herausforderungen z.B. der Produktgestaltung, der Produktverwaltung, der Versicherungsaufsicht, der Bilanzierung, des Controlling und der Unternehmenssteuerung nicht mehr bewältigt werden, da es sich dabei in aller Regel um prinzipiell nur maschinell lösbare Probleme handelt Unabhängig davon erlaubt die Informationsverarbeitung alle prinzipiell auch manuell durchführbaren Aktivitäten in einem betriebswirtschaftlich vertretbaren Zeit- und Kostenrahmen automatisch abzuwickeln. Dabei wird der technologische Fortschritt kontinuierlich die Leistungsfähigkeit der eingesetzten Rechner weiter steigern, die Rechenperformance verbessern und Modellberechnungen ermöglichen, die heute nur schwer oder noch gar nicht möglich sind. Der Aktuar, der nur mit Bleistift und Papier ausgestattet in seinem Büro versicherungsmathematische Formeln herleitet, ohne sie auch in ausführbare Modelle einzubringen oder die davon betroffene Prozesskette zu bedenken, gehört endgültig der Vergangenheit an.

Die Informationsverarbeitung hat nicht nur die aktuarielle Berufspraxis signifikant verändert und revolutioniert, sondern auch die Theorie wurde und wird von ihr wesentlich beeinflusst. Nur in der Praxis umsetzbare Modelle etablieren sich in Regel dauerhaft. Beispielsweise gewannen stochastische Modelle insbesondere zur Bewertung der Aktiva und Passiva in der Bilanz und der Garantien und Optionen bei der Produktgestaltung erst mit einer performanten dv-technischen Umsetzung stochastischer Szenarien über Monte-Carlo-Simulationen ihre heutige Bedeutung. Dieses Beispiel zeigt, dass der Aktuar auch für den eigentlichen, fachlichen Kern seiner Arbeit Nutzen daraus zieht, wenn er Möglichkeiten wie Grenzen des aktuellen Stands der Informationstechnik kennt.

Zusammenfassend gehört die Informationsverarbeitung heute neben dem mathematischen Rüstzeug und fundierten betriebswirtschaftlichen Kenntnissen zu den wesentlichen Werkzeugen der aktuariellen Arbeit.

1.3 Informationsverarbeitung als Werkzeug des Aktuars

Wie wir gesehen haben, führte die flächendeckende Einführung und Nutzung der Informationsverarbeitung und ihrer Methoden in der Assekuranz zu einer radikalen Umgestaltung aller relevanten Geschäftsabläufe in den Versicherungsunternehmen mit einem gravierendem Einfluss insbesondere auf die aktuariellen Tätigkeiten.

Unabhängig von der jeweiligen konkreten aktuariellen Tätigkeit in einem Versicherungsunternehmen lassen sich drei zentrale Berührungspunkte mit der Informationsverarbeitung erkennen:

Aktive Nutzung des Internets und eines Standard-Office-Paketes

Allgemeiner gilt dies natürlich für alle Verwaltungsmitarbeiter unabhängig von der jeweiligen Branche insbesondere im Finanzdienstleistungssektor. Heutige Abiturienten und Hochschulabsolventen lernen dies schon während ihrer Schulausbildung und dem Studium. Auf eine detailliertere Darstellung von individueller Datenverarbeitung, zu der diese Anwendungen gehören, wird in diesem Handbuch im Folgenden verzichtet.

Der flächendeckende Einsatz von Office-Paketen hat den Arbeitsalltag revolutioniert, was nur noch die älteren Mitarbeiter richtig einschätzen und würdigen können. Schreibarbeiten und die Gestaltungen von Präsentationen übernimmt man selbst, wenn es nicht um eine professionelle Gestaltung des Layouts geht. Die interne und partiell auch externe Kommunikation verläuft primär über E-mail und nicht mehr telefonisch. Nicht zu komplexe mathematische Kalkulationen wie z.B. Beitrags- und Reserveberechnungen im Rahmen der Produktentwicklung in der Lebensversicherung lassen sich über Tabellenkalkulationsprogramme einfach durchführen. Die Ermittlung von Referenzwerten in einer vertretbaren Zeit für den Test versicherungstechnischer Grundwerte ist erst mit Einführung der Tabellenkalkulation möglich geworden; die manuelle Ermittlung einer Größe in einer festen Reihenfolge der Rechenschritte mit jeweils vorgegebener Rundungsvorschrift in den alten Geschäftsplänen vor der Deregulierung gehört auf jeden Fall der Vergangenheit an.

Neben dem Einsatz von Tabellenkalkulationsprogrammen haben sich insbesondere in den mathematischen Abteilungen auch kommerzielle Mathematiksoftwarepakete etabliert, die es erlauben, versicherungsmathematische Berechnungen unabhängig von der im Unternehmen standardmäßig eingesetzten Software durchzuführen.

Auch das Internet gehört heute zum ständigen, nicht mehr wegzudenkenden Begleiter im Berufsalltag. Einerseits dient es als immer einfach verfügbare Wissensbasis zum schnellen Recherchieren der für die Arbeit notwendigen Verlautbarungen und Informationen des Gesetzgebers, der BaFin, des GDV, der DAV, des eigenen Unternehmens oder von Konkurrenzunternehmen usw. auf den entsprechenden Homepages. Andererseits wird in fast allen größeren Versicherungsunternehmen ein eigenes Intranet für die firmeninterne Kommunikation installiert und gepflegt, dessen Zugang im Wesentlichen auf die Mitarbeiter beschränkt ist.

Aktive Nutzung der für die jeweilige Tätigkeit spezifischen Anwendungssysteme

Nach der Einstellung wird jeder Mitarbeiter in den Fachabteilungen eines Versicherungsunternehmens mit der jeweiligen Anwendungslandschaft und ihrer zugehörigen Anwendungssysteme konfrontiert. Die meisten Prozesse benötigen, von der Entstehung bis zum vollständigen Abschluss betrachtet, Funktionen oder, moderner ausgedrückt, Services sehr vieler Anwendungssysteme. Deshalb ist es unvermeidbar, einen Gesamtüberblick über die Anwendungslandschaft zu erwerben und nicht nur die für die jeweilige Sparte und Tätigkeit spezifischen Anwendungssysteme und ihre zugehörigen Funktionalitäten vertiefter zu betrachten. Das vorliegende Handbuch beschäftigt sich daher in den Kap. 4 und 5 ausführlich mit der Darstellung der Anwendungslandschaft eines Versicherungsunternehmens und ihrer Architektur aus fachlicher Sicht.

Es lassen sich prinzipiell zwei Schwerpunkte der aktuariellen Arbeit herauskristallisieren:

1. Produktentwicklung und Vertragsführung
Der Aktuar spielt die zentrale Rolle in der Entwicklung und Gestaltung eines neuen oder in der Anpassung eines bestehenden Versicherungsproduktes. Neben der Tabellenkalkulation oder anderen im Unternehmen standardmäßig verwendeten Mathematikpaketen wird für versicherungsmathematische Berechnungen primär die spartenspezifische Produktmaschine[1] eingesetzt. Mit ihrer Hilfe lassen sich alle für die Tarifierung, Vertragsführung und Rechnungslegung notwendigen Daten auf Basis der vorgegebenen Tarifparameter und produktspezifischen Regelungen berechnen. Unter Verwendung der Produktmaschine können vor allen Dingen in der Lebensversicherung Simulationsrechnungen und Profit-Tests durchgeführt werden.

Eine effiziente Produktentwicklung zeigt sich in der Gestaltung und Umsetzung von marktfähigen und verwaltbaren Produkten, für die ein signifikanter Bedarf vorhanden ist, die sich gegen Konkurrenzprodukte behaupten können und einen positiven Deckungsbeitrag abwerfen. Dazu müssen auch die Geschäftsprozesse und der Datenhaushalt insbesondere des Vertriebs, der Bestandsführung und der Leistungs- bzw. Schadenbearbeitung angepasst und ggf. optimiert werden. Für das Produktcontrolling sind die relevanten Daten z.B. in einer Business Intelligence Plattform zu sammeln. Vielfach handelt es sich dabei um versicherungstechnische Aspekte, die einer aktuariellen Mitwirkung bedürfen, wozu vertiefte Kenntnisse der jeweils betroffenen Anwendungssysteme[2] und praktische Erfahrungen in ihrer Nutzung unabdingbar sind.

Aktuarielle Unterstützung wird nicht nur für die Produktentwicklung, sondern auch für die Vertragsverwaltung benötigt. Nicht alle Geschäftsprozesse lassen sich vollmaschinell, sondern nur mit maschineller Unterstützung durchführen. Als ein konkretes Beispiel seien die technischen Änderungen in der Lebensversicherung genannt; i. A. verfügt das Bestandsführungssystem über ein Standardrepertoir von automatisiert durchführbaren Verfahren. Trotzdem lassen sich bestimmte Kundenwünsche nur mit manueller aktuarieller Unterstützung befriedigend in der Bestandsführung abbilden und lösen.[3] Das bedarf intimer Kenntnisse des Datenmo-

---

[1] Unter der Produktmaschine wird der mathematische Kern aller operativen Anwendungssysteme verstanden, der alle produktspezifischen Daten und Verarbeitungen kapselt.

[2] Primär sind Außendienst, Bestandsführungs und Leistungssysteme betroffen.

[3] Vielfach wird dies unter dem Begriff feldweise Änderung subsummiert.

dells und der Funktionen der Bestandsführung sowie des Zusammenspiels mit der Produktmaschine.

Aktuare nutzen darüber hinaus das Bestandsführungssystem auch für statistische Auswertungen oder beispielsweise in der Lebensversicherung zur Vorabschätzung der im Rahmen einer geplanten Überschusserhöhung insgesamt im nächsten Jahr auszuschüttenden Überschüsse.

2. Unternehmenssteuerung und Risikomanagement
Fragen der Unternehmenssteuerung und des Risikomanagements wachsen in ihrer Bedeutung gerade in einer Finanzkrise und beeinflussen damit auch substanziell die aktuarielle Berufspraxis, wie man insbesondere an der geplanten Zertifizierung von Aktuaren zu geprüften Risikomanagern in der Verantwortung der DAV erkennen kann. Diese Themenstellungen und ihr steigender Stellenwert werden darüber hinaus von der unmittelbar bevorstehenden Harmonisierung der europäischen Versicherungsaufsicht – Stichwort Solvency II – und der internationalen Rechnungslegung – Stichwort IFRS – essenziell beeinflusst.

Die hier zu lösenden Fragestellungen beruhen grundsätzlich auf einer Marktwertsicht der Aktiv- und Passivseite der Bilanz und ihrem Zusammenspiel für das gesamte Versicherungsunternehmen oder ausgewählte Unternehmenssegmente. Alle Berechnungen basieren daher einerseits auf den Cashflows, die sich z.B. in der Lebensversicherung aus den Vertragsdaten der Bestandsführung durch versicherungsmathematische Berechnungen über die Produktmaschine herleiten lassen, und andererseits auf den Kapitalanlagedaten, die über ein Kapitalanlageverwaltungssystem gepflegt werden. Im Gegensatz zur Assetseite liegen für die Liabilities keine Marktwerte vor; sie lassen sich nur über i. A. stochastische Hochrechnungen ermitteln. Dazu stehen diverse marktgängige aktuarielle Standard-Softwaretools zur Verfügung, deren effiziente Nutzung eine Kernkompetenz von Aktuaren ist.

Abhängig von der jeweiligen Aufgabenstellung werden die Ergebnisse unter Nutzung der erwähnten aktuariellen Tools primär von Aktuaren weiterverarbeitet. Typische Fragestellungen sind Bilanzhochrechnungen und Solvabilitätsberechnungen im Kontext der aktuell laufenden QIS-Studien in Vorbereitung auf Solvency II und die Ermittlung des MCEV.[4]

Die hier verwandten Modelle und entsprechende Softwaretools werden auch für die Entwicklung und Verwaltung innovativer Versicherungsprodukte eingesetzt. Als repräsentatives Beispiel seien die Variable Annuities, eine Klasse neuartiger Fondsprodukte mit separat finanzierten Garantien, genannt; hier erfolgt die Bewertung und das Pricing der Garantien über eine stochastische Simulation der Verbindlichkeiten.

Software, mit deren Hilfe Modelle gebildet und definiert werden können, die mit konkreten Daten aus der Vergangenheit plausibilisiert werden, um dann Projektionen für die Zukunft zu rechnen, wird immer mehr zum Bestandteil der An-

[4] Market Consistent Embedded Value

wendungslandschaft. Ein weiteres, neben der Unternehmensmodellierung in diesem Buch dargestelltes Beispiel ist die Bildung und Umsetzung eines Kundenwertmodells. Im Unterschied zu individuellen Software-Anwendungen geht es aber hier um Anwendungssysteme mit großen Datenmengen, wiederholbaren und wiederholten Abläufen, Nutzung durch mehr als eine Person etc.

Die hier eingesetzten Anwendungssysteme sind im Wesentlichen auf die aktuarielle Arbeit ausgerichtet und Aktuare sind ihre primären Anwender. Gleichzeitig definieren sie selbst die Modelle und haben so an der Entwicklung eines produktiven Systems einen sehr unmittelbaren Anteil. Dies unterscheidet diesen Typ von Anwendungen von den vorher erwähnten operativen Systemen, die von allen Fachabteilungen genutzt werden, deren Realisierung aber häufig allein von der Datenverarbeitungsabteilung nach Vorgaben des Fachbereichs erfolgt.

Mit steigender hierarchischer Stellung im Unternehmen verliert die direkte Nutzung der Anwendungssysteme im Berufsalltag nicht nur für Aktuare an Bedeutung. Auch für die aktuariellen Entscheidungsträger ist ein grundsätzliches Verständnis der Anwendungssysteme für ihre Aufgaben unabdingbar. Wenn sie auch nicht die Systeme regelmäßig selbst aktiv nutzen, entscheiden sie über eine individuelle Neuentwicklung oder den Kauf einer Standardsoftware. Hier sind insbesondere die aktuariellen Systeme und die Produktmaschine zu erwähnen. Auch für die Beurteilung von Wirtschaftlichkeit und Alternativen in Veränderungsprojekten ist dieses Grundverständnis wichtig.

Aktive Nutzung der Methoden der Informationsverarbeitung

Aktuarielle Arbeit wird nicht nur durch Nutzung von Anwendungssystemen und ihrer Funktionalitäten und Daten, sondern auch durch die Verwendung spezifischer Methoden der Informationsverarbeitung unterstützt. Drei Komplexe sind dabei zu unterscheiden, die in Kap. 6 näher beleuchtet werden:

1. *Fachliche Modellierung*
   Versicherungsfachliche und insbesondere aktuarielle Arbeit besteht primär in der Erstellung von Methoden und mathematischen Modellen zur Abbildung bestimmter ökonomischer Aspekte in der Unternehmensrealität. Um die Methoden und Modelle praktisch anwenden zu können, müssen sie zunächst in die Sprache der Informationsverarbeitung transformiert werden. Dazu dient die fachliche Modellierung der Daten, Funktionen und Geschäftsprozesse.

   Für eine individuelle Neu- oder Weiterentwicklung bzw. ein Customizing eines Anwendungssystems muss daher zunächst der angesprochene Transformationsprozess durchlaufen werden. Insbesondere für die Produktmaschine oder spezifische aktuarielle Systeme müssen Aktuare maßgeblich an diesem Prozess beteiligt sein.

2. *Projektmanagement*
   In Softwareprojekten mit zumindest einer aktuariellen Komponente arbeiten in aller Regel mit Ausnahme der eigentlichen Umsetzung auch Aktuare mit. Dafür ist zumindest ein Überblick über das im Unternehmen etablierte Projektvorgehensmodell und sein grundsätzliches Verständnis notwendig.

   Aktuare werden nicht nur als Projektmitarbeiter, sondern immer häufiger auch im eigentlichen Projektmanagement eingesetzt, da vielfach das entsprechende fachliche Know-How für die Steuerung eines Projektes / Teilprojektes unabdingbar ist. Das gilt insbesondere für die Projekte zur Fortschreibung von Systemen wie denen zur Unternehmensmodellierung in eigener Verantwortung der Aktuare. Neben der aktuariellen Aus- und Weiterbildung wird vermehrt in Versicherungsunternehmen auch die Zertifizierung von Aktuaren zu Projektmanagern aktiv gefördert.

3. *Qualitätsmanagement und Testen*
   Das Testen von neuen oder angepassten Anwendungen wird vielfach als lästige, wenn auch notwendige, Pflichtübung gesehen. Bei aller methodischen Unterstützung bleibt ein großer kreativer Gestaltungsraum für das Testteam. Insbesondere muss der Testbestand so gestaltet sein, dass er bei einem minimalen Umfang alle relevanten zu testenden Aspekte abdeckt. Gerade im versicherungstechnischen und aktuariellen Umfeld ist hierfür aktuarielles Know-how unverzichtbar. Entsprechendes gilt für die korrekte Ermittlung der Referenzwerte beispielsweise über ein zu erstellendes oder anzupassendes Tabellenkalkulationsprogramm.

   Für Berufseinsteiger eignet sich der Test als optimaler fachlicher Einstieg. Die notwendige Erfahrung für eine vollwertige Mitarbeit kann aber erst nach einer gewissen Einarbeitungszeit erreicht werden.

   Qualitätsmanagement ist allgemeiner als der Test gefasst und umfasst neben der Festlegung der erwarteten Qualitätsmaßstäbe auch die Qualitätssicherung aller Projektergebnisse inklusive des Projektmanagements. Für die fachliche Überprüfung aktuarieller Konzept sind i. A. keine Berufseinsteiger, sondern nur erfahrene Aktuare geeignet.

1.4 Berufsbild des IT-Aktuars

Im vorigen Abschnitt wurde schon die enge Verknüpfung zwischen aktuarieller Arbeit und der Anwendung der Informationsverarbeitung und ihrer Methoden aufgezeigt. Dabei schlägt sich die immer mehr zunehmende Komplexität der aktuariellen Modelle auch in den wachsenden Anforderungen an ihre dv-technische Umsetzung durch, die ohne eine aktive aktuarielle Mitwirkung nicht zu meistern wäre. Als logische Konsequenz werden Aktuare immer mehr umsetzungsorientiert eingesetzt, woraus sich in der Praxis der *IT-Aktuar* oder *it actuary* entsprechend dem angelsächsischen Sprachgebrauch als eigenständiges Berufsbild herauskristallisiert hat.

Wenn auch dieser erstmalig in (DAV 2009a) publizierte Begriff sich noch nicht allgemein im Sprachgebrauch durchgesetzt hat, so lässt sich mit ihm doch das Tätigkeitsprofil eines umsetzungsorientiert arbeitenden Aktuars treffend beschreiben:[5]

> Ein IT-Aktuar ist ein Aktuar, der zusätzlich weiß, wie seine aktuariellen Konzepte und Modelle in die diversen Anwendungssysteme adäquat umzusetzen sind, ohne selbst i. A. die eigentliche Implementierung vorzunehmen. Er übernimmt also die Rolle eines Mediators zwischen Fachbereich und IT, der in der aktuariellen und in der IT-Welt gleichermaßen zu Hause ist und die aktuariellen Modelle in die Sprache der Informationsverarbeitung übersetzt.

Solvency II stellt ein treffendes Beispiel für die aktuellen Herausforderungen an die *IT-Aktuare* dar:

Unterstützende Beratung bei der Ausrichtung der IT auf Solvency II
Die Ausrichtung der IT auf Solvency II stellt eine der zentralen Schlüsselaufgaben der nächsten Jahre für die IT jedes Versicherungsunternehmens dar. Hierbei kann der *IT-Aktuar* nur eine beratende und unterstützende Rolle für den IT-Bereich spielen.

Eine zentrale Aufgabe für den *IT-Aktuar* in diesem Zusammenhang stellt die Identifizierung und Lokalisierung aller für Solvency II relevanten Basisdaten dar, die als Inputdaten in das Standardmodell oder auch in ein internes Modell einfließen. Folglich kann der Datenumfang eines Data-Warehouses / einer Business Intelligence Plattform nur unter wesentlicher Mitwirkung von *IT-Aktuaren* festgelegt werden.

Konzeptionelle Umsetzung und aktuarieller Test des Standardmodelles
Nach der unternehmensindividuellen Adaptierung des Standardmodelles konzeptioniert der *IT-Aktuar* die dv-technische Umsetzung des Modells in die vorliegende Systemlandschaft unter Verwendung von Tabellenkalkulations- oder geeigneten aktuariellen Tools. Dazu gehört insbesondere in der Lebensversicherung die algorithmische Festlegung der i. A. deterministischen Simulationsrechnungen zur Ermittlung der versicherungstechnischen Rückstellungen auf Marktwertbasis oder des jeweils benötigten Risikokapitals mittels geeigneter Stressszenarien.

---

[5] Die gewählte englische Bezeichnung *it actuary* ist der im angelsächsischen Bereich üblichen tätigkeitsbezogenen Unterscheidung der Aktuare wie z.B. in *valuation actuary, marketing actuary, consulting actuary* usw. nachempfunden.

Nach Implementierung des Standardmodells müssen die verwendeten Algorithmen auf Korrektheit getestet werden. Diese Aufgabe sollten sinnvollerweise nur *IT-Aktuare* übernehmen, da nur sie das Modell und seine Umsetzung kennen.

Konzeptionelle Umsetzung und aktuarieller Test eines internen Modells
Die Aufgaben sind hier deutlich komplexer als bei der Umsetzung des Standardmodells. Insbesondere sind stochastische Ansätze unabdingbar und eine Implementierung kann ausschließlich mit Hilfe geeigneter aktuarieller Tools erfolgen. Dabei sollten von Anfang an *IT-Aktuare* in die Entwicklung des Modells eingebunden werden; nur so kann ein optimaler Abgleich zwischen mathematischem Modell und seiner dv-technischen Umsetzung gewährleistet werden.

Nach Implementierung des internen Modells muss es auf Korrektheit getestet werden. Die fachliche Komplexität des Testgegenstandes erfordert einen umfangreichen Test möglichst in der Verantwortung eines erfahrenen *IT-Aktuars*, der auch an der Modellentwicklung aktiv beteiligt war. Für die Durchführung des Tests sind in der Planung Aufwand und Zeitstrecke angemessen zu berücksichtigen.

1.5 Die Informationsverarbeitung – Integraler Bestandteil der Aktuariellen Ausbildung

Die wachsende Bedeutung der Informationsverarbeitung für die aktuarielle Arbeit zeigt sich insbesondere auch in der Rolle der Informationsverarbeitung im Rahmen der Aktuarsausbildung in der DAV. Seit 1994 gehört die Informationsverarbeitung zum ständigen Kanon der geforderten Pflichtausbildungsfächer. In der bis Ende 2002 gültigen Prüfungsordnung 1 wurde die Informationsverarbeitung mittels einer Klausur abgeprüft; in der ab Anfang 2003 bis Ende 2005 gültigen Prüfungsordnung 2 musste die Anwesenheit in einem Repetitorium nachgewiesen werden.

Im Sinne einer Harmonisierung der Ausbildung über die Ländergrenzen hinweg wurde mit dem 01.01.2006 die Prüfungsordnung 3 etabliert, die sich an den Ausbildungsstandards der europäischen *Groupe Consultatif Actuariel Européen* und der internationalen *International Actuarial Association* orientiert. Es soll nicht verheimlicht werden, dass die Informationsverarbeitung über die dort geforderten Ausbildungsstandards hinausgeht. Deutschland ist hiermit sicher als Vorreiter für die anderen nationalen Aktuarsvereinigungen zu sehen. Nach einer zweifachen Überarbeitung gilt ab 01.05.2009 die heute gültige Prüfungsordnung 3.2 (DAV 2009b), nach der die Kenntnisse in Informationsverarbeitung über die Teilnahmebestätigung an einem Repetitorium nachgewiesen werden müssen.

Die Ausbildung orientiert sich seit Mitte dieses Jahres an den allgemein verbindlichen Lernzielen (DAV 2009c). Diese Lernziele korrespondieren zu den in den Kap. 1.3 und 1.4 aufgezeigten notwendigen Kenntnissen der Informationsverarbeitung. Darüber hinaus ist das vorliegende Handbuch so strukturiert und thematisch aufgebaut, dass es zukünftig als die Standardreferenz für die Aktuarsausbildung fungieren sollte.

Die Teilnahme an dem verpflichtenden Repetitorium kann entweder durch entsprechend nachzuweisende einschlägige Berufserfahrungen oder die erfolgreiche Teilnahme an einer von der DAV zertifizierten Lehrveranstaltung an einer deutschen Hochschule ersetzt werden.

Kurzbiographie

Dr. Bertel Karnarski, Jahrgang 1948, promovierte nach erfolgreichem Physik- und Mathematikstudium 1982 in Osnabrück zum Dr. rer. nat.. Nach einer mehrjährigen Assistententätigkeit an der Universität Osnabrück war er ca. 20 Jahre bei der FJA GmbH in diversen verantwortungsvollen Positionen tätig. Seit 2007 leitet er als Mitglied der Geschäftsleitung das Geschäftsfeld „Aktuariat“ der viadico AG mit Sitz in München. Seit 1989 ist Dr. Bertel Karnarski Mitglied in der DGVM und seit 1994 in der DAV. Seit 2001 ist er Mitglied im Ausschuss für Prüfung und Qualifikation der DAV und leitet seit Anfang 2006 die Prüfungskommission der DAV für das Fach Informationsverarbeitung. Als Dozent für die DAA ist er schon langjährig bei den Repetitorien für die Informationsverarbeitung tätig.

Literaturverzeichnis

(DAV 2008): Das Berufsbild des Aktuars, www.aktuar.de
(DAV 2009a): Risiken kalkulierbar machen – Der Berufsstand der Aktuare, Verlag Versicherungswirtschaft Karlsruhe
(DAV 2009b): DAV-Prüfungsordnung 3.2, www.aktuar.de
(DAV 2009c): Lernziele Informationsverarbeitung, www.aktuar.de

2
Informationsverarbeitung in Versicherungsunternehmen

2.1 Informationsverarbeitung – Überblick

Michael Aschenbrenner, München, Deutschland

Zusammenfassung

Versicherungsunternehmen sind informationsverarbeitende Unternehmen, da ihre Produkte immateriell sind. Ohne eine funktionierende Informationsverarbeitung kann eine Versicherung nur wenige Tage überleben. In diesem Beitrag wird eine Einführung in die verschiedenen Aspekte der Informationsverarbeitung in einem Versicherungsunternehmen gegeben, wobei die wesentlichen Bestandteile auf der Basis eines einfachen Modells erläutert werden.

2.1.1 Einführung

„Informationsverarbeitung ist die Erfassung und Verarbeitung von Daten unter Einsatz von Computern." Dies ist eine von vielen Definitionen, die man so oder ähnlich in der Literatur bzw. im Internet findet. An dieser Stelle soll aber keine exakte Definition versucht werden, sondern in diesem und den folgenden Beiträgen werden einige Facetten der Informationsverarbeitung in Versicherungsunternehmen dargestellt, um dem Leser ein umfassenderes Bild zu vermitteln, was Informationsverarbeitung in einem Versicherungsunternehmen bedeutet.

Versicherungsunternehmen sind von Natur aus informationsverarbeitende Unternehmen, da keine „anfassbaren" Produkte gefertigt werden – die verschiedenen Druckstücke, die eine Versicherung auf dem Postweg verlassen, werden hier nicht dazu gezählt. Die Produkte einer Versicherung sind immateriell. Alle Informationen zu den Versicherungsprodukten, zu den dazu abgeschlossenen Verträgen, zu den Vertragspartnern, den Schadensfällen, den Kapitalanlagen und Rückversicherungen – um hier nur einige der wichtigsten „Geschäftsobjekte" einer Versicherung zu nennen – werden mit Computern gespeichert und verarbeitet.

Letztendlich werden heute alle Geschäftsprozesse einer Versicherung – von der Beratung über das Angebot, den Vertragsabschluss bis zum Schadens-/Leistungsfall – durch Informationsverarbeitung unterstützt. Ein Teil der Geschäftsvorfälle wird sogar vollständig maschinell (sogenannte „Dunkelverarbei-

M. Aschenbrenner et al. (eds.), *Informationsverarbeitung in Versicherungsunternehmen*,
Springer-Lehrbuch Masterclass, DOI 10.1007/978-3-642-04321-5_2,

tung") durchgeführt. Auch die Entwicklung eines neuen Versicherungsproduktes ist heute ohne Informationsverarbeitung nicht mehr denkbar. Die Konsequenz ist, dass ein Versicherungsunternehmen ohne eine funktionierende Informationsverarbeitung nur wenige Tage überleben kann. Dies zeigt die essentielle Bedeutung der Informationsverarbeitung für ein Versicherungsunternehmen.

2.1.2 Bestandteile der Informationsverarbeitung

Um die Bestandteile der Informationsverarbeitung in einem Versicherungsunternehmen näher zu betrachten, soll hier ein ganz einfaches Modell verwendet werden:

- *Informationen (Daten)* werden in *Datenspeichern* (Dateien oder Datenbanken) abgelegt.
- Zur Erfassung und Bearbeitung dieser Informationen dienen *Anwendungssysteme*, also mehr oder weniger umfangreiche Softwareprogramme. Diese Anwendungssysteme werden von den Versicherungen selbst entwickelt oder zugekauft, ggf. angepasst und integriert.
- Genutzt werden diese Anwendungssysteme von *Anwendern* (Usern) über unterschiedliche *Zugangswege.*
- Dazu notwendig ist eine geeignete *informationstechnische Infrastruktur (IT-Infrastruktur)*, die bereitgestellt und betrieben werden muss.
- Das Ganze funktioniert nur, wenn dahinter eine effiziente *IT-Organisation* im Unternehmen etabliert ist, die alle für die Informationsverarbeitung notwendigen *IT-Prozesse* verantwortet.

2.1.3 Daten und Datenspeicher

Wesentliche Daten, die in einem Versicherungsunternehmen gespeichert werden, sind Daten der Geschäftspartner (z.B. Kunde / Agentur), Vertragsdaten, Daten zu Schadens- und Leistungsfällen, Dokumente und Schriftstücke in digitalisierter Form, Produktdaten, Regeln für die Bearbeitung von Geschäftsvorfällen (z.B. zur Plausibilisierung von Anträgen), Kontendaten zu Versicherungsverträgen, Daten zu versicherten Objekten und Daten zur Nachvollziehbarkeit von Geschäftsvorfällen. Die folgende Abb. 2.1 zeigt diese Daten aus Sicht der Versicherungsanwendungsarchitektur (VAA 2001).

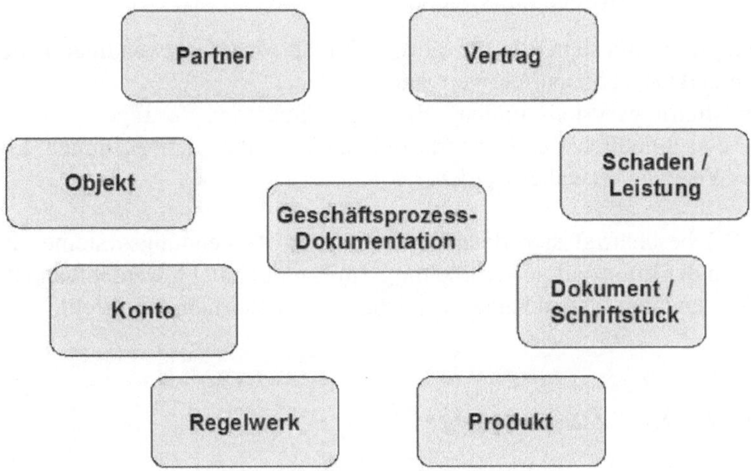

Abb. 2.1 Daten eines Versicherungsunternehmens nach VAA

Die zugehörigen Datenspeicher sind heute in der Regel sogenannte relationale Datenbanken, in denen Daten in Tabellenstruktur abgelegt und mit der weitgehend standardisierten Sprache SQL (= Structured Query Language) bearbeitet werden. Gängige Datenbanksysteme auf dem deutschen Markt dazu sind z.B. DB2®, Oracle®, SQL Server® oder ADABAS® mit der Zugriffssprache NATURAL®.

In vielen Versicherungen sind aber heute auch noch Datenbanksysteme im Einsatz, in denen die Daten in einer hierarchischen Struktur bzw. in einer netzwerkartigen Struktur abgelegt sind. Zugehörige Datenbanksysteme sind z.B. IMS/DL1® (hierarchisch) bzw. UDS® (netzwerkartig).

In der Massenverarbeitung von Geschäftsvorfällen oder für den Austausch von Daten zwischen Anwendungssystemen werden nach wie vor – vor allem aus Performance-Gründen – klassische, meist sequentielle Dateien eingesetzt.

2.1.4 Anwendungssysteme

Anwendungssysteme dienen dazu, betriebliche Abläufe zu unterstützen, zu optimieren oder zu ermöglichen. Sie bestehen aus meist vielen ausführbaren Computerprogrammen, die auf der gleichen Datenbasis operieren. Sie bilden den fachlichen Kern der Informationsverarbeitung einer Versicherung, da dort die fachliche Funktionalität in Software abgebildet ist.

Typische Beispiele für Anwendungssysteme sind

- das Partnersystem, mit dem alle für die Geschäftsprozesse notwendigen Daten der Kunden und Geschäftspartner verwaltet werden,
- das Bestandsführungssystem, in dem alle abgeschlossenen Verträge der Versicherung – einschließlich der Partnerbeziehungen – über den gesamten Life Cycle eines Vertrags verwaltet werden.

Das Kap. 2.2 beschäftigt sich detaillierter mit den Anwendungssystemen als fachlichem Kern der Informationsverarbeitung. Im Hauptkapitel 5 werden dann die wichtigsten Anwendungssysteme einer Versicherung ausführlich vorgestellt.

2.1.5 Anwender und Zugangswege

Die Anwendungssysteme einer Versicherung kann man klassifizieren in Backoffice Systeme (z.B. Bestandsführungssysteme oder Leistungs- / Schadenssysteme) und Frontoffice Systeme (z.B. Beratungs- oder Angebotssysteme). Anwender der Backoffice Systeme sind typischerweise die Mitarbeiter in der Zentrale einer Versicherung, wie z.B. Sachbearbeiter, Produktentwickler, Führungskräfte etc. Anwender von Frontoffice Systemen sind z.B. Berater, Versicherungsmakler oder Agenturen.

Mit den heutigen Kommunikationstechnologien ist diese Unterscheidung eher in den Hintergrund getreten. Die Anwender können jetzt nicht nur über das Lokale Netz (LAN), sondern auch über Internet-Technologie im Intranet (unternehmensinternes, nicht öffentliches Rechnernetz in Internet-Technologie), im Extranet (Teil eines Intranets, zu dem ein weiterer Benutzerkreis Zugang hat), im öffentlichen Internet oder über einen mobilen Zugang auf Anwendungssysteme zugreifen, unabhängig davon, wo diese Anwendungssysteme betrieben werden. Vorausgesetzt ist dabei, dass die Systeme dafür technisch geeignet sind und dass der Zugang aus geschäftsstrategischen Gründen erwünscht ist. So können z.B. jetzt Angebote direkt unter Nutzung der Services des zentralen Backoffice Systems „Bestandsverwaltung“ mit einer eigenen, auf den Bedarf des Verkäufers ausgerichteten und beschränkten Benutzeroberfläche erstellt werden. Redundanzen in den Anwendungssystemen werden so vermeidbar. Die nachfolgende Abb. 2.2 zeigt das Spektrum an Zugangswegen, das es heute für die verschiedenen Anwender gibt.

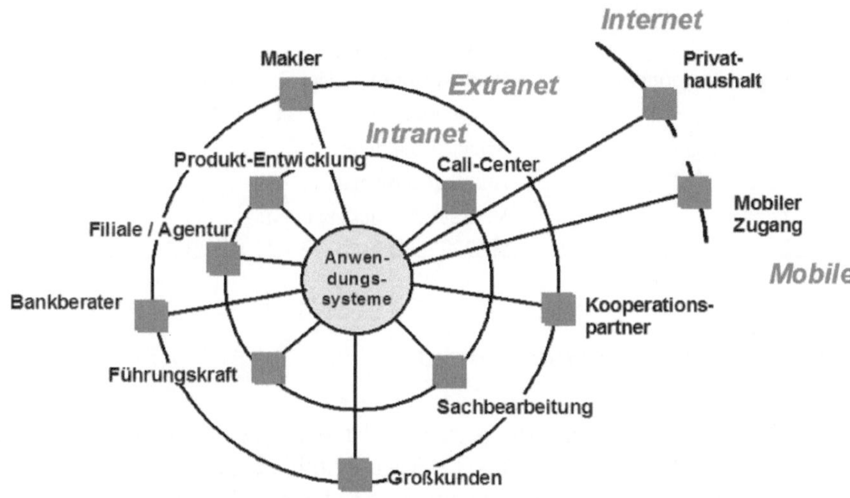

Abb. 2.2 Zugangswege zu den Anwendungssystemen einer Versicherung (Quelle: FJA)

Mit den neuen technischen Möglichkeiten sind auch weitere Anwenderklassen dazugekommen. Die folgende Tabelle 2.1 zeigt typische Klassen von Anwendern mit ihren Zugangswegen und Beispielen für die Nutzung dieser Zugangswege:

Tabelle 2.1 Anwenderklassen und Zugangswege

Anwenderklasse	Zugangsweg	Nutzung (beispielhaft)	Genutzte Anwendungs-systeme (beispielhaft)
Sachbearbeiter	LAN / Intranet	Sachbearbeitung	alle Backoffice Systeme
Produktentwickler	LAN / Intranet	Produktentwicklung	Produktserver
Führungskraft	LAN / Intranet	Steuerung des Geschäfts	Business intelligence
Filiale / Agentur	Intranet	Beratung, Angebote, Vertragsabschluss und -auskunft	Beratungs- / Angebotssys-tem, Bestandsführungssystem
Call center	Intranet / Extra-net	für alle Geschäftsvorfälle, die im Call Center abgewi-ckelt werden	CRM-system, Partnersystem, Bestandsführungssystem, ggf. Zahlungsverkehr
Bankberater	Extranet	Beratung, Angebote, Vertragsabschluss und -auskunft	Beratungs- / Angebotssys-tem
Makler	Extranet	dito	dito
Kooperationspartner	Extranet	Datenaustausch	Spezielle Systeme zum Da-tenaustausch

Großkunden	Extranet	Geschäftsvorfälle zu Kollektivversicherungen	Kollektivsystem
Privathaushalt (Kunde)	Internet	Produkt-Informationen, Angebotserstellung, Schadensmeldung, Adressänderungen, Vertragsabschluss bei einfachen Produkten	Spezielle Systeme für den Endkunden

2.1.6 IT-Infrastruktur und Betrieb

Um die Anwendungssysteme zu betreiben, ist eine geeignete IT-Infrastruktur notwendig. Diese besteht aus Hardware (Rechner mit Peripheriegeräten), Systemsoftware (insbesondere Betriebssysteme), systemnaher Software (wie z.B. Datenbanksysteme und Middleware), Anwendungssoftware (dazu zählen auch die Anwendungssysteme selbst) und der notwendigen Netz-Infrastruktur zur Verbindung der einzelnen Hardware-Komponenten und zur technischen Realisierung der Zugangswege für die Anwender. Diese IT-Infrastruktur kann entweder von der Versicherung selbst oder von einem Drittunternehmen betrieben werden (sogenanntes *Outsourcing*).

In diesem Zusammenhang spielt der Begriff des Servers eine wesentliche Rolle: Einerseits wird damit Software bezeichnet, die anderen Software-Programmen (sogenannten Clients) bestimmte Dienste zur Verfügung stellt, andererseits auch die Hardware / der Rechner selbst, auf denen diese Software betrieben wird. Eine IT-Infrastruktur einer Versicherung besteht damit im Wesentlichen aus einem strukturierten Netz von (Hardware-) Servern, die unterschiedliche Aufgaben wahrnehmen, und den Arbeitsplatz-Rechnern (Clients) der Anwender, die über die Netzinfrastruktur mit den Servern verbunden sind oder lokal betrieben werden.

Die folgende Abb. 2.3 zeigt schematisch vereinfacht eine typische IT-Infrastruktur für den Betrieb der Anwendungssysteme eines Versicherungsunternehmens:

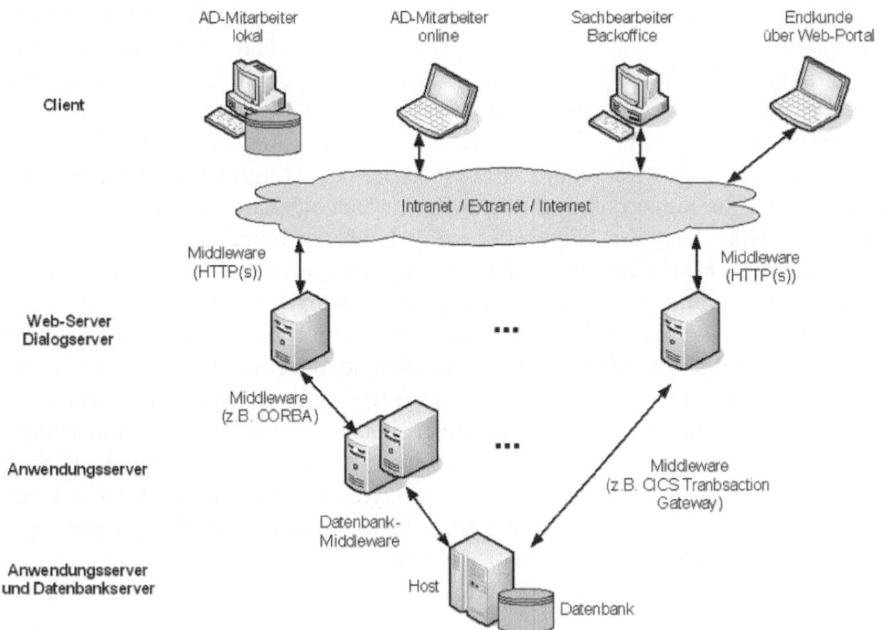

Abb. 2.3 Schematisch vereinfachte IT-Infrastruktur einer Versicherung

Auf dem *Anwendungs- und Datenbankserver* (häufig als „Host“ bezeichnet) wird das Datenbanksystem betrieben, eine systemnahe Software, mit der auf die Daten der Datenbank zugegriffen wird. Auf diesem Server werden häufig auch diejenigen Teile der Anwendungssysteme betrieben, in denen die fachliche Funktionalität programmiert ist. Alternativ kann die fachliche Funktionalität auch auf separaten *Anwendungsservern* ablaufen. Die Verbindung zwischen den Servern wird durch das zugrunde liegende Netz und die *Middleware*, einer speziellen Software zur Kommunikation der beteiligten Server, realisiert. Massenverarbeitung mit Anwendungsprogrammen, die ohne Interaktion mit dem Anwender ablaufen (sogenannte *Batches*) werden aus Performancegründen meist auf demselben Server wie das Datenbanksystem betrieben.

Auf dem *Webserver und Dialogserver* werden diejenigen Teile der Anwendungssysteme betrieben, die den Dialog mit dem Anwender steuern und die Bildschirmoberfläche aufbereiten. Ein Teil dieser Funktionalität kann auch auf den Arbeitsplätzen der Anwender, den *Clients*, ablaufen. Je nachdem wie umfangreich dieser Teil ist, spricht man von einem *Fat Client* (alle fachliche Funktionalität auf dem Client), *Rich Client* oder *Thin Client* (nur Eingabe und Ausgabe auf dem Client). Die Verbindung zwischen Webserver / Dialogserver und dem Client erfolgt wieder über geeignete Middleware, die in der Regel auf dem Internet-Protokoll HTTP(s) basiert.

Die o.g. Sicht auf die Infrastruktur ist bewusst einfach gehalten, um ein Grundverständnis herzustellen. Es fehlen wichtige Elemente wie die Security-Infrastruktur (z.B. Firewalls) oder die gesamte Infrastruktur für die Posteingangs- und Postausgangs-Verarbeitung. Außerdem muß für die Entwicklung und den Test von Anwendungssystemen eine separate Infrastruktur bereit gestellt werden.

Zum Betrieb gehört neben dem Betreiben der o.g. IT-Infrastruktur (technischer Betrieb) auch die Steuerung und Kontrolle der Batchabläufe der Anwendungssysteme (fachlicher Betrieb). Nicht alles wird durch Anwender selbst abschließend am Bildschirm bearbeitet. Wenn das Versicherungsunternehmen dem Idealziel, möglichst viel automatisch abzuwickeln (sogenannte „Dunkelverarbeitung"), nahe kommen will, sind Batchprogramme ohne Interaktion eines Anwenders ein wesentliches Mittel dafür. Als Ergebnis einer ändernden Verarbeitung sind meist eine Vielzahl von Schnittstellen in häufig strikt festgelegter Reihenfolge zu bedienen. Aus Korrespondenz werden Daten extrahiert und zusammen mit Datenlieferungen anderer Partner (z.B. Vertriebe, Straßenverkehrsämter etc.) verarbeitet, periodische Massenprozesse wie Beitragseinzug, Dynamikerhöhung sind nach einem Zeitmodell abzuwickeln. Die Festlegung dieser Abläufe stellt einen wichtigen Teil der Steuerung von Geschäftsprozessen dar.

2.1.7 IT-Organisation und -Prozesse

Die Informationsverarbeitung erfordert eine effiziente IT-Organisation in der Versicherung, die alle für die Informationsverarbeitung notwendigen IT-Prozesse verantwortet. Aufgaben dieser IT-Organisation sind u.a.

- die Planung und Steuerung der IT,
- die Beschaffung der notwendigen IT-Infrastruktur für die Entwicklung, die Integration, den Test und den Betrieb von Anwendungssystemen,
- die Entwicklung und Wartung / Weiterentwicklung (= Application Managament) von Anwendungssystemen,
- der Rollout (= Inbetriebnahme) neuer / geänderter Anwendungssysteme,
- der Betrieb der IT-Infrastruktur und der Anwendungssysteme nach vereinbarten Service Leveln.

Organisatorisch ist die Informationsverarbeitung in Versicherungen häufig einem Vorstandsressort mit fachlicher Ausrichtung, manchmal auch dem Finanzressort, zugeordnet. Nur in wenigen Versicherungsunternehmen ist der CIO (= Chief Information Officer) selbst als Verantwortlicher für die Informationsverarbeitung auch Mitglied des Vorstands. In vielen Fällen sind Teile der Informationsverarbeitung an ein eigenes Service-Unternehmen der Versicherung / des zugehörigen Versicherungskonzerns oder an ein externes Dienstleistungsunternehmen ausgelagert (*Outsourcing*). Das Outsourcing kann z.B. den Betrieb der Anwendungssysteme umfassen, aber auch die Beschaffung und Betreuung von Infrastruktur. In noch eher seltenen Fällen wird auch die Anwendungsentwicklung selbst ausgelagert, wobei die Verantwortung für die Spezifikation und Abnahme der fachlichen Anforderungen immer beim Versicherungsunternehmen verbleibt.

Die Organisation der Informationsverarbeitung in einem Versicherungsunternehmen ist von Unternehmen zu Unternehmen verschieden. Dabei sind insbesondere die Gestaltung der Schnittstelle zwischen dem Fachbereich und dem IT-Bereich und die Aufgabenverteilung zwischen beiden Bereichen von wesentlicher Bedeutung. Der Fachbereich fungiert als Auftraggeber des IT-Bereichs, stellt die fachlichen Anforderungen, wirkt beim fachlichen Test von Software mit und erteilt die Abnahme.

Eine typische Aufbauorganisation der IT eines Versicherungsunternehmens unterscheidet zwischen Anwendungsentwicklung, Betrieb und Querschnittsabteilungen zur Planung, Steuerung und zum Controlling der IT. Neben oder innerhalb der Anwendungsentwicklung gibt es häufig zentrale Kompetenzcenter, z.B. zum Projektmanagement, zur Architektur oder für das Test- und Releasemanagement.

Die folgende Abb. 2.4 stellt beispielhaft die Organisation der IT in einem Versicherungsunternehmen dar:

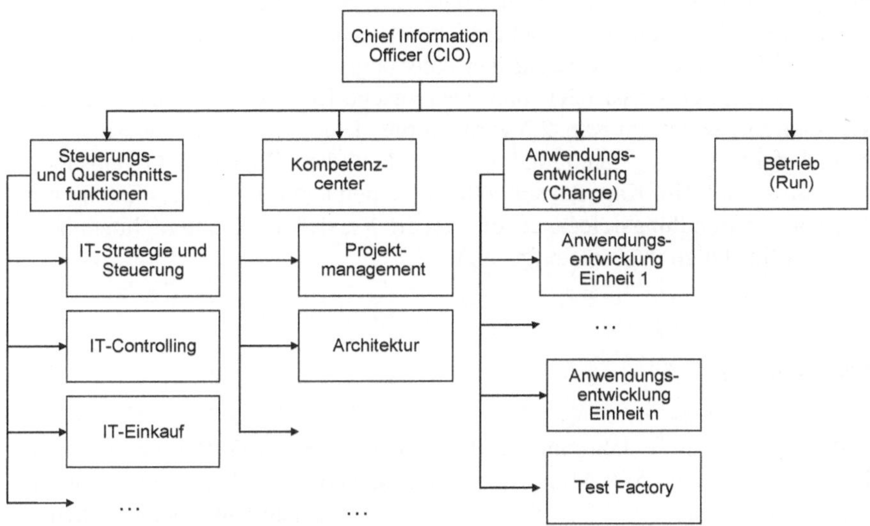

Abb. 2.4 Beispielhafte IT-Organisation einer Versicherung

Hauptaufgabe der IT-Strategie und Steuerung ist es, die IT-Strategie eng mit den Geschäftszielen des Versicherungsunternehmens in Einklang zu bringen und dazu eine realistische Roadmap zu entwerfen.

Die Planung und Implementierung der durch die IT-Organisation der Versicherung zu betreibenden Service-Prozesse für die IT-Infrastruktur erfolgt auch in Versicherungsunternehmen inzwischen weitgehend nach dem Markstandard ITIL (= **I**nformation **T**echnology **I**nfrastructure **L**ibrary), einem Regelwerk für IT-Services.

Ob diese Service-Prozesse von einer Organisationseinheit der Versicherung selbst betrieben werden oder von externen Dienstleistern, ist abhängig von der IT-Strategie des jeweiligen Versicherungsunternehmens.

2.1.8 Ausblick

In diesem Artikel wurde anhand eines einfachen Modells eine Einführung in die verschiedenen Aspekte der Informationsverarbeitung in einem Versicherungsunternehmen gegeben. In den nächsten Beiträgen dieses Kapitels werden einige dieser Aspekte vertieft und unter unterschiedlichen Gesichtspunkten betrachtet.

Im Kap. 2.2 werden Anwendungssysteme begrifflich eingeführt, nach verschiedenen Kategorien klassifiziert und der typische Lebenszyklus eines Anwendungssystems aufgezeigt. Im Kap. 2.3 wird auf die IT als Produktions-, Kosten- und Wettbewerbsfaktor eingegangen und insbesondere das Thema IT-Organisation und Prozesse vertieft. Im Kap. 2.4 schließlich werden aktuelle Trends und eng mit der IT verzahnte Handlungsfelder, denen sich die Versicherungsunternehmen heute und zukünftig stellen müssen, aufgezeigt.

Kurzbiographie

Michael Aschenbrenner, Jahrgang 1950, ist Chefberater im IT-Beratungsbereich der Capgemini sd&m AG München. Nach seinem Abschluss als Diplom-Informatiker mit Nebenfach Mathematik an der Technischen Universität München hat er in mehreren Softwareunternehmen zunächst als Software-Entwickler und-Architekt dann als Qualitätsmanager, Projektmanager, Berater, Bereichsleiter und Leiter eines Competence Centers gearbeitet. Zehn Jahre war er in einem auf Versicherungen spezialisierten Softwarehaus tätig. Dort hat er zahlreiche Projekte für Versicherungen und die Entwicklung von Standardsoftware für Versicherungen mitgestaltet, gesteuert und begleitet. Herr Aschenbrenner ist langjähriger Dozent für „Informationsverarbeitung in Versicherungsunternehmen“ der Deutschen Aktuarvereinigung (DAV). Er ist Mitglied des zugehörigen Prüfungsausschusses der DAV. Seit 1997 ist er Lehrbeauftragter für „Informationsverarbeitung in Versicherungsunternehmen“ am Mathematischen Institut der Ludwig-Maximilians-Universität München.

Literaturverzeichnis

(ITIL): IT Infrastructure Library, www.itil.org

(VAA 2001): Die Anwendungsarchitektur der deutschen Versicherungswirtschaft. VAA Final Edition, VAA Edition 1999, IT-Fachtagung 2001, VAA-Fachtagung 2000, www.gdv-online.de/vaa

2.2 Anwendungssysteme – Der Fachliche Kern der Informationsverarbeitung

Heike Walz, Düsseldorf, Deutschland

Zusammenfassung

In einem Versicherungsunternehmen werden zahlreiche Anwendungssysteme eingesetzt. Sie dienen dazu, betriebliche Abläufe zu unterstützen, zu optimieren oder überhaupt erst zu ermöglichen.

Das vorliegende Kapitel befasst sich mit der Definition des Begriffs Anwendungssystem und erläutert die unterschiedlichen Kategorien von Anwendungssystemen anhand von Beispielen aus der Versicherungsbranche.

Bei der Beschreibung des Lebenszyklus von Anwendungssystemen wird darauf eingegangen, warum Anwendungssysteme über lange Zeiträume eingesetzt und wie Wartung und Weiterentwicklung differenziert werden. Abschließend werden Gründe für die Einführung eines neuen Anwendungssystems dargestellt und es wird erläutert, wie der Einsatz von Standardsoftware in diesem Zusammenhang für Versicherungen zu bewerten ist.

2.2.1 Motivation

In einem Versicherungsunternehmen werden zahlreiche Anwendungssysteme eingesetzt. Sie dienen dazu, betriebliche Abläufe zu unterstützen, zu optimieren oder überhaupt erst zu ermöglichen. Typische Beispiele für Anwendungssysteme eines Versicherungsunternehmens sind Bestandsführungs- oder Verwaltungssysteme, Partnerverwaltungssysteme, In-/Exkassosysteme, aber im weiteren Sinne auch E-Mail-Systeme oder Zeiterfassungssysteme.

M. Aschenbrenner et al. (eds.), *Informationsverarbeitung in Versicherungsunternehmen*,
Springer-Lehrbuch Masterclass, DOI 10.1007/978-3-642-04321-5_3,

2.2.2 Begriffsdefinition

Sucht man in der Literatur nach einer Definition des Begriffs „Anwendungssystem“, so fällt auf, dass keine eindeutige Definition existiert. So besteht laut Balzert (Balzert 2000) ein Anwendungssystem aus Menschen, Maschinen (sowohl Computersysteme als auch andere technische Einrichtungen), der erforderlichen Basis- bzw. Systemsoftware und der Anwendungssoftware. Andere Quellen (Schneider u. Werner 2007) setzen den Begriff Anwendungssystem mit betrieblichem Informationssystem gleich, wobei dort in Bezug auf das Informationssystem die Bedeutung der zugrunde liegenden, meist komplexen Datenbank besonders hervorgehoben wird. Die Begriffsdefinition des Arbeitskreises Terminologie der Softwaretechnik der Fachgruppe Softwaretechnik in der Gesellschaft für Informa-4tik (AKS 2006) entspricht im Wesentlichen der von Balzert, dort wird aber explizit darauf hingewiesen, dass der Begriff Anwendungssystem auch häufig synonym mit dem Begriff Anwendungsprogramm bzw. -software verwendet wird. Somit ergeben sich folgende Definitionen:

Ein **Anwendungssystem im weiteren Sinne** (i.w.S.) umfasst Anwender, Anwendungssoftware, Datenbank, Systemsoftware, Computersystem und sonstige für den Betrieb der Anwendungssoftware notwendige technische Einrichtungen für ein fachlich abgegrenztes Aufgabengebiet.

Ein **Anwendungssystem im engeren Sinne** (i.e.S) umfasst die Anwendungssoftware und die zugrunde liegende Datenbank für ein fachlich abgegrenztes Aufgabengebiet.

Im Kontext dieses Buches ist es von untergeordneter Rolle, ob der Begriff Anwendungssystem weit oder eng gefasst wird. Wichtiger ist hier der Zweck, dem Anwendungssysteme dienen:

Anwendungssysteme dienen dazu, betriebliche Abläufe zu unterstützen, zu optimieren oder zu ermöglichen. Zur Erfüllung dieser Funktion enthalten Anwendungssysteme ein oder mehrere ausführbare Computerprogramme, die auf der gleichen Datenbasis operieren.

2.2.3 Kategorisierung von Anwendungssystemen

Die Anwendungssysteme einer Versicherung können auf verschiedene Arten kategorisiert werden.

2.2.3.1 Kategorisierung nach Verwendung

Eine verbreitete Einteilung ist die nach der Verwendung im Rahmen der unterschiedlichen Funktions- oder Geschäftsbereiche. So werden häufig die Begriffe Marketingsysteme, Vertriebssysteme, Verwaltungssysteme, Personalsysteme oder Finanzbuchhaltungssysteme genutzt, um alle im jeweiligen Bereich in der Nutzung beheimateten Systeme zusammenzufassen. In Bezug auf die mathematischen Systeme ist eine solche Zusammenfassung weniger gängig. Dies liegt möglicherweise daran, dass in einem Geschäftsbereich „Mathematik" unterschiedliche Funktionen wie Produktentwicklung, Softwareentwicklung von versicherungstechnischen Kernsystemen und aktuarielles Controlling zusammengefasst sein können. Daher sollte bei der Verwendung des Begriffs „mathematische Systeme" auch hinterfragt werden, ob die im Bereich Mathematik genutzten (wie z.B. Produktentwicklungssysteme) oder die dort erstellten Systeme (wie z.B. Rechenkerne, Produktserver) gemeint sind.

Die Einteilung nach der Verwendung innerhalb der Wertschöpfungskette des Versicherungsunternehmens führt zu ähnlichen Kategorien der Anwendungssysteme. Dies zeigt das nachfolgende Beispiel eines Versicherungskonzerns (s. Abb. 2.6).

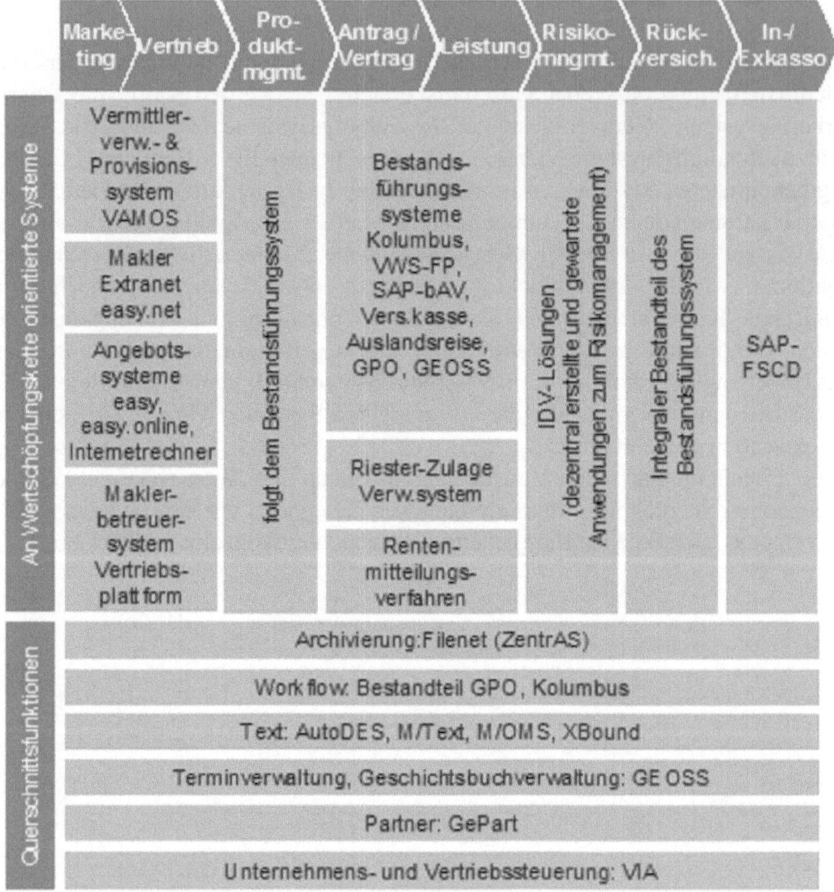

Abb. 2.6 Einteilung der Anwendungssysteme nach der Verwendung in der Wertschöpfungskette bei HDI-Gerling Leben (ohne zentrale Dienste)

2.2.3.2 Kategorisierung nach Bedeutung

Bei der Einteilung von Anwendungssystemen nach der Bedeutung für das Unternehmen wird zwischen Kernsystemen, Rand- bzw. Schalensystemen und Querschnittssystemen unterschieden. Unter Kernsystemen werden dabei die Systeme verstanden, die die Kerngeschäftsprozesse des Unternehmens unterstützen. Bei Versicherungsunternehmen sind dies beispielsweise die Bestandsführungssysteme. Bei der in Abb. 2.7 gewählten Darstellung wird zusätzlich noch die Bedeutung der versicherungstechnischen Kernsysteme (VT) hervorgehoben. Diese bilden die Versicherungsprodukte ab und entsprechen damit der softwaretechnischen

Umsetzung der geschäftlichen Basis des Versicherungsunternehmens. Diese verfügen in der Regel über keine direkte Anwenderschnittstelle, sondern werden als Subsysteme von anderen Anwendungssystemen genutzt. Die Rand- bzw. Schalensysteme werden im Rahmen der unterstützenden Geschäftsprozesse wie z.B. Finanzbuchhaltung des Unternehmens verwendet. Querschnittssysteme wie z.B ein Dokumentenerstellungssystem zeichnen sich dadurch aus, dass sie in allen Geschäftsprozessen unterstützende Funktionen wahrnehmen.

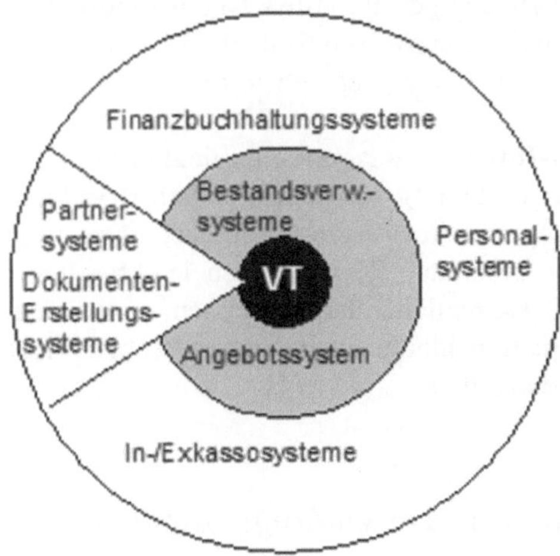

Abb. 2.7 Beispiele für Kern-, Rand- und Querschnittssysteme eines Versicherungsunternehmens

2.2.3.3 Kategorisierung nach Art der Anwendungssysteme

Weniger häufig wird die Einteilung nach der Art der Anwendungssysteme verwendet. Dabei wird zwischen Kommunikationssystemen, Administrationssystemen, dispositiven Systemen und Managementinformationssystemen (MIS) unterschieden.

Die auch als Büroinformationssysteme bezeichneten **Kommunikationssysteme** stehen allen Mitarbeitern zur Verfügung. Sie dienen der Erfassung, Speicherung und dem Austausch von – im Fall von E-Mail- oder Arbeitsgruppensystemen – meist unstrukturierter Information. Nur bei einem Vorgangsbearbeitungssystem (Workflow Management System, Business Process Management System) findet eine geregelte Kommunikation statt. Auch ein Intranet fällt in diese Kategorie.

Administrationssysteme unterstützen in erster Linie die elementaren betrieblichen Abläufe eines Unternehmens. Diese Art von Systemen hat in der Regel nach den Kommunikationssystemen die höchste Anzahl an Nutzern im Unternehmen. In Versicherungsunternehmen gehören die Systeme zur Verwaltung der Versicherungsverträge, der Partnerdaten, der Vermittlerverträge und Konditionen, die Finanzbuchhaltungssysteme (inkl. der In-/Exkassosysteme) und die Personalsysteme zu den Administrationssystemen.

In **dispositiven Systemen** werden die erfassten Daten unter bestimmten, festgelegten Gesichtspunkten gesammelt und ausgewertet. Damit können betriebliche Entscheidungen unterstützt oder automatisiert werden. Die Bereitstellung der Daten erfolgt in regelmäßigen Abständen (täglich, wöchentlich, monatlich, jährlich). Die Unveränderbarkeit der gesammelten Daten innerhalb des Systems ist ein wesentliches Merkmal der dispositiven Systeme. Ein Datawarehouse, ein Bestandsbeauskunftungssystem oder ein Vertriebsinformationssystem sind Beispiele für diese Art von Systemen.

Bei **Management-Informationssystemen** liegt der Fokus auf der Aggregation der Daten. Neben der Erstellung von regelmäßigen Berichten dienen diese Systeme auch der Erstellung von Auswertungen zu neuen Fragestellungen. Hansen und Neumann (Hansen u. Neumann 2005) weisen in ihrer Begriffsdefinition darauf hin, dass sich diese Systeme dadurch auszeichnen, dass sie dem Management aufgabengerechte Informationsinhalte in benutzergerechter Präsentation und Bedienungsfreundlichkeit darstellen.

2.2.4 Lebenszyklus von Anwendungssystemen

Jedes Versicherungsunternehmen besitzt heute eine Vielzahl an unterschiedlichen Anwendungssystemen. Nicht selten sind diese nach ihrer ersten Einführung über viele Jahre im Einsatz. Damit sie aktuellen Anforderungen der Unternehmen oder der Gesetzgebung gerecht werden, werden sie kontinuierlich verändert. Diese Veränderungen werden im Rahmen der Wartung oder Weiterentwicklung der Systeme durchgeführt. Die Grenzen zwischen Wartung und Weiterentwicklung sind dabei meist fließend. Unter Wartung im engeren Sinne werden alle Veränderungen verstanden, die Fehler beheben, Performanz oder andere Attribute verbessern oder der Anpassung an eine veränderte Umgebung dienen (IEEE 1990). Häufig wird auch die Umsetzung veränderter gesetzlicher Anforderungen der Wartung zugeordnet, da auch dies der Sicherstellung der Nutzung des Anwendungssystems dient.

Wartung = Sicherstellung des vorhandenen Nutzens

Durch die Weiterentwicklung, die häufig im Rahmen von neuen Entwicklungsprojekten durchgeführt wird, wird der Wert des Anwendungssystems für das Unternehmen erhöht. Dies kann durch eine Erweiterung des Funktionsumfangs, durch die Öffnung für weitere Nutzergruppen, durch eine Verbesserung der Bedienbarkeit, aber auch durch Senkung der Betriebskosten geschehen. In der Praxis wird die Zuordnung zu Wartung oder Weiterentwicklung auch auf

Basis des erforderlichen Aufwands für eine Veränderung getroffen, wobei die Grenzwerte dabei unternehmensspezifisch festgelegt werden.

Weiterentwicklung = Erhöhung des Nutzens

Ein Anwendungssystem unterliegt somit aus betriebswirtschaftlicher Sicht, in Anlehnung an den Produktlebenszyklus, folgendem grundlegendem Lebenszyklus (s. Abb. 2.8):

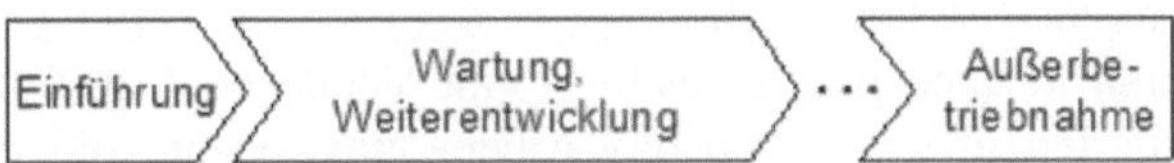

Abb. 2.8 Grundlegender Lebenszyklus von Anwendungssystemen

Vor der ersten Einführung, aber auch im Rahmen der Wartung und Weiterentwicklung, sind verschiedene Aktivitäten erforderlich, die damit den detaillierten Software-Lebenszyklus eines Anwendungssystems darstellen (s. Abb. 2.9):

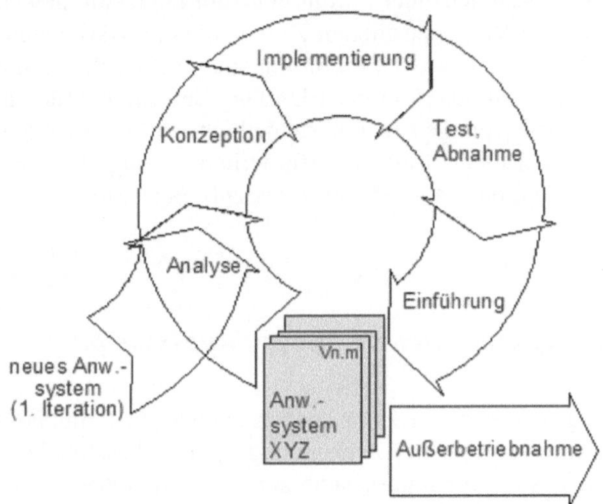

Abb. 2.9 Software-Lebenszyklus eines Anwendungssystems

Im Rahmen der **Analyse** werden die Anforderungen an ein neues (1. Iteration) oder ein bestehendes Anwendungssystem untersucht. Auch die Analyse der Ursache von Fehlern gehört zu dieser Phase. Hier wird festgelegt, was das Anwendungssystem zukünftig leisten soll.

Im Rahmen der **Konzeption** wird festgelegt, wie die in der Analyse beschriebenen Anforderungen umgesetzt werden bzw. wie die Korrektur der Fehler erfolgt.

In der **Implementierung** der 1. Iteration entsteht aus den Vorgaben aus der Analyse- und Konzeptionsphase die erste Version des Anwendungssystems. In den weiteren Iterationen dient die Implementierung der Umsetzung der in Analyse und Konzeption beschriebenen Veränderungen am Anwendungssystem.

Im Rahmen des **Tests** wird überprüft, ob die Ergebnisse der Implementierung den formulierten Anforderungen entsprechen. Sofern das Anwendungssystem bereits produktiv eingesetzt wird, ist auch sicherzustellen, dass nur die gewünschten Veränderungen umgesetzt wurden. Dazu ist die Überprüfung der nicht veränderten Funktionen des Anwendungssystems im Rahmen sogenannter Regressionstests (Van Veenendaal 2007) erforderlich.

Bei der **Abnahme** (acceptance testing (Van Veenendaal 2007)) wird anhand festgelegter Kriterien überprüft, ob das Anwendungssystem die Anforderungen des Unternehmens erfüllt und für einen produktiven Einsatz geeignet ist. Eine formale Erklärung darüber beendet die Abnahme.

Die **Inbetriebnahme** umfasst neben der Installation der veränderten Komponenten in der produktiven Systemumgebung (im Echtbetrieb) auch ggf. notwendige begleitende Maßnahmen wie Schulung oder besondere Betreuung der Anwender. Auch umfassendere Betriebsüberwachung oder Stichprobenprüfungen sind Maßnahmen, die im Rahmen einer Einführung zum Zuge kommen können.

Je nach gewähltem Vorgehensmodell können die o.g. Aktivitäten zeitlich überlappen oder unter Auslassung der Einführung auch mehrfach durchlaufen werden. Auch werden diese Aktivitäten je nach Umfang der durchzuführenden Anforderungen oder Fehlerbehebungen in unterschiedlichster Geschwindigkeit durchgeführt. So kann es bei einer dringend erforderlichen, singulären Fehlerbehebung durchaus vorkommen, dass alle Phasen innerhalb einer Stunde durchlaufen werden.

2.2.5 Einführung eines neuen Anwendungssystems

Ein Versicherungsunternehmen kann aus verschiedenen Gründen die (Entwicklung und) Einführung eines neuen Anwendungssystems beschließen.

So wird ein neues Anwendungssystem zur Ablösung eines alten Anwendungssystems eingeführt, wenn

- eine Standardisierung der Anwendungslandschaft erreicht werden soll,
- die Weiterentwicklung des vorhandenen Anwendungssystems nicht mehr wirtschaftlich sinnvoll ist,
- das Knowhow zur Wartung und Weiterentwicklung des vorhandenen Anwendungssystems im Unternehmen schwindet (z.B. bei älteren Technologien) oder
- die Betriebssicherheit des alten Anwendungssystems nicht mehr gewährleistet werden kann.

Die (Entwicklung und) Einführung eines für das Versicherungsunternehmen in seinen Funktionen neuen Anwendungssystems ist dann sinnvoll oder notwendig, wenn

- bisher manuell durchgeführte Prozesse automatisiert werden, um die Prozesskosten zu senken oder die Durchführungsgeschwindigkeit zu erhöhen (z.B. Umstellung auf elektronische Aktenverwaltung),
- neue Marktsegmente (z.B. Tierkrankenversicherung) erschlossen werden,
- neue Vertriebswege (z.B. Internet) etabliert werden oder
- neue gesetzliche Anforderungen umgesetzt werden müssen.

So war es z.b. für Lebensversicherungsunternehmen durch das AVmG notwendig, eine Zulagenverwaltung einzuführen. Ein anderes Beispiel sind die Anforderungen aus Solvency II. Diese erfordern die Einführung von Systemen zum Risikomanagement.

Bei der Ablösung eines alten Anwendungssystems ist typischerweise im Rahmen der Einführung auch eine Migration der Daten vom alten ins neue System durchzuführen. Eine solche Migration kann unter Umständen höhere Kosten verursachen als die eigentliche Beschaffung oder Erstellung des neuen Anwendungssystems.

2.2.6 Standardisierte versus individuelle Anwendungssysteme

Ist die Entscheidung für ein neues Anwendungssystem gefallen, so kann dieses neue Anwendungssystem – wenn auf dem Markt verfügbar – als Standardsoftware von einem Softwareanbieter gekauft werden oder die Neuentwicklung eines auf die spezifischen Bedürfnisse des Versicherungsunternehmens angepassten individuellen Anwendungssystems wird intern oder extern in Auftrag gegeben.

Versicherungen setzen heute verstärkt auf standardisierte Anwendungssysteme (= Standardsoftware), die von Softwarehäusern auf dem Markt angeboten werden. Wenn solche Systeme nicht verfügbar sind oder einen zu hohen Anpasssungsbedarf erfordern oder wenn mit dem neuen Anwendungssystem eine starke Differenzierung im Markt erreicht werden soll, dann ist die individuelle Neuentwicklung des Anwendungssystems die bessere Lösung.

Es gibt auch Mischformen, bei denen Teile zugekauft und selbst entwickelt werden. Dazu gehört die Entwicklung eines neuen Anwendungssystems aus bereits im Unternehmen oder am Markt vorhandenen und ggf. neu entwickelten Komponenten oder Services.

Standardsoftware wird durch sogenanntes Customizing auf die besonderen Anforderungen des jeweiligen Unternehmens angepasst. Dieses Customizing umfasst die Konfigurierung der benötigten Komponenten der Standardsoftware, die Einstellung der verfügbaren Parameter, die Entwicklung von Zusatzsoftware an definierten Schnittstellen der Standardsoftware und die Anbindung der Standardsoftware an vorhandene Anwendungssysteme der bestehenden

Anwendungslandschaft. Von einer unternehmenspezifischen Anpassung von Programmen der Standardsoftware ist abzuraten, weil damit neue Releases des Softwareanbieters nur mit sehr hohem Aufwand eingeführt werden können.

Kurzbiographie

Heike Walz ist Seniorberaterin im Center of Competence Versicherungen der Capgemini sd&m AG München. Nach ihrem Abschluss als Diplom-Ingenieurin für Technische Informatik an der Berufsakademie Stuttgart war sie zunächst bei IBM als Softwareentwicklerin, Testmanagerin und im weltweiten Sales Support tätig. Mit dem Wechsel in die Versicherungsbranche folgten verschiedene Tätigkeiten als Projektleiterin, Qualitätsmanagerin, Abteilungsleiterin und Bereichsleiterin. Im Rahmen dieser Aufgaben hat Frau Walz Erfahrungen mit allen Anwendungsbereichen von Lebensversicherungsunternehmen sowie den mit Migration, Fusion und Outsourcing verbundenen Aufgabenstellungen sammeln können. Neben ihrer Berufstätigkeit hat sie von 2003 bis 2005 erfolgreich ein Aufbaustudium zur Diplom-Wirtschaftsingenieurin (FH) absolviert.

Literaturverzeichnis

(AKS 2006): Arbeitskreis Terminologie der Softwaretechnik der Fachgruppe Softwaretechnik in der Gesellschaft für Informatik, 2006 http://public.beuth-hochschule.de/ ~giak/arbeitskreise/softwaretechnik/themenbereiche/grundbgr.html#Software-Anwendungssystem, accessed 05 April 2009

(Balzert 2000): Balzert H, Lehrbuch der Software-Technik. Band 1 Software-Entwicklung. Spektrum Akademischer Verlag, Heidelberg Berlin, 2000

(du Carrois 2008): du Carrois S, Nach dem Merger – Neuausrichtung der IT Landschaft in der HDI-Gerling Lebensversicherung. Vortrag im Rahmen der Veranstaltung „Architekturen bringen Sicherheit und Flexibilität" der Capgemini sd&m AG im November 2008

(Hansen u. Neumann 2005): Hansen H R, und Neumann G, Wirtschaftsinformatik 1. Lucius & Lucius, Stuttgart, 2005

(IEEE 1990): Standards Coordinating Committee of the IEEE (Institute of Electrical and Electronics Engineers) Computer Society, USA IEEE standard glossary of software engineering terminology IEEE 610.12, 1990

(Schneider u. Werner 2007): Schneider U, Werner D, Taschenbuch der Informatik. Carl Hanser Verlag, München, 2007

(Van Veenendaal 2007): Van Veenendaal E, Standard glossary of terms used in Software Testing. Version 2.0 (December, 2nd 2007), International Software Testing Qualifications Board, http://www.istqb.org/downloads/glossary-current.pdf abgerufen am 04.01.2009

2.3 Bedeutung der Informationsverarbeitung für das Geschäft einer Versicherung

Ralf Stankat, **Ludwigsburg, Deutschland**

Zusammenfassung

Versicherungsunternehmen benötigen eine hoch performante und kostengünstige IT, um ihre Leistungen profitabel, innovativ und serviceorientiert anbieten zu können. Die IT ist dabei ein Kernproduktionsfaktor. Sie richtet ihre Anwendungen idealerweise entlang der fachlichen Wertschöpfungsketten aus. Die hierfür bewährten Prozessmodelle – ITIL, CMMI etc. sowie eine eindeutige Fach- und IT-Architektur ermöglichen der IT eine service- und kundenorientierte sowie effiziente Abwicklung bei der Entwicklung, dem Betrieb und der Wartung von IT-Systemen. Dabei unterscheidet man zwischen

- Managementprozessen zur Steuerung der IT-Organisation,
- Kernprozessen, die die Wertschöpfung erbringen und die Wettbewerbsposition beeinflussen, und
- Unterstützungsprozessen, die die Betriebsbereitschaft der Kernprozesse erhalten.

In Zukunft müssen sich Versicherungen und deren IT-Dienstleister schnell neue Vertriebskanäle sowie individualisiertere Produkte/Tarife schaffen und sich einer stärkeren Kundenzentrierung sowie der Modernisierung ihrer oft eigenentwickelten und teils über 20 Jahre alten Systeme widmen. Da IT-Organisationen von Versicherungen zunehmend in Konkurrenz mit anderen Marktteilnehmern stehen, wird die Konzentration auf Effizienz und Professionalisierung von IT-Prozessen in Zukunft entscheidend sein für den Markterfolg.

2.3.1 Produktions-, Kosten- und Wettbewerbsfaktor IT

IT ist ein Kernproduktionsfaktor für die Erzeugung und Bereitstellung von Versicherungsleistungen. Nahezu alle Geschäftsprozesse einer Versicherung werden von IT-Systemen unterstützt und sind davon abhängig. Die Bedeutung der IT wird insbesondere dann transparent, wenn sie nicht funktioniert. Bereits kleine Fehler oder Ausfälle können ernste Konsequenzen nach sich ziehen – vom Versand fehlerhafter Beitragsmitteilungen bis hin zum totalen Stillstand des Geschäftsbetriebs.

M. Aschenbrenner et al. (eds.), *Informationsverarbeitung in Versicherungsunternehmen*,
Springer-Lehrbuch Masterclass, DOI 10.1007/978-3-642-04321-5_4,

Markt- und Wettbewerbsumfeld

Markt

- Markt ist **verteilt**, das **subjektive Risikobewusstsein** vom Sozialstaat geprägt und **wandelt sich** langsam
- Entwicklung der **Altersstruktur** und der Differenzierung der **Einkommensschichten** als besondere **Herausforderung**
- Kontinuierlich steigende **regulatorische Anforderungen**

Wettbewerb

- **Konditionen** als wesentlicher Hebel, um Marktanteile zu verteidigen und zu gewinnen
- **Time to market** für Produktinnovationen erfolgskritisch
- Traditionelle Versicherer müssen ergänzend zum klassischen Außendienst **weitere Vertriebskanäle** erschließen

Kundenanforderungen

Service

- Angemessene **Reaktionszeiten und Auskunftsfähigkeit**
- **Hohe Geschwindigkeit** der Abwicklung
- **Transparenz** über Stand angestoßener Prozesse
- Differenzierte und individuelle Service Level über **verschiedene Zugangskanäle**
- Statt produktzentrierter, nun **kundenzentrierte Beratung**

Produkte

- **Attraktive Konditionen** bei Beiträgen und angemessene Auszahlungen im Schaden- und Leistungsfall
- Auf **Lebenssituation angepasste** und flexible Produkte

Auswirkungen auf die IT

- Bereitstellung von hoch automatisierten, **effizienzsteigernden** Anwendungen für alle **Vertriebskanäle**
- **Harmonisierung** der Systeme zur Verbesserung der Gesamtkundensicht sowie der Dunkelverarbeitungsquote
- Einsatz einer zukunfts- und **leistungsfähigen IT-Architektur** auf Grundlage einer Facharchitektur
- Fortlaufende **Nutzung von Optimierungspotenzialen bei IT-Betriebs- und Entwicklungskosten**

Abb. 2.10 Markt-/Wettbewerb- und Kundenanforderungen und deren Auswirkungen auf die IT[1]

Effizienz und Qualität der Geschäftsprozesse werden maßgeblich durch Umfang und Güte der IT-Unterstützung getrieben. Insbesondere die Automation bislang manueller Tätigkeiten („Dunkelverarbeitung"), wie z.B. die Vermeidung der Neuerfassung von im Außendienst aufgenommenen Kunden- und Antragsdaten, hat zu einer signifikanten Steigerung der Produktivität geführt. Eine von BCG durchgeführte Untersuchung zeigt Produktivitätssteigerungen im Innendienst zwischen 2004 und 2007 von – je nach Sparte – bis zu 7,5% (BCG 2007). Gerade mit Blick auf das geringe Wachstum des Sachversicherungsgeschäfts und der zunehmend schwächeren Margen in der Lebensversicherung kommt der weiteren Kostenoptimierung eine besondere Bedeutung zu. Hier spielt die IT-gestützte Optimierung der Geschäftsprozesse eine zentrale Rolle (s. Abb. 2.10).

Dabei ist die IT selbst ein wesentlicher Kostenfaktor. Laut Gartner (Gartner 2009) macht sie etwa 7% der Betriebskosten (OPEX[2]) aus – ein Wert der lediglich in der Bankenbranche höher liegt. Davon entfallen etwa 65% der Kosten auf die Aufrechterhaltung des laufenden Betriebs, also auf Rechenzentrumsleistungen, PC/LAN und Software-Wartungsarbeiten. Maßnahmen zur Kostenreduktion setzen daher oft bei den Kosten dieser Kategorie an, z.B. durch das Outsourcing von IT-Leistungen, Adjustierung von Service Level Agreements (SLA) oder die Konsolidierung von Anwendungsplattformen und Servern. Lediglich 35% der IT-Kosten entfallen auf die Umsetzung neuer Fachlichkeit und gesetzlicher Themen. Letztere erfordern umfangreiche Anpassungen der IT-Systeme. Laut der BCG-Untersuchung stieg der Anteil regulatorisch induzierter IT-Kosten in 2007 um ca.

[1] Quelle: W&W Informatik

[2] Operational Expenditure: Ausgaben eines Unternehmens, um den operativen Geschäftsbetrieb aufrechtzuerhalten.

10%. In diesem Zusammenhang sind VVG-Reform, MaRisk Versicherungen/-Solvency II, EU-Vermittlerrichtlinie und der einheitliche europäische Zahlungsverkehrsraum (SEPA) zu nennen.

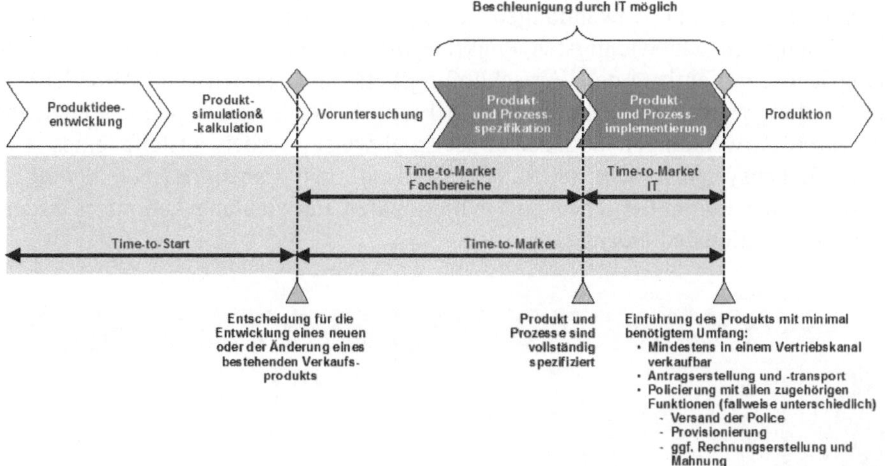

Abb. 2.11 IT-Unterstützung kann in bestimmten Phasen die Produktentwicklung beschleunigen[3]

Jenseits der Steigerung der Effizienz von Geschäftsprozessen fungiert die IT als „Enabler“ für Innovationen und ermöglicht somit eine weitere Differenzierung von Wettbewerbern. Beispielsweise bewirkt der Einsatz moderner Produktmaschinen eine deutliche Verkürzung der Markteinführung (Time-to-Market) neuer Produkte/Tarife, da diese nicht aufwändig in mehreren Systemen programmiert, sondern an zentraler Stelle modelliert werden können. Auch vereinfachen solche Technologien die Schaffung neuer, auf spezielle Zielgruppen (z.B. Berufseinsteiger) abgestimmte (Bündel) Produkte (s. Abb. 2.11).

Eine andere Innovation sind Tarife mit individueller Beitragsermittlung auf Basis statistischer Auswertungen dispositiver, historischer Daten. Mit Hilfe ähnlicher Verfahren lässt sich auch der finanzielle Erfolg von Versorgungsverträgen in der Krankenversicherung feststellen („risikoadjustierte Erfolgsmessung“). Solche Analysen werden nach der Gesundheitsstrukturreform rasch benötigt und entscheiden möglicherweise mit, welche Versicherung am Markt besteht und welche ausscheidet.

---

[3] Quelle: W&W Informatik/Platinion

2.3.2 Bausteine der Anwendungslandschaft

Wesentlich für das Verständnis der Informationsverarbeitung in Versicherungen ist die sogenannte Anwendungslandschaft. Dabei handelt es sich um die Gesamtheit der IT-Anwendungen einer Versicherung. Eine schematische Darstellung mit den wichtigsten Funktionsblöcken einer idealtypischen Anwendungslandschaft entlang der Wertschöpfungskette und Sparten zeigt Abb. 2.12. In der Realität werden diese Funktionsblöcke nicht von einer, sondern gleich von mehreren Anwendungen abgedeckt. Beispielsweise werden anstelle eines zentralen Lebensystems nicht selten eine Vielzahl von Lebensystemen betrieben. Aufgrund der kontinuierlichen und evolutionären Entwicklung kommt es zudem auch zu Funktionsredundanzen.

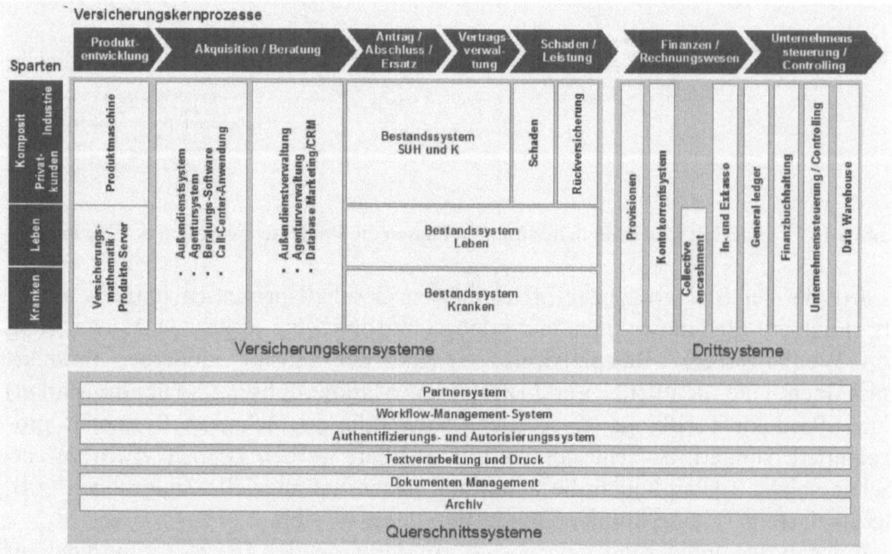

Abb. 2.12 Idealtypische Anwendungslandschaft einer Versicherung[4]

Grundsätzlich lässt sich die Anwendungslandschaft eines Versicherungsunternehmens in drei große Blöcke aufteilen: Versicherungskernsysteme, Querschnittssysteme und Drittsysteme.

2.3.2.1 Versicherungskernsysteme

Der Block der Versicherungskernsysteme umfasst alle Systeme, die versicherungsspezifische Aufgaben erfüllen. Im Zentrum stehen dabei die sogenannten

---

[4] Quelle: BCG/Platinion

Bestandssysteme, in denen die Verträge der Versicherungsnehmer und die versicherten Objekte – sofern es sich nicht um Personen handelt – verwaltet werden. Zu unterscheiden sind in diesem Kontext mindestens Komposit-, Leben- und Kranken(bestands)systeme. Unter „Kompositsystemen“ werden Verwaltungen für Sach-, Unfall-, Haftpflicht- und Kfz-Versicherungen subsumiert. Oftmals existieren für diese Teilsparten sowie unterschiedliche Zielgruppen (Stichwort „Industriegeschäft“) eigene Anwendungen.

Zu den Versicherungskernsystemen gehört das Partnersystem, welches Informationen zu Versicherungsnehmern, versicherten Personen, Schadenbeteiligten, Gutachtern, Mitarbeitern, Maklern und anderen Personen bereitstellt. Zu jeder Person sind im Partnersystem neben Stammdaten wie Name und Geburtsdatum auch Adressdaten, Bankverbindungen und Beziehungen zu anderen Personen hinterlegt.

Die Vertriebsanwendungen zählen ebenfalls zu den Kernsystemen und unterstützen im Wesentlichen Außendienst, Agenturen und Makler. Zentrale Funktionen dieser Anwendungen sind u. a. die Kunden- und Vertragsauskunft, diverse Beratungskomponenten, wie z.B. ein Versorgungslückenrechner, sowie die Angebotserstellung. Eine besondere Herausforderung an die IT besteht dabei darin, diese Anwendungen dem mobilen Außendienst zur Verfügung zu stellen. Dies kann durch eine offline-fähige Version der Software mit lokal replizierten Datenbeständen oder online über Mobilfunktechnologien (via EDGE oder UMTS) bereitgestellte Anwendungen erfolgen.

Neben den o.g. kundengerichteten Funktionen stellen Vertriebsanwendungen auch administrative Funktionen zur Verfügung, wie z.B. eine Agenturverwaltung und Provisionsabrechnung. Auch der Internet-Kanal sowie in die Software von Vertriebspartnern wie Banken oder Maklerplattformen integrierte Lösungen sind den Vertriebsanwendungen zuzuordnen.

Neben Bestands-, Partner- und Vertriebsanwendungen werden auch Produktmaschinen und die Systeme der Versicherungsmathematik dem Block der Versicherungskernsysteme zugeordnet. Sie dienen der Modellierung und zentralen Bereitstellung von Produktinformationen sowie der Berechnung von Tarifen. Moderne Produktmaschinen generieren zudem Masken, in denen tarifierungsrelevante Parameter erfasst und anschließend das Ergebnis der Tarifberechnung dargestellt wird. Damit im Rahmen der Tarifierung bereits bekannte Parameter nicht erneut eingegeben werden müssen, besteht üblicherweise eine Schnittstelle zum Partnersystem.

2.3.2.2 Querschnittssysteme

Systeme, die über die gesamte Wertschöpfungskette hinweg Kernanwendungen oder Drittsysteme unterstützen, werden als Querschnittssysteme bezeichnet.

Hierzu zählen Textverarbeitungen, Druckprogramme, Anwendungen zur Versionierung und Archivierung von Dokumenten sowie Workflow-Management-Systeme. Letztere dienen der arbeitsplatzübergreifenden Koordination von Arbeitsaufträgen.

2.3.2.3 Drittsysteme

Der Anwendungsblock der Drittsysteme umfasst Systeme, die der Finanzbuchhaltung, der Verwaltung von Vermögenswerten und Immobilien sowie der Unternehmenssteuerung dienen. Im Gegensatz zu den Versicherungskernsystemen kommt in diesem Bereich typischerweise Standard-Software zum Einsatz. Dies liegt darin begründet, dass die Anforderungen an solche Systeme über Branchen hinweg sehr ähnlich sind und somit Anbieter von Standard-Software mit ihren Systemlösungen eine große, branchenübergreifende Abnehmerschaft erreichen. Der Software-Hersteller SAP deckt diesen Funktionsbereich nahezu vollständig ab und hat sich daher auch bei Versicherungen gut etabliert. Bei einem Data Warehouse handelt sich um ein System, das Daten aus den operativen Systemen und externen Datenquellen (wie z.B. Geoinformationsdiensten) zusammenführt. Es ist für den Aktuar besonders relevant, da er damit, im Gegensatz zu den operativen Systemen, (statistische) Analysen und Auswertungen auf Basis umfangreicher historischer Datenreihen durchführen kann.

2.3.3 Die IT-Organisation und ihre Prozesse

Eine leistungsfähige IT-Organisation ist entlang ihrer Geschäftsprozesse ausgerichtet, um eine kundenorientierte und effiziente Abwicklung bei der Entwicklung, dem Betrieb und der Wartung von IT-Systemen zu ermöglichen. Abbildung 2.13 zeigt ein Prozesshaus wie es bei der W&W Informatik GmbH verwendet wird, bei dem das Prozessmodell in Form eines Hauses mit Stockwerken und Wohnungen dargestellt ist.

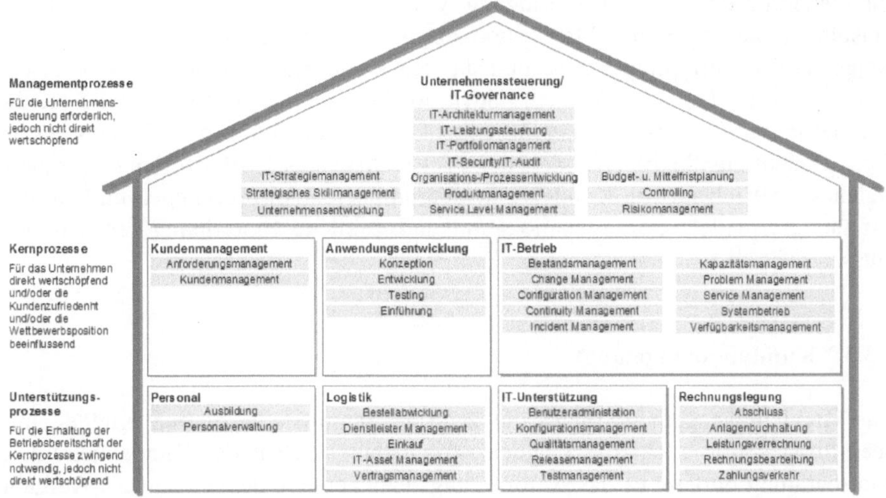

Abb. 2.13 Prozesshaus einer IT-Organisation[5]

Innerhalb des Prozessmodells werden drei Kategorien (Stockwerke) unterschieden:

- *Managementprozesse* für die Steuerung der IT-Organisation,
- *Kernprozesse*, welche die eigentliche Wertschöpfung erbringen und die Kundenzufriedenheit oder die Wettbewerbsposition beeinflussen, und
- *Unterstützungsprozesse*, die für die Erhaltung der Betriebsbereitschaft der Kernprozesse notwendig sind.

Diesen Kategorien lassen sich die verschiedenen Prozessgruppen (Wohnungen) eines IT-Dienstleisters zuordnen. In einer prozessorientierten Aufbauorganisation entsprechen diese Wohnungen dann einzelnen Organisationsbereichen. Die für die Erbringung der Versicherungsleistungen nötigen Anwendungssysteme umfassen insgesamt rund 80 Mio. Programmzeilen (Lines of Code). Und allein für den Betrieb/Wartung und die Weiterentwicklung werden jährlich ca. 80 bis 100 Mio. EUR IT-Budget eingesetzt. Für den Aufbau einer solchen Anwendungslandschaft eines mittleren Versicherungsunternehmens sind etwa 500 bis 700 Mio. EUR zu veranschlagen!

2.3.3.1 IT-Governance

Governance-Einheiten verantworten die Steuerung der IT-Organisation. Hierzu gehören die Prozesse der Strategie und Organisationsentwicklung sowie Prozesse

---

[5] Quelle: W&W Informatik GmbH

zur Steuerung der Leistungserbringung, wie z.B. IT-Architekturmanagement, IT-Leistungssteuerung und IT-Portfoliomanagement. Schließlich gehören die Planungs- und Controllingprozesse und das Risikomanagement in den Bereich der IT-Governance. Diese Funktionen bilden insofern die „Schaltzentrale" der IT, die das Gesamtzusammenspiel aller weiteren IT-Funktionen koordiniert. Von besonderer Bedeutung für die Kunden der IT ist dabei das IT-Portfoliomanagement, welches die Vielzahl von Kundenprojekten und deren Anforderungen im Hinblick auf übergreifende Ressourcenallokation und zeitliche Einordnung orchestrieren muss.

2.3.3.2 Kundenmanagement

Das Kundenmanagement bildet die zentrale Schnittstelle zu den Kunden und beeinflusst somit direkt die Kundenzufriedenheit. Neben der Kundenbetreuung und -beratung umfasst es das Anforderungsmanagement, dessen zentrale Aufgabe in der Erfassung, Bewertung und Verwaltung von Anforderungen an IT-Systeme zur Umsetzung in Projekten besteht.

2.3.3.3 Anwendungsentwicklung

Die Anwendungsentwicklung deckt den gesamten Lebenszyklus von Projekten zur Erstellung von IT-Lösungen ab. Dieser umfasst die Anforderungsanalyse, Konzeption, Implementierung, Testing, Integration und Einführung von Systemen oder Systemfunktionen. Innerhalb der Anwendungsentwicklung sind ähnliche Aufgaben, Ressourcen, Systeme in sogenannten „Competence Center" gebündelt. In der Versicherung trifft man daher typischerweise Center für die Bereiche Leben, Komposit, Vertrieb/Marketing und Querschnittssysteme an.

2.3.3.4 IT-Betrieb

Betrieb und Wartung von IT-Systemen, Arbeitsplätzen und der Kommunikationsinfrastruktur sind in der Betriebseinheit verortet. Aufgrund der hohen Standardisierbarkeit solcher Leistungen haben viele Versicherer Teile ihres IT-Betriebs an Dienstleister oder IT-Töchter ausgelagert (Outsourcing).

2.3.3.5 IT-Unterstützung

Organisationseinheiten dieser Kategorie stellen übergreifend einheitliche Methoden und Werkzeuge bereit, um ein hohes Qualitäts- und Effizienzniveau in den Kernprozessen der IT sicherzustellen. Zu diesen Prozessen gehören unter anderem

Qualitätsmanagement, Release Management und Testmanagement. Die operative Umsetzung der IT-Unterstützung erfolgt in den Kernleistungsprozessen von Anwendungsentwicklung und Betrieb. Im Sinne einer Trennung von Richtlinien- und Durchführungskompetenz sollte die Steuerungsfunktion für die IT-Unterstützung dann in einem eigenen Bereich angesiedelt sein bzw. aus dem Bereich IT-Governance heraus erfolgen.

Schließlich sind für die Administration einer IT-Organisation weitere Prozesse in den Bereichen Personal, Logistik (einschließlich Dienstleister-Management) und Rechnungslegung erforderlich. Sofern diese Prozesse nicht zentral vom Konzern bereitgestellt werden oder ausgelagert sind, müssen dafür entsprechende Bereiche in der IT-Organisation vorgesehen werden.

2.3.4 Herausforderungen und Ausblick

Versicherungen und damit auch ihre IT-Abteilungen oder -Töchter stehen vor einer Vielzahl von Herausforderungen (s. Abb. 2.14). Dem weiter steigenden Kostendruck muss unter anderem mit Effizienzsteigerung durch IT-gestützte Automation begegnet werden, z.B. durch die elektronische Klassifikation und Verteilung der Eingangspost. Regulatorische Anforderungen, wie z.B. MaRisk/Solvency II erfordern umfangreiche Anpassungen der IT-Systeme und belasten das zur Verfügung stehende Change-Budget deutlich. Darüber hinaus bedingt eine stärkere Kundenzentrierung die Einführung oder den Ausbau von Customer Relationship Management (CRM) Systemen. Ein besserer Service setzt zudem voraus, dass Kunden mit der Versicherung über verschiedene Service- und Vertriebskanäle interagieren können. Hierzu muss neben der (weiteren) Erschließung von Vertriebskanälen (z.B. Internet) auch eine Integration stattfinden. Stärkere Kundenorientierung bedeutet zudem künftig vermutlich weiterhin die Bereitstellung individualisierter Produkte und Tarife mit entsprechenden Implikationen für Produktmaschinen und Analyseprogramme.

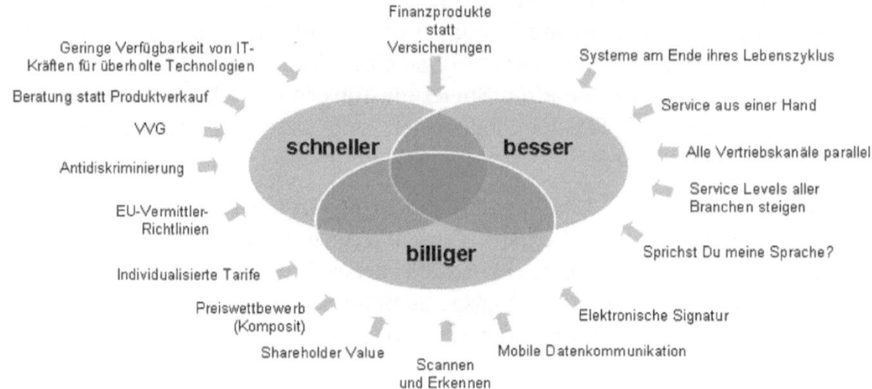

Abb. 2.14 Treiber für Veränderungsbedarfe in der Anwendungslandschaft[6]

Neben Anforderungen, die durch die Marktentwicklung induziert sind, steht für viele Versicherer eine Modernisierung oder Ersetzung von Systemen an. Dies liegt darin begründet, dass die eigenentwickelten Systeme meist sehr lange „Laufzeiten" (z.B. > 20 Jahre) ohne grundlegende technologische Weiterentwicklung haben. Bedingt durch viele fachliche Erweiterungen steigt die Systemkomplexität, die Wartbarkeit sinkt oder sie sind nicht mehr updatefähig. Auch wird es, bedingt durch den raschen technologischen Wandel, schwerer, auf ältere Technologien spezialisierte Fachkräfte zu finden oder aber die Hersteller stellen die Unterstützung älterer Systemversionen ein.

Die IT-Organisationen von Versicherungsunternehmen sind zunehmend konfrontiert mit der Forderung nach mehr Effizienz und stärkerer Serviceorientierung. Sie stehen zunehmend in Konkurrenz mit anderen Marktteilnehmern. Outsourcing von IT-Leistungen an Externe oder Ausgründung und Professionalisierung von IT-Service-Gesellschaften werden in Zukunft verstärkt zu beobachten sein.

Kurzbiographie

Ralf Stankat, 49, hat Betriebswirtschaft, Wirtschaftsinformatik und Verwaltungswissenschaften in Stuttgart studiert und am Management Zentrum St. Gallen den Master of Advanced Management erworben. Nach beruflichen Stationen bei

---

[6] Quelle: W&W Informatik, BCG/Platinion

der W. Kohlhammer GmbH, Stuttgart, und der Bausparkasse Schwäbisch Hall AG war er bis September 2006 Vorstandsmitglied der VR Kreditwerk Hamburg – Schwäbisch Hall AG. Im Oktober 2006 wurde er Geschäftsführer der W&W Informatik GmbH, Ludwigsburg, der IT-Tochter des Vorsorge-Spezialisten Wüstenrot & Württembergische AG. Seit Januar 2010 ist er Vorsitzender der Geschäftsführung der W&W Informatik GmbH.

Literaturverzeichnis

(BCG 2007): BCG, IT-Benchmarking in deutschen Versicherungen. 2007
(Gartner 2009): Gartner, IT-Spending and -Staffing Report. 2009

2.4 Die Assekuranz im Umbruch – Herausforderungen der IT

Norbert Dick, Köln, Deutschland

Zusammenfassung

Die Versicherungsbranche befindet sich weltweit im Umbruch. Mit dem bisherigen Geschäftsmodell wird künftig kein merkliches Wachstum mehr zu erzielen sein. Vier Megatrends werden – so das Fazit einer Studie des „IBM Institute for Business Value" – die Branche bis 2020 formen: (1) Aktivere und informiertere Kunden werden sich auch auf nicht-traditionelle Anbieter einlassen, sofern diese ihre Erwartungen erfüllen. (2) Technologie wird die Wertschöpfungskette virtualisieren und die Eintrittsbarrieren für neue Anbieter verringern. (3) Versicherungsprodukte der Zukunft werden flexibler sein und sich besser an die jeweiligen Lebensumstände anpassen. (4) Die Koordination der Regularien und allgemein anerkannte Industriestandards werden sich weltweit anpassen.

Der vorliegende Artikel geht auf diese Trends näher ein und zeigt mittelfristige, eng mit der IT verzahnte Handlungsfelder für Versicherungsunternehmen auf, die heute schon in Teilen angegangen werden und weiter ausgebaut werden müssen. Dabei geht es vor allem um Kundenzentrierung, Industrialisierung und Informationsmanagement. Wesentlich ist dabei ein enges Zusammenspiel zwischen Business und IT.

2.4.1 Veränderungstendenzen und Megatrends

Die Versicherungsbranche befindet sich weltweit und somit auch in Europa und Deutschland im Umbruch. Es ist zu vermuten, dass mit dem bisherigen Geschäftsmodell künftig kein merkliches Wachstum zu erzielen ist. Mit Ausnahme der Wachstumsmärkte wie China, Indien und Osteuropa verzeichnet die Branche das schwächste Prämienwachstum seit Ende 1990.

Die Frage ist, welche Markttrends bereits absehbar sind und welche neuen Ansätze die Branche in die Zukunft tragen. Das „IBM Institute for Business Value" hat auf Basis einer weltweiten Befragung von mehr als 30 Top-Managern und Spezialisten der Versicherungsbranche einen Ausblick für einen erfolgreichen

M. Aschenbrenner et al. (eds.), *Informationsverarbeitung in Versicherungsunternehmen*,
Springer-Lehrbuch Masterclass, DOI 10.1007/978-3-642-04321-5_5,

Wandel erstellt (IBM 2006). Dieser globale Überblick beschreibt künftige Geschäftsstrategien und Technologien.

Eine wesentliche Erkenntnis der Studie besteht darin, dass die Optimierung des heutigen „Business as usual", beispielsweise durch „Cost Cutting" auf Basis der existierenden Geschäftsmodelle nicht ausreichen wird, um zukünftigen Erfolg zu sichern.

Vier Megatrends werden – so das Studienfazit – die Branche bis 2020 formen (s. Abb. 2.15).

	Megatrend	Ergebnisse
1 Verbraucher-erwartungen	Aktive und informierte Verbraucher bevorzugen nicht traditionelle Anbieter	Kunden kennen und nutzen Technologie – Loyalität wird durch Komfort und Service verdient
2 Versicherungs-betrieb	Technologie virtualisiert die Wertschöpfungskette und senkt die Markteintrittsbarrieren	Immer aggressivere Sourcing-strategien der VUs aufgrund erfolgreicher Markteindringlinge
3 Geschäfts-modell	Flexible, annähernd „real time" an den Kundenbedarf anpassbare Produkte – „Pay as you live"	Laufzeitverkürzung und geringerer operativer Aufwand für Neu-kalkulationen führen zu stetigeren Unternehmensergebnissen
4 Regulatorische Anforderungen/ Standards	Koordinierung von Anforderungen und Industriestandards im globalen Maßstab	Höhere Transparenz und Automatisierung erlauben regionen-übergreifend erfolgreiche Märkte

Quelle: IBM Institute for Business Value

Abb. 2.15 Megatrends in der Versicherungsbranche

Aktivere und informiertere Kunden, die immer stärker für ihre finanzielle Absicherung eigenverantwortlich sind, werden sich, über alle demografischen Gruppen hinweg, auch auf nicht-traditionelle Anbieter einlassen, sofern diese ihre Erwartungen erfüllen. Die Erwartungen umfassen insbesondere einen exzellenten Service und Komfort beim Zugang und der Nutzung der Systeme des Versicherungsunternehmens. Hier ist zunehmend die IT gefordert, die Belange der Kunden über Portale und Zugriff auf deren Bestandsdaten im Rundumservice – 7 Tage, 24 Stunden – abzudecken.

Technologie wird die Wertschöpfungskette virtualisieren und die Eintrittsbarrieren für neue Anbieter verringern. Versicherer werden, im Sinne einer Reduktion der Fertigungstiefe, Teile der Wertschöpfungskette weltweit an Partner vergeben. Die Bildung reiner Vertriebs- und reiner Betriebsgesellschaften sowie virtueller Unternehmen wird in den nächsten Jahren zunehmen.

Versicherungsprodukte der Zukunft werden dynamisch sein und eine gleichmäßigere Business Performance liefern. Sie werden flexibler sein und sich besser an die jeweiligen Lebensumstände anpassen. Produkte werden für kleinere Risikogruppen und annähernd „realtime" – z.B. durch Telematiklösungen – kalkuliert werden können. Im Zentrum der Veränderungen werden Versicherungsmodelle stehen, die exakt auf bestimmte Lebenslagen zugeschnitten sind. Unter anderem wird diese ermöglicht durch den Einsatz sogenannter „pervasive computer technologies" und Sensoren, mit denen die nächste Generation des Internets arbeiten kann. Sie ermöglichen eine vollkommen neue, an die Kundensituation angepasste Kostenkalkulation für bestimmte Risiken. Diese Technologien erlauben dann auch „Just-in-time" oder „Pay-as-you-live" Versicherungsmodelle, bei denen der Kunde nur das Risiko bezahlt, dem er wirklich ausgesetzt ist. In der heutigen Praxis sehen wir dieses neue Geschäftsmodell bereits vereinzelt in der Autoversicherung mit einer benutzerabhängigen Tarifierung eingeführt.

Ebenso werden Unternehmen aktives Risikomanagement betreiben, das stärker auf Prävention und die Vermeidung von Versicherungsansprüchen setzt. Desweiteren werden regulatorische Anforderungen und Branchenstandards zunehmend globale Relevanz haben. Zum einen erfordert die Globalisierung der Wirtschaft auch einen globalen Schutz von Kunden und Wirtschaftsaktivitäten. Zum anderen erfordern auch die zunehmende Industrialisierung und Automatisierung sowie die damit verbundenen Sourcing-Strategien eine Standardisierung. Die Koordination der Regularien und allgemein anerkannte Industriestandards werden sich weltweit anpassen.

Weiterhin werden diese Trends eine Spezialisierung der Unternehmen forcieren. Dies wird sowohl eine interne Spezialisierung sein, bezogen auf die Bündelung von gleichartigen Prozessen und deren Ausführung in „Shared Service" Zentren, als auch eine externe Spezialisierung durch die Vergabe von Arbeiten an Partner für ausgewählte Prozesse. In der IT spricht man hierbei von BPO – Business Process Outsourcing.

2.4.2 Innovationsszenarien

Wir sehen hier für den mittelfristigen Zeithorizont im deutschen Versicherungsmarkt folgende fachliche Themen als Handlungsfelder, die heute schon in Teilen angegangen werden und weiter ausgebaut werden müssen. Abbildung 2.16 zeigt die Themen, die bereits heute mit Priorität in der deutschen Versicherungswirtschaft angegangen werden. Alle Handlungsfelder sind eng verzahnt mit der IT in den Unternehmen.

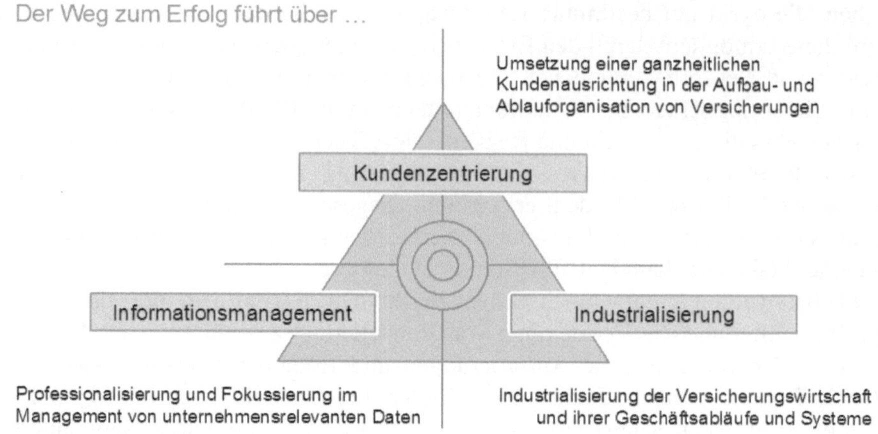

Abb. 2.16 Mittelfristige Handlungsfelder in Versicherungsunternehmen

2.4.2.1 Kundenzentrierung

In einem gesättigten Markt kann eine Wachstumsstrategie für Versicherungsunternehmen nur über den Preis, bessere/n Produkte/Service oder die Ausdehnung der Geschäftstätigkeiten in andere Länder definiert werden. Eine Polarisierung hinsichtlich transaktionsorientiertem versus kundenbeziehungsorientiertem Geschäft findet statt, alternative Vertriebs- bzw. Serviceansätze über Internet (HUK24, Allianz24) für sehr preissensitive Produkte oder ‚Whitelabeling' sind zu beobachten. „Self Service"-Portale zur direkten Einbindung der Kunden sind auf dem Vormarsch und werden u.a. durch regulatorische Anforderungen aus der VVG-Reform angetrieben. Multikanalansätze müssen in einer einheitlichen Kundenausrichtung münden. Gleichzeitig versuchen die Versicherer ihre eigenen Vertriebseinheiten zu stärken und kundenorientierter aufzustellen. Die Etablierung von Servicecentern ist ein zusätzlicher Ausdruck dieser Strategie. Vorhandene Softwareprodukte, wie z.B. von Chordiant, helfen dabei den Vermittler- und Kundenkontakt effizient zu gestalten.

Zukünftig werden wir eine Polarisierung sehen. Auf der Nachfrageseite werden die Pole einerseits durch einen kostengetriebenen Ansatz charakterisiert, der „Commodity-Produkte" abdeckt, und andererseits durch einen wertgetriebenen Ansatz, der individuelle und stark servicebedürftige Produkte umfasst (s. Abb. 2.17).

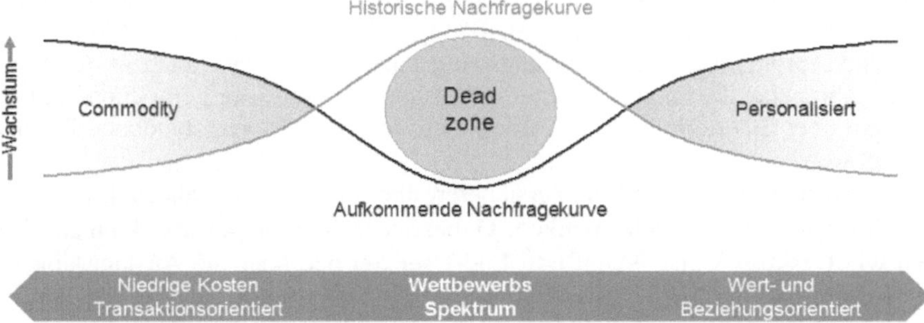

Abb. 2.17 Wettbewerbsspektrum für Versicherer

Die historische Nachfragekurve gehört der Vergangenheit an. Das individualisierte und gesteigerte Anspruchsdenken der Kunden führt zu deutlich erhöhten Anforderungen an Produktflexibilität und -innovationen in stetig kürzer werdenden Zyklen – eine besondere Herausforderung nicht nur unter aktuariellen, sondern insbesondere auch unter IT-technischen Aspekten. Neben der Fähigkeit, in immer kürzeren Zeiträumen neue Produkte auf den Markt zu bringen, müssen alle diese neu entstehenden Tarife und Tarifvarianten ja auch in IT-Systemen abgebildet und über teils lange Zeiträume bearbeitet werden.

Darüber hinaus wird die Unterstützung des Ausschließlichkeitsvertriebs durch ein modernes Agentursystem mit integrierter Angebots- und Beratungssoftware zunehmend wichtiger. Die IT hilft hier mit einem „always-online"-Konzept, das dem Vermittler den Zugriff auf Kunden- und Akquisedaten sowohl stationär als auch mobil (Beispiel LVM) ermöglicht. Damit ist er jederzeit über den aktuellsten Stand bei seinem Kunden informiert und kann mit einer gezielten Beratung einen wettbewerbsorientierten Wert schaffen.

2.4.2.2 Industrialisierung

Der Industrialisierungsbegriff geht zurück auf die Fertigungsindustrie. Kostendruck und Flexibilisierung werden aber auch den Versicherungsmarkt analog beeinflussen und zu einem komponentenorientierten Geschäftsmodell führen, das eine hohe Flexibilität hinsichtlich Veränderungen von Marktgegebenheiten sowie der Anpassung von Unternehmensprozessen und Produkten wie Services aufweist. Standardisierung von Geschäftsprozessen, die Zuleitung von Geschäftsvorfällen an den – im Sinne von Wissen, Kosten und aktueller Verfügbarkeit – „richtigen“ Arbeitsplatz und nicht zuletzt die vollständige Automation von Prozessen sind hier wichtige Stichworte. Diese Industrialisierung, d.h. Standardisierung, Modularisierung und Automatisierung, wird langfristig dazu führen, dass auch in der Versicherungsbranche die monolithische Wertschöpfungskette aufgebrochen und die Arbeiten über Städte, Länder und Kontinente hinweg von verschiedenen Partnern erledigt werden.

Der Kostendruck zwingt die Versicherer, über mögliche IT- als auch fachbezogene Sourcinganätze nachzudenken. IT-bezogene Sourcinganätze können Themen wie Desktop Management und End-User Service oder die Auslagerung von Rechenzentren einschließen. Zusätzlich müssen Sourcing-Ansätze in der Anwendungsentwicklung und Anwendungswartung vor allem vor dem Hintergrund der damit intern gebundenen Ressourcen definiert werden. Der Anteil der für Änderungs- und Wartungsarbeiten gebundenen Mitarbeiter in Versicherungsunternehmen beträgt 60–80%. Somit bleibt zu wenig Kapazität für das Umsetzen innovativer Anwendungen.

Fachbezogene Sourcingansätze, wie etwa im Schadenmanagement die Überprüfung von Kostenvoranschlägen oder Rechnungen der Kfz-Werkstätten, müssen selektiv angegangen werden. Die IT unterstützt hier mit der Umsetzung auf strukturierten Daten und regelbasierten Systemen.

Mit dem Konzept des „Insurance Operation of the Future“ (IOF) adressiert IBM die Differenzierung und Automatisierung der Prozesse (s. Abb. 2.18).

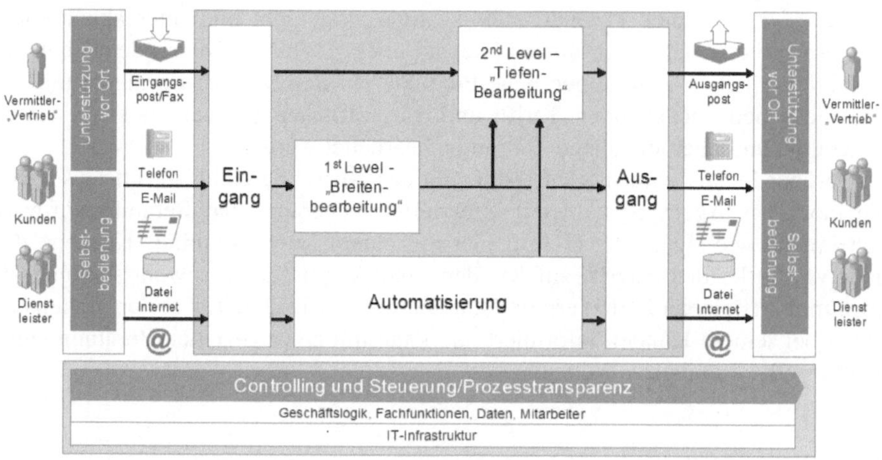

Abb. 2.18 Konzept des „Insurance Operation of the Future“ (IOF)

Der Versicherungsbetrieb der Zukunft basiert auf einer Service Orientierten Architektur (SOA). Eingehende Arbeit wird unabhängig vom Medium (Papier, E-Mail, voice-mail, Web) automatisch erkannt, die relevanten Informationen werden extrahiert und ggf. mit weiteren Daten angereichert. Dann wird das „Arbeitspaket" an einen automatisierten Prozess (Dunkelverarbeitung), an einen Sachbearbeiter (1st Level) oder an einen Spezialisten (2nd Level) übergeben. Die Branche geht davon aus, daß etwa 90% der Arbeiten vollautomatisch abgewickelt werden können.

Genannt für die verschiedenen Aspekte sei etwa ein integriertes Inputmanagement, das z.B. im Krankenversicherungsumfeld die Überprüfung und die darauf folgende Bearbeitung der Rechnungen automatisiert. Erste Erfahrungen zeigen eine Effizienzsteigerung von bis zu 75%.

2.4.2.3 Informationsmanagement

Im Sinne der Prozess- und Entscheidungsunterstützung ist der professionelle Umgang mit allen Daten für Versicherer in der Zukunft unumgänglich. Wesentlich mehr Informationen sind zu gewinnen, um mehr Service, aber auch neue Produkte zu etablieren.

Risikoanalyse und Business Performance Reporting mit verlässlicher Information sind erforderlich, um Segmentierungen, Personalisierung und Kanaleffektivität zu belegen. Informationsmanagement ist auch notwendig, um personalisierte Produkte und Services mit dynamischen Preis/ Leistungsverhältnis anzubieten.

Serviceorientierung gegenüber Kunden bedarf zeitgerechter Information, die jederzeit und verlässlich erzeugt werden kann. Zu kombinieren sind diese kundenbezogenen Informationen mit entsprechenden demographischen Informationen.

Gerade für die Dokumentation der Erfüllung der Anforderungen von Solvency II ist ein unternehmensweites Informations- und Datenmanagement unerlässlich. Versicherungsspezifische Datawarehouses können einen großen Beitrag zur Datentransparenz und -konsistenz leisten.

2.4.3 Zusammenspiel von Business und IT

Die Abstimmung von Business und IT aufeinander ist dringend notwendig. Die Unternehmensstrategie eines Versicherers sollte vom Business ausgehend über Anwendungen und Infrastruktur hin zur IT führen. Komponenten basierten Modellen und Systemen gehören die Zukunft. Methoden wie CBM (Component Business Modelling) helfen ein Versicherungsunternehmen entsprechend zu strukturieren. CBM schafft auch die Basis für Entscheidungen über die Fertigungstiefe: Was ist wettbewerbsdifferenzierend und muss im Versicherungsunternehmen erledigigt werden, was kann ggf. sogar mit Wettbewerbern gemeinsam betrieben oder komplett an externe Serviceprovider ausgelagert werden. Komponentenbasierte Systeme, nach Serviceorientierter Architektur (SOA) gebaut, sorgen dabei für die erforderliche Flexibilität. Darüberhinaus ist das Spannungsfeld zwischen Business, Drang zur Spezialisierung, und IT, Notwendigkeit zur Standardisierung, in einem SOA-Umfed leichter aufzulösen. CBM-Rahmenwerke für Sach-, Leben- und Krankenversicherungen sind bereits verfügbar.

Eine weitere wichtige Rolle spielt die IT bei der Unterstützung der unterschiedlichen Go-to-Market Strategie. Es wird zum „Preis" versus „Service" getriebenen Geschäftsmodell kommen. Die kundenzentrierte Sicht wird die bisher produktzentrierte Dominanz ergänzen. Die Daten über die Kunden und die Integration der verschiedenen Vertriebskanäle werden an Bedeutung gewinnen. Hat das Business die Vertriebsstrategie festgelegt, so muss die IT Systeme zur Umsetzung dieser Strategie bereitstellen.

Enges Zusammenspiel zwischen Business und IT ist auch bei der Automation der Prozesse erforderlich. Industrialisierung und Straight-through processing werden helfen, die Barrieren zwischen Front- und Backoffice einer Versicherung zu überwinden.

Zusammenfassend kann festgestellt werden, daß neue Technologien, eine Serviceorientierte Architektur (SOA) und die Virtualisierung in der IT die Transformation der Versicherungsunternehmen nachhaltig beschleunigen können. GPS (Global Positioning System) bei benutzerabhängiger Tarifierung, RFID (Radio Frequency Identification) in der Transportversicherung oder Cloud Computing bei der Simulation von Risiken sind einige Beispiele für Treiber von Innovation in der Assekuranz.

Kurzbiographie

Norbert Dick ging 1974 nach Abschluss seines Studiums als Diplom-Wirtschaftsingenieur an der Universität (TH) Karlsruhe zur IBM Deutschland GmbH nach Bonn. Nach 13 Jahren als Systemberater und Vertriebsbeauftragter wurde er 1987 Leiter der Systemberatung, 1990 Assistent der Geschäftsführung und 1991 Direktor und Fachbereichsleiter Großkunden Nordwest sowie Niederlassungsleiter der IBM in Köln. Von 1995 bis 2000 war er Geschäftsbereichsleiter Versicherungen Deutschland (ab 1997 auch für Österreich und Schweiz). Im Januar 2001 wurde Norbert Dick zum Managing Director ernannt und war in dieser Aufgabe zuständig für das weltweite Geschäft der IBM mit einem großen Versicherungskonzern. 2005 wurde er zum General Manager befördert und bekam die Verantwortung für die gesamte Insurance Industry bei IBM. In dieser Position war er bis Ende 2007 zuständig sowohl für die Führung des globalen Versicherungsteams als auch die Strategie und den weltweiten Umsatz der IBM mit der Versicherungswirtschaft. Darüber hinaus hatte Norbert Dick zwei Aufsichtsratsmandate, sitzt in mehreren Beiräten und ist Wirtschaftsbotschafter der Stadt Köln.

Literaturverzeichnis

(CIP 2006): Comema AG, IBM Deutschland GmbH und psyconomics AG, Erfolgsfaktoren im Ausschließlichkeitsvertrieb 2006 – Zufriedenheit, Motivation und Bindung im Außendienst. November 2006

(Dick u. Füllgraf 2007): Dick N, Füllgraf N, Innovation statt Cost Cutting: Marktchancen und Herausforderungen der deutschen und internationalen Versicherungswirtschaft. Sonderdruck, VVW Karlsruhe , April 2007

(Dick 2007): Dick N, Choosing Innovation Over Cutting Cost: Market Opportunities and Challenges in the Insurance Industry. VVW Karlsruhe , 2007

(IBM 2006): IBM, Insurance 2020 – Innovating beyond old models. IBM Institut for Business Value, IBM Global Business Services, Mai 2006

3
Prozesse und Organisation

3.1 IT-Alignment in einem Versicherungsunternehmen auf der Grundlage einer Corporate- und IT-Governance

Lothar Engelke, **Köln, Deutschland**

Zusammenfassung

Ein Versicherungsunternehmen ist konfrontiert mit einer Vielzahl an grundsätzlichen Anforderungen und Vorgaben, die in der Corporate Governance berücksichtigt und kontrolliert werden müssen. Die technische Umsetzung dieser Vorgaben erfolgt in der sogenannten IT-Governance. Die Qualität der IT-Governance ist maßgeblich für die Fähigkeit der IT, die tatsächlichen geschäftlichen Bedarfe mit den entsprechenden IT-Lösungen zu unterstützen. Nur mit einer effektiven IT-Governance ist ein optimaler Wertbeitrag der IT zu realisieren. Bei der Implementierung helfen marktgängige Standardverfahren wie COBIT. Diese bieten jedoch nur den grundsätzlichen methodischen Rahmen und müssen unternehmensspezifisch ausgearbeitet werden. Sie sind so die strategische Ergänzung zu anderen Standardmodellen, wie ITIL oder CMMI, die die IT-Organisation in ihren operativen Fähigkeiten und Ausrichtungen optimieren helfen.

Somit zeigt sich die Güte einer Versicherungs-IT nicht nur in ihrer operativen, sondern auch und erst recht in ihrer strategischen Exzellenz, sprich der Fähigkeit, die IT-Strategie und ihre Umsetzung lückenlos an der Geschäftsstrategie auszurichten, dem IT-Alignment.

3.1.1 Begriffsklärung Corporate Governance, IT-Governance, IT-Alignment

Ausgangspunkt der aktuellen Entwicklung zur Unternehmensleitung und -überwachung, der *Corporate Governance*, waren die negativen Erfahrungen mit undurchsichtigen Praktiken in einigen Unternehmen und deren Auswirkungen auf die Finanzmärkte. Dabei entstand die Forderung, zukünftig eine höhere Übereinstimmung zwischen Vorgaben und der realen Umsetzung abzusichern: die so genannte *Compliance.* Beispiele dafür sind der *Sarbanes Oxley Act (SOX)* von 2002, das *Gesetz zur Kontrolle und Transparenz im Unternehmensbereich (KonTrag)* von 1998 oder die *Mindestanforderungen an das Risikomanagement (MaRisk VA)* gültig ab 2009. Es ist zu erwarten, dass gerade durch die Entwicklungen der Jahre 2008/2009 mit weiteren Verschärfungen zu rechnen ist.

M. Aschenbrenner et al. (eds.), *Informationsverarbeitung in Versicherungsunternehmen*,
Springer-Lehrbuch Masterclass, DOI 10.1007/978-3-642-04321-5_6,

Erste Formen der *IT-Governance* dienten dazu, die Aufgaben der IT bei der Umsetzung der Anforderungen aus der Corporate Governance darzustellen. Dabei ist es vor allem der Aspekt der Einhaltung von Vorgaben, wie Transparenz, Datenqualität etc., der hier eine Rolle spielt. Gerade Versicherungsunternehmen unterliegen hier sehr umfangreichen Vorgaben. Diese einzuhalten ist somit eine Grundvoraussetzung für die Gestaltung eines erfolgreichen Versicherungsgeschäftes.

Seit einiger Zeit kommt jedoch ein zweiter Aspekt immer mehr in den Vordergrund: Dabei geht es um die Frage, welchen Beitrag die IT am Unternehmenserfolg bringt. Was ist der „Business Value of IT"? Diese Fragestellungen bestimmen zunehmend die in Unternehmen sichtbaren Ausprägungen und Umsetzungen einer IT Governance. Dabei spielen Fragen, wie die richtige, wertorientierte Portfoliosteuerung oder die sach- und nutzengerechte Ausbalancierung von IT-Services, eine wichtige Rolle.

In der Konsequenz müssen also die Möglichkeiten sowie Fähigkeiten der IT immer wieder an die wachsenden und sich verändernden Anforderungen des Unternehmens angepasst werden: das *IT-Alignment*. Dabei muss die Versicherungs-IT nicht nur die Brücke zur Fachlichkeit, sondern auch zu externen Lieferanten und Partnern schlagen, die Teile der IT-Leistung erbringen.

3.1.2 COBIT®

Beim Aufbau der Governance im Unternehmen können Referenzmodelle helfen. Hier ist vor allem das COBIT-Modell[1] mittlerweile in vielen Unternehmen als Basis eingesetzt. COBIT steht für *Control Objectives for Information and related Technology* und liefert einen standardisierten Methodenansatz.

Ziele von COBIT sind

- die Verbindung von IT-Planung mit geschäftlichen Anforderungen,
- die Organisation der IT-Aufgaben,
- die zielorientierte Ressourcensteuerung,
- die Bereitstellung von erforderlichen Managementinformationen.

Die erste Veröffentlichung des COBIT-Referenzmodells durch die ISACA (Information Systems Audit and Control Association) fand im Jahr 1996 statt. Seit 2005 existiert die vierte Edition des Referenzmodells, das ab der dritten Edition von dem amerikanischen IT Governance Institute ITGI herausgegeben wird.

[1] **C**ontrol **Ob**jectives for **I**nformation and related **T**echnology ist ein eingetragenes Markenzeichen des Information Systems Audit and Control Association/IT Governance Institute (ISACA/ITGI).

Cobit basiert auf fünf Kernbereichen (s. Abb. 3.1):

- Strategic Alignment: Abstimmung von Geschäfts- und IT-Strategien,
- Value Delivery: Darstellung und Überprüfung des Nutzens von IT für das Business,
- Resource Management: entsprechend Bedarf und Verfügbarkeit optimierter Einsatz der kritischen IT-Ressourcen,
- Risk Management: Auffinden, Bewerten und Kontrollieren von (Geschäfts-) Risiken,
- Performance Management: Kontrolle und Steuerung der Strategieimplementierung.

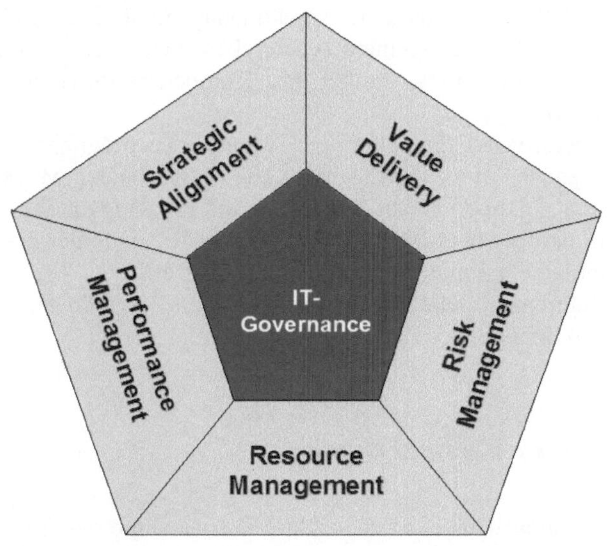

Abb. 3.1 Kernbereiche des COBIT Referenzmodells (nach ITGI 2005)

In diesen fünf Kernbereichen liefert COBIT eine ganze Reihe von Prozessen, Rollen etc., die beim Aufbau einer Governanceorganisation hilfreich sind und die sich in vielfältigen Implementierungen bewährt haben.

Es bedarf dabei allerdings der genauen Analyse und Entscheidung, welche Implementierung im jeweiligen Unternehmenskontext erforderlich, richtig und auch erfolgversprechend sein kann. So haben internationale Versicherungskonzerne mit vielen einzelnen länder- und marktspezifschen Ausprägungen andere Anforderungen und Möglichkeiten als ein auf ein Land und einen Markt ausgerichteter Direktversicherer.

3.1.3 Zusammenspiel mit anderen Modellen wie ITIL oder CMMI

In fast allen Unternehmen haben sich die Referenzmodelle ITIL und CMMI etabliert. *ITIL (IT Infrastructure Library®)* fokussiert sich vor allem auf die optimale Ausrichtung von Aufbau- und Ablaufstrukturen in einer IT-Serviceorganisation. Auf der Grundlage weltweiter Standardbeschreibungen werden Prozesse, wie Service Planning, Problem Management, Release Management, Operations oder Technical Service, und die dazu passende Organisation definiert. *CMMI (Capability Maturity Model Integration)* findet man sehr häufig als Grundlage eines optimierten Projekt- bzw. Anwendungsentwicklungsbereiches. Dabei werden auf der Basis von CMMI Prozesse aus dem Projektmanagement, dem Anforderungsmanagement oder dem Testmanagement beschrieben. Sehr viele Serviceanbieter im Anwendungsentwicklungsmarkt stellen ihre Kompetenz durch den gemessenen CMMI-Reifegrad dar.

Damit die operativen Fähigkeiten der IT auch den möglichst optimalen Geschäftsnutzen erzielen, ist es wichtig, zwischen diesen beiden Modellen, die sehr starken Einfluss auf die operativen Strukturen und Prozesse einer IT-Organisation haben, und dem darüber befindlichen strategischen Rahmen, der ggf. auf COBIT-Modellen beruht, eine optimale Verbindung zu schaffen.

All diese Referenzmodelle bieten entsprechende „Schnittstellen" an, die es erlauben, ein funktionierendes Zusammenspiel zu realisieren.

3.1.4 Relevanz für Versicherungen

Wie kaum eine andere Branche (vielleicht mit Ausnahme der Banken) muss die Versicherungswirtschaft versuchen, zum Teil sehr unterschiedliche Anforderungen und Entwicklungen in ihrer Geschäftsstrategie zu berücksichtigen:

- Gesetzliche Rahmenbedingungen: Sowohl auf nationaler als auch internationaler Ebene gibt es immer mehr Anforderungen und Vorgaben, die ein Versicherungsunternehmen zwingen, bisherige Geschäftsmodelle zumindest erheblich anzupassen.
- Der Versicherungsmarkt in Deutschland entwickelt sich immer mehr zu einem Verdrängungsmarkt, in dem sich jedes Unternehmen sein Wachstum durch rechtzeitiges Reagieren auf Kundenwünsche und Marktchancen erarbeitet. Demzufolge spielt Schnelligkeit eine immer größere Rolle.
- Ebenso schaffen die Marktsituation und die allgemeine Emanzipation des Versicherungskunden den Bedarf, den einmal gewonnenen Kunden durch eine hervorragende Qualität in Betreuung und Service zufriedenzustellen und so sein Potenzial für das Unternehmen zu erhalten. Entsprechend ist die Servicequalität neben Preis und Produktqualität ein immer wichtiger werdender, erfolgskritischer Faktor.

- Aufgrund des gestiegenen und immer noch steigenden Kostendrucks in der Versicherungsbranche sind Zielsetzungen wie die Konsolidierung von Organisationen, die Industrialisierung von Geschäftsprozessen oder die Nutzung kostengünstigerer Wertschöpfungsprozesse auch für die Versicherungen wichtig.

Diese zum Teil sehr unterschiedlichen Anforderungen führen logischerweise nicht nur auf der Business-Seite zum Problem, alles unter einen Hut zu bringen, sondern erst recht schaffen sie zum Teil nur sehr schwer harmonisierbare Vorgaben an eine IT-Lösung.

So ist z.B. in einem Konzern mit mehreren Marken zu überlegen, ob die Bestandsbearbeitung in einem mandantenfähigen Anwendungssystem erfolgen kann oder ob es beispielsweise aufgrund anderer Anforderungen an Prozesse oder Produkte zu verschiedenen Implementierungen mit entsprechenden höheren IT-Betriebskosten kommen muss.

Dieses sehr einfache Beispiel soll nur illustrieren, dass es der gemeinsamen, abgestimmten Analyse und Bewertung von Business und IT bedarf, wie man im eigenen Unternehmen diesen diversen Anforderungen begegnen will, mit welchen Prioritäten die verschiedenen Zielsetzungen verfolgt und welche geschäftlichen, technischen wie wirtschaftlichen Konsequenzen getragen werden.

Hier sind erfolgreich implementierte IT-Governance- und IT-Alignment-Verfahren sehr wichtig.

3.1.5 Geschäftsarchitektur

Um die unterschiedlichen Anforderungen an ein Versicherungsunternehmen zu beschreiben und vor allem den daraus abzuleitenden Handlungsbedarf zu bestimmen, ist die Beschreibung einer Geschäfts- oder Facharchitektur erforderlich (s. auch Kap. 4).

Die Geschäfts- oder Facharchitektur (s. Abb. 3.2) beinhaltet alle im Unternehmen vorzufindenden Geschäftsfunktionen: von der Kundenberatung, über Angebots- oder Antragsfunktionen, die Vertragsbearbeitung bis hin zu In- oder Exkasso-Funktionen. Auch Unternehmensfunktionen wie Controlling oder Personalwesen werden dort beschrieben. Dabei werden sowohl die funktionalen Anforderungen der einzelnen Unternehmensbereiche oder -teile als auch Anforderungen in Richtung Sicherheit, Verfügbarkeit oder Skalierbarkeit erfasst. Es wird außerdem festgelegt, ob einzelne Geschäftsfunktionen für einen oder mehrere Bereiche/Organisationen zur Verfügung gestellt werden sollen.

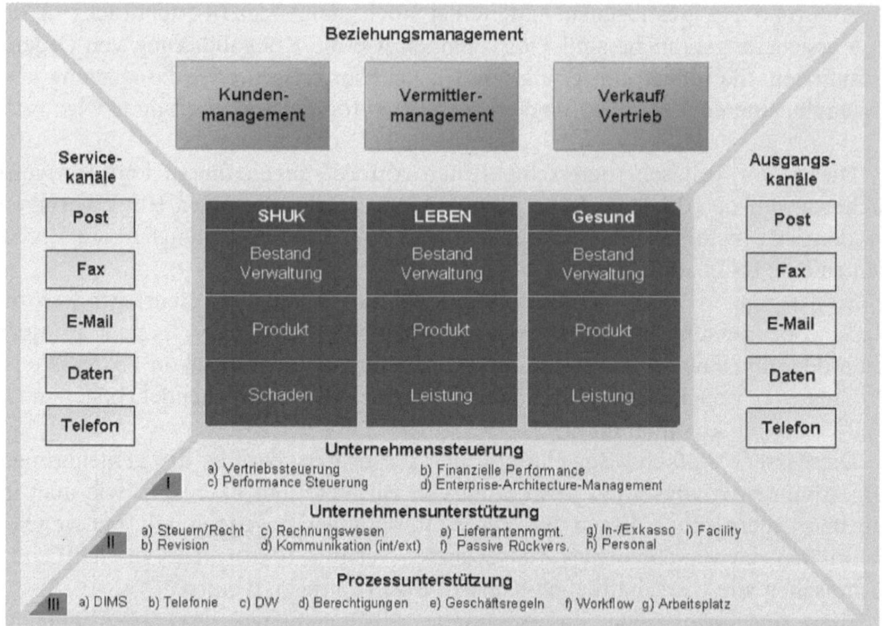

Abb. 3.2 Aufbau einer Geschäftsarchitektur

3.1.6 IT-Architektur

Auf der Grundlage der in der Geschäfts- oder Facharchitektur beschriebenen Anforderungen erfolgt der Abgleich, ob diese grundsätzlichen sowie funktionalen Anforderungen durch die eingesetzten IT-Lösungen abgedeckt werden bzw. Welche Maßnahmen durchgeführt werden müssen, um dies zu erreichen (s. Abb. 3.3).

Dieses Mapping kann dabei nicht nur zur Ermittelung des Weiterentwicklungsbedarfes genutzt werden, sondern unterstützt auch die Bewertung, ob neue, z.B. als Standardsoftware verfügbare Lösungen, überhaupt dem Anforderungsprofil der jeweiligen Versicherung entsprechen. Dabei steckt sehr häufig die wirkliche Differenzierung nicht in der eigentlichen Kernfunktionalität, sondern in der Integration der Geschäftsfunktionen zueinander, der Nutzungsvielfalt oder den Mengenanforderungen.

Auch für die Organisation des IT-Betriebs bieten die Festlegungen der Geschäftsarchitektur wesentliche Informationen; so liefern vor allem Fragen in Richtung Sicherheit, Verfügbarkeit, Skalierbarkeit u.a. sehr wichtige Grundlagen bei der Konzeption von IT-Infrastrukturen und Prozessen.

Neben der Top-Down-Sicht, im Sinne: was fordert die Geschäftsarchitektur von der IT, ist auch die umgekehrte Betrachtung in vielen Fällen sehr wichtig. So kann ggf. dargestellt werden, dass mehrere Anwendungssysteme ein und dieselbe Geschäftsfunktion bedienen; gerade nach Fusionen existiert sehr häufig der Zustand, dass eine Vielzahl von Redundanzen vorherrscht. Hier schafft das Bottom-Up-Mapping, mit welcher Lösung bedient die IT welche Geschäftsfunktion, Anhaltspunkte für mögliche Konsolidierungen und damit Kostenreduzierungen in der IT. Kernfrage möglicher Konsolidierungen ist dann, ob eine funktionale Harmonisierung zwischen den unterschiedlichen Anwendergruppen erreicht werden kann.

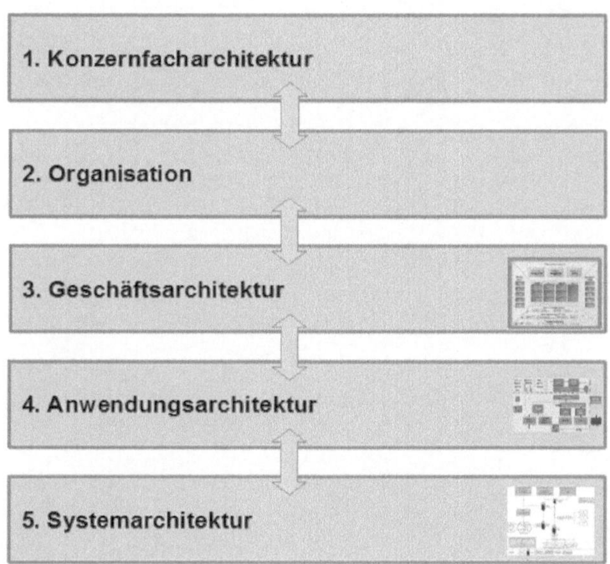

Abb. 3.3 Abhängigkeiten bei der Entwicklung von Geschäfts- und IT-Architekturen

Kurzbiografie

Lothar Engelke, geb. 1966, hat Wirtschaftsinformatik an der Fachhochschule Dortmund studiert. Seine ersten acht Berufsjahre war er für die IBM Deutschland tätig und verantwortete dort am Schluss das Anwendungslösungsgeschäft für Versicherungen in Deutschland. 1997 wechselte er zur AXA Deutschland AG. Dort übernahm er 2000 als Geschäftsführer die Verantwortung für den internen RZ-Dienstleister, AXA IT Services GmbH, und wechselte 2003 in das europäische Management der AXA Technology Services S.A., Paris. Seit Januar 2004 fungiert er als Vorsitzender Geschäftsführer der Gothaer Systems GmbH.

Literaturverzeichnis

(Johannsen u. Goeken 2007): Johannsen W, Goeken M, Referenzmodelle für IT-Governance, 2007

3.2 Kerngeschäftsprozesse eines Versicherungsunternehmens

Ralph Broschinski, **München, Deutschland**

Zusammenfassung

In diesem Kapitel werden die wichtigsten Geschäftsprozesse eines Versicherungsunternehmens (nachfolgend als VU bezeichnet) dargestellt.

Je nach Ausrichtung und Spezialisierung eines VU im realen Markt können einzelne Prozesse dabei eine Veränderung in ihrer Priorisierung und auch eine veränderte Stellung in Bezug auf ihre Relevanz zur Erreichung der Unternehmensziele erhalten. Die nachfolgende Darstellung liefert daher eine typische Modellbeschreibung, von der Abweichungen in der Realwirtschaft durchaus möglich sind.

Zunächst werden wichtige Grundsatzbegriffe wie Prozess oder Geschäftsprozess definiert. Im Anschluss werden dann die wichtigsten Prozesse von Versicherungsunternehmen im Sinne der getroffenen Definitionen strukturiert und inhaltlich grob skizziert.

3.2.1 Begriffsdefinitionen

Nach DIN EN ISO 9001 ist ein ***Prozess*** ein Satz von in Wechselbeziehungen oder Wechselwirkung stehenden Tätigkeiten, die Eingaben in Ergebnisse umwandeln.

Der Prozess besteht aus einem oder mehreren Teilprozessen; jeder Prozess oder Teilprozess besitzt einen klar definierten Beginn (Startereignis, Eingabe/Input) und ein ebenso klar definiertes Ende (Ergebnis/Output).

Ein Teilprozess kann wiederum eine Folge von Verarbeitungsschritten zusammenfassen; diese bilden die Elementarfunktionen innerhalb eines Geschäftsprozesses. Ein Prozess beschreibt somit den Ablauf von Teilprozessen; umgekehrt setzt sich der Prozess wiederum aus seinen einzelnen Teilprozessen und Verarbeitungsschritten zusammen.

Der Beginn eines Prozesses wird durch ein Ereignis definiert. Dieses Ereignis kann z.B. ein Telefonanruf, der Eingang eines Dokuments oder das Erreichen eines vorher festgelegten Termins sein.

M. Aschenbrenner et al. (eds.), *Informationsverarbeitung in Versicherungsunternehmen*,
Springer-Lehrbuch Masterclass, DOI 10.1007/978-3-642-04321-5_7,

Das Vorhandensein von Wechselbeziehungen zwischen den einzelnen Teilprozessen und Verarbeitungsschritten erfordert für Prozesse der Informationsverarbeitung einen Informationsaustausch zwischen den jeweiligen Verarbeitungsschritten. Jeder einzelne Teilprozess und Verarbeitungsschritt erhält daher Informationen in der Eingabe und gibt wiederum Informationen als Ergebnis aus. Prozessgrenzen sind somit zugleich Schnittstellen. Innerhalb von Prozessketten basiert jeder Prozess auf Informationen, die oftmals aus Vorläuferprozessen stammen. Diese werden im Prozess verarbeitet und zur Erstellung des Prozessergebnisses verwendet.

Zur Beschreibung der Verarbeitungslogik komplexerer Prozesse ist daher ein *Regelwerk* notwendig.

Die *prinzipielle Wiederholbarkeit* des Ablaufs der Verarbeitungsschritte ist charakteristisch für einen Prozess. Wenn bestimmte Bearbeitungen immer den gleichen Arbeitsablauf ausweisen, kann hieraus ein standardisierter Prozess abgeleitet werden. Die Standardisierung des Prozesses ist eine wichtige Voraussetzung für Automatisierung und IT-Unterstützung.

Ein ***Geschäftsprozess*** zeichnet sich insbesondere dadurch aus, dass er in direkter oder indirekter Beziehung zu einem Kunden steht und somit eine Kundenorientierung aufweist. Die beiden nachfolgend aufgeführten Definitionen veranschaulichen diese Eigenschaft eines Geschäftsprozesses:

- Ein *Geschäftsprozess* ist ein Bündel von Aktivitäten, für das ein oder mehrere unterschiedliche Inputs benötigt werden und das für den Kunden ein Ergebnis von Wert erzeugt (Hammer u. Champy 1993).
- Nach Prof. Scheer ist ein *Geschäftsprozess* eine zusammengehörende Abfolge von Unternehmensverrichtungen, die dazu dienen, eine Leistung zu erstellen. Ausgang und Ergebnis des Geschäftsprozesses ist eine Leistung, die von einem internen oder externen „Kunden" angefordert und auch abgenommen wird (Scheer 2001).

Die Ziele eines Prozesses (das Prozessergebnis) werden idealerweise aus den übergeordneten Unternehmenszielen abgeleitet. Dabei ist die Durchgängigkeit der Managementstrategie vom strategischen Unternehmensleitbild bis hin zur Zieldefinition für die operative Prozessebene sicherzustellen.

Über eine Bewertung der aus den Eingaben resultierenden Ausgaben wird die Prozessleistung gemessen. In die Bewertung können z.B. Kriterien wie Durchlaufzeit / Performance, relative Auslastung oder für den Prozessablauf erforderliche Ressourcen einfließen. Diese werden im Rahmen von Soll-Ist-Vergleichen mit den Modellierungs- und Implementierungskriterien des Prozesses abgeglichen.

Die Einteilung von Geschäftsprozessen erfolgt teils in Primär- und Sekundärprozesse (Schmelzer u. Sesselmann 2006), häufiger wird aber folgende Einteilung (insbesondere bei der Darstellung von Prozesslandschaften oder –Netzwerken) vorgenommen:

- ***Kernprozesse*** als Erbringung der Leistung für den Kunden, aufgeteilt in Teilprozesse
- ***Führungsprozesse***, die der Steuerung und Verbesserung der Kernprozesse dienen
- ***Unterstützungsprozesse*** zur Begleitung, Förderung und Absicherung der Kernprozesse.

3.2.2 Kerngeschäftsprozesse im Versicherungsunternehmen

Übertragen wir die branchenübergreifende Definition des Geschäftsprozesses, wie Hammer oder Scheer sie geliefert haben, auf die Versicherungsbranche, so ist ein Prozess immer dann ein für das Versicherungsunternehmen relevanter Geschäftsprozess, wenn er zur Erreichung des Geschäftsziels eines Versicherungsunternehmens bzw. der Erfüllung von internen oder externen Kundenanforderungen eines Versicherungsunternehmens dient oder hierzu beiträgt.

Als Kerngeschäftsprozesse eines Versicherungsunternehmens verstehen wir somit grundsätzlich alle Prozesse, die für die Wertschöpfung im Unternehmen von großer Bedeutung sind und maßgeblich zum Geschäftserfolg des Versicherungsunternehmens beitragen.

Eine interessante Einordnungshilfe bei der Definition der wichtigsten Geschäftsprozesse von Versicherungsunternehmen kann erstaunlicherweise auch das Versicherungsaufsichtsgesetz (VAG) liefern. Dieses verlangt nämlich in *§5 (3) Nr.4.* bei den nachfolgend aufgeführten betrieblichen Prozessen, dass bei deren Auslagerung aus dem Versicherungsunternehmen die entsprechenden Ausgliederungs-Verträge als Bestandteil des Geschäftsplans zur Genehmigung einzureichen sind (VAG 2009):

- Vertrieb
- Bestandsverwaltung
- Leistungsbearbeitung
- Rechnungswesen
- Interne Revision
- Vermögensanlage, Vermögensverwaltung

Bei diesen Prozessen kann demnach eine elementare Bedeutung für das VU unterstellt werden.

Eine weitere Definition hat der Gesamtverband der Versicherungswirtschaft (GDV) im Rahmen der Arbeitskreise zur Definitionen einer Versicherungs-Anwendungs-Architektur „VAA" geliefert. Als Grundlage der prozeduralen VAA wurden folgende Geschäftsprozesse der obersten Aggregationsstufe identifiziert, wobei eine Konzentration auf die wesentlichen operativen Geschäftsprozesse der Versicherungstechnik erfolgte (GDV 1999):

- Produkt entwickeln
- Produkt vertreiben
- Antrag bearbeiten
- Vertrag bearbeiten / Bestände verwalten
- Schaden/Leistung bearbeiten
- Be- und Abrechnung durchführen
- Abrechnung mit Dritten durchführen

Stellt man dieser Auflistung nun die elementaren Funktionen des Versicherungsbetriebs

- Beschaffung
- Leistungserstellung
- Absatz
- Verwaltung
- Finanzierung

nach (Farny 2006) gegenüber, fällt in der Auflistung des GDV eine starke Gewichtung und Differenzierung des Sektors Leistungserstellung auf. Diese Funktion der Leistungserstellung wird dabei in sechs einzelne Kernprozesse aufgegliedert dargestellt (siehe Tabelle 3.1):

Tabelle 3.1 Betriebswirtschaftliche Funktionen

betriebswirtschaftliche Funktionen im VU (nach Farny)	Für die Definition einer VAA identifizierte Kernprozesse im VU (nach GDV)
Beschaffung	Produkt entwickeln
Leistungserstellung	Produkt vertreiben
Absatz	Antrag bearbeiten
Verwaltung	Vertrag bearbeiten
Finanzierung	Schaden/Leistung bearbeiten
	Be- und Abrechnung durchführen
	Abrechnung mit Dritten durchführen

Für die Betrachtung und Definition einer versicherungsspezifischen Anwendungsarchitektur (vgl. Kap. 4) besitzt dieser Prozessbereich also eine dominierende Bedeutung; die Prozesse, die zur Standardisierung versicherungs***spezifischer*** Informationsverarbeitung von Bedeutung sind, werden hauptsächlich hier zu finden sein. Dagegen findet sich beispielsweise bei der Funktion Beschaffung ein sehr hoher Anteil an branchenübergreifend gültigen Prozessen.

Die Prozesse der Leistungserstellung bilden neben den Vertriebsprozessen den Teil der betrieblichen Funktionen ab, in dem sich der versicherungstypische

Charakter des Geschäfts am stärksten widerspiegelt. Der Bereich der Leistungserstellung bietet somit das wichtigste Betätigungsfeld für die Industrialisierung von versicherungstypischen und -spezifischen Prozessen (vgl. auch Kap. 3.3); hier ist der versicherungsspezifische Ausprägungsgrad der Prozessinhalte am höchsten. Andere Kernprozesse wie Beschaffung der Produktionsfaktoren sowie Finanzierung und (nicht-versicherungsspezifische) Verwaltungsprozesse scheinen dagegen wenig branchentypisch und standen daher sinnvollerweise auch nicht im Fokus der VAA-Definition.

Nicht zufällig entstanden deshalb für den Bereich der versicherungsspezifischen Leistungserstellung – verglichen mit anderen, weniger branchenspezifischen Kernprozessbereichen wie z.B. Personalwirtschaft oder Rechnungswesen – auch erst relativ spät erste Standard-Softwarelösungen am Markt.

Die weiteren Ausführungen in diesem Kapitel werden sich der besseren Übersichtlichkeit wegen an der nachfolgenden Einordnung orientieren. Die Darstellung der Prozesse erfolgt aufgeteilt nach den Prozessbereichen wie folgt:

- Strategische Management- und Führungsprozesse
- Operative Kernprozesse
- Unterstützende Prozesse

Die unterstützenden Prozesse treten bei dieser Betrachtung in den Hintergrund und werden nur kurz dargestellt.

3.2.3 Strategische Management- und Führungsprozesse

Im Rahmen der Unternehmensführung sind die Interessen und Ziele der unterschiedlichsten Interessengruppen, die mit dem VU in Beziehung stehen (interne und externe Stakeholder) zu berücksichtigen. Dabei sind aufgrund der zum Teil heterogenen Interessenslage der einzelnen Gruppen mögliche Interessenskonflikte aufzulösen.

Zu den Kernaufgaben der Unternehmensführung zählen folgende Führungs- und Managementprozesse:

- Strategiedefinition
- Controlling
- Risikomanagement
- Qualitätsmanagement

3.2.3.1 Strategiedefinition

Die Definition der Unternehmensstrategie, die Ableitung und Definition lang- und mittelfristiger Ziele wird als *strategische Unternehmensführung* bezeichnet. Ein wesentliches Ergebnis dieses Prozesses ist beispielsweise die Festlegung der strategischen Geschäftsfelder des Unternehmens.

Als Basis der strategischen Unternehmensführung wird ein stabiles Unternehmensleitbild von hoher Akzeptanz (Corporate Identity) entwickelt. An diesem orientieren sich alle nachfolgenden Führungsprozesse sowie alle weiteren strategischen und operativen Aktivitäten im Unternehmen.

Zur Unterstützung der strategischen Führungsprozesse werden Methoden verwendet, die sich aufgrund ihrer unterschiedlichen Ansatzpunkte gegenseitig ergänzen können (z.B. Balanced Scorecard, SWOT-Analyse, Branchenstrukturanalyse).

Die Planung, Steuerung und das Controlling von Prozessen zur Erreichung der Unternehmensziele inklusive der Bereitstellung und Organisation der hierzu benötigten Ressourcen bilden den Bereich der *operativen Unternehmensführung*. Ein typisches Ergebnis hierzu ist die Definition der Unternehmensstruktur und Unternehmensorganisation; in der Versicherungswirtschaft kann dabei unter anderem beispielsweise die Ausrichtung und Konzentration auf bestimmte Vertriebswege erfolgen.

Die wesentlichen Zielgrößen dieser Prozesse sind in erster Linie wirtschaftlicher Natur. Es sollen neue Erfolgspotenziale erschlossen und bereits bestehende, profitable Bereiche gesichert und ausgebaut werden. Produkte, Kundengruppen, Vertriebswege oder regionale bzw. nationale Marktbesonderheiten sowie Leistungspotenziale möglicher Kooperationspartner sind hierbei zu berücksichtigen und unter betriebswirtschaftlichen Gesichtspunkten zu analysieren.

Zudem soll das VU gegen mögliche Risiken aus den Geschäftsmodellen soweit wie möglich abgesichert werden, um auch in Krisensituationen im Markt bestehen zu können. Aufgrund der sich immer schneller ändernden Rahmenbedingungen für die Versicherungswirtschaft bedingt dies eine permanente Anpassung der operativen Unternehmensprozesse hinsichtlich Produktivität, Wirtschaftlichkeit und Kundenzufriedenheit. Dies sicherzustellen ist zu einer immer wichtigeren und komplexeren Teilaufgabe innerhalb der Unternehmensführung geworden.

3.2.3.2 Controlling

Die Ergebnisse der strategischen und operativen Planungsprozesse müssen durch die Unternehmensorganisation aufgenommen, weiterverarbeitet und umgesetzt werden.

Die Unternehmensführung ist hierbei auch für die begleitenden Prozesse der operativen *Planung*, *Durchführung* und *Steuerung* verantwortlich – dem Controlling.

Der *Planung* obliegt die Transformation und einvernehmliche Abstimmung der strategischen Unternehmensziele in operative Umsetzungsziele der Prozessverantwortlichen und der Organisationseinheiten des Unternehmens. Als Ergebnis des Planungsprozesses stehen abgestimmte Zielvereinbarungen mit allen

Planungsverantwortlichen im Unternehmen, z.B. ein Budget zur Erreichung eines vereinbarten Ziels innerhalb einer festgelegten Zeit.

Dabei müssen eine der Unternehmensorganisation Rechnung tragende Koordination des Planungsprozesses sichergestellt und mögliche Zielkonflikte auf feingranularer Ebene erkannt und aufgelöst werden. Hierzu ist es unerlässlich, Abhängigkeiten zwischen einzelnen Teilzielen zu berücksichtigen und diese sowie den gesamten Planungs- und Steuerungsprozess zentral zu managen.

Um diese Vorgehensweise bestmöglich zu unterstützen, wird der Gesamt-Planungsprozess hierzu in die Bestandteile Top-Down, Bottom-Up und Abstimmung/Koordination aufgeteilt.

In der Top-Down-Phase erfolgt die Übernahme und Umsetzung der strategischen Planungszielgrößen in die Unternehmensorganisation. Die Bottom-Up-Phase setzt auf den Ergebnissen von Bedarfsanalysen und Planungen der einzelnen Organisationseinheiten auf. In der finalen Abstimmung / Koordination werden die Ergebnisse der beiden vorgenannten Teilprozesse abgeglichen, priorisiert und harmonisiert. Als finales Prozessergebnis wird das so erstellte Planungsergebnis verabschiedet.

Im Zuge der *Durchführung* wird durch entsprechende Controlling-Prozesse sichergestellt, dass die laufenden, operativen Aktivitäten zur Zielerreichung gemäß Planung definiert und umgesetzt werden.

Zur *Steuerung* der laufenden Prozesse werden qualitative und quantitative Steuerungsgrößen ermittelt und mit den aus den strategischen Zielvorgaben abgeleiteten Prozesszielen engmaschig abgeglichen. Hierzu werden spezielle Berichtsprozesse (das Reporting) etabliert, die aufgrund von periodisch erhobenen Prozesskennzahlen Aussagen zum aktuellen Stand der betrieblichen Durchführungsprozesse liefern. Es ist also bereits in der Planungsphase wichtig, quantifizierbare Ziele zu definieren, um diese mittels geeigneter Messzahlen auch in der späteren Durchführung laufend überwachen zu können (sog. Monitoring).

Die Interpretation der gemessenen und berichteten Kennzahlen ist Bestandteil eines iterativen Planungs-, Durchführungs- und Steuerungsprozesses. Das Ergebnis der Kennzahlenauswertung kann wiederum zur Generierung neuer Ziele und Aktivitäten führen, die von der Unternehmensführung strategisch bewertet und dann ggf. wieder in einen Planungsprozess überführt werden müssen.

Das Controlling unterstützt das Management somit bei strategischen Entscheidungen und liefert über die eigenen Steuerungsprozesse wichtige Bestandteile der hierzu benötigten Entscheidungsgrundlage (Management by Objectives). Dabei orientiert sich der gesamte Controlling-Prozess jederzeit an den strategischen und operativen Zielen, wie sie durch die Unternehmensführung vorgegeben wurden.

Über Prognosen und Hochrechnungen zur weiteren Geschäftsentwicklung liefert das Controlling zudem wichtige Hinweise, die es ermöglichen, potenzielle Abweichungen und Fehlentwicklungen frühzeitig zu erkennen. Dadurch können innerhalb einer minimalen Reaktionszeit Folgeprozesse gestartet werden, die Maßnahmen zur Korrektur der unerwünschten Entwicklungen einleiten.

3.2.3.3 Risikomanagement

Das Risikomanagement und alle substanziellen Entscheidungen hierzu liegen in der Verantwortung der Geschäftsleitung und sind nicht delegierbar.

Aufgrund der immensen Bedeutung des Risikomanagements für die Versicherungswirtschaft wurden daher hierzu bereits vor längerer Zeit auch aufsichtsbehördliche Mindestanforderungen formuliert. So wurden die Versicherungsunternehmen bereits ab 1976 (mit mehreren Änderungen) dazu verpflichtet, die Mindestanforderung an die **Solvabilität** periodisch zu überprüfen und die Ergebnisse an die Aufsichtbehörde zu melden. Hierdurch sollte sichergestellt werden, dass die VU in der Lage sind, ihre eingegangen Risiken auch langfristig beherrschen zu können und dass ausreichendes Eigenkapital im VU zur Erfüllung der bestehenden Zahlungsverpflichtungen aus den eingegangen Risiken und Kapitalleistungsversprechen vorhanden ist.

Durch das Gesetz zur Kontrolle und Transparenz (KonTraG 1998) wurde dann erstmalig auch ein aktiver Risiko*management*prozess verlangt. Dieser muss Bewertungen der eingegangenen Risiken vornehmen und Strategien zu deren Beherrschung entwickeln. Um eventuelle Abweichungen vom planmäßigen Verlauf frühzeitig erkennen zu können, muss dies als laufender Risikomanagement-Prozess in den VU etabliert werden.

Als Reaktion auf die Kapitalmarktkrise mit dem Zusammenbruch der New Economy zu Beginn des neuen Jahrtausends wurden die Anforderungen wiederum verschärft. Es mussten nun auch pessimistische Kapitalmarktszenarien in die Solvabilitätsberechnungen einfließen (sogenannter Stress-Test), um aufzuzeigen, welche Auswirkungen ein fiktiver Rückgang der Kapitalmärkte auf die Kapitalausstattung des VU und auf die Erfüllbarkeit der Zahlungsverpflichtungen aus den bestehenden Risiken besitzt. Hierzu werden u.a. auch ALM-Modelle (ALM = Asset-Liability-Management) eingesetzt, die auf Basis der Passiva-Struktur verschiedene Kapitalanlageszenarien und Projektionen der Aktiva durchführen und deren bilanzielle Gesamtauswirkungen aufzeigen.

Parallel wurde auf europäischer Ebene unter der Bezeichnung **Solvency II** eine Reform des Versicherungsaufsichtsrechts vorangetrieben, die insbesondere die Kapital- und Eigenmittelausstattung der VU sowie die Solvabilitätsvorschriften zum Schwerpunkt hat und die ab 2012 in nationales Recht umgesetzt werden soll. Kernpunkt von Solvency II ist ein drei-Säulen-Modell. Neben den Säulen *Kapitalausstattung* (Mindestanforderungen zum Solvenzkapital: die Versicherer sind künftig verpflichtet, ihre Geschäftsrisiken exakt zu bewerten und adäquat mit Risikokapital zu hinterlegen) und *Berichterstattung und Veröffentlichung* (Erhöhung der Markttransparenz über Änderungen in Rechnungslegung und Offenlegungsvorschriften) stützt sich Solvency II vor allem auf das *Risikomanagement* und nennt hierzu u.a auch qualitative Anforderungen für die interne Risikoorganisation (Geschäftsverantwortung und Risikokontrolle mittels adäquater Prozesse).

Mit dem Rundschreiben 3/2009 (BaFin 2009) hat die BaFin (Bundesanstalt für Finanzdienstleistungsaufsicht) die aufsichtsrechtlichen Mindestanforderungen an das Risikomanagement (**MaRisk VA**) neu formuliert und hierdurch die Regelungen der §§ 64a und 104s VAG für die Ausgestaltung des Risikomanagements in den VU konkretisiert.

Im Sinne der MaRisk VA umfasst **Risikomanagement**

- die Festlegung einer angemessenen Risikostrategie
- die Schaffung adäquater aufbau- und ablauforganisatorischer Regelungen
- die Einrichtung eines angemessenen internen Steuerungs- und Kontrollsystems
- die Etablierung einer internen Revision und interner Kontrollen
- die adäquate und regelmäßige Information des gesellschaftsrechtlichen Aufsichtsorgans über die Risikosituation

Als **Risiko** wird dabei die Möglichkeit des Nichterreichens eines explizit formulierten oder sich implizit ergebenden Zieles verstanden und alle von der Geschäftsleitung identifizierten Risiken, die sich nachhaltig negativ auf die Wirtschafts-, Finanz- oder Ertragslage des VU auswirken können, werden als wesentlich erachtet.

Zur Beurteilung der Wesentlichkeit hat sich die Geschäftsleitung einen Überblick über das Gesamtrisikoprofil des Unternehmens zu verschaffen. Dabei sind mindestens folgende Risikokategorien zu berücksichtigen:

- versicherungstechnisches Risiko (Aufwand für Schäden/Leistungen)
- Marktrisiko (Marktpreise für Vermögenswerte, Finanzinstrumente inkl. Währungskurs- und Zinsänderungsrisiko)
- Kreditrisiko (Veränderung der Bonität von Schuldnern)
- Operationelles Risiko (Risiken aus internen Prozessen, Systemen und Organisationen sowie Rechtsrisiken)
- Liquiditätsrisiko
- Konzentrationsrisiko (Konzentration von Risiken mit bedeutendem Schaden- oder Ausfallpotenzial)
- Strategisches Risiko
- Reputationsrisiko

Die Geschäftsleitung muss ein Risikomanagement einrichten, das die in § 64 VAG genannten Elemente und eine sich aus der Geschäftsstrategie ergebende Risikostrategie enthält, die so gestaltet sein sollte, dass die operative Steuerung der Risiken an diese anknüpfen kann.

Über organisatorische Rahmenbedingungen hat die Geschäftsleitung sicherzustellen, dass die Geschäftsaktivitäten auf der Grundlage innerbetrieblicher Leitlinien betrieben werden. Diese haben insbesondere Festlegungen zu Aufbau- und Ablauforganisation, zu einem geeigneten Steuerungs- und Kontrollsystem, zur Funktion der internen Revision, zu bestimmten Funktionsausgliederungen usw. zu enthalten.

Im Rahmen des internen Steuerungs- und Kontrollsystems ist ein Risikotragfähigkeitskonzept zu erstellen. Dieses legt dar, inwieweit Verluste aus identifizierten

Risiken getragen werden könnten, ohne dass eine Gefahr für die Existenz des Unternehmens entsteht. Hierzu sind entsprechende Limite zur Risikobegrenzung zu installieren und über Risikokennzahlen qualitativer und quantitativer Natur zu überwachen.

Über den Risikokontrollprozess sind alle Risiken zu erfassen, auch wenn diese nicht bestandsgefährdend sind. Als Risikotreiber sind interne und externe Faktoren zu berücksichtigen. Über die anschließende Risikoanalyse und -bewertung wird eine quantitative und qualitative Einschätzung von potenziellen und realisierten Zielabweichungen je Einzelrisiko und für das Gesamtrisiko erstellt und in Abhängigkeit von den jeweils relevanten Risikotreibern bewertet. Die Risikosteuerung definiert Maßnahmen zur Handhabung der identifizierten und bewerteten Risiken (z.B. Risikovermeidung, -verminderung usw.), die über eine laufende und regelmäßigė Risikoüberwachung kontrolliert werden. Eine geeignete Berichterstattung und Kommunikation ist sicherzustellen und die Ergebnisse sind über eine Qualitätssicherung zu validieren und zu dokumentieren.

Darüber hinaus enthalten die MaRisk VA u.a. noch Anforderungen an die interne Revision sowie zur Notfallplanung (Vorhalten eines Geschäftsfortführungs- und Geschäftswiederaufnahmenplans bei wesentlichen Störungen der Organisation).

3.2.3.4 Qualitätsmanagement

Im Zuge des Qualitätsmanagements (QM) ist die Unternehmensführung grundsätzlich für alle betrieblichen Prozesse verantwortlich, die zur Verbesserung der Produkte, der Prozesse oder der zu erbringenden Dienstleistungen dienen. QM und die hieraus abzuleitenden Prozesse sind daher eine Kernaufgabe des Managements im VU.

Um den QM-Prozess beliebig wiederholbar und die Ergebnisse aussagekräftig und vergleichbar zu machen, können eine Reihe von Standardmodellen im Rahmen des QM eingesetzt werden. Dabei sollte allerdings berücksichtigt werden, dass die Etablierung von Prozessen des QM nicht gleichbedeutend mit der Erzielung höherwertiger Ergebnisse ist. Das QM steuert und misst nur die Erreichung der im QM-Prozess *vorgegebenen* Qualität.

Die meisten QM-Modelle ermöglichen eine Zertifizierung nach den von ihnen vorgegebenen Standards und gewährleisten dadurch eine transparente Qualitätsaussage und -bewertung (beispielsweise ISO 9001, Six Sigma, CMMI)

Für den Bereich der Informationsverarbeitung werden für unterschiedliche Aufgaben derzeit auch schwerpunktmäßig unterschiedliche QM-Modelle verwendet. So werden für das Management von Veränderungsprozessen (Projekten) für die Fach- und Managementebene beispielsweise Ansätze aus Six Sigma und für das QM der IT-Umsetzung und deren Prozesse Ansätze nach CMMI auch parallel verwendet.

3.2.4 Operative Kernprozesse

Die operativen Kernprozesse von Versicherungsunternehmen setzen sich schwerpunktmäßig aus Prozessen der betriebswirtschaftlichen Leistungserstellung und des Absatzes zusammen. Sie bilden den Kern der Wertschöpfungskette der Versicherungsunternehmen und beinhalten die branchen- und spartenspezifisch ausgeprägten Teilprozesse der Produktion und des Absatzes von Versicherungsschutz. In der nachfolgenden Betrachtung werden die operativen Kernprozesse wie folgt gegliedert:

- Marketing und Vertrieb
- Produktentwicklung
- Bestandsführung und -verwaltung
- Schadenmanagement
- (Kapitalanlagen-Management)

Das Kapitalanlagen-Management besitzt hier eine Zwitterfunktion. Zum einen kann der Kapitalanlageprozess als typischer Unterstützungsprozess angesehen werden, der die restlichen operativen Kernprozesse ergänzt und unterstützt. Die Kapitalanlage im engeren Sinne wird in der Regel auch gar nicht durch das VU selbst, sondern z.B. über konzerneigene oder verbundene Banken, Kapitalanlage-Gesellschaften (KAG) usw. erledigt. Das VU steht aber in der Pflicht, seine mit der Kapitalanlage verbundenen Ziele zu erreichen und die Prozesse mit den für die KA beauftragten Gesellschaften in seinem Sinne zu managen.

Da die Kapitalanlage zweifellos selbst eine wertschöpfende Funktion besitzt und in vielen Produktgestaltungen der Lebensversicherung eine immer stärkere Einbindung von Instrumenten des Kapitalmarkts erfolgt, wird dieser Prozess hier als operativer Kernprozess dargestellt. Letztendlich stehen zumindest die Lebensversicherer im Bereich ihrer Altersvorsorge-Produkte in direkter Konkurrenz zu Banken und Investment-Gesellschaften, die Kapitalanlage durchaus als ihre ureigenste operative Kernkompetenz begreifen.

3.2.4.1 Marketing und Vertrieb

Im Marketing und Vertrieb sind die für den Absatz der Versicherungsprodukte wichtigsten Prozesse gebündelt.

Das Marketing wird je nach Betrachtungsweise entweder als zentrale Aufgabe der Unternehmensleitung (d.h. als Prozess der Unternehmensführung) oder als operativer Kernprozess angesehen. Da an dieser Stelle die auf den Absatz von Versicherungsprodukten zielenden Aspekte und Bereiche des Marketing im Fokus stehen, ordnen wir diese Prozesse dem operativen Bereich zu.

Die zentralen Aufgaben des (Absatz)-Marketings setzen auf den Ergebnissen von Marktbeobachtung, Markteinschätzung, identifizierten Trends und Segmentierungen von Kundengruppen sowie deren Bewertung / Kategorisierung für das VU auf.

Marketing umfasst die Planung, Durchführung und Kontrolle aller auf die Absatzmärkte gerichteten Unternehmensprozesse.

Um diese aktive, gestaltende oder zumindest beeinflussende Rolle auf den Absatzmärkten ausüben zu können und im Idealfall für das Versicherungsunternehmen oder eines seiner Produkte ein Alleinstellungsmerkmal (USP – Unique Selling Proposition) generieren zu können, bedient sich das Marketing folgender Instrumente (auch Marketing-Mix genannt):

- Product (Produktpolitik)
- Price (Preispolitik)
- Promotion (Kommunikationspolitik, Marke, Corporate Identity)
- Place (Distributionspolitik)

Aspekte zur ***Produktpolitik*** werden im Rahmen des Absatzes zur *Produktentwicklung* skizziert; hierzu zählen insbesondere Entscheidungen zur Produktbreite und -tiefe (Generalist / Spezialist) sowie Produktdifferenzierung anhand marktrelevanter Produktgestaltungskriterien (Sortimentspolitik) sowie deren Variation und Innovation.

Die Produkt- und Preispolitik wird in der Versicherungswirtschaft allerdings nicht durch Marketing-Organisationen des VU autark erledigt; häufig werden diese Prozesse durch versicherungstechnische Organisationsstrukturen (Aktuare, Sparten- und Fachabteilungen) vorbereitet oder sogar dominiert (mit Ausnahme der formalen Produktgestaltung).

Zentrales Element der ***Preispolitik*** ist die Preis-/Leistungs-Relation aus Sicht des VU (Preis-Kosten-Relation) und aus Sicht des Endkunden (Preis-Nutzen-Relation). Sie wird durch folgende Gestaltungsformen beeinflusst, die in den unterschiedlichen Versicherungszweigen einen unterschiedlichen Stellenwert besitzen können:

- Wirkungsbereich (Neugeschäft / Bestand)
- Vereinbarung konstanter oder variabler Prämien
- adaptive oder aktive Gestaltungsmöglichkeit
- differenzierte oder undifferenzierte Prämien
- Ausrichtung am Preisniveau der Produktkategorie im Absatzmarkt

Mithilfe der ***Kommunikationspolitik*** wird neben der Schaffung einer Corporate Identity die Kommunikation mit allen mit dem Versicherungsunternehmen in Kontakt stehenden Beteiligten gesteuert. Insbesondere die an den Absatzprozessen direkt Beteiligten (Kunden, Vermittler) sollen über Werbung, Öffentlichkeitsarbeit und absatzfördernde Prozesse angesprochen werden.

Die ***Distributionspolitik*** besitzt in der Versicherungswirtschaft aufgrund der hohen Bedeutung der Vertriebswege und Absatzorgane in der Wertschöpfungskette eine herausgehobene Stellung. Zentrale Punkte sind dabei die vom VU einzusetzenden Distributionskanäle („Vertriebswege") und die Regelungen zu deren Einsatz.

Als Distributionskanäle kommen

- unternehmenseigene Absatzorganisationen wie z.B. ein angestellter Außendienst,
- unternehmensgebundene Absatzorganisationen wie z.B. ein Ausschließlichkeitsvertrieb oder
- unternehmensfremde Absatzorganisationen wie z.B. Makler oder Mehrfachagenten in Frage.

(Struktur)-Vertriebsgesellschaften können je nach Eigentümerstruktur den unternehmensgebundenen oder unternehmensfremden Absatzorganisationen zugeordnet werden. Die einzelnen Vertriebswege können unterschiedliche rechtliche und faktische Bindungen an das VU besitzen. Somit kann je Vertriebsweg auch eine differenzierte Reichweite der Distributionspolitik des VU gegeben sein.

Weitere Merkmale der Distributionspolitik und möglicher Absatzverfahren sind z.B.

- direkt (z.B. online) / indirekt (über Vermittler) und mit mittelbarer oder unmittelbarer Kommunikation
- zentral / dezentral (in Abhängigkeit vom Ort des Absatzprozesses)
- Ausgangspunkt der Prozessinitiative (Kunde / Vermittler / VU)
- Spezialisierung (auf Regionen, Kundengruppen, Teilprozesse...) oder Generalisierung (alles aus einer (Vermittler-)Hand)

In der deutschen Versicherungswirtschaft wird der Absatz- oder Vertriebsprozess noch häufig über unternehmenseigene oder unternehmensgebundene Außendienst-Organe dezentral erbracht. Der firmengebundene Versicherungsagent „um die Ecke", der eigeninitiativ vertreibt, wird jedoch in zunehmendem Maße ergänzt durch unternehmensfremde und abschlussstarke Strukturvertriebe, hoch spezialisierte Makler sowie den kundeninitiativen Direktabsatz an den Endkunden. Viele Versicherungsunternehmen setzen hierbei auf einen Mix an Absatzkanälen, allerdings gibt es in einzelnen VU auch gegenläufige Konzentrations-Tendenzen auf spezielle Absatzorganisationen oder Vertriebswege.

Als zentrales und wichtigstes Instrument der Absatzpolitik steht den VU die Gestaltung der **Vergütung** der Absatzorgane zur Verfügung, die allerdings einigen rechtlichen Rahmenbedingungen unterworfen sind.

Neben nicht leistungsbezogenen (Grund-)Vergütungen, die als Vergütungsbaustein hauptsächlich im angestellten Außendienst verwendet werden, dominieren dabei leistungsbezogene Vergütungsmodelle mit folgenden Ausprägungen:

- Einmalprovision (abschlussorientiert)
- Laufende Provision (bestandspflegeorientiert)
- Dienstleistungs-Provision (früher z.B. Inkasso, heute Schaden-Regulierung)

- Bonifikation in Abhängigkeit von Zielgrößen
- Sondervergütungen / Incentives

Diese Vergütungsbestandteile können einzelleistungs- oder gesamtleistungsbezogen gestaltet werden. Bei der gesamtleistungsbezogenen Gestaltung, die insbesondere bei Bonifikationen oder Sondervergütungen zum Einsatz kommt, können in die Bemessung auch Kenngrößen wie beispielsweise (Bestands-)Stornoquoten Eingang finden, die nicht direkt aus den primären Produktionszahlen ableitbar sind.

Der **Absatzprozess** selbst untergliedert sich in die Teilprozesse Absatzplanung, Absatzmarktforschung und Absatzdurchführung.

Über den Teilprozess *Absatzmarktforschung / Marktanalyse* werden Informationen zu aktuellen, aber auch zu erwarteten Gegebenheiten auf den jeweiligen Absatzmärkten beschafft und bewertet.

Je nach Spartenorientierung des Versicherungsunternehmens sind dabei im Einzelnen unterschiedliche Informationen wichtig und notwendig, so dass je nach Produktgruppe ggf. unterschiedliche Absatzmärkte betrachtet werden können (z.B. Markt für Altersvorsorgeprodukte, Markt für Kfz-Produkte usw.).

Generell sind aber immer Informationen zu folgenden Aspekten zu erheben:

- vorhandenes und erwartetes Kundenpotenzial und deren relevante Merkmale nach wirtschaftlichen, rechtlichen, sozialen und risikopolitischen Gesichtspunkten
- Reifegrad des betrachteten Absatzmarktes und im Markt bereits vorhandene Bedarfsdeckung und Versicherungsdichte
- Zukünftige Kundenbedürfnisse und Trends
- mögliche Produktlücken
- Informationen zu Aktivitäten und Produkten der Konkurrenz
- Rahmenbedingungen der im Fokus stehenden Vertriebswege und Absatzorgane
- Entwicklung von Schadenhäufigkeiten und -höhen
- Informationen zu Absatz- und Stornoverhalten nach Anzahl und Volumen

Diese Informationen werden in der Regel durch eigene Erhebungen in Kombination mit extern erstellten Ergebnissen Dritter (z.B. des GDV, von Marktforschungsinstituten usw.) zusammengestellt und bewertet und gehen u.a. in die Produktentwicklung als zentrale Gestaltungsparameter und -Benchmarks ein.

Die *Absatzplanung* verbindet Erkenntnisse aus der Absatzmarktforschung und aus unternehmensinternen Zieldefinitionsprozessen und liefert daraus abgeleitete, langfristige Absatzstrategien und für kurz- und mittelfristige Zeiträume die operative Absatzplanung.

Sowohl die langfristige Absatzstrategie als auch die operative Absatzplanung kann nach verschiedenen Schwerpunkten ausgerichtet sein. Hier werden kundenbezogene, instrumentbezogene und konkurrenzbezogene Strategien unterschieden. Bei der kundenbezogenen Strategie stehen Kundensegmente, Absatz nach Versicherungszweigen oder Produktkategorien oder generalisierte Absatzstrategien im

Vordergrund, während die instrumentbezogene Strategie beispielweise über aggressive Preispolitik, hohe Servicequalität oder andere Absatzinstrumente operiert. In der konkurrenzbezogenen Strategie wird schließlich das Verhältnis des VU zu den anderen Anbietern auf den betrachteten (Teil-)Märkten betrachtet und hieraus Absatzstrategien wie Konzentration auf Nischenprodukte, bestimmte Vertriebswege oder Nachahmungsverhalten entwickelt. In der Praxis fließen regelmäßig alle Strategieansätze in den Planungsprozess ein. Ist ein VU hoch diversifiziert aufgestellt, sind unterschiedliche Absatzstrategien für unterschiedliche Produktgruppen und Teilmärkte zu entwickeln.

Die operative Absatzplanung wird dann weiterhin nach Produkt(gruppen), Absatzorganisationen usw. heruntergebrochen und mit einem entsprechenden Vertriebs-/Absatzcontrolling kombiniert.

In der *Absatzdurchführung* spiegelt sich der Verkaufsprozess zwischen VU und den Versicherungsnehmern wider. Er gliedert sich in Anbahnung, Beratung und Abschluss, wobei sich der Abschluss des Absatzprozesses im Individual- und Kollektivversicherungsgeschäft in der Antragsstellung durch den (potenziellen) Versicherungsnehmer manifestiert. Der unterzeichnete Antrag auf Abschluss einer Versicherung ist somit das positive Endergebnis (Output) aus dem Absatzprozess.

Durch die gesetzliche Anforderung, den potenziellen Versicherungsnehmer rechtzeitig vor Vertragserklärung (d.h. also vor Antragsstellung) mit allen für die mögliche zukünftige Vertragsbeziehung relevanten Informationen zu versorgen, ist für die Absatzdurchführung die rechtzeitige Informationsversorgung des Interessenten mit allen vertragsrelevanten Informationen zu einem zentralen Prozessbestandteil geworden.

Betrachtet man die Absatzprozesse von VU im Umfeld von Mitversicherung oder Rückversicherung, sind weitere Varianten zu dieser Darstellung vorzufinden, auf die hier aber nicht weiter eingegangen werden soll.

3.2.4.2 Produktentwicklung

Ziel der Produktentwicklung sind markt- und kundengerechte sowie für das VU profitable Versicherungsprodukte. Oftmals entscheidend für den späteren Vertriebserfolg ist dabei, nicht nur die Bedürfnisse des Endkunden, sondern – neben den Interessen aller „Stakeholder“ – insbesondere auch die der bevorzugten Vertriebswege bei der Produktgestaltung zu berücksichtigen.

Die Produktentwicklung folgt im ersten Schritt der vorgegebenen Unternehmensstrategie (Definition der strategischen Geschäftsfelder des VU). Weitere strategische Komponenten im Vorfeld der Produktentwicklung sind Festlegungen bezüglich Generalisierung / Spezialisierung und Sortimentsgestaltung.

Diese Festlegungen sind nicht zwangsläufig unternehmensweit zu treffen, sondern können durchaus bezogen auf einzelne Versicherungszweige, Sparten, Kundengruppen oder regional zu vertreibende Produkte unterschiedlich ausgeprägt werden.

Ausgehend von Rahmenbedingungen wie bevorzugte Kundensegmente und Einkommensgruppen sind bei der Gestaltung des Versicherungsproduktes zu folgenden Produktbestandteilen Festlegungen zu treffen:

- Umfang des Versicherungsschutzes (Versicherungsfälle, Schäden und Leistungen)
- Versicherungsform (Art der Entschädigung/Leistung)
- Anzahl, Höhe und Zeitpunkte von Zahlungsströmen
- Art, Zeitpunkt und Umfang von Dienstleistungen (Beratung, Service- oder Assistance-Leistungen)
- Abschätzung von Absatzvolumen (Anzahl Verträge und Prämienvolumen)
- Gewährung und Bewertung von Garantien (z.B. garantierter Rechnungszins in der LV)
- Preisgestaltung und Verwendung von Rechnungs- und Tarifierungsgrundlagen (in der Lebensversicherung z.B. Sterblichkeit, Zins, Kosten für Abschluss und Verwaltung...) unter Berücksichtigung eines Deckungsbeitrags und einer Gewinnerwartung / eines Gewinnziels
- Provisionsmodell und die hieraus resultierenden Kapitalflüsse
- Annahmerichtlinien / Grundsätze für das Underwriting
- Gestaltung der produktspezifischen Rückversicherungsvereinbarungen
- Regeln für Beitragsrückerstattungen oder Gewinnbeteiligungen
- Allgemeine und besondere Versicherungsbedingungen
- Formale Produktgestaltung (Verkaufsunterlagen, Prospekte...)
- Notwendige Anpassungen von Beratungs- und Verwaltungssoftware

Die Produktgestaltung ist ein iterativer Prozess, in dessen Verlauf die Auswirkungen verschiedener Annahmen und Parameter im Rahmen von Pricing- und Profitabilitätsberechnungen über den Life Cycle des Produkts in hierzu speziell entwickelten Modellen untersucht und bewertet werden.

Über das ***Produktmanagement*** werden die einzelnen Teilprozesse Produktgestaltung, Produkteinführung und Produktcontrolling zusammengefasst, so dass Abweichungen von den bei der Produktgestaltung getroffenen Annahmen (Absatzvolumen, tatsächliche Zins-, Kosten-, Schaden- und Gewinnentwicklung) schnellstmöglich erkannt und bewertet werden können.

Im Bedarfsfall werden durch das Produktcontrolling entsprechende interne Prozesse als Reaktion auf die festgestellten Abweichungen ausgelöst.

3.2.4.3 Bestandsführung und -verwaltung

Das elementare Ergebnis jedes erfolgreichen Absatzprozesses – der Antrag auf Abschluss eines Versicherungsvertrags – ist gleichzeitig auslösendes Ereignis und Input für einen zentralen Teilprozess der Bestandsverwaltung: die Antrags- oder Neugeschäftsbearbeitung.

Die Gliederung der Prozesse der Bestandsverwaltung erfolgt nach der Chronologie des Life Cycle eines Versicherungsvertrags und wird in die Kategorien *Erstbearbeitung*, *Folgebearbeitung* und *Schlussbearbeitung* aufgeteilt.

Die gesamten Bestandsverwaltungs-Prozesse sind stark von der Unterstützung durch die Informationsverarbeitung geprägt. So gehört z.B. eine elektronische Überführung der Antragsdaten aus dem Absatzprozess in die Antrags- und Vertragssysteme der Bestandsführung zum häufig verwendeten Standard. Auch werden die Folgeprozesse inklusive Policierung, Provisionsgutschrift und Inkasso oftmals vollmaschinell durchlaufen. Hierbei entscheidet beispielsweise ein vordefiniertes Regelwerk mittels Bewertung der übermittelten Antragsdaten, ob eine vollautomatische Policierung erfolgen kann.

Die einzelnen Teilprozesse sowie deren Zuweisung zu Mitgliedern der bearbeitenden Organisationen (Sachbearbeiter) werden durch Workflow-Systeme gesteuert, die häufig über Mechanismen zur dynamischen Lastverteilung und zur Einordnung in unterschiedliche Servicelevel verfügen. Solche prozesssteuernden Komponenten werden in nahezu allen Bereichen der Bestandsverwaltung und des Schadenmanagements verwendet. Typischerweise ist hieran ein Dokumentenmanagement inklusive optischer Archivierung gekoppelt, so dass im Zuge des Prozessablaufs extern neu hinzukommende Dokumente sowie durch den Prozess erstellte oder generierte Ergebnisdokumente zugeordnet und verknüpft werden können. Gleichzeitig wird ein elektronischer Zugriff auf alle zum Vertrag, Partner oder Vorgang bereits vorhandenen oder relevanten Dokumente gewährleistet. In allen Prozessen der Bestandsverwaltung ist das Dokumentenmanagement daher ein wichtiger Prozessbestandteil, der in Form eines den Kernprozess unterstützenden Prozesses über den gesamten Prozessablauf benötigt und eingebunden wird.

Zusätzlich oder in direkter Folgebearbeitung können zu jedem Versicherungsvertrag u.a. Prozesse des Schadenmanagements und der Mit- und Rückversicherung stattfinden. Eng verknüpft sind zudem die Prozesse des *Provisionsmanagements*. Hier werden die für eine einzelvertragliche Provisionsermittlung und -verteilung benötigten Ausgangsdaten der Vertriebsorganisationen und -mitarbeiter gepflegt und die aus der Bestandsverwaltung erstellten, provisionsrelevanten Ergebnisse weiterverarbeitet.

Als wichtigste Prozesse der Bestandsverwaltung sind mit ihren jeweiligen Teilprozessen zu nennen:

Antrags- oder Neugeschäftsbearbeitung (Erstbearbeitung)

Der Anstoß dieses Prozesses erfolgt durch den Eingang eines Antrags bzw. beim Invitatio-Modell durch den Eingang des Antrags auf Zusendung eines verbindlichen Angebots (ebenfalls in Antragsform). Durch entsprechende Ergebnisse vorgeschalteter Beratungs- und Angebotsprozesse erfolgt die Datenübermittlung häufig elektronisch; ansonsten stößt der Eingang des Papierantrags in der Posteingangsstelle den Prozess an (Input-Management). Über Klassifizierung, Indexierung und elektronisch-optische Archivierung des Antrags erfolgt die

Weiterleitung anhand der im Workflow hinterlegten Regeln. Im weiteren Prozessverlauf werden dann u.a folgende Teilprozesse durchlaufen:

- formale und materielle Antragsprüfung (Überprüfung der angelieferten Daten bezüglich Vollständigkeit, Richtigkeit und Plausibilität)
- Datenabgleiche zur Erkennung von Vorversicherungen (intern) oder zur Identifikation von möglichen, besonderen Risikosituationen (intern und extern)
- Risikoprüfung (Bewertung der objektiven und subjektiven Merkmale des zu versichernden Risikos und der am Versicherungsvertrag beteiligten Personen)
- Abstimmung mit Rückversicherer zur Festlegung von Annahmekonditionen
- Bestimmung des Versicherungsschutzes (Festlegung aller Merkmale des Versicherungsschutzes bzw. bei standardisierten Produkten Festlegung von Ausschlüssen, Klauseln, Zuschlägen usw.)
- Tarifierung (Inhalt variiert stark nach Sparten, z.B. Ermittlung der Bruttoprämie, der garantierten Ablaufleistung usw.)
- Antragsannahme / Underwriting (auch im Anschluss an eine ggf. eingeschränkte, vorläufige Deckungszusage)
- Ausfertigung des Versicherungsscheins (Policierung) sowie weiterer Dokumente zum Versicherungsvertrag, deren Versand und Archivierung
- Anstoß von Folgeprozessen (Provision, Inkasso usw.)

Für die Annahmeentscheidung im Zuge des Underwritings ist in einigen Fällen die Zustimmung des Rückversicherers einzuholen (z.B. bei sehr hohen Versicherungssummen oder bei gegenüber der Standardtarifierung deutlich erhöhtem versicherungstechnischem Risiko).

Ansonsten folgen die Annahmeregeln den in den Expertensystemen oder Annahme-Handbüchern hinterlegten Regeln, die unternehmensindividuell variieren können, aber z.B. bezüglich der Einschätzung erhöhter Risiken sehr häufig durch die Vorgaben von Rückversicherern geprägt sind.

Prozesse der Folgeverarbeitung

Ein Basisprozess, der als Teilprozess häufig selbst wiederum als Bestandteil der nachfolgend aufgeführten Bearbeitungsprozesse benötigt wird, ist die *Vertragsauskunft.*

Über die Vertragsauskunft werden nicht nur persistente Partner- und Vertragsinformationen abgerufen; z.B. werden in der Lebensversicherung im Zuge dieses Prozesses auch aktuarielle Be- oder Hochrechnungen durchgeführt und als Prozess-Output zur Verfügung gestellt.

Die weiteren Prozesse beschäftigen sich mit Vertragsänderungen in der Durchführung oder – zur Erstellung von Änderungsangeboten – per Simulation.

Hierbei werden planmäßige und außerplanmäßige Vertragsänderungen bzw. -bearbeitungen unterschieden.

- Planmäßige Vertragsbearbeitungen
  - Prämiensollstellung, Gutschrift laufender Provisionen
  - Fondsveranlagung (Anlage/Entnahme von Fondsanteilen und Folgeprozesse)
  - Zuteilung von Gewinnanteilen/Überschüssen
  - Beitragsrückerstattung
  - Dynamisierung / Indexanpassung
  - Verlängerung
  - Prämienanpassung
  - Planmäßige Teilauszahlungen
  - Ablauf des Vertrags oder von Vertragsbestandteilen
- Außerplanmäßige Vertragsänderungen
  - Nichttechnische Änderungen (ohne Einfluss auf das Preis-/ Leistungsverhältnis, z.B. Änderung der Bankverbindung)
  - Versicherungstechnische Änderungen (erfordern Neutarifierung / Neukalkulation des Vertrags), z.B. Änderung des Versicherungsschutzes, Prämie, Dauer, Leistung usw.
  - Beitragsfreistellung, Teilrückkauf, Policendarlehen, Stilllegung, Wiederinkraftsetzung
  - Sterbefall bei Termfixprodukten der LV oder bei Rentenversicherungen im Leistungsbezug innerhalb der Garantiezeit oder mit Übergang auf Hinterbliebenenrente
  - (Teil-)Invalidisierung bei Berufsunfähigkeitsversicherungen
  - Änderungen der Garantien bzw. Optionen bei kapitalmarktorientierten Altersvorsorgeprodukten

Das auslösende Ereignis für planmäßige Vertragsänderungen ist in der Regel das Erreichen eines vordefinierten Termins. Die Bearbeitungen werden dabei vom VU angestoßen und werden fast ausnahmslos vollmaschinell und für aus Prozesssicht identische Teilbestände jeweils gemeinsam durchgeführt (sogenannte Bestandsläufe oder Bestandsaktionen).

Bei den außerplanmäßigen Vertragsänderungen ist der Prozessauslöser bis auf wenige Ausnahmen ein externes Ereignis, in der Regel eine Willenserklärung des Kunden durch aktives Handeln oder Unterlassen oder konkludentes Handeln.

Schlussbearbeitung

Durch die Schlussbearbeitung wird das zwischen VN und VU bestehende Vertragsverhältnis beendet. Typische Geschäftsprozesse der Schlussbearbeitung sind:

- Ablauf mit Beendigung des Vertrags
- Kündigung (durch VN / durch VU)
  - Ausnahme: beitragsfreie Fortführung des Vertrags nach Kündigung in der LV

- Sterbefall in der Lebensversicherung
  - entspricht Wegfall des versicherten Interesses in der Krankenversicherung oder der privaten Unfallversicherung
  - Ausnahme in der LV: z.B. Termfix-Produkte oder Rente mit Garantiezeit oder Hinterbliebenenrenten
- Wegfall des versicherten Interesses und versicherungsfallbedingte Beendigungsgründe

  Als Teilprozesse werden dabei jeweils durchlaufen:

- formale und materielle Ermittlung des Beendigungsgrunds
- Ermittlung ggf. ausstehender Forderungen aus dem Vertrag
- Anstoß von Folgeprozessen zum Ausgleich der Forderungen oder zur Verrechnung der Forderungen aus dem Vertragsguthaben (z.B. bei Prämienrückstand oder bestehenden Policendarlehen in der LV)
- Informationsübermittlung an Dritte (Bezugsberechtigte, Kfz-Zulassungsstelle)
- Optional Ausfertigung eines Schlussdokuments

Neben- und Folgeprozesse der Bestandsverwaltung

Die o.g. Prozesse der Bestandsverwaltung werden durch Teil- und Folgeprozesse aus den Bereichen

- Be- und Abrechnung durchführen (z.B. Inkasso, Rechnungswesen)
- Abrechnung mit Dritten durchführen (z.B. Provision, Mit- und Rückversicherung)

ergänzt bzw. komplettiert.

3.2.4.4 Schadenmanagement

In vielen Versicherungszweigen kann eine von der Vertragsbearbeitung entkoppelte Durchführung des Schadenprozesses erfolgen. Aus der Bestandsführung werden dann lediglich Informationen zur zum Schadenzeitpunkt gültigen Vertragskonstellation benötigt und angefordert, da diese im Schadenbearbeitungs-Prozess bei entsprechenden Deckungsprüfungen und weiteren Teilfunktionen im Schaden-/Leistungsprozess benötigt werden.

In der Lebensversicherung beispielsweise erfordert eine Leistungs- und Schadenbearbeitung dagegen fast regelmäßig auch die Erzeugung eines neuen Vertragszustands; die Leistungen werden häufig den Vertragsguthaben entnommen oder der Leistungsfall führt zur Beendigung des Vertragsverhältnisses. In der Regel wird der Schaden-/Leistungsprozess daher in der LV aus der Bestandsführung heraus angestoßen, während er in der Sach- und Krankenversicherung als autarker Verarbeitungsprozess in der Domäne „Schaden“ verankert ist.

Ausgelöst vom Eingang der Schadenmeldung werden die folgenden, weiteren Teilschritte und -prozesse der **Schadenbearbeitung** durchlaufen; die konkreten

Inhalte und Ausprägungen sind sehr stark vom Typus der Versicherung abhängig, wobei häufig unterschiedliche Prozessvarianten für die Bearbeitung von Sach-, Personen- oder Vermögensschäden mit jeweils eigenem Regelwerk und Prozessablauf bestehen:

- Aufnahme aller für die Prüfung und Regulierung des Schadens notwendigen Daten
- Prüfung der Schadenumstände und -merkmale
- Formale und materielle Prüfung des Versicherungsschutzes
  - Prüfung gegen die versicherten Gefahren, Sachen
  - Prüfung gegen versicherte Schäden, Personen, Gegenstände
  - Prüfung der Leistungsansprüche des Anspruchsstellers (Schadenbewertung)
  - Prüfung gegen die Höhe der Versicherungsleistung
  - Prüfung gegen den Vertragszustand
    - Leistungsausschlüsse, Klauseln
    - Stilllegung / Mahn- und Kündigungsverfahren
    - Vorvertragliche Anzeigepflichtverletzung
    - Sonstige Ausschlussgründe (z.B. nicht angezeigte Gefahrerhöhung)
  - Prüfung durch Ansichtnahme oder Gutachten
- Ablehnung des Schadens bzw. der Leistungspflicht
- Ggf. Aktualisierung von Meldebeständen
- Ausfertigung von Schadendokumenten, Mitteilungen
- Anstoß von Folgeprozessen
  - Exkasso-Prozesse
  - Abrechnung mit Mit- oder Rückversicherern
- Beauftragung von Assistance-Leistungen

Neben der reinen Schadenbearbeitung werden weitere Prozesse durch das VU ausgeführt, um ein aktives Begleiten und **Steuern** des Schadenabwicklungsprozesses sicherstellen zu können. Dabei hat es sich für das VU als sehr erfolgreich herausgestellt, seine Rolle über das reine Regulieren der Schäden hinaus zu definieren und den Schadenprozess aktiv zu managen.

Im Zuge des **Schadenmanagements** werden die Teilprozesse Schadenanlage, Schadenprüfung und -bearbeitung sowie Schadenregulierung/-auszahlung daher durch Regelwerke und zusätzliche Serviceleistungen eng begleitet, um den Schadenprozess im Sinne des VU positiv zu beeinflussen:

- Reduzierung der Reaktions- und Bearbeitungszeiten des Schadenprozesses
- Übernahme der Schadenbeseitigung (positiver Effekt auf Kosten und Höhe der Versicherungsleistung, Regulierungsdauer)
- Entlastung des VN von organisatorischen Aufgaben im Rahmen der Schadenbeseitigung (Service des VU)

- Einbindung von vertraglich an das VU gebundenen Service- und Assistance-Partnern des VU in den Schadenprozess (standardisierte Prozesse sind dann möglich)
- dadurch Erhöhung der Kundenzufriedenheit
- Kontrolle und Generierung von Einsparpotenzialen bei Schadenkosten und Schadenleistungen für das VU

3.2.4.5 Kapitalanlage-Management

Die Notwendigkeit zum Betrieb des Kapitalanlagegeschäfts ruht in der Natur des Versicherungsgeschäfts:

- Durch die Gestaltung des *Risikogeschäfts* mit Vorauszahlung der Prämien vor der Erbringung der Versicherungsleistungen wird ein Kapital- und Liquiditätsüberschuss erwirtschaftet.
- Hauptsächlich in der Lebensversicherung sowie im Rahmen der Alterungsrückstellung in der privaten Krankenversicherung werden *Spar- und Entspargeschäfte* getätigt, deren Zahlungsströme über den zwischengeschalteten Kapitalanlageprozess gepuffert sind.
- Die dritte Quelle zur Generierung von Kapitalanlagen, das sogenannte *Dienstleistungsgeschäft*, hat seine Ursachen in rein betriebswirtschaftlich veranlassten Zahlungsströmen und Finanzierungsmodellen und wird hier daher nicht weiter betrachtet.

Insbesondere in der LV (zum Teil auch in der KV) nimmt das Kapitalanlage-Management eine zentrale Stellung ein, denn es muss folgende Funktionen erfüllen, die allesamt extrem kritisch für den Gesamterfolg des VU sind:

- Erwirtschaftung des Garantiezinses zur Erfüllung der Versprechen für die garantierten Versicherungsleistungen
- Erwirtschaftung einer möglichst hohen Gesamtverzinsung der Sparguthaben zur Gewährung einer öffentlichkeitswirksamen Zinsgewinnbeteiligung

Für die konventionelle LV erfolgt der Wettbewerb vor allem über die bisherige und zukünftige Gewinnbeteiligung, deren Prognose bei Altersvorsorge-Produkten fast ausschließlich durch das Kapitalanlage-Ergebnis dominiert wird.

Selbst in der Kfz-Haftpflichtversicherung wird das Kapitalanlage-Ergebnis aus dem Risikogeschäft und den freien Kapitalanlagen häufig zur Deckung der jährlichen Schäden benötigt, da die am Markt durchsetzbaren Prämien aktuell die auftretenden Schäden nicht mehr decken können (negatives Risikoergebnis).

Das Kapitalanlagen-Management muss folgenden drei Zielen – die miteinander zum Teil in Konkurrenz stehen – folgen:

- Sicherheit
- Rentabilität
- Liquidität

Zusätzlich ist besonders für den Bereich der LV die Absatzförderung durch eine attraktive Kapitalanlage-Politik als weiteres Ziel zu nennen. Eine Absatzförderung wird dabei durch die Erwirtschaftung hoher Renditen und damit der Möglichkeit attraktiver Prognose- und Beispielrechnungen sowie ggf. sogar der Gewährung höherer Garantiezinsen im Wettbewerb erreicht.

Die Ziele der Kapitalanlage für VU sind auch in §54 I VAG aufgeführt:

Das gebundene Vermögen eines Versicherungsunternehmens ist „unter Berücksichtigung der Art der betriebenen Versicherungsgeschäfte sowie der Unternehmensstruktur so anzulegen, dass möglichst große ***Sicherheit*** *und* ***Rentabilität*** *bei jederzeitiger* ***Liquidität*** *des Versicherungsunternehmens unter Wahrung angemessener Mischung und Streuung erreicht wird.*“

Mischung und Streuung – der sogenannte Kapitalanlage-Mix – sind dabei steuernde Instrumente des Kapitalanlage-Prozesses und dienen zur Erreichung dieser drei Ziele.

Sicherheit

Ein Versicherungsunternehmen muss zu jedem Zeitpunkt über einen Bestand an Kapitalanlagen verfügen, dessen Wert dem der bestehenden Verpflichtungen aus dem Versicherungsgeschäft entspricht. Hintergrund ist vor allem der Gläubigerschutz zugunsten der Versicherungsnehmer.

Rentabilität

Erträge abzüglich Aufwendungen für Kapitalanlagen bezogen auf den Wert (Bestand) der Kapitalanlagen.

Verpflichtungen des VU zur Erzielung von Renditen stammen dabei aus den Versicherungsgeschäften (z.B. Garantiezinsversprechen) sowie aus dem Wettbewerbsdruck (Vergleichsgröße in der LV ist insbesondere auch die Höhe der Gewinnbeteiligung) sowie aus Gewinnerwartungen der Anteilseigner am VU.

Liquidität

Durch Instrumente des Kapitalanlage-Managements wird sichergestellt, dass jederzeit ausreichende Liquidität zur Bedienung der aus den Versicherungs- sowie Spar- und Entspargeschäften und betriebswirtschaftlichen Erfordernissen resultierenden Zahlungsströmen zur Verfügung steht.

Für das Liquiditätsmanagement der Kapitalanlagen sind Prognosen und Hochrechnungen zu den erwarteten Kapitalzuflüssen durch Prämieneingänge inkl. des erwarteten Neugeschäfts, der Dynamikerhöhungen, Prämienanpassungen etc. sowie Kapitalabflüsse durch Schäden, Rückkäufe und Abläufe aus dem aktuellen

Portfolio heraus bereitzustellen. Diese gehen in die kurz- und mittelfristige Liquiditätsplanung ein.

Über ALM (Asset Liability Management) wird die Ausrichtung der Kapitalanlagen (Assets) anhand der erwarteten Entwicklung der Verbindlichkeiten (Liability) vorgenommen.

3.2.5 Unterstützende Prozesse

Unterstützende Prozesse sind solche Prozesse, die strategische oder operative Kernprozesse und die dazu gehörenden Teilprozesse unterstützen. Obwohl Unterstützungsprozesse keinen unmittelbaren wertschöpfenden Charakter besitzen, sind sie für den Erfolg des Gesamtunternehmens häufig ebenso wichtig wie ein Kernprozess. Unterstützungsprozesse bilden oftmals erst die Voraussetzung für die Ausführung eines Kernprozesses. Daher genießen auch unterstützende Prozesse oft eine hohe Priorität.

Einige der wichtigsten, die Kernprozesse unterstützenden Prozesse sind beispielsweise *Beschaffung* oder *Verwaltung/Rechnungswesen* sowie das *Dokumentenmanagement*, die im Rahmen dieses Kapitels nachfolgend aber nur kurz beleuchtet werden können.

Die *Beschaffungsprozesse* des Versicherungsunternehmens stellen sicher, dass alle im Unternehmen benötigten Produktionsfaktoren in genau dem Umfang zur Verfügung stehen, wie sie für die Erstellung und Abwicklung der Kernprozesse (und der sonstigen, unterstützenden Prozesse) benötigt werden. Wesentliche Beschaffungsmärkte sind die Märkte für Arbeitskräfte, Dienstleistungen, Investitionsgüter, Software, Betriebsmittel und Finanzprodukte.

Typische Teilprozesse sind Bedarfsermittlung und -planung, Beschaffungsdurchführung und -kontrolle.

In Versicherungskonzernen wird der Beschaffungsprozess in der Regel zentral und unternehmensübergreifend organisiert.

Im Bereich der *Verwaltung* finden Prozesse statt, die nicht unmittelbar auf das Kerngeschäft der Versicherungsunternehmen bezogen sind. Die wichtigsten Verwaltungsprozesse betreffen die Verwaltung des Personals, die Verwaltung der im Unternehmen vorhandenen Sachmittel und die Bereitstellung versicherungsfremder interner Dienstleistungen. Letztere werden allerdings in zunehmendem Maße aus den VU heraus verlagert und dann extern eingekauft und sind daher mittlerweile in großen Teilen dem Beschaffungsprozess zuzuordnen.

Eine Sonderrolle nehmen die Prozesse des Rechnungswesens ein. Deren grundlegendes Regelwerk zur Buchführung folgt den jeweiligen nationalen (handelsrechtlichen) Grundsätzen für die Erstellung des Jahresabschlusses / der Bilanz. Alle für den Jahresabschluss relevanten Ergebnisse aus den im Unternehmen durchgeführten Prozessen werden hier buchungstechnisch abgebildet. Es werden wirtschaftliche Ergebnisse aus Prozessen im Versicherungsunternehmen selbst und aus den Beziehungen zu seiner Umwelt berücksichtigt und verarbeitet. Die Buchführung bildet zudem die Datenbasis für periodische Auswertungen oder Adhoc-Auswertungen, für das Controlling sowie für Hochrechnungen und hieraus abgeleitete Bewertungsprozesse, deren Regeln sich von denen des Jahresabschlusses unterscheiden können.

Aus dem früheren, Papierdokument-orientierten Schriftgutmanagement ist das *Dokumentenmanagement* als zentraler Bestandteil eines unternehmensweiten Content-Managements hervorgegangen. In ihrem Verarbeitungsprozess werden eingehende Dokumente so früh wie möglich und ausgehende Dokumente bei ihrer Erzeugung mit den Geschäftsobjekten, denen sie inhaltlich zuzuordnen sind, sowie dem relevanten Geschäftsprozess verknüpft. Das relevante Geschäftsobjekt kann beispielsweise ein Partner, ein Versicherungsvertrag oder ein Schaden sein. In den Prozessen eines Versicherungsunternehmens nimmt das Dokumentenmanagement als integrierte Komponente im Zusammenspiel mit Workflow-Steuerung, elektronischer Archivierung sowie Input- und Outputmanagement eine zentrale Rolle ein.

3.2.6 Ausblick: Kernprozesse im Wandel?

Die ehemals klassischen Backoffice-Prozesse der Leistungserstellung (diese bildeten auch den Schwerpunkt der versicherungsspezifischen IT-Unterstützung) müssen sich zunehmend den Kunden und anderen Marktteilnehmern öffnen und haben neben ihren rein funktionalen Teilprozess-Aufgaben nun auch zusätzliche Prozessziele zu erfüllen.

So reicht beispielsweise die Konzentration auf eine effektive IT-Unterstützung interner Organisationseinheiten und die Automatisierung von Prozessabläufen im Backoffice alleine nicht mehr aus, um die Kernprozesse des VU zukunftssicher zu gestalten. Wenn nicht gleichzeitig auch eine stärkere Kundenorientierung in den Prozessabläufen stattfindet, können wichtige Prozessziele wie Erhöhung der Kundenzufriedenheit und der Kundenbindung ggf. nicht erreicht werden.

Ein mit allen traditionellen Kernprozessen verknüpftes ***Kundenmanagement*** wird daher weiter an Bedeutung gewinnen. Als zentraler Querschnittsprozess füllt das Kundenmanagement wichtige Schnittstellenaufgaben zwischen Vertrieb, Bestandsverwaltung und Schadenmanagement aus und etabliert sich zunehmend als eigener, wichtiger Kernprozess, der zudem sparten- und somit auch unternehmensübergreifende Prozess-Organisationen fördert.

Auswirkungen einer immer stärker kundenorientierten Ausrichtung lassen sich bereits seit einiger Zeit auch im Produktdesign wiederfinden. Hier haben beispielsweise Service- und Assistance-Leistungen bereits einen festen Platz im Leistungsumfang von Versicherungsprodukten finden können und einiges deutet darauf hin, dass solche ***Dienstleistungselemente*** im Zuge der Leistungserstellung an Bedeutung zunehmen könnten.

Deren Einbindung in bestehende Prozessmuster – von Marktforschung / Marketing über die Produktentwicklung bis hin zum Schaden- und Leistungsmanagement – kann viele zentrale Kernprozesse der Leistungserstellung zukünftig verändern

Kurzbiographie

Ralph Broschinski, Jahrgang 1963, absolvierte in der Zeit von 1982 bis 1984 seine Ausbildung zum Versicherungskaufmann bei der AachenMünchener Lebensversicherung AG. Nach verschiedenen Stationen in den Abteilungen „Mathematik" und „Technische Bilanz" und ab 1990 in der „die individuale Lebensversicherung AG", gründete er 1993 mit weiteren Partnern die PAD-Consulting GmbH, in der er als Gesellschafter-Geschäftsführer tätig war. Seit Oktober 2007 leitet Herr Broschinski das Geschäftsfeld „Geschäftsprozesse" in der viadico AG.

Literaturverzeichnis

(Becker et al. 2005): Becker J, Kugeler M, Rosemann M, Prozessmanagement, Springer 2005
(Farny 2006): Farny, D Versicherungsbetriebslehre, 4. Auflage, Karlsruhe 2006
(GDV 1999): VAA Versicherungs-Anwendungs-Architektur, final edition 1999, www.gdv-online.de/vaa
(Hammer u. Champy 1993): Hammer M, Champy J, Reengineering the Corporation: A Manifesto for Business Revolution. Nicholas Brealey Publishing, London 1993
(KonTraG 1998): Gesetz zur Kontrolle und Transparenz
(Scheer 2001): Scheer A-W, Vom Geschäftsprozess zum Anwendungssystem, Springer 2001
(Schmelzer u. Sesselmann 2006): Schmelzer H J, Sesselmann W, Geschäftsprozessmanagement in der Praxis, Hanser 2006
(VAG 2009): Versicherungsaufsichtsgesetz in der aktuellen Fassung

3.3 Industrialisierung von Geschäftsprozessen in Versicherungsunternehmen

Roland Kritzinger, Heidelberg, Deutschland

Zusammenfassung

Der vorliegende Beitrag greift das Thema Industrialisierung in der Assekuranz auf und verdeutlicht mit Beispielen aus der Lebensversicherung, welche Entwicklungen diesbezüglich in den letzten beiden Jahrzehnten stattgefunden haben und wie mit diesem Thema umgegangen wurde. Das Bild, das sich daraus ergibt, ist ambivalent: Zum einen kommen über Kostenreduktion, Effizienzkennzahlen, Qualitätsstandards und skalierbares Wachstum Anforderungen auf die Unternehmen zu, die nur mit den Methoden und Werkzeugen einer entwickelten Industrie systematisch und dauerhaft gelöst werden können. Auf der anderen Seite stößt eine konsequente Industrialisierung in dieser Branche noch immer an Grenzen, die durch das Geschäftsmodell, die Komplexität des Geschäfts und durch eine steigende Individualisierung der Versicherungsprodukte gesetzt werden.

3.3.1 Prolog

Ich erinnere mich noch genau, als ich wenige Tage nach Beginn meiner beruflichen Tätigkeit in der Versicherungswirtschaft vom Vorstand über meine ersten Eindrücke und Erlebnisse befragt wurde. Diese Eindrücke waren geprägt von fast durchgängigen manuellen Arbeitsprozessen bei der Abwicklung des operationellen Geschäftes. Es gab ein mächtiges Bestandsführungssystem und drum herum wurden die wirklich wichtigen Dinge von Menschenhand betrieben: Vertragsänderungen wurden mit spitzem Bleistift und Tischrechner berechnet, in den Versicherungsscheinen wurden alle technischen Werte abgehakt, Abweichungen wurden mit einem roten Filzstift und Lineal kenntlich gemacht, Briefe wurden diktiert, Post wurde per Hand couvertiert, Zahlungseingänge manuell offenen Posten zugeordnet und Schecks für Versicherungsleistungen wurden vom Sekretariat per Schreibmaschine ausgefertigt. Die Eindrücke waren ernüchternd. Ich weiß heute nicht mehr, welche genauen Vorstellungen ich von der Versicherungswirtschaft

M. Aschenbrenner et al. (eds.), *Informationsverarbeitung in Versicherungsunternehmen*,
Springer-Lehrbuch Masterclass, DOI 10.1007/978-3-642-04321-5_8,

hatte – aber dass eine Vielzahl von hochqualifizierten Mitarbeitern damit beschäftigt war, mit mehr oder weniger einfachen Werkzeugen hochwertige Finanzdienstleistungen zu produzieren, das schien mir nicht zeitgemäß zu sein. Ich habe mich – als Neuling im Unternehmen mit gebotener Diplomatie – entsprechend geäußert und war äußerst beruhigt, dass diese Wahrnehmung von meinem Gegenüber bestätigt wurde. Genau das sei die richtige – weil kritische – Sicht auf die Dinge, wurde mir geantwortet. Die Versicherungswirtschaft stehe vor großen Herausforderungen, müsse schlanker und effizienter in den Arbeitsabläufen werden und konsequent in eine Automatisierung der Prozesse investieren. Genau dafür brauche man Impulse. Ich möge mich jedoch keinen Illusionen hingeben: Die Herausforderung sei groß, die Materie komplex und es werde Zeit und vor allem Geduld brauchen. Ich habe aus diesem Gespräch den Begriff *Industrialisierung* nicht in Erinnerung – aber unabhängig, ob das Wort fiel oder nicht – es war in seinen Inhalten sehr präsent.

Das Thema Industrialisierung blieb mir in meinen weiteren Tätigkeitsfeldern treu. Nach zwanzig Jahren beruflicher Praxis in der Versicherungswirtschaft hat sich diesbezüglich auch einiges bewegt. Die Industrialisierung durchdringt zunehmend die Versicherungswirtschaft. Diese Entwicklungen hatten jedoch eher evolutionären Charakter, als dass eine industrielle Revolution stattgefunden hätte.

Woran muss sich also die Versicherungswirtschaft messen lassen, wenn es darum geht, zu beurteilen, in welcher Form die Industrialisierung in dieser Branche Fuß gefasst hat und wie weit sie darin fortgeschritten ist? Hierbei sind sicherlich drei Merkmale zu benennen. Zum einen haben wir es mit der Modularisierung der Prozesskette zu tun, deren einzelne Komponenten einen klar abgegrenzten Leistungsumfang mit definierten Eingangs- und Ausgangs-Schnittstellen haben. Diese Strukturierung dient dem Zweck, die hinter dem Modul stehende Aufgabe an einen internen oder externen Dienstleister delegieren zu können. Als zweites ist die Automatisierung der Prozesse zu nennen, um eine Effizienzsteigerung zu erreichen. Die Automatisierung betrifft dabei sowohl physische Arbeitsschritte in der Prozesskette als auch einfache Entscheidungsprozesse, die von wissensbasierten IT-Systemen übernommen werden. Als drittes und letztes ist die messbare Qualität zu nennen, die sicherstellt, dass der betreffende Prozess mit einem Qualitätsstandard ausgeführt wird, der gegenüber Dritten garantiert werden kann.

Im Folgenden soll orientiert an der Praxis der Lebensversicherungsbranche ausgeführt werden, welche Umstände die Industrialisierung in der Versicherungsbranche erst verzögert und später befördert haben, wie die Unterscheidung von Kernkompetenzen und komplementärer Kompetenz im Versicherungsgeschäft in der neu strukturierten Wertschöpfungskette wirkt und in welchen (Teil-) Prozessen die Industrialisierung sich heute befindet. Ein Ausblick soll am Ende zeigen, mit welchen diesbezüglichen Tendenzen in den nächsten Jahren und Jahrzehnten zu rechnen ist.

3.3.2 Die Rolle des Kunden in der Wertschöpfungskette

Über eine strukturierte Wertschöpfungskette sichert sich ein Unternehmen einen effizienten Produktionsprozess und damit langfristig wirtschaftlichen Erfolg. Die Wertschöpfungskette in der Assekuranz – insbesondere in der Lebensversicherung – wurde in den vergangenen Jahren einem Paradigmenwechsel unterworfen. Dabei blieb die existierende Kette an sich bestehen: Der Bedarf an Schutz vor einem wirtschaftlichen Schaden wird durch eine Zusage des Versicherers gedeckt, für die der Kunde einen angemessenen Beitrag zu zahlen bereit ist. Die Ausprägung der einzelnen Elemente in dieser Wertschöpfungskette ist jedoch vielfältiger geworden und es haben sich Wechselwirkungen zwischen ihnen ergeben, die eine ursprünglich eher eindimensional und statisch ausgerichtete Wertschöpfungskette nun mehrdimensional und dynamisch machen. Was also genau ist passiert und in welcher Art hat dies Einfluss auf die Neustrukturierung genommen?

Da ist als erstes die geänderte Sicht auf den Kunden zu nennen. Noch immer verkündet die Versicherungsbranche stolz – zuletzt geschehen vor wenigen Wochen auf einer hochkarätig besetzten InsuranceCom in Zürich – von nun an den Kunden in den Mittelpunkt ihrer Geschäftsprozesse zu stellen. Anscheinend war es der Versicherungsbranche in einer bis 1994 stark regulierten Welt möglich, eine Wertschöpfungskette aufzubauen und zu betreiben, bei der der Endkunde nur eine untergeordnete Rolle spielte.

Wirft man einen Blick auf die gängigen Versicherungsprodukte, ihre wesentliche Charakteristika und die Entwicklung, die diese Produkte in den letzten Jahren, zum Teil spartenspezifisch genommen haben, so wird klar, warum gerade in diesem Geschäft eine solche Entwicklung erfolgen konnte. Was ist das Wesen eines Versicherungsproduktes: Deckung eines im Einzelnen ungewissen, insgesamt geschätzten Mittelbedarfs auf der Grundlage des Risikoausgleichs im Kollektiv und in der Zeit (Farny 2006). Wirtschaftlich formuliert: Viele zahlen einen kleinen Beitrag, um finanziell abgesichert zu sein, wenn ein unwahrscheinliches, aber dann hohes Risiko eintritt. Provokant formuliert: Die meisten Kunden zahlen für etwas, für das sie nichts bekommen – zumindest nichts, was sie jemals werden anfassen können. Und wenn der Verbraucher ein solches Modell – das ja per se vernünftig ist – akzeptiert und annimmt, dann ist das Gros der Kunden für den Versicherungsbetrieb in den Hintergrund gerückt. Das passt im Übrigen zu meinen ersten Erlebnissen im Versicherungsbetrieb: Lief dort ein Lebensversicherungsvertrag ab, so wurde die verstaubte Vertragsakte aus dem Archiv geholt. Diese bestand, obwohl oftmals 20, 30 oder gar 40 Jahre alt, nur aus einer Policenkopie, vielleicht, einem einmaligen Mahnvorgang und einer Adressänderung. Zwischen Versicherer und Versichertem gab es also über die gesamte Laufzeit so gut wie keinen Kontakt, der Kunde zahlte seinen Beitrag, die Versicherung garantierte eine Leistung im Todesfall. Klar, dass ein solches Modell den Versicherer dazu verführt, dem Kunden in seiner Wertschöpfungskette nicht die Priorität zu geben, die ihm als insgesamt treibendes Element zukommen muss. Aber das ist tiefe Vergangenheit, auch wenn diese – zumindest für die Lebensversicherungssparte – noch gar nicht lange zurückliegt.

Als nächstes muss angeführt werden, dass Versicherungsprodukte vielfältiger geworden sind. Der Bedarf an Versicherungsschutz ist in der modernen, wirtschaftlich starken Gesellschaft individueller geworden, um Marktpotenziale konsequent auszuschöpfen, wurden Produkte spezieller, um Wachstumsmargen zu erreichen, wurde das Versicherungselement abgeschmolzen und durch andere Komponenten ersetzt.[1] Angebot und Nachfrage nach solchen Produkten stehen in einer Wechselbeziehung, in die der Gesetzgeber mit zum Teil regulierenden Maßnahmen immer wieder eingreift. Der Versicherer muss folglich in immer kürzeren Abständen seine Produkte anpassen und flankierende Dienstleistungen für seine bestehenden Kunden erbringen. Dabei muss er alles dafür tun, den Kunden von seinen Qualitäten zu überzeugen – zumindest besser zu sein als der Mitbewerber.

Der so beschriebene Trend hat spartenspezifisch zu unterschiedlichen Zeitpunkten eingesetzt und sichtbare Unterschiede in den Wertschöpfungsketten der Assekuranz hervorgebracht. Der operative Alltag in einer Krankenversicherung ist von einem sehr viel intensiveren Kundenkontakt geprägt als in der Schadens- und Lebensversicherung. Der Kunde bekommt immer wieder Einblick in die Regulierung (dem Leistungsversprechen des Versicherers) seiner Abwicklungsprozesse und die zusätzlichen Dienstleistungen. In der Haftpflicht- und Schadenversicherung hat der Gesetzgeber dem Kunden erweiterte Rechte eingeräumt, den Anbieter zuwechseln. Der Versicherer muss sich folglich dem Kunden jedes Jahr von neuem verkaufen, muss ihn von seinen Leistungen und begleitenden Services überzeugen.

In der Lebensversicherungsbranche haben sich in der letzten Zeit Trends entwickelt, die ihrerseits das Versicherungsunternehmen an den Kunden herangerückt haben. Ich möchte das an drei ausgewählten Beispielen verdeutlichen.

3.3.2.1 Jährliche Anpassung von Beitrag und Leistung (Dynamik)

Ist eine Anpassung von Beitrag und Leistung mit dem Kunden vereinbart, so schickt der Versicherer dem Versicherungsnehmer einmal im Jahr ein entsprechendes Erhöhungsangebot, das der Kunde im Rahmen eines bestimmten Regelwerkes annehmen oder ablehnen kann. Damit treten beide Vertragsseiten einmal im Jahr in Kontakt. Das Versicherungsunternehmen muss in der Abwicklung des Erhöhungsangebots mit einem guten Service punkten, der Kunde gibt mit seiner Annahmentscheidung unmittelbar Rückmeldung zum Ausbau / zur Intensivierung der Geschäftsbeziehung. Wird das Geschäftsmodell systematisch eingesetzt und

---

[1] Ich nehme bewusst ein Beispiel aus der Welt der Lebensversicherungen: Die Branche bietet fondsgebundene Lebensversicherungen an, die 1% des Fondsguthabens als zusätzlichen Todesfallschutz bieten. Faktisch handelt es sich also um ein Sparprodukt (Fondssparplan) mit minimalem aufgesetzten Versicherungsschutz.

operativ mit einem exzellenten Service gekoppelt, dann wird eine bestehende Wertschöpfungskette erweitert, in dem das Ertragspotenzial[2] der Kundenbeziehung konsequent erschlossen wird.

3.3.2.2 Jährliche Kundeninformation (Statusreports)

Die Schaffung zunehmend am Kapitalmarkt orientierter Produkte (fondsgebundene Lebens- und Rentenversicherungen etc.) hat seit Einführung in den 80er Jahren die Notwendigkeit und den Bedarf nach regelmäßiger Information über den Vertragsstand generiert. Der Gesetzgeber hat Mitte der 90er Jahre über das VAG eine Verpflichtung über die jährliche Kundeninformation für alle Lebens- und Rentenversicherungsprodukte eingeführt. Damit wird das Versicherungsprodukt zumindest einmal im Jahr für den Kunden sichtbar, und er kann konkret nachprüfen, ob das Leistungsversprechen des Versicherers sich so entwickelt, wie in Aussicht gestellt wurde. Auf diese Art passiert zweierlei: Zum einen kann gefühlte Sicherheit (ich habe für mein Alter vorgesorgt) gegen reale Sicherheit (soviel habe ich bereits angespart) verglichen werden. Zum anderen werden unterschiedliche Leistungen zwischen den Versicherern bei gleichartigen Produkten sichtbar. Der Kunde ist somit in der Lage zu vergleichen und wird seine ursprüngliche Verkaufsentscheidung bewerten. Damit wird die Beziehung, die der Kunde zu seinem Produkt und damit zum Versicherer hat, berührt. Die Kundenbeziehung schlummert eben nicht mehr – wie in früheren Jahren üblich – unberührt über 20 Jahre in einem Ordner. Wenigstens einmal jährlich tritt sie in Erscheinung und beeinflusst den Kunden und sein Verhalten.

3.3.2.3 Verbraucherschutz und Kundenrechte

Der Stellenwert der privaten (kapitalgedeckten) Altersvorsorge wächst. Entsprechend groß ist das Kundenpotenzial, das es für die Versicherungsunternehmen zu erschließen gilt, und ebenso groß ist das Interesse des Staates, dass die hier bestehende Säule der Altersvorsorge dauerhaft trägt. Wesentlicher Faktor für den Erfolg dieses Modells ist die Mündigkeit des Verbrauchers, der zumindest die Chance haben soll, dem Versicherer „auf Augenhöhe“ zu begegnen. Dies koppelt der Gesetzgeber eng mit einer Vielzahl von Verpflichtungen zur Offenlegung von Informationen, die u.a. im Rahmen der Reform des Versicherungsvertragsgesetzes (VVG-Reform) vor kurzem eingeführt wurden. Damit wird dem Kunden im Vergleich zu früher eine Vielzahl von Informationen verfügbar gemacht, die dieser mit direkten oder indirekten Mitbewerbern vergleichen kann. Diese Maßnahmen tragen dazu bei, dass sich zunehmend ein Käufermarkt ausbildet, da der Kunde

[2] Auch in schlechten Zeiten für Neugeschäfte lassen sich auf diese Art, Umsätze generieren, die ein Wachstum des Unternehmens befördern.

sehr viel früher in die Lage versetzt ist, die Leistungsfähigkeit seines Versicherers zu bewerten.

Ich komme zurück zum Ausgangspunkt dieses Abschnitts. Ich habe deutlich zu machen versucht, dass die Rolle des Kunden im Geschäftsmodell der Versicherungswirtschaft einem grundlegenden Wandel unterzogen wurde. Der Kunde ist dabei mündiger, er ist kritischer und er ist insgesamt aktiver geworden. Nur wenn es gelingt, den Kunden in den Wertschöpfungsketten in seinen Bedürfnissen und in seinem Verhalten richtig zu berücksichtigen, wird am Ende ein dauerhafter wirtschaftlicher Ertrag stehen. Neben dem Versicherungsrisiko und einer schnellen und fairen Bearbeitung der Leistungsfälle, gewinnen alle anderen Faktoren, die Kundenzufriedenheit generieren und garantieren, an Bedeutung. Dabei kommt dem Servicegedanken besondere Bedeutung zu, da er in besonderem Maße vom Kunden nachgefragt wird und somit als Katalysator für Nachfrage in die Wertschöpfung eingeht.

3.3.3 Rollenverteilung von Produzent und Lieferant

Das Versicherungsunternehmen als Produzent von Versicherungsschutz und Kundenservice muss entscheiden, welche der Komponenten dieser Dienstleistung es selbst erbringt und welche es extern von einem Lieferanten einkauft. Die Differenzierung von Eigen- und Fremdleistung bzw. Rollenverteilung in Produzent und Lieferant sind weitere Aspekte die in der Versicherungswirtschaft einen anderen Weg genommen haben als in bestehenden Industrien und somit ihren Teil dazu beigetragen haben, dass die Industrialisierung hier nur sehr viel langsamer vorangekommen ist. Die Aufgabenverteilung von Produzent und Lieferant in der Versicherungswirtschaft soll deshalb näher beleuchtet werden.

Die Komplexität des Versicherungsgeschäfts auf der einen Seite und die in der Vergangenheit wenig am Kunden ausgerichtete Wertschöpfungskette haben maßgeblich dazu beigetragen, dass ein Entscheidungsprozess, welche Zulieferungen besser in Eigen- und welche in Fremdleistung zu erbringen sind, nicht systematisch etabliert wurde und sich Abhängigkeiten in der Produktionskette und den Produktionsmitteln bilden konnten. Oftmals wurde entschieden, als Produzent in eine Aufgabe selbst einzusteigen. Auf diese Art wurde auf der einen Seite das Portfolio an eigenen Dienstleistungen ausgebaut, auf der anderen Seite wurde damit ein Trend befördert, diese Dienstleistungen stets maßgeschneidert auf die aktuellen Bedürfnisse des Unternehmens auszurichten. Dass diese Strategie – zumindest langfristig – auch Nachteile birgt, wurde deutlich, als die entsprechenden internen Dienstleister immer mächtiger, teurer, aber nicht zwangsläufig besser wurden.

Beispielhaft für diesen Trend kann bzw. muss man die Eigenentwicklungen der IT-Systeme in der Versicherungsbranche nennen. Sicherlich war die Branche wie keine andere prädestiniert, von Beginn an die Möglichkeiten einer elektronischen

Datenverarbeitung zu nutzen; zudem gab es in den Anfängen zu der Eigenentwicklung kaum eine Alternative. Aber im Weiteren wurde – mal früher mal später – deutlich sichtbar, dass man sich ein Kuckucksei in das Nest geholt hatte. Der Appetit an Ressourcen (Mensch und Geld) des IT-Ressorts stieg und der IT-Vorstand bestimmte oftmals mehr die Entwicklung des Unternehmens als alle anderen Ressort-Kollegen zusammen. Und das alles in einer Zeit, in der IT ihre Leistungsfähigkeiten im Hinblick auf neue Hard- und Software-Architekturen steigerten. Sukzessive richtete sich die Branche diesbezüglich neu aus. Die Sachversicherer nahmen diesen Paradigmenwechsel früher und schneller an, u.a. auch deshalb, weil hier der Wettbewerbsdruck größer war und die Sachversicherung weniger komplex ist. Die Lebensversicherer haben diese Trendumkehr deutlich später erkannt, zumeist auch deshalb, weil sie in vielen Abhängigkeiten ihrer Alt-Systeme gefangen gehalten sind.

Es können problemlos weitere Beispiele benannt werden, in denen der Versicherer als Produzent in eine Aufgabe eingetreten ist, die er im Vergleich zu einem gegebenen Lieferantenmarkt nicht mit gleicher Qualität bzw. gleichen Kosten bedienen konnte. Ob es der Vertrieb, der Dokumentendruck in der eigenen Druckerei, die Kapitalanlage und Immobilienverwaltung, der 24h-Telefonservice, aber auch der Betrieb eigener Gastronomie-Services war, es gab fast nichts, was „man" sich selbst nicht zutraute und produzierte. Erst sehr viel später öffnete man sich diesem Modell, das man zur Deckung hoher versicherungstechnischer Risiken mittels Kooperation mit Rückversicherern (Lieferant zur Deckung hoher Risiken) bereits erfolgreich nutzte.

Zusammenfassend lässt sich somit festhalten: Wie in anderen Branchen schon lange üblich, kann die immer wiederkehrende Adjustierung der Wertschöpfungskette an die Bedürfnisse des Kunden eine Anpassung der Aufgaben bedingen bzw. den Funktionsumfang der einzelnen Dienstleister ändern. Die Aufgabenverteilung zwischen Eigen- und Fremdleistung wirkt ebenfalls auf den Prozess ein und muss ggf. marktabhängig adjustiert werden. Eine geänderte Aufgabenverteilung kann jedoch nur dann schnell implementiert werden, wenn der gesamte Prozess einem modularen Ansatz genügt.

Die Etablierung von automatisierten Prozessen in den Produktionsprozessen der Versicherungswirtschaft setzt nicht nur ein klares Prozessmodell voraus, sondern erfordert auch sauber gekapselte Funktionseinheiten, deren Leistungsumfang definiert und dessen Qualität messbar ist. Vor diesem Hintergrund wird deutlich, warum die Industrialisierung in der Versicherungswirtschaft nur sehr langsam vorankommen konnte: Solange die Wertschöpfungskette in einem nicht stabilen Zustand und eine Prozesskette nicht hinreichend modularisiert ist, ist Automatisierung weder möglich noch wirtschaftlich sinnvoll.

3.3.4 Kernkompetenzen eines Versicherers

Wie im vorangegangen Kapitel dargestellt, bedarf es nicht nur einer Restrukturierung der Wertschöpfungskette, sondern auch einer systematischen Modularisierung der funktionalen Einheiten in der Prozesskette bei gleichzeitiger Fokussierung auf eigene Kernkompetenzen. Zudem muss das Ziel verfolgt werden, Dienstleistungen, die nicht zu den Kernkompetenzen des Versicherers gehören, über klar definierte Schnittstellen einzubinden und diese unter Vereinbarung von Servicelevels an externe oder interne Dienstleister zu vergeben. Im vorliegenden Kapitel wird folglich auf die funktionalen Disziplinen des Versicherers fokussiert, die unzweifelhaft zu den Kernkompetenzen zu zählen sind.

3.3.4.1 Abdeckung von Risiken

Das Wesen einer Versicherung ist die Deckung eines spezifischen Risikos. Die Festlegung, welche Risiken das sind und in welchem Umfang bzw. zu welchen Konditionen sie zu decken sind, bildet folglich den Kern des betätigten Versicherungsgeschäfts. Durch ordnungspolitische Strukturen ist in Deutschland das Versicherungswesen diesbezüglich in Sparten gegliedert, und entsprechend der Zugehörigkeit bzw. Einordnung ist der jeweilige Versicherer auf die einer Sparte zugeordneten Risiken fokussiert bzw. reduziert.

Mittels einer Zeichnungspolitik bei Risiken ohne Kontraktionszwang entscheidet der Versicherer in jedem einzelnen Fall, ob er ein konkretes Risiko annimmt und wenn ja, zu welchen Konditionen er das tut. Die Zeichnungspolitik muss dabei bestimmten rechtlichen Standards und marktüblichen Anforderungen genügen. Das sind im Wesentlichen Kriterien, die sicherstellen, dass die Versichertengemeinschaft fair behandelt wird, dass nicht einzelne Personen oder Personengruppen diskriminiert werden, dass die zugesagten Deckungen aus Sicht des Versicherers auch langfristig zu erbringen bzw. finanzierbar sind und dass das spezifische Angebot der Nachfrage genügt.

Die Zeichnungspolitik ist im Hinblick auf die Risikoabdeckung ein wesentliches Differenzierungsmerkmal des Versicherers im Markt. Sie liegt jedoch nicht ausschließlich in der Entscheidungshoheit des Versicherers, da überdurchschnittlich hohe Risiken in der Regel anteilig von einem Rückversicherer getragen werden. Um hier eine entsprechende Deckungszusage zu erhalten, muss der Erstversicherer seine Zeichnungspolitik mit der des Rückversicherers in Einklang bringen. An dieser Stelle wird – wie oben bereits erwähnt – ein externer Zulieferer in die Produktionskette eingebunden. Das Geschäftsmodell der Rückversicherung bietet jedoch für den Erstversicherer vielfältige Möglichkeiten diese Form der Zulieferung zu gestalten. Insgesamt kommt der Rückversicherung in dieser Hinsicht eher eine ordnungspolitische (nivellierende) als eine gestalterische Aufgabe zu. Der der Rückversicherer stellt also mit seiner Erfahrung und seiner Größe sicher, dass die

Zeichnungspolitik des Erstversicherers insgesamt marktgerecht bzw. Marktkonform ist.[3]

In dem operationellen Geschäft der Versicherungen ist hinsichtlich der Zeichnung von Normal-Risiken eine zunehmende Automatisierung zu erkennen. Mittels sogenannter Expertensysteme werden Risiken anhand eines dynamisch konfigurierten Fragenkatalogs geprüft. Dabei gehen in die Konfiguration eines solchen Expertensystems die unternehmensspezifischen Akzente der Risiko- bzw. Annahmepolitik ein. Die diesbezüglichen Entwicklungen stehen nach fast 10-jähriger Marktpräsenz – zumindest in der Lebensversicherung – unverändert am Anfang bzw. die Akzeptanz solcher Systeme ist noch nicht durchgängig gegeben.

3.3.4.2 Risikomanagement und Risikosteuerung

Personen-Versicherungsprodukte haben meist langfristigen Charakter (insbesondere in der Rentenversicherung mit Laufzeiten über 70 Jahre), basieren in ihrem Kalkulationsmodell auf Annahmen, stehen meist in einem komplexen – sich ändernden – Zusammenhang und leben vom Vertrauen der Kunden, dass die zugesagten Leistungen auch eingehalten werden. Damit unterliegt das Versicherungsprodukt spezifischen Risiken, die auf die Erfüllbarkeit der Leistungszusagen einwirken, anders als es z.B. Konsumgüter tun. Infolgedessen kommt dem Risikomanagement im Versicherungsunternehmen eine entscheidende Bedeutung zu.

Das Bewusstsein für operationelle, finanzielle, biometrische und strategische Risiken hat in den letzten Jahren erheblich zugenommen und damit – in wesentlichen Teilen aufsichtsrechtlich getrieben – zu einer Vielzahl von zwingenden Prozessen und permanenten Analysen geführt. In den Mindestanforderungen an das Risikomanagement (MaRisk VA) hat z.B. die Bundesanstalt für Finanzdienstleistungsaufsicht (BaFin) einen allgemeinen Rahmen für die Ausgestaltung des Risikomanagements und Versicherungen im Rahmen von Solvency II gegeben. Dadurch wird die Handhabung dieser Disziplin standardisiert und ihre Qualität messbar bzw. vergleichbar gemacht.

Dem Versicherungsunternehmen obliegt es aber nach wie vor selbst, sich im Zuge der Risikosteuerung zu positionieren und (zumeist strategisch) zu entscheiden, welche Risiken man gezielt zum Gegenstand seines Geschäftsmodells machen, in welchem Umfang man diese Risiken eingehen und mit welchen zusätzlichen Prozessen bzw. Werkzeugen man sie operativ beherrschen will. Damit wird Risikosteuerung und Risikomanagement automatisch zur Kernkompetenz des jeweiligen Unternehmens, denn das spezifische Know-how um diese Risiken und die oftmals Jahrhunderte lange Erfahrungen erlauben es einem Unternehmen, sich erfolgreich im Markt zu präsentieren und in seinem Umfeld zu behaupten.

---

[3] Angesichts des oligopolistisch organisierten Rückversicherungsmarkts steht der ordnungspolitische Wille zur Sicherstellung der Ansprüche der Versicherten klar im Vordergrund.

Gerade die Banken- bzw. Kreditkrise im Jahr 2008 hat deutlich gezeigt, dass geschäftsinhärente Risiken nicht nur theoretischer Natur sind und dass unzureichend gemanagte Risiken in unvorstellbar kurzer Zeit auch den wirtschaftlichen Ruin eines Unternehmens (s. Lehmann Brothers) nach sich ziehen können. Es soll deshalb an dieser Stelle das Selbstverständnis der Versicherungsbranche herausgestellt werden: Als Versicherer unterscheidet man sich von allen anderen Anbietern im Markt der Finanzdienstleistungen, weil das Geschäftsmodell spezielle Risiken zum Gegenstand hat, die man professionell unter Kontrolle halten kann.

3.3.4.3 Marktgerechte Produktentwicklung

Der Versicherer bündelt seine (Dienst-) Leistungen in Versicherungsprodukten. Das Versicherungsprodukt stellt sich dabei als Konglomerat von versicherungstechnischen und juristischen Komponenten dar. Zum einen entwirft die Versicherungstechnik im Produkt ein quantitatives Transformations-Modell , mit der das Versicherungsrisiko in Abhängigkeit von Eintrittswahrscheinlichkeit und Leistungshöhe zu bepreisen ist. Zum anderen liefert das Bedingungswerk den formalen (juristischen) Rahmen, in dem Versicherer und Versicherungsnehmer Leistung und Gegenleistung (Beitrag) vereinbaren bzw. welche Spielregeln (Pflichten, Obliegenheiten etc.) zwischen beiden Parteien gelten.

Die marktgerechte Produktentwicklung stellt sich in der Praxis als ein vielschichtiger – oftmals iterativer – Prozess dar, der eine Balance zwischen unterschiedlichen Interessen finden muss. Da ist als Erstes der Bedarf nach Versicherungsschutz zu nennen, der auf ein versicherungstechnisches Risiko abzubilden ist. Das Versicherungsprodukt muss also die Bedürfnisse von Kundenseite nach einem spezifischen Versicherungsschutz adressieren und befriedigen. Als Zweites muss das Produkt vertriebsgerecht sein. Dazu zählen einerseits kundengerechte Verpackung und gewisse Alleinstellungsmerkmale, die Wettbewerbsvorteile sichern, anderseits muss das Produkt auch wirtschaftlich eine Vergütungsstruktur bieten, die eine faire Entlohnung des Vertriebs für seine Leistungen sicherstellt. Als Drittes ist das versicherungstechnische (aktuarielle) Formelwerk zu nennen, mit dem das Risiko modelliert wird. Hierbei sind nicht nur primäre Risikokomponenten zu berücksichtigen, sondern auch sekundäre, die indirekt auf den möglichen Leistungsfall einwirken können (so z.B. das subjektive Risiko in der Berufsunfähigkeits-Versicherung). Die Ertragsseite für den Versicherer stellt die vierte Komponente in der Produktentwicklung dar. Sie stellt sicher, dass das Versicherungsprodukt auch für das Unternehmen wirtschaftlich sinnvoll ist. Neben der Kostenkalkulation, die unmittelbar in die Preisgestaltung einfließt, müssen hier auch die Ertragsquellen aus dem versicherungstechnischen Risiko und sonstiger Herkunft (z.B. Rückversicherung, Steuern) mit einbezogen werden. Fünfter Punkt ist die Berücksichtigung aufsichtsrechtlicher und gesetzlicher Anforderungen. Die diesbezüglichen Anforderungen bilden einen Rahmen, der bei dem Produktdesign keinesfalls verlassen werden darf. Als letzter Punkt muss auch die Verwaltbarkeit des Produktes sichergestellt werden. Nur wenn geeignete Werkzeuge zur Verfügung stehen, um die mit dem Produkt abgeschlossenen Versicherungsverträge effizient verwalten zu können, ist der Versicherer in der Lage, sein Leistungsversprechen nachhaltig zu erbringen.

Die genannten Komponenten wirken mit zum Teil unterschiedlicher Richtung auf die Gestaltung eines Produktes. Der Versicherer – als Produktgeber – muss diesen Prozess stets gestaltend besitzen, denn nur so ist er befähigt, die Vorgaben und Möglichkeiten der Risikosteuerung zu nutzen.

3.3.5 Auslagerung von Prozessen

Der Versicherer als Produktgeber muss Eigentümer der Prozesse sein, die seine Kernkompetenz betreffen. Nur so kann er sicherstellen, dass die Prozesse im Sinne seiner Unternehmensstrategie mit eigener Kompetenz betrieben werden. Kompetenz wird dabei zu einem unverwechselbaren, nicht austauschbaren Element, das das Untenehmen und seine Produkte im Markt positioniert.

Prozesse, die nicht unmittelbar die Kernkompetenzen berühren, bewertet der Versicherer folglich als nicht einzigartig für sein Geschäftsmodell. Über die Auslagerung solcher Prozesse an einen (externen) Service-Anbieter besteht die Möglichkeit, sich eine (funktionale) Dienstleistung einzukaufen, die wiederum dieser Anbieter zu seiner Kernkompetenz erklärt hat. Damit können Vorteile realisiert werden: Zum einen kann ein höheres Qualitätsniveau garantiert werden, das das gesamte Versicherungsprodukt aufwertet. Als Zweites können in einem funktionierenden Markt Kostenvorteile erzielt werden. Als Letztes muss die Innovationsfähigkeit einer solchen Auslagerung genannt werden. In einem konkurrierenden Umfeld wird es im unmittelbaren Interesse des Anbieters liegen, seine Services auf dem aktuellen Stand der Technik bzw. der Fachlichkeit zu halten. Er wird auf diese Art dafür sorgen, dass der Versicherer von den Innovationen in diesem Segment der Dienstleistung profitiert, ohne selbst die jeweiligen Neuerungen evaluieren und implementieren zu müssen.

Ungeachtet der Möglichkeit bzw. der Notwendigkeit gewisse (Teil-) Prozesse auszulagern, obliegt dem Versicherer die Verantwortung für das gesamte Produkt. Er muss von daher sicherstellen, dass die vielen Komponenten im gesamten Lebenszyklus eines Versicherungsproduktes zu einem konsistenten Ganzen zusammenfinden, das in Konsequenz den Endkunden überzeugt und zufriedenstellt. Der Fähigkeit, interne und externe Komponenten in eine solche Prozesskette zu integrieren und wenn notwendig ohne für den Kunden spürbare Friktionen anzupassen bzw. zu ändern, kommt von daher ein hoher Stellenwert im Geschäftsmodell des Versicherers zu.

Beispielhaft für die Auslagerung von Dienstleistungen sollen hier zwei sehr unterschiedliche (Teil-) Prozesse dargestellt werden. Bei dem ersten handelt es sich um den Vertrieb des Produktes und damit um einen primären Prozess in der

Wertschöpfungskette des Versicherers. Die Systementwicklung ist der zweite Prozess, der ein Werkzeug zu Abwicklung des Geschäfts liefert und damit Zulieferungscharakter hat.

3.3.5.1 Vertrieb über unabhängige Makler

In den letzten Jahren war ein klarer Trend zu einem unabhängigen Außendienst zu verzeichnen. So hat sich der Anteil am Neugeschäft in der Lebensversicherung bei dem gebundenen (eigenen) Außendienst von 80% in 1985 auf fast derzeit ca. 30% drastisch reduziert. Gleichzeitig haben die Anteile des unabhängigen Makler und des Bankenvertriebs entsprechende Zuwächse verzeichnen können. Heute kommt dem unabhängigen Makler mit 35% der größte Anteil zu Gute. Diese Entwicklung wurde durch den Gesetzgeber gefördert, der über die EU-Vermittlerrichtlinie in 2007 und die VVG-Reform 2008 ordnungspolitische Rahmenbedingungen gesetzt hat, die den Möglichkeiten eines unabhängigen Vertriebs besser genügten als denen eines eigenen Außendienstes, der exklusiv nur die Produkte „seines" Versicherers verkauft.

Aus Sicht des Versicherers bündelt der Makler die Anforderungen des Marktes an Produkte und deren Vertriebsfähigkeit. Diese Sicht steht – aufgrund der Unabhängigkeit des Maklers – in unmittelbarem Kontext mit Mitbewerbern, die um den gleichen Kunden konkurrieren. Damit werden die Kriterien an die Marktgängigkeit und Marktfähigkeit des Produktes erhöht, denn ein eigener Ausschließlichkeitsvertrieb wird die Konkurrenzfähigkeit eines Produktes in der Regel erst zu einem späteren Zeitpunkt spüren. Der Vertrieb selbst zählt hingegen die konsequente oder systematische Erschließung und Durchdringung eines Marktes mit Versicherungen (besser Finanzdienstleistungen) zu seinen Kernkompetenzen. Die Entwicklung der Kundenbedürfnisse einerseits und die Diversifizierung der Versicherungsangebote anderseits haben in den letzten Jahren zu einer starken Segmentierung des Marktes geführt, der vertrieblich niemals ganzheitlich erschlossen werden kann. In diesem Sinne spezialisieren sich externe Vertriebsgesellschaften auf bestimmte Kunden-Segmente oder Vertriebskanäle. Ein Versicherer wird eine solche Fokussierung aus sich heraus nicht – zumindest nicht so schnell – erbringen können und wollen. Dessen ungeachtet kann der Versicherer mit seinen Leistungen durchaus vielschichtig aufgestellt bleiben: Er bedient mit dem gleichen Produkt unterschiedliche Makler, die das Produkt entsprechend ihrer vertrieblichen Strategie aufbereiten und verkaufen (sogenanntes White-Labeling).

Das Anreiz- und Entlohnungsmodell ist in einem Vertriebsunternehmen grundsätzlich anders strukturiert als in einem Produktions- und Administrationsbetrieb. Entsprechend haben Vertriebssteuerung und Vertriebscontrolling eine spezifische Ausrichtung und gehören zu den kritischen Erfolgsfaktoren in einer Maklerorganisation. Das Ausgliedern des Vertriebs eröffnet auch hier dem Versicherer Optionen, da er sich ausschließlich auf seine produktionsnahen Steuerungs- und Controllingprozesse konzentrieren kann.

Wie bei allen ausgelagerten Prozessen bzw. eingekauften Dienstleistungen muss jedoch die fachliche und technische Schnittstelle zum Vertrieb sauber definiert und technisch einwandfrei bedient werden. Aber auch das hat einen hygienischen Wert: Ein unabhängiger Vertrieb wird ein Produkt nur dann annehmen, wenn es auf fachlicher und technischer Ebene einfach zu verkaufen ist. Nur wenn die Beziehung zwischen Vertrieb und Versicherer von dem Wesen „Easy to deal" ist, wird sie Akzeptanz und Erfolg finden.

3.3.5.2 „Make or Buy" in der Systementwicklung

Wie bereits oben erwähnt, hat die elektronische Datenverarbeitung im Versicherungsbetrieb mit ihrer Kommerzialisierung in den 70er Jahren ein wesentliches Anwendungsgebiet gefunden und zu der Entwicklung von großen und komplexen Systemen für Vertrieb und Verwaltung geführt. Dabei waren die diesbezüglichen Entwicklungen meistens aus dem Unternehmen heraus getrieben, d.h. die Systeme wurden von eigenen EDV-Abteilungen entwickelt und zumeist auf die spezifischen Gegebenheiten des Versicherungsgeschäfts (heute fachliche Architektur genannt) und die historisch gewachsene Infrastruktur (Hardware, Programmiersprache) im Konzern ausgerichtet. Auf diese Art entstanden oftmals monolithische Systeme, die in einem spezifischen Kontext durchaus gute Leistungsfähigkeiten bewiesen, die jedoch wenig änderungsfähig waren und die zunehmenden Änderungen im gesamten Marktumfeld[4] nicht schnell genug antizipieren konnten. Auf der anderen Seite absorbierten die bestehenden Systeme Ressourcen für Wartung, so dass die Betriebskosten stiegen, ohne auf der anderen Seite die Entwicklung neuer Systeme zu erübrigen.

Ursächlich für diese Entwicklung war sicherlich auch, dass der Markt an Versicherern klein und deren fachliche Anforderungen komplex gehalten wurden – u.a. auch deshalb, weil der Versicherer über eine spezielle Systemlösung einen Wettbewerbsvorteil gegenüber der Konkurrenz sichern konnte. Auf diese Art setzte eine Standardisierung der Fachlichkeit in Systemarchitekturen erst zu einem recht späten Zeitpunkt ein und schreitet auch heute noch eher langsam voran. Parallel dazu ist die Palette der im Markt verfügbaren System-Lösungen für Versicherer noch sehr überschaubar und in mancherlei Hinsicht nicht ausgereift.

Vor diesem Hintergrund stellt sich auch heute noch für viele Versicherer die Frage nach „Make or Buy", wenn es darum geht, Systeme zur Administration der Prozesse zu implementieren. Dass die Systeme aber kein Alleinstellungsmerkmal mehr sind und dass dabei das Know-how um moderne Software-Architekturen, die Entwicklung von Software, die System-Integration, der Test und der operative Betrieb der Systeme im Rechenzentrum als Dienstleistungen von spezialisierten

[4] Beispielhaft sei hier auf die Deregulierung des Versicherungsmarktes im Jahr 1994 hingewiesen.

Anbietern eingekauft werden können, wird durchgängig von der Branche akzeptiert und gelebt. Darüber hinaus bedienen sich schon jetzt die Versicherer der Zulieferung von Standardsystemen, wenn es um die nichtspezifischen Komponenten (z.B. Inkasso, Geschäftspartner etc.) in der Systemlandschaft geht. Damit zeichnet sich insgesamt ein klarer Trend zum Einsatz von Standardsoftware bzw. zur Auslagerung der Systementwicklung ab. Diese Entwicklung stellt sich dabei als evolutionärer Prozess dar, der parallel – im Sinne von Angebot und Nachfrage – bei den Softwareanbietern und in den Versicherungsunternehmen stattfindet.

3.3.6 Industrialisierung – Status Quo

Die bisherigen Ausführungen haben sich recht global den Rahmenbedingungen gewidmet, die die Tendenzen zur Industrialisierung in der Versicherungswirtschaft bedingen, befördern, aber auch erschweren. Wie in der Einleitung pointiert dargestellt, hat die Versicherungsbranche sich erst spät des Themas angenommen; die entsprechenden Prozesse zur Umstrukturierung der betrieblichen Vorgänge in den Unternehmen sind nur in seltenen Fällen abgeschlossen. Von daher macht es an dieser Stelle Sinn, den Status quo dieser Entwicklung zu beleuchten und zu kommentieren.

3.3.6.1 Modularisierung der Prozessketten

Die fortschreitende Industrialisierung in der Versicherungsbranche macht sich u.a. daran fest, dass die Verwendung spezifischer Begriffe bei der Beschreibung des Geschäfts Einzug erhalten hat. Die Versicherungsbranche hat einen wesentlichen Schritt in die richtige Richtung getan, als sie damit anfing, ihre Dienstleistung, die vom Wesen her ein abstraktes Gut ist, als Produkt zu bezeichnen, um diese Komponente sukzessive eine (statische) fachliche Architektur zu entwickeln und das operative Geschäft als (dynamische) Prozesse über diesen fachlichen Entitäten zu beschreiben.

Die Herausarbeitung des Produktgedankens im Versicherungswesen war dabei der wesentliche Schritt in eine neue Welt. Dieser Weg wurde einerseits durch den Wettbewerb mit anderen Finanzdienstleistern (Banken, Bausparkassen) getrieben, die schon früher den Produktgedanken in ihre Welt eingebracht hatten, zum anderen durch die Weiterentwicklung von EDV-Systemen, die im Kontext ihrer Systemarchitektur nach den geeigneten fachlichen Entitäten suchten und dabei zwangsläufig ein Versicherungsprodukt ausmodellierten. Der Entwicklung der EDV-Systeme muss man in diesem Kontext insgesamt auch eine treibende Kraft zuschreiben. Oftmals haben die Software-Ingenieure mit ihren Entwicklungsteams hart mit den Kollegen aus den Vertriebs- und Betriebseinheiten darum gerungen, Prozesse formal zu beschreiben und zu strukturieren, die sie in EDV-Lösungen abzubilden hatten. Das gegenseitige Verständnis musste sich dabei erst langsam entwickeln und das eher schleppende Tempo, mit der sich eine stabile fachliche Architektur herausbildete, dokumentiert sehr deutlich, wie mühsam dieser Prozess war (und zum Teil noch immer ist).

Ergänzend möchte ich noch auf folgende interessante Tendenz im Sprachgebrauch hinweisen. Der Begriff der Fabrik wurde lange Zeit ausschließlich mit technischen Industrien, körperlicher Arbeit und entfremdeten Arbeitsprozessen assoziiert. Er war damit im Vergleich zu Dienstleistungen und „sauberer" geistiger Arbeit am Computer tendenziell mit geringer gesellschaftlicher Akzeptanz gekoppelt. Zwischenzeitlich ist es aber *en vogue* mit Begriffen wie Versicherungsfabrik, Life Factory, Produktmaschine positive Assoziationen in Imagebroschüren u. Ä. zu erzeugen.

3.3.6.2 Einbindung externer Service-Provider

Angebot und Nachfrage an externen Dienstleistungen für Versicherungsunternehmen haben in den letzten Jahren deutlich zugenommen. Die Möglichkeiten sind vielfältig, allerdings befindet sich der Markt – zum Teil branchenspezifisch – noch immer in einer praxisorientierten Evaluierungsphase.

Wesentliche Elemente der Wertschöpfungskette, die nicht die Kernkompetenz des Versicherers berühren, wurden ausgegliedert. Hierzu ist neben dem Vertrieb auch die Kapitalanlage zu zählen. Die Kapitalanlage ist für viele Versicherungsarten ein wesentliches Element, unterliegt aber – wie man gerade in der aktuellen Finanzkrise gesehen hat – spezifischen Finanzrisiken, die nicht zu den technischen Risiken des Versicherers zählen. Die Vergabe der Kapitalanlage an einen externen Anbieter kann von daher als ein gestaltendes Element in der Risikosteuerung gesehen werden. Eine weitere wesentliche Komponente in der Wertschöpfungskette ist die Verlagerung des Kundenservices an einen entsprechenden Anbieter. Erreichbarkeit und Verfügbarkeit sind oft das wesentliche Element in der Wahrnehmung des Kunden, wenn er den Versicherer braucht oder etwas von ihm wünscht. Weltweit operierende Servicecenter können auf dem Niveau eines First-Level-Supports die Erreichbarkeit und Verfügbarkeit garantieren und aufgrund standardisierter Geschäftsprozesse – ohne Spezial- oder Fachwissen – bis zu 75% der eingehenden Kundenanliegen abschließend bearbeiten.

Wesentliche Elemente beim Outsourcing sind natürlich auch elementare Dienstleistungen, wie die Posteingangsverarbeitung, der Dokumentendruck und Versand, der Betrieb des Rechenzentrums und der Einsatz von Standardsoftware in der Systemlandschaft. Diese Komponenten haben sich dem Grunde nach vielfältig bewährt und werden an sich nicht mehr in Frage gestellt. Sicherlich entscheiden unterschiedliche Versicherer in jedem Einzelfall in Abhängigkeit ihres Umfeldes, in welchem Umfang oder wann sie diese Dienstleistungen in Anspruch nehmen wollen.

3.3.6.3 Serviceorientierte Architekturen

Die Tendenz, Prozesse im Zuge einer höheren Effizienz, einer gesicherten Qualität und einer besseren Skalierbarkeit zu automatisieren, hat bei gleichzeitiger Auslagerung von gekapselten Dienstleistungen zur Bildung des Begriffs Service-Orientierte-Architektur (SOA) in der modernen IT-Anwendungslandschaft beigetragen. Eine solche Systemarchitektur ist gekennzeichnet von einer strikten Modularisierung der einzelnen Komponenten und der Fähigkeit, diese Komponenten über technische Grenzen hinweg im Sinne eines ganzheitlichen Prozesses zu administrieren.

Gerade das komplexe Wesen eines Versicherungsproduktes stellt in diesem Kontext hohe Anforderungen. Betrachtet man beispielsweise den Prozess des Neugeschäfts, so wird deutlich, dass von Angebotserstellung bis Policierung mit gleichzeitiger Vergütung des Vertriebs nicht nur unterschiedliche Stationen durchlaufen werden, sondern dass die an den Stationen beteiligten Parteien wechseln und oftmals sehr unterschiedliche Bedürfnisse an Information und Gestaltung haben. In einer idealen Anwendungslandschaft ist ein solcher Prozess als Ganzes (aber nur einmalig) implementiert und erlaubt dem jeweils authentifizierten und autorisierten Anwender genau die Dinge zu sehen und zu tun, die für ihn gedacht sind.

Die Wirklichkeit ist jedoch von solchen Systemlandschaften noch deutlich entfernt. Medienbrüche, redundante Implementierungen von Funktionen und Daten sind in der Versicherungswirtschaft noch weit verbreitet. Sie umreißen so das enorme Verbesserungspotenzial, das hier noch gehoben werden kann, wenn man den eingeschlagenen Weg weitergeht. Man darf aber auch hier keine Revolutionen erwarten: Die Herausforderungen sind nicht nur technischer Natur. Oftmals werden durch solche Implementierungen auch Kompetenzen und Zuständigkeiten im - Unternehmen verschoben und der Faktor Mensch wird in diesem Kontext durchaus auch zu einem kritischen Element.

3.3.6.4 Servicelevels und Qualitätsstandards

Qualität in einem definierten Umfang liefern und garantieren zu können, ist ein wesentlicher Indikator für eine erfolgreich fortgeschrittene Industrialisierung. In diesem Sinne versucht auch die Versicherungswirtschaft zunehmend ihre messbaren Merkmale zu definieren und deren Qualität zu evaluieren.

Da ist zuvorderst das allgegenwärtige Rating der Produkte durch Agenturen wie Morgen & Morgen bzw. Franke & Bornberg zu nennen, aber auch vergleichende Leistungstests durch Verbraucherschutzorganisationen nehmen sich des Produktes an und machen Unterschiede in deren Qualität sichtbar. Im Zusammenspiel mit einem Rating der finanziellen und risikotechnischen Ausstattung des Konzerns ergibt sich so eine allgemeine Qualitätsaussage über das Produkt und den Versicherer. Diese Form der Qualität ist im täglichen operativen Geschäft nicht allein maßgeblich. Der Kunde bemisst Qualität daran, ob sein Antrag schnell und fehlerfrei bearbeitet wurde, ob er bei einem Anruf keine Wartezeiten hat und freundlich bedient wird und dass die Leistungsversprechen im Schadenfall eingehalten werden. Der Vermittler bemisst Qualität wiederum daran, ob seine vertrieblichen Anliegen schnell und kompetent bearbeitet werden, dass er umfassend und rasch über Vertragsentwicklungen (z.B. Mahnungen) informiert wird und dass der Versicherer flexibel auf Besonderheiten in einer Kundenbeziehung (im Interesse aller) reagiert. In diesem Sinne hat die Versicherungsbranche in den vergangen Jahren angefangen, umfangreiche Management-Informationssysteme (MIS) aufzubauen, die das operative Geschäft systematisch auswerten und deren Qualität messen.

Als Maßstab für die Qualitätsmessung dient dabei die Einführung von Servicelevels, die für eine bestimmte Dienstleistung ein Bearbeitungsniveau (meistens in Zeit gemessen) in den Ampelfarben Grün, Gelb und Rot definiert. Auf diese Art wird gemessen, wie lange ein Kunde in der Warteschlange kreist, bis er an den richtigen Ansprechpartner kommt, welche Zeit ein Neugeschäftsantrag vom Eingang bis zur Ausfertigung nimmt und wie lange das Rechenzentrum braucht, um ein ausgefallenes System wieder herzustellen. Dieses Vorgehen bewährt sich im Alltag und kann sowohl nach innen als auch nach außen angewendet werden. Die Außenwirkung ist immer dann gegeben, wenn man so den eigenen Qualitätsanspruch gegenüber den Serviceempfängern deutlich und nachprüfbar machen kann. Nach innen wirkt dieses Instrument dadurch, dass man sich von Lieferanten Qualität auf Basis eines Servicelevels zusichern lassen kann und damit das Niveau des gesamten Prozesses zu garantieren in der Lage ist.

Darüber hinaus setzen Unternehmen immer öfter auf Kunden-Umfragen und beauftragen spezialisierte Anbieter, die Kunden nach Zufriedenheit und Wahrnehmung von Servicequalität zu interviewen. Die Rückmeldungen helfen dem Versicherer wiederum das Niveau seiner definierten Servicelevels zu adjustieren und so auf die richtigen Stellen zur Verbesserung von Qualität zu fokussieren.

3.3.7 Ausblick

Ziel dieses Beitrags war es deutlich zu machen, in welchem Kontext die Industrialisierung in der Versicherungsbranche zu sehen ist. Dabei sollte deutlich gemacht werden, dass der Prozess der Industrialisierung in einem engen Zusammenhang mit strukturellen Änderungen in der primären Wertschöpfungskette steht und gleichzeitig eine Fokussierung auf Kernkompetenzen sowie den Einkauf von marktüblichen Dienstleistungen nach sich zieht. Die diesbezüglichen Entwicklungen bedingen sich gegenseitig: Während der Industrialisierungsprozess regulierend auf die Arbeitsabläufe im Unternehmen einwirkt, erfordern und erzwingen allgemeine Änderungen im Marktumfeld eine neue Ausrichtung des Unternehmens mit seinen Produkten und Prozessen.

Im Hinblick auf das Marktumfeld wird es von entscheidender Bedeutung sein, in welche Richtung sich die gesamte Finanzdienstleistungsbranche in nächster Zeit entwickeln wird. Die aktuelle Krise an den Finanzmärkten ist noch nicht bewältigt und es bleibt abzuwarten, ob von Seiten der Aufsicht Maßnahmen beschlossen werden, die mit neuen Regeln auf das Zusammenspiel von Kapitalanlagen, Darlehen und Versicherungsschutz wirken. Es scheint jedoch wahrscheinlich, dass im Sinne eines wirkungsvollen Risikomanagements Banken, Versicherungen und Kapitalanlagegesellschaften sich jeweils auf den spezifischen Teil ihres Geschäftes fokussieren werden. Im Sinne eines verallgemeinerten „Finanzdienstleistungsproduktes“ übernimmt jeder dann die Aufgabe eines Zulieferers.

Wenn sich diese Entwicklung bewahrheitet, stellt sich anderseits die Frage, wer für ein solches Meta-Produkt die Gesamtverantwortung trägt. Hier sind mehrere Ansätze denkbar, u.a. auch der, dass der Vertrieb, der letztendlich den unmittelbaren Kontakt zum Kunden hält, in diese Aufgabe einsteigt. Er würde damit das exklusive Front-End zum Kunden bilden und den eigentlichen Produktgeber als Lieferanten in seine Wertschöpfungskette einbinden. In diesem Kontext verschiebt sich das Geschäftsmodell eines Erstversicherers in die Richtung eines Rückversicherers. Es ist aber auch denkbar, dass gerade die Versicherungsbranche als erfahrener Marktteilnehmer für komplexe und vielschichtige Produkte wie keine andere unter den drei Beteiligten prädestiniert ist, das allgemeine Finanzdienstleistungsprodukt in seine übergreifende Administration zu nehmen und mit einem umfassenden Serviceansatz bei dem Endkunden erfolgreich zu platzieren.

Kurzbiographie

Roland Kritzinger, nach dem Studium der Mathematik in Frankfurt seit 1989 in der Versicherungsbranche bei verschiedenen Unternehmen in den Feldern Aktuariat, Beratung, IT und Projekt- und Changemanagement tätig. Derzeit Mitglied des Vorstands bei der Heidelberger Lebensversicherung AG, zuständig für die Ressorts IT und Development.

Literaturverzeichnis

(Farny 2006): Farny D, Versicherungswirtschaftslehre. Karlsruhe 2006

3.4 Sourcing und Organisationsmodelle

Dr. Bernd Höddinghaus, Braunschweig, Deutschland

Zusammenfassung

In der Versicherungswirtschaft wird in den letzten Jahren intensiv diskutiert, ob die Fertigungstiefe aus Kostengründen reduziert werden sollte. Im Fokus steht dabei insbesondere die jeweilige Unternehmens-IT. Dabei stehen nicht nur Kosten- sondern auch Qualitätsaspekte im Vordergrund.

Die Diskussion wird bezüglich der Anwendungslandschaft auch oft geführt, da die vorhandenen Anwendungen häufig technologisch veraltet und die Vorbereitungszeiten und Aufwände für Neuerungen (z.B. Produkte) zu groß sind.

Wenn ein Versicherer die Entscheidung fällt, die IT komplett oder in Teilen outzusourcen, handelt es sich um eine unternehmerische Entscheidung.

3.4.1 Einleitung

Die aktuelle Lage in der Finanzdienstleistungsbranche ist durch einen weiter verschärften Wettbewerb, durch die Jagd um profitable Kunden und durch hohe Preissensibilität im gesamten Massengeschäft gekennzeichnet. Preiskriege in einzelnen Sparten, z.B. in der Kraftfahrtversicherung, eine insgesamt nachlassende Bindung des Kunden an „seine" Versicherung, regulative Anforderungen des Gesetzgebers und die zunehmende Konkurrenz durch Anbieter über den Vertriebsweg Internet symbolisieren diese Entwicklung. Die Häufung von Umweltkatastrophen in den letzten Jahren sowie die Entwicklung an den Finanzmärkten haben diese negative Dynamik massiv verstärkt und machen deutlich, dass das Geschäft und die betrieblichen Abläufe der Versicherer sich vom Grundsatz her ändern werden.

Die Hintergründe der zunehmenden Diskussion über die Fertigungstiefe der IT sind neben der Ertragssituation der Versicherungswirtschaft die Leistungsfähigkeit der IT sowie die für die Durchführung des Betriebes notwendigen Spezialisierungen. Die Strategien der einzelnen Versicherungsunternehmen unterscheiden

M. Aschenbrenner et al. (eds.), *Informationsverarbeitung in Versicherungsunternehmen*,
Springer-Lehrbuch Masterclass, DOI 10.1007/978-3-642-04321-5_9,

sich deutlich. Einige Unternehmen reduzieren ihre Fertigungstiefe, andere Versicherungsunternehmen halten in der IT weiterhin eine sehr hohe Fertigungstiefe vor. Unverändert wird in der Versicherungswirtschaft insgesamt viel weniger Standardsoftware eingesetzt als in anderen Branchen. Führungskräfte und IT-Experten der Branche diskutieren auch daher heute deutlich intensiver über die Möglichkeiten des Einsatzes von Standardsoftware als noch vor wenigen Jahren.

3.4.2 Funktionale Organisation der IT

Die Aufbauorganisation der IT hat einen wesentlichen Einfluss auf die Möglichkeit, Teile oder komplette Elemente der IT an Dienstleister outzusourcen. Daher wird als Erstes auf die typischen Organisationsformen der IT einer Versicherung eingegangen.

Die IT untersteht in der Regel einer einheitlichen Leitung auf Vorstands- oder Bereichsleiterebene. In der IT befinden sich in der Regel die Anwendungsentwicklung und der Betrieb der Anwendungen. Hinzu kommt eine Stabsfunktion, die – abhängig von der Organisationsstruktur und der Größe der IT – unterschiedliche Aufgaben wahrnimmt.

3.4.2.1 Aufgaben der Organisationseinheiten

Anwendungsentwicklung
Die Mitarbeiter der Anwendungsentwicklung entwickeln neue Programme, pflegen bestehende Anwendungen und entwickeln diese weiter. Zu den Aufgaben dieser Abteilung gehören auch die Installation und die Implementierung von Standardsoftware.

Die Entwicklung neuer Software besitzt in Versicherungen einen hohen Stellenwert, da die Anforderungen des Marktes und die Vorgaben des Gesetzgebers zeitnah umgesetzt werden müssen. Durch den beschriebenen Ertragsdruck der Branche nimmt die systematische Suche nach weiteren Rationalisierungspotenzialen innerhalb der IT ebenfalls zu.

Betrieb
Der Kernpunkt dieser Organisationseinheit ist das Betreiben sowie die Pflege und Wartung von Rechnern und Plattensystemen, auf denen die von der Anwendungsentwicklung erstellte Anwendungssoftware betrieben wird.

In den jeweiligen Betriebseinheiten der IT wird die Systemsoftware implementiert und gepflegt, Software für den Betrieb übernommen und Anwendungen, die sich nah an der Systemlandschaft befinden, entwickelt. Darüber hinaus gehört der Betrieb des Netzwerkes für die Kommunikation innerhalb der Versicherung

(Zentrale, Niederlassungen, Vertriebseinheiten, Dienstleister) zur Aufgabe dieses Bereiches.

Stab
Im Stab der IT wird im Wesentlichen die aus Kosten und Projekten bestehende Jahres- und Mehrjahresplanung vorgenommen. Darüber hinaus führt der Stab typischerweise das Kosten- und das Projektcontrolling durch. Im Stab wird in der Regel das Projektportfolio, also die Zusammenstellung der laufenden und der geplanten Projekte, geführt, administriert und fortgeschrieben. Funktionen wie das Qualitätsmanagement, die Datensicherheit und die Beschaffung können ebenfalls im Stab angesiedelt sein.

Weitere Funktionen
Weitere Funktionen sind z.B. der User-Help-Desk und die Zuständigkeit für die Architekturen (s. auch Kap. 4 dieses Buches „Architekturen und Anwendungslandschaften").

Der User-Help-Desk ist die Schnittstelle zwischen den Anwendern und der IT. Die Mitarbeiter des User-Help-Desks helfen den Anwendern bei Problemen im Umgang mit den laufenden Programmen. Der User-Help-Desk hat auch die Aufgabe, die verschiedenen User-Gruppen, wie z.B. die Sachbearbeiter in der Kraftfahrtabteilung oder die Vertriebspartner über den Stand der Systeme, wie z.B. über Systemausfälle oder eine Neueinführung zu informieren.

In der Regel hat jede IT eine Architekturgruppe. Sie ist für die Art der Dokumentation, also für die Definition der Spielregeln, nach denen IT-Projekte abzuwickeln sind, zuständig. Man unterscheidet fachliche Architekturen sowie Software- und Systemarchitekturen. In der Qualität der Arbeit dieser Mitarbeiter liegt ein wesentlicher Erfolgsfaktor für die Effizienz der gesamten IT.

3.4.2.2 Organisation der Anwendungsentwicklung

Klassischer Organisationsaufbau
Die klassische Aufbauorganisation einer Anwendungsentwicklung orientiert sich nach Aufgabengebieten, wie Sparten, Vertrieb, Provision, Schaden, Finanzbuchhaltung usw. Damit ist sie häufig an der Aufbauorganisation des jeweiligen Unternehmens angelehnt. Diese Struktur hat damit den entscheidenden Nachteil, dass sich die Systeme an dem jeweiligen Stand der Aufbauorganisation des Unternehmens orientieren. Bei Organisationsänderungen in den Fachbereichen, z.B. bei dem Wechsel von einer sparten- auf eine kundenorientierte Organisationsform, verwischen häufig die Zuständigkeiten für das jeweilige Anwendungssystem. Diese Organisationsform gilt daher als wenig zukunftsfähig. Die Organisation der Anwendungsentwicklung nach diesem Prinzip hat jedoch den klassischen Vorteil, dass der Anwender durch das langjährige Wissen der Entwickler um die Marktanforderungen und die Abläufe des Fachbereichs sehr gut betreut werden kann.

Trennung von Großprojekten und Wartung
Bei dieser Organisationsform arbeitet ein Teil der Mitarbeiter an Großprojekten, wie z.B. an der Weiterentwicklung bestehender Anwendungen und an Neuprojekten. Die anderen Mitarbeiter betreuen und warten die existierenden Anwendungssysteme. Problematisch ist, dass die Arbeit der Mitarbeiter der Wartungsgruppen in der IT und in den Fachbereichen keinen hohen Stellenwert besitzt und die Motivation dieser Mitarbeiter unter diesem Image leidet. Andererseits fehlt den Mitarbeitern, die dem Pool für Neuprojekte und Weiterentwicklung angehören, durch das Auseinanderfallen der fachlichen Führung (Fachbereich) und der personellen Führung (IT-Bereich) oftmals eine betriebliche „Heimat" und ein fester Platz mit entsprechendem Stellenwert in der Organisation.

Trennung der Anwendungsentwicklung nach fachlichem Entwurf und Realisierung
Bei dieser Form der Organisation einer Anwendungsentwicklung wird von Mitarbeitern im ersten Schritt die Fachlichkeit, d.h. die Anforderungen an die IT-Anwendung, beschrieben. Nach Fertigstellung dieses Entwurfs wird die eigentliche Entwicklung der Anwendung an eine andere Gruppe, die Realisierungsgruppe, übergeben. Die damit verbundenen Probleme liegen auf der Hand. Sollte der fachliche Entwurf unvollständig sein oder widersprüchliche Aussagen beinhalten, so führt dies zu Zeitverlust und zu Spannungen zwischen den Mitarbeitern, die den fachlichen Entwurf gestaltet haben, und den Mitarbeitern, die die Anwendung realisieren sollen. Dieses Vorgehen ist aber notwendig bei Outsourcing der Realisierung.

3.4.3 Sourcing-Modelle

Die verschiedenen Sourcing-Modelle orientieren sich an der Aufbauorganisation der IT, den betriebswirtschaftlichen Notwendigkeiten und an der Philosophie des Managements.

3.4.3.1 Komplettoutsourcing

Komplettoutsourcing bedeutet, dass die gesamte IT eines Versicherers an einen externen Dienstleister übergeben wird. Oftmals wird die IT in eine von der Versicherung gesellschaftsrechtlich verbundene IT-Gesellschaft outgesourct. In diesem Fall kann alleine aufgrund der Beherrschungsverträge nicht von einem Komplettoutsourcing gesprochen werden.

Bei einem Komplettoutsourcing werden Verträge zwischen Versicherer und Dienstleister abgeschlossen, die die Steuerung, die Qualität und die Preisgestaltung regeln. Ein derartiges Vertragswerk ist nicht trivial und erfordert hohe

Kompetenz und eine breite Erfahrung bei dem outsourcenden Unternehmen. Ein typischer Nachteil des Komplettoutsourcings ist, dass das outsourcende Unternehmen häufig wenig Einfluss auf die Ausrichtung der IT hat. Da die IT ein wesentlicher Motor bzw. Enabler der Unternehmensstrategie ist, verträgt sich diese Strategie nicht mit dem Selbstverständnis eines unabhängigen Unternehmers.

3.4.3.2 Selektives Outsourcing

Bei einem selektiven Outsourcing wird der Betrieb (komplett oder teilweise) an einen Provider outgesourct. Dabei kann der ausgewählte Bereich einem oder, nach Funktionen oder Betriebsteilen getrennt, verschiedenen Providern (Multisourcing) übertragen werden. Der Vorteil des Multisourcings liegt für den Versicherer in der Möglichkeit des permanenten Vergleichs von Qualität, Leistung, Prozessgeschwindigkeit, Zuverlässigkeit, Kundenorientierung und Preiswürdigkeit der verschiedenen Dienstleister in der betrieblichen Praxis.

Betriebliche Praxis ist es auch, einen oder mehrere Provider mit der Wartung bzw. Weiterentwicklung von Teilen der Anwendungslandschaft zu beauftragen. Diese Art des Outsourcings bedeutet, dass das Verfahren zur Definition der fachlichen Anforderungen und die Schnittstellen klar geregelt sein müssen. Diese Entscheidung wird meistens dann getroffen, wenn für die betreffende Anwendung keine Kompetenz im Unternehmen vorhanden ist und /oder die Anwendung einen Randbereich des Versicherungsgeschäftes betrifft. Zu differenzieren davon ist der Einsatz von Standardsoftware (vgl. Kap. 3.4.3.5).

Als drittes Element kann der User-Help-Desk bzw. die Hotline an einen Provider outgesourct werden. Die Hotline ist die Visitenkarte der IT und der Seismograf für die Zufriedenheit der Anwender im Unternehmen. Risiko dieser Form des Outsourcing ist also, dass der Einfluss auf Prioritäten, Qualität, Servicezeiten und Kapazität des User-Help-Desk nur indirekt über Servicelevelvereinbarungen möglich ist und die direkte Berichtslinie an das Management der IT bei einem Outsourcing typischerweise verlorengeht.

3.4.3.3 Auftragsoutsourcing

Beim Auftragsoutsourcing wird die Entwicklung bzw. Neuentwicklung von Anwendungen an einen Dienstleister vergeben. Voraussetzung ist, dass der fachliche Entwurf und die Abnahme des Ergebnisses eine entsprechende Qualität haben müssen. Ansonsten besteht die Gefahr, dass die Anwendung, die von einem externen Unternehmen entwickelt wird, nicht den wirklichen Anforderungen der Fachbereiche entspricht.

In Unternehmen werden regelmäßig existierende Anwendungen technologisch umgestellt. Dabei bleibt die fachliche Funktionalität der Anwendung unverändert.

Hier bietet es sich an, diesen eher mechanischen Prozess der Umstellung an einen Dienstleister zu vergeben. Diese Form des Auftragsoutsourcing gilt als vorteilhaft und unproblematisch.

3.4.3.4 Outsourcing-Kaskade

Kein Provider kann die ganze Breite des angeforderten Leistungsspektrums abdecken. Daher ist es üblich, dass Provider Subunternehmer einschalten, um deren besondere Kernkompetenzen zu nutzen und die Gesamtleistung, die mit dem Versicherer vereinbart ist, in entsprechender Qualität und Preisgüte zu erbringen.

3.4.3.5 Standardsoftware

Der Kauf und die Implementierung von Standardsoftware ist ebenfalls eine Form des Outsourcings. In der Regel bietet der Hersteller der Standardsoftware Releases, die die technischen, fachlichen und regulatorischen Anforderungen der Anwendung schrittweise fortschreiben, an. Das heißt, der Versicherer delegiert einen Teil seiner Verantwortung auf den entsprechenden Software-Hersteller. Dadurch, dass der Software-Hersteller mehrere Kunden derselben Branche betreut, reduziert sich der Aufwand für die Weiterentwicklung der Anwendung pro beteiligtes Unternehmen.

In der Regel schaffen es die Versicherer nicht, ihre Anwendungen technologisch fortzuschreiben und damit dem aktuellen Stand der Anforderungen zu genügen. Der Hersteller ist daran interessiert, seine Anwendung nicht nur fachlich, sondern auch technologisch regelmäßig zu aktualisieren, da er sonst keine neuen Kunden findet.

Ein Nachteil des Einsatzes von Standardsoftware ist, dass bestimmte Besonderheiten der Geschäftspolitik des Versicherers nicht unmittelbar umgesetzt werden können. Auch ein längerer zeitlicher Vorlauf bis zur Umsetzung von Anforderungen einer Kundengruppe ist eine systemimmanente Folge dieser IT-Strategie. Die Wünsche eines einzelnen Unternehmens werden in der Regel nicht umgesetzt oder müssen als Einzelauftrag entsprechend teuer eingekauft werden.

3.4.3.6 Zulieferung für dezidierte Organisationseinheiten

Die meisten Versicherer arbeiten mit dezentralen vertrieblichen Einheiten. Die Agenturen sind in der Regel mit Telekommunikationsanschlüssen und entsprechender Hard- und Software auszustatten. Häufig wird der Austausch, insbesondere von Hardware, für alle dezentralen Vertriebseinheiten in einem kurzen Zeitraum vorgenommen.

Die Anforderung der parallelen Auslieferung an zahlreiche Agenturen ist in der Regel durch die eigenen Organisationseinheiten der Versicherer nicht darstellbar. Daher wird die Auslieferung von Hardware und Telekommunikationseinrichtungen häufig an einen Dienstleister vergeben. Dieser übernimmt in der Regel auch die laufende technologische Betreuung der Agenturen.

3.4.3.7 Multisourcing

Wie vorhin beschrieben, ist es durchaus üblich, dass Versicherer Aufträge an verschiedene Provider vergeben. Dies hat den Vorteil, dass sich die Versicherung für jede spezifische Anforderung den optimalen Partner aussuchen kann.

Der Nachteil der Einschaltung mehrerer Dienstleister ist der Koordinationsaufwand. So muss der Versicherer in dieser Konstellation als Beispiel die Wartungstermine der Provider koordinieren.

3.4.4 Zusammenhang zwischen Organisationsmodell der IT und Sourcing

Je nach Grad des Outsourcings sind die Konsequenzen für die IT-Organisation unterschiedlich.

3.4.4.1 Komplettoutsourcing

Der Versicherer ist am stärksten gefordert, wenn die gesamte IT an einen Provider outgesourct wird. In diesem Fall wird er eine Organisationseinheit einrichten, die die Verbindung zwischen dem Provider und dem Versicherer bildet.

Diese Mitarbeiter müssen eine hohe und breitgefächerte Qualifikation, methodische Kompetenz, fachliches Wissen und praktische Erfahrung über Vorgehensmodelle aufweisen. Neben diesem spezifischen Know-How ist betriebswirtschaftliche Kompetenz gefragt, da die Jahres- und Mehrjahresplanung, die Budgetverantwortung und das Controlling ebenfalls von diesen Mitarbeitern zu leisten ist.

3.4.4.2 Outsourcing von Betriebsteilen

Ähnlich wie beim Komplettoutsourcing wird das outsourcende Unternehmen hier ebenfalls eigenes Know-How vorhalten. Auch beim Outsourcen von Betriebsteilen muss der Provider vom Unternehmen aus koordiniert und fachlich begleitet werden. Die Budgetierung und das Controlling verbleiben ebenfalls in der Versicherung.

3.4.4.3 Outsourcing von Teilen der Anwendungen

Es können existierende Anwendungen zur Pflege und Weiterentwicklung an einen Provider vergeben werden. Diese Art des Outsourcings ist als sehr problematisch anzusehen, da das im Haus befindliche Know-How über die Fachlichkeit und die Struktur der Anwendung an den Dienstleister transferiert werden muss. Dies macht nur dann Sinn, wenn die eigenen Mitarbeiter für die Entwicklung von Neuanwendungen benötigt werden und die zur Pflege an einen Provider übergebenen Anwendungen ein Auslaufmodell sind. Abgesehen von der Ausbildung der Mitarbeiter des Providers sind die organisatorischen Anforderungen an die IT-Organisation nicht sehr hoch.

3.4.4.4 Entwicklung von Anwendungen durch einen Provider

Häufig werden Aufträge für die Entwicklung von neuen Anwendungen an entsprechende Provider vergeben. Bei diesem Sourcing-Modell ist zu klären, ob die spätere Weiterentwicklung und Wartung der Anwendung durch den Provider oder durch Mitarbeiter des IT-Bereiches erfolgen soll. Im zweiten Fall ist wichtig, dass Mitarbeiter des Versicherers in die Entwicklung dieser Anwendungen eingebunden werden. In beiden Fällen ist mit dem Provider vorher festzulegen, welche technologische Architektur gewählt wird, denn die neue Anwendung muss in die vorhandene Anwendungslandschaft integriert werden. Der Prozess der fachlichen Anforderungen, die Übergabe an die Entwicklung und die Form der Dokumentation ist zu vereinbaren und zu organisieren.

Darüber hinaus ist durch die Architekturabteilung des Versicherers klar festzulegen, wie die Schnittstellen zu den anderen bestehenden Anwendungen zu gestalten sind. Den Schnittstellen kommt ein hoher Stellenwert bei, da eine unabgestimmte Vorgehensweise in der Folge einen erhöhten Aufwand nach sich zieht. Es ist nicht so, dass man einen Auftrag dezentral platzieren kann und ein fertiges Werk zurückbekommt, das man dann einfach zum Einsatz bringen kann, da die neue Software auch anderen Anwendungen Daten und Informationen zur Verfügung stellen muss und umgekehrt.

3.4.5 Anforderungen an die Architekturmethoden

In jedem Versicherungsunternehmen ist die Entwicklung neuer Anwendungen und deren Betrieb nur dann konsolidiert möglich, wenn ein entsprechender fachlicher und technischer Architekturplan als Rahmen existiert. Für die Umsetzung der Projekte und für den Betrieb der Anwendungen wird ein entsprechender Methodenrahmen mit Werkzeugunterlegung und ein Software-Bebauungsplan entwickelt. In diesem Rahmen werden Neuentwicklungen und wesentliche Weiterentwicklungen integriert.

Bei den Methoden und den technischen Architekturen stellt sich die Frage, welchen Einfluss der Auftraggeber gegenüber dem Dienstleister nimmt. Es ist nicht sinnvoll, einen kompletten Austausch der Architekturen und der Methoden nur wegen des Einsatzes eines Providers vorzunehmen.

Klare Absprachen, die festlegen, in welchen Rahmenbedingungen sich der Provider bewegt und welche Änderungen der Versicherer an seinen Methoden und Architekturen vornehmen muss, sind ebenfalls erforderlich.

Das Versicherungsunternehmen entscheidet, wie die organisatorische Schnittstelle zwischen dem outsourcenden Unternehmen und dem Provider zu platzieren ist. Es muss festgelegt werden, welche Prozesse bei dem Versicherer und welche bei dem Provider abzuwickeln sind. Das outsourcende Unternehmen legt fest, welche Methodenkompetenz bei ihm verbleibt.

Es ist mit dem Provider klar zu regeln, wie eine Planung der Vorhaben und Projekte für die Folgejahre vereinbart und durchgeführt wird. Die Entscheidung, wie die Anwendungen grundsätzlich strukturiert sind und in welcher Reihenfolge und Funktionalität diese realisiert werden, muss bei dem outsourcenden Unternehmen verbleiben, da die Anwendungen ein wesentliches Element zur Realisierung der Unternehmensstrategie sind.

Bei Outsourcing von Betriebsteilen kommt es entscheidend darauf an, dass die Schnittstellen zwischen den selektiv outgesourcten Anwendungen und den inhouse-betriebenen Anwendungen sauber gezogen sind und entsprechend beherrschbar bleiben.

3.4.6 Managementanforderungen bei Outsourcing

Die Entscheidung, ob Teile der IT outgesourct werden – sei es Betrieb oder Anwendungsentwicklung – ist eine Grundsatzfrage für jedes Unternehmen. Da die IT ein wesentlicher Motor für die Strategie und für die Realisierung des operativen Geschäftes ist, ist die Entscheidung für das Outsourcing vom Grundsatz her von der Unternehmensleitung zu fällen.

Bei größerem Umfang des Outsourcings ist es erforderlich, mit den Providern klare Verträge über Servicelevels, Leistungsumfang und über das Verhalten in Ausnahmesituationen zu schließen. Außerdem muss das Zusammenleben zwischen dem Versicherer und dem Provider geübt werden. Daher darf der Vertrag kein Knebelvertrag für den Provider sein, sondern muss auch diesem entsprechende Freiräume geben, für den Kunden zu handeln.

Das Abschließen von derartigen Verträgen verlangt von der IT des Versicherers ein anderes Know-How als bei normal üblichen Beschaffungsleistungen. Daher ist es sinnvoll, den Abschluss von Verträgen durch Rechtsanwälte und andere Experten mitgestalten und prüfen zu lassen.

Dem „Leben" dieser Vereinbarung kommt der größte Stellenwert bei. Dies muss durch entsprechende Berichte, die durch den Provider zu erstellen sind, gewährleistet sein. In der Regel wird dies auch durch regelmäßige Qualitätsmeetings unterlegt, aus denen gemeinsam getragene Schlussfolgerungen für zukünftige Aktivitäten, Verhaltensweisen und Maßnahmen geschlossen werden.

3.4.7 Resümee

Eine Entscheidung zugunsten des Outsourcings sollte von der Organisation vorbereitet und von der Unternehmensleitung gefällt und auf Dauer mitgetragen werden. Dabei sollten nicht die Kosten der Ersparnis im Vordergrund stehen, da derartige Verträge wegen der hohen Einmalkosten auf langfristige Zusammenarbeit angelegt sein müssen. Ein zu häufiges Wechseln von Providern ist nicht sinnvoll, da das Outsourcing jedes Mal für den Versicherer auch einen erheblichen Aufwand bedeutet, genauso wie für den Provider, da dieser die Grundkosten in die laufenden Raten einkalkuliert.

Verträge sind nur so gut wie sie gelebt werden. Ob sich Outsourcing, in welcher Variante auch immer, im realen Leben bewährt, ist entscheidend von der Fähigkeit abhängig, dass beide Parteien zusammenarbeiten können.

Kurzbiographie

Dr. Bernd Höddinghaus studierte Mathematik mit Wahlfach Physik an der Universität Heidelberg. Nach seiner Promotion begann seine berufliche Laufbahn 1979 bei der Öffentlichen Versicherungsanstalt der Badischen Sparkassen. Er wechselte 1989 zur R+V Versicherungsgruppe und war verantwortlich für die Anwendungsentwicklung. Seit dem 01.01.2001 ist Dr. Höddinghaus Mitglied des Vorstandes der Öffentlichen Versicherung Braunschweig und dort u. a. zuständig für die Informationsverarbeitung.

4
Architekturen und Anwendungslandschaften

4.1 Architekturen – Eine Einführung

Michael Aschenbrenner, **München, Deutschland**

Zusammenfassung

Dieser Artikel gibt einen Überblick über den Begriff Architektur und seine Bedeutung in der heutigen Informationsverarbeitung von Versicherungen. Die einzelnen Arten von Architekturen – Facharchitektur, Softwarearchitektur, Systemarchitektur, Serviceorientierte Architektur und Unternehmensarchitektur – werden vorgestellt und in Bezug gesetzt. Dabei werden wichtige Konstruktionsprinzipien dieser Architekturen kurz beschrieben.

4.1.1 Was ist eigentlich eine Architektur?

„Eine **Architektur** (von griechisch *αρχή* = Anfang, Ursprung und lateinisch *tectum* = Haus, Dach) beschreibt in der Informatik im Allgemeinen das Zusammenspiel der Komponenten eines komplexen Systems. Der Begriff wird in unterschiedlichen Bereichen angewendet.“ (Quelle: (Wikip Arch))

Die Informatik hat den Architekturbegriff aus dem Bauwesen und dem Anlagenbau übernommen und auf die Gestaltung der komplexen Strukturen von Hardware- / Software-Systemen übertragen. Deshalb ist die folgende Begriffsdefinition aus dem Anlagenbau sehr gut auf die Informationsverarbeitung übertragbar. Dort heißt es: „Architekturen beschreiben das Bauen von Anlagen nach allgemein anerkannten, möglichst standardisierten Regeln der Baukunst, um die notwendigen Bauteile in der wirtschaftlichsten Implementierung zum beabsichtigten Zweck zusammenzufügen.“ (Quelle: nicht näher bekannter IBM-Artikel). Die „Anlagen“ in der Informationsverarbeitung sind komplexe Hardware- und Software-Systeme. „Regeln der Baukunst“ gibt es auch für das Bauen von Hardware- und Softwaresystemen, allerdings sind sie vor allem beim Bau von Softwaresystemen noch nicht so gefestigt wie beispielsweise in Ingenieursdiziplinen. Auch in der Informatik sind Architekturen kein Selbstzweck, sondern sie müssen vorgegebenen fachlichen und technischen Anforderungen genügen und wirtschaftlich umsetzbar sein.

M. Aschenbrenner et al. (eds.), *Informationsverarbeitung in Versicherungsunternehmen*, Springer-Lehrbuch Masterclass, DOI 10.1007/978-3-642-04321-5_10,

4.1.2 Architekturbegriffe

In der Informationsverarbeitung gibt es zahlreiche Architekturbegriffe, die zum Teil synonym sind oder sich überlappen. An dieser Stelle wird von den Architekturbegriffen der Versicherungs-Anwendungs-Architektur (VAA 2001) des GdV ausgegangen (s. Abb. 4.1):

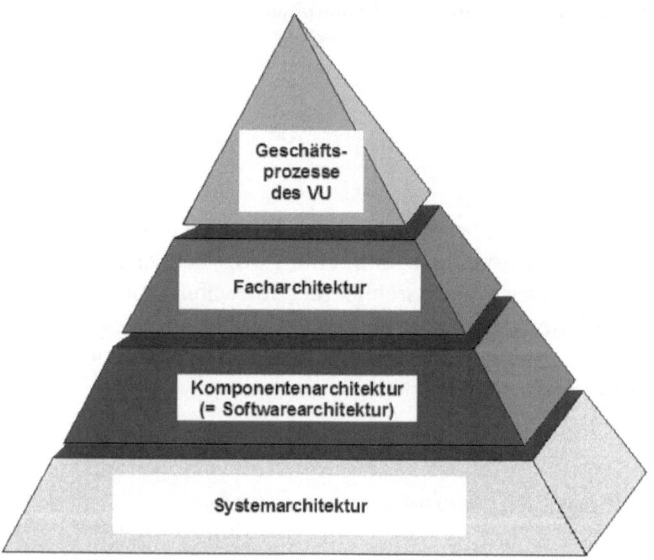

Abb. 4.1 Architekturbegriffe der VAA

Die *Facharchitektur* legt die strukturellen Eigenheiten von Geschäftsprozessen, die Steuerungsmechanismen, die fachlichen Komponenten und auch allgemeine fachliche Konstruktionsprinzipien wie z.B. das Historienkonzept fest. Die *Komponentenarchitektur,* üblicherweise als *Softwarearchitektur* bezeichnet, legt die notwendigen SW-Bausteine und ausführbaren Systemkomponenten fest und wie sie zusammenarbeiten. Die *Systemarchitektur* beschreibt das Umfeld, in dem die Software-Bausteine und Systemkomponenten ablaufen, wie diese mit Daten versorgt werden, wie sie technisch miteinander kommunizieren und wie sie verändert werden können (VAA 2001).

Neben diesen Architekturbegriffen sind in den letzten Jahren zwei zusätzliche Architekturbegriffe immer wichtiger geworden, nämlich die *Serviceorientierte Architektur (SOA)* als Brücke zwischen Geschäft und Informationsverarbeitung und die *Unternehmensarchitektur* oder *Enterprise Architektur* als Gestaltungsdisziplin für die gesamte Anwendungslandschaft eines Unternehmens.

In den folgenden Abschnitten werden diese Architekturbegriffe kurz erläutert und teilweise mit Beispielen unterlegt.

4.1.3 Die Facharchitektur als Fachliche Landkarte einer Versicherung

Die *Facharchitektur,* manchmal auch als *Fachliche Anwendungsarchitektur* bezeichnet, strukturiert alle Anwendungen eines Versicherungsunternehmens nach fachlichen und organisatorischen Gesichtspunkten.

Die fachlichen und organisatorischen Handlungsfelder (= Domänen) eines Versicherungsunternehmens stellen einen bewährten Ansatz für die Strukturierung der fachlichen Komponenten der Facharchitektur dar. Man spricht deshalb auch häufig von einer *Domänen-Architektur.*

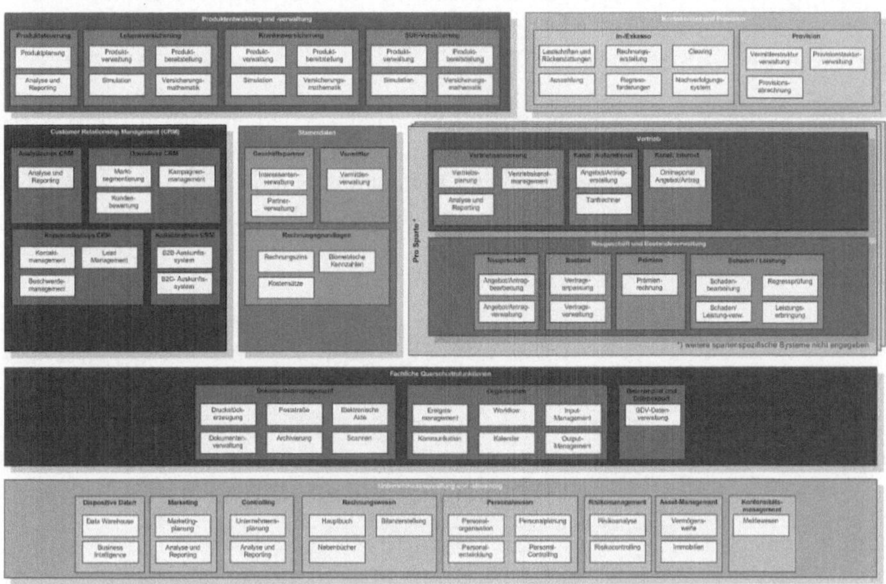

Abb. 4.2 Domänen einer Facharchitektur für Versicherungen (Quelle: Capgemini sd&m)

Die grafische Zusammenstellung der Komponenten einer Facharchitektur auf hoher Ebene in Form einer Landkarte ist als Überblick sehr hilfreich. Eine mögliche Ausprägung enthält die o.g. Abb. 4.2. Die weiteren Artikel dieses und anderer Kapitel zeigen einerseits die Bedeutung dieser Facharchitektur für die Versicherungsunternehmen, anderseits aber auch unterschiedliche Ansätze zur Strukturierung der Facharchitektur.

4.1.4 Software- und Systemarchitekturen als Basis von Software-Lösungen

Die *Softwarearchitektur*, in der VAA als *Komponentenarchitektur* bezeichnet, ist der Bauplan eines Softwaresystems, denn sie beschreibt die innere Struktur. Sie identifiziert die Bestandteile eines Softwaresystems (hier äquivalent zu „Anwendungssystem" verwendet) und legt fest, wie diese Bestandteile miteinander kommunizieren und interagieren.

> „Jedes Softwaresystem hat eine - mehr oder (oft) weniger gute - Struktur. Wir sprechen in diesem Zusammenhang von Softwarearchitektur und meinen damit den systematisch strukturierten, sachgerechten und modularen Aufbau eines Softwaresystems." (Denert 1991)

Heutige Softwarearchitekturen von Anwendungssystemen haben eine klare Schichtenbildung (s. Abb. 4.3). Dabei ist die Trennung der Benutzeroberfläche von der Fachlichkeit von entscheidender Bedeutung. Nur so kann identische fachliche Funktionalität über verschiedene Zugangswege ohne redundante Umsetzung genutzt werden.

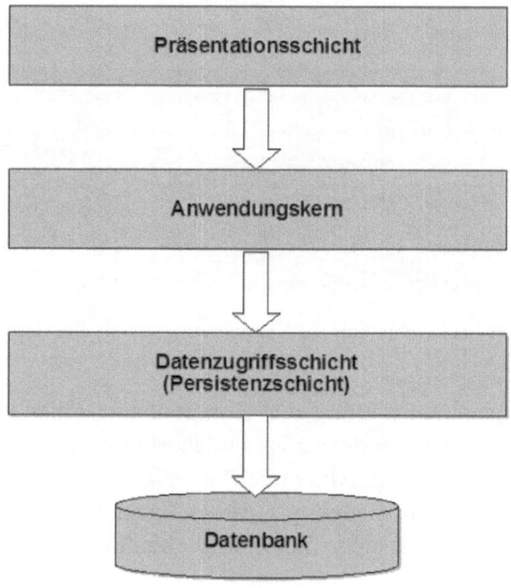

Abb. 4.3 Typische Schichten einer Softwarearchitektur

In der *Präsentationsschicht* wird die Benutzeroberfläche der Anwender gesteuert und aufbereitet. Der *Anwendungskern* enthält die fachliche Funktionalität (= Geschäftslogik = Business Logik). Die *Datenzugriffsschicht* stellt Services für den (lesenden und schreibenden) Zugriff auf die Daten in der zugrunde liegenden *Datenbank* zur Verfügung. Diese Schicht übernimmt auch die notwendige Abbildung (das „Mapping“) zwischen unterschiedlichen Repräsentationen der Daten, speziell zwischen der relationen- und der objektorientierten Welt.

Die Schichten der Softwarearchitektur werden in geeigneter Form auf die Ebenen (= „tiers“) der zugrunde liegenden Systemarchitektur abgebildet.

Die *Systemarchitektur* umfasst den strukturellen Aufbau der Hardware-Systemsoftware-Plattform(en), in die Anwendungssysteme eingebettet sind. Sie legt fest, wie die Anwendungsysteme technisch miteinander kommunizieren und wie die Schichten der Anwendungssysteme auf die Plattformen verteilt und mit geeigneter Middleware (= spezielle Systemsoftware, die den Anwendungssystemen die Komplexität der Plattform vebirgt) verbunden werden.

Wenn die Software-Bestandteile der Anwendungssysteme auf unterschiedlichen Plattformen verteilt sind, spricht man auch von sogenannten *Client/Server-Architekturen*. *Client/Server* ist dabei zunächst ein Software-Konstruktionsprinzip, bei der die einzelnen Software-Bestandteile die Rolle von Clients und/oder Servern einnehmen. *Clients* fordern Leistungen (= Dienste, Services) vom Server an. *Server* stellen ihre Dienste über definierte Schnittstellen zur Verfügung. Dieses Konstruktionsprinzip wurde auch auf Hardware-Komponenten übertragen.

Die folgende Abb. 4.4 zeigt schematisch und selektiv die Entwicklung der Systemarchitekturen von einer ursprünglich monolithischen Host-Architektur über verschiedene Arten von Client/Server-Architekturen bis zu Multi-tier-Architekturen, wobei bei Anwendungen mit Web-Oberfläche die Präsentationsschicht selbst nochmals aufgeteilt wird.

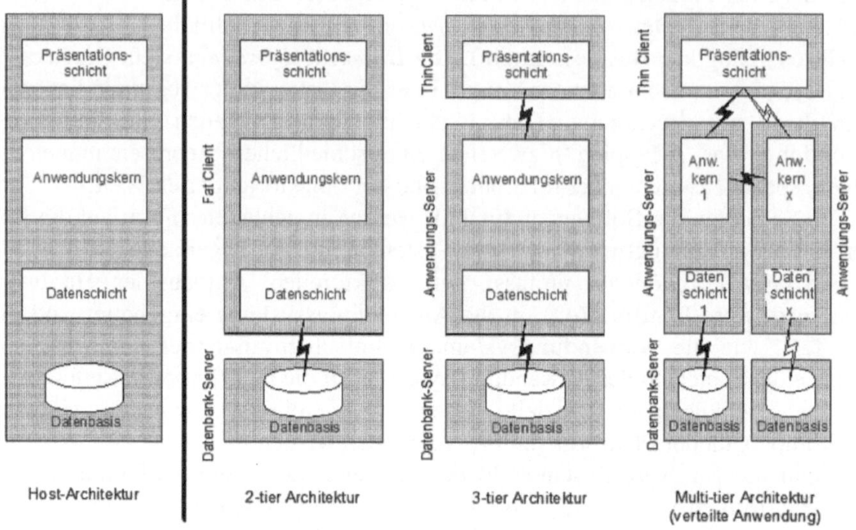

Abb. 4.4 Historie der Systemarchitekturen

3-tier bzw. Multi-tier Client/Server-Architekturen mit graphischer Oberfläche – häufig als Internet/Web-Oberfläche realisiert – sind heute die Regel für neue Anwendungssysteme von Versicherungsunternehmen. Es gibt aber auch reine Host-Architekturen, wobei die ursprünglich zeichenorientierten Oberflächen – mit der typischen grünen Schrift auf dunklem Hintergrund (Green Screen) – meist per Emulation oder durch Vorschalten einer eigenen Softwareschicht durch graphische Oberflächen ersetzt wurden. 2-tier Architekturen, bei denen alle Software -Schichten auf dem Arbeitsplatz des Sachbearbeiters ablaufen und nur die Datenbank zentral geführt wird, sind heute nur noch für spezielle Anwendungen im Einsatz. Hingegen gibt es z.B. auf den Arbeitsplätzen (PCs/Notebooks) von Außendienstmitarbeitern, vollständige Anwendungssysteme, die replizierte Daten aus den zentralen Datenbeständen und teilweise auch replizierte Software enthalten. Der Datenaustausch zwischen dem lokalen Arbeitsplatz und der Zentrale erfolgt dabei über spezielle Software, manchmal auch als *Tanker* bezeichnet, die automatisch oder bedarfsorientiert zum Ablauf gebracht wird. Der direkte Zugriff von mobilen Außendienst. Arbeitsplätzen auf zentrale Daten und Anwendungen wird teilweise immer noch durch instabile Mobilfunkverbindungen erschwert.

4.1.5 Serviceorientierte Architekturen als Brücke zwischen Geschäft und Informationsverarbeitung

Eine *Serviceorientierte Architektur (SOA)* ist eine Methode zur Strukturierung der Anwendungen eines Unternehmens, die auf der Modellierung von Anwendungsbausteinen und den von diesen angebotenen und genutzten Services beruht. Sie stellt eine konsequente Weiterentwicklung der o.g. Konzepte der fachlichen Komponenten / Domänen und der Schichtenarchitektur dar. Dabei stehen die Wiederverwendung fachlicher Funktionalität und die strikte Ausrichtung an fachlichen Prozessen im Vordergrund.

Ein *Service* (*SOA-Service, fachlicher Service*) ist dabei eine definierte Leistung einer im Systemzusammenhang definierten fachlichen Funktion, die von Anwendungs-Bausteinen erbracht und genutzt wird. Ein Service ist eigenständig und unabhängig von der technischen Implementierung nutzbar. Services stellen den Anwendungen Daten und Geschäftslogik bereit, sie sind die Grundbausteine der Geschäftsprozesse. Geschäftsprozesse werden über die Komposition fachlicher Services realisiert.

Die folgende Abb. 4.5 zeigt typische Services einer Kapitalanlagegesellschaft, wie sie in ähnlicher Form auch für die Kapitalanlage einer Versicherung genutzt werden können.

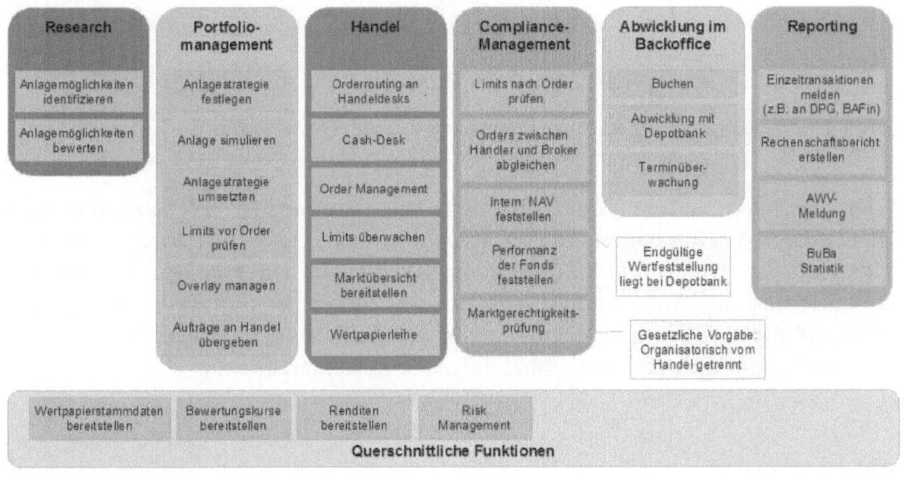

Abb. 4.5 Services zur Kapitalanlage (Quelle: Capgemini sd&m AG)

Serviceorientierte Architekturen erfordern eine veränderte Zusammenarbeit zwischen Fachseite und IT, vor allem eine wesentlich stärkere Orientierung der IT an den Geschäftsprozessen und eine stärkere Loslösung der Fachseite von IT-technischen Detailfragen. Im Vordergrund stehen fachliche Services und nicht IT-Produkte. Wichtig ist dabei, die richtige, nicht zu feine Granularität für die fachlichen Services zu finden und das gesamte Service-Portfolio geeignet zu managen.

4.1.6 Die Unternehmensarchitektur als Gestaltungsdisziplin für die gesamte Anwendungslandschaft

Unter dem Begriff *Unternehmensarchitektur (Enterprise-Architektur)* versteht man Prinzipien und Methoden, um die Geschäfts- und IT-Architektur eines Unternehmens zu entwerfen und umzusetzen (Keller 2006). Die Unternehmensarchitektur stellt den Zusammenhang zwischen der *Geschäftsarchitektur* und der *IT-Architektur* her (s. Abb. 4.6).

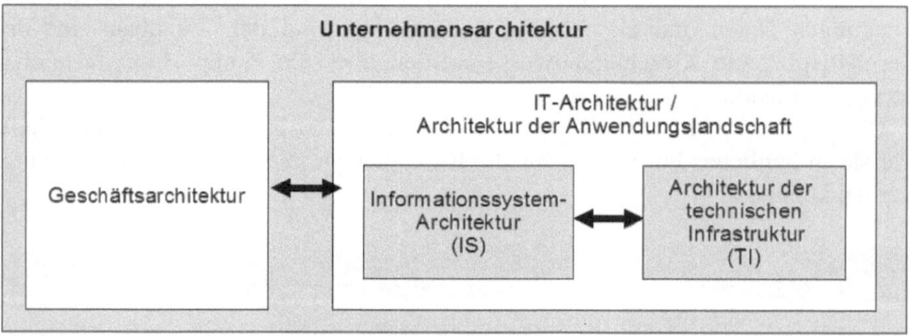

Abb. 4.6 Teilbereiche der Unternehmensarchitektur (Quelle: Quasar 2008)

Die Bestandteile der *Geschäftsarchitektur (Business-Architektur)* sind Geschäftsprozesse, Geschäftsservices, Geschäftsobjekte und die Organisation des Unternehmens. Unter *Informationssystem-Architektur (IS-Architektur)* wird die Strukturierung der Anwendungslandschaft aus fachlicher Sicht verstanden (also annähernd die o.g. Facharchitektur), unter der *Architektur der technischen Infrastruktur (TI-Architektur)* die zugrundeliegende Systemarchitektur.

4.1.7 Ausblick

Im vorliegenden Artikel wurden die wesentlichen, heute gängigen Architekturbegriffe in der Informationsverarbeitung eingeführt und kurz erläutert. Damit soll eine Grundlage für das Verständnis der weiteren Beiträge des Kap. 4 geschaffen werden. Der Leser wird allerdings feststellen, daß die Begriffswelt von den Autoren teilweise unterschiedlich gehandhabt wird. Es sollte ihm aber möglich sein, die unterschiedlichen Architektur-Begriffe in die (Referenz-) Begriffswelt dieses Artikels einzuordnen.

Im Kap. 4.2 „Referenzarchitekturen für Versicherungen und ihre Bedeutung" wird am Beispiel der VAA der Ansatz, Referenzarchitekturen für Versicherungen bereitzustellen, vorgestellt. Im Kap. 4.3 „Anwendungslandschaften von Versicherungsunternehmen" wird detaillierter dargelegt, was unter Anwendungslandschaften verstanden wird, mit welchen grundsätzlichen Merkmalen sie strukturiert werden können und welchen Nutzen das Management von Anwendungslandschaften für die IT und den Fachbereich einer Versicherung bringt. Das Kap. 4.4 „Serviceorientierte Architekturen (SOA)" zeigt die wichtigsten Konzepte von Serviceorientierten Architekturen und die Auswirkungen von SOA auf die Organisation und die Governance der Informationsverarbeitung eines Versicherungsunternehmens. Das abschließende Kap. 4.5 „Business Process Management (BPM)" zeigt einen geschlossenen Entwicklungsansatz für IT-Anwendungen, der sich strikt aus der Geschäftsprozessorientierung ableitet, und stellt dessen Auswirkungen auf die „Versicherung der Zukunft" dar.

Kurzbiographie

Michael Aschenbrenner, Jahrgang 1950, ist Chefberater im IT-Beratungsbereich der Capgemini sd&m AG München. Nach seinem Abschluss als Diplom-Informatiker mit Nebenfach Mathematik an der Technischen Universität München hat er in mehreren Softwareunternehmen zunächst als Software-Entwickler und -Architekt, dann als Qualitätsmanager, Projektmanager, Berater, Bereichsleiter und Leiter eines Competence Center gearbeitet. Zehn Jahre war er in einem auf Versicherungen spezialisierten Softwarehaus tätig. Dort hat er zahlreiche Projekte für Versicherungen und die Entwicklung von Standardsoftware für Versicherungen mitgestaltet, gesteuert und begleitet. Herr Aschenbrenner ist langjähriger Dozent für „Informationsverarbeitung in Versicherungsunternehmen" der Deutschen Aktuarvereinigung (DAV). Er ist Mitglied des zugehörigen Prüfungsausschusses der DAV. Seit 1997 ist er Lehrbeauftragter für „Informationsverarbeitung in Versicherungsunternehmen" am Mathematischen Institut der Ludwig-Maximilians-Universität München.

Literaturverzeichnis

(Denert 1991): Denert E, Software-Engineering. Springer-Verlag, Berlin Heidelberg New York 1991

(Keller 2006): Keller W, IT-Unternehmensarchitektur: Von der Geschäftsstrategie zur optimalen Unterstützung. dpunkt.verlag 2006

(Quasar 2008): Engels G, Hess A, Humm B, Juwig O, Lohmann M, Richter J-P, Voß M, Willkomm J, Quasar Enterprise: Anwendungslandschaften serviceorientiert gestalten. dpunkt.verlag, Heidelberg 2008
(VAA 2001): Die Anwendungsarchitektur der deutschen Versicherungswirtschaft. VAA Final Edition, VAA Edition 1999, IT-Fachtagung 2001, VAA-Fachtagung 2000, www.gdv-online.de/vaa
(Wikip Arch): Architektur (Informatik), http://de.wikipedia.org/wiki/Architektur_(Informatik)

Weiterführende Literatur

(Siedersleben 2004): Siedersleben J, Moderne Softwarearchitektur. dpunkt.-verlag, Heidelberg 2004
(Stanke 2005): Stanke G, Effektive Software-Architekturen. Ein praktischer Leitfaden (Taschenbuch). Carl Hanser Verlag, München Wien 2005

4.2 Referenzarchitekturen für Versicherungen und ihre Bedeutung

Johannes Schlattmann, Münster, Deutschland

Zusammenfassung

Referenzarchitekturen sind Muster, die Komponenten, Strukturen und Beziehungen eines Systems untereinander und das grundlegende dynamische Verhalten des Systems widerspiegeln. Sie haben eine Vorschlagsfunktion, die die Entwicklung von eigenen Interpretationen unterstützt und Hilfestellung bei der Erarbeitung von individuell auf ein Unternehmen zugeschnittenen Architekturen bietet. Ein wichtiges Beispiel einer Referenzarchitektur ist die Versicherungsanwendungsarchitektur des GDV.

4.2.1 Zum Architekturbegriff

Eine Architektur legt die Grundstrukturen für ein abgegrenztes Umfeld fest. Damit reduziert sie die sichtbare Komplexität des Umfelds auf ein überschaubares Maß. Je nach Zielsetzung entstehen unterschiedliche Architekturen, da unterschiedliche Aspekte jeweils in den Vordergrund gerückt werden. So wird meist je nach Umfeld und Zielsetzung unterschieden zwischen Facharchitekturen, Anwendungsarchitekturen, Systemarchitekturen, Servicearchitekturen und weiteren Architekturmodellen (s. Abb. 4.7).

M. Aschenbrenner et al. (eds.), *Informationsverarbeitung in Versicherungsunternehmen*,
Springer-Lehrbuch Masterclass, DOI 10.1007/978-3-642-04321-5_11,

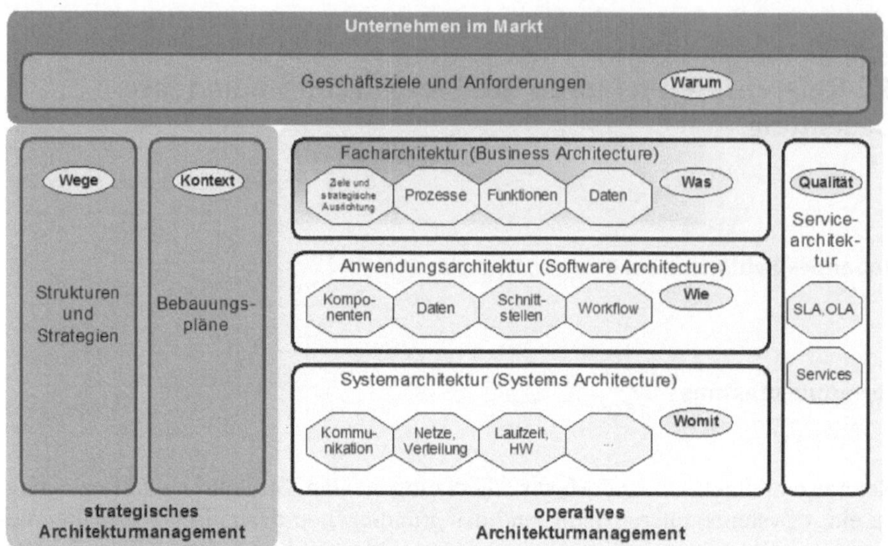

Abb. 4.7 Architekturmodelle und ihre Schwerpunkte im Unternehmenskontext

Eine Architektur beschreibt keine Details. Sie beschreibt das Fundament und fixiert die zentralen Bestandteile, ihre Beziehungen und die unveränderlichen Annahmen, auf denen letztendlich die Realisierung von Anwendungssystemen zu erfolgen hat.

4.2.2 Was ist eine Referenzarchitektur?

Referenzarchitekturen sind in dieser Begriffswelt Muster, die Komponenten, Strukturen, Beziehungen untereinander und das grundlegende dynamische Verhalten widerspiegeln. Darüber hinaus haben sie eine Vorschlagsfunktion, die die Entwicklung von eigenen Interpretationen in geänderten Umfeldern unterstützt und Hilfestellung bei der Erarbeitung von individuell auf ein Unternehmen zugeschnittener Architekturen bietet. Referenzarchitekturen haben neben ihrer Funktion als Prüfstein und Ausgangsbasis eigener Architekturentwicklungen weitere Wirkungen:

- Sie liefern eine Begriffswelt, die in sich konsistent eine klare Semantik des zu beschreibenden Umfelds liefert und damit eine übergreifende Kommunikation erleichtert oder gar erst ermöglicht.
- Sie liefern eine auf Erfahrungen von Praktikern basierende Strukturierung möglicher, zusammenpassender Lösungskonzepte für komplette Systemumfelder und Fachgebiete unter Berücksichtigung von Vorgaben wie beispielsweise Performance, Zuverlässigkeit und Verteilung.

- Sie liefern idealerweise Hinweise für den Aufbau eigener Architekturen und Strukturbeschreibungen und geben Hinweise auf die zu betrachtenden Elemente und Bereiche des zu erarbeitenden Fachgebiets.
- Sie adressieren vollständig einen abgrenzbaren Bereich wie beispielsweise Banken und Versicherungen.

Referenzarchitekturen transportieren also eine zentrale Idee, teilen ein größeres Themengebiet in einzelne Handlungsfelder auf und beschreiben das Zusammenspiel. Beispiele hierfür sind auf einer hohen Ebene das Controllinghaus von Professor Krcmar (Krcmar u. Buresch 2000) oder als Idealbeispiel der von der IBM beschriebene Versicherungsbetrieb der Zukunft (IBM 2008). So strukturiert letzterer eine ganze Branche, indem als zentrale Botschaft das Ziel einer weitgehend automatischen, fallabschließenden Bearbeitung über alle Organisationseinheiten und Sparten hinweg erreicht werden kann. Ein weiteres Beispiel ist die Versicherungsanwendungsarchitektur der deutschen Versicherungswirtschaft (VAA) (VAA 2001).

Referenzarchitekturen müssen in hohem Maße für eine Vielzahl von Anwendern verständlich und insbesondere für das beschriebene Fachgebiet umfassend sein. Dabei muss klar erkennbar sein, welche Sicht primär von der Referenzarchitektur beschrieben wird. Hier sind beispielhaft die Sichten der Prozesse, der Funktionen, der Daten, der Objekte oder alle im Wechselspiel erwähnenswert.

Neben klaren semantischen Beschreibungen eines Fachgebiets sollten Referenzarchitekturen auch das für ihre Entwicklung genutzte semantische Modell beschreiben. Dies Modell legt die Objekte fest, über die in einer Referenzarchitektur gesprochen wird, beschreibt deren Zusammenhänge und enthält auch Hinweise zu den genutzten Bauprinzipien und Anforderungen. Von elementarer Bedeutung ist dabei, dass eine Referenzarchitektur in ihrer Eignung für ein zu erarbeitendes Fachgebiet beurteilt werden kann. Deshalb gehören auch zu erfüllende Qualitätseigenschaften zu einer Referenzarchitektur.

Die folgende Abb. 4.8 beschreibt die Entwicklung einer Referenzarchitektur am Beispiel der Versicherungsanwendungsarchitektur mit dem Ziel der Schaffung eines Komponentenmarkts für die deutsche Versicherungswirtschaft.

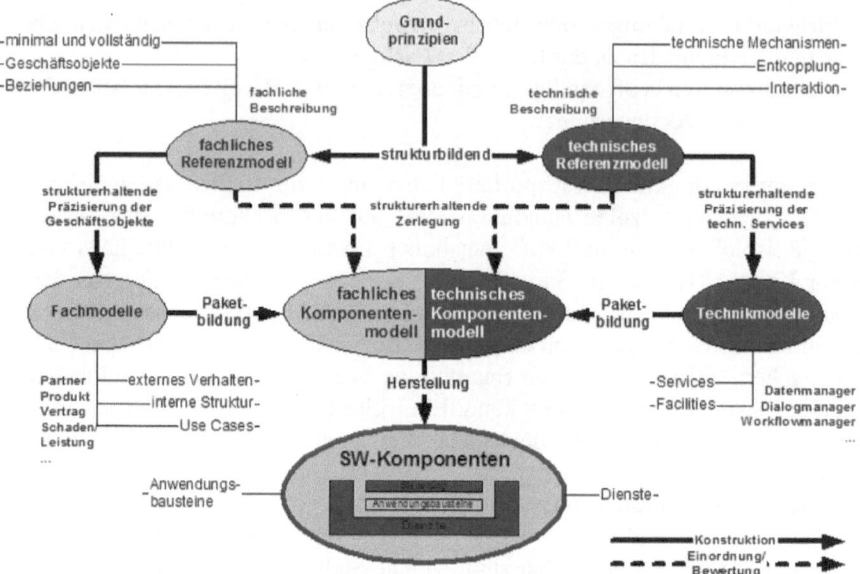

Abb. 4.8 Entwicklung und Einsatz einer Referenzarchitektur am Beispiel der VAA

Ausgehend von den Grundprinzipien, die den Rahmen der grundlegenden Annahmen bilden, werden fachliche und technische Referenzmodelle[1] definiert, in denen entsprechende Modelle zu einem fachlichen und zu einem technischen Komponentenmodell verdichtet und strukturiert werden. Diese Komponentenmodelle dienen dann als Grundlage der Entwicklung von Software-Komponenten, die in einem definierten technischen Biotop verbunden und genutzt werden können.

Referenzarchitekturen liefern somit Baumuster und Konstruktionshilfen für eigene Architekturentwicklungen. Dabei adressieren sie vorzugsweise die Grundstrukturen und sind nicht dazu geeignet, direkt in Programme, Prozesse und Datenstrukturen umgesetzt zu werden. Hierzu sind konkrete Architekturen zu entwickeln, die eine Referenzarchitektur in einem konkreten Umfeld instanziieren.

Zusammenfassend geben Referenzarchitekturen eine Richtung unter der Berücksichtigung zentraler Ziele vor. Sie strukturieren die typischen Charakteristika eines größeren Fachgebiets und verdichten das Zusammenspiel der entstehenden Teilgebiete auf der Basis typischer Prozessabläufe. Sie werden in mehreren Schritten in konkrete Lösungen umgesetzt, erlauben aber auch ein schnelleres Verständnis der häufig sehr komplexen Umsetzungen.

[1] Ein Referenzmodell ist eine einheitliche, in sich widerspruchsfreie Struktur, die es erlaubt, minimal und vollständig die Strukturen von Versicherungsunternehmen zu beschreiben.

4.2.3 Grundlegende Überlegungen anhand eines Beispiels

Anhand des kleinen Beispiels „Kommunikationsentscheidungen im Versicherungsbetrieb der Zukunft" sollen grundlegende Überlegungen bei der Konstruktion einer Referenzarchitektur verdeutlicht werden:

Die Grundidee des Versicherungsbetriebs der Zukunft (s. Kap. 2.4) liegt in einer weitgehend fallabschließenden Verarbeitung aller von außen angestoßenen Prozesse in der Bearbeitung von Versicherungsangelegenheiten. Ein Prozess wird z.B. durch Briefe, E-Mails oder auch durch Telefonate angestoßen (s. Abb. 4.9). Eine automatisierte Verarbeitung ist nur dann möglich, wenn die eingehenden Auslöser im Vorfeld strukturiert und zugeordnet werden können und wenn die Inhalte digitalisiert den einzelnen Arbeitsschritten zu Verfügung stehen. Dies bedingt dann unmittelbar eine Zentralisierung der ein- und ausgehenden Kommunikationsströme, um Zuordnung und Digitalisierung möglichst effektiv und effizient durchführen zu können.

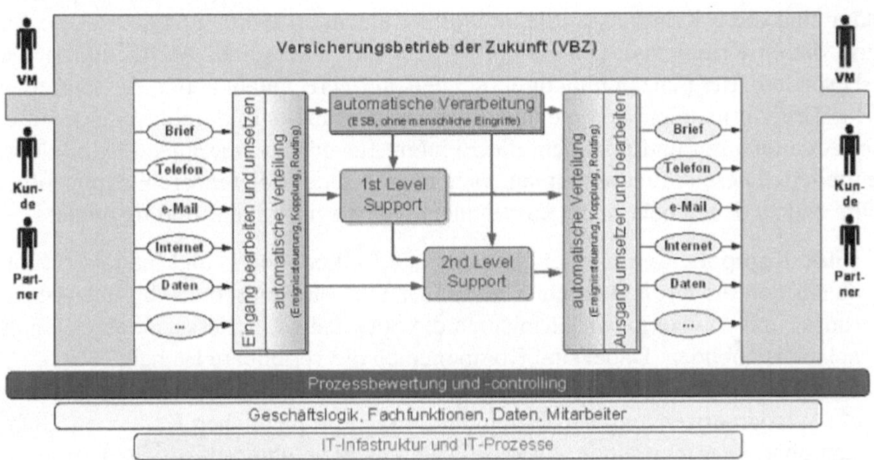

Abb. 4.9 Der Versicherungsbetrieb der Zukunft, modifiziert

Die Reichweite einer möglichen Automatisierung wird wesentlich davon beeinflusst, inwieweit die Vertriebsorganisationen unmittelbarer Bestandteil der Kommunikation sein können. Wenn z.B. jede Vertriebseinheit ihre eigene Telefonielösung hat, ist es ungleich schwerer, zu einem eingehenden Anruf automatisch Kundendaten anzuzeigen, die für das Anliegen relevanten Erfassungen automatisch vorzublenden oder gar Experten der Zentrale direkt in den Prozess einzubinden.

Demzufolge muss im Wirkbereich der Referenzarchitektur eine einheitliche und zentral organisierte Kommunikationsstruktur existieren, sofern die Daten und Anwendungen zentral vorgehalten werden. Diese empfiehlt sich aber, da nur so die erforderliche Aktualität und unmittelbare Sichtbarkeit für alle Prozessbeteiligten gegeben ist. Praktisch bedeutet dies dann eine Integration von Sprach- und Datenkommunikation, wie sie z.B. bei Sprachübertragung durch Datenpakete im Netzwerk erreicht werden kann (Voice over IP). Telefonie wird also zu einer eigenen Anwendung, die dann mit Hilfe der üblichen Mittel mit anderen Anwendungen verbunden werden kann.

Die Referenzarchitektur beinhaltet somit eine integrierte Kommunikationsinfrastruktur, die auch ggf. über die Unternehmensgrenzen hinweg die Vertriebseinheiten mit dem Innendienst vereint.

4.2.4 Grundprinzipien bei der Entwicklung einer Referenzarchitektur

Eine gute Referenzarchitektur erfüllt eine Reihe von Eigenschaften und Qualitätsmerkmalen. Im Rahmen der Entwicklung der Versicherungsanwendungsarchitektur sind diese Kriterien erarbeitet und dokumentiert worden (VAA 2001). Anhand dieser Kriterien oder Grundprinzipien ist es möglich, Architekturen und insbesondere Referenzarchitekturen schnell auf ihre Qualität hin zu beurteilen. Diese Grundprinzipien sind elementare Aussagen über strukturelle Eigenschaften von Architekturen und erlauben, die Eignung für das zu erarbeitende Umfeld zu beurteilen. Diese Grundprinzipien, denen eine jede Referenzarchitektur folgen sollte und zu denen belastbare Aussagen enthalten sein sollten, sind folgende:

- **Bilde Komponenten** mit den notwendigen Entkopplungs- und Interaktionsmechanismen als Grundlage einer verteilten Softwarelandschaft, die über Steuerungs- und Navigationsmechanismen die notwendige Prozesssicht eines Unternehmens abbilden. Dabei sind Komponenten die verteilbare Einheit.
- **Berücksichtige Stabilität und Integration** mit den zu betrachtenden Aspekten der Wiederverwendung und Einbindung in unterschiedlichen Kontexten, Stabilität über lange Zeiträume, Anpassungsfähigkeit an unterschiedliche Umgebungen und Migrationsfähigkeit in neue Kontexte. Das Grundprinzip der Stabilität führt unmittelbar zur Notwendigkeit, Schnittstellen und Funktionsabgrenzung einem öffentlichen und evolutionären Prozess zu unterwerfen und so in beherrschbaren Schritten zu stabilisieren.
- **Bilde Strukturen und Schichten** durch Gruppierung gleichartiger Funktionen und Ebenenbildung durch Schichtung bei gleichzeitiger Minimierung der Schnittstellenkomplexität. Systemteile bzw. Komponenten können so zu komplexeren Systemteilen zusammengefügt werden. Hierbei gelten generell die bewährten Aussagen bezüglich maximaler funktionaler Bindung und minimaler, schmaler Schnittstellen auch für die Bildung einzelner Gruppierungen von Systemteilen. In einer Gruppierung sind die einzelnen Teile gleichberechtigt. Schichtenbildung ergänzt die Gruppenbildung um eine Über- oder Unterordnung. Sie ordnet die einzelnen Gruppen nach einem eindeutigen Kriterium in

einen häufig hierarchischen Wirkzusammenhang ein. Aus diesem kann man in der Regel den steuernden Kontrollfluss des Systems ablesen.

Ein zentrales Element einer Architektur und damit auch einer Referenzarchitektur sind somit Schichtenmodelle,[2] in denen entlang eines definierten Zerlegungskriteriums verschiedene Ebenen beispielsweise für die Steuerung erarbeitet werden. So gibt es in objektorientierten Systemen eine sinnvolle Schichtung in 3 Ebenen, wobei die jeweils unter einer Ebene liegende Ebene von der darüber liegenden Ebene gesteuert wird. In der untersten Ebene werden die Daten zusammengetragen und in verarbeitbare Strukturen umgesetzt, die darüber liegende Ebene der Aktivitäten steuert die auf diesen Daten ablaufenden Operationen und damit die Verwendung dieser Daten und adressiert die Präsentation. Die oberste Ebene letztendlich steuert die Aktivitäten und stellt sie zu Geschäftsprozessen zusammen (s. Abb. 4.10).

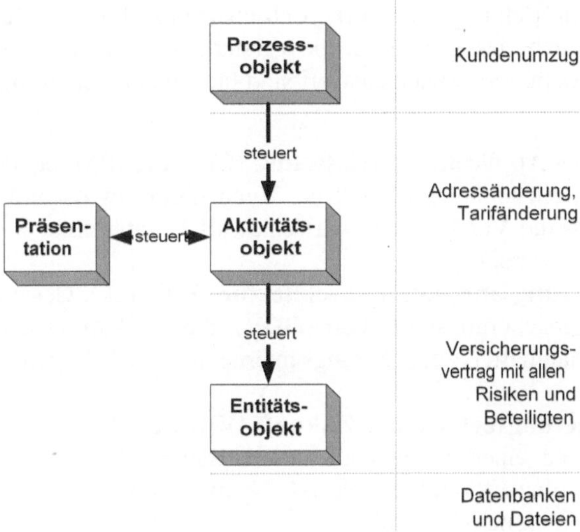

Abb. 4.10 Schichtenmodell für OO-Systeme

[2] Ein „Schichtenmodell" eines Systems ist eine Klassifikation (Zerlegung) der Einzelteile des Systems in eindeutige, ausgezeichnete Gruppierungen/Schichten anhand eines Zerlegungskriteriums, die durch eine Über-/Unterordnung zwischen den jeweiligen Schichten ergänzt wird.

4.2.5 Referenzarchitekturen der Versicherungswirtschaft

Versicherungsunternehmen sind in hohem Maße informationsgetriebene Unternehmen[3]. Die hierfür und auch für die Umsetzung der immer komplexer werdenden Produkte notwendigen IT-Systeme sind im Laufe der letzten Jahrzehnte zu umfassenden, vernetzten Systemen immenser Komplexität entwickelt worden. Demzufolge sind die strategischen Handlungsoptionen von Versicherungsunternehmen zu einem wesentlichen Teil von grundlegenden Entscheidungen im Umfeld der Systemarchitekturen bestimmt. Man denke nur an die zentrale Entscheidungen, Sprache und Daten in einheitlichen Strukturen zu übertragen oder Daten und Anwendungen zentral oder lokal vorzuhalten. Dabei gilt es, Veränderungen im Umfeld, wie beispielsweise die Möglichkeiten der übergreifenden Internetkommunikation, möglichst schnell in ihrer Wirkung auf die eigene Handlungsfähigkeit, auf die wirtschaftliche Umsetzbarkeit in die eigenen Systeme und auf Auswirkungen in Richtung Infrastruktur abschätzen zu können. Demzufolge ist es nicht verwunderlich, dass gerade für die Versicherungswirtschaft einige Referenzarchitekturen existieren. Erwähnenswert sind hier in der Reihenfolge ihrer Entstehung:

- Die **Insurance Application Architecture (IAA)** der IBM, bei der erstmals versucht wurde, ein globales Modell der Versicherungswirtschaft zu entwickeln. IAA kann für die Versicherungswirtschaft als Urvater einer Referenzarchitektur verstanden werden.
- Die **Versicherungsanwendungsarchitektur (VAA)** des Gesamtverbandes der deutschen Versicherungswirtschaft (GDV), die im Auftrag und unter Beteiligung vieler namhafter Versicherungsunternehmen und Software-Hersteller entstanden ist.
- Der **Versicherungsbetrieb der Zukunft (VBZ)** der IBM, der ausgehend vom Grundgedanken einer weitgehend automatisierten, fallabschließenden Verarbeitung eine prozessorientierte Strukturierung eines serviceorientierten Versicherungsunternehmens vorschlägt.

Diese Referenzarchitekturen ähneln sich in mancherlei Hinsicht und bauen aufeinander auf. Dies ist nicht zuletzt der Tatsache geschuldet, dass die treibenden Personen Bestandteil einer übergreifenden Community sind.

Beispielhaft wird im Folgenden die Versicherungsanwendungsarchitektur der deutschen Versicherungswirtschaft beschrieben.

---

[3] Wesentliche Teile dieses Abschnitts sind den Publikationen der VAA entnommen. Diese sind unter www.gdv-online.de/vaa zu finden.

4.2.6 Die Versicherungsanwendungsarchitektur (VAA)

Die Versicherungsanwendungsarchitektur wurde zwischen 1994 und Ende 2000 durch maßgebliche Versicherungsunternehmen und durch den Gesamtverband der deutschen Versicherungswirtschaft entwickelt. Ein wesentliches Ziel war die Beschreibung übergreifender fachlicher Strukturen, die sozusagen die Essenz der Versicherungsfachlichkeit in Deutschland beschreiben. Einen Überblick über die adressierte Fachlichkeit liefert das Komponentenmodell der VAA in Abb. 4.11. Es enthält die Domänenbereiche, Anwendungskomponenten und Prozesskomponenten der in der VAA entwickelten Modelle.

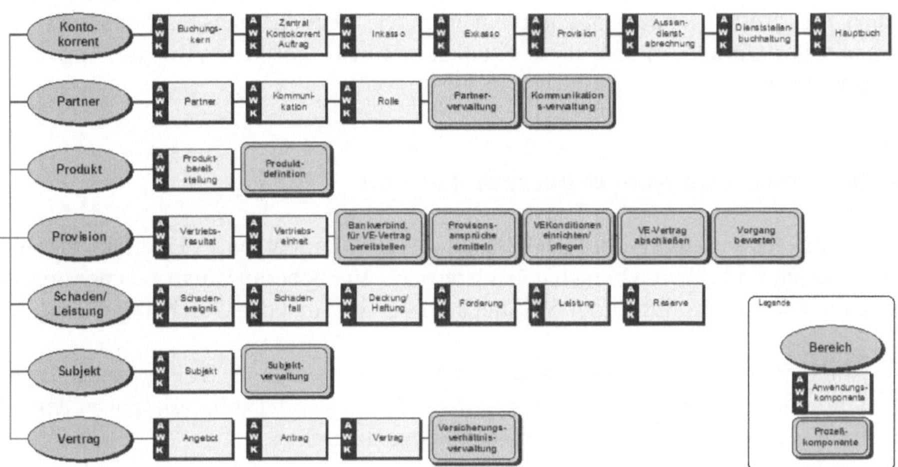

Abb. 4.11 Komponentenmodell der VAA – Überblick

Einzigartig ist bei der VAA, dass sie nicht von Herstellern im Rahmen ihrer Produktentwicklung und als Marktstandard entwickelt wurde, sondern dass Versicherungsunternehmen diese Entwicklung vorausschauend und bewusst über den GDV initiiert haben, um auf Dauer eine serviceorientierte Landschaft und Normierung von Dienstleistungen für die deutsche Versicherungswirtschaft zu erreichen. Übergeordnetes Ziel war die Entwicklung eines offenen Marktes für standardisierte Anwendungs- und Basissoftwarebausteine für die Versicherungswirtschaft. Dabei hatte die Entwicklung das Ziel, für die deutsche Versicherungswirtschaft die notwendigen Grundstrukturen und Anforderungen zu definieren, aber nicht mehr.

Zentrale Anforderungen an die Versicherungsanwendungsarchitektur waren:

- Bereits vorhandene Funktionalität muss in Neuentwicklungen integriert werden können, da eine vollständige Ablösung nicht in einem Schritt realisierbar ist.
- Bisher nicht vorgesehene Benutzergruppen werden Zugriff auf Anwendungen erhalten und in die Geschäftsprozesse eines VU integriert werden müssen.

- Unterschiedliche Organisationsformen und Infrastrukturen müssen effektiv unterstützt werden.
- Voneinander unabhängige Standardlösungen müssen an die bestehenden Systeme schnell und einfach angebunden werden können.
- Komplexe, verteilte Systemkonstellationen müssen in ihrer Funktionalität beherrschbar und administrierbar bleiben.

VAA wurde nicht zuletzt unter Berücksichtigung der Geschäftsprozessorientierung, als wesentliches Prinzip in der Gestaltung und Organisation von Versicherungsunternehmen entwickelt. Dieser Aspekt wird heute zunehmend durch serviceorientierte Ansätze ergänzt, die sich jedoch auch heute und in der Zukunft auf definierten Geschäftsprozessen abstützen. Insofern beschreibt VAA auch heute noch die grundlegenden Zusammenhänge des Versicherungsgeschäfts und ein technisches Umfeld, in dem diese Fachlichkeit in IT-gestützte Abläufe umgesetzt werden kann.

4.2.6.1 Geschäftsprozessorientierung und VAA

Eine Anwendungsarchitektur für Versicherungsunternehmen (VU) muss die Arbeitsweisen und Abwicklungsmechanismen im Versicherungsunternehmen unterstützen. Die Arbeitseinheit der VU und somit in VAA ist der Geschäftsprozess.

> Ein ***Geschäftsprozess*** besteht aus einer Folge geregelter Teilprozesse. Er wird durch ein externes Ereignis gestartet. Seine Aufgabe besteht darin, den im Ereignis enthaltenen Auftrag vollständig abzuarbeiten.

Die Ausrichtung einer Architektur auf die Bearbeitung von Geschäftsprozessen ist eine der wesentlichen Designentscheidungen in der VAA. Erst sie erlaubt durch Einbindung in eine übergeordnete Geschäftsprozesssteuerung die unabhängige Entwicklung von Softwarebausteinen für unterschiedliche Unternehmen. Diese können idealerweise flexibel mit immer neuen Geschäftsprozessen kombiniert werden. Ein Geschäftsprozess wird dabei durch Ereignisse ausgelöst (s. Abb. 4.12). Typische Auslöser sind beispielsweise:

- Eine Schadenmeldung trifft ein.
- Ein Versicherungsantrag wird eingereicht.
- Die Antwort auf eine SFR-Anfrage kommt zurück.
- Eine Schadenregulierung wird durch den Vorgesetzten freigegeben.

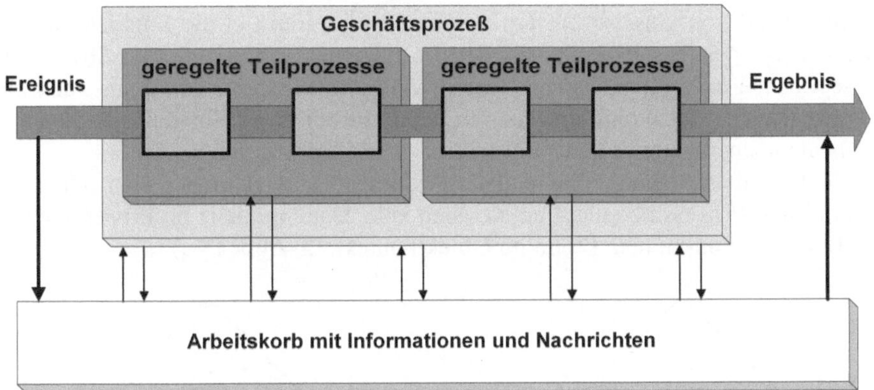

Abb. 4.12 Die fachliche Sicht der VAA auf einen Geschäftsprozess

Der Geschäftsprozess wird durch den Ablauf der einzelnen Teilprozesse definiert. Um die Teilprozesse durchzuführen, benötigt und erzeugt die durchführende Organisationseinheit Informationen in Form von Daten. Diese werden von Menschen oder Programmen bearbeitet. Dafür benötigen sie Informationen und Regeln. Die einzelnen Teilprozesse können an verschiedenen Orten zu unterschiedlichen Zeiten von verschiedenen Programmen oder Personen bearbeitet werden. Jeder Geschäftsprozess kann selbst wieder Auslöser für weitere Geschäftsprozesse erzeugen.

4.2.6.2 Architekturkonzepte in der VAA

Anwendungsarchitekturen beschreiben – ausgehend von definierten Anforderungen und Eigenschaften – die grundlegenden Strukturen von Anwendungssystemen. Diesen Ansatz aufgreifend beschreibt VAA die folgenden Architekturen:

- eine *Facharchitektur*, welche die strukturellen Eigenheiten von Geschäftsprozessen, Steuerungsmechanismen, die fachlichen Komponenten und auch allgemeine Dienstkonzepte wie z.B. Historienkonzept strukturiert und festlegt,
- eine *Komponentenarchitektur*, welche die notwendigen SW-Bausteine und ausführbaren Systemkomponenten strukturiert und festlegt,
- eine *Systemarchitektur*, die das Umfeld beschreibt, in dem die zu erstellenden SW-Bausteine und Systemkomponenten ablaufen, wie sie mit Daten versorgt werden, wie sie technisch miteinander kommunizieren und wie sie verändert werden können.

Die VAA ist keine Programmiervorgabe, sie definiert die strukturellen Eigenschaften der zu erstellenden Software. Sie erlaubt es, gleichartige, zusammenpassende Systeme auf der Basis eines generalisierten Bauplans zu erstellen. Der Entwicklungsprozess von den strukturellen Ideen bis zum lauffähigen System richtet sich dann nach verschiedenen Konstruktionsprinzipien oder Paradigmen.

Ausgehend von klassischen, prozeduralen Strukturen fiel die Entwicklung der VAA in die Zeit des Paradigmenwechsels hin zu objektorientierten Strukturen. Diese Chance aufgreifend berücksichtigt VAA sowohl prozedurale als auch objektorientierte Ansätze und repräsentiert damit die zentralen Entwicklungslinien in den heute noch anzutreffenden Welten eines Versicherungsunternehmens.

Die Hauptbestandteile, die in den jeweiligen Entwicklungspfaden adressiert werden, sind Prozessmodelle, Funktionsmodelle, Datenmodelle im Prozesskontext und Prozesse, Funktionen, Daten im Objektkontext. (s. Abb. 4.13).

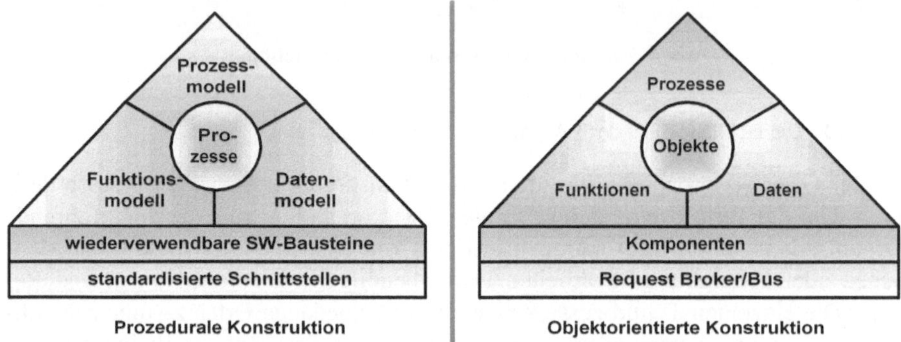

Abb. 4.13 Elemente je nach Konstruktionsprinzipien der VAA (VAA 2001)

In der Versicherungsanwendungsarchitektur bringen Schichtenmodelle Ordnung in das Geschehen, indem sie die verschiedenen Komponenten gruppieren. Während die Bildung der einzelnen Schichten primär von den Entkopplungsmechanismen getragen werden, wird die Über-/Unterordnung eines Schichtenmodells primär von den Interaktionsmechanismen bestimmt. Das zentrale Modell der prozeduralen VAA ist das so genannte U-Modell, welches in Abb. 4.14 exemplarisch mit den Interaktionsschnittstellen gezeigt wird.

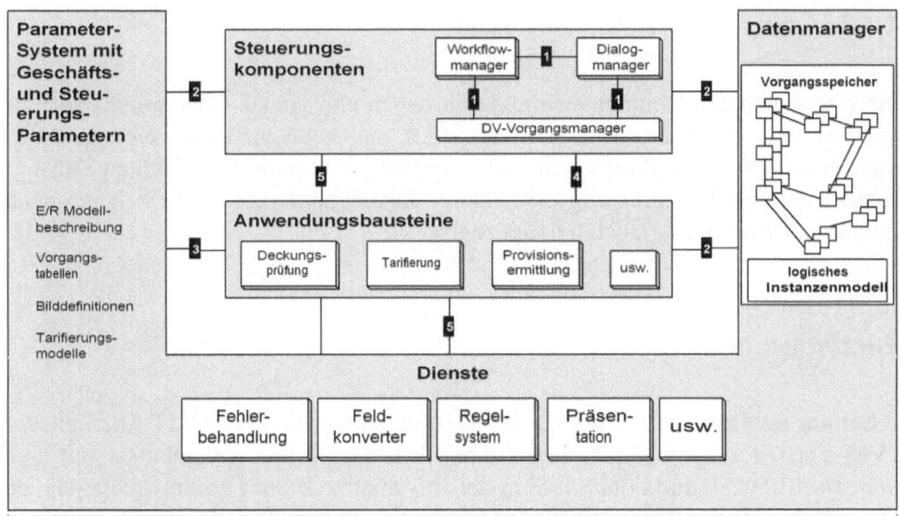

Abb. 4.14 Schichtenmodell und Zusammenspiel von VAA-Komponenten (VAA 2001)

Dieses Modell wird von technischen und fachlichen Komponenten gebildet, die in den einzelnen Dokumenten der VAA beschrieben werden.

4.2.6.3 Die Fachlichkeit in der VAA

In der Versicherungsanwendungsarchitektur ist detailliert die Fachlichkeit in zentralen Handlungsfeldern eines Versicherungsunternehmens beschrieben. Dies sind insbesondere fachliche Beschreibungen für

- Inkasso/Kontokorrent
- Partner
- Partner/Anhang
- Produkt
- Provision
- Schaden/Leistung
- Vertrag

Diese fachlichen Beschreibungen können eine wichtige Ausgangsbasis für die Neuentwicklung von Anwendungssystemen eines Versicherungsunternehmens sein oder auch zur Beurteilung des Leistungsumfangs einer Standardsoftware für die o.g. Anwendungsgebiete herangezogen werden.

4.2.7 Fazit

Die hier genannten Referenzarchitekturen haben eine ganze Generation von Entwicklern geprägt. Auch heute noch sind IAA und VAA als Beschreibung fachlicher Strukturen sinnvoll einsetzbar. Insbesondere VAA mit ihrer leichten Zugänglichkeit und der Beschreibung elementarer Zusammenhänge ist auch heute noch aktuell und wird immer noch herangezogen.

Kurzbiographie

Johannes Schlattmann, Jahrgang 1954, ist verantwortlich für die IT-Strategie der LVM-Versicherungen. Nach seinem Abschluss als Diplommathematiker mit dem Nebenfach Physik und dem Studium der Informatik an der Fernuniversität Hagen ist er nach einer Tätigkeit als studentischer Mitarbeiter und Angestellter im Rechenzentrum der Universität Münster Mitarbeiter der LVM-Versicherungen in Münster. Hier begann er seine Tätigkeit als Anwendungsentwickler und war maßgeblich an der Entwicklung der Versicherungsanwendungsarchitektur des GDV beteiligt. Nach verschiedenen Leitungsfunktionen als Projektleiter, Leiter Methoden & Werkzeuge, Bereichsleiter beschäftigt er sich heute mit vielfältigen Themen der strategischen IT und zentralen, übergreifenden Entwicklungen in und für die Versicherungsbranche Deutschlands.

Literaturverzeichnis

(IBM 2008): Verschiedene Vorträge der IBM aus 2008 zum Thema Versicherungsbetrieb der Zukunft

(Krcmar u. Buresch 2000): Krcmar H, Buresch A, IV-Controlling – Ein Rahmenkonzept. In: Krcmar et al.: IV-Controlling auf dem Prüfstand. Gabler, Wiesbaden, 2000

(VAA 2001): VAA Anforderungen und Prinzipien. GDV, Berlin 2001, siehe www.gdv-online.de/vaa

4.3 Anwendungslandschaften von Versicherungsunternehmen

José-Luis Uzquiano, Düsseldorf, Deutschland

Zusammenfassung

Versicherungen sind IT-intensive Unternehmen, deren Kern die Verarbeitung von Informationen ist. Mit der zunehmenden Industrialisierung von Versicherungen nimmt der Grad der Automatisierung der Geschäftsprozesse zu. Geschäftspartner und Kunden werden in immer stärkerem Umfang in die Geschäftsprozesse integriert, um Kostenvorteile zu realisieren und neue Geschäftsmodelle, Produkte etc. zu ermöglichen. Deswegen sind Versicherungen in besonderem Sinn abhängig von der Qualität ihrer Informationsverarbeitung. In diesem Kapitel wird dargelegt, was unter Anwendungslandschaften verstanden wird und mit welchen grundsätzlichen Merkmalen Anwendungslandschaften strukturiert werden können. Die Bedeutung und der Nutzen des Managements von Anwendungslandschaften für die IT und den Fachbereich werden erläutert und die Prozesse zum Management der Anwendungslandschaft skizziert. Im letzten Abschnitt wagen wir einen Ausblick auf die weitere Entwicklung der Anwendungslandschaften für Versicherungen.

4.3.1 Anwendungsportfolio und Anwendungslandschaften

Als Anwendungsportfolio wird der systematisch geordnete Bestand der Anwendungen im Unternehmen bezeichnet. Der Zweck des Anwendungsportfolios ist ein übergreifendes Management aller Anwendungssysteme des Unternehmens (im Folgenden kurz als „Anwendungen" bezeichnet). Auf Basis des Anwendungsportfolios sollen gezielte Investitionsentscheidungen für den Gesamtbestand der Anwendungen getroffen werden. Als wesentliche Merkmale des Anwendungsportfolios werden dabei z.B. Lizenzkosten, Anschaffungskosten, Nutzer oder Anschaffungszeitpunkt verwendet. Anwendungen innerhalb des Portfolios haben verschiedene Status im Anwendungslebenszyklus, die für Investitionsentscheidungen mit berücksichtigt werden.

M. Aschenbrenner et al. (eds.), *Informationsverarbeitung in Versicherungsunternehmen*,
Springer-Lehrbuch Masterclass, DOI 10.1007/978-3-642-04321-5_12,

Anwendungslandschaften systematisieren die in den Geschäftsprozessen des Unternehmens genutzten Anwendungen hinsichtlich ihrer fachlichen und technischen Zusammenhänge. Je nach Größe und Struktur eines Unternehmens kann der Umfang der Anwendungslandschaft ein Geschäftsfeld, eine Sparte oder das gesamte Unternehmen umfassen. Die so in Beziehung gesetzten Anwendungen und Geschäftsprozesse bilden die Produktionsplattform der jeweiligen Versicherung modellhaft ab. In Versicherungsunternehmen umfassen große Anwendungslandschaften mehrere hundert bis zu tausenden Anwendungen. Hieraus wird die Wichtigkeit der Anwendungslandschaft für das IT-intensive Geschäftsmodell der Versicherungen unmittelbar ersichtlich.

4.3.2 Strukturierungsmerkmale von Anwendungslandschaften

Anwendungslandschaften (AL) betreffen die IT-Anwendungen einer Versicherung als Ganzes. Auf dieser Ebene werden die durch IT-Anwendungen unterstützten Geschäftsprozesse und Geschäftsarchitektur-Teile in Beziehung zueinander gesetzt. Aufgrund der dieser Aufgabe inhärenten Komplexität wird dazu ein geeigneter Ordnungsrahmen benötigt. In der Praxis finden sich von Versicherung zu Versicherung in Teilen unterschiedliche Ordnungsrahmen. Zwei Grundtypen zur Strukturierung von Anwendungslandschaften haben sich dabei als besonders geeignet in der Praxis herausgebildet, und zwar

- die Strukturierung mittels Wertkette oder
- die Strukturierung mittels Geschäftsdomänen.

Darüber hinaus können die Komponenten der Anwendungslandschaft (AL-Komponenten) für beide Grundtypen durch eine Kategorisierung dieser AL-Komponenten noch feiner klassifiziert werden.

4.3.2.1 Strukturierung mittels Wertkette

Anwendungen, oder allgemeiner AL-Komponenten, werden den Geschäftsprozessen entlang der Wertkette zugeordnet. Dabei wird grundsätzlich zwischen den wertschöpfenden und den unterstützenden Prozessen unterschieden (s. Abb. 4.15).

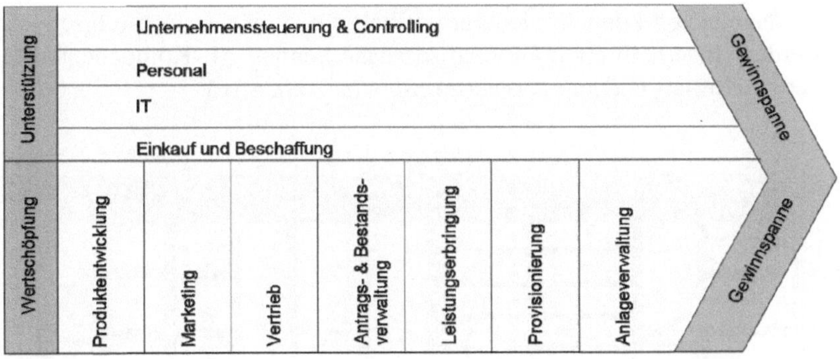

Abb. 4.15 Wertkette des Versicherungsunternehmen

Jedem dieser Geschäftsprozesse können nun Anwendungen, Datenspeicher und Schnittstellen, die diese Prozesse unterstützen, zugeordnet werden. Sollte auf dieser Ebene die Zuordnung noch nicht eindeutig sein, können die Geschäftsprozesse in Teilprozesse unterteilt werden. Als Faustregel sollten maximal bis zu drei Geschäftsprozessebenen für eine umfassende Modellierung einer AL ausreichen. Durch diese einfache Zuordnung von AL-Komponenten zu Geschäftsprozessen lassen sich recht schnell Verbesserungspotenziale erkennen. Erste Handlungsfelder für Verbesserungen ergeben sich z.B. aus Geschäftsprozessen, die keine IT-Unterstützung haben, oder aus Geschäftsprozessen mit überlappender Unterstützung durch Anwendungen.

4.3.2.2 Strukturierung mittels Geschäftsdomänen

Als weiterer Grundtyp zur Strukturierung der Anwendungslandschaft können Geschäftsdomänen verwendet werden. *Geschäftsdomänen* sind Strukturierungsfelder, in denen zur Durchführung des Geschäfts wichtige Prozesse und Informationen gebündelt und zusammenhängend behandelt werden. Domänen werden durch fachlich/organisatorische Entwurfsentscheidungen gebildet. Als Analogie der Strukturierung des Unternehmens in Geschäftsdomänen können Bebauungspläne, Flächennutzungspläne etc. gesehen werden, die Städte architektonisch in Flächen gleicher Nutzungstypen (Gewerbe, Mischbebauung, Infrastruktur etc.) gliedern.

In einer Geschäftsdomäne *Angebot* werden beispielsweise alle Geschäftsprozesse und -informationen zusammengefasst die zur fachlichen Bearbeitung von Anträgen notwendig sind. Die Geschäftsdomäne *Partner* umfasst alle Geschäftsprozesse und -informationen zur Verarbeitung von Beziehungen zu Partnern der Versicherung. Diese Domäne bündelt alle Fachfunktionen zu Partner, weil Partner in nahezu allen anderen Domänen genutzt wird. Aus fachlicher Sicht ist Partner daher ein so zentrales Gestaltungselement, dass diese Bündelung eine sinnvolle Designentscheidung ist.

Geschäftsdomänen können wiederum mittels Subdomänen hierarchisch strukturiert werden. Innerhalb einer Geschäftsdomäne können AL-Komponenten feingranularer strukturiert und kategorisiert werden (s. Abb. 4.16).

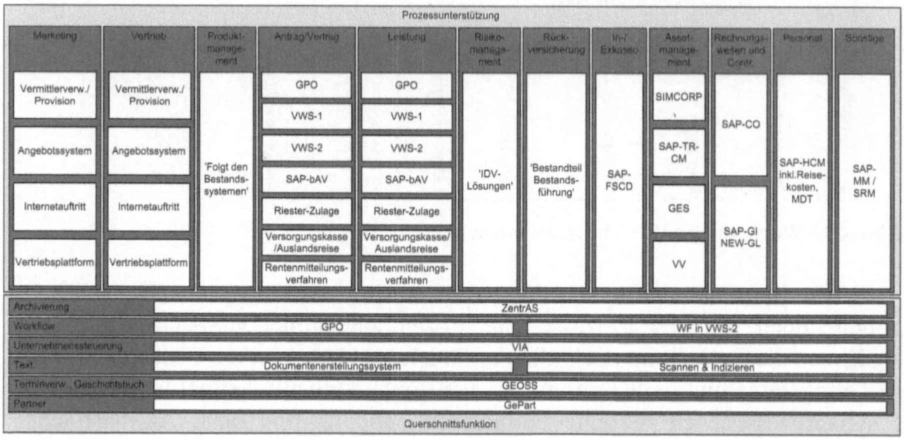

Abb. 4.16 Beispiel für die Anwendungslandschaft einer Lebensversicherung anhand der HDI-Gerling Lebensversicherung

4.3.2.3 Kategorisierung von AL-Komponenten

Anwendungslandschaft-Komponenten (Al-Komponenten) können gemäß (Quasar 2008) und (EV 2008) grundsätzlich den Kategorien *Interaktion, Prozess, Funktion* und *Bestand* zugeordnet werden. *Interaktions-Komponenten* implementieren hauptsächlich Funktionalitäten zur Interaktion der Anwendungslandschaft mit Nutzern oder anderen Anwendungslandschaften, z.B. Dialoge und Druckausgaben. *Prozess-Komponenten* realisieren im Kern die Weiterleitung von Informationen zwischen Geschäftsprozessen und deren Orchestrierung. *Funktions-Komponenten* implementieren Algorithmen und stellen Transformations- und Berechnungs-Funktionen zur Verfügung, hierzu gehört beispielsweise der Tarifrechner. *Bestands-Komponenten* implementieren IT-Unterstützung zur Verwaltung von Datenbeständen und zum Zugriff darauf. AL-Komponenten können auf der Abstraktionsebene der Anwendungslandschaft durchaus Funktionalitäten mehrerer Kategorien zur Verfügung stellen. Sie werden dann der Kategorie zugeordnet, deren Funktionen sie mehrheitlich zur Verfügung stellen.

4.3.3 Beispiel für Anwendungslandschaften in Versicherungen

Geschäftsdomänen einer Versicherung lassen sich grundsätzlich in die 4 Top-Level-Schichten: *Kundenzugang, Kernsysteme, Ressourcen* und *Hintergrundsysteme* gliedern. Abbildung 4.17 zeigt beispielhaft eine derartig strukturierte „ideale“ Anwendungslandschaft einer Versicherung.

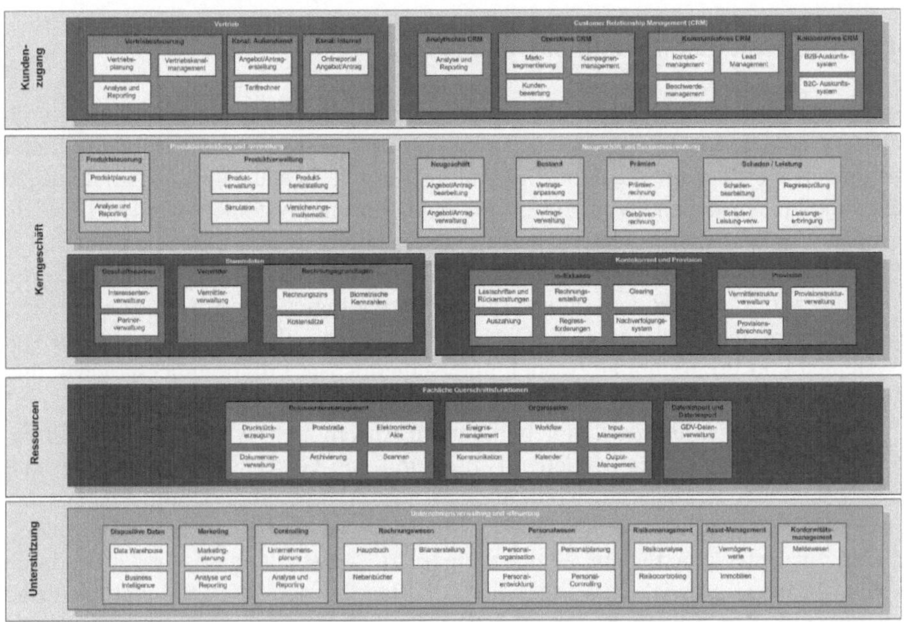

Abb. 4.17 Ideale Anwendungslandschaft einer Versicherung auf Domänenbasis nach der Capgemini sd&m Insurance Architecture

In der Schicht *Kundenzugang* werden die Geschäftsdomänen Marketing, Vertrieb, Vertriebssteuerung usw. gebündelt. Diese Domänen sind spartenübergreifend und haben Schnittstellen zu Anwendungen der Schicht Kernsysteme.

Die Schicht der *Kernsysteme* umfasst die Geschäftsdomänen Produktentwicklung, Neugeschäft- und Bestandsverwaltung, Kontokorrent und Provision. Hierbei handelt es sich um spartenspezifische Domänen, die ggf. pro Sparte individuell ausgestaltet sind. Durch die spartenindividuelle Ausgestaltung dieser Domänen entstehen partiell spartenspezifische Anwendungslandschaften.

Die spartenspezifischen Domänen der Kernsysteme setzen auf den spartenübergreifenden Domänen der *Ressourcenschicht* auf. Diese umfasst die Geschäftsdomänen Dokumentenmanagement, Organisation, Datenimport und Export. Basis der Anwendungslandschaft sind die spartenübergreifenden *Hintergrundsysteme*. Diese Schicht umfasst die unterstützenden Geschäftsdomänen der Versicherung, wie z.B. Unternehmenssteuerung, Finanzen, Controlling, Personalwesen, Zahlungsverkehr und Meldewesen.

4.3.4 Bebauung und Management von Anwendungslandschaften als neue Herausforderung

4.3.4.1 Komplexität, Investitionsvolumen

Anwendungslandschaften in Versicherungen sind über Jahrzehnte hindurch durch die Umsetzung von IT-Projekten gewachsen. Meist ist in den 80-er Jahren damit begonnen worden, für die Domäne Antrag/Vertrag Bestandsführungssysteme zu entwickeln. Ausgehend von diesen Bestandsführungssystemen werden heute in großen Versicherungen nahezu alle Geschäftsprozesse und Domänen durch IT-Systeme unterstützt. Die so entstandene IT-Landschaft ist durch den Einsatz von sich über die Jahrzehnte verändernden Technologien, wie z.B. Mainframes, Client/Server und Web, geprägt. Darüber hinaus sind über die Generationen von Systemen und Programmierern auch unterschiedlichste Programmiersprachen und Werkzeuge eingesetzt worden, z.B. COBOL, Pascal, C++ und Java.

Der oben geschilderten Langlebigkeit von Anwendungssystemen steht bis heute die Anforderung nach schneller Umsetzung von Geschäftsanforderungen und damit schneller Realisierung von Geschäftsnutzen gegenüber. Damit Projekte erfolgreich sein können, werden diese zeitlich und thematisch unabhängig voneinander mit unterschiedlichen Teams aufgesetzt. Anwendungssysteme, die durch solche Projekte entwickelt worden sind, überlappen sich in Funktionalitäten und Daten zum Teil erheblich. So aktualisieren und modifizieren unterschiedliche Anwendungssysteme teilweise die gleichen Daten. Oder die Daten werden extrahiert, modifiziert und redundant gehalten. Durch die Verwendung von Standardsoftwarekomponenten für Geschäftsprozesse wird die Datenredundanz insbesondere für Stammdaten noch erhöht, da Standardsoftware häufig eigene Funktionalitäten und Datenstrukturen für die Verwaltung von Stammdaten bereitstellt, um in möglichst vielen unterschiedlichen Anwendungslandschaften eingesetzt werden zu können.

Technologische und fachliche Restriktionen führen in Projekten dazu, dass Funktionen partiell neu entwickelt werden müssen, damit das Projekt seine Zielsetzungen erreicht. Hierdurch können mehrfach entwickelte und eingesetzte jedoch fachlich identische Funktionalitäten entstehen. Ein prominentes Beispiel sind die Rechenkerne der Angebotssysteme, diese sind zumeist sowohl im Außendienst- als auch im Produktsystem umgesetzt. Es werden unterschiedliche Technologien verwendet, da für den Außendienst in der Regel PCs zum Einsatz kommen und für Produkt- oder Bestandssysteme Server. Wird nun noch ein Maklersystem mit Web-Schnittstelle angeboten, kommt schnell der dritte Rechenkern hinzu. Werden durch Fusionen und Aufkäufe von Versicherungen ganze Anwendungslandschaften zusammengeführt, verstärkt dies die Redundanzen, Überlappungen, die Komplexität und die Inflexibilität in der Anwendungslandschaft.

Das Investitionsvolumen der über Jahrzehnte und mehrere technologische Innovations- und Investitions-Zyklen entstandenen Anwendungslandschaften kann durchaus mehrere 100 Mio. Euro betragen. Dieses hohe Investitionsvolumen stellt einen wesentlichen Asset der Versicherung zur Bereitstellung von Produktionsmitteln dar. Aus diesem Grund ist es verständlich, dass die Umgestaltung der Anwendungslandschaft zielorientiert, planvoll und kostensensitiv gemanagt werden muss. Die hohe Komplexität der Anwendungslandschaft wirkt darüber hinaus bei ihrer Bebauung und Weiterentwicklung hemmend und kostensteigernd. Der so entstehende Widerstand gegenüber Veränderung macht sich durch steigende Projektlaufzeiten und Kosten bemerkbar. Als Fachbegriff wird hierfür *Resistance-to-Change* verwendet. Die Resistance-to-Change kann durch unternehmensspezifische Metriken gemessen werden.

Dem gegenüber stehen die Anforderungen des Geschäfts, Projekte schnell und kostengünstig umzusetzen, um den Geschäftsnutzen so früh wie möglich zu erzielen. Hinter dieser Forderung steht die Hypothese, dass durch eine kurze Time-to-Market für Versicherungsprodukte die ersten Anbieter, sogenannte Early Movers, den größten bzw. margenträchtigsten Anteil des Marktes erobern können. Das kostenorientierte Management von Anwendungslandschaften und die schnelle Umsetzung von Geschäftsnutzen, ausgerichtet an der Geschäftsstrategie, sind zu einem wichtigen Wettbewerbsfaktor der Versicherungsunternehmen geworden.

4.3.5 Enterprise Application Management

4.3.5.1 Zusammenhang zwischen der Geschäftsstrategie und der Transformation der Anwendungslandschaft

Die Geschäftsstrategie einer Versicherung spiegelt sich in der dazu notwendigen Geschäftsarchitektur wider. Geschäftsarchitekturen beschreiben die zur Umsetzung einer Geschäftsstrategie vorgesehenen Geschäftsprozesse, Geschäftsfunktionen und Geschäftsinformationen. Um eine Geschäftsstrategie umzusetzen, ist es in der Regel notwendig eine existierende Geschäftsarchitektur zu transformieren. Diese Transformation wird in Versicherungen üblicherweise in der jährlichen Geschäftplanung ausgearbeitet. Dazu werden konkrete geschäftliche Vorhaben, beispielsweise die Entwicklung neuer Produkte, die Verstärkung des Außendienstes oder der Zu/Verkauf von Versicherungsportfolien geplant, die in Projekten mit oder ohne IT-Unterstützung umgesetzt werden.

Durch solche Vorhaben wird die existierende Geschäftsarchitektur in eine Zielgeschäftsarchitektur umgewandelt, die als *Target Operating Model* (TOM) oder Zielbetriebsmodell beschrieben ist. Für die IT ist das TOM von besonderem Nutzen, da es die zukünftig durch IT zu unterstützende Geschäftsarchitektur vorgibt.

Beispielsweise werden hier die zentralisierten Betriebsprozesse der Shared Service Center einer Versicherung im Schaden- und Kunden- Service-Center beschrieben.

Analog zur Transformation der Geschäftsarchitektur müssen die sie unterstützenden IT-Anwendungen und damit die Anwendungslandschaft transformiert werden. Die Umwandlung – durch Erneuerung, Migration oder Modifikation – der Anwendungslandschaft einer Versicherung sollte durch die laufenden und geplanten Projekte planvoll durchgeführt werden. Diese bilden insgesamt das Projektportfolio der Versicherung. Der Gesamtzusammenhang der durch Geschäfts- und IT-Strategie motivierten Transformationen ist in Abb. 4.18 dargestellt.

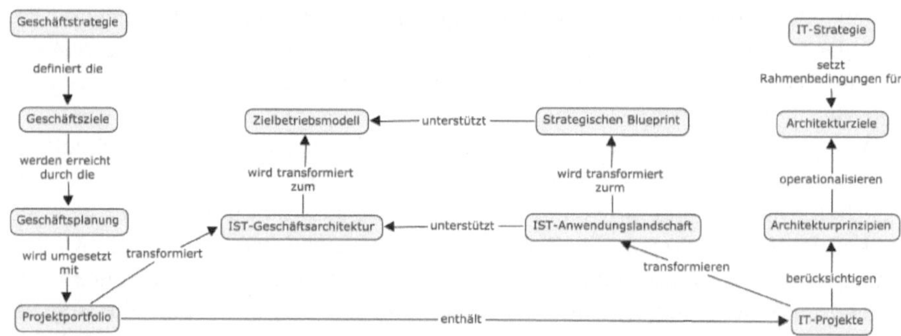

Abb. 4.18 Zusammenhänge zwischen Geschäftsstrategie und Transformation der Anwendungslandschaft

4.3.5.2 Gestaltung und Ausbau der Anwendungslandschaft

Weil in der IT-intensiven Versicherungsbranche die Umsetzung der Geschäftsstrategie und der Geschäftsprozesse eng mit der Anwendungslandschaft vernetzt ist, hat die Anwendungslandschaft eine besondere Bedeutung für den Geschäftserfolg der Versicherung. Deshalb wird ein aktiver Managementprozess zur Gestaltung, Steuerung und zum Ausbau der Anwendungslandschaft benötigt. Dieser Prozess wird als *Enterprise Application Management (EAM)* bezeichnet.

Gestaltung der Anwendungslandschaft

Auf Basis der durch die zukünftige Geschäftsarchitektur und das Zielbetriebsmodell vorgegebenen Randbedingungen wird eine ideale Anwendungslandschaft entworfen und dokumentiert. Der Zielhorizont dieser auch als *Strategischer Blueprint (SBP)* bezeichneten Anwendungslandschaft ist üblicherweise drei bis fünf Jahre. In diesen Strategischen Blueprint fließen über die Anforderungen der Geschäfts- und der Fachbereiche hinaus auch die IT-eigenen Anforderungen ein, wie z.B. die Reduktion der IT-Plattformen, die Virtualisierung der Server, die Auslagerung von Application Management usw. Mit einem Zeithorizont von drei bis fünf Jahren sind die Veränderungen im Umfeld des Geschäfts und der IT so umfassend, dass der Strategische Blueprint mit großer Wahrscheinlichkeit nicht vollumfänglich umgesetzt werden kann. Vielmehr wird der Strategische Blueprint als Ideal der Anwendungslandschaft (Engels u. Voß 2008) verstanden, das als Orientierung für die zu treffenden Architekturentscheidungen dient.

Das Vorhaben die IST-Anwendungslandschaft zum Strategischen Blueprint weiterzuentwickeln erfordert eine geeignete Roadmap. In dieser Roadmap werden konkrete erreichbare Zwischenstufen der Anwendungslandschaft beplant. Für jeweils überschaubare Zeiträume von 12–18 Monaten werden Blueprints erstellt, die zumindest die nächsten beiden Iterationen zur Erreichung des Strategischen Blueprints umfassen.

Die Gestaltung der Blueprints ist weitreichend für die technologische und geschäftstrategische Ausrichtung der Versicherung. Dies muss mit Augenmaß und Pragmatismus geschehen, da durch die Langlebigkeit der Anwendungslandschaft die Anpassungsfähigkeit und Reaktionsfähigkeit der IT der Versicherung über einen langen Zeitraum bestimmt wird. Die Grundprinzipien der Gestaltung einer Anwendungslandschaft sind hierbei nicht wesentlich verschieden von den Architekturprinzipien der Anwendungsarchitekturen. Diese Architekturprinzipien werden jetzt auf die Gesamtheit der Anwendungen eines Unternehmens angewendet:

- *Redundanzarmut*: Vermeidung von mehrfach implementierten Funktionalitäten und Datenspeichern.
- *Kohärenz:* Umsetzung zusammengehörender Funktionalitäten in einer AL-Komponente.
- *Kapselung:* Verbergen der Implementierung von Funktionalitäten und Designentscheidungen hinter Schnittstellen.
- *Kopplungseffektivität:* Verwendung der optimalen Kopplungsarchitektur zwischen AL-Komponenten. Domänenübergreifende Lose Kopplung und in Domänen ggf. Enge Kopplung.
- *Abstraktion:* Ableiten und Herausheben gemeinsamer Eigenschaften von Komponenten und Nutzung der Abstraktionsarten; Klassifizierung, Komposition, Generalisierung, Nutzung.
- *Schnittstellenoptimierung:* Nutzung einer möglichst geringen Anzahl von unterschiedlichen Schnittstellen.
- *Technologieoptimierung:* Nutzung weniger, für ihren jeweiligen Einsatzzweck hoch wirksamer Technologien.

Ausbau der Anwendungslandschaft

Die Anforderungen der IT und des Geschäfts sind nicht immer ohne Kompromisse durch die IT umsetzbar. So ist ein mittelfristiges Ziel der IT, die Kosten insgesamt und insbesondere den Budgetanteil für die Wartung und Pflege der Anwendungslandschaft zu reduzieren. Ein probates Mittel hierfür ist, die Anzahl der Anwendungen und die verwendeten Technologien zu reduzieren. Diesem Kostenziel steht die Anforderung der Fachbereiche gegenüber, Geschäftsanforderungen und damit Geschäftsnutzen möglichst schnell und zielgerichtet umzusetzen.

Werden die Anforderungen der IT-Organisation an die Anwendungslandschaft dauerhaft zugunsten der Umsetzung der Geschäftsanforderungen zurückgestellt, wird die Anwendungslandschaft in letzter Konsequenz inflexibel und muss durch reine Architekturprojekte renoviert werden. Diese Art von Renovierungsprojekten kann einen Totalersatz der IT-Plattform bedeuten und mehrere IT-Jahresbudgets umfassen. Im Falle einer Bank wurde dafür ein Budget von bis zu zwei Milliarden Schweizer Franken (Murrer et al. 2008) geschätzt. Werden die Geschäftsanforderungen dauerhaft über mehrere IT-Jahresbudgets zurückgestellt, entstehen geschäftliche Nachteile für die Versicherung, und die Beziehung zwischen Fachbereich und IT wird belastet.

Zur Balance dieser gegensätzlichen Anforderungen an die Anwendungslandschaft wird ein spezifischer Managementprozess benötigt: das *Enterprise Application Management (EAM)*. Mit diesem Prozess werden in einem definierten Verfahren zusammen mit dem Fachbereich die Auswirkungen des Projektportfolios auf die Anwendungslandschaft und damit auf die Entwicklung der IT-Kosten gesteuert.

Weder Freigabe noch Umsetzung von Projekten des Projektportfolios werden in Versicherungen durch die IT allein verantwortet. Hierfür ist der Fachbereich voll umfänglich, oder zumindest wesentlich, verantwortlich und stellt häufig auch die Projektleitung. Als besonders wirksam hat sich in diesem Kräftefeld zwischen Geschäftsnutzen und IT-Kostenreduktion die frühzeitige Einbindung der für die Anwendungslandschaft verantwortlichen IT-Unternehmensarchitekten in das Projektportfoliomanagement erwiesen (s. z.B. Abb. 4.19).

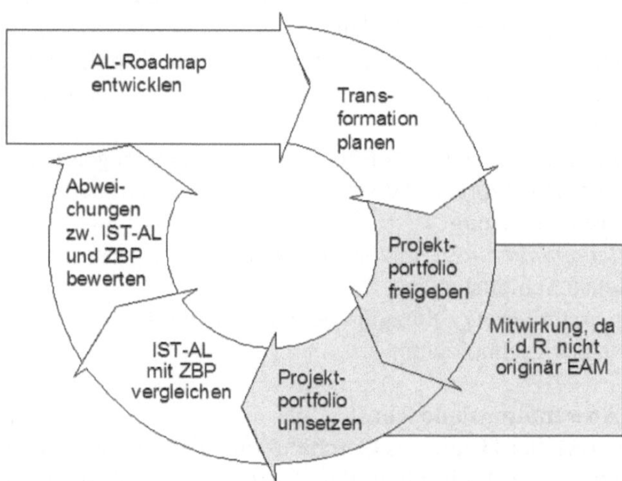

Abb. 4.19 Management der Anwendungslandschaft

Begreift man die Anwendungslandschaft als Produktionsplattform der Versicherung wird evident, dass der Prozess zum Management der IT-Anwendungslandschaft ein Kernprozess der Versicherung ist. Durch die konsequente Umsetzung dieses Prozesses können mittelfristig wichtige Wettbewerbs- und Kostenvorteile realisiert werden.

4.3.6 Ausblick

In einem gesättigten bzw. schrumpfenden Markt nimmt der Verdrängungswettbewerb der Versicherer, einhergehend mit wachsendem Ertragsdruck, stark zu. Dies wird die Industrialisierung der Versicherungsunternehmen insgesamt beschleunigen. Die hochintegrierte Geschäftsprozesskette wird aufgebrochen und Versicherer werden sich im Markt trennschärfer positionieren, beispielsweise als Fabrik, Produktgeber oder Spezialversicherer. Die IT in Versicherungen muss diesen schneller werdenden Wandel des Geschäfts effizient und zielgerichtet unterstützen. Dies wird gelingen, wenn Geschäft- und IT-Veränderungsvorhaben nicht mehr isoliert auf der Ebene der Anwendungen, sondern vernetzt auf der Anwendungslandschaft als Produkt- und Produktionsplattform umgesetzt werden. Anwendungssilos müssen aufgebrochen und durch lose Kopplung über eine Prozessschicht flexibel kombiniert werden können. So kann erhöhte Prozesseffizienz und Flexibilität erreicht werden. Eine so gestaltete Anwendungslandschaft wird zum Wettbewerbsvorteil der Versicherung maßgeblich beitragen. Serviceorientierte Architekturen bieten hier vielversprechende Ansätze, Individual-Software und Standardsoftware in moderne Anwendungslandschaften einzubetten.

Kurzbiographie

José-Luis Uzquiano ist Geschäftbereichsleiter Versicherungen der Capgemini sd&m AG in der Niederlassung Düsseldorf. Nach seinem Abschluss als Diplom-Ingenieur der Elektrotechnik hat er in mehreren System- und Beratungshäusern zunächst als Softwareingenieur und Architekt, dann als Projektmanager gearbeitet. Als Hauptabteilungsleiter verantwortete er die Anwendungsentwicklung und das IT-Service-Management der Gerling Credit Insurance Group in Europa. In seinen beruflichen Stationen hat er zahlreiche Post Merger Projekte zur Gestaltung der Anwendungslandschaft von Versicherungen mitgestaltet, gesteuert und begleitet. Als Bereichlseiter Softwareproduktion in einem Systemhaus verantwortete Herr Uzquiano die Entwicklung, Implementierung sowie Wartung und Pflege von Standardsoftware für die Steuerverwaltung. In den Jahren 2006–2008 war Herr Uzquiano Lehrbeauftragter für „Projektmanagement aus der Praxis“ am Fachbereich Informatik der Technischen Universität Dortmund.

Literaturverzeichnis

(Engels u. Voß 2008): Engels G, Voß M, Quasar Enterprise: Anwendungslandschaften serviceorientiert gestalten. Informatik Spektrum 31(6), 2008

(Farny 2006): Farny D, Versicherungsbetriebslehre. 4. Auflage, Verlag Versicherungswirtschaft GmbH, Karlsruhe, 2006

(Matthes 2007): Matthes F, Präsentation EAM – Ein Thema für Informatiker? Workshop MDD, SOA und IT-Management 2007, zuletzt heruntergeladen 24. Jan. 2009

(Murrer et al. 2008): Murrer S, Worms C, Furrer FJ, Managed Evolution: Nachhaltige Weiterentwicklung großer Systeme. Informatik Spektrum 31(6), 2008

(Quasar 2008): Engels G, Hess A, Humm B, Juwig O, Lohmann M, Richter J-P, Voß M, Willkomm J, Quasar Enterprise: Anwendungslandschaften serviceorientiert gestalten. dpunkt.verlag, Heidelberg, 2008

(Uzquiano 2008): Uzquiano J-L, Industrialisierung und SOA. Noch ungenutzte Potentiale. Versicherungsbetriebe, 2008

4.4 Serviceorientierte Architekturen (SOA)

Dirk Krafzig, Düsseldorf, Deutschland

Zusammenfassung

Serviceorientierte Architektur (SOA) ist ein umfassendes Paradigma zur Organisation von IT-Anwendungslandschaften. Dieser Artikel gibt einen Überblick über die Historie von SOA und zeigt die wichtigsten Konzepte von Serviceorientierten Architekturen und die Auswirkungen von SOA auf die Organisation und die Governance der Informationsverarbeitung eines Versicherungsunternehmens. Nach einem Überblick über SOA-Technologie und serviceorientierte Anwendungslandschaften werden der Weg zu SOA in einem Versicherungsunternehmen dargestellt und Chancen, Risiken, Nutzen und Wirtschaftlichkeit von SOA aufgezeigt.

4.4.1 Motivation und Historie

Serviceorientierte Architektur (SOA) ist ein umfassendes Paradigma zur Organisation von IT-Anwendungslandschaften, dessen Wurzeln in die 90-er Jahre zurückgehen. In dieser Zeit galt die sogenannte Softwarekrise (Dijkstra 1972) der 80-er Jahre als überwunden, und die IT-Bereiche der großen Anwender versuchten mit den Methoden eines geordneten Software-Engineerings (Balzert 1996) IT-Projekte methodisch abzuarbeiten. Programmiersprachen wie Smalltalk, C++ und später Java galten als Allheilmittel für die Krankheiten der Vergangenheit.

Tatsächlich wurden Erfolge sichtbar. Viele Projekte konnten planvoller und damit erfolgreicher abgearbeitet werden. Mit den Möglichkeiten des Software-Engineerings stiegen aber auch die Erwartungen der Anwender. Der Blick weitete sich von isolierten Anwendungen auf durchgängige Prozessketten und schließlich auf die gesamten Anwendungslandschaften. Die Integration dieser Anwendungslandschaften wurde die nächste große Herausforderung für die IT-Industrie.

Die Entstehung Serviceorientierter Architekturen ist in drei Phasen verlaufen.

M. Aschenbrenner et al. (eds.), *Informationsverarbeitung in Versicherungsunternehmen*,
Springer-Lehrbuch Masterclass, DOI 10.1007/978-3-642-04321-5_13,

In der ersten Phase wurde sogenannte Middleware-Technologien wie z.B. CORBA oder Web Services entwickelt, die das Problem der Punkt-zu-Punkt-Integration verteilter Anwendungen adressierten und es Programmierern erlaubten, aus einem Programm A ein Programm B aufzurufen. Ein typisches Beispiel in den Versicherungsunternehmen ist die Berechnung eines Tarifs. Die entsprechende Funktionalität wurde häufig in Bestandsverwaltungssystemen implementiert und aus anderen Anwendungen wie z.B. einem Vertriebsportal bei Bedarf aufgerufen.

Sehr schnell hat man aber lernen müssen, dass der Einsatz von Middleware zu kurz gegriffen war. In einer typischen Anwendungslandschaft eines Versicherungsunternehmens entstanden schnell hunderte oder sogar tausende dieser Punkt-zu-Punkt-Verbindungen zwischen den Anwendungen. Diese große Zahl führte zu einem Maß an Komplexität, das nicht mehr sinnvoll verwaltet werden konnte.

Um die Jahrtausendwende begann die zweite Phase, in der sogenannte EAI-Lösungen (Enterprise Application Integration) entstanden (Linthicum 2000). Eine typische EAI-Lösung reichert Middleware mit einer Anzahl technischer Hilfsdienste an wie z.B. zentraler Datentransformation, Nachrichtensteuerung oder Transaktionsmonitoring. Die zweite Phase gilt heute als Desaster. Obwohl zunächst sehr vielversprechend gestartet, haben EAI-Lösungen nicht zu der gewünschten Reduktion an Komplexität beitragen können. Im Gegenteil: Sie wurden selbst zu einem weiteren komplexen Baustein der Anwendungslandschaften.

Ab 2004 setzte sich dann langsam die Erkenntnis durch, dass man Anwendungslandschaften nicht technisch, sondern fachlich organisieren muss (Krafzig et al. 2004, Erl 2005), um langfristig zu einem stabilen und geordneten Bild zu gelangen. In der dritten Phase entstanden dann die Serviceorientierten Architekturen als eine ganzheitliche Sichtweise auf IT-Unternehmensarchitekturen. Dabei wird SOA mehr als ein kontinuierlicher Verbesserungsprozess denn als ein statisches Konzept verstanden. Dieser Prozess hat die Entwicklung eigenständiger, fachlich motivierter Komponenten zum Ziel, die als Services bezeichnet werden. SOA-Services stellen den Anwendungen Daten und Geschäftslogik bereit und bilden damit das fachliche Rückgrat der Unternehmens-IT. Mit Recht können Services daher als die Grundbausteine der Geschäftsprozesse angesehen werden.

Die Vorteile dieser Vorgehensweise liegen im Besonderen darin, dass die Anwendungslandschaften von Redundanzen befreit werden. Das hat nachhaltige Kostensenkungen zur Folge, da weniger Source Code gewartet werden muss. Ebenso steigt die Konsistenz der Daten, weil immer nur eine einzige Kopie eines Datensatzes von einem Service bereitgestellt und nicht per Datenabgleich zwischen den Systemen übertragen wird. Letztendlich stellt die Serviceorientierte Architektur einen Baukasten zur Verfügung, aus dem sich neue Projekte bedienen können. Dies führt zu weiteren Kosteneinsparungen und zur Minimierung von Entwicklungszeiten und Risiken.

4.4.2 SOA-Service

Das wichtigste Konzept einer SOA ist der Service. Ein *SOA-Service* ist ein abgeschlossener Software-Teil, der anderen Services und Programmen Daten oder Geschäftslogik über eine Schnittstelle anbietet (s. Abb. 4.20).

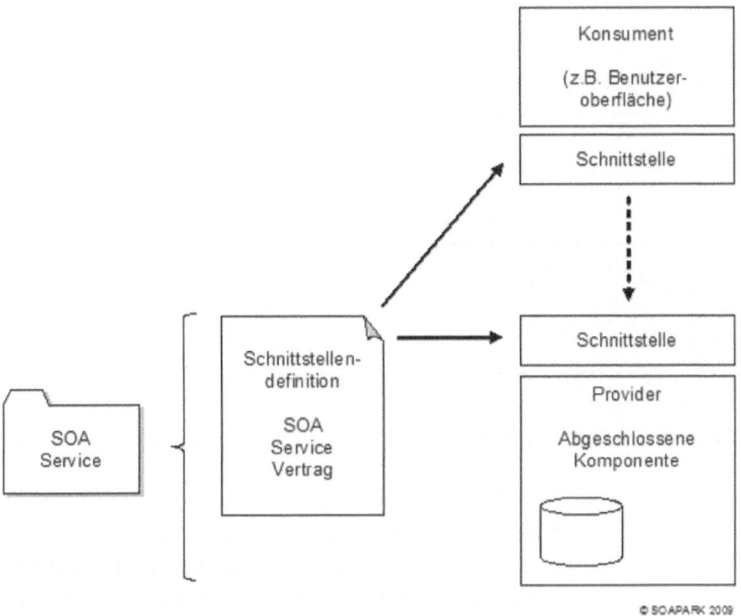

Abb. 4.20 Ein SOA-Service bietet seine Dienste über eine wohl definierte Schnittstelle an (s. auch (Krafzig et al. 2004))

Ein Service wird fachlich klassifiziert. Im Versicherungsunternehmen bieten sich hierfür beispielsweise fachliche Entitäten wie Partner, Vertrag, Angebot, Zahlung, Schaden usw. an. Ebenso können wichtige Hilfskonzepte wie Termin, Dokument oder Berechtigung nützlich sein.

Beim Übergang von einer traditionellen Architektur zu einer SOA werden die Services aus bestehenden oder neuen Anwendungen herausgezogen. Anwendungen in einer SOA reduzieren sich daher auf die Benutzeroberflächen, die über die angeschlossenen Services auf ihre Daten und Geschäftslogik zurückgreifen.

Der wesentliche Vorteil daran ist, dass beispielweise Partnerdaten von genau einem Service verwaltet werden. Dieser Service wird von vielen Anwendungen gemeinsam verwendet, sodass man redundante Entwicklungen vermeiden kann und die Konsistenz der Unternehmensdaten erhöht. Eine Information über einen Partner, die im Inkassosystem entsteht – wie eine Adressänderung – ist augenblicklich in allen anderen Systemen verfügbar. Ein nächtlicher Batch zur Synchronisation der Daten entfällt.

Eine SOA wird in vier Ebenen gegliedert (s. Abb. 4.21):

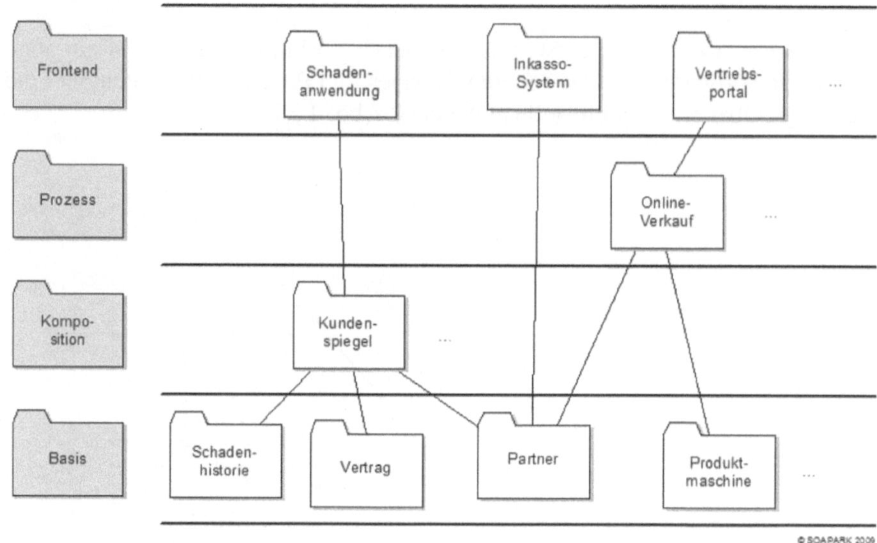

Abb. 4.21 Konzeptionelle Schichten einer SOA (s. auch (Krafzig et al. 2004))

In der Ebene Frontend befinden sich die klassischen Anwendungen. Dies sind zum einen Batchprogramme wie die Beitragsanpassung und zum anderen Frontends der Endbenutzer wie eine Schadenanwendung oder ein Vertriebsportal.

Auf der Prozessebene befinden sich SOA-Services, die Geschäftsprozesse steuern. Dazu merken sich diese Services den aktuellen Zustand jedes Geschäftsprozesses. Über einen Aufruf des Services kann eine Anwendung diesen Zustand abfragen und ggf. verändern.

Auf der Kompositionsebene können höherwertige Services aus kleineren Teilen zusammengesetzt werden. In der obigen Grafik wird beispielsweise ein Service „Kundenspiegel" aus mehreren Einzelteilen komponiert.

Die unterste Ebene liefert sogenannte Basis Services. Ein Basis Service kann nicht mehr in kleinere Bestandteile zerlegt werden. Er bietet Service Operationen an (z.B. setzeMahnstop, berechnePraemie, speichereSchadensfall), mit denen SOA-Services aus höheren Schichten oder Anwendungen auf Daten und Geschäftslogik zugreifen können.

4.4.3 SOA-Organisation

Wie bereits oben erläutert zeichnet sich SOA im Gegensatz zu früheren Ansätzen dadurch aus, dass Unternehmens-IT ganzheitlich verstanden wird. Die Optimierung der Organisation nimmt dabei einen wichtigen Platz ein.

4.4.3.1 SOA Competence Center

In den letzten Jahren haben zahlreiche große SOA-Anwender sog. SOA Competence Centers gegründet. Das *SOA Competence Center* hat im Wesentlichen folgende Aufgaben:

- Vermarkten der SOA in der Organisation
- Definieren von Standards
- Unterstützung von Projekten
- Wahrnehmen von Governance-Funktionen

Das SOA Competence Center ist häufig eine Stabsabteilung in der IT, dessen Leiter an den IT-Vorstand berichtet.

4.4.3.2 Funding-Modelle

Die Finanzierung heutiger IT-Bereiche orientiert sich weitgehend am Verursacherprinzip. Dabei gibt es Kosten, die einem Fachbereich direkt zugeordnet werden können, wie z.B. ein Entwicklungsprojekt, das eine neue Funktionalität zur Verfügung stellen soll. Andere Kosten werden per Umlage auf die Fachbereiche verteilt, wie Stromkosten oder Mainframe-Miete.

Dieses Vorgehen ist auch in der Software-Entwicklung von Versicherungsunternehmen angemessen, da sich traditionelle Projekte klar gegen ihre Umgebung abgrenzen. Ein Projekt verfolgt die Interessen des Projektsponsors, der die Kosten des Projekts trägt.

Projekte in der SOA-Welt verhalten sich anders. Hier ist es entscheidend, die Gemeinsamkeiten mit anderen Projekten oder bestehenden Systemen zu analysieren und explizit zu behandeln. Ist eine solche Gemeinsamkeit erkannt, wird man in der Regel ein neues (Teil-) Projekt definieren, das diese Gemeinsamkeit als SOA-Service kapselt und den Service zentral zur Verfügung stellt. Für die Zuordnung der Kosten des SOA-Services müssen neue Wege gefunden werden.

In den letzten Jahren hat es sich als gute Praktik etabliert, dass die Erstellung von SOA-Services durch zentral finanzierte Architekten aus dem Competence Center begleitet wird. Für die Projekte kommt das einem Zuschuss aus dem zentralen Budgettopf gleich. Dadurch wird sowohl ein finanzieller Anreiz geschaffen als auch die Qualität und Standardisierung der entstehenden SOA-Services verbessert. Profitieren kurzfristig mehrere Geschäftsbereiche von einem Service, werden die Kosten gemäß eines einfachen Schlüssels wie Anzahl Benutzer oder geschätzte Anzahl Serviceaufrufe pro Monat auf die beteiligten Geschäftsbereiche verteilt.

4.4.3.3 SOA-Governance

Die Festlegung des Unternehmenszwecks, der Rollen und Verantwortlichkeiten in der Organisation, der Prozesse, nach denen das Unternehmen gesteuert wird, des Verhaltenscodex etc. erfolgt typischerweise in den Governance-Handbüchern des Unternehmens. Diese sind hierarchisch aufgebaut (s. Abb. 4.22). Auf dem Corporate Governance Handbuch baut beispielsweise das IT Governance Handbuch auf. Ein Teilbereich der IT Governance ist die SOA-Governance (Weill u. Ross 2004, Marks 2008, Johannsen u. Goeken 2007).

Ein *SOA-Governance Handbuch* umfasst typischerweise folgende Bereiche:

- Ziele der SOA-Initiative
- Gremien
- Rollen und Verantwortlichkeiten
- SOA-Governance-Prozesse
- Key Perfomance Indikatoren (KPIs)
- Funding

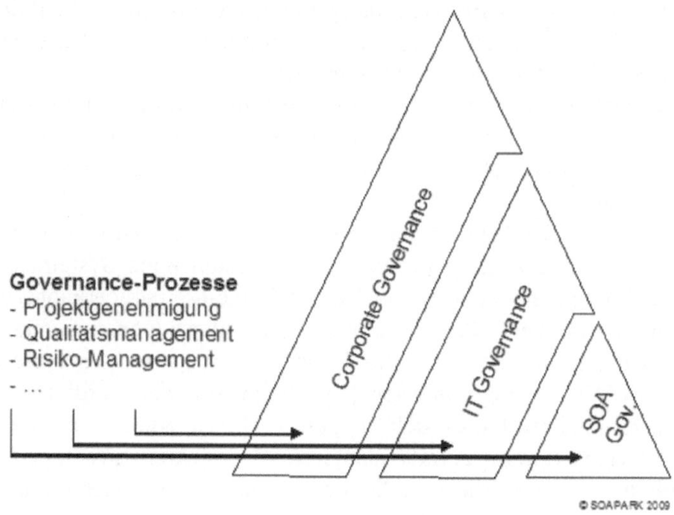

Abb. 4.22 SOA-Governance leitet sich aus den Zielen und Spielregeln des Unternehmens ab

4.4.4 SOA-Technologie

Die Technologie für eine Serviceorientierte Architektur hat wenige Spezifika. Drei Elemente haben allerdings eine besondere Bedeutung in einer SOA und sollten gesondert betrachtet werden:

Das *SOA-Repository* ist die zentrale Datenbasis, in der die Serviceorientierte Architektur dokumentiert wird – insbesondere die fachliche Beschreibung der gewünschten, geplanten oder bereits implementierten SOA-Services. Für jeden Service ist hier beschrieben, wer einen Service nutzt und welche Anforderungen von dem Service erfüllt werden müssen. Das SOA-Repository wird insbesondere in zwei IT-Prozessen benötigt: In der Service Roadmap Planung und in der Service Identifikation. Für die *Service Roadmap Planung* ist es wichtig, dass alle Projekte ihre Anforderungen an Services frühzeitig dokumentieren. Mit Hilfe des SOA Competence Centers werden dann die Kandidaten für SOA-Services priorisiert und ihre Entwicklung mit den Projektplänen der abhängigen Projekte abgestimmt. Bei der *Service Identifikation* geht es darum, dass Projekte, die sich gerade in der Analyse- oder Entwurfsphase befinden, die Möglichkeit erhalten, in dem Repository nach existierenden oder geplanten Services zu suchen, die für die Erstellung des Projektergebnisses nützlich sein können. Dabei sind neben der Werthaltigkeit der Services vor allem eine aussagekräftige und leicht auffindbare fachliche Beschreibung entscheidend.

Das zweite spezifische Architekturelement der SOA-Technologie ist die Policy Management Plattform. Die *Policy Management Plattform* erlaubt es Unternehmen, die nichtfunktionalen Anforderungen an SOA-Services an einer zentralen Stelle zu definieren und die Erfüllung dieser Vorgaben unternehmensweit zu beobachten oder sogar zu erzwingen.

Das dritte spezifische Architekturelement ist der Enterprise Service Bus (ESB). Der ESB verbindet die Service-Consumer mit den -Providern über eine Middleware, die für SOA optimiert ist.

4.4.5 Serviceorientierte Anwendungslandschaft in einem Versicherungsunternehmen

Eine Serviceorientierte Anwendungslandschaft unterscheidet sich drastisch von bisherigen Anwendungslandschaften. Während in der Vergangenheit Anwendungen nach den Erfordernissen der Organisationsstruktur meistens als Abteilungslösungen zugeschnitten waren, wird ein großer Teil der Zuständigkeit dieser Anwendungen künftig von den SOA-Services übernommen, die abteilungsübergreifend genutzt werden. Die SOA-Services werden dabei in sogenannten Kern- und Hilfsservices gegliedert.

Als fachliche Grundlage existieren verschiedene Referenzmodelle (s. hierfür beispielhaft Abb. 4.23), die von Versicherern verwendet werden können, um ihren individuellen Zuschnitt vorzunehmen, wie z.B. VAA, IAA, IBCS oder ACORD (siehe (IBM), (Prima Solutions), (Gdv), (Acord)).

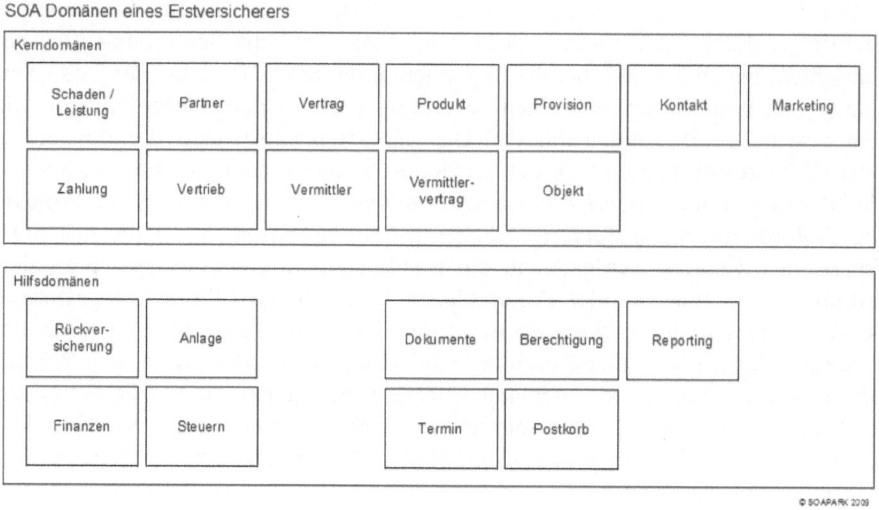

Abb. 4.23 Referenzmodel für Erstversicherer

Das Ziel einer SOA ist es, für jeden SOA-Service eine klar definierte Schnittstelle bereitzustellen und ihn durch eine abgeschlossene Softwarekomponente zu implementieren.

Die Anwendungen, mit denen die Endbenutzer arbeiten, müssen lediglich die Benutzeroberfläche zur Verfügung stellen und sind folglich sehr schlank.

Während die Struktur der SOA-Domänen recht stabil ist, wird sich der Zuschnitt der Anwendungen zukünftig häufiger als heute ändern, um sich schneller neuen organisatorischen Erfordernissen und neuen Marktgegebenheiten anzupassen (s. Abb. 4.24).

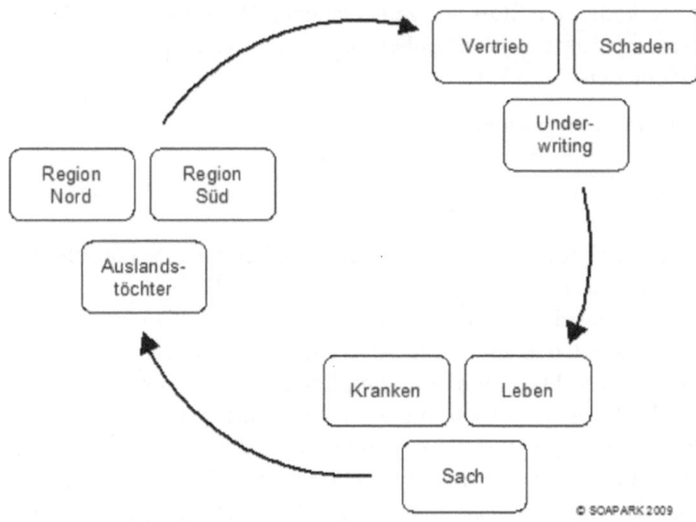

Abb. 4.24 Organisatorische Änderungen wirbeln IT-Architekturen durcheinander (s. auch (Krafzig 2009))

Während beispielsweise der Übergang von einer funktions- zu einer produktorientierten Organisation in der Vergangenheit mit sehr hohem Anpassungsaufwand auf der IT-Seite verbunden war, reduziert SOA durch die Verschlankung der Anwendungen diese Aufwände erheblich.

4.4.6 Der Weg zu SOA in einem Versicherungsunternehmen

Eine SOA-Initiative in einem Versicherungsunternehmen wird meist durch einen konkreten Auslöser motiviert. Sehr häufig steht ein großes strategisches Vorhaben an oder die IT-Systeme von zwei Teilorganisationen müssen nach einem Merger integriert werden. Ein anderer häufiger Auslöser ist das nahende Ende des Lebenszyklus großer Anwendungen (z.B. bei Assembler-Anwendungen oder wegen veralteter Hardware, deren Wartungslaufzeit abläuft).

Unabhängig von dem Auslöser sollte die Entscheidung für SOA auf der Vorstandsebene getroffen werden und eine Planung für die unternehmensweite Einführung über die Grenzen des auslösenden Projekts hinaus erfolgen. Die Planung der unternehmensweiten Einführung ist jedoch alles andere als trivial. Anwendungsunternehmen gehen heute davon aus, dass sie zehn bis fünfzehn Jahre benötigen, um maßgebliche Teile ihrer Anwendungslandschaften in Richtung SOA umzubauen.

Theoretisch kann eine SOA auf verschiedenen Wegen in einem Versicherungsunternehmen eingeführt werden. Dabei werden drei verschiedene Einführungsstrategien unterschieden:

- bottom-up (Projekt-getrieben)
- top-down
- bereichsweise

Obwohl alle drei Ansätze in der Theorie möglich sind, verspricht die bereichsweise Einführungsstrategie in der Praxis den meisten Erfolg.

Bei der bereichsweisen SOA-Einführung (s. Abb. 4.25) wird die Idee der Service-Orientierung anhand einer fachlich wichtigen Aufgabe zunächst in einem Fachbereich etabliert. Dazu wird auf allen Ebenen vom Vorstand bis zum Rechenzentrum für die SOA geworben, die Konzepte werden erklärt und eine Sequenz mehrerer kleiner Fachprojekte durchgeführt. Der Schwierigkeitsgrad der Projekte sollte sich dabei langsam steigern. Typische Projekte für den Start sind die Bereitstellung zentraler SOA-Services für das Dokumentenmanagement oder zur Partnerverwaltung. Erst später folgen fachlich schwierige SOA-Services aus dem Kerngeschäft wie Schadenhistorie oder Produkt. Dadurch erlaubt man dem Team, anhand einfacher Aufgaben Erfahrungen mit der neuen Vorgehensweise zu sammeln und Erfolg zu kreieren. Wichtig ist, dass vom ersten Tag an die verantwortlichen Fach- und IT-Vorstände für die SOA-Initiative eintreten.

Sind mit einem Fachbereich mehrere SOA-Projekte erfolgreich gelaufen, rollt man die SOA in den zweiten Bereich aus, in den dritten usw.

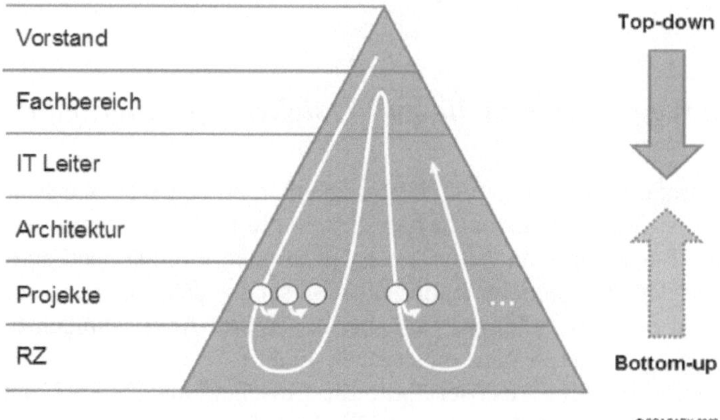

Abb. 4.25 Bereichsweise SOA-Einführung (s. auch (Krafzig u. Dostal 2009))

Betrachten wir als Beispiel den Aufbau einer gemeinsamen Vertriebsplattform nach einem Merger. Grundvoraussetzung ist, dass der Fachvorstand für Vertrieb als Hauptsponsor der SOA auftritt. Durch die Abfolge erfolgreicher SOA-Projekte wird er in zweierlei Hinsicht gestärkt: Erstens liefert er einen sichtbaren Beitrag zu der strategischen Modernisierung der IT und festigt dadurch seine Position als Innovationstreiber im Vorstand. Zweitens vereinfachen die SOA-Projekte sein Vorhaben, eine umfassende Vertriebsplattform im Post-Merger-Unternehmen zu bauen.

4.4.7 Chancen, Risiken, Nutzen und Wirtschaftlichkeit von SOA

Das größte Potenzial von SOA besteht darin, dass sich IT und Fachbereich einander annähern, um gemeinsam an einer fachlich strukturierten und verschlankten Anwendungslandschaft zu arbeiten. Alleine dieser verstärkte Dialog zwischen IT und Fachbereich stellt einen enormen Nutzen von SOA dar.

Als Folge der verschlankten Anwendungslandschaft liefert SOA eine Reduzierung der Wartungskosten, kürzere Lieferzeiten von Projekten und ein geringeres Maß an Komplexität.

Diese Vorteile lassen sich aber nur erreichen, wenn SOA konsequent umgesetzt wird. Bekannte Risiken sind folgende:

- Die SOA-Initiative wird von Technikern dominiert
- Es gibt keinen Sponsor im Vorstand
- Die nötigen organisatorischen Maßnahmen wie die Gründung eines SOA Competence Centers werden nicht umgesetzt
- SOA wird nicht in der IT-Governance verankert
- Die Definition unternehmensweiter Fachmodelle wird vernachlässigt
- Die Ambitionen sind zu hoch gesteckt. Erste Projekte scheitern und die Idee verliert im Unternehmen an Kredit.
- Es werden keine nachhaltigen Funding-Modelle etabliert
- Beim Roll-out der SOA wird zu früh in die Breite gegangen
- Das Thema Kommunikation wird unterschätzt

Die Risiken einer SOA dürfen nicht vernachlässigt werden. Der Autor hat mehr als eine SOA-Initiative scheitern sehen. Allerdings können aus den Erfahrungen der SOA-Pioniere Lehren gezogen werden. Dreht man die o.g. Aussagen der Risikoliste jeweils um, erhält man ein Kochrezept für den erfolgreichen SOA-Roll-out.

Kurzbiographie

Dr. Dirk Krafzig, Jahrgang 1964, ist Gründer von SOAPARK – einem Beratungsunternehmen, das sich auf IT-Dienstleitungen im Bereich Strategie, Organisation und Architektur spezialisiert hat. Als Vortragender auf Konferenzen und

Autor von Artikeln und Büchern gilt Dr. Krafzig als ein Protagonist der Service-orientierten Architektur (SOA) und hat maßgeblich zu der Begriffbildung in diesem Bereich beigetragen. Insbesondere die Fallstudien mit Deutscher Post, Credit Suisse, Halifax Bank of Scottland und Winterthur Versicherung in seinem Bestseller „Enterprise SOA, Prentice Hall, 2004" haben viel Aufmerksamkeit auf sich gezogen. Dr. Krafzig ist Diplominformatiker und hat in seiner Berufslaufbahn mehr als 15 Jahre zu großen Teilen in IT-Projekten der Versicherungswirtschaft gearbeitet. Der Fokus auf SOA und BPM ist seit 1999 aus der Überzeugung gewachsen, dass ein ganzheitliches Prozess-, Architektur- und Organisationsverständnis sowie eine fachliche Sicht auf IT-Systeme wesentliche Erfolgsfaktoren für die Unternehmens-IT sind.

Literaturverzeichnis

(Acord): http://www.acord.org/home/home.aspx

(Balzert 1996): Balzert H, Lehrbuch der Software-Technik. Bd.1. Software-Entwicklung. Spektrum Akademischer Verlag, 1996.

(Denert u. Siedersleben 1991): Denert E, Siedersleben J, Software- Engineering. Springer Verlag, 1991.

(Dijkstra 1972): Dijkstra E W, The Humble Programmer. Commun. ACM 15 (1972), 10: 859–866.

(Erl 2005): Erl T, Service-Oriented Architecture: Concepts, Technology, and Design. Prentice Hall, 2005.

(Gdv): http://www.gdv-online.de/vaa/

(IBM): http://www-03.ibm.com/industries/insurance/us/detail/solution/P669447B27619A15.html

(Johannsen u. Goeken 2007): Johannsen W, Goeken M, Referenzmodelle für IT-Governance. dpunkt Verlag, 2007.

(Krafzig 2009): Krafzig D, Service Ownership. SOAPARK Online-Publikation, 2009. http://www.soapark.com/uploads/article/Service_Ownership.pdf

(Krafzig u. Dostal 2009): Krafzig D, Dostal W, Einführungsstrategien für SOA - Governance. Object Spectrum, Online-Ausgabe SOA, 2009. http://www.sigs.de/publications/os/2009/krafzig_OS_SOA_09.pdf

(Krafzig et al. 2004): Krafzig D, Banke K, Slama D, Enterprise SOA Service-oriented Architecture Best Practices. Prentice Hall, 2004. S. 59, S. 69

(Linthicum 2000): Linthicum D, Enterprise Application Integration. Addison-Wesley, 2000.

(Marks 2008): Marks E A, Service-oriented Architecture Governance. Wiley, 2008.

(Prima Solutions): http://www.prima-solutions.com/frontOffice/produits/primaIBCS.jsp?lang=in

(Weill u. Ross 2004): Weill P, Ross J W, IT Governance. Harvard Business School Press, 2004.

4.5 Business Process Management

Klaus Wolf, Aachen, Deutschland

Zusammenfassung

Business Process Management (BPM) oder auch Geschäftsprozessmanagement hat als eine Methodik zur Gestaltung der Aufbau- und Ablauforganisation eines Unternehmens seinen Ursprung bereits vor ca. 30–40 Jahren. Seit ca. 5 Jahren erfährt es eine Renaissance insbesondere in der Dienstleistungsbranche und damit auch in der Versicherungswirtschaft. Auslöser hierfür waren wesentliche Fortschritte in einem ganz anderen Bereich, nämlich der IT-Technologie. Mit dem Siegeszug der Internet-Technologie entstand ein neuer Architekturansatz – die Service Orientierte Architektur (SOA). Mit dieser Entwicklung konnte erstmalig ein geschlossener Entwicklungsansatz für IT-Anwendungen, der sich strikt aus der Geschäftsprozessorientierung ableitet und erst bei konformen, serviceorientierten IT-Anwendungen endet, definiert werden. Der Artikel zeigt diesen Ansatz auf, stellt dessen Auswirkungen auf die „Versicherung der Zukunft" dar, gibt ein konkretes Anwendungsbeispiel für einen Geschäftsprozess und diskutiert die Erfahrungen dieses übergreifenden Ansatzes innerhalb der Generali Deutschland Gruppe.

4.5.1 Ausgangssituation und Zielsetzung der Prozessorientierung in Versicherungsunternehmen

Seit jeher wurden in der Versicherungswirtschaft Organisationsmethoden und -verfahren für den Aufbau- und die Ablauforganisation eingesetzt und ständig fortentwickelt. Der Ursprung der intensiven Beschäftigung mit diesem Themenkomplex liegt wohl im Produkt der Versicherung selbst. Als ein immaterielles Produkt ist ein Versicherungsprodukt für den Käufer erst dann erleb- und erfahrbar, wenn ein konkreter Kundenwunsch durch den Produktgeber in Form einer Serviceleistung zu erfüllen ist. In diesem Fall hat die Versicherung die vom Kunden ausgelöste Dienstleistung möglichst optimal aus Sicht des Kunden und des Unternehmens auszuführen. Im Mittelpunkt der Bearbeitung eines solchen „Geschäftsprozesses" standen und stehen

- Kundenorientierung,
- Servicequalität und
- Kosteneffizienz.

M. Aschenbrenner et al. (eds.), *Informationsverarbeitung in Versicherungsunternehmen*,
Springer-Lehrbuch Masterclass, DOI 10.1007/978-3-642-04321-5_14,

Waren die Kriterien bis zur Einführung der IT durch Regionalstrukturen und Rundum-Sachbearbeitung relativ einfach umzusetzen, brachten der Einsatz der IT und die damit verbundene Rationalisierungswelle die eingesetzten Aufbau- und Ablauforganisationen in starke Veränderungsturbulenzen.

Die Technik zwang dazu, ganzheitliche Geschäftsprozesse aufzubrechen und sie in andere, z.B. arbeitsteilige Organisationsformen aufzuteilen. Zwar wurden so die zwingend notwendigen Erfolge im Bereich der Kosteneffizienz erzielt, Kunden- und Serviceorientierung hingegen konnten schon einmal auf der Strecke bleiben. Erst die Fortschritte in der IT-Technologie, der Kommunikationstechnologie und der Organisationstheorie während der letzten 10 – 15 Jahre machen heute einen umfassenden, erfolgversprechenden Ansatz wieder möglich.

Das „Business Process Management" und die damit einhergehende Revolution der Kommunikations- und IT-Technologie werden – wie in anderen Branchen bereits weiter fortgeschritten – die „Versicherung der Zukunft" prägen und dominieren.

4.5.2 Business Process Management – Definitionen, Begriffe und Vorgehensweisen

Ziel dieses Abschnitts ist es nicht, sämtliche Fachbegriffe wie „Business Process Management", „Business Process" und „Business Service" möglichst exakt zu definieren und eventuelle Feinheiten und Präzisierungen zu diskutieren, vielmehr werden die Begriffe nur soweit erläutert, wie sie für das weitere Verständnis in diesem Abschnitt notwendig sind. Der interessierte Leser sei an dieser Stelle auf das Literaturverzeichnis verwiesen. Der zentrale Begriff „Business Process Management" (Geschäftsprozessmanagement) wird in wikipedia.de wie folgt definiert:

„Prozessmanagement, auch Geschäftsprozessmanagement beschäftigt sich mit dem Herausfinden, Gestalten, Dokumentieren und Verbessern von Geschäftsprozessen. „Wer macht was, wann, wie und womit?" ist eine zentrale Fragestellung. Zur Verbesserung und Steuerung werden entsprechende Kennzahlen verwendet. Diese Kennzahlen können z.B. in einer Balanced Scorecard dargestellt werden." Siehe hierzu Abb. 4.26:

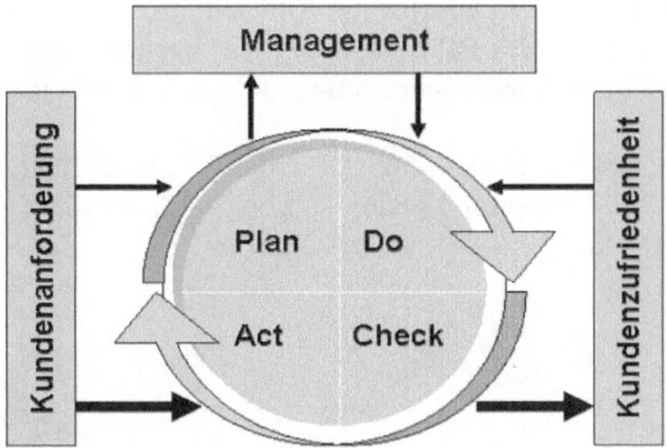

Abb. 4.26 Zyklische Darstellung des Geschäftsprozessmanagements und dessen Beteiligte (Quelle: wikipedia.de)

Es erscheint sinnvoll, an dieser Stelle noch die zentralen Objekte des Business Process Managements – nämlich den

- Geschäftsservice (Business Service) und
- Geschäftsprozess (Business Process)

zu definieren (vgl. dazu auch (Humm 2008)):

Ein **Geschäftsservice** ist ein Element geschäftlichen Verhaltens. Er stellt eine geschäftliche Leistung dar, die ein Servicegeber gegenüber Servicenehmern erbringt. Der Servicegeber ist eine Einheit des Unternehmens, z.B. eine Abteilung oder eine einzelne Stelle. Servicenehmer sind Kunden, andere externe Partner des Unternehmens oder andere Einheiten im Unternehmen. Jedem Geschäftsservice liegt ein Vertrag zu Grunde. Dieser legt die ein- und ausgehenden Informationen und Güter fest. Er beschreibt die im Rahmen des Services durchzuführenden Schritte und ihre Reihenfolge, sofern sie für den Servicenehmer relevant sind.

Ein **Geschäftsprozess** ist eine funktions- und stellenübergreifende Folge von Schritten zur Erreichung eines geplanten Arbeitsergebnisses in einem Unternehmen. Diese Schritte heißen Geschäftsprozessaktivitäten, kurz Aktivitäten. Der Geschäftsprozess dient direkt oder indirekt zur Erzeugung einer Leistung für einen Kunden oder den Markt.

Mit den getroffenen Definitionen lässt sich nun BPM auf bekannte mathematische bzw. betriebswirtschaftliche Methoden und Verfahren zurückführen. Legt man beispielsweise dem Geschäftsprozess als Prozessmodell gerichtete Graphen bzw. Netzpläne zugrunde, so stehen anerkannte Methoden zur Prozessoptimierung, Prozessstandardisierung, Prozessautomatisierung bis hin zur Prozesssimulation zur Verfügung. Weiterhin steht ein weitgeöffneter Werkzeugkasten mit Vorgehensweisen wie Lean Management, Six Sigma-Methode u. Ä. bereit.

Die Anwendung all dieser Methoden und Verfahren hat in anderen Branchen, z.B. der Automobilindustrie, zu signifikanten Veränderungen bis hin zu Wettbewerbsvorteilen der sie nutzenden Unternehmen geführt.

Welche Festlegungen sind nun für die Anwendung dieser Verfahren noch notwendig? Für den Einsatz des BPM hat sich im Dienstleistungsbereich und damit auch für ein Versicherungsunternehmen noch folgende Festlegung bewährt:

„Geschäftsprozesse" sind von ihrer Granularität ausschließlich end-to-end-Prozesse (vom Kunden zum Kunden s. Abb. 4.27), da diese ausschließlich wertschöpfend sind.

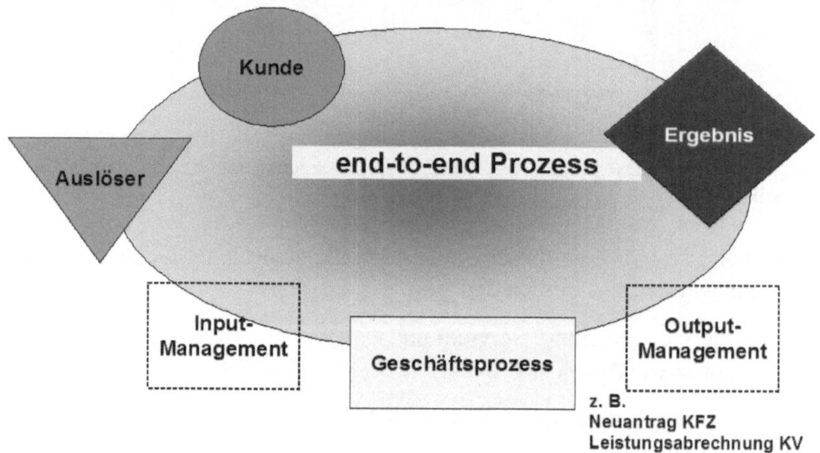

Abb. 4.27 Geschäftsprozess als end-to-end Prozess vom Kunden zum Kunden

„Geschäftsservices" sind die Schritte (atomar oder zusammengesetzt) eines Geschäftsprozesses.

Ergänzt man das beschriebene Modell noch zusätzlich durch den Begriff der **Geschäftsdomäne** (Business Domain) so lässt sich hiermit eine vollständige Geschäftsarchitektur als Modell des Unternehmens entwickeln und dokumentieren.

4.5.3 Neue Dimensionen des BPM in der Versicherung

Nach erfolgreichem Abschluss der Projekte zum Jahrtausendwechsel und der Einführung des Euros stand die Generali Deutschland Gruppe vor der Aufgabenstellung, eine neue Business Strategie für die Herausforderungen an die Versicherung für das 21. Jahrhundert zu erarbeiten und festzuschreiben. Als Haupthandlungsfelder kristallisierten sich schnell die bereits im Abschn. 1 erwähnten Zielsetzungen heraus:

- Stärkung und Verbesserung der Kundenbindung/-orientierung,
- Erhöhung der Servicequalität für alle Geschäftsprozesse,
- Umsetzung einer strikten Kosteneffizienz,
- Business Alignment der IT.

Eine Analyse dieser Zielsetzungen im Vergleich zu anderen Industrien bestätigte diese These: „Eine moderne und zielgerichtete Umsetzung des BPM in der Versicherung liefert einen signifikanten Deckungsbeitrag zur gleichzeitigen Erreichung der angestrebten Zielsetzungen."

Auf Basis dieser Erkenntnis wurde zusammen mit externen Beratern die neue Vision **„Versicherungsbetrieb der Zukunft"** (VBZ) oder auch **„Insurance Operation of the Future"** entwickelt und verabschiedet (s. Abb. 4.28).

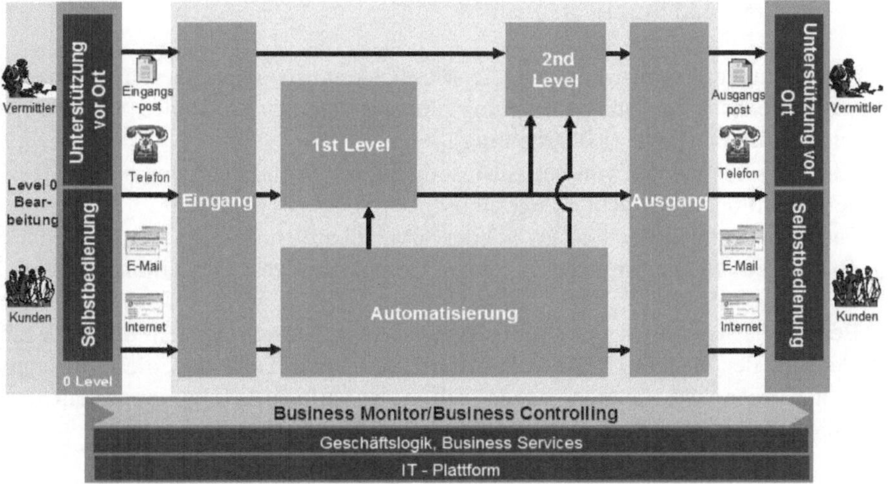

Abb. 4.28 Architekturmodell des „Versicherungsbetriebs der Zukunft"

Im VBZ-Modell, das mittlerweile internationale Verbreitung und Anwendung erfahren hat, sind wesentliche Prinzipien des BPM konsequent in Aufbau- und Ablauforganisationen einer Versicherung umgesetzt. Nachfolgend werden wesentliche Prinzipien dieses Modells kurz erläutert:

- Alle möglichen Benutzergruppen (Kunden, Vermittler, Makler, Business Partner etc.) können direkt am Punkt des Entstehens (Point-of-Action Konzept) alle relevanten Geschäftsprozesse direkt und eigenständig auslösen.
- Jeder Benutzer wählt den für ihn angemessenen Eingangskanal für den Auslöser (Multi-Kanal-Ansatz).
- Spezielle Service-Prozesse für das Input- und Output-Management realisieren die zentralen Services der Arbeitsvor- und Arbeitsnachbereitung, wie z.B.:
  - Transformation der Auslöser bzw. des Ergebnisses in die adäquate Darstellung (z.B. Scannen von Schriftgut)
  - Klassifizierung des Auslösers, Erkennen des Geschäftsprozesses und vollständige Datenextraktion

– Verteilung der Workload auf die bereitgestellte Organisationseinheit unter Beachtung der Prinzipien des „Skill based Routings“ und des „Workload Balancing“
– Bearbeitung des Geschäftsprozessaufkommens in den Kategorien
  > automatisierte Verarbeitung für vollständige automatisierte Prozesse,
  > standardisierte Bearbeitung von Standardprozessen im First Level (Rundumsachbearbeiter),
  > Spezialverarbeitung von optimierten Prozessen im Spezialistenmodus (Second Level)

- Alle Benutzergruppen erhalten die Möglichkeit, geeignete Geschäftsprozesse (z.B. Wechsel der Bankverbindung) im sogenannten Customer Self Service durchzuführen (Level 0-Bearbeitung).
- Alle Prozesse werden von der Auslösung bis zur Beendigung von einem „Business Monitor“ überwacht und gesteuert.
- Fachliche Funktionen sind als wiederverwendbare Business Services realisiert und für jede Benutzergruppe und jeden Geschäftsprozess einheitlich nutzbar.

Bereits nach zweijähriger Realisierungs- und Umsetzungszeit dieses VBZ-Modells in der Generali Deutschland Gruppe ist die Tragweite dieses Modells nicht nur erkennbar, vielmehr haben sich die erwarteten Erfolge eingestellt bzw. sind diese sogar weit übertroffen worden.

4.5.4 Auswirkungen des BPM auf die IT-Architektur

Ergänzt man oben aufgeführte Definitionen noch um die der sogenannten „Geschäftsobjekte“[1] (Business Objects) und setzt man diese in ihre Verwendungsbeziehungen zu den bisher definierten Begriffen, so ergibt sich eine vollständige Geschäftsarchitektur (Business Architecture).

Solche **Geschäftsarchitekturen** sind für die Beschreibung der Fachlichkeit äußerst hilfreich und können für einzelne Branchen als sogenannte „Referenzarchitekturen“ (s. Kap. 4.2) am Markt erworben werden. Für die Versicherungsbranche sind hier die VAA des GDV und die IAA der Firma IBM zu nennen.

Mittels dieser Geschäftsarchitekturen wird nun die Beziehung bzw. die Auswirkung auf die IT-Architekturen beschrieben. Hierbei handelt es sich im Normalfall um sogenannte Transformationen, mit deren Hilfe die Geschäftsarchitektur auf Objekte der IT-Architektur abgebildet wird. So ist z.B. eine Transformationsvorschrift für Business Services dadurch festgelegt, dass der Business Service jeweils

[1] Geschäftsobjekt ist ein Begriff aus der objektorientierten Softwareentwicklung. Geschäftsprozesse werden benutzt, um Objekte der geschäftlichen Welt innerhalb von Informationssystemen zu repräsentieren. Sie enthalten nicht nur Daten, sondern auch Verarbeitungslogik.

durch einen oder mehrere Anwendungsservices (ein IT-Architekturobjekt) implementiert wird.

Beide Architekturteile – Geschäftsarchitektur und IT-Architektur – werden zur sogenannten „Enterprise Architecture“ zusammengefasst und in einen eigenen IT-Prozess (dem „Enterprise Architecture Management“) in die Systementwicklungsprozesse integriert. Das Zusammenspiel ist in Abb. 4.29 dargestellt.

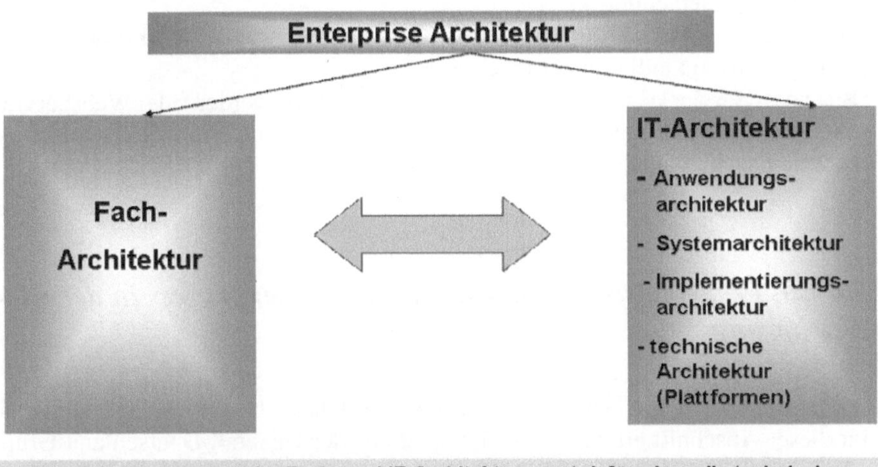

Abb. 4.29 Zusammenspiel der Architekturkomponenten „Facharchitektur“ und „IT-Architektur“

4.5.5 Technologische Plattform zur Umsetzung des BPM

Dieser Abschnitt ist im Rahmen der Darstellung des BPM ebenso ungewöhnlich wie zwingend notwendig. Ziel ist es, die mit der Zielsetzung des BPM entwickelte Vision des VBZ-Modells über den Transformationsprozess der Enterprise Architecture in der konsistenten Implementierung von „konformen“ Anwendungen zu einem geschlossenen, konsistenten Systementwicklungsprozess zu Ende zu bringen.

Die letzte hinsichtlich System-/und Implementierungsarchitektur noch klaffende Lücke ist mit „Service Oriented Architecture“ (s. auch Kap. 4.4) zu schließen.

Besonders hervorzuheben bleibt an dieser Stelle, dass es hierdurch erstmalig gelungen ist, einen fachlich getriebenen Entwicklungsansatz bis zur technischen Implementierung widerspruchsfrei und als logische Ableitung zu definieren. Dies ist nach Auffassung des Verfassers die eigentliche Revolution des dargestellten Enterprise Architecture-Management-Ansatzes.

Am Ende dieses Abschnitts seien – in Form einer nicht vollständigen Aufzählung – noch einige wichtige technische Basiskomponenten erwähnt, die bei der Umsetzung des Modells in der Generali Deutschland Gruppe wesentliche Erfolgsfaktoren waren:

- Als Basisinfrastruktur- und Basiskommunikationsplattform wird die Internettechnologie mit dem Nukleus des Webapplication Servers eingesetzt.
- Die Benutzerinteraktion ist in Form des personifizierten Portals auf Portalserver-Basis implementiert.
- Geschäftsprozesse werden mit Hilfe eines marktgängigen Workflowmanagementsystems modelliert und orchestriert.
- Business Services (Gechäfts-Anwendungsservices) werden als Web-Service mit einem Interface in WebService Definition Language entwickelt bzw. als externe Services anderer Provider integriert.

4.5.6 Ein Praxisbeispiel: Der Glasbruchschadenprozess in der Kfz-Versicherung

Um die bisher beschriebenen Modelle und Verfahren besser zu verdeutlichen, zeigt dieser Abschnitt ein konkretes Beispiel aus der Generali Deutschland Gruppe. Es handelt sich hierbei um den Schadenprozess zum Schadenereignis „Glasbruch“ aus der Kfz-Versicherung (s. Abb. 4.30).

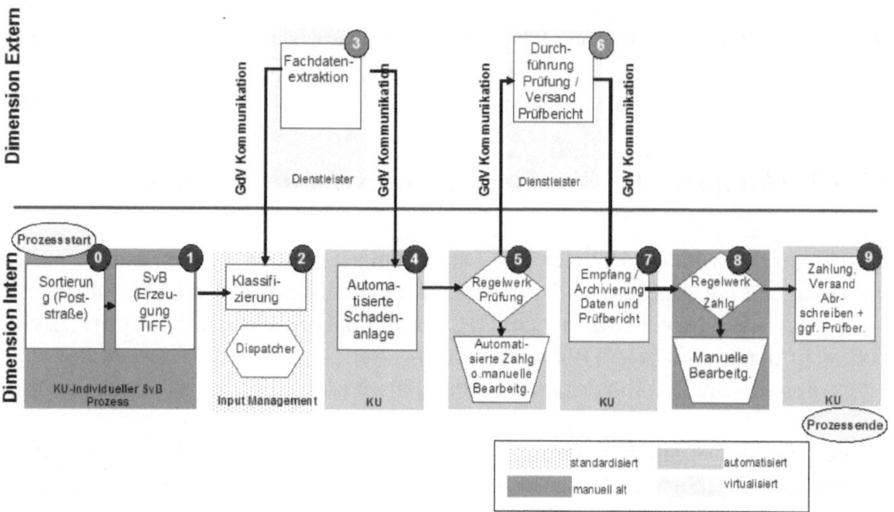

Abb. 4.30 Graphische Darstellung des Prozessmodells „Glasbruchschaden in der Kfz-Versicherung“

Die o.g. Abbildung zeigt das Prozessmodell des Geschäftsprozesses „Schaden-Glasbruch", das im Workflowmanagementsystem hinterlegt ist und nach der Instanziierung im Einzelfall von diesem System gesteuert wird. Auslöser dieses Geschäftsprozesses ist derzeit ausschließlich eine Schadenmeldung mit zugehörigen Rechnungen in Schriftform.

Bei den Prozessschritten 1 und 2 handelt es sich um den für die Generali Gruppe einheitlichen „Input-Management-Prozess" mit

- Scannen vor Bearbeitung,
- Klassifikation des Geschäftsprozesses,
- Verteilung.

Im Prozessschritt 3 findet eine vollständige Datenextraktion und –plausibilisierung statt, die als externer Service eines Dienstleisters eingebunden ist. In den Prozessschritten 4 und 5 findet eine vollständige automatisierte Schadenanlage und eine Prüfung von sogenannten Business Rules (z.B. Betrugserkennung) statt.

Im Prozessschritt 6 wird dann eine Fallprüfung durch einen externen Dienstleister vorgenommen. Der zurückgelieferte Prüfbericht bestimmt dann den weiteren Prozessverlauf. Je nach Prüfergebnis kann der Fall über die Prozessschritte Schadenzahlung, Archivierung und Abrechnungsschreiben an den Kunden vollständig automatisch durchgeführt werden. Sofern die Prüfung „kritische Merkmale" aufweist, wird die Weiterbearbeitung je nach Einzelfallentscheidung manuell (First oder Second Level) bearbeitet werden. Alle Prozessschritte sind als Business Services konzipiert und fachlich wiederverwendbar.

Es ist unschwer zu erkennen, dass im besten Fall der Vorgang nach dem Scannen innerhalb der Generali Gruppe – unter Berücksichtigung der Virtualisierung durch den externen Dienstleister – vollständig automatisiert abgewickelt wird.

4.5.7 Erfahrungen und Ausblick

Will man die dargestellten Prinzipien des BPM und das VBZ-Modell vollständig in einem Versicherungsunternehmen umsetzen, so wird man schnell erkennen, dass es sich hierbei um einen Veränderungsprozess von erheblichem Ausmaß handelt. Insbesondere die strikte Prozessorientierung wird das Verhalten aller Mitarbeiter stark beeinflussen und verändern. Es ist daher ratsam, die Einführung des BPM direkt mit einem Change-Prozess zu koppeln, um die angestrebten Ziele sicher in Umfang, Kosten und Zeit zu erreichen. An dieser Stelle sind exemplarisch einige Facetten dieses Change Prozesses aufgezeigt, um dem Leser eine gewisse Vorstellung zu vermitteln.

Strikte Prozessorientierung in der Aufbauorganisation

Um eine kontinuierliche Prozessverbesserung für alle Geschäftsprozesse zu etablieren ist es unverzichtbar, für jeden dieser Prozesse einen Prozessverantwortlichen bereitzustellen, dessen Verantwortung darin besteht, diesen kontinuierlichen

Verbesserungsprozess zu initiieren und am Leben zu erhalten. Es ist offensichtlich, dass diese Prozessverantwortung gemäß der Prozessdefinition des BPM in der Regel über Gruppen- und Abteilungsgrenzen hinweggeht, ja manchmal sogar das eigene Unternehmen verlässt.

Prozessmodellierung und -entwicklung
Für diejenigen Mitarbeiter, die im Unternehmen die Prozessmodellierung und -entwicklung übernehmen sollen, sind eine tiefe Kenntnis der Methoden und Verfahren des Enterprise Architecture Management sowie übergreifende fachliche Erfahrung und starkes Kommunikationsvermögen unerlässlich, um als Leitfiguren dieser Entwicklung im Unternehmen akzeptiert zu werden. Nach Erfahrungen des Verfassers sind diese Mitarbeiter derzeit in den Unternehmen nicht in ausreichender Anzahl verfügbar.

Ausrichtung der IT an BPM
Durch das BPM ist die gesamte IT ebenfalls an der Prozessorientierung auszurichten, d. h., sämtliche IT-Prozesse sind auf fachliche Notwendigkeiten bzw. Anforderungen anzupassen. Als Beispiel sei hier das Monitoring in einem Rechenzentrum aufgeführt. In Zukunft sind hier nicht mehr nur technische Objekte und Systeme zu überwachen, sondern Geschäftsprozesse. Der Kunde ist ausschließlich daran interessiert, dass seine Geschäftsprozesse funktionieren und die definierten Service Levels voll, z.B. mit rund um die Uhr Verfügbarkeit, eingehalten werden.

Zusammenfassend bleibt die folgende Feststellung:
Der Erfolg des BPM in der Versicherung ist nicht mehr aufzuhalten und wird die Unternehmen stark verändern. Nur das Unternehmen, das diese Veränderung rechtzeitig einleitet, wird Vorteile im immer stärker werdenden Wettbewerb haben.

Kurzbiographie

Klaus Wolf, Jahrgang 1953, ist Abteilungsleiter der Generali Deutschland Informatik Services in Aachen. Er war zunächst wissenschaftlicher Mitarbeiter am Lehrstuhl 1 für Informatik der RWTH Aachen. Seit 1980 ist er in verschiedenen Funktionen in unterschiedlichen Gesellschaften der Generali Deutschland Gruppe tätig. Derzeit leitet er die Abteilung „IT Steuerung". Wesentliche Aufgaben dieser Abteilung sind die Erstellung und Umsetzung der IT-Strategie und IT-Architektur für die Generali Deutschland Gruppe. Weiterhin gehören die Themen IT-Governance, Portfoliomanagement der IT-Maßnahmen, IT-Security und die Steuerung der übergreifenden Konzernprojekte zu den Aufgaben der Abteilung. Seit mehr als 20 Jahren beschäftigt er sich mit der Erstellung von sog. Referenzarchitekturen für die Versicherungswirtschaft. Seit der Gründung war er Mitglied der Arbeitsgruppe „VAA" (Versicherungsanwendungsarchitektur) des GDV (Gesamtverband der Deutschen Versicherungswirtschaft e. V.). Derzeit ist er noch in einigen Arbeitsgruppen des GDV als Vertreter der Generali Deutschland Gruppe tätig.

Literaturverzeichnis

Ziel dieses Abschnitts ist es nicht, eine möglichst umfassende Literaturliste aufzuzeigen, vielmehr dienen die angegebenen Referenzen als Einstieg für den interessierten Leser.

(Allweyer 2005): Allweyer T, Geschäftsprozessmanagement. W3L, Bochum, 2005, ISBN 3-937137-11-4

(Becker et al. 2008): Becker J, Kugeler M, Rosemann M, Prozessmanagement – Ein Leitfaden zur prozessorientierten Organisationsgestaltung. 6. überarbeitete und erweiterte Aufl., Springer, Berlin 2008, ISBN 3-540-79248-1.

(Helbig 2003): Helbig R, Prozessorientierte Unternehmensführung. Physica Verlag, Heidelberg 2003, ISBN 3-7908-0040-6

(Humm 2008): Humm B, Was ist eigentlich ein Service. Erschienen in Softwaretechnik – Trends 2008 Heft 4, November 2008. Gesellschaft für Informatik e.V.

(Schmelzer u. Sesselmann 2006): Schmelzer H J, Sesselmann W, Geschäftsprozessmanagement in der Praxis: Kunden zufrieden stellen – Produktivität steigern – Wert erhöhen. Hanser, München/Wien 2006, ISBN 3-446-40589-5

5
Anwendungssysteme

5.1 Informationsverarbeitung in Versicherungen – Eine stark vernetzte Anwendungslandschaft

Dr. Ralph Dicke, Köln, Deutschland

Zusammenfassung

Als Einleitung zu den Einzeldarstellungen der wichtigsten Anwendungssysteme in Kap. 5 soll die starke Vernetzung der Systeme untereinander verdeutlicht werden. Ohne Wissen über das Gesamtsystem und seinen Entwicklungsstand ist die Wirtschaftlichkeit auch lokaler Anforderungen nicht beurteilbar. Am Beispiel der Entwicklung eines Versicherungsprodukts wird deutlich, dass alle Anwendungssysteme davon betroffen sein können. Am Abschluss eines Versicherungsvertrags wird mit einem zweiten Beispiel demonstriert, dass die zugehörige end-to-end Prozesskette vom Kunden bis zum Kunden wiederum fast alle Anwendungssysteme durchläuft. Die Industrialisierung von Geschäftsprozessen bedingt, Geschäftslogik und ihre Daten unter einer flexiblen Steuerung redundanzfrei zu zentralisieren. Gegenüber den Best Practice Darstellungen im Kap. 5 wird jedoch der lange Lebenszyklus der einzelnen Anwendungssysteme von durchschnittlich 20 Jahren in der Realität eines einzelnen Unternehmens zu einer breiter gestreuten Ausprägung führen, die bei Veränderungsprozessen beachtet werden muss.

5.1.1 Vernetzung der Anwendungssysteme aus Prozesssicht

Informationsverarbeitung (IV) spielt gerade in Versicherungsunternehmen (VU), wie in den Kap. 2 bis 4 aus verschiedenen Richtungen beleuchtet wird, als zentrales und wettbewerbsrelevantes Produktionsmittel zur Abdeckung des Geschäftsbedarfs eine entscheidende Rolle. Menge und Komplexität des Geschäfts und der Produkte einerseits sowie wirtschaftliche Ziele in Vertriebserfolg und Kostenoptimierung andererseits bedingen eine umfassende Durchdringung der Prozesskette mit Mitteln der IV. Bei der Wirtschaftlichkeitsbetrachtung neuer Anforderungen muss man erkennen und berücksichtigen, dass die Anwendungslandschaft der Versicherungen allerdings auch eine der am stärksten vernetzten und teuersten in der Industrie überhaupt ist. Das kann durchaus eine Einschränkung im Time-to-

M. Aschenbrenner et al. (eds.), *Informationsverarbeitung in Versicherungsunternehmen*,
Springer-Lehrbuch Masterclass, DOI 10.1007/978-3-642-04321-5_15,

Market sein, die zu umgehen jedoch entweder nicht möglich ist oder die nachhaltige Wartbarkeit der Anwendungssysteme gefährdet.

Im folgenden Kap. 5 werden die wichtigsten Anwendungsysteme jeweils einzeln beschrieben. Sie bündeln möglichst alle Geschäftslogik und Daten oder, anders beschrieben, alle (Teil-) Prozesse, Anwendungsschritte und Informationen, die fachlich oder organisatorisch eng zusammengehören (s. z.B. die Kap. 2.2 „Anwendungssysteme", 3.2 „Kerngeschäftsprozesse" oder 4.3 „Anwendungslandschaften"). Ein Beispiel ist das Partnersystem zur zentralen „Abarbeitung von Aktivitäten als Reaktion auf interne oder externe Ereignisse mit Partnerbezug" (Kap. 5.5).

Trotzdem gibt es nur wenige Prozesse, die ihre komplette Wertschöpfung für alle Stakeholder innerhalb nur eines Anwendungssystems erreichen, wenn man sie von der Entstehung bis zum Abschluss betrachtet. Bei der Darstellung der einzelnen Systeme in Kap. 5.2 bis 5.14 wird jeweils schon eine Fülle von Schnittstellen aufgezeigt, was auf eine starke Vernetzung untereinander hinweist. In diesem Einführungsabschnitt 5.1 soll deshalb speziell dieser Aspekt der Vernetzung durch die folgenden beiden Beispielprozesse „Entwicklung eines Versicherungsprodukts" und „Abschluss eines Versicherungsvertrages" hervorgehoben und illustriert werden. Die Darstellung ist angesichts der Fülle möglicher Details keineswegs vollständig und beschränkt sich auch nur auf die Ausschnitte, die in diesem Handbuch betrachtete Anwendungssysteme berühren. Die angesprochenen und im Verlauf von Kap. 5 genauer dargestellten Systeme sind kursiv hervorgehoben.

5.1.2 Szenario: Entwicklung eines Versicherungsprodukts

Auf Basis der in diesem Handbuch nicht betrachteten Aktivitäten des Marketings, der Marktforschung und -beobachtung sowie der Befragung der Vertriebswege ist der erste Schritt bei der Einführung neuer Versicherungs-Produkte die *aktuarielle Entwicklung* (Kap. 5.7). Sie führt in einem iterativen, maschinell unterstützten Prozess zu einer entsprechend konkreten Ausprägung des Produktmodells und der Produktkomponente. In Kap. 5.7 werden ein solcher Entwicklungsprozess und die vollständige „Zentralisierung des Produktwissens in *Produktmaschinen*" beschrieben, die dann als eigenständige Komponenten an allen relevanten Stellen entlang der Prozesskette in den jeweiligen Anwendungssystemen aufgerufen werden (s. Abb. 5.1). Bei der Produktentwicklung sind neben externen Daten z.B. vom Verband und der DAV auch die zahlreichen Vertriebs-, Schaden-/Leistungs-, Kunden- und Marktinformationen aus der eigenen *Business Intelligence Plattform* (Kap. 5.13) auszuwerten. *Kundenwertmodelle* (Kap. 5.4) liefern zwar keine Tarifierungsmerkmale, sind aber z.B. wichtiges Pricing-Element. Für die beiden letzteren Anwendungssysteme und ihre statistischen Modelle gilt außerdem, dass mangelhafte Daten unbrauchbare Ergebnisse bringen oder anders ausgedrückt: Nur wenn neue Versicherungs-Produkte wiederum auch dort berücksichtigt werden, können zukünftige Aussagen erneut nutzbringend sein.

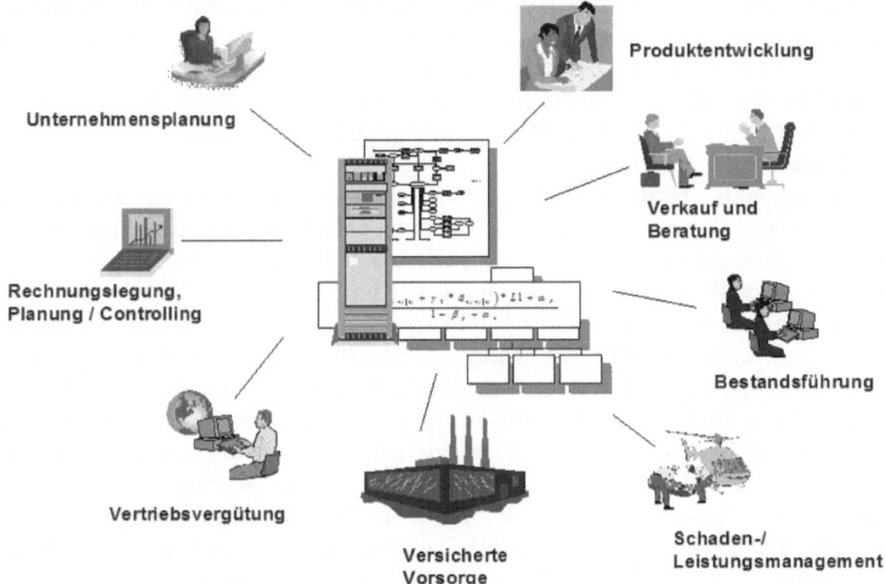

Abb. 5.1 Zentralisiertes Produktwissen

Über welche *Vertriebskanäle* (Kap. 5.2) soll das neue Versicherungs-Produkt verkauft werden? Dort ist es evtl. in die Umgebung eines Autohauses zu integrieren oder eine Oberfläche für den Abschluss im eigenen Außendienst zu schaffen. Nach der EU-Vermittlerrichtlinie und dem VVG 2008 schreibt das Gesetz für viele Fälle *Beratung* des Kunden (Kap. 5.3) vor. Das neue Produkt muss auch dort im Prozess und in ggf. vorhandener Software berücksichtigt werden.

In der Produktmaschine hat der Aktuar über das Modell vielleicht schon alles Produktspezifische bis hin zu Informationen für die Oberflächensteuerung (z.B.: Was sind Pflichtfelder?) definiert, aber es wird am Bildschirm erst durch Aufruf dieser Produktkomponente und Berücksichtigung ihrer Schnittstelleninformationen Realität.

Bei Abschluss eines Versicherungsvertrages schlägt sich das Produkt als konkrete Instanz im *Bestandsverwaltungssystem* (Kap. 5.6) nieder. Nach dem in Kap. 5.7 (Produktmaschinen) beschriebenen Vorgehen hat die Produktkomponente keine eigene Datenhaltung oder Oberfläche, sondern bezieht erst zum Ausführungszeitpunkt gewünschter Funktionen die konkreten Vertragsdaten vollständig über Schnittstellen. Alle nötigen Produktspezifika müssen deshalb auch im Vertragsdatenmodell berücksichtigt sein. Ebenso sind natürlich auch die Oberflächen und Geschäftsprozesse der Bestandsverwaltung anzupassen. Könnte man das Vertragsdatenmodell dann nicht gleich dynamisch aus dem Produktmodell nach Änderung eines Produkts ableiten? In der Theorie: ja – in der Praxis: nur begrenzt.

Der nötige Abstraktionslevel hat sich als zu hoch erwiesen und ganz neue, geschäftsrelevante Entwicklungen der nächsten 10–20 Jahre sind auch nicht realistisch überblickbar. Die Produktkomponente ist fachlich eine untrennbare Schwester der Bestands- oder Vertragsverwaltung, die früher deshalb oft noch nicht einmal sauber getrennt worden ist. Die Auswirkungen neuer Produkte sind an dieser Stelle besonders wichtig zu durchdenken, da die gesamte Lebensdauer des abgeschlossenen Vertrags in der Produktdefinition wie auch in den Bestandsverwaltungsprozessen bedacht werden muss.

Die Bestandsverwaltung hat wiederum sehr enge Wechselwirkungen mit dem *Partnersystem* (Kap. 5.5), in dem alle Daten zu natürlichen wie juristischen Personen zentral zusammengefasst werden, die bei jedem zum Vertrag gewordenen Produkt eine Rolle spielen. Die dortige Abb. 5.14 listet am Beispiel Antrag/Vertrag eine ganze Reihe von Einflüssgrößen auf, die bei der Entwicklung eines neuen Produkts im Partnersystem zu bedenken sind. Nur ein simples Beispiel, das aber in spartenorientierten Anwendungslandschaften ohne zentrales Partnersystem leicht zu Fehlern führt: Müssen aus dem Partnersystem Änderungsmeldungen für andere Systeme erzeugt werden, weil sie produktrelevant sind (wie bei Umzug an das Bestandsverwaltungssystem für Hausrat/Wohngebäude oder bei Änderung des Geburtsdatums an die Lebens- und Krankenversicherung)?

Auch die spätere Leistungs- und Schadenentwicklung wird schon durch den Aktuar über das Produkt und die zugehörigen Annahmerichtlinien des Unternehmens stark mitgeprägt. Der Artikel zur *Leistungsbearbeitung* (Kap. 5.8) beschreibt dies am Beispiel Krankenversicherung eindrucksvoll.

Da auch eine Versicherung vom Verkauf lebt, ist unmittelbar klar, dass die dafür in den Produktkosten einzurechnende Vertriebsvergütung eine wesentliche Komponente der Produktentwicklung und Vertriebssteuerung ist und in den *Vergütungssystemen* (Kap. 5.11) ihren Niederschlag findet. Neue gesetzliche Vorgaben, wie z.B. die Kalkulation der Abschlusskosten in bestimmten Fällen über fünf Jahre zu verteilen und zu begrenzen, können zu systematischen Veränderungen anregen. So führt es im Maklergeschäft zu der Überlegung, die Abschlusskosten durch ein direkt vom Kunden an den Verkäufer zu zahlendes Beratungshonorar zu ersetzen, um nicht die Provisionshaftung auf einen längeren Zeitraum ausdehnen zu müssen, auch geringe Provisionen nur ratierlich auszahlen zu können oder gar als Unternehmen das volle Stornorisiko zu übernehmen. Dies ist ein weiteres Beispiel dafür, wo die Abschlusskosten aktuariell einfach kalkulierbar sind, aber die Auswirkungen auf den Gesamtprozess gravierend sein können. Ohne Kenntnis dessen kann der Aktuar keine Verantwortung im Produktmanagement übernehmen.

Produkte wie Riesterverträge oder neue Vertragsformen, bei denen man dem Kunden weitgehend überlässt, wie viel er nach seiner jeweiligen Lebenssituation zahlen möchte, haben auch in der Beitragsabrechnung zu einer Verfahrensänderung mit ganz neuen Abhängigkeiten zwischen Bestandsverwaltung (Kap. 5.6) und Inkassosystem (*Zahlungsverkehrssysteme* Kap. 5.10) geführt. Einmal stellt, wie bisher üblich, das Bestandssystem einzufordernde Beiträge ins Soll. Zum anderen kann der Kunde aber zusätzliche Zahlungen leisten. In diesem Fall muss der Geldeingang im Inkasso einen passenden neuen Vertragszustand mit ergänzter Sollstellung auslösen. Es findet also eine Umkehrung des Informationsstroms mit erheblichen Auswirkungen auf die betroffenen Anwendungssysteme, ihre Schnittstellen zueinander und die Reihenfolge der Abläufe mit neuen Abhängigkeiten im Rechenzentrum statt.

Im Zusammenhang mit neuen Produkten und den damit verbundenen Geschäftsvorfällen entsteht immer auch eine Vielzahl von neuen oder geänderten Dokumenten direkt in der Bestandsverwaltung und ggf. auch indirekt in den schon angesprochenen Schnittstellensystemen. Zur Unterstützung gibt es Anwendungssysteme für Text- und Outputmanagement, die in diesem Buch nicht näher beschrieben sind. Es ist aber auch hier die Geschäftsprozessoptimierung im Auge zu behalten. Immer noch kommt viel Korrespondenz von den Partnern zurück. Kluge Gestaltung der eigenen Dokumente erzeugt maschinell und sicher lesbare Antworten, was bei Stückzahlen im Millionenbereich im *Vorgangs- und Belegmanagement* (Kap. 5.12) erhebliche Kosten spart.

Schließlich, aber mit stark wachsender Bedeutung sei die *Unternehmenssteuerung* (Kap. 5.14) genannt. Neue Produkte schlagen sich immer auch dort nieder oder sind nach ihrem Einfluss darauf zu beurteilen. Schlagworte wie Embedded Value, Risikorichtlinien und Solvency II sind nur einige Stichworte dafür.

5.1.3 Szenario: Abschluss eines Versicherungsvertrags

Das zuvor neu entwickelte Versicherungs-Produkt wird nun über einen oder mehrere *Vertriebskanäle* (Kap. 5.2) angeboten. Die dort verwendeten Systeme wurden zuvor online oder über Datenträger mit Software (z.B. neues Tarifprogramm in Form der *Produktmaschine* nach Kap. 5.7 oder einem Ausschnitt daraus) und Daten (*Vertrags- und Partnerdaten* nach Kap. 5.5. und 5.6 zu bestehenden Kunden, evtl. aber auch von anderen Familienmitgliedern bzw. des Betriebs) versorgt. *Beratungsprogramme* (Kap. 5.3) sichern, wo nötig, die Qualität und reduzieren das Haftungsrisiko.

Der Kunde nimmt das Angebot an, der Antrag wandert per Post oder besser gleich elektronisch in die *Bestandsverwaltung* (Kap. 5.6). *Partnerdaten und Beziehungen* von Partnern zum kommenden Vertrag (Kap. 5.5) sind zu pflegen. Mit Hilfe einer Underwriting-Komponente (z.B. eines Rückversicherers, hier im Buch nicht weiter dargestellt) wird das Risiko geprüft, das Pricing gemacht und der Vorgang in der Bestandsverwaltung eingestellt. Bei Bedarf sind Rücksprachen mit dem Außendienst nötig und Gutachten einzuholen. Bei Annahme, evtl. mit Zuschlägen, erhält der Kunde die nötigen Schriftstücke. Auch andere Stellen wie beispielsweise Finanzämter und die Bundesversicherungsanstalt für Angestellte (BFA) werden je nach Vorgang informiert. Im *Zahlungsverkehrssystem* (Kap. 5.10) wird für das Inkasso der Einlösungsbeitrag ins Soll gestellt. Die Buchhaltung wird bedient.

Gegebenenfalls sind Fondsanteile (meist mit dem Sollstellungsdatum!) gutzuschreiben. Der Vertrieb erhält seine *Provision* (Kap. 5.11). Die Daten fließen in die *Business-Intelligence* (BI) Plattform (Kap. 5.13) und damit auch in die *Kundenwertbetrachtung* des Customer-Relationship-Managements (Kap. 5.4) ein. Außerdem schlagen sie sich in der *Unternehmenssteuerung* nieder (Kap. 5.14).

Diese Prozesskette ist vollständig abzuwickeln, um aus dem Antrag einen Vertrag zu machen. Zu jeder Zeit kann dazwischen der Kunde an diversen Stellen selbst anrufen (beim Verkäufer, beim Servicecenter, bei beiden). Besonders wahrscheinlich ist das in der Zeit zwischen Antragsunterschrift und Policenerhalt. Nur eine *elektronische Aktenführung* (s. auch Kap. 5.12) macht das möglich.

Wenn man Pech hat, widerruft der Kunde zu Beginn, d.h., alles ist zurückzudrehen und eine neue Information geht in die BI Plattform ein. Geschieht die Beendigung erst später über Storno, sind, ähnlich dem Vertragsabschluss, wieder die Zustände in allen Systemen zu verändern, vorhandene Guthaben an den Kunden auszuzahlen und ggf. die Provisionshaftung beim Verkäufer einzufordern.

Nicht weiter ausgeführt, aber erwähnt sei hier, dass im Produkt schon alle möglichen Zustände des Vertrages in seiner gesamten Laufzeit angelegt sein müssen (s. Kap. 5.7 „Produktmaschinen"). Somit sind natürlich, selbst wenn es kein großer Verkaufserfolg werden sollte, auch alle potenziellen Geschäftsvorfälle für das Produkt über die Vertragsdauer hinweg bis hin zu Schaden-/Leistungsfällen bzw. dem Ablauf in allen betroffenen Anwendungssystemen zu bedenken und möglich zu machen.

5.1.4 Industrialisierung und Prozesssteuerung

Nach der aktuell verbreiteten Strategie soll bei der Bearbeitung der Geschäftsprozesse so viel wie möglich automatisch abgewickelt werden, der Rest ist weitgehend in kundenorientierten Servicecentern zu erledigen. Nur hinsichtlich Risikominimierung oder Leistungserbringung lohnende Fälle werden an spezialisierte Sachbearbeiter weitergeleitet. Einen Geschäftsvorfall schließt man deshalb möglichst schon im Entstehen vollständig ab. Das bedeutet, dass alle z.B. im Abschnitt 5.1.3. nach der Angebotserstellung aufgezeigten, folgenden Prozessschritte, die keinen Sachbearbeitereingriff mehr benötigen, entweder direkt online durchgeführt oder die weiteren Anwendungssysteme über Schnittstellendateien bedient werden müssen. Der erste Weg wird aus Performancegründen wegen der bei Versicherungen üblichen Datenmengen meist nicht beschritten. Der zweite Weg verlangt eine automatische Verarbeitung (genannt Batch- oder auch Dunkelverarbeitung) im Rechenzentrum (RZ). Die Steuerung über die betroffenen Anwendungssysteme hinweg geschieht entweder durch Software oder eine maschinelle RZ-Steuerung. Dabei sind Reihenfolge und Abhängigkeiten der Schritte präzise festzulegen.

Jederzeit können aber auch bei der automatischen Verarbeitung Fälle auftreten, die eine manuelle Weiterbearbeitung verlangen. Diese werden in der Regel in einen Postkorb (auch Aufgabenliste, Sachbearbeitercockpit u.Ä.m. genannt) gestellt. Weiterleitungen vom Servicecenter oder externen Prozesspartnern oder Wiedervorlagen sind ebenso Standard. Ein elektronisches Vorgangs- und Dokumentenmanagement (s. ausführliche Darstellung in Kap. 5.12) ist dafür als Infrastruktur Voraussetzung. Obwohl es die Kernprozesse nur unterstützt, wurde es deshalb auch in die Beschreibungen dieses Buches aufgenommen. An dieser Stelle kann man ein Beispiel für die Notwendigkeit vorausschauender Organsiationskonzepte geben. Oft wurde Dokumentenmanagement als Archivsystem eingeführt und die Ordnungsbegriffe an den Dokumenttypen ausgerichtet. Die Schaden- oder Antragsbearbeitung zeigt aber leicht auf, dass deren Abläufe durchaus mit diversen, zeitlich getrennten Einzelschritten verbunden sein können, die ohne übergreifenden Ordnungsbegriff in der Sachbearbeitung und im Service nur schwer als zusammengehörig erkannt werden. Die Schadennummer ist ein solcher vorgangsorientierter Begriff, aber wie sieht es sonst aus? Abbildung 5.2 gibt Beispiele für organisatorische Prozesse parallel zu Entwicklungsstufen des Vorgangs- und Belegmanagements.

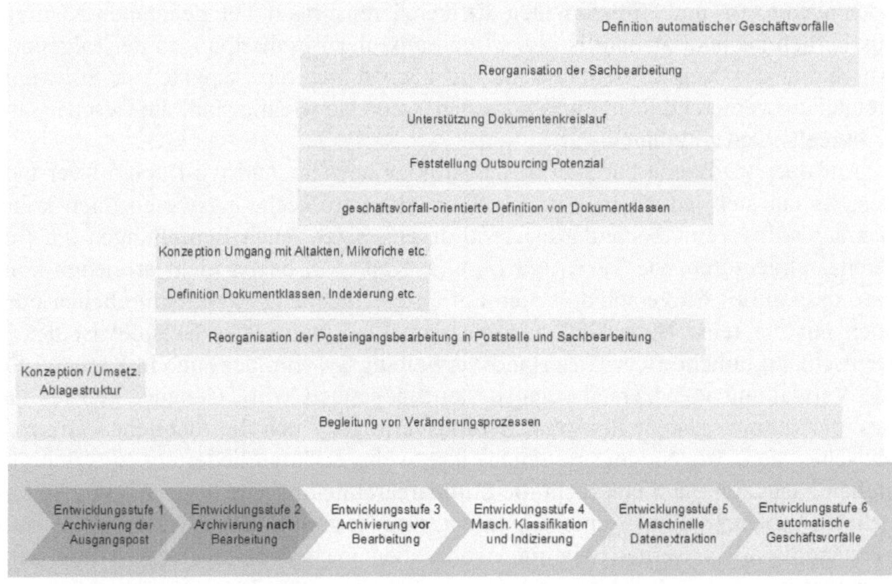

Abb. 5.2 Beispiele für die Parallelität von Organsiation und technischer Unterstützung

Erschwerend vervielfachen sich heute die Wege zum Kunden und immer mehr Prozesspartner werden z.B. beim Schaden- und Leistungsmanagement oder durch Outsourcing von Prozessschritten vernetzt. Umso entscheidender ist es, die Geschäftslogik abdeckenden Services der Anwendungssysteme strikt zentral, redundanzfrei und völlig unabhängig von diesen Wegen und auch von den Benutzeroberflächen der unterschiedlichsten Zugangswege zu machen.

5.1.5 Reale Anwendungslandschaft

In den folgenden Artikeln des Kap. 5 werden konkrete Beispiele für die wichtigsten, in der Versicherungswirtschaft weit verbreiteten Anwendungssysteme des deutschsprachigen Raums vertieft. Die getroffene Auswahl wurde in der Einführung zum Handbuch kurz motiviert. In der hier beschriebenen Ausprägung wird es allerdings kein Unternehmen völlig identisch, wohl aber ähnlich umgesetzt haben. Die Darstellung durch unterschiedlichste, renommierte Führungskräfte diverser Unternehmen hat gegenüber einem Lehrbuch den Vorzug, in der Realität bewährte Best Practice Lösungen für die einzelnen Themen aufzuzeigen.

Sie sind nach Geschäftsdomänen, also fachlichen und organisatorischen Handlungsfeldern, entstanden (s. z.B. Kap. 2.2 und Kap. 4 insgesamt). Man kann sie noch nach Kern- und Hilfsdomänen differenzieren, was in den genannten Kapiteln ausführlich nachvollziehbar ist. Im Mittelpunkt der Beschreibungen der folgenden Abschnitte des Kap. 5 steht jeweils die Facharchitektur. Aspekte der Softwarearchitektur werden i.d.R. nur angesprochen, wenn sie wichtig sind, die Geschäftsabsicht realisieren zu können.

Auf oberster Ebene hat sich diese Struktur bewährt und wird überall verstanden. Es hat sich jedoch bis auf Randbereiche wie Rechnungswesen noch keine Standardsoftware markstandardisierend durchgesetzt. Auch Bemühungen um Referenzarchitekturen wie VAA und IAA (s. Kap. 4.2) haben nicht erreichen können, dass dieses Einverständnis sich auf tiefere fachliche Architekturebenen oder auch nur die reine Begrifflichlichkeit erstreckt. Ein triviales Beispiel ist der in Deutschland übliche Begriff Bestandsverwaltungssystem, der auch in Kap. 5.6 für die Verwaltung von Versicherungsbeständen benutzt wird. Genauer geht es um das Verwaltungssystem für Versicherungsverträge. Auch die fachlichen Grenzen zwischen den Anwendungssystemen, ihre weitere Untergliederung, die Schnittstellen zueinander und erst recht die Softwarearchitektur sind durchaus von Unternehmen zu Unternehmen unterschiedlich. Das ist zum hier angestrebten Gesamtverständnis nicht weiter wichtig, wohl aber in der praktischen Arbeit sehr bedeutsam.

Die im jeweiligen Unternehmen real vorzufindende Umsetzung in einer konkreten Anwendungslandschaft wird wesentlich auch durch die im Verhältnis zu allen anderen Industrien extrem langen Zeithorizonte bestimmt. Selbst die konkurrierende Bankenwelt erzielt ihren eigenen unternehmerischen Erfolg mehr im kurzfristigen Handel als in der langfristigen Kapitalanlage. Der Lebenszyklus der Anwendungssysteme eines VU liegt mit durchschnittlich 20 Jahren dabei in der Mitte zwischen den evtl. sehr langen Vertragslaufzeiten und den Veränderungen des technischen und juristischen Umfelds. Das soll im Folgenden etwas plausibel gemacht werden.

Verkaufte Produkte haben teilweise Jahrzehnte währende Vertragsbindungen zur Folge, wobei z.B. in der Lebensversicherung über die ganze Laufzeit das einmal kalkulierte und abgeschlossene Leistungsversprechen zum einmal vereinbarten Beitrag zu erbringen ist. Auch wenn die Produkte nicht mehr neu verkauft werden, sind sie also bei der Erneuerung von Anwendungssystemen mit zu übertragen. Selbst Sach- und Unfallversicherungen mit im Prinzip viel kürzeren Laufzeiten werden oft mit alten Bedingungswerken lange fortgeführt.

Eine komplette Facharchitektur einer Versicherung in die Software einer Anwendungslandschaft zu gießen, kostet ein größeres Unternehmen bis zu mehrere hundert Millionen Euro. Weder die Kosten noch die Ressourcenbindung erlauben deshalb einem Unternehmen, die Anwendungssysteme häufiger oder gar die Anwendungslandschaft insgesamt zum selben Zeitpunkt komplett zu erneuern. Das macht es auch schwierig, mindestens aber sehr aufwändig, strukturelle Schnitte in der Anwendungslandschaft anders zu setzen.

In einem Umfeld, wo Systemsoftware nur einen Lebenszyklus von im Schnitt zehn (± fünf) Jahren hat und Hardware gar nur drei bis fünf Jahre hält, führt der genannte Veränderungsaufwand für die einzelnen Anwendungssysteme zu Lebenszyklen von durchschnittlich 20 (± zehn) Jahren. In Konsequenz daraus umspannt deshalb allein der Stand in Technik und Architektur im jeweiligen Unternehmen durch die versetzte Erneuerung der Anwendungssysteme in etwa diese 20 Jahre und ist im Inneren der Systeme dementsprechend vielfältig.

Hinzu kommen die geschäftspolitischen Herausforderungen dieser Zeit. Gerade die letzten Jahre bringen verstärkt Fusionen, nach denen komplette Anwendungslandschaften redundant, aber meist weder technisch noch fachlich gleich umgesetzt nebeneinander stehen. Deren Zusammenführung (Migration) bringt vordergründig fachlich wenig, blockiert sogar massiv Kapazitäten für Neues und nimmt den Sachbearbeitern bisher Gewohntes. Ein anderes Beispiel ist die Schaffung einer neuen Produktgeneration, die nicht mehr in das eine, gemeinsame Produktmodell für eine Sparte passt. Stellt man sie daneben? Dies geht zwar schneller und billiger, bringt aber eine weitere Produktmaschine mit sich. Plötzlich bietet die Konkurrenz Kombinationen aus beiden Reihen an. Und jetzt? Vielleicht hätte man im ersten Schritt mehr Zeit für ein gemeinsames Produktmodell gehabt (eher selten), mindestens müsste man aber nicht eine Vielzahl von parallelen Entwicklungen zurückdrehen oder mit immer schwerer wartbaren Hilfskonstruktionen überbrücken.

Je nach unternehmerischen Prioritäten wird also die Gesamtlandschaft sehr unterschiedlich und nicht immer befriedigend ausgeprägt sein, worüber derjenige, der seinen Geschäftsbedarf mit Hilfe der IV befriedigen will, informiert sein muss. An dem Spannungsfeld Vertragsdauer, Lebenszyklus eines Anwendungssystems, Technikentwicklung und immer kürzere Produktzyklen in einer weniger stark regulierten Welt ist die ungeheure und in der Praxis oft illusionäre Anforderung an die Flexibilität der Anwendungssysteme in Versicherungsunternehmen abzulesen.

Die Ziele guter Architektur, diesen Ansprüchen trotzdem gerecht zu werden, sind zwar schon seit Jahrzehnten grundsätzlich ähnlich, so differenziert sich auch die Artikel in Kap. 4 im Einzelnen lesen mögen, der Grad ihrer Umsetzung ist aber von vielen Einflüssen abhängig. So erlaubte z.B. erst die Internettechnologie Unabhängigkeit von vielen Hardwareabhängigkeiten und die einfache Vernetzung der Prozessbeteiligten.

Entscheidend ist allerdings, wie zuvor schon gefordert, die Zentralisierung aller gemeinsamen Daten und Geschäftslogik in Domänen und Services. Davon sind sehr viele Anwendungssysteme noch ein gutes Stück entfernt. Das aktuelle State-of-the-Art-Ziel in der Architektur und mögliche Wege dahin beschreiben die Artikel 4.4 (Serviceorientierte Architekturen – SOA) und 4.5 (Business Process Management – BPM) auch für den Nichtinformatiker sehr anschaulich. Wie schnell das geht, bisher wurden in Versicherungsunternehmen eher lokale Erfolge erzielt, hängt von dem Nachweis der Wirtschaftlichkeit und der Einsicht darin ab.

Für neue Anwendungssysteme ist damit aber ein Maßstab für ihr Design gesetzt worden. Zusammen mit ihren Kollegen aus der Informatik haben auch die Auftraggeber aus den Geschäftsbereichen eine Mitverantwortung, die Zukunftsfähigkeit des Produktionsmittels Informationsverarbeitung und damit auch des eigenen Geschäfts nachhaltig zu bewahren und weiterzuentwickeln.

Kurzbiographie

Dr. Ralph Dicke studierte in Aachen und Bonn. Nach Forschungstätigkeiten und Promotion in Physik 1978 wechselte er in die Informatik. Unter anderem war er langjähriger Geschäftsführer der Bonndata, der Konzerngesellschaft für Datenverarbeitung der Deutschen Herold Versicherungen, und leitete dort die Anwendungsentwicklung. 1999 wechselte er in die FJA AG Gruppe und war seither Geschäftsführer verschiedener Tochtergesellschaften in Deutschland und der Schweiz. Zu den Aufgaben zählten neben Betreuung und Beratung von großen Versicherungsgesellschaften die Ausrichtung der Informatik und die Verantwortung für verschiedenste Geschäftsfelder. Seit 2001 wirkt Ralph Dicke auch als Dozent für „Informationsverarbeitung in Versicherungsunternehmen“ an der Ausbildung zum Aktuar bei der Deutschen Aktuarvereinigung (DAV) mit. Er ist Mitglied des zugehörigen Prüfungsausschusses der DAV.

5.2 Multikanalvertrieb von Versicherungen

Dr. Ralf Schneider, Dr. Gerhard Hastreiter, München, Deutschland

Zusammenfassung

Längst ist der Multikanalvertrieb von Versicherungen Realität. Neben den „klassischen“ Vertriebswegen über Ausschließlichkeitsvertreter oder Makler hat der Vertrieb über Banken ein großes und wachsendes Gewicht. Der Direktvertrieb per Telefon und Internet ist etabliert. Zusätzlich entstehen neue Vertriebskonzepte wie die Bündelung von Versicherungen an andere Produkte oder der Vertrieb über Retail-Organisationen. Bereits aus der Vielfalt dieser Kanäle an sich resultieren sehr unterschiedliche Anforderungen an die IT- und Prozessunterstützung, die effizient abzubilden sind. Zunehmendes Gewicht gewinnt darüber hinaus die Vernetzung dieser verschiedenen Kanäle im Sinne eines echten, aktiven Multikanalmanagements. Auf verschiedene Aspekte dieser Herausforderung gehen wir im vorliegenden Artikel ein.

5.2.1 Ökosystem Vertriebswege

Immer mehr ersetzt ein „Ökosystem“ koexistierender und in vielen Fällen auch konkurrierender Vertriebswege die klassische Konzentration auf Ausschließlichkeitsvertrieb, Maklervertrieb und den ebenfalls seit langem etablierten Bankvertrieb. Über den vieldiskutierten Direktvertrieb hinaus entstehen neue Vertriebsmodelle, wie die Bündelung von Versicherungsprodukten an andere Produkte, z.B. Autoversicherungen, die im Autohaus als „Ergänzung“ zum eigentlichen Autokauf angeboten werden.

Jedes dieser Vertriebsmodelle definiert spezifische Anforderungen an die IT- und Prozessunterstützung, wobei es langfristig gilt, zwei Herausforderungen zu begegnen. Erstens, der *Beherrschung der Komplexität*, die sich allein aus der Vielfalt der verschiedenen Formate ergibt, bzw. die Effizienz der Umsetzung der verschiedenartigen Anforderungen. Zweitens, der *Vernetzung* der verschiedenen Komponenten dieses Ökosystems, da immer stärker davon auszugehen ist, dass sich Kunden situativ verschiedener Kanäle bedienen.

M. Aschenbrenner et al. (eds.), *Informationsverarbeitung in Versicherungsunternehmen*,
Springer-Lehrbuch Masterclass, DOI 10.1007/978-3-642-04321-5_16,

Im Folgenden gehen wir auf die Kernanforderungen der verschiedenen Vertriebskanäle und ihre technische Umsetzung ein, jeweils aus Sicht des bereitstellenden Versicherungsunternehmens.

5.2.2 Der hauptberufliche Ausschließlichkeitsvertrieb

Die IT-Unterstützung im hauptberuflichen Ausschließlichkeitsvertrieb ist geprägt von der Anforderung nach vollständiger Unterstützung aller Agentur-, Beratungs- und Verkaufsprozesse. Im Einzelnen sind dies:

- Agenturmanagement
- Verkauf
- Bestandsbearbeitung
- Schadenabwicklung und
- Kundenservices.

Abbildung 5.3 zeigt die verschiedenen Prozesse und deren Teilprozesse.

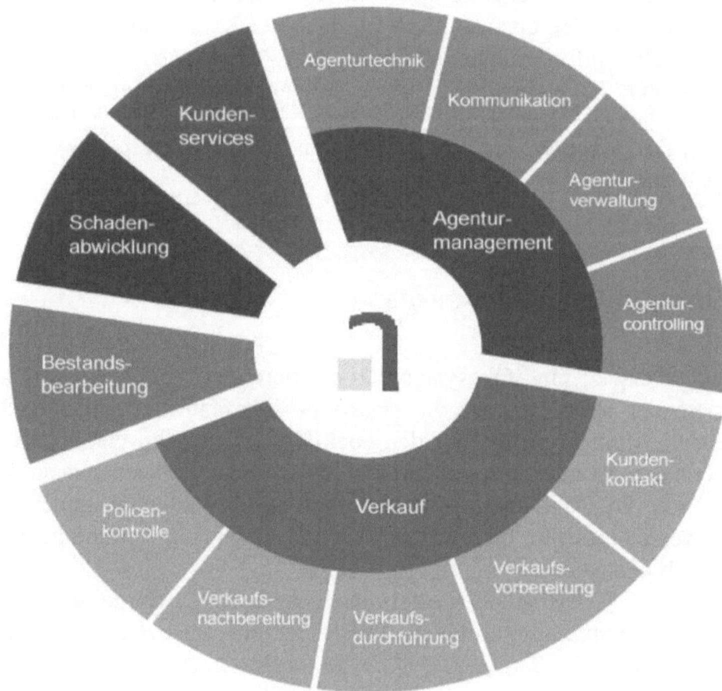

Abb. 5.3 Prozesse und Teilprozesse im Agenturbetrieb

Die Unterstützung dieser Prozesse erfordert ein voll integriertes IT-System mit einer durchgängigen, einheitlichen Benutzeroberfläche, die es dem Anwender erlaubt, die komplexen Anforderungen des Agenturbetriebs und des Verkaufs mit bis zu 70 verschiedenen Angebots- und Schadenanwendungen effizient zu bewältigen. Darüber hinaus ist verschiedensten Organisationsformen Rechnung zu tragen – von der Kleinstagentur bis hin zur Großagentur, ggf. mit integrierter Bankfiliale.

Traditionell werden diese Anforderungen durch „Fat Client"-Systeme abgedeckt, die Daten mit lokalen und zentralen Netzen replizieren. Diese Systeme erlauben auch ein mobiles Arbeiten mit Notebooks. Zunehmend entstehen auch webbasierte Anwendungssysteme, die allerdings im mobilen Einsatz eine Funkverbindung zu den jeweiligen zentralen Systemen herstellen müssen. Einen Mittelweg stellen hybride Systeme dar, bei denen Teilfunktionen auch ohne Netzanbindung zur Verfügung stehen.

Abbildung 5.4 zeigt ein Beispiel eines typischen Agentursystems für den hauptberuflichen Ausschließlichkeitsvertrieb.

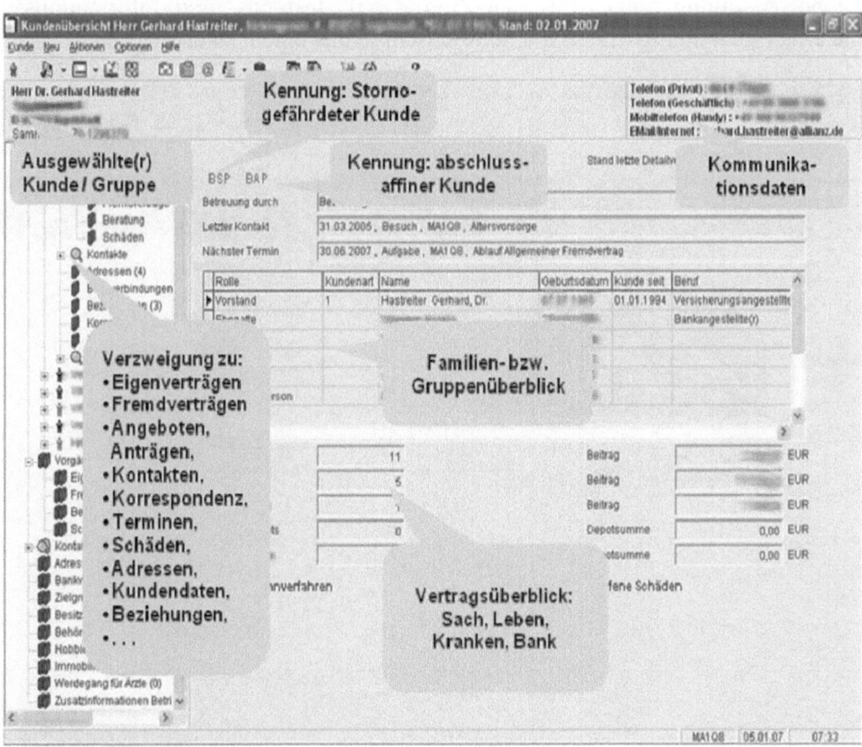

Abb. 5.4 Kundenübersicht in einem typischen Agentursystem

5.2.3 Der Maklervertrieb

Grundsätzlich bestehen im Maklervertrieb natürlich ähnliche Anforderungen wie im hauptberuflichen Ausschließlichkeitsvertrieb, allerdings sind die Voraussetzungen anders. In der Regel betreibt der Makler ein eigenes Agentursystem, das entweder selbst entwickelt oder von einem Drittanbieter bezogen ist.

Kernanforderung ist nun die Integration der Tarifierungs- und Beratungskomponenten sowie der Vertrags- und Schadeninformationen in das jeweilige System des Maklers. Grundvoraussetzung dafür ist die Definition geeigneter Schnittstellenstandards, die erst in jüngerer Zeit vor allem im Rahmen der *Brancheninitiative Prozessoptimierung (BiPRO)* entstehen (http://www.bipro.net/).

In der Regel werden heute im Maklervertrieb Angebotsmodule per DVD oder Download zur Verfügung gestellt, die vom Makler selbst auf seinen Systemen installiert werden müssen. Insbesondere bei großen Vertriebsgesellschaften erfolgt eine Integration dieser Module in die Systeme dieser Vertriebe. Verschiedentlich werden darüber hinaus Online-Portale angeboten, über die der Makler über die Angebotserstellung hinaus direkten Zugriff auf Bestands- und Informationssysteme erhält. Abbildung 5.5 zeigt einen Ausschnitt aus einem solchen Maklerportal.

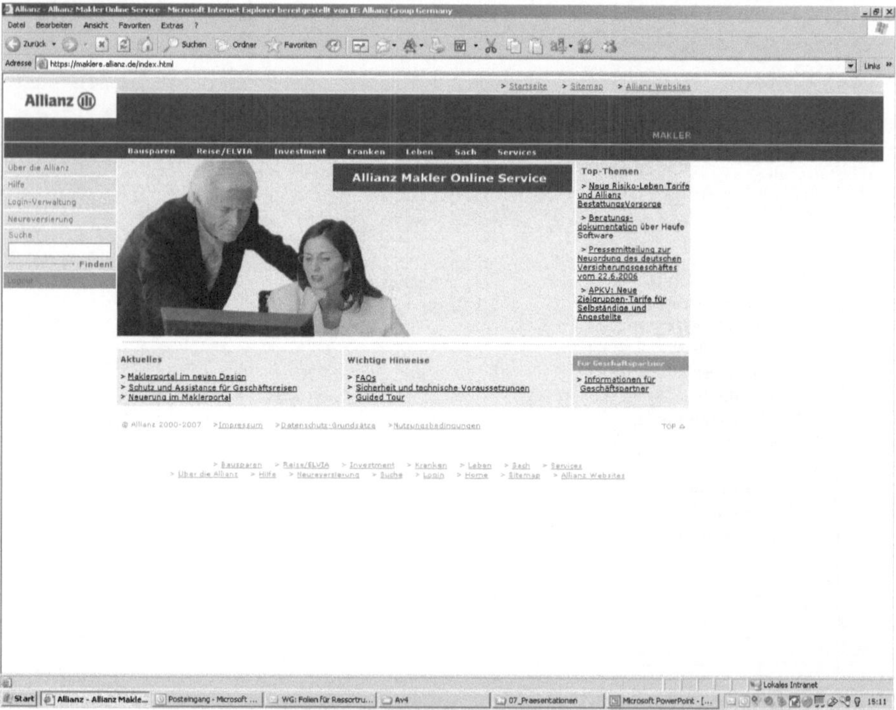

Abb. 5.5 Maklerportal

5.2.4 Der Bankenvertrieb

Noch stärker als im Maklervertrieb steht im Bankenvertrieb bei Personenversicherungen die Integration der Versicherungsberatung in den bankspezifischen Beratungsprozess im Vordergrund. Lebens- oder Unfallversicherungen werden hier zum Bestandteil übergreifender Anlage-, Vorsorge- oder Finanzierungskonzepte, die mit bankspezifischen Beratungsanwendungen entwickelt werden. Anders als im Maklerbereich bestehen aber im Bankenvertrieb in der Regel Kooperationen mit einem ausschließlichen Partner, mit dem spezifische, auf die jeweiligen Systeme zugeschnittene Integrationslösungen umgesetzt werden.

Für den Vertrieb von Sachversicherungen über Banken sind die Anforderungen an eine (aufwändige) Systemintegration in der Regel geringer, da diese weniger als Teil eines bankspezifischen Beratungsprozesses angeboten werden. Hier ist meist eine einfache Anbindung an die Customer Relationship Management (CRM) Systeme der Bank ausreichend.

Einen Sonderfall stellt der Einsatz von Versicherungsspezialisten in Bankfilialen dar. Diese sind bezüglich ihrer Prozessanforderungen ähnlich zu sehen wie die hauptberufliche Ausschließlichkeitsorganisation. Darüber hinaus besteht aber die Anforderung, dass Vorgänge von Mitarbeitern der Bank initiiert und auf technischem Weg an diese Versicherungsspezialisten weitergeleitet werden können.

Aufgrund des stationären Charakters des Bankenvertriebs haben sich in diesem Bereich Online-Lösungen über Web-Applikationen oder Terminalserver[1]-Lösungen etabliert.

5.2.5 Der Nebenberufsvertrieb

Im nebenberuflichen Vertrieb dominiert die Anforderung nach elementarer Auskunftsfähigkeit. Dazu sind in der Regel einfache Beratungsanwendungen geeignet, die zur lokalen Installation oder online in einem Portal zur Verfügung gestellt werden.

---

[1] Ein Terminalserver ist eine Software, die grafische Benutzeroberflächen und/oder Kommandozeilen über ein Netzwerk zur Verfügung stellt. Mehrere Clients können diesen Netzwerkdienst gleichzeitig nutzen.

5.2.6 Direktvertrieb über das Internet

Der Direktvertrieb über das Internet stellt eigene Anforderungen, u.a.:

- Besonders einfache, für Endkunden ohne spezielles Versicherungswissen intuitiv zu bedienende Benutzeroberflächen
- Ggf. mehrstufige Identifikations- und Authorisierungssysteme
- Tracking des Benutzerverhaltens und ggf. Personalisierung der Anwendungssysteme
- Anbindung an Tarif-Vergleichsportale und Online-Marketing
- Starke Individualisierung und Veränderung der Tarife in kurzen zeitlichen Zyklen
- 7*x*24 Stunden Verfügbarkeit.

Abbildung 5.6 zeigt eine typische Internet-Vertriebsanwendung.

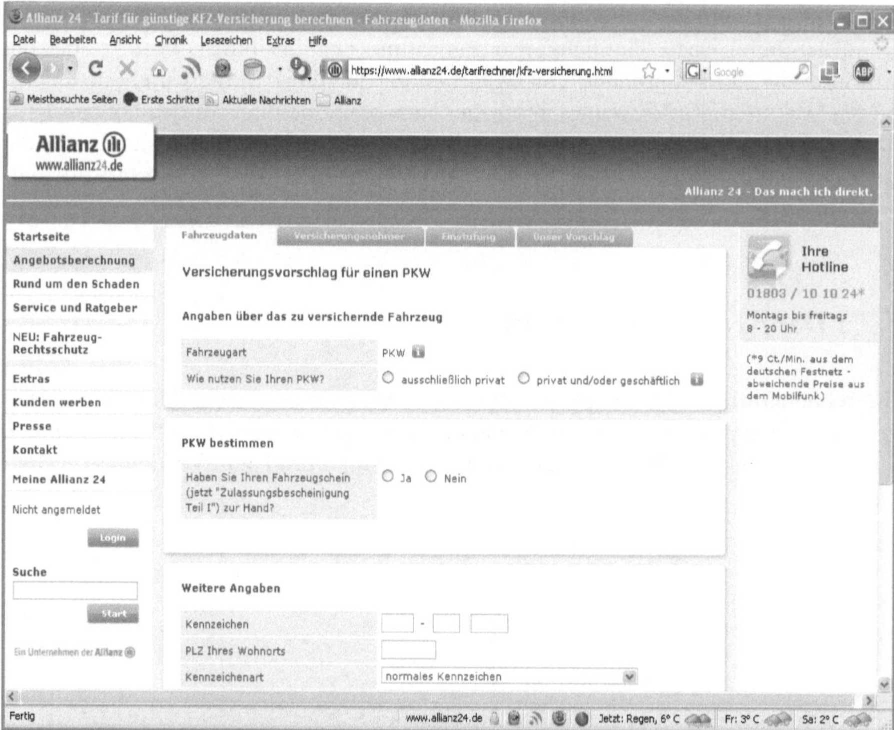

Abb. 5.6 Internet-Verkaufsanwendung

Vergleichbare Anforderungen ergeben sich auch bei neuartigen Vertriebskonzepten über „Kiosk-Systeme“, die Banken-Selbstbedienungsterminals ähnlich sind.

5.2.7 Bündelung an Drittprodukte

Besonders im Bereich der Automobilwirtschaft ist die Bündelung von Versicherungsleistungen an das eigentliche Kernprodukt „Auto“ bereits zum Standard geworden. Autoversicherungen werden entweder als Teil eines „All-Inclusive-Pakets“ verkauft oder zu Sonderkonditionen zusammen mit dem Fahrzeug angeboten.

Auch hier ergeben sich besondere Anforderungen:

- Nahtlose Integration des Versicherungsverkaufs in den Verkaufsprozess des Fahrzeugs (Single Sign On, Datenaustausch)
- Einfache, für Verkäufer im Autohaus geeignete Benutzeroberflächen
- White Label- bzw. Multibranding-Möglichkeiten, um die Versicherung unter der Marke und in der Corporate-Identity des Automotive-Partners anbieten zu können
- Hohe Flexibilität in der Tarifgestaltung, um partner- und saisonspezifische Angebote realisieren zu können.

Wiederum lassen sich diese Anforderungen aufgrund des stationären Charakters dieses Vertriebswegs idealerweise über Online-Portale abbilden, die geeignet in die Systeme der Autohäuser integriert werden. Abbildung 5.7 zeigt ein Beispiel für den beschriebenen Multibranding-Ansatz.

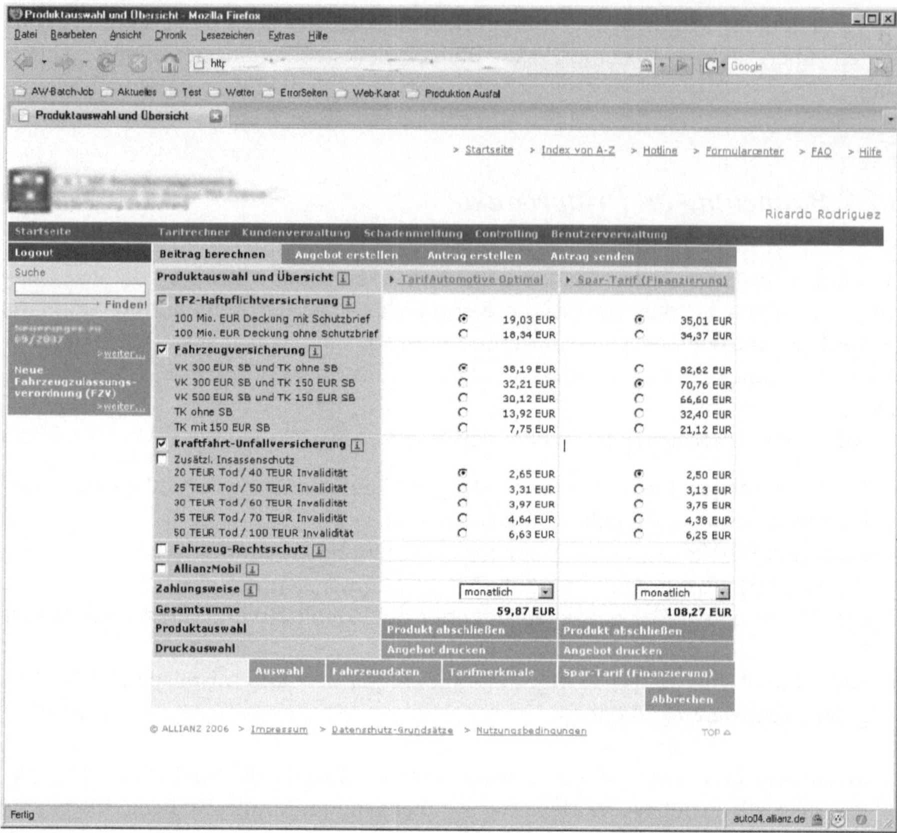

Abb. 5.7 Automotive-Portal

Diese Beispiele zeigen bereits die Vielfalt und die Verschiedenartigkeit der Anforderungen an die Vertriebssysteme. Für die Zukunft ist eher davon auszugehen, dass diese Vielfalt noch weiter steigt.

Von besonderer Bedeutung ist und wird in diesem Zusammenhang ein effizientes Multikanalmanagement, das auf Basis einer kanalübergreifenden Analyse (s. Business Intelligence) die Kundenansprache ggf. gezielt über einzelne Kanäle steuert. Dieses Multikanalmanagement bildet eine wesentliche Herausforderung, sowohl in konzeptioneller Hinsicht als auch für die Integration und Vernetzung der verschiedenen Vertriebssysteme.

Kurzbiographien

Dr. Ralf Schneider ist seit 2006 Leiter des Bereichs Informationstechnologie (CIO) der Allianz Deutschland AG. Er begann seine Laufbahn bei der Allianz 1995 und war u.a. mit der Leitung eines Vertriebsbereichs, der Abteilung Anwendungsentwicklung Agentursysteme, sowie des Fachbereichs Informationssysteme betraut. Ralf Schneider ist Diplom-Mathematiker und promovierte 1992 an der LMU München in Informatik.

Dr. Gerhard Hastreiter leitet seit Anfang 2006 den Fachbereich IT Customers and Sales der Allianz Deutschland AG (ADAG). Mit ca. 300 Mitarbeiterinnen und Mitarbeitern ist er verantwortlich für Entwicklung und Betrieb der Vertriebssysteme, der Online-Portale und den Support der Außendienstsysteme. Nach dem Studium der Physik arbeitete er zunächst in verschiedenen Funktionen in der Anwendungsentwicklung der Allianz, um dann für mehrere Jahre als Abteilungsleiter in den Vertrieb zu wechseln. Aktuelle Schwerpunkte sind u.a.: Prozessoptimierung und -automatisierung am Point of Service, Vereinheitlichung der Portalarchitektur der ADAG, Optimierung der Service- und Supportprozesse sowie die Einführung Agiler Methoden in der Softwareentwicklung.

5.3 Beratungs-und Verkaufsunterstützung

Klaus W. Missy, München, Deutschland
Thomas Wolf, Marzling, Deutschland

Zusammenfassung

Was sind die Anforderungen an Beratungs- und Verkaufsunterstützung, wie kann ein Lösungsansatz der gemäß VVG 2008 und der EU Vermittlerrichtlinie verschärften gesetzlichen Bestimmungen aussehen? Die Themen Befragungs-, Beratungs-, Begründungs- und Dokumentationspflicht werden beleuchtet und der Beratungs- vom Produktverkauf abgegrenzt. Die Antworten im Rahmen dieses Beitrages beruhen auf konkreten Erfahrungen aus der Praxis anhand des seit 2005 produktiven Beratungssystems und seiner aktuellen Neuentwicklung.

5.3.1 Einleitung

Beratung und Verkauf können nicht getrennt betrachtet werden. Das vorherrschende Provisionsmodell (Abschlussprovision) bedingt, dass Versicherungsberatung immer den erfolgreichen Verkauf von Versicherungsprodukten zum Ziel hat.

Beratung wird vom Gesetzgeber seit dem 1.1.2008 vorgeschrieben. Beratung bedeutet in der Praxis, den Bedarf für und die Wirkung von Versicherungsprodukten für die individuelle Kundensituation zu untersuchen und eine Empfehlung auszusprechen. Die hohen Anforderungen an die Qualität der Beratung bedingen bei komplexen Produkten einen angemessenen Einsatz von unterstützender Beratungssoftware.

Beratung ist eine Chance für den Vertrieb, den Verkaufserfolg zu verstetigen und zu verbessern. Die Anforderungen an Beratungssoftware sowie ein Lösungsansatz sind im Folgenden beschrieben. Dabei beschränken wir uns auf das Beratungs- und Verkaufsgespräch, das der Berater (beispielsweise Bankberater, Ausschließlichkeitsvermittler oder Makler) mit einem Privatkunden führt. Besonderen Fokus legen wir auf die Themen und Produkte des Massengeschäftes, bei denen die Beratung zusätzlich zur Tarifierung anerkanntermaßen wichtig ist.

M. Aschenbrenner et al. (eds.), *Informationsverarbeitung in Versicherungsunternehmen*,
Springer-Lehrbuch Masterclass, DOI 10.1007/978-3-642-04321-5_17,

5.3.2 Anforderungen

Sicherheit für den Berater im Umgang mit komplexen Themen

Bedarf und Wirkung von Versicherungsprodukten für den Kunden zu untersuchen, bedingt die Berücksichtigung von gegenwärtigen, zukünftigen und oft auch ungewissen Einflüssen. Beiträge und Leistungen (z.B. Nettorenten) sind häufig Funktionen der Zeit. Zusätzlich wird vom Berater Know-how aus den unterschiedlichsten Fachgebieten erwartet, beispielsweise ein hohes versicherungstechnisches Verständnis für die Inhalte der Sachversicherungen, Steuer-, Arbeits- und Sozialversicherungsrecht für den Bereich der Personenversicherungen etc.

Beratungssoftware kann dem Berater diese Sicherheit geben, Sicherheit dahingehend, dass die Eingaben vollständig und plausibel, die Annahmen transparent und die Ergebnisse richtig sind.

VVG 2008 und Vermittlerrichtlinie effektiv umsetzen

Im Rahmen der Umsetzung der EU-Vermittlerrichtlinie wurde eine Informations- und Beratungspflicht durch den Vermittler gesetzlich vorgegeben. Mit dem neuen VVG wird ab 01.01.2008 diese Pflicht auch auf den Versicherer erweitert. Die gesetzlichen Neureglungen haben neue Aufgaben in das Berufsbild des Vermittlers eingefügt; die Tätigkeit des Vermittlers umfasst nun Versicherungsvermittlung und Beratung. Beratung ist somit eine Zusatzleistung der Vermittlung.

Durch die EU-Vermittlerrichtlinie und das VVG 2008 sind dem Vermittler (Berater) und dem Versicherer umfangreiche Beratungs- und Dokumentationspflichten auferlegt worden. Diese sind in den §§ 6 Abs.1 S.1 und § 61 Abs.1 S.1 VVG 2008 geregelt. Geben Schwierigkeit des Versicherungsproduktes oder die Person des Kunden dazu Anlass, besteht die Verpflichtung, den zukünftigen Kunden nach dessen Wünschen und Bedürfnissen zu befragen und ihn entsprechend zu beraten. Dabei ist zu beachten, dass der Beratungsaufwand in einem angemessenen Verhältnis zu der vom Versicherungsnehmer zu zahlenden Prämie steht. Zusätzlich sind die Gründe für jeden zu einer bestimmten Versicherung erteilten Rat anzugeben. Die Beratung ist weiterhin unter Berücksichtigung der Komplexität des angebotenen Versicherungsproduktes zu dokumentieren. Für Beratungen in den Segmenten Altersvorsorge, Krankenversicherung und gehobenes Sachversicherungsgeschäft sind also vom Berater grundsätzlich die folgenden Pflichten zu beachten:

- Befragungspflicht
- Beratungspflicht
- Begründungspflicht
- Beratungsdokumentationspflicht.

Der Gesetzgeber hat mit diesen gesetzlichen Regelungen den gestiegenen Anforderungen an den Beratungsprozess Rechnung getragen. Die Pflicht zur Dokumentation zwingt zur Sorgfalt und somit zur Durchführung eines strukturierten Verkaufsgespräches unter Einhaltung der geschilderten Pflichten. Die Beratungsleistung gesetzeskonform zu erbringen, beschreibt somit die künftig geforderte Kernkompetenz eines Vermittlers.

Befragungspflicht
Die Befragungspflicht bedeutet, dass der Berater neben der Feststellung des Beratungsanlasses die notwendigen Auskünfte beschafft, die für eine bedarfsgerechte Beratung erforderlich sind. Er muss also die vollständige Kundendatenaufnahme gewährleisten.

Doch was bedeutet „Vollständigkeit"? Der Gesetzgeber formuliert das nicht konkret – Art, Umfang und Intensität der Befragungspflicht bestimmen sich nach dem vom Kunden gesetzten Anlass. Die Versicherungsberatung ist daher dann vollständig, wenn alle beratungsbedingten Einflüsse auf Lebensrisiken, Vermögenssituation und monatliche Ein- und Ausgaben für den Anlass betrachtet werden. Dies gilt nicht nur für die heutige Situation, sondern auch hinsichtlich der Ziele und Wünsche, die der Kunde für die Zukunft hat.

Für die Ist-Situation:

- Personen des Haushalts
- monatliche und jährliche Einkommenssituation
- bestehende Absicherungen, alle versicherten Risiken
- bestehende Vermögenswerte
- monatliche und jährliche Ein- und Ausgaben

... für die Soll-Situation:

- Fragen zu Zielen und Wünschen in Bezug auf seine künftige Lebenssituation
  - Personen des Haushalts (z.B. Eheschließung)
  - Einkommenssituation (z.B. früher Rentenwunsch)
  - Vermögenssituation (z.B. Wohneigentum)
  - Absicherungswunsch für künftige Bedarfssituationen (Lebensabschnitte)
  - Höhe des Versorgungsbedarfs im Rentenalter
- Fragen zum Absicherungswunsch (z.B. gewünschter Deckungsumfang).

Beratungsverpflichtung
Der Berater hat die Verantwortung, den Kunden hinsichtlich seiner Lebensrisiken und seiner Versorgungssituation objektiv und umfassend aufzuklären. Das VVG konkretisiert nicht, welche Risiken faktisch gemeint sind. Inhalt und Umfang richten sich auch hier nach dem vom Kunden gesetzten Anlass.

Für die Beratung von Privatkunden sind folgende Risiken zu berücksichtigen:

- Einkommenssicherung im Alter und bei Berufsunfähigkeit
- Einkommenssicherung für die Hinterbliebenen im Todesfall
- Kosten bei Krankheit
- Einkommenssicherung bei Krankheit
- Kosten für Pflege
- Risiko bei Unfall
- Haftungsrisiken
- Absicherung von Vermögenswerten des Haushalts
- Kosten bei Rechtsstreitigkeiten.

Die jeweilige Risikoanalyse endet regelmäßig mit der Bedarfsermittlung (in der Altersvorsorgeberatung ist dies die sogenannte „Versorgungslückenberechnung“). Jedes Lebensrisiko wird damit individuell bewertet und für den Kunden übersichtlich zusammengestellt.

Die Beratungsverpflichtung verlangt zudem einen Lösungsvorschlag (Produkt- und Vorsorgekonzept) mit dem Ziel, die Risiken für den Kunden abzusichern. Dabei sind an die Empfehlung folgende Ansprüche zu stellen:

- Lösung muss objektiv geeignet sein, den Bedarf des Kunden zu decken
- die Wünsche und Bedürfnisse des Kunden zu berücksichtigen
- aus Sicht des Beraters das „richtige“ Produkt zu finden (Altersvorsorge z.B. nach Rendite oder nach individuellen Kundenwünschen; Sachversicherungen nach Preis-Leistungsverhältnis)
- für den Versicherungsmakler gilt der Grundsatz des „Suitable Advice“ (passende, angemessene Beratung, unter Berücksichtigung objektiver Produktanalysen des Versicherungsmarktes).

Für den Kunden wird das so ermittelte notwendige Produkt- und Vorsorgekonzept dargestellt und hinsichtlich seiner Wirkung analysiert (zusätzliche Absicherung, zusätzlich Kosten).

Begründungspflicht
Diese stellt an den Berater besonders hohe Anforderungen. Der Gesetzgeber wünscht keine verkäuferische Phrasendrescherei, sondern es muss nachvollziehbar dargelegt werden, weswegen gerade das vorgeschlagene Versicherungsprodukt oder Konzept dem Bedarf des Versicherungsnehmers entspricht. Grundsätzlich reicht daher im Rahmen der Beratungspflicht eine Darstellung der nicht abgesicherten Risiken in Verbindung mit einer Produktempfehlung nicht aus, sondern es muss immer ein Zusammenhang zwischen Produkt- und Vorsorgekonzept und dessen Wirkung hergestellt werden (z.B. verbleibende Nettorentenlücke).

Beratungsdokumentationspflicht
Das Beratungsprotokoll ist für den Beratungsprozess verpflichtend und schließt diesen ab. Alle Ergebnisse der Befragung, Beratung und Begründung sind dem

Versicherungsnehmer als Dokumentation vor Vertragsschluss zu übermitteln. Dies schließt insbesondere folgende Inhalte ein:

- Wünsche und Bedürfnisse des Kunden; insbesondere sind Beratungsanlass, Kundenvorstellungen und Bedarf zu erfassen
- Rat – Begründung – Kundenentscheidung; hierzu gehören Risikobewertungen, Komplexität, in Betracht kommende Versicherungsarten, Vermittlerempfehlung und die entsprechende Begründung; die Kundenentscheidung schließt das Protokoll ab.

Eine schematische Zusammenstellung ist vom Arbeitskreis „EU-Vermittlerrichtlinie-Dokumenation" (www.vermittlerrichtlinie.de) entwickelt worden und gilt daher als Anwendungsmaßstab für den Vermittler. Zusätzlich bietet der Arbeitskreis ein Zertifizierungsverfahren an.

Umstritten ist, ob eine formelle Kenntnisnahme durch den Kunden Bestandteil des Beratungsprotokolls ist. Der Gesetzgeber schreibt die Unterschrift des Kunden für das Protokoll nicht vor. Die haftungsmäßig sinnvolle Unterschrift des Kunden sollte jedoch sowohl aus Kundensicht als auch aus Vermittlersicht immer eingeholt werden, da so die Übergabe des Protokolls an den Kunden wirksam dokumentiert werden kann.

Zusammenfassung: VVG und Vermittlerrichtlinie effektiv umsetzen
Die Beratungssoftware ist inhaltlich so zu gestalten, dass Befragungs-, Beratungs- und Begründungspflicht aus Sicht des VVG erfüllt sind. Das Beratungsprotokoll fasst alle Inhalte und Ergebnisse zusammen. Es ist das zentrale Ergebnis der Beratung und wird automatisch durch die Software erzeugt.

Effektive Umsetzung des VVG unter Verwendung von Beratungssoftware bedeutet, dass der Berater sich auf die zu untersuchende Kundensituation konzentrieren kann, Haftungssicherheit und VVG-konforme Protokollierung sind Aufgabe der Beratungssoftware.

Verkaufsargumentationen, die der Kunde versteht und die ihn überzeugen

Mit der Beratung besteht die Chance, den Kunden vom Versicherungsprodukt zu überzeugen. Die Argumentationskette, die der Berater in einer konkreten Kundensituation anwendet, ist entscheidend für den Vertriebserfolg.

Beispiel 1: ganzheitliches Beratungsgespräch, weil Kunde Eigenheim bezieht
Unter Berücksichtung aller relevanten Informationen (vgl. VVG Befragungspflicht) erstellt der Berater für seinen Kunden eine ganzheitliche Risikoanalyse. Er ermittelt den Absicherungsbedarf und erstellt für seinen Kunden einen Lösungsvorschlag. Der Berater geht damit auf die individuelle Situation ein, sowohl in der Analyse als auch für die Lösung.

Beispiel 2: Arbeitnehmerberatungsgespräch zu einer Direktversicherung
Das Beratungsgespräch fokussiert sich auf die Wirkung der Direktversicherung. Der Berater zeigt seinem Kunden, wie sich staatliche Förderung, Zuschüsse des Arbeitgebers und seine Nettobeiträge auswirken. Für den Kunden ist die Beratung besonders gut verständlich, wenn die Darstellung z.B. an einer simulierten Gehaltsabrechnung erfolgt. Auch hier sind alle relevanten Kundendaten für die Berechnung der Wirkung (Nettobeitrag und resultierende Nettorente) zu berücksichtigen.

In der Praxis werden neben den o.g. Verkaufsargumentationen sehr viele weitere eingesetzt. Auf diese möchten wir an dieser Stelle nicht eingehen. Die Konzeption der Verkaufsargumentation und die Entscheidung, welche im Vertrieb eingesetzt werden, hängen von der Strategie der Versicherungsgesellschaft ab. Verkaufsargumentationen ändern sich mit gesetzlichen Rahmenbedingungen, und sie ändern sich, wenn sich die Strategie im Vertrieb oder der Gesellschaft ändert (z.B. schon bei neuen Produkten oder sogar neuen Zusatzprodukten).

Unabhängig von der konkreten Verkaufsstory gilt es den Kunden zu erreichen. In der Praxis heißt dies, vor dem Hintergrund der aktuellen Gesetzeslage und der konkreten Kundensituation den Bedarf für die Absicherung und deren Wirkung dem Kunden auf verständliche Art und Weise zu erklären. Diese Anforderung ist vor allem an den Ausdruck der Beratung zu richten.

Besonders bewährt hat es sich, den Beratungsdruck in mehrere Dokumente zu unterteilen. Damit werden in der Summe die Vorschriften des VVG erfüllt. Gleichzeitig erleichtern graphisch aufbereitete und auf das Wesentliche zusammenfassende Beratungskurzdrucke dem Kunden, die Inhalte zu verstehen. Das Verständnis des Kunden ist Bedingung für den Vertriebserfolg. Folgende Dokumente haben sich bewährt:

- Beratungskurzdruck für die Verkaufsargumentation
- Beratungsdruck (wie Kurzdruck, zusätzlich alle Eingaben und Annahmen)
- Optional Angebote des Lösungsvorschlags
- Beratungsprotokoll für alle Inhalte der Beratung und VVG-konform.

Produktverkauf und Beratungsverkauf
Stark vereinfacht lassen sich zwei Verkaufsargumentationen unterscheiden (s. Tabelle 5.1). Der Produktverkauf kommt immer dann zur Anwendung, wenn der Kunde klar und deutlich eine Zielvorgabe für ein bestimmtes Produkt oder einen Durchführungsweg deklariert. Die Form des Beratungsverkaufs ist immer dann anzuwenden, wenn der Kunde keine klaren Vorstellungen hat, seinen Bedarf noch nicht berechnet hat, sein Risiko nicht kennt oder sogar expressis verbis eine umfassende Beratung in dem jeweiligen Versicherungszweig wünscht.

Tabelle 5.1 Gegenüberstellung Produkt- und Beratungsverkauf

Beratungssituation	Produktverkauf	Beratungsverkauf
Beispiele	„Ich habe einen Hund und benötige eine Tierhalterhaftpflichtversicherung.“ „Bitte ermitteln Sie den für mich optimalen Riesterbeitrag und konzipieren Sie mir ein Angebot.“ „Ich benötige eine Krankenhauszusatzversicherung für 2-Bettzimmer mit Chefarztbehandlung.“	„Ich möchte meine Altersversorgung sichern, mir ist aber nicht klar, welchen Bedarf ich habe und welche Versorgungsform für mich die richtige ist.“ „Ich habe mich selbstständig gemacht und benötige eine Analyse, welche Versicherungen speziell für meine Situation wichtig sind.“
Merkmal	Kunde gibt Produkt vor.	Kunde formuliert themenübergreifenden Absicherungswunsch.
Beratungsziel	Produktbedarf des Kunden konkretisieren und Produkt verkaufen.	Den Bedarf beim Kunden erzeugen, ausgewählte Produkte als Lösungen anbieten.

Bei sehr einfachen Produkten (Reiserücktritt, Tierhalterhaftpflicht, Mopedversicherung usw.) besteht der Verkaufsprozess sehr häufig nur aus dem Tarifierungsprozess. Beratungssoftware kommt nicht zum Einsatz.

Bei Altersvorsorgeprodukten kommt im Rahmen des Produktverkaufs Beratungssoftware zum Einsatz, die die staatliche Förderung beleuchtet.

Je nach Komplexität des Risikoumfangs des Versicherungsproduktes, kommen im Produktverkauf spartenspezifische Risikoanalysen zum Einsatz. Diese konkretisieren den Bedarf des Kunden für das angefragte Produkt.

5.3.3 Lösungsszenario

Besonders gut erfüllt die Beratungssoftware die bisher beschriebenen Anforderungen dann, wenn sie sich in den Arbeitsalltag des Versicherungsvermittlers einfügt, also mit den umgrenzenden Prozessen zusammenarbeitet. Softwaretechnisch erfordert dies eine hohe Integration (s. Abb. 5.8).

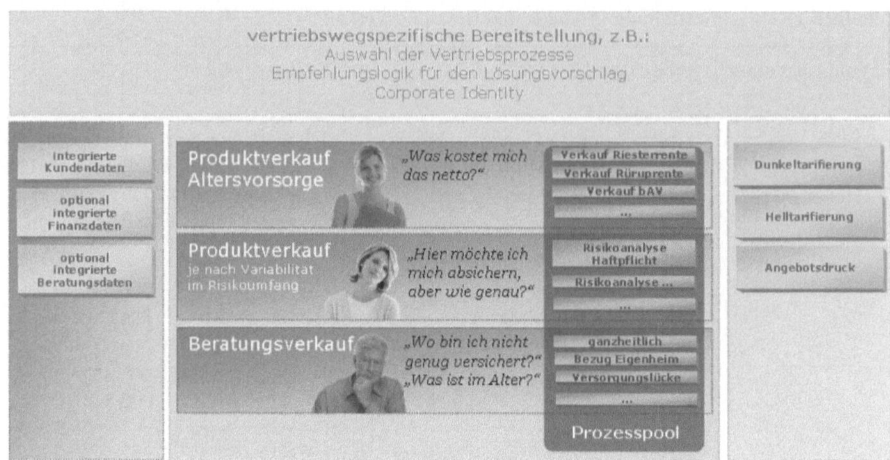

Abb. 5.8 Lösungsüberblick

Schnittstelle zum Agentursystem

Die Beratungssoftware geht auf die individuelle Kundensituation ein. Nicht zuletzt aus der Befragungspflicht ergibt sich ein umfangreiches Datenmodell, das der Summe der Beratungsprozesse (Argumentationsketten) zugrunde liegt. Stark vereinfacht lassen sich drei Ebenen von Kundendaten aus Sicht der Beratungssoftware unterscheiden:

- Kundendaten oder Stammdaten (z.B. Name, Anschrift)
- Finanzdaten (z.B. Einkommensdaten und bestehende Absicherungen)
- Beratungsdaten (z.B. gewünschter Umwandlungsbetrag in die bAV).

Je nach gewünschter Integrationstiefe des Beratungssystems gibt es verschiedene Möglichkeiten. Werden nur die Stammdaten integriert, ist der Programmieraufwand (Erstellung und Pflege) am geringsten. Optional kann die Integrationstiefe erhöht werden. Der Nutzen für den Berater ergibt sich dadurch, dass die erfassten Finanz- und Beratungsdaten dann auch in anderen Prozessen der Agentur zur Verfügung stehen. Dies ist im Einzelfall abzuwägen. Für die Ersteinführung hat sich in der Praxis die Integration der Stammdaten als ausreichend herausgestellt.

Schnittstelle zu den Tarifprogrammen

Die Argumentationsketten oder Vertriebsprozesse führen immer zu einem Lösungsvorschlag für den Kunden. Dieser wird bezogen auf seine absichernde Wirkung für die konkrete Kundensituation im Rahmen des Vertriebsprozesses dargestellt (z.B. für den Verkauf einer Riesterrente werden sowohl Nettobeitrag als auch Nettorente in der Argumentationskette verwendet).

Stark vereinfacht ergeben sich damit zwei grundsätzliche Funktionen oder Services, die das Beratungssystem von den verschiedenen Tarifierungsprogrammen benötigt:

- Dunkeltarifierung: Beitrags- oder Leistungsberechnung ohne den Beratungsprozess zu verlassen. Beispiel: Berechnung eines Versorgungsmixes im Rahmen der Altersvorsorgeberatung um die Altersvorsorgelücke zu schließen. Die Berechnung erfolgt mit allen Daten der Beratung. Für die verbleibenden Tarifparameter verwendet die Dunkeltarifierung Defaultwerte.
- Helltarifierung: Im Ergebnis empfiehlt der Beratungsprozess ein Produkt- bzw. Absicherungskonzept. Dieses wird über die Helltarifierungsschnittstelle an den Tarifierungsprozess übergeben. Im Tarifierungsprozess kann der Berater das rechtsverbindliche Angebot erzeugen und in diesem Zusammenhang auch die verbleibenden Tarifparameter feinjustieren. Optional kann das Ergebnis der Tarifierung in den Beratungsprozess zurückgespielt werden (Helltarifierung mit Vorwärts- und Rückwärtsrichtung).

Die Schnittstelle zwischen Beratungsprozess und Tarifierungsprozess ist eine sehr entscheidende zentrale Funktion. Fachlich ist hier auch die Empfehlungslogik zuzuordnen. Die Empfehlungslogik bestimmt die Lösung, die die Beratungssoftware erzeugt. Damit ist die Empfehlungslogik die softwaretechnische Umsetzung der Vertriebsstrategie der Versicherungsgesellschaft („Herr Mustermann, bezogen auf Ihre persönliche Situation empfehlen wir Ihnen folgende Produkte unseres Hauses.“).

Argumentationsketten ändern sich, Produkte ändern sich, jedes Mal ist die Schnittstelle zwischen Beratungsprozess und Tarifierungsprozess betroffen. Um den Pflegeaufwand der Schnittstelle praxisgerecht zu dimensionieren, hat es sich bewährt, unterschiedliche Integrationstiefen und damit unterschiedlichen Schnittstellenkomfort dem Vertrieb zur Verfügung zu stellen. Die Integrationstiefe sollte immer dann hoch sein, wenn der Beratungsansatz besonders häufig eingesetzt wird. Dies gilt für den Verkauf von staatlich geförderter Altersvorsorge. Der ganzheitliche bedarfsorientierte Verkauf kann mit der Empfehlung enden, da vor dem Angebotsprozess sehr häufig eine Priorisierung durch den Kunden erfolgt. Die folgende Abb. 5.9 zeigt den Zusammenhang zwischen Schnittstellenkomfort und Beratungsanteil.

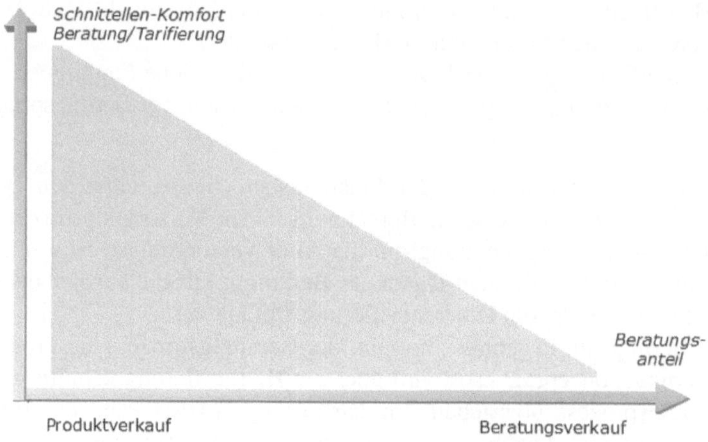

Abb. 5.9 Zusammenhang zwischen Schnittstellenkomfort und Beratungsanteil

5.3.4 Ausblick

Auch über die aktuellen Maßnahmen hinaus wird die Qualität der Beratung im Versicherungsverkauf weiter steigen. Sowohl vom Gesetzgeber als auch vom Kunden gefordert, müssen die Beratungsergebnisse immer exakter die individuelle Kundensituation widerspiegeln. Dies ist ein stetiger Prozess, der permanente Verbesserungen sowohl bei Ausbildung der Berater als auch bei deren Softwareinfrastruktur erforderlich macht.

Kurzbiographien

Klaus W. Missy leitet die Abteilung Vertriebskoordination der Generali Versicherung AG, München. Nach seinem Studium der Betriebswirtschaftslehre an der Universität Mannheim war er seit 1994 in unterschiedlichen Vertriebsbereichen der (heutigen) Generali Versicherungen tätig und verantwortet heute die Prozessoptimierung und Weiterentwicklung im Bereich der „Technischen Vertriebsunterstützung" in der Generali Deutschland-Gruppe.

Thomas Wolf ist Mitglied des Vorstandes der i.S^2 AG. Seit seinem Studium der Elektrotechnik an der Fachhochschule in Landshut ist er in verschiedenen Positionen bei i.S^2 tätig gewesen. Im Jahr 2000 übernahm er die Leitung des Vertriebes und gehört seit 2001 der Geschäftsführung bzw. dem Vorstand an.

Literaturverzeichnis

(Beenken u. Sandkühler 2007): Beenken M, Sandkühler H-L, Das neue Versicherungsvermittlergesetz. Karlsruhe 2007
Deutscher Bundestag Drucksache 16/1935, 2006
(Doetsch 2003): Doetsch P, Auskunfts- und Informationspflichten von Arbeitgeber und externem Versorgungsträger bei der betrieblichen Altersversorgung, Betriebliche Altersversorgung 1/2003, S. 48 ff
(Drols 2007): Drols W, Wenn Fehler zu Fallen werden S. 48 ff, Versicherungsmagazin 7/2007
(Evers u. Stallbaum 2008): Evers J., Stallbaum S., VVG-Reform: Auswirkungen auf die Vermittlung von bAV-Produkten, Haufe Praxishandbuch Betriebliche Altersversorgung, Freiburg 2008
(Meixner u. Steinbeck 2008): Meixner O, Steinbeck R, Das neue Versicherungsvertragsrecht. München 2008
(Warth et al. 2006): Warth W., Beenken M., Graffe J., Altersvorsorge-Beratung und Vermittlerrichtlinie. Versicherungswirtschaft Heft 4/2006 S. 313 ff
(Warth u. Beenken): Warth W., Beenken M. in www.warth-consulting.de, Altersvorsorge – Kundenorientierung wird zum Pflichtprogramm. S. 1 ff

5.4 Customer Relationship Management: Bildung und Umsetzung eines Kundenwertmodells

Adrian Allemann, Dr. Yves-Laurent Grize, Dr. Franz Josef Kaltenbach,
Basel, Schweiz

Zusammenfassung

In einem wettbewerbsgeprägten Marktumfeld müssen auch Versicherungskunden von einem Profitabilitätswinkel aus betrachtet werden, d.h. es wird eine Gesamtbewertung der Kunden verlangt.
Im ersten Teil dieses Kapitels wird auf die generelle Problematik der Bildung eines Kundenwertmodells bei Versicherungsunternehmen eingegangen. Insbesondere werden folgende Punkte angesprochen:

- welche möglichen Ansätze bestehen dazu,
- welche technischen Voraussetzungen müssen erfüllt werden,
- welche Auswirkungen auf das Unternehmen entstehen daraus,
- welche methodologischen Ansätze stehen zur Verfügung.

Weiter wird ein illustratives Beispiel, welches das Cross-Selling Potenzial von Kunden berücksichtigt, beschrieben.
Der zweite Teil ist der konkreten Umsetzung eines Kundenwertmodells gewidmet. Dort liegt der Fokus in der Anwendung des Modells im Vertrieb.
Alle Erläuterungen basieren auf den praktischen Erfahrungen, welche die Autoren bei der Implementierung eines Kundenwertmodells bei der Basler Versicherung AG gesammelt haben.

5.4.1 Problemstellung

Die Messung des Wertes eines Versicherungskunden – im Nachfolgenden auch Kundenwert genannt – ist keine einfache Aufgabe. Schon deshalb nicht, weil die genaue Bemessung des Wertes einer einzelnen Police – im Leben- wie im Nichtleben-Bereich – bekanntlich schwierige Probleme aufweist. Das Besondere bei Versicherungsprodukten ist die Tatsache, dass der gerechte Preis einer einzelnen

M. Aschenbrenner et al. (eds.), *Informationsverarbeitung in Versicherungsunternehmen*,
Springer-Lehrbuch Masterclass, DOI 10.1007/978-3-642-04321-5_18,

Police nur nachträglich bekannt wird (genaue Schadenhöhe erst nach dem Verkauf der Police bekannt). Wenn schon im Fall einer einzigen Police Schwierigkeiten auftreten, kann man dann überhaupt erwarten, dass für die Messung der Werte aller Policen eines Kunden eine praktikable Lösung gefunden werden kann?

Die Antwort ist glücklicherweise JA! Und wie es oft der Fall bei Modellbildungsaufgaben ist, liegt der Schlüssel dieser Herausforderung in dem im Voraus klar definierten Zweck der Modellbildung: Wozu soll das Kundenwertmodell tatsächlich benutzt werden?

Das Modell wird vor allem zur Maßnahmenableitung benutzt, sei es von strategischer, verkaufsfördernder oder sanierungsunterstützender, aber nicht finanzrechtlicher Art. Deshalb braucht der Kundenwert nicht genau, sondern nur „genügend genau" bestimmt zu werden. Schlussendlich ist eine Klassifikation der Kunden nach ihren Werten das Hauptziel. Die Werte selbst, obwohl durchaus wesentlich und informativ, sind letztlich sekundär. Die Höhe des Levels der erforderlichen Genauigkeit ist eine firmenspezifische Entscheidung, die Strategie, Ressourcen und Produkte berücksichtigen muss. Dabei wird oft ein schneller, pragmatischer und teils ungenauer Ansatz einer komplexen genauen Lösung vorgezogen.

5.4.2 Bildung eines Kundenwertmodells

5.4.2.1 Ansätze

Es gibt zwei fundamental unterschiedliche Ansätze zur Berechnung des Kundenwertes. Der erste Ansatz ist aktuarieller Art: Es werden die monetären Werte aller Policen eines Kunden zu einem bestimmten Zeitpunkt berechnet und addiert. Der zweite Ansatz geht dagegen eher vom Kunden als Ganzes aus und basiert auf einer oder mehreren Dimensionen des Kundenwerts. Die meistverwendeten Dimensionen sind Loyalität, aktueller Wert und Zukunftswert.

Das Procedere sieht vor, Indikatoren zu diesen Dimensionen zu suchen und die Kunden anhand dieser Indikatoren zu scoren (s. Kap. 5.4.2.9). Letztlich werden die erhaltenen Scores pro Kunde einfach addiert.

5.4.2.2 Zeitabhängigkeit

Man muss beachten, dass sich Kundenwerte mit der Zeit ändern. Dies geschieht nicht nur, weil Kunden ihre Policen ändern, sich Schäden ereignen oder Leistungen bezahlt werden, sondern auch weil sich Kunden selbst ändern: Alter, Vermögen, Wohnort usw. Deshalb müssen Kundenwerte zwangsläufig periodisch überprüft bzw. vor jedem Gebrauch neu berechnet werden. Wie man mit dieser Zeitabhängigkeit der Kundenwerte, insbesondere wegen der auf Kundenwerten basierenden Maßnahmen umgeht, muss im Voraus sorgfältig geplant und kommuniziert werden.

5.4.2.3 Relevanz einer Kundensegmentierung

Um eine gewisse Stabilität in der Kundenbeurteilung zu erhalten, einerseits wegen der Zeitabhängigkeit der Werte, insbesondere aber auch wegen des rein zufälligen Charakters eines Schadeneintritts, werden in der Regel die Kundenwerte in drei bis fünf Klassen gruppiert. Dadurch entsteht eine Segmentierung der Kunden, die die Basis für alle abgeleiteten Maßnahmen bildet. Diese bewusst gewählte Trägheit (zwecks Stabilitätsgewinnung) führt bei kleineren Modelleinflüssen zu keiner großen Änderung im Kundenwert und hat daher keine direkte Konsequenz für den betroffenen Kunden.

5.4.2.4 Technische Voraussetzungen

Die Hauptvoraussetzung für die Erstellung eines Kundenwertmodells ist das Vorhandensein einer zentralen Datenbank (Data-Warehouse), in der alle relevanten Daten zusammengefasst vorhanden sind. Dies kann in der Praxis einige Schwierigkeiten bereiten, da die benötigten Daten oft in unterschiedlichen Systemen gespeichert sind: z.B. in Vertrags-, Schaden/Leistungs- und Partnerverwaltungs-Datenbanken. Außerdem setzt dieses unabdingbare Zusammenbringen der Daten zusätzlich voraus, dass die Zuordnung von jedem einzelnen Versicherungsvertrag zu einem Kunden möglich ist. Die eindeutige Identifikation eines Kunden mit Hilfe seiner Kundennummer kann problematisch sein, wenn ein Kunde verschiedene Kundennummern hat. Ursachen dafür können einerseits technischer oder praktischer Art sein, wie z.B. die unterschiedliche Schreibweise des Namens oder das Vorhandensein von unterschiedlichen Adressen. Anderseits können sie auch konzeptioneller Art sein. Dies ist z.B. der Fall, wenn der gleiche Versicherungsnehmer geschäftliche Verträge als Firmenbesitzer einer Einzelfirma und privatrechtliche Verträge als Privatperson abgeschlossen hat, oder auch wenn Verträge mit unterschiedlichen Teilen des gleichen Haushaltes (Ehemann, Ehefrau usw.) unterschrieben wurden. Die Bereinigung solcher Mehrfachvergaben von Kundenummern (sogenannten Dubletten) ist eine Daueraufgabe.

Die Berechnung der Kundenwerte erfolgt typischerweise im Data-Warehouse, und sie können von da aus für viele unterschiedliche Auswertungen als Selektionsmerkmal herangezogen werden. Hinzu kommt die Weitergabe der Kundenwerte an die wichtigsten Verwaltungssysteme (Vertragsverwaltung, Partnerverwaltung, Schaden/Leistungs-System), wo letztlich die Kundensegmentierung in den Arbeitsprozessen berücksichtigt wird. Die Aktualisierung der Datenbestände im Data-Warehouse ist daher ein wichtiger Punkt, der sorgfältig geregelt werden muss. Entweder werden kurz vor jeder Berechnung eines Kundenwertes alle benötigten Daten des Kunden aktualisiert oder alle Daten der Kunden werden in einem bestimmten vorgegebenen Rhythmus (z.B. monatlich) aktualisiert und die Kundenwerte somit erneut berechnet. Wenn die Kundenwerte in weitere Systeme (z.B. in einem Service-Center) einfließen, dann müssen auch diese weiteren Prozesse klar definiert werden. Insbesondere ist zu prüfen, ob überhaupt alle Systeme gleichzeitig nachgeführt werden können. Ist das nicht der Fall, muss beachtet werden, dass während einer relativ kurzen Zeit (innerhalb Wochenfrist) unterschiedliche Werte für den gleichen Kunden in verschiedenen Systemen auftreten können.

5.4.2.5 Auswirkung auf die Organisation des Unternehmens

Die effektive Implementierung und Anwendung eines Kundenwertmodells zwingt sehr unterschiedliche Bereiche eines Versicherungsunternehmens, zusammenzuarbeiten: Insbesondere müssen Sparten, Aktuariat, Marketing und Informatik alle ihre Kompetenzen einbringen können. Dies verlangt eine hohe Flexibilität in der Organisationstruktur. Es kann der Fall sein, dass die ganze Organisation durch die Einführung eines Kundenwertmodells und die damit verbundene konsequente Ausrichtung auf die Kunden beeinflusst wird. Langfristig jedoch entwickelt sich eine gemeinsame Sprache und eine kundenorientierte Firmenkultur.

Zudem kann in einem stark wettbewerbsgeprägten Marktumfeld die Einführung eines Kundenwertmodelles einen bedeutenden kompetitiven Vorteil bringen.

5.4.2.6 Scoring

Scoring von Kunden heißt, jedem Kunden eine Zahl zuordnen. Diese Zuordnung erfolgt am besten durch Anwendung eines statistischen Modells. In einer ersten Phase geht es darum, ein Modell zu bilden, d.h. die wichtigsten relevanten Kundeninformationen müssen ausgesucht und der Mechanismus für die Formulierung einer interessanten Voraussage festgelegt werden (wie Cross-Selling-Potenzial oder Schätzung der Loyalität). In einer zweiten Phase wird aufgrund neuer Daten die bestmögliche Voraussage, d.h. der möglichst richtige Score für die untersuchte Zielgröße hergestellt (s. Abb. 5.10).

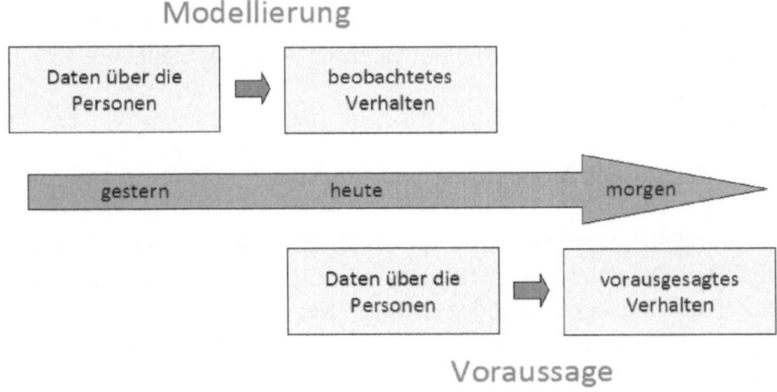

Abb. 5.10 Spannungsfeld zwischen Modellierung und Voraussage

In beiden Phasen kommen die Methoden der multivariaten Statistik zum Einsatz. Werden nur sogenannte univariate Verfahren angewendet (d.h. es wird nur ein Kundenmerkmal allein untersucht, unabhängig von den Ausprägungen anderer Merkmale), besteht die Gefahr, relevante Wechselwirkungen zu übersehen. Ein Beispiel soll dieses wichtige Konzept illustrieren: Die Anzahl Verträge eines Kunden stellt sicher eine nützliche Information zu seiner Loyalität dar. Das Gewicht dieser Information ist aber auch altersabhängig: Um die gleiche „Loyalität" bei einem jüngeren Kunden als bei einem Älteren zu erhalten, müssen mehr Verträge bei Jüngeren in die Überlegungen einbezogen werden. Berücksichtigt man diese sogenannte Wechselwirkung zwischen Anzahl Verträgen und Alter nicht, ist die Aussagekräftigkeit des Modells stark beeinträchtigt. Solche Synergien zwischen Merkmalen (hier zwischen Anzahl Policen und Alter) müssen explizit modelliert werden; insbesondere werden sie auch dann nicht berücksichtigt, wenn beide Merkmale einzeln im Modell vorhanden sind.

Die üblichen multivariaten statistischen Verfahren, um Wechselwirkungen zu modellieren, sind die multivariate Regression, die logistische Regression, verallgemeinerte lineare Modelle und Klassifikationsbäume.

Die Anwendung dieser Methoden auf sehr große Datensätze sprengt den Rahmen der klassischen Statistik und gehört zum Gebiet des sogenannten Data Minings (s. auch Kap. 5.13.). Wegen der Größe der zu verarbeitenden Datenmengen werden hier Spezialsoftware-Tools benötigt, die auf effiziente Weise die Zusammenstellung der Daten sowie alle erforderliche Berechnungen erledigen. Verschiedene Firmen haben dafür spezialisierte Software-Lösungen entwickelt, die es auf komfortable und schnelle Weise ermöglichen, Daten zu extrahieren, zu bereinigen, zu aggregieren und auszuwerten. Nicht zu vernachlässigen ist letztlich die Abstimmung der praktischen Implementierung der Scoring-Modelle mit den anderen Routineabläufen im Data-Warehouse. Diese Phase heißt „Deployment" und besteht in der automatischen Vorbereitung der Daten, der systematischen Neuberechnung der Kundenwerte und der Bereitstellung der Daten für alle Anwender.

Hier können wieder Tools eingesetzt werden, die genau für diese Tätigkeit konzipiert wurden. Die besten Softwarelösungen decken meistens alle Schritte zusammen ab: Datenaufbereitung – Modellentwicklung – Deployment.

5.4.2.7 Komplexität von Versicherungsprodukten

Kundenwertmodelle werden heute in unterschiedlichen Wirtschaftsbranchen, mehrheitlich bei Dienstleistungsfirmen, wie z.B. Supermärkte, Telekommunikationsfirmen, Tourismusbetriebe oder Banken verwendet. Versicherungsprodukte weisen aber gewisse Spezialitäten auf, welche die Komplexität der Bildung eines Kundenwertmodells erhöhen.

1. Heterogenität der Produkte (Risiko- und Kapitalversicherungen): Lebens- und Schadenversicherungen wie Haftpflicht oder Hausrat oder Personenversicherungen wie Invalidität, Krankheit oder Altersvorsorge werden fundamental anders bewertet, d.h. es müssen mehrere Modelle entwickelt werden.
2. Heterogenität der Kunden: Natürliche Personen, Familien, Kleinfirmen (Familienbetriebe) oder Großkonzerne können nicht mit den gleichen Scoring-Modellen abgebildet werden.
3. Komplexität der Bewertung von Schäden per se: Sowohl die Langfristigkeit der Schadenabwicklung wie auch der Zufallscharakter eines Schadeneintrittes stellen beide hohe Anforderungen für eine korrekte Modellierung dar.

5.4.2.8 Spannungsfeld Kundenwert und Tarifierung

Eine zentrale Aufgabe in der Tarifierung liegt in der Risikobewertung (Risikoprämie als Erwartungswert des zukünftigen Schadenaufwands). Es stellt sich natürlich die Frage, ob der Kundenwert nicht auch ein nützliches Element eines Tarifs sein sollte. Dies ist aber nicht der Fall, da alle risikorelevante Informationen, die der Kundenwert beinhaltet, besser als Risikomerkmale direkt in einem risikogerechten Tarif einfließen sollten. Die nicht risikorelevanten Merkmale gehören nicht in einen Tarif. Somit dürfte es klar sein, dass der Kundenwert kein adäquates Tarifmerkmal ist. Dass der Kundenwert ein wichtiges Pricing-Element darstellen kann und soll, ist unbestritten. Beispielsweise kann der Kundenwert durchaus eine Rolle beim endgültigen Preis spielen, den ein Kunde für seine Versicherung bezahlt. So können Konfliktsituationen entschärft werden, wenn z.B. ein hochwertiger Kunde in einer sehr teuren Risikogruppe eingestuft wird.

5.4.2.9 Beispiel eines Kundenwertmodells

Ein Kundenwertmodell kann auf unterschiedliche Weise aufgebaut werden. Eine einfache Möglichkeit besteht darin, separate Modelle für den aktuellen und für den zukünftigen Wert zu bilden. Der aktuelle Wert kann auf Grund des Gewinnbeitrags abgebildet werden, vielleicht zusammen noch mit einer Komponente für Loyalität, die z.B. auf Grund der Dauer der vorhandenen Kundenbeziehung oder der Anzahl unterschiedlicher Produkte eines Kunden geschätzt werden kann. Unterschiedliche Niveaus der Komplexität können bei der Gewinnbeitragsermittlung gewählt werden (welche Kosten werden berücksichtigt, welche Zeitperiode wird betrachtet, mit welcher Genauigkeit wird die Profitabilität der Leben-Produkte ermittelt usw.).

Der Zukunftswert kann auf unterschiedliche Weise, allerdings nur mit stochastischen Modellen berechnet werden: z. B. als erwarteter Wert aller zukünftigen Beiträge der aktuellen Produkte oder als Cross-Selling-Wahrscheinlichkeit oder als Kombination dieser beiden Modelle.

Als Illustration wird hier mehr im Detail erläutert, wie ein Modell für Cross-Selling aufgebaut werden kann. Dadurch soll ersichtlich werden, welche Daten mit welcher Genauigkeit und welchem Historisierungsgrad vorhanden sein müssen.

1. Zusammenstellen der Datenbasis
   Alle potenziellen, relevanten Kundenmerkmale müssen zu einem bestimmten Zeitpunkt für den Kundenbestand vorhanden sein, wie z.B. Alter, Geschlecht, Zivilstand, Kundenverweildauer, schon vorhandene Produkte oder Branchen, Gesamtprämien (Einzelleben, Kollektivleben), Details zu den Risiko-Objekten (Fahrzeug, Haus, Leben-Police usw.), Zeitspanne seit letztem Schaden etc. Als Modellierungsgröße Y wird typischerweise eine binäre Variable gebildet, die beschreibt, ob der Kunde in der untersuchten Zeitperiode ein weiteres Produkt gekauft hat (Y=1) oder nicht (Y=0).

2. Konstruktion des Modells
   Mit statistischen Methoden wird ein Modell bestimmt, um den Erwartungswert der Zielgröße zu modellieren (z.B. eine logistische Regression). Dabei wird meistens nur ein Teil aller vorhandenen Kundenmerkmale benötigt und auch nur ein Teil der Daten verarbeitet (der andere Teil wird in der Phase C unten benutzt). Mehrere Fallgruben sind in diesem Prozess zu vermeiden: Gefahr der Überanpassung, Bildung von Tautologien, Berücksichtigung von Verzerrungen aufgrund der typischen Unausgewogenheit der zwei Kundenbestände mit Y=1 und Y=0.

3. Validierung des Modells
   Mithilfe der Daten, die nicht bei der Konstruktion des Modells verwendet wurden, muss anschließend das erhaltene Modell validiert werden, d.h. die Zuverlässigkeit der Voraussagen muss unabhängig getestet werden und eine genü-

gende Qualität aufweisen (eine Beurteilung mit einer sogenannten Lift-Kurve empfiehlt sich hier).

4. Anwendung des Modells mit den aktuellsten Daten
   Letztlich wird das gebildete Modell auf die aktuellsten Daten angewendet, um die Voraussagen herzustellen. Es muss natürlich die Annahme gelten, dass sich das Kundenverhalten innerhalb der manchmal nicht sehr kurzen Modellierungs-Periode (ein bis zwei Jahre, um genügend Daten zu haben) sowie der Periode, für welche die Voraussage gültig ist, nicht allzu sehr verändert hat.

5. Pflege des Modells
   Das Modell wird in regelmäßigen Abständen neu angepasst, wobei dieser Prozess jetzt viel weniger aufwändig als die ursprüngliche Modellbildung (Phasen 1 bis 3) ist und schon innerhalb von Tagen berechnet und implementiert werden kann. Voraussetzung dafür ist natürlich, dass man über die entsprechenden Tools verfügt.

5.4.3 Umsetzung eines Kundenwertmodells

5.4.3.1 Einführung eines Kundenwert-Modelles in der Versicherungsunternehmung

Die Einführung eines Kundenwert-Modells in einem Versicherungsunternehmen verlangt wie auch in anderen Unternehmungen hohe Anforderungen an alle Bereiche, was teilweise ein drastisches Umdenken erfordert. Es versteht sich von selbst, dass diejenigen Kunden mit dem besten Kundenwert genau die Kunden sind, welche für die Gesellschaft am interessantesten sind. Die entsprechend zuvor definierte Strategie, den Anteil Zielkunden auszubauen und in diesem Kundensegment zu wachsen, klingt entsprechend einfach. Wie der Aufbau eines Kundenwert-Modells Herausforderungen in sich birgt, gilt dies ebenso für eine erfolgreiche Umsetzung. Neben dem passenden Modell sind hierfür viele weitere Faktoren erforderlich.

Die Akzeptanz des Modells, insbesondere im Vertrieb einer Versicherungsgesellschaft, ist mitunter der Erfolgsfaktor. Auch die Sichtweise der einzelnen Spartenverantwortlichen muss sich, insbesondere im Pricing, aber auch in den Arbeitsprozessen der Kundensicht anpassen. Die Strategie muss von allen Seiten getragen und auf oberster Stufe vorgelebt werden. Da dieses Umdenken nicht von heute auf morgen erfolgt, ist es notwendig, dass diese Stoßrichtung bis zur Institutionalisierung aktiv begleitet und über längere Zeit geplant wird. Das Kundenwert-Modell bildet somit klar einen Teil der Strategie. Der Projektausschuss, welcher das Voranschreiten der Themen steuert, muss entsprechend aus allen betroffenen Geschäftsleitungsbereichen zusammengesetzt werden und sich aktiv in der Kommunikation dem Thema stellen. Die Prozesse, die Zielsetzungen (auch gehaltsrelevante) und die Maßnahmen zur Erreichung der Ziele müssen auf Basis der Gesamtkundensicht erfolgen.

Ein beratendes Gremium, worin direkt betroffene Mitarbeiter aus Vertrieb und der jeweiligen Bereiche und Branchen vertreten sind, kann die Projektleitung und den Projektausschuss mit möglichen Lösungsansätzen unterstützen. Weiter erhält man frühzeitig Feedback über die zu erwartende Akzeptanz und die Umsetzungsmöglichkeiten. Für die langfristige Sicherstellung der Qualität des Modells ist es ebenfalls erforderlich, dass man in regelmäßigen Abständen mit den betroffenen Sparten und Bereichen einen Informationsaustausch betreibt, um rechtzeitig neue Produkte oder Anpassungen in den Verwaltungssystemen im Modell zu berücksichtigen.

5.4.3.2 Zielvorgaben im Vertrieb

Die Steuerung des Vertriebes einer Versicherungsgesellschaft funktioniert seit jeher vielfach über die Provisionierung/Courtagierung des Neugeschäftes. Diese eindimensionale Sicht reicht für eine konsequente Zielkundenstrategie nicht aus, da jeder Vertriebsmitarbeiter in der Regel ungeachtet der vorgegebenen Kundensegmente da agiert, wo er selbst das Abschlusspotenzial und somit die Verdienstmöglichkeit erahnt.

Die Berücksichtigung des betreuten Bestandes nach Kundensegmenten ist im Rahmen einer Zielkunden-Strategie ein zwingendes Merkmal im Gehaltsmodell. Die weiteren Ziele wie Wachstum, Stornoquote, Erneuerungsquote und mehr müssen als Ganzes der übergeordneten Zielkunden-Strategie entsprechen. So werden Mitarbeiter im Vertrieb besser entschädigt, wenn sie einen hohen Anteil Zielkunden betreuen. Die Messung kann hierbei entweder über eine einfache Messung des relativen Anteils an Zielkunden vorgenommen werden oder mittels Punktesystem, worin Zielkunden mit mehr Punkten gewichtet werden als andere. Die Summe aller Punkte kann daraufhin mittels einer Erhöhungsskala für die Portefeuille-Entschädigung verwendet werden (s. Abb. 5.11).

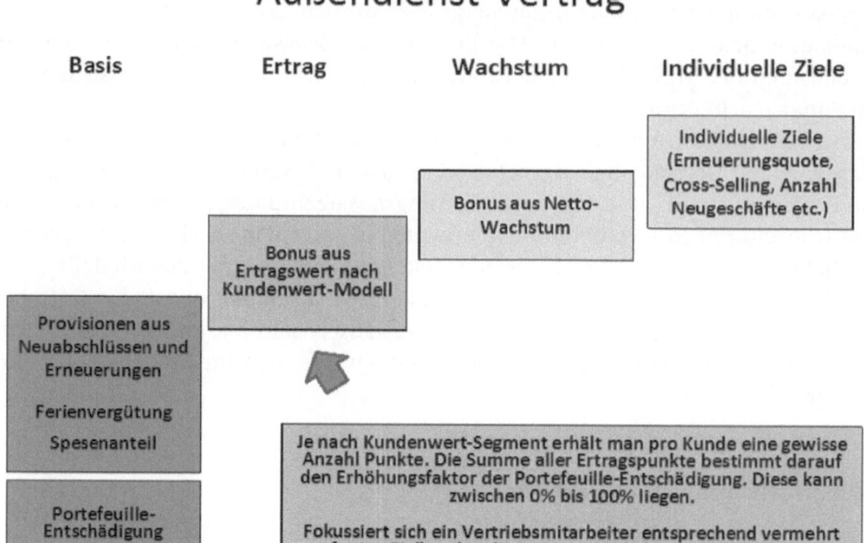

Abb. 5.11 Mögliche Entschädigungs-Komponenten eines Außendienst-Vertrags

Voraussetzung für ein derartiges Ziel in diesem Kontext ist es, dass es den jeweiligen Kundenberatern möglich ist, die Entwicklung eines Kundenwertes durch zusätzliche Verträge oder Steigerung des Volumens maßgeblich zu beeinflussen.

Um größere Modellschwankungen aufgrund von Großereignissen (Hagelschäden, Überschwemmungen) ausgleichen zu können, bietet sich weiter ein Entschädigungsmodell an, welches einen Ranglistenvergleich mit anderen regional betroffenen Vertriebsmitarbeitern berücksichtigt. Weiter ist zu beachten, dass bereits anderweitige Ziele wie z.B. Cross-Selling dazu führen, dass sich der Kundenwert eines betreuten Kunden verbessern kann. Derartige Ziele ergänzen daher bereits bestehende Vorgaben.

Unterstreicht das Kundenwert-Modell bereits die früheren Stoßrichtungen, so müsste auch der Bestand eines guten Vertriebsmitarbeiters bereits eine hohe Dichte an Zielkunden aufweisen, was die Akzeptanz von derartigen Vertragsänderungen beim Vertrieb positiv beeinflusst.

5.4.3.3 Betreuung nach Kundensegmenten

In vielen Dienstleistungsbetrieben, insbesondere bei den Banken, wenn auch vor allem volumenorientiert, werden unterschiedliche Formen der Betreuung je nach Kundensegment wahrgenommen. Mittels Kundenwert-Modell, das eine Beurteilung der aktuellen und der potenziellen Kundenbeziehung liefert, kann der Vertrieb aktiv in der Selektion der anzugehenden Kunden unterstützt werden. Kunden ohne ersichtliches Abschlusspotenzial und mit einfachen Produkten können vielfach reaktiv mittels eines Service-Centers betreut werden.

5.4.3.4 Rabattierung nach Kundensegmenten

Um die Zielvorgaben zu unterstützen, besteht weiter die Möglichkeit, guten Kunden – zwecks Steigerung der Kundenbindung – individuell höhere Rabatte zu vergeben. Dies bedingt, dass die Kundenwert-Angaben in allen erforderlichen Systemen auf einen Blick angezeigt werden. Hiermit kann die Rabattkompetenz je nach gewünschter Ausprägung bis zum Vertriebsmitarbeiter einfach vergeben werden. Dies ermöglicht es, im Zielsegment vermehrt Verkaufschancen wahrzunehmen und stellt einen konsequenten Fokus im Rahmen einer Zielkunden-Strategie dar.

5.4.3.5 Sanierungsprozesse anhand von Kundensegmenten

Im Kampf um ertragreiche Kunden werden vermehrt feinere Tarifierungsgrundlagen angewendet. Zudem ist man bemüht, Kunden mit übermäßig hohem Schadenaufwand oder hohen Schadenfrequenzen frühzeitig zu erkennen und wenn möglich zu sanieren. Die möglichen Maßnahmen werden entsprechend der betroffenen Sparte auf individueller Vertragsbasis gelöst. So werden beispielsweise Kasko-Risiken in der Kfz-Versicherung ausgeschlossen oder höhere Selbstbehalte vereinbart. Mit Einführung einer Gesamtkundensicht nach Kundenwertmodell basiert der generelle Entscheid, ob und in welcher Form eine Weiterführung angestrebt werden soll, auf dem jeweiligen Kundensegment. Weiter können, je nach Kundensegment, schärfere oder mildere Selektionskriterien für eine Sanierungsprüfung gelten. Hiermit wird bereits durch die Selektion ein „zwingendes“ Gesamtkunden-Denken realisiert. Weiter gibt der Kundenwert dem jeweiligen Underwriter einer Sparte einen wichtigen Anhaltspunkt über die Güte der anderen Policen, welche nicht in seinem Entscheidungsbereich liegen. Insbesondere gute Kunden werden auf diese Art fair und objektiv behandelt und nicht aufgrund eines einzelnen schlechten Vertrages saniert.

Kurzbiographien

Adrian Allemann war von 2005 bis 2008 Leiter des Projekts OPEX (Operationelle Exzellenz) des Konzernbereichs Schweiz der Basler Versicherung AG mit Schwerpunkt Umsetzung des Kundenwertmodells in der Praxis. Von 1993 bis 2005 war er im Bereich Einzellebensversicherung in unterschiedlichen Aufgaben tätigt und erlangte im Jahr 2001 den eidgenössischen Fachausweis als Finanzplaner. Seit 2009 ist er Teamleiter Vorsorge/Finanz bei der Basler Versicherung AG.

Dr. Yves-Laurent Grize ist Leiter des Auktuariats Geschäftsfelder Nichtleben der Basler Versicherung AG. Nach seinem Studium der Mathematik in Zürich und der Wirtschaftswissenschaften in St. Gallen hat er mit einem Ph.D in Statistik in den USA promoviert. Er ist als Mathematiker in verschiedenen Industrien tätig gewesen, bevor er im Jahr 2000 zur Basler Versicherung kam. Er hat sich intensiv mit der Entwicklung des Kundenwertmodells der Basler Versicherung AG befasst und ist Präsident der Sektion Business und Industrielle Statistik des Internationalen Statistischen Instituts.

Dr. Franz Josef Kaltenbach ist seit 2003 Mitglied der Geschäftsleitung des Konzernbereichs Schweiz der Bâloise-Gruppe und seit 2004 Leiter des Geschäftsbereichs Privat- und Businesskunden. Von 1999 bis 2002 war er verantwortlicher Bereichsleiter für die Einzellebensversicherung in der Schweiz der Baloise-Gruppe. Er hat an der Universität Freiburg Mathematik und Physik studiert und am Mathematischen Institut Freiburg 1990 promoviert. Er ist 1991 in die Basler Versicherungen eingetreten und hat diverse Aufgaben und Rollen im Aktuariat in allen Versicherungssparten wahrgenommen, schwerpunktmäßig in den Bereichen Einzel- und Kollektivleben sowie in Projektleitertätigkeiten.

5.5 Prozessuale Nutzung eines zentralen Partnersystems zur Realisierung von Up- und Cross-Selling-Potenzialen im Mehrmarkenkonzern

Dr. Bettina Anders, Dr. Georg Diedrich, Düsseldorf, Deutschland

Zusammenfassung

Der Einsatz eines zentralen Partnersystems stellt große Anforderungen an dessen Aufbau und Einbindung in die Prozesslandschaft einer Unternehmung dar. Werden die zumeist personenbezogenen und/oder personenbeziehbaren Daten des Partnersystems zudem zur Realisierung von Up- und Cross-Selling-Potenzialen genutzt, sind strenge datenschutzrechtliche Restriktionen zu beachten. Die vorliegende Ausarbeitung widmet sich dieser komplexen Thematik am Beispiel eines international tätigen Mehrmarkenkonzerns der Versicherungsbranche und stellt praktische Lösungsmöglichkeiten dar.

5.5.1 Einleitung

Der Aufbau und Einsatz einer zentralen Partnerdatenbank (PDB) stellt einen wettbewerbskritischen Erfolgsfaktor für Versicherungsunternehmungen dar. Da in einer PDB im Wesentlichen personenbezogene Daten gespeichert werden, deren Verarbeitung und Nutzung nur mit einer entsprechenden Rechtsgrundlage zulässig sind, müssen die Anforderungen des Datenschutzrechtes beachtet werden. Wird die PDB dabei als die logische Zusammenfassung von Partner-Funktionalitäten verstanden, mit deren Hilfe Geschäftsprozesse systemseitig bei der Bearbeitung von Geschäftsvorfällen unterstützt werden, ist die Qualität der zu Grunde liegenden Daten und Beziehungen von entscheidender Bedeutung für deren wertschöpfende Nutzung. Hierauf basierend bildet das so genannte Partnersystem – verstanden als Aggregation der PDB mit seinen Umsystemen – Services zur Abarbeitung von Aktivitäten als Reaktion auf interne oder externe Ereignisse mit Partnerrelevanz ab. Das Partnersystem stellt dabei sicher, dass die Partnerdaten zur weiteren

M. Aschenbrenner et al. (eds.), *Informationsverarbeitung in Versicherungsunternehmen*,
Springer-Lehrbuch Masterclass, DOI 10.1007/978-3-642-04321-5_19,

Nutzung abgelegt werden, z.B. für die Adressaufbereitung bei einer Rechnungsschreibung oder für Up- und Cross-Selling-Aktivitäten im Rahmen der Vertriebsunterstützung.

Nur mit einem modernen, zentralen Partnersystem ist eine datenschutzgerechte und kundenorientierte Ver- und Bearbeitung mit Partnerrelevanz möglich.

Eine besondere Herausforderung eines solchen Partnersystems liegt in der Verwaltung der Daten in einem Mehrmarkenkonzern. Werden mandantenübergreifend zentral Kundendaten bzw. Daten juristischer Personen gespeichert, so ist sicherzustellen, dass bei der Nutzung dieser Daten keine datenschutzrechtlichen Bestimmungen oder vertrieblichen Besitzansprüche verletzt werden. So ist beispielsweise die Aufnahme der steuerlichen Identifikationsnummer in die PDB gestattet, deren Nutzung ist jedoch an strenge gesetzliche Vorschriften gebunden. Abschnitt 5.5.2 geht auf diese Problematik vertiefend ein. Basierend auf diesen Restriktionen wird in Abschn. 5.5.3 ein Vorschlag zu einer den Nutzen erhöhenden Konzeption eines zentralen Partnersystems skizziert.

Abschnitt 5.5.4 nimmt hierauf Bezug und stellt Möglichkeiten zur Identifikation und Nutzung von Up- und Cross-Selling-Potenzialen auf Basis des zentralen Partnersystems dar. Die Erarbeitung erfolgt am Beispiel des Geschäftsvorfalls Antrag/Vertrag einer Versicherungsgruppe.

Abschnitt 5.5.5 gibt schließlich einen Ausblick über weitere Nutzungspotenziale des Partnersystems.

5.5.2 Datenschutzrechtliche Restriktionen zur Nutzung personenbezogener Daten im Mehrmarkenkonzern

Personenbezogene Daten[1] stellen Einzelangaben zu persönlichen oder sachlichen Verhältnissen von natürlichen Personen dar und können im weitesten Sinne als Angaben, die einer bestimmten oder bestimmbaren Person zugeordnet werden

[1] Im wissenschaftlichen Sinne ist streng zwischen den Begriffen Information, Daten und Wissen zu differenzieren. Der Begriff Information geht etymologisch auf den lateinischen Ausdruck „informatio" zurück. Dieser setzt sich wiederum aus den Teilbegriffen „in" und „forma" zusammen, was soviel bedeutet wie „eine Gestalt geben" oder auch „sich denken/darstellen". Der so bestimmte Begriff stellt grundsätzlich ein nicht maschinell verarbeitbares Wissen mit Zweckeignung dar. Im Gegensatz hierzu sind Daten als maschinell verarbeitbares Wissen ohne Zweckeignung zu charakterisieren, d.h., Daten sind eine Folge von Zeichen, deren Bedeutung zunächst nur dem Nutzer bekannt ist. Die umgangssprachlich vergleichbaren Begrifflichkeiten unterscheiden sich demnach sowohl in der Möglichkeit ihrer maschinellen Verarbeitung als auch in der Möglichkeit ihrer Nutzung. Werden Daten von Personen genutzt, werden sie zu Informationen, da es sich nunmehr um maschinell verarbeitbares Wissen mit Zweckeignung handelt. Der verwendete Begriff des Wissens kann aus Wahrnehmungen, Erfahrungen und Kenntnissen über die Realität charakterisiert werden. Ist dieses Wissen nicht maschinell verarbeitbar und besitzt es keinen Zweckbezug, so handelt es sich weder um Informationen noch um Daten und ist im ökonomischen Sinne wertlos. Vgl. (Diedrich 2006); (Krcmar 2005); (Kluwe 1990); (Voß u. Gutenschwager 2001).

können, interpretiert werden. Die Nutzung der personenbezogenen Daten ist nach deutschem Recht reglementiert. Jeder Bürger hat das Recht auf informationelle Selbstbestimmung, d.h., er hat das Recht zu entscheiden, ob und in welcher Weise seine Daten unbegrenzt erhoben, gespeichert, verwendet und/oder weitergegeben werden dürfen.[2] Er muss grundsätzlich selbst über die Preisgabe seiner personenbezogenen Daten entscheiden können. Dennoch besteht kein absolutes Abwehrrecht zur Nutzung dieser Daten. Es ist durch die Gesetzgebung lediglich eingeschränkt.

Bei der Nutzung der Daten ist streng zwischen dem juristischen Zweck des Datenschutzes und dem technisch-organisatorischen Zweck der Datensicherheit zu unterscheiden. Im juristischen Sinn ist es die Aufgabe des Datenschutzes zu verhindern, dass bei der Verarbeitung personenbezogener Daten schutzwürdige Belange der Bürger beeinträchtigt werden (Recht auf informationelle Selbstbestimmung). In der technisch-organisatorischen Interpretation umfasst die Datensicherheit alle Maßnahmen, die Daten vor Verlust, Verfälschung und unberechtigtem Zugriff bewahren sollen. Die Datensicherheit dient somit (auch) der Verwirklichung des Datenschutzes.

Besondere Bedeutung erhält das Thema im Kontext der vorliegenden Ausarbeitung. Der Austausch bzw. die gemeinsame Nutzung von Daten innerhalb eines Versicherungskonzerns mit mehreren Marken ist zwischen den Markengesellschaften nur bedingt erlaubt.[3] In den geplanten Verhaltensregeln[4] für den Umgang mit personenbezogenen Daten der deutschen Versicherungswirtschaft wird in Abschnitt VI, Art. 17 (1) und (2) ausdrücklich auf die restriktive Verwendung von Daten für Zwecke der Werbung und der Markt- und Meinungsforschung verwiesen. Ohne ausdrückliche Einwilligung der Betroffenen dürfen hiernach nur dann der Name, die Adresse, das Geburtsjahr, die Kunden- und Versicherungsnummer(n) sowie die Angaben über die Art der bestehenden Verträge zur Werbung für Versicherungsprodukte von anderen Unternehmen der Versicherungsgruppe verarbeitet oder genutzt werden, wenn kein Grund zu der Annahme besteht, dass der Betroffene ein schutzwürdiges Interesse an dem Ausschluss der Verarbeitung oder Nutzung hat. Die Verarbeitung, Nutzung und Übermittlung dieser Daten zwischen Unternehmungen einer Gruppe sind nur in dem Umfang gestattet, in dem der Betroffene ausdrücklich einwilligt.

In Abschn. (3) dieser Verhaltensregel werden zudem Werbemaßnahmen per Telefon u.Ä. ausdrücklich untersagt. Der Kunde darf nicht für vertriebliche Zwecke angerufen werden. Gleichwohl bleibt eine Überprüfung und Beratung des Kunden bezüglich seines Versicherungsschutzes von dieser Regel unbenommen, wenn der Kunde selbst die Information wünscht, d.h. wenn die Initiative zur

[2] Dieser Schutz des Einzelnen dient dem aus dem allgemeinen Persönlichkeitsrecht des Art. 2 (1) GG i.V.m. Art. 1 (1) GG abgeleiteten Grundrecht auf informationelle Selbstbestimmung.

[3] Im Folgenden wird ausschließlich die Schutzwürdigkeit der Daten unternehmungsexterner Partner betrachtet. Der Schutz der Daten eigener Mitarbeiter unterliegt einer besonderen Regelung.

[4] Die Verhaltensregeln werden voraussichtlich zum 01.01.2010 in Kraft treten.

Überprüfung seines Versicherungsschutzes – ob per Telefon, per E-Mail oder durch einen persönlichen Kontakt – von ihm ausgeht.

Die technischen Möglichkeiten, die der Einsatz einer Partnerdatenbank in einem Mehrmarkenkonzern bietet, können auf Grund datenschutzrechtlicher Vorschriften nicht umfassend genutzt werden. So ist eine Weitergabe von personenbezogenen Daten zwischen Konzernunternehmen ohne Einwilligung der Betroffenen grundsätzlich verboten.

Die nachfolgenden Ausführungen beziehen sich daher ausdrücklich nicht auf das „theoretisch Mögliche", sondern basieren auf der rechtlich zulässigen Basis des Einsatzes und der Nutzung der Partnerdatenbank bzw. des Partnersystems.

5.5.3 Einsatz eines zentralen Partnersystems zur Realisierung von Effizienzvorteilen

5.5.3.1 Anforderungen an ein Partnersystem im Mehrmarkenkonzern

Das Partnersystem kann als eine logische Zusammenfassung von Partner-Funktionalitäten, um Geschäftsprozesse systemseitig bei der Bearbeitung von Geschäftsvorfällen zu unterstützen, verstanden werden. Das Partnersystem ist dabei unter anderem (mit) zuständig für die Partner-Geschäftsobjekt-Beziehungen (z.B. Partner-Vertrags-Beziehungen, die führend im Vertrag definiert werden), die Partner-Partner-Beziehungen (z.B. Eltern-Kind-Beziehung), die Partnertyp-Zusatzkomponenten (z.B. Zusatzdaten für Sozialversicherungsträger, Krankenkassen und Ärzte), Risikoadressen und die Erstellung von Gesamtkunden-Sichten zur Unterstützung des Kundenservices, z.B. bei der Beratung von Kunden in Versicherungsfragen.

Der Leistungsumfang des Partnersystems ist daher vielfältig. Das Partnersystem ermöglicht die korrekte Zuordnung von Eingangspost und Telefonaten zu einer eindeutig bestimmten Person und dient u.a. der korrekten Anrede- und Adressaufbereitung bei schriftlicher Korrespondenz, der umfassenden Auskunft zu allen über den Kunden gespeicherten persönlichen Daten, der detaillierten Such- und Identifizierungsmöglichkeiten von kundenbezogenen Daten, der Adressdatenplausibilisierung, der Vermeidung von unerwünschten und unnötigen Kontakten zum Kunden (sofern dieser dies bekannt gegeben hat) sowie der Vermeidung und Reduktion von Partner-Dubletten, der damit verbundenen Zusammenführung von Partnerdaten und -beziehungen und damit der Erhöhung der Qualität des Datenbestandes in der PDB.[5] Hierdurch werden vollständige kundenspezifische Sichten auf den Datenbestand ermöglicht, beispielsweise kann der Kunde im Kontext seiner Familie bzw. seines Haushaltes betrachtet werden. Ebenso können Partnertypisierungen wie Banken, Krankenkassen, Großkunden, Kooperationspartner,

---

[5] Die Partnerdaten sind zugleich vor ungewollten Manipulationen zu schützen.

(eigene) Vorstände und (eigene) Mitarbeiter durch die PDB abgebildet werden. Das Partnersystem sollte dabei – unter Berücksichtigung eines ausreichenden Mandanten- und Bestandsschutzes – automatische Folgeaktivitäten bei Änderungen von vertragsrelevanten Partnerdaten (z.B. Umzug) unterstützen.

Das Partnersystem stellt auch Services zur Initiierung von Aktivitäten beispielsweise in der Vertragsverwaltung als Reaktion auf interne oder externe Ereignisse mit Partnerrelevanz bereit (z.B. tarifrelevante Umzugsmeldungen für Hausrat- oder Gebäudeversicherungen) und dient der Erstellung von Gesamtkunden-Sichten. Für den Kunden sind die produzierten Ergebnisse, z.B. die Ausgangspost – soweit möglich und unter zeitlichen Aspekten sinnvoll – logisch und physisch zu einer Information zu bündeln. Unerwünschte Mehrfachansprachen an einen Kunden oder ggf. Haushalt sind möglichst zu vermeiden.

Abbildung 5.12 verdeutlicht die Vielfältigkeit der zu verwaltenden Partnerdaten und Partnerbeziehungen.

Kommunikations-daten verwalten
Kundenverbindung zum Vertrag anzeigen
Partner-Kontoverbindung pflegen
Partner-Haushalt anzeigen
Partner-Partner-Beziehungen pflegen
Partnerdaten und -beziehungen verwalten
Partner-Zusatzdaten pflegen
Partner-Vorgang verwalten
Partner-Gruppen verwalten
Partner-Objekt suchen
Partner-Stammdaten und PVB anzeigen
Partner-Adressen ändern
Partner-Stammdaten ändern

Abb. 5.12 Ausgewählte Partnerdaten und Partnerbeziehungen

Die Ablage der Daten erfolgt auf Grund der Größe der Datenbestände im Versicherungsumfeld zumeist in DB2-Tabellen auf einem Großrechner-System. Da die Darstellung dieser Daten auf dem Großrechner für den Endanwender jedoch eher unkomfortabel erscheint, kann für die grafische Darstellung eine Client-Server-Architektur (CSA), ggf. Web-Architektur mit Host-Zugriff, implementiert werden. Die nachfolgende Abb. 5.13 skizziert die Möglichkeit des Einsatzes eines benutzerfreundlichen Layers auf Basis der Partner-Client-Anwendung und dem klassischen Host-Umfeld. Die Datenhaltung verbleibt dabei vollständig auf dem Host.

Über definierte CSA-Schnittstellen werden die Daten vom Host ermittelt und in den Geschäftssystem-Anwendungen 1..n und damit dem Anwender 1..n bedarfsgerecht aufbereitet (vgl. Abb. 5.13). Dem Anwender werden, gesteuert durch unterschiedliche Partner-Dialoge und -Methoden, verschiedene Sichten auf die Partnerdaten und -beziehungen ermöglicht. Der Nutzer erlangt dabei jedoch nahezu keine Kenntnisse darüber, wie die physische Ablage der Daten im Host erfolgt.

Um die Partnerdaten suchen und anzeigen lassen zu können, wird die Partnerermittlung über generische, d.h. ggf. verkürzte Suchdaten oder Ordnungsbegriffe, gesteuert. Die Parameter für eine generische Partnersuche sind u.a. aus den klassischen Partner-Suchattributen Name, Vorname, Postleitzahl, Ort, Straße, Geburtsdatum und/oder Anrede (unbekannt, alle, männlich, weiblich, juristisch) abzuleiten. Ein Ordnungsbegriff kann z.B. eine private Telefonnummer oder E-Mail-Adresse, eine Kontoverbindung, ein Kfz-Kennzeichen oder direkt die Partnernummer sein. Es kann sich aber auch um eine Versicherungsscheinnummer oder eine Schadennummer der unterschiedlichen Sparten des Mehrmarkenversicherers handeln.[6] Schließlich kann auch indirekt, über in einem Haushalt (zusammen) lebende Personen gesucht werden. Jeder Mehrpersonen-Haushalt ist dabei mit mindestens zwei Partnern definiert.

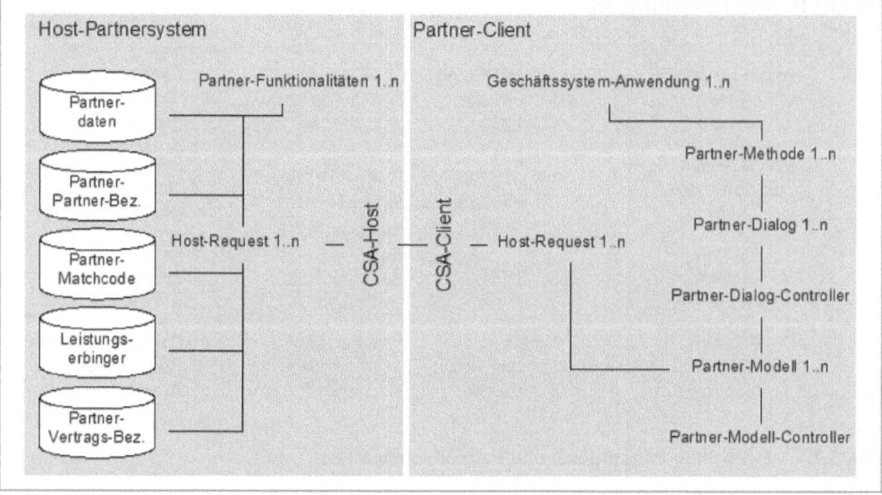

Abb. 5.13 CSA-Schnittstelle zum Partner Host-System (Großrechner)

Auf Basis dieser eher statischen Sichten wird in den folgenden Abschnitten über das Partnersystem auf die Prozesse eines Versicherungskonzerns Bezug genommen. Hierfür wird in Abschn. 5.5.3.2 zunächst ein in dieser Ausarbeitung zu Grunde liegendes Verständnis des Begriffs „Prozess" gegeben.

---

[6] Der Ordnungsbegriff kann unterschiedlichsten Aufbau besitzen. Es kann sich um einen rein numerischen Ordnungsbegriff (z.B. VNR, SNR oder KNR), um zusammengesetzte numerische Ordnungsbegriffe (z.B. ein Gruppenvertrag-Kennbegriff zusammengesetzt aus Rahmenvertragsnummer, Versicherungsscheinnummer und laufender Nummer) oder um einen aus Ziffern, Buchstaben und Trennzeichen zusammengesetzten Ordnungsbegriff handeln (z.B. Kfz-Kennzeichen).

5.5.3.2 Einbindung des Partnersystems in die betrieblichen Geschäftsprozesse

Eine allgemein anerkannte Definition des Begriffs „Prozess" existiert nicht. Becker und Schütte definieren einen Prozess als eine „inhaltlich abgeschlossene, zeitliche und sachlogische Abfolge der Funktionen, die zur Bearbeitung eines betriebswirtschaftlich relevanten Objektes notwendig sind" (Becker u. Schütte 1996). Eine weitere geeignete Definition findet sich bei Scheer. Scheer bezeichnet einen (Geschäfts)-Prozess allgemein als eine „zusammengehörende Abfolge von Unternehmungsverrichtungen zum Zweck einer Leistungserstellung.[7] Ausgang und Ergebnis des Geschäftsprozesses ist eine Leistung, die von einem internen oder externen ‚Kunden' angefordert und abgenommen wird" (Scheer 2002).

Es soll an dieser Stelle nicht der Versuch unternommen werden, den bereits existierenden Begriffsdefinitionen eine weitere hinzuzufügen. Vielmehr werden die wesentlichen, einen Prozess prägenden Merkmale herausgestellt. Prozesse beinhalten grundsätzlich die folgenden Komponenten: Zeit-Bezug, Objekt-Bezug, Input-Output-Bezug (d.h., es finden Transformationen an den Objekten mit eindeutig festgelegtem Leistungsinput und spezifiziertem Leistungsoutput statt), Kunden-Lieferanten-Bezug und einem Erfolgsfaktoren-Bezug (Diedrich 2006, Ferstl u. Sinz 1993, Davenport 1993, Österle 1995). Dabei dienen die Informations- und Koordinationsprozesse der Erfüllung der Unternehmungsziele und können als Hauptprozesse charakterisiert werden (Scheer 1998). In dieser Ausarbeitung wird eine Anlehnung an die Unternehmungshierarchie vorgenommen. Ein Prozess bezeichnet hierbei die gesamte Kette von Aktivitäten der Versicherung mit dem Versicherungsnehmer (VN). Abbildung 5.14 gibt einen Eindruck von den vielfältigen Einflussgrößen und Abhängigkeiten des Partnersystems und der Prozesslandschaft am Beispiel Antrag/Vertrag.

Das Partnersystem wird in den einzelnen Prozessschritten wiederholt und systematisch genutzt. Es sollte Kunden- und Haushaltsbetrachtungen für den Kundenservice, Kundensegmentierungen und -klassifizierungen für den Vertrieb sowie Cross-Selling-Aktionen und Rentabilitäts-Betrachtungen für den Kundendienst und die Schadenbearbeitung umfassen. Am Beispiel der Implementierung eines neuen Produktes wird dies deutlich. Wird ein Produkt eingeführt, sind – aus strategischer Sicht – zunächst fachliche Aspekte festzulegen. In einem Mehrmarkenkonzern ist zu bestimmen, für welche Marke und welche Zielgruppen das neue Produkt eingeführt werden soll. Gegebenenfalls wird dasselbe Produkt in Varianten und für verschiedene Zielgruppen platziert. Es ist zu klären, ob es z.B. staatliche Zulagen für bestimmte Tarife geben wird oder ob die Tarife auf spezielle Berufsgruppen zuzuschneiden sind. Zudem sind die Provisions- und Bonifikationsregeln für den Vertrieb zu definieren (z.B. Bonifikation in Abhängigkeit der

[7] Zur Abgrenzung des Prozessverständnisses von anderen Disziplinen werden betriebswirtschaftlich relevante Prozesse auch als Geschäftsprozesse bezeichnet. Dieser Begriffsauffassung wird im Weiteren gefolgt, d.h. Prozess und Geschäftsprozess werden bedeutungsgleich verwendet.

Cross-Selling Quote des eigenen Bestandes) und die Vertriebswege und ggf. Kooperationspartner zu bestimmen, wodurch sich neue oder veränderte Zugriffsrechte auf das Partnersystem ergeben könnten. Unter dem Vorbehalt der Erstellung einer adäquaten Marketing-Strategie ist so das Partnersystem entlang des Geschäftsprozesses zu modellieren bzw. anzupassen.

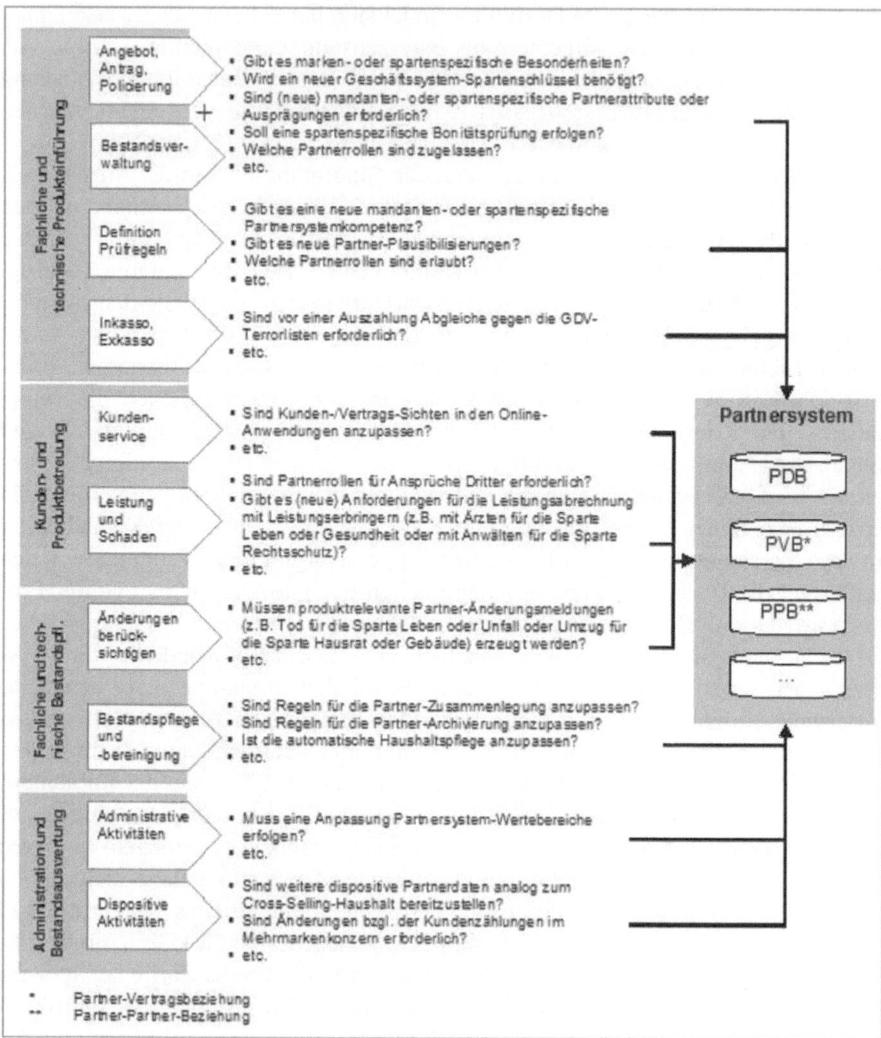

Abb. 5.14 Ausgewählte Einflussgrößen auf das Partnersystem am Beispiel Antrag/Vertrag

Im folgenden Abschn. 5.5.4 wird das so gestaltete zentrale Partnersystem für die Bedarfe des Up- und Cross-Sellings in den Vertriebsprozess eingebunden.

5.5.4 Identifikation und Nutzung von Up- und Cross-Selling-Potenzialen in einem Mehrmarkenkonzern

Die Identifikation von Potenzialen für Up- und Cross-Selling-Aktivitäten stellt eine der wesentlichen Herausforderungen für Versicherungsunternehmungen dar.[8] Entscheidend ist, dass hier lediglich die unternehmenseigenen, aktiven Kunden betrachtet werden dürfen. Die Wertigkeit und die Potenziale einer jeden Kundenbeziehung bilden dabei das entscheidende Kriterium. Es ist zu entscheiden, ob beispielsweise die Befriedigung des Kundenbedarfs entweder in einem (einfachen) Arbeitsschritt oder aber in mehreren fachlichen Schritten effizient ist. So könnten z.B. mehrere Kunden dieselbe Bankverbindung oder private Kommunikations adresse nutzen.[9]

Die Wertigkeit und Potenziale der Kundenbeziehung beinflussen somit maßgeblich die Arbeits- und Beratungsintensität der Versicherung. Die aber zum Teil nur implizit vorhandenen Daten der Kundenbeziehung müssen für die Sachbearbeitung, den Kundenservice und mögliche CRM-Aktivitäten (Customer Relationship Management) aufbereitet und maschinell transparent gemacht werden.

Bezogen auf den konkreten Geschäftsvorfall ist demnach zu entscheiden, ob ergänzend informationstechnologisch gestützte Hintergrundanalysen, Stornoprophylaxen, Akquisitionsansätze etc. einzusetzen sind. Analysen, Argumentationen und Maßnahmen können dabei softwaregestützt durch die Einbindung von „Gesprächslotsen“ erfolgen. Diese technologische Unterstützung ist dabei ausreichend

---

[8] Die Identifikation von Up- und Cross-Selling-Aktivitäten stellt sich in der betrieblichen Praxis zum Teil problematisch dar. Dem geneigten Leser werden nachfolgend beispielhaft Fragestellungen an die Hand gegeben, die in diesem Zusammenhang aufkommen.

A. Voraussetzungen für „Up-Selling“
1. Identifizierung von geeigneten Produkten
2. Identifizierung von geeigneten Kunden
3. Korrelation zwischen den eigenen Produkten und den Kundensegmenten identifizieren
4. Schaffung einer möglichst vollständigen Kundensicht bzgl. der vom Kunden abgeschlossenen Verträge.

B. Voraussetzungen für „Cross-Selling“
1. Eigene Unternehmung ist ein Mehrspartenversicherer
2. Identifizierung von geeigneten Kunden
3. Identifizierung von geeigneten Produkten, die miteinander korrelieren oder sich gut ergänzen
4. Identifizierung des Bedarfs der einzelnen Kundensegmente
5. Schaffung einer möglichst vollständigen Kundensicht bezüglich der vom Kunden abgeschlossenen Verträge.

[9] Weiterhin sind die vielfältigen Kombinationsmöglichkeiten von Partnern zu berücksichtigen. Um dem entgegenzuwirken, ist ggf. eine Unterteilung der Kunden in Kundensegmente vorzunehmen.

flexibel zu gestalten und muss dem individuellen Bedarf des Kundenservice entsprechen. Um Konflikte mit dem Vertrieb zu vermeiden, ist bei der Entwicklung der Lotsen eine – für den jeweiligen Geschäftsvorfall – enge Abstimmung über die relevante Fertigungstiefe der Organisationseinheit notwendig.

Auf der anderen Seite ist ein steter Wandel im Konsumverhalten des Kunden und hier insbesondere eine sich ändernde Preissensitivität erkennbar. Zeitgleich nimmt die Loyalität des Kunden stetig ab.[10] Die oben angeführte Qualität der Daten in der PDB im engeren bzw. im Partnersystem im weiteren Sinne ist somit wesentlich für die Güte der möglichen Unterstützungsleistung. Denn nur mit einer „guten" Datenqualität lässt sich zum Beispiel ermitteln, wie groß die tatsächliche Anzahl der Haushalte bezüglich der Bestandskunden ist.

Ungeachtet des sich verändernden Konsumverhaltens der Versicherungsnehmer steigt der Bedarf nach (schnellen) Informationen per Telefon und Online-Medien, beispielsweise via mobiler Anwendungen per Handy. Diese Informationsbedarfe müssen durch adäquate Funktionalitäten des Partnersystems gestützt werden. Die zur Zeit praktizierte Aussendung von SMS wird diesem Anspruch durch ihre Unidirektionalität und den dadurch bedingten hohen Streuverlust nicht gerecht. Vielmehr ist durch eine personalisierte, individualisierte und spezifische Ausrichtung der Kundenansprache die Kundenkontaktfrequenz zu erhöhen. Die gezielte Ansprache des Kunden, der z.B. eine Kfz-Versicherung abgeschlossen hat, dem aber möglicherweise die Rechtsschutzversicherung „noch fehlt", führt so zu einer Win-Win-Situation beim Versicherungsnehmer und dem Versicherungsgeber.

Die Optimierung der Kundenansprache und -kontakte kann dabei durch die Einbeziehung unternehmensexterner Daten erfolgen. Diese können z.B. aus Daten bestehen, die der Versicherungsnehmer (freiwillig) angibt und sich auf den Familienstand, Beruf, weitere Versicherungen bei konkurrierenden Versicherungsunternehmungen etc. beziehen.[11] Ein konkreter Ansatz ist die Übertragung der Dateneingabe und ggf. der Datenpflege an den Kunden selbst, gestützt durch den Einsatz von Internetportalen o.Ä.

Ergänzend sind Daten, wie z.B. postalische Orts- und Straßenverzeichnisse, postalische Nachsendeanträge, sozio-demografische Informationen oder spartenspezifische GDV-Wagnismeldungen extern zu erwerben.[12]

Eine gezielte, personalisierte Ansprache der Kunden ist zudem nur auf Basis einer hohen Datenqualität des Partnersystems möglich. Up- und Cross-Selling-Ansätze sind zudem mit der (internen) Strategie eines Versicherungskonzerns zu

---

[10] Zugleich entsteht bei den Kunden ein zunehmender Beratungsbedarf in speziellen Produktgruppen, insbesondere im Bereich Vorsorge und Leben. Dieser gesteigerte Beratungsbedarf und die sinkende Kundenloyalität spiegeln sich in verschiedenen Analysen wider. So ist eine überragende Stärke der Vertriebswege mit persönlichem Kundenkontakt, insbesondere in den Phasen Vertragsanbahnung und Vertragsabschluss festzustellen. Vgl. (Psychonomics 2006).

[11] Zur Nutzung dieser Daten wird auf den Abschn. 5.5.3 dieses Beitrags verwiesen.

[12] Ebenso dienen weitere harte und weiche Informationen, die frei verfügbar sind (beispielsweise Internet), der Erhöhung der Datenqualität und nutzen damit der gezielten Ansprache.

verknüpfen, d.h., die Fertigungstiefe der Mitarbeiter, die für die Aktivitäten eingesetzt werden, ist – um etwaige Kompetenzprobleme zu vermeiden – eindeutig zu definieren. Auf dieser Basis ist eine informationstechnologische Unterstützung realisierbar.

5.5.5 Zusammenfassende Betrachtung und Ausblick

Die Partnerdatenbank im engeren Sinne und das Partnersystem im weiteren Sinne stellen eine der zentralen Komponenten in der IT-Landschaft einer Versicherungsunternehmung dar. Besondere Bedeutung kommt ihnen im Mehrmarkenkonzern zu. Up- und Cross-Selling innerhalb einer Versicherungsgruppe zwischen den einzelnen Versicherungsgesellschaften sind zwar einerseits durch datenschutzrechtliche Vorschriften reglementiert, andererseits – sofern der Kunde der Verwendung der Daten zustimmt – äußerst wertschöpfend und serviceverbessernd. Die Anforderungen, die an das Partnersystem gestellt werden, steigen dabei stetig. Da das Partnersystem zugleich einen kritischen Erfolgsfaktor für Versicherungsunternehmungen darstellt und die Wettbewerbsfähigkeit der Versicherung garantieren muss, ist eine Auseinandersetzung und Einbeziehung von neuen vertriebsunterstützenden Technologien zwingend notwendig. Dies gilt auch für die o.g. Einbeziehung unternehmensexterner Medien und Datenquellen zur Erhöhung der Datenqualität.

Der Einsatz neuer Technologien ermöglicht zudem die Innovation und Optimierung von Prozessen und Geschäftsmodellen. Der Einsatz eines webbasierten Dokumentensafes, der elektronische Personalausweis, die elektronische Gesundheitskarte und/oder die elektronische Signatur werden diese Prozesse und damit die Bearbeitung von Geschäftsvorfällen grundlegend verändern. Eine wesentliche Voraussetzung ist dabei die Schaffung von beidseitigem Vertrauen in die neuen Technologien. Wenn dieses Vertrauen zwischen dem Kunden und dem Versicherungsgeber besteht und der Kunde der Nutzung seiner personenbezogenen Daten zustimmt, ist eine individualisierte Ansprache sowohl für den Kunden als auch für den Versicherungsgeber wertschöpfend. Es entsteht eine Win-Win-Situation, in der der Kunde nur gezielte, für ihn relevante Informationen zu seiner Versicherung erhält. Die Unternehmung wiederum wird in die Lage versetzt, ihre Geschäftsprozesse effizient und effektiv zu gestalten, womit sie wiederum im Sinne des Kunden handelt.

Der Ausbau und gezielte Einsatz des Partnersystems dient somit der ganzheitlichen Kundenorientierung und unterstützt zugleich die Geschäftsprozesse durch neuartige beratungs- und informationsorientierte Dienstleistungsangebote, die insbesondere für Up- und Cross-Selling-Aktivitäten geeignet sind. Die Architektur der computergestützten Informationssysteme ist dabei unter Berücksichtigung von Datenschutz und -sicherheit so flexibel zu gestalten, dass auch zukünftige, bisher unbekannte Anforderungen schnell und kostengünstig erfüllt werden und somit die sich ändernden Kundenbedürfnisse frühzeitig erkannt und befriedigt werden können.

Kurzbiographien

Dr. Bettina Anders ist seit Oktober 2007 Vorstand der ERGO Versicherungsgruppe AG und verantwortlich für Kundenservice, Unternehmensorganisation und IT. Zugleich ist Frau Dr. Anders seit 2004 Vorsitzende der Geschäftsführung der ITERGO Informationstechnologie GmbH, dem IT-Dienstleister der ERGO, und dort verantwortlich für den Bereich Unternehmenssteuerung. Nach Promotion und Staatsexamen war sie seit 1990 bei den VICTORIA Versicherungen in verschiedenen Funktionen, zuletzt als Leiterin der Anwendungsentwicklung, tätig. Im Jahr 2000 wurde Dr. Anders in die Geschäftsführung der ITERGO berufen und leitete dort den Geschäftsbereich Anwendungsentwicklung.

Dr. Georg Diedrich ist seit April 2009 Leiter IV-Koordination Zentrale Systeme, Bürokommunikation der ERGO Versicherungsgruppe AG. Nach Promotion und Studium der Wirtschaftswissenschaft, insbesondere der Wirtschaftsinformatik, und Ausbildung zum Steuerfachgehilfen arbeitete Herr Dr. Diedrich in verschiedenen Positionen in der Beratung.

Literaturverzeichnis

(Becker u. Schütte 1996): Becker J; Schütte R, Handelsinformationssysteme. Landsberg a. L. 1996, S. 72 f

(Davenport 1993): Davenport T H, Process Innovation: Reengineering Work through Information Technology. Boston 1993, S. 6

(Diedrich 2006): Diedrich G, Integrierte Nutzenanalyse zur Gestaltung computergestützter Informationssysteme: Eine differenzierende Auswahl von Realisierungsalternativen zur prozessualen Neuausrichtung im Rechnungswesen. Frankfurt a. M. 2006 (zugl. Bochum, Universität, Dissertation 2006). S. 28, S. 16 ff

(Ferstl u. Sinz 1993): Ferstl O K, Sinz E J, Geschäftsprozessmodellierung, in: Wirtschaftsinformatik. Jg. 35, Nr. 6, 1993, S. 589-592.

(Kluwe 1990): Kluwe R H, Wissen. in: Sarge W (Hrsg.), Management-Diagnostik. Göttingen 1990, S. 174-181.

(Krcmar 2005): Krcmar H, Informationsmanagement. 4. Aufl, Berlin 2005, S. 14 ff

(Österle 1995): Österle H, Business Engineering: Prozess- und Systementwicklung. Bd 1 Entwurfstechniken, Berlin 1995, S. 108 ff

(Psychonomics 2006): Psychonomics, Kundenmonitor Assekurranz. 12.2006, Studie.

(Scheer 1998): Scheer A-W, Wirtschaftsinformatik Studienausgabe: Referenzmodelle für industrielle Geschäftsprozesse. 2. Aufl, Berlin 1998, S. 96 ff. und S. 531 ff. i.V.m. S. 619 ff
(Scheer 2002): Scheer A-W, ARIS: Vom Geschäftsprozess zum Anwendungssystem. 4. Aufl, Berlin 2002, S. 3
(Voß u. Gutenschwager 2001): Voß S, Gutenschwager K, Informationsmanagement. Berlin 2001, S. 8 ff

5.6 Bestandsverwaltungssysteme für Versicherungen

Dr. Michael Regauer, **Düsseldorf, Deutschland**

Zusammenfassung

Moderne Bestandsverwaltungssysteme sind ein zentrales Element der Datenverarbeitung in Versicherungsunternehmen. In ihnen werden die Verträge mit den Versicherungsnehmern verwaltet, die Basis des Versicherungsgeschäfts. Die anfallenden Geschäftsprozesse und Aufgaben werden durch eine Vielzahl eng miteinander verzahnter Systeme unterstützt, teilweise automatisch durchgeführt. Die dadurch entstehende Komplexität des Systems wird zukünftig durch die wachsende Kommunikation mit externen Quellen gesteigert. Dieser Artikel möchte einen systematischen Überblick über die wesentlichen Funktionalitäten und Eigenschaften von Bestandsverwaltungssystemen geben und einen Eindruck der entscheidenden Herausforderungen beim Design solcher Systeme vermitteln.

5.6.1 Einleitung

Neben den vertrieblichen Kontakten spielen für einen Versicherungskunden die Erhebung der laufenden Beiträge, die Schadens- und Leistungsbearbeitung und die Betreuung seiner bestehenden Versicherungsverträge eine entscheidende Rolle.

Zusammen mit der Partnerdatenbank übernehmen dabei Vertragsverwaltungssysteme die Aufgabe eines Basissystems. Hier werden die für die Kundenbeziehung maßgeblichen Daten gespeichert. Dieses wird unterstützt durch das Produktsystem, mit dem nicht nur die Beiträge ermittelt werden, sondern das zusätzlich alle die Vertragsbeziehung regelnden Informationen enthält, etwa wie ein Vertrag sich über die Zeit verändern darf oder auch muss. Schnittstellen, im Besonderen zu Vertriebs- und Schaden-/Leistungssystemen oder auch zum Inkassosystem, versorgen umliegende Systeme mit notwendigen Informationen. Umgekehrt werden für die Durchführung vertragsrelevanter Geschäftsprozesse immer auch Daten der umliegenden Systeme benötigt. Abbildung 5.15 gibt einen Überblick über die an der Bestandsverwaltung beteiligten Systeme und deren Verbindungen.

M. Aschenbrenner et al. (eds.), *Informationsverarbeitung in Versicherungsunternehmen*,
Springer-Lehrbuch Masterclass, DOI 10.1007/978-3-642-04321-5_20,

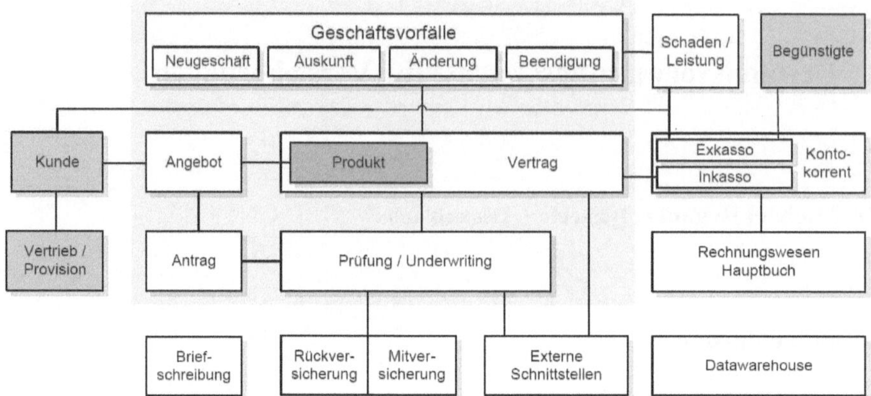

Abb. 5.15 Bestandsverwaltung und ihre wichtigsten internen Schnittstellen

Eine gut durchdachte Architektur der Bestandsverwaltungssysteme spielt für Versicherungsunternehmen eine zentrale Rolle. Hier wird durch die Struktur der Vertragsdaten und die Möglichkeiten des Produktsystems nicht nur über das zukünftige Produktportfolio, sondern auch über große Teile der Verwaltungsfähigkeit – und damit der Verwaltungskosten – des Unternehmens entschieden. Hierbei ist nicht der schnelle Wurf wesentlich, sondern die zukünftige Ausbau- und Reaktionsfähigkeit. Der Versicherungsvertrag ist zentraler Bestandteil eines unternehmensweiten Datenmodells, das Teil dieser Architektur sein sollte. Was noch alles zu beachten ist, möchte dieser Beitrag beschreiben.

Ausgehend von den Charakteristika der Versicherungsprodukte der verschiedenen Sparten stellt der nächste Abschnitt eine wesentliche Komponente der Bestandverwaltung vor, die Produktsysteme. Eine Klassifikation der wichtigsten Geschäftsvorfälle sowie deren Implikation für ein Bestandsverwaltungssystem werden in Abschn. 5.6.3 beschrieben. Daraus abgeleitete wesentliche und wünschenswerte Eigenschaften der Systeme werden in Abschn. 5.6.4 diskutiert, während Abschn. 5.6.5 auf die speziellen Aspekte der Anbindung an die Außenwelt eingeht. Abschließend gibt der letzte Abschnitt eine Zusammenfassung.

5.6.2 Verschiedenartige Produkte: die Sparten Lebens-, Kranken- und Schaden-/Unfallversicherung

Die von Versicherungsunternehmen angebotenen Produkte schützen sowohl Privat- als auch Firmenkunden in fast allen Situationen des täglichen Lebens. Daher muss ein Bestandsverwaltungssystem in der Lage sein, eine Vielzahl verschiedenster Produkte verwalten zu können. Dabei möchte man sowohl schnell neue Tarife und Produkte einführen können – kurzes Time-to-Market – andererseits aber auf den Kunden zugeschnittene Lösungen anbieten. Hierzu umfassen Bestandsverwaltungssysteme eigenständige Komponenten, die Produktsysteme (s. auch Kap. 5.7).

Die Abgrenzung zwischen Produktsystemen und Tarifrechnern ist nicht immer eindeutig. Während mit Tarifrechnern meist die engeren Beitragsberechnungen bezeichnet werden, umfassen Produktsysteme häufig auch ein maschinell abgebildetes Regelwerk, in dem komplexe Bedingungen und Zulässigkeiten von Produkten hinterlegt und vollautomatisch ausgewertet werden können. Ebenso berücksichtigen sie vertriebliche Aspekte wie beispielsweise Produktpakete, die mehrere Tarife umfassen können.

Die Produkte innerhalb der Produktsysteme sind häufig in Form von Produktmodellen mit einer Vielzahl konfigurierbarer Parameter hinterlegt. Erst die vollständige Spezifikation dieser Parameter ergibt das endgültige Produkt. Man erhofft sich damit sowohl schnelle Änderungsmöglichkeiten an bestehenden Produkten als auch Vorteile bei der Einführung neuer, aber strukturell ähnlicher Produkte und somit eine geringere Produkteinführungszeit. Dennoch sind umfangreiche Regelüberprüfungen und Berechnungen funktionaler Art notwendig.

Bei ihrer Berechnung berücksichtigen Produktsysteme als Eingabe Vertrags- und Kundendaten, ausgegeben werden Beitrags- und Vertragswerte (Versicherungssummen, Deckungswerte) sowie Prüfergebnisse. Produktmaschinen berechnen nicht nur Werte für Neugeschäft und Vertragsänderungen oder -beendigungen, sondern auch für reguläre Fortschreibungen über die einzelnen Versicherungsjahre wie Wertentwicklung, Beitragsanpassungen oder Veränderungen des Leistungsumfangs.

Da Produktmaschinen in verschiedenen Kontexten verwendet werden (Außendienst, Vertragsverwaltung, Internet), müssen sie auf verschiedenen technischen Plattformen wie PC, Server und Großrechner laufen. Betriebssysteme und Entwicklungsumgebungen sowie ggf. daraus resultierend auch getrennte Programmierung können hier zu unerwünschten Abweichungen, mindestens aber zu hohen, weil mehrfachen Pflegeaufwänden führen. Eine vordringliche Aufgabe ist es daher, die Funktionen möglichst redundanzfrei und eindeutig zur Verfügung zu stellen. Man verwendet deshalb häufig Programmiersprachen, die auf allen Plattformen identisch sind.

Die Produkte der Sparten Lebens-, Kranken- und Schaden-/Unfallversicherung stellen sehr unterschiedliche Anforderungen an ein Bestandsverwaltungssystem. Tabelle 5.2 gibt einen Überblick über die Unterschiede und Gemeinsamkeiten.

Tabelle 5.2 Produkt- und spartenspezifische Anforderungen an Bestandsverwaltungssysteme

Sparte	Tarifrechner	Schwerpunkt des Systems	Besonderheiten
Lebens-versicherung	Umfangreich und komplex. Beiträge und Summen basieren auf Wahrscheinlichkeits-werten und werden mit Hilfe umfangreicher Algorithmen berechnet.	Tarife und Vertrags-verwaltung	Lange Laufzeiten. Fortschreibung von Vertragswerten über Zeitperi-oden hinweg. Umfangreiche Histo-rie des Vertrages.
Kranken-versicherung	Umfangreicher Tarif-rechner, allerdings nicht so ausgeprägt wie bei der Lebensver-sicherung.	Leistungsbearbeitung	Leistungsbearbeitung durch große Stückzahlen, umfangreiche Prü-fungen und sehr unterschiedliche Beteiligte geprägt.
Schaden-/Unfall-versicherung	Einfachere Tarifbe-rechnungen, die auf Beitragssätzen für Ri-sikoklassen beruhen. Dafür breitere und in-homogene Ausprä-gung durch die unter-schiedlichen Versiche-rungsarten und Risiko-strukturen.	Zu gleichen Teilen Tarife, Vertragsver-waltung und Scha-denbearbeitung	Art der Risiken führt zu häufigeren Änderungen im Vertragsbestand, dafür gibt es keine komplizierten Berechnungen mit langen Laufzei-ten, da keine Wertfortschreibung notwendig. Schadenbearbeitung ebenfalls geprägt durch intensives Schadenmanagement zur Steuerung der Kosten. Hohe Anforderungen an die Verwaltung bei Bildung von Produktbündeln.

5.6.3 Klassifikation der wesentlichen Geschäftsvorfälle

Unabhängig vom konkreten Versicherungsprodukt und der Sparte ruft die Verwaltung eines Versicherungsvertrags im Laufe der Zeit eine Vielzahl von Geschäftsvorfällen hervor. Im folgenden Abschnitt werden diese klassifiziert, ihre wichtigsten Eigenschaften umrissen und auf Besonderheiten hingewiesen.

Die Geschäftsvorfälle lassen sich grob in fünf Kategorien unterteilen: Neugeschäft, Anfragen und Auskünfte, nicht-technische und technische Änderungen sowie Beendigungen und Freistellungen. Diese beeinflussen den Lebenszyklus eines Versicherungsvertrags maßgeblich.

5.6.3.1 Neugeschäft

Der Geschäftsvorfall Neugeschäft umfasst den kompletten Prozess bis zum Zustandekommen eines neuen Vertrags. Der Lebenszyklus eines Versicherungsvertrages beginnt noch vor der Unterzeichnung durch den Kunden und die Versicherungsgesellschaft mit der Erstellung eines Angebots. Bereits hier wird auf das Produktsystem und ggf. vorhandene Vertrags- und Kundeninformationen zurückgegriffen. Unabhängig davon, ob es sich um einen „Standardvertrag" für Privatkunden oder einen individuellen Vertrag für gewerbliche Kunden handelt, wird der Vermittler bei der Erstellung eines Angebots durch sogenannte Angebotssysteme unterstützt. Sie helfen sowohl bei der Beratung bezüglich der Produkte und des benötigten Versicherungsbedarfs (s. z.B. Kap. 5.3), als auch bei der Berechnung der Tarife. Angebotssysteme können verschiedenste Ausprägungen besitzen. Wurden früher noch Tarifbücher in Papierform verwendet, sind sie heute in der Regel elektronisch verfügbar. Sie existieren in verschiedensten Varianten, beispielsweise als Teil von Maklersystemen oder anderer proprietärer Software, als eigenständiges Außendienstsystem oder als Internetanwendung (s. auch Kap. 5.2). Mit zunehmender Dichte der neuen Kommunikationsnetze findet immer mehr auch die direkte Online-Integration der zentralen Bestandsverwaltungs- und Produktsysteme in die Beratungssoftware der Vertriebe mit entsprechend angepasster Oberfläche statt, da die Ausbreitung neuer Produkte in separaten Außendienstsystemen eine erhebliche Zeit benötigt.

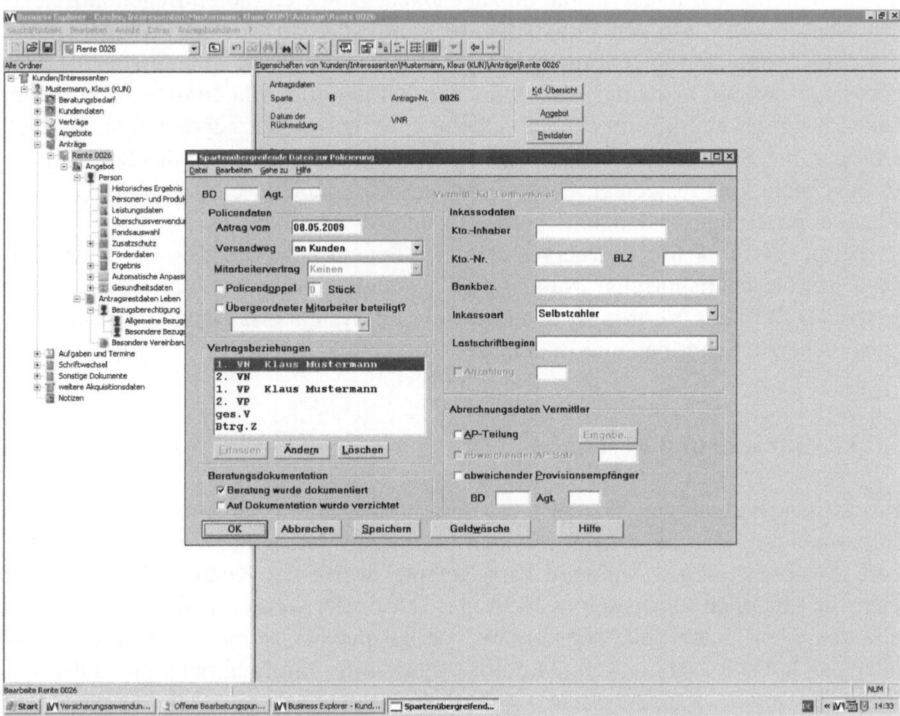

Abb. 5.16 Erfassung von Anträgen

Erst nach Zustimmung des Kunden zum ausgewählten Produkt bzw. Angebot erfolgt der nächste Schritt – die Vervollständigung der Angebotsdaten im Rahmen des Antrags (s. Abb. 5.16). Diese umfasst u.a. das Hinzufügen von Kundendaten wie Adresse und Inkassodaten, aber auch Risikobeschreibungsdaten. Die Daten werden möglichst maschinell an das zentrale Bestandssystem übertragen oder durch Online-Einbindung des Systems bereits direkt dort erfasst. Oft gibt es aber auch noch den Antrag in Papierform.

Den dritten Schritt bildet die Prüfung des Antrags durch das Versicherungsunternehmen. Während in den einfachen Massensparten die Prüfung oft maschinell und vollautomatisch durchgeführt wird, erfordert bei komplexerem Geschäft die individuelle Beurteilung manuelle Aktivitäten. Zu solch komplexerem Geschäft zählt sowohl die Risikoabsicherung eines Gewerbebetriebes oder einer Industrieanlage als auch die Einschätzung des Gesundheitszustands einer Person. Je nach Situation müssen sogar schriftliche Unterlagen wie Lagepläne oder Krankenakten begutachtet werden. Zusätzlich findet gerade im komplexeren Geschäft neben der Prüfung auch eine individuelle risikobezogene Preisgestaltung statt. So werden beispielsweise Zu- oder Abschläge und Selbstbehalte hinzufügt sowie externe Quellen wie Schufa- und Arztanfragen, Berichte von Vorversicherern und allgemeine Risikobewertungssysteme hinzugezogen. Obgleich die Anfragen auf elektronischem Wege erfolgen und teilweise durch das Bestandsverwaltungssystem maschinell durchgeführt werden, kann in solch komplexen Situationen das Underwriting weder heutzutage noch in naher Zukunft vollautomatisch erfolgen, sondern wird weiterhin durch individuelle Einschätzungen geprägt sein. Je nach Umfang und Schwere des Risikos wird bereits in diesem Schritt der Rahmen der Rückversicherung festgelegt. Dieser Vorgang wird dann durch sogenannte passive Rückversicherungssysteme unterstützt (s. auch Abschn. 5.6.5).

Bei positivem Prüfungsergebnis erfolgt in einem letzten Schritt die Durchführung des Geschäftsvorfalls „Neugeschäft". Damit kommt das Vertragsverhältnis zustande. Der neue Vertrag ist dann im Bestandssystem erfasst und dokumentiert, entsprechende Schreiben und Buchungen werden erzeugt.

5.6.3.2 Anfragen und Auskünfte

Ein Bestandsverwaltungssystem muss verschiedenste Auskunftsanforderungen erfüllen können, also die entsprechenden Daten zur Verfügung stellen bzw. anzeigen. Auslöser solcher Anfragen kann beispielsweise der Kunde selbst sein, der über die aktuellen Daten seines Vertrages informiert werden möchte. Dabei sind alle gängigen Kommunikationsformen wie beispielsweise das Telefon, ein Brief oder das Internet abzudecken. Mittelbar werden die Informationen ebenfalls notwendig, wenn der Kunde betreut wird und Anwendungssysteme oder Sachbearbeiter auf die Vertragsdaten zugreifen. Auch zur Provisionierung der Vermittler wird auf bestimmte Vertragsdaten wie Jahresbeiträge zugegriffen, da diese die Basis für die Provisionsermittlung bilden können.

5.6.3.3 Änderungen im Rahmen der Vertragskonditionen („nicht-technische Änderungen")

Hierzu werden Geschäftsvorfälle gezählt, die mit den Vertragsdaten arbeiten und diese modifizieren, den Vertrag aber nicht in seiner Substanz verändern. Es werden lediglich „Randinformationen" modifiziert, wie beispielsweise Bankkonto, Zahlungsstand oder Mahnstatus. Die für den Vertrag wesentlichen Bestandteile, z.B. das Produkt, der Versicherungsumfang oder die versicherte Person bzw. das versicherte Objekt, bleiben jedoch unverändert. Eine Beitragserhebung, die Verlängerung des Vertrags ohne Beitragsveränderung oder die Änderung des betreuenden Vermittlers sind ebenfalls konkrete Beispiele für diese Art von Geschäftsvorfall.

5.6.3.4 Veränderungen der Vertragskonditionen („technische Änderungen")

Die komplexesten Geschäftsvorfälle sind technische Änderungen. Hier wird das bestehende Vertragsverhältnis substanziell verändert, was in der Regel unmittelbar eine Modifikation des Versicherungsbeitrags zur Folge hat. Dieses kann beispielsweise durch eine Änderung der beitragsbestimmenden Dauern, des Versicherungsumfangs bzw. der Versicherungshöhe oder durch Wechsel des Produkts bzw. des Tarifs geschehen. Auch der Wechsel des Risikos z.B. durch Umzug in ein anderes Haus oder die Veränderung des Risikos durch eine Baumaßnahme ist denkbar. Eine Untervariante der technischen Änderungen ist die vertraglich vereinbarte automatische Erhöhung von Beitrag oder Leistung. Dieses wird auch häufig als Automatik, Dynamik, Anpassung oder Indizierung bezeichnet. Diese vertragsgemäße Erhöhung wird in der Regel maschinell erzeugt und führt lediglich zu einer Kundenbenachrichtigung (ggf. mit Widerspruchsmöglichkeit).

Eine besondere Variante der technischen Änderungen ist die Wiederinkraftsetzung eines Vertrags. Hier wird ein beendeter Vertrag wieder aktiviert. Das kann zu veränderten Tarifversionen, veränderten Leistungsumfängen, anderen Beiträgen oder anderen Zeiträumen führen und stellt hohe Anforderungen an die Historisierungsverfahren der Anwendungssysteme (s. Abschn. 5.6.4.5) .

5.6.3.5 Beendigungen und Freistellungen

Geschäftsvorfälle, die das ursprüngliche Vertragsverhältnis beenden oder zumindest unterbrechen, bilden die nächste Gruppe. Zu beachten ist, dass der mit dem ursprünglichen Vertragsverhältnis einhergehende Datenhaushalt hier in der Regel nicht verändert wird.

Geschäftsvorfälle dieser Art erzeugen ggf. einmalige oder laufende Zahlungen, die in der Regel von einem anderen System für die Leistungsbearbeitung verwaltet werden. Der eigentliche Vertrag erhält einen Status, der fast alle weiteren Aktivitäten ausschließt. Insbesondere wird der Versicherungsschutz aufgehoben, was bei der Bearbeitung von Leistungsanforderungen entsprechend berücksichtigt werden muss. Diese Art von Geschäftsvorfällen tritt beispielsweise bei einem Storno oder Rückkauf, beim Ablauf eines Vertrags sowie bei einer temporären Beitragsfreistellung auf.

5.6.4 Eigenschaften eines Bestandsverwaltungssystems

Aus den in den beiden letzten Abschnitten vorgestellten Produkten und Geschäftsvorfällen lassen sich wesentliche Eigenschaften eines Bestandsverwaltungssystems ableiten. Neben der Unterstützung der Angebotserstellung und des Vertragsabschlusses bestehen die Aufgaben eines Bestandsverwaltungssystems – dem Namen gemäß – vor allem aus der Verwaltung jahrelang, teils lebenslang bestehender Verträge. Dieser Abschnitt geht deshalb auf eine Reihe von Aspekten ein, die die Skalierbarkeit und Zukunftsfähigkeit eines solchen Systems maßgeblich beeinflussen. Viele sind weitgehend deckungsgleich mit den meisten anderen Anwendungssystemen und werden auch in Kap. 2.1 behandelt.

5.6.4.1 Komplexität und hohes Volumen

Das Vertragsverwaltungssystem speichert sämtliche relevanten Risiko-, Produkt- und Konditionsdaten des zwischen Versicherungsunternehmen und Kunden abgeschlossenen Vertrags. Herausfordernd ist das Zusammenspiel vieler unterschiedlicher Massendaten mit vielen unterschiedlichen Geschäftsvorfällen, was zu einem hohen Volumen und einer hohen Komplexität führt. Die Beherrschung dieser Komplexität bildet die eigentliche Herausforderung bei der Entwicklung eines Bestandsverwaltungssystems.

5.6.4.2 Verfügbarkeit von Online- und Batchverarbeitung

Bei der Verarbeitung der Daten lassen sich zwei grundlegend verschiedene Zielsetzungen unterscheiden. Bei der Online-Verarbeitung steht die möglichst fallabschließende, manuelle Bearbeitung im Vordergrund. Schnittstellen werden allerdings auch bei der Online-Bearbeitung meist im Hintergrund bedient (z.B. Erzeugung von Briefen, Buchungen etc.) und im Batch abgearbeitet.

Die sogenannte Batchverarbeitung zielt auf die vollautomatische Bearbeitung einer meist großen Menge an Einzelfällen ab. Ähnlich der Produktionsstrecke an einem Fließband werden die Einzelfälle in einer Reihenverarbeitung von mehreren Anwendungen nacheinander prozessiert. Dabei erfolgt die Übergabe zwischen den einzelnen Anwendungen meist in Dateien oder Datenbanken. Häufig wird die

Batchverarbeitung in regelmäßigem Turnus angestoßen, um beispielsweise die monatliche Beitragserhebung für fällige Verträge oder die Bilanzerstellung für alle Versicherungsverträge inklusive der Leistungsbuchungen abzuwickeln. Auch die Erstellung von Briefen oder E-Mails zur regelmäßigen Benachrichtigung von Kunden über den Status ihres Vertrages oder einer Gesetzesänderung erfolgt häufig in (täglicher) Batchverarbeitung. Die Steuerung erfolgt über den Rechenzentrumsbetrieb entsprechend den fachlichen Vorgaben.

5.6.4.3 Mandanten- und Mehrsprachenfähigkeit

Die Nutzung eines Systems mit Mandantenfähigkeit (Differenzierung nach einer Mandantenkennzeichnung) ist gegenüber der Doppelung von Systemen insbesondere dann sinnvoll, wenn

- viele Strukturen und Funktionalitäten für die Mandanten identisch sind
- mandantenübergreifende Sichten erzeugt werden sollen
- gemeinsame Daten von allen Mandanten genutzt werden (z.B. Kunden, Mitarbeiter, Vertriebe).

Gerade im Rahmen der international operierenden Versicherungsunternehmen bzw. einer internationalen Kundschaft ist die Mehrsprachenfähigkeit eines IT-Systems von entscheidender Bedeutung. Dabei sind zwei wesentliche Bereiche voneinander unabhängig zu unterscheiden. Zum einen können Dokumentationen und Kundenbriefe in mehreren Sprachen und abweichend von der Bearbeitungsoberfläche verfasst werden. Zum anderen müssen die Auskunfts- oder Änderungsdialoge beim Direktzugriff auf das System in mehreren Sprachen zur Verfügung stehen.

5.6.4.4 Mehrwährungsfähigkeit

In Zeiten der zunehmenden Globalisierung und zusammenwachsender Märkte ist gerade die Mehrwährungsfähigkeit von wachsender Bedeutung. Insbesondere ist sie unumgänglich, falls der Kundenstamm der Versicherungsverträge mehrere Währungsbereiche abdeckt oder das System in verschiedenen Ländern mit unterschiedlicher Währung genutzt wird. Ebenso ist sie notwendig, falls die Bilanzierung und Steuerung in anderer Währung erfolgt, wie es beispielsweise bei internationalen Holdings häufig der Fall ist.

Bei der Verwendung unterschiedlicher Währungen ist je nach Bedarf zu unterscheiden, ob stichtagsbezogen (z.B. zum Ultimo) umgerechnet oder ob zusätzlich der Ursprungswert (zum ursprünglichen Einstellungsdatum) mitgeführt wird, um etwa damit über den Verlauf entstehende Währungsschwankungen ermitteln zu können.

Weiterhin können sich Umrechnungsdifferenzen daraus ergeben, dass auf Einzelsatzebene in eine andere Währung umgerechnet wird und danach z.B. auf Teilbestandsebene summiert bzw. auf Summenebene die Währung konvertiert wird. Die Unterschiede resultieren aus Rundungsdifferenzen, die sich insbesondere bei Summation großer Beträge oder großer Stückzahlen ergeben. Zur Vermeidung müssten entsprechend viele Nachkommastellen vorgesehen werden können. Folgendes Beispiel veranschaulicht die Problemstellung. An einzelnen Versicherungsverträgen wird eine Zweitwährung mitgeführt für Betragsfelder mit zwei Nachkommastellen. Für die Erstellung der Bilanz werden Gesamtsummen über alle Verträge mit beiden Währungen gebildet. Diese Gesamtsummen unterscheiden sich von dem Betrag, der sich ergäbe, wenn man auf Gesamtsummenebene die Währung umrechnen würde. Die entsprechenden Abweichungen werden häufig auf speziellen Konten gebucht und entsprechend ausgewiesen.

5.6.4.5 Die Historie eines Vertrages

Zum einen aufgrund gesetzlicher Bestimmungen, zum anderen aus Gründen der Nachvollziehbarkeit enthält ein Vertragsverwaltungssystem zu jedem Vertrag zusätzlich zu den aktuell gültigen Daten die Historie des Vertrages mit allen oder den wesentlichen in der Vergangenheit gültig gewesenen Daten. Dabei ist zu beachten, dass zur Herstellung konsistenter Stände auch verbundene Datenbanken wie beispielsweise Partner, Inkasso, Briefschreibung, Provision entsprechende historische Stände aufweisen müssen.

Prinzipien der Historisierung
Die einfachste Art der Historisierung bildet die sogenannte *Vollhistorie.* Hierbei werden – meist in regelmäßigen Abständen oder nach Änderungen – Kopien des aktuellen Vertragszustands erzeugt und gespeichert. Die Vertragshistorie besteht nun aus dieser Sammlung von Vertragszuständen. Da zu jedem Zeitpunkt genau einer dieser Vertragszustände gültig war und vollständig vorliegt, ist diese Art der Historisierung in der Regel sehr speicherintensiv. Andererseits ist sie performant, da die Daten des jeweils benötigten Stich- oder Sichttags bereits vollständig vorliegen.

In der *Delta- bzw. Änderungshistorie.* werden keine vollständigen Momentaufnahmen des Vertragszustands gesammelt, sondern es wird eine Liste der Änderungen geführt und gespeichert. Der Speicherverbrauch dieser Lösung ist bei komplexen Verträgen in der Regel wesentlich geringer. Auf der anderen Seite liegt der Zustand des Vertrages nicht für jeden vergangenen Zeitpunkt unmittelbar vor, sondern muss erst durch Abarbeiten der Änderungshistorie erzeugt werden. Daher ist die o.g. Anfrage bei einer Deltahistorie mit einem höheren Zeit- bzw. Rechenaufwand verbunden.

Zwischen den beiden eben genannten Varianten sind Zwischenlösungen denkbar. Beispielsweise kann in regelmäßigen Abständen ein Schnappschuss im Sinne der Vollhistorie erzeugt und dazwischen können jeweils Änderungshistorien geführt werden. Da üblicherweise Zugriffe auf aktuelle Informationen erfolgen, ist es möglich, ältere Schnappschüsse und Änderungen auf langsamere, aber dafür günstigere Speichersysteme auszulagern.

Um den Speicherverbrauch noch weiter zu senken, werden auch sogenannte *Teilhistorien* verwendet. Hierbei wird nicht die gesamte Vertragshistorie gespeichert, sondern nur der aktuellste Teil, beispielsweise die letzten 3 Jahre. Teilweise werden für den davorliegenden Zeitabschnitt die wesentlichen Vertragsinformationen archiviert, um beispielsweise den gesetzlichen Aufbewahrungsfristen Genüge zu leisten.

Zugriff auf historische Bestände

Der Zugriff auf historische Bestände erfolgt in der Regel mit einem *Sichtdatum* und einem *Stichdatum*. Dabei gibt das Sichtdatum an, wie der Vertrag ausgesehen hätte, wäre er zu diesem Datum angesehen worden, zeigt also den Zustand ohne vielleicht später erfolgte, rückwirkende Änderungen. Das Stichdatum gibt hingegen das Datum an, zu dem der damals gültige Vertragsstand ermittelt werden soll, also unter Berücksichtigung von rückwirkenden Änderungen. Folgende Beispiele sollen die beiden Daten verdeutlichen:

Beispiel 1:
Die Frage „Welchen Beitrag musste der Versicherungsnehmer am 1.1.1999 zahlen" führt zu dem Sichtdatum „heute", während das Stichdatum der 1. Januar 1999 ist.

Beispiel 2:
Die Frage „Was war zum Schadentag am 30.6.2001 tatsächlich versichert?" führt sowohl zum Sicht- als auch Stichdatum 30. Juni 2001. Dieses ist notwendig, da der Vertrag zwischenzeitlich geändert worden sein kann.

Durchführung rückwirkender Änderungen

Die Vertragshistorie spielt bei rückwirkenden Vertragsänderungen eine entscheidende Rolle. „Rückwirkend" bedeutet in diesem Fall, dass zeitlich vor aktuell gültigen Datensätzen aufgesetzt wird. Dieses kann sowohl die eigentlichen Vertragsdaten als auch die Buchungsdaten betreffen. Das heißt in der Regel, dass diese Datensätze ungültig werden und die Historie des Vertrages neu aufgesetzt werden muss. Folgendes Beispiel dient der Veranschaulichung:

Es existiere ein Beispielvertrag mit Monatsbeiträgen von je 100 EUR im Jahr 2008 und 110 EUR ab dem 1.1.2009. Der Vertrag wird nun am 20.4.2009 bearbeitet. Daher existieren zu diesem Zeitpunkt 12 Monatsbeitragsbuchungen à 100 EUR für 2008 und vier à 110 EUR für 2009. Nun soll der Vertrag rückwirkend zum 1.12.2008 mit einem neuen Monatsbeitrag von 120 EUR geändert werden. Daher fallen folgende Aktionen an:

1. Ersatz der vorhandenen Vertragsstände:
   Vertragsstand mit Monatsbeitrag 100 EUR: 1.1.2008–30.11.2008
   Vertragsstand mit Monatsbeitrag 120 EUR: ab 1.12.2008
2. Rücknahme der Buchungen 12/2008 und der vier Buchungen aus 2009.
3. Einstellen entsprechender neuer Buchungen à 120 EUR.
4. Berechnen und Sollstellung Differenzbeitrag für Kunden: 60 EUR.

Entsprechend sind natürlich die Vertragsdokumentation, Bestandspflegeprovision und Schadenleistungen in diesem Zeitraum und andere abhängige Informationen zu überprüfen und anzupassen.

5.6.4.6 Abbildung der Rollen verschiedener Vertragsbeteiligter

Ausgehend von einer unternehmensweiten Sicht auf die Daten werden in den meisten Versicherungsunternehmen mittlerweile Kunden- und Personendaten in einer zentralen Datenbank und demnach nicht zusammen mit den Vertragsdaten gehalten. Demzufolge kann eine solche, von Kontext freie, natürliche bzw. juristische Person – ein Eintrag in der Personendatenbank – in Versicherungsverträgen unterschiedliche Rollen einnehmen. Eine Person kann beispielsweise Versicherungsnehmer (der eigentliche Vertragspartner), versicherte Person, Begünstigter, Fahrzeughalter, Anspruchsteller, Sicherungsgläubiger, Kontoinhaber oder Schadenbeteiligter sein. Im Bestandsverwaltungssystem wird über die Schlüssel des Partnersystems festgehalten, welche Partner die jeweils benötigten Rollen im Vertragsverhältnis einnehmen.

5.6.4.7 Verwalten von Gruppenversicherungen

Ungenannt bleiben sollen auf keinen Fall spezielle Funktionalitäten der Gruppenversicherungen, die im Grunde einer Bündelung mehrerer Einzelversicherungen entsprechen. Diese Bündelung kann sehr lose sein und somit lediglich die Zusammengehörigkeit der Einzelverträge markieren. In diesem Fall hat die Bündelung nur einen geringen Einfluss auf die Einzelverträge. Ist die Bündelung hingegen sehr strikt, so läuft das Vertragsverhältnis rein über den Gruppenvertrag. Dieser gibt wiederum genau vor, wie die Einzelverträge gestaltet sind, wodurch diese sich dann auf Risikodaten und diesbezügliche Zeiträume reduzieren. Die Gesamtheit der Einzelrisiken wird dann kollektiv abgerechnet, Zu- und Abgänge werden zentral verwaltet und geeignete Sammelauskünfte in Form von Listen erzeugt. Natürlich sind verschiedene Varianten zwischen „strikt“ und „lose“ möglich. Typische Beispiele dieser Gruppenversicherungen bilden die betriebliche Altersversorgung durch Lebensversicherungen oder die Versicherung großer Kraftfahrt-Flotten.

5.6.5 Verbindungen zur Außenwelt

Neben dem oben beschriebenen internen Informationsaustausch zwischen den einzelnen Komponenten eines Bestandsverwaltungssystems, spielt die Kommunikation mit der Außenwelt, d.h. mit Personen oder Institutionen außerhalb des Versicherungsunternehmens, eine wesentliche Rolle.

5.6.5.1 Bereitstellung von Schnittstellen

Wie oben bereits mehrfach genannt, ist eine inhaltliche Verwaltung der originären Vertragsdaten erst durch Hinzuziehen vieler anderer Datengruppen und Systeme möglich. Daher sind Schnittstellen, über die Daten gelesen oder geschrieben werden können, unumgänglich. Insbesondere wenn auf marktübliche Standardsoftware von Drittanbietern zurückgegriffen werden soll, sollte das Design der Schnittstellen zum einen klar und übersichtlich und zum anderen standardkonform erfolgen.

5.6.5.2 Kundenzugang durch Dokumente und Briefe

Der Zugang zum Versicherungskunden geschieht entweder direkt oder über unterschiedliche Vertriebsorganisationen. Im direkten Kundenzugang ist nach wie vor das wichtigste Mittel die Schriftform. Insbesondere die Dokumentation der vertraglichen Vereinbarungen in Form der Versicherungspolice sowie Beitragsrechnungen oder Schadenabrechnungen werden postalisch versendet. Zum Teil wird dieses auch durch den Gesetzgeber gefordert. Darüber hinaus werden auch Briefe mit informierenden oder werbenden Inhalten als Massenbriefe erzeugt. Diese werden zunehmend durch E-Mails und Outbound-Telefonie ersetzt. Zusätzlich erhalten gewerbliche Kunden oft Dateien, die beispielsweise eine Aufstellung und Bewertung der versicherten Risiken oder Objekte enthalten.

Umgekehrt nutzen Kunden zur Kommunikation mit dem Versicherungsunternehmen ebenso die Schriftform, häufig das Telefon und zunehmend E-Mails. Hier handelt es sich meistens um Informationsbedarf seitens des Kunden, Änderungsmitteilungen oder Schadenmeldungen. Eingehende Briefe werden in vielen Versicherungsunternehmen eingescannt und Sachbearbeitern über Workflow-Verfahren elektronisch zugesteuert. Dieses ermöglicht eine dynamische und standortübergreifende Lastverteilung zwischen den Mitarbeitern (s. auch Kap. 5.12). Inzwischen erhalten Kunden auch die Möglichkeit, sich aktiv per Internet über ihren Vertragsstatus zu informieren. Diese Anfragen werden normalerweise in Echtzeit vollautomatisch beantwortet oder stoßen eine spätere Verarbeitung durch einen Sachbearbeiter an.

5.6.5.3 Kundenzugang durch den Vertrieb

Neben der Daten- und Programmversorgung für die Außendienstsysteme werden den Vertriebseinheiten oft zusätzliche Informationen in papier- oder elektronischer Form zur Verfügung gestellt, mit denen sie die Kunden direkt ansprechen können, beispielsweise Erhöhungsangebote oder Mitteilungen über Stornosituationen. Solche Aktionen können sowohl bezogen auf den Einzelfall wie auch in Massenaktionen erfolgen.

5.6.5.4 Rück- und Mitversicherung

Für größere zu versichernde Risiken, insbesondere im gewerblichen und industriellen Bereich, werden individuelle Rückversicherungsverträge geschlossen. Meistens teilen sich mehrere Erstversicherungen, die sogenannten Mitversicherer, die Deckung des Risikos, wobei die Beteiligung durch Beteiligungsverhältnisse bzw. -quoten abgebildet wird. Obwohl mehrere Erstversicherer und häufig auch mehrere Rückversicherer an solchen Verträgen beteiligt sind, übernimmt die Verwaltung in der Regel ein Unternehmen, der sogenannte Führende. Durch das Vertragsverwaltungssystem müssen nun in Verbindung mit dem In- und Exkassosystem sowie mit dem Schadensystem die folgenden Datenströme durch den Führenden abgewickelt werden:

- Die Meldung der wesentlichen Vertragsdaten an den Rückversicherer. Diese umfassen das Beteiligungsverhältnis, die Rückversicherungsbeiträge sowie die Berücksichtigung der rückfließenden Rückversicherungsprovisionen.
- Die Verrechnung der Prämien, Provisionen und Schadenzahlungen unter Berücksichtigung der Beteiligungsverhältnisse an die Mitversicherer.
- Die Aufbereitung von Daten und deren Übermittlung an die Beteiligten. Diese Daten umfassen beispielsweise Deckungsrückstellungen, Beitragsüberträge sowie Gewinnbeteiligungen für Jahresabschlüsse.

Die Erstellung und Verwaltung all dieser Datenströme wird normalerweise durch ein passives Rückversicherungssystem sowie ein Mitversicherungssystem unterstützt. Diese Systeme sind in der Regel in der Lage, die Rückversicherung von Gesamtbeständen zu verwalten, ohne dass eine vertragsindividuelle Administration erforderlich ist.

5.6.5.5 Weitere Schnittstellen

Neben den genannten gibt es diverse weitere Datenströme an und von externen Stellen. Beispielsweise werden Sicherungsgläubiger wie Banken mit Informationen versorgt, es erfolgen Bonitätsprüfungen durch die Schufa, und Inkasso- und Mahnunternehmen werden beauftragt. Es finden Datenlieferungen an Behörden und andere Institutionen wie das Kraftfahrtbundesamt, Zulassungsstellen oder den Gesamtverband der deutschen Versicherungswirtschaft (GDV) statt. Am Beispiel des GDV ist ersichtlich, dass der Austausch nicht nur einseitig erfolgt. Die von den Unternehmen gelieferten Informationen werden u.a. für Basiskalkulationen verwendet und anschließend den Versicherern vom GDV wieder zur Verfügung gestellt.

5.6.6 Zusammenfassung

Der vorliegende Artikel hat einen Einblick in den grundlegenden Aufbau eines Bestandsverwaltungssystems vermittelt. Die Bedeutung der Informationstechnologie im Massenversicherungsgeschäft und die damit verbundene Vielfältigkeit der anfallenden Aufgaben stellen besondere Anforderungen an die Flexibilität und Zuverlässigkeit der verwendeten Systeme. Insbesondere die zentrale Rolle der Bestandsverwaltungssysteme und die große Anzahl der Schnittstellen mit den umliegenden Systemen und der Außenwelt führen zu einer hohen – und zukünftig weiter steigenden – Komplexität dieser Systeme. Die häufig lange Lebensdauer von Versicherungsverträgen stellt bezüglich der notwendigen Flexibilität durch neue Produkte und neue Geschäftsvorfälle eine große Herausforderung an die Belastbarkeit der Architektur von Bestandsverwaltungssystemen dar.

Kurzbiographie

Dr. Michael Regauer ist promovierter Mathematiker und Informatiker und verantwortet seit September 2004 den Geschäftsbereich Anwendungsentwicklung der ITERGO Informationstechnologie GmbH. Er hat in den letzten Jahren die ERGO-Konvergenzprojekte D.A.S. und DKV geleitet. Davor war er in Unternehmen der ERGO Versicherungsgruppe in unterschiedlichen Aufgaben für ein breites Spektrum im Versicherungsbereich verantwortlich. Neben Führungsaufgaben in der IT in allen Sparten leitete er mehrere große Projekte und war außerdem zuständig für Betriebsorganisation und Fachbereiche.

5.7 Zentralisierung des Produktwissens in Produktmaschinen

Axel Helmert, Wien, Österreich

Zusammenfassung

Zentralisierung des Produktwissens in Produktmaschinen behandelt eine zentrale, hochgradig komplexe und vielschichtige Anforderung an die Informationsverarbeitung in Versicherungsunternehmen. Aus der Fülle der mit dem Thema verbundenen Fragestellungen werden einige Aspekte herausgegriffen und vertieft. Produkt und Vertrag werden voneinander abgegrenzt und ihr Zusammenspiel wird erläutert. Die Produktkomponente ist kein Monolith, sondern gliedert sich in weitere Services wie Versicherungstechnik, Finanzmathematik, Zeitmodell, Produktbündel u.a.m. Ein sehr wichtiger Prozess ist die Produktentwicklung, die von der daraus folgenden Bereitstellung der Produktinformationen für die operativen Systeme abzugrenzen ist, aber zum Teil gleiche Services nutzt und iterativ verändert. Das Ziel der völligen Zentralisierung des Produktwissens verbunden mit dem Wunsch, Pflege und Modellierung der Produkte weitgehend in die Hände des Fachbereichs zu legen, stellt hohe Anforderungen an die Architektur der Anwendungssysteme.

5.7.1 Zum Begriff Zentralisierung

Zentralisierung des Produktwissens und der Einsatz von Produktmaschinen sind eine wesentliche Voraussetzung für Schnelligkeit (Time-to-Market), Effizienz und Qualität bei Entwicklung, Vertrieb, Verwaltung und Controlling von Produkten. Sie bestimmen somit unmittelbar den Geschäftserfolg eines Unternehmens. Die Bedeutung und hohe Priorität der Komponente Produkt und des Produktentwicklungsprozesses ergeben sich direkt aus den betriebswirtschaftlichen Zielsetzungen des Unternehmens. Aus der Sicht der Softwarearchitektur und des Softwareengineeringprozesses bestehen die gleichen Anforderungen an die Komponente Produkt, die auch für die anderen Komponenten einer Anwendungslandschaft gelten. Der Begriff Zentralisierung ist für die Komponente Produkt bewusst gewählt worden und soll beide Aspekte abdecken. Er beinhaltet den für die Informationsverarbeitung typischen Begriff der Kapselung. Zentralisierung des Produktwissens meint also immer auch Kapselung des Produktwissens. Die aus der Kapselung des Produktwissens gewonnenen Komponenten sind aber mit Blick auf die oben

M. Aschenbrenner et al. (eds.), *Informationsverarbeitung in Versicherungsunternehmen*, Springer-Lehrbuch Masterclass, DOI 10.1007/978-3-642-04321-5_21,

dargestellte Bedeutung auch zentral für den Geschäftserfolg des Unternehmens. Sie bilden gleichsam das Herz der gesamten Anwendungslandschaft in allen produktabhängigen Themen. Fach- und Softwarearchitektur müssen deshalb konsequent auf die Anforderung der Zentralisierung des Produktwissens ausgerichtet sein.

5.7.2 Vertrag und Produkt

Aus Gründen der Vereinfachung wird hier auf eine ausführliche Diskussion der Begriffe Produkt und Vertrag verzichtet. Dies darf aber nicht darüber hinwegtäuschen, dass eine saubere Definition dieser Begriffe einerseits eine notwendige Voraussetzung für die Modellierung und andererseits alles andere als trivial ist. Zunächst sind Versicherungsprodukte immaterielle Güter. Diesen Aspekt teilt die Branche mit der Dienstleistungsbranche, insbesondere der Finanzdienstleistungsbranche. Eine weitere Besonderheit ist die Langfristigkeit der vertraglichen Beziehung – bei der Lebensversicherung kann diese im Wortsinn ein Leben lang andauern. Dies führt i.d.R. dazu, dass dem Versicherungsnehmer zu Beginn (im Rahmen des Neugeschäfts) und im weiteren Verlauf (planmäßige und außerplanmäßige Änderungen) Optionen zur Gestaltung bzw. Anpassung seines Versicherungsschutzes eingeräumt werden. Darüber hinaus löst eine Änderung des Zustandes eines versicherten Objektes durch ein versichertes Ereignis (Zustandsübergang) in der Regel einen Zustandswechsel in einem oder mehreren zugeordneten Vertragsobjekten aus. Ein Zustandswechsel in der Personenversicherung kann z.B. der Eintritt der Berufsunfähigkeit der versicherten Person sein. Der Eintritt eines versicherten Ereignisses kann auch zu einem Abgang des zugeordneten Vertragsobjektes führen.

Im Folgenden wird mit einem einfachen intuitiven Ansatz gearbeitet. Ein Produkt ist eine *verkaufbare* Einheit „Versicherungsschutz“. Unter dem Produktnamen sind alle obligatorischen und fakultativen Eigenschaften des Produktes zusammengefasst. Dies beinhaltet auch alle potenziellen Zustandsübergänge im Vertragslebenszyklus. Die oben beschriebenen Zustandswechsel des Vertrages werden also immer von entsprechenden vordefinierten Produktbausteinen getriggert.

Ein Vertrag ist eine *verkaufte* Einheit Versicherungsschutz. Der Vertrag begründet eine wechselseitige rechtliche Beziehung zwischen Versicherungsnehmer und Versicherungsunternehmen. Der Vertrag „referenziert“ das zu Grunde liegende Produkt. Alle obligatorischen Eigenschaften des Produktes werden per definition in den Vertrag übernommen, alle fakultativen Elemente müssen, zumindest für den betrachteten Zustand des Vertrages, definiert sein (festgelegt oder ableitbar). Einem Vertrag wird genau ein Produkt zugeordnet. Ein Produkt kann vielen Verträgen zugeordnet sein.

Sowohl der Vertrag, als auch das Produkt werden i.d.R. aus wieder verwendbaren Komponenten zusammengesetzt. Die Struktur des Vertrages leitet sich aus der

Struktur des Produktes (oder des Produktspektrums als Ganzem) ab und erstreckt sich über mehrere Ebenen. In der Lebensversicherung sind heute z.B. drei oder vier Ebenen üblich. Gegebenenfalls wird dies, z.B. im spartenübergreifenden Kontext, durch die Ebene „Bündel" für vertragsübergreifende Aspekte ergänzt. Es ergibt sich also in etwa das folgende, etwas vereinfachte Bild (Abb. 5.17):

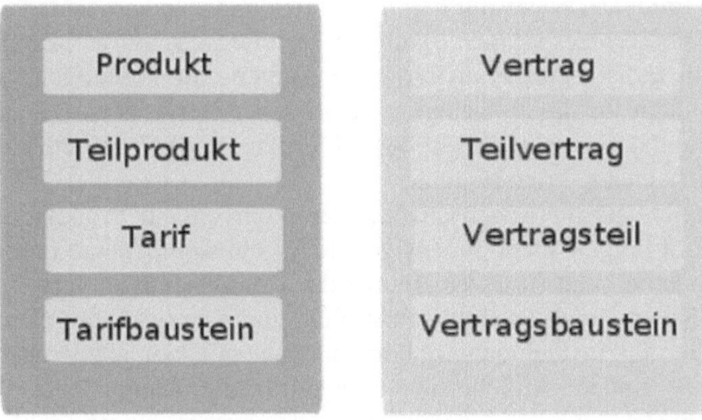

Abb. 5.17 Schematische Darstellung der Ebenen in Produkt- und Vertragsdatenmodell in der Lebensversicherung

Es ist heute selbstverständlich, konkrete Verträge (Vertragsinstanzen) und konkrete Produkte (Produktinstanzen) aus Vertragsmodellen und Produktmodellen zu gewinnen. Die konkrete Technik zur Gewinnung der Instanzen und die Modellierung der Beziehung zwischen Produktmodell und Vertragsmodell hängt auch von der verwendeten Methode der Modellierung (Objektorientierung, strukturierte Analyse, ...) und den praktischen Möglichkeiten der heutigen Informationsverarbeitung ab. Es sei hier angemerkt, dass der Begriff Produktmodell bewusst gewählt und nicht mit dem Begriff Produktdatenmodell gleichzusetzen ist. Das Produktmodell umfasst die statischen Strukturen *und* das dynamische Verhalten eines Produktes. Das dynamische Verhalten meint z.B. die zahlreichen aktuariellen Methoden (Berechnung von Beiträgen und Reserven über Barwerte, Rückkaufswerte), aber auch die produktgetriebene Gestaltung der Geschäftsprozesse. Die Strukturen drücken sich vor allem in den Datenmodellen aus, aber auch in der Modellierung der Schnittstellen (auch ein User Interface kann als Schnittstelle aufgefasst werden).

Auf der Ebene der Modelle stellt sich dann aber sofort die interessante Frage, ob es *ein* Produktmodell oder *viele* Produktmodelle in einem Unternehmen gibt. Falls Letzteres der Fall ist, ist auch die Beziehung der Modelle zueinander zu klären. Dies gilt im Besonderen bei spartenübergreifenden Ansätzen.

5.7.3 Zum Begriff Komponente

Die Zentralisierung des Produktwissens erfolgt in einer softwaretechnisch gekapselten Komponente. Diese Komponente wird im Folgenden der Einfachheit halber *Produkt* genannt. Das in der Komponente Produkt gekapselte Produktwissen wird in Form von Produktservices mit klar definierten und standardisierten Services bereitgestellt. Die Services können lokal oder remote (z.B. als Webservices) aufgerufen werden. Es ist eine herausfordernde Aufgabe, die „richtigen" Services zu finden. Vor allem für die versicherungstechnischen Services ist die angemessene Granularität und damit auch die Größe und Struktur der Schnittstellen eines Services eine entscheidende Fragestellung.

Bevor weiter auf die Eigenschaften der Komponente Produkt eingegangen wird, sei darauf hingewiesen, dass es gerade für die Komponente Produkt wichtig ist, einen modernen und flexiblen Begriff der Komponente zu verwenden. Einerseits ist die Komponente Produkt selbst nicht als monolithisches Ganzes zu verstehen. Sie zerfällt in mehrere Subkomponenten mit klar abgegrenzten Verantwortlichkeiten. Andererseits besteht gerade für die Komponente Produkt die Notwendigkeit, Produkteigenschaften aus vielen verschiedenen fachlichen Komponenten zu separieren und unter dem Blickwinkel Produkt zusammenzufassen. Unter diesem Gesichtspunkt kann man die Komponente Produkt auch einfach als ein Repository auffassen, das Services bereitstellt. Dies wird im Folgenden anhand konkreter Beispiele deutlich werden.

Die Komponente Produkt besteht selbst also aus vielen Subkomponenten. Hervorzuheben ist dabei die Subkomponente *Versicherungstechnik.* Sie kapselt alle aktuariellen oder auch versicherungstechnischen Aufgaben. Sie stellt zentral Services für das gesamte Produktspektrum und für den gesamten Vertragslebenszyklus bereit. Durch die versicherungstechnischen Services werden alle Fragen der Versicherungsmathematik (z.B. Berechnung von Beiträgen und Reserven, technische Änderungen, Rückkaufswerte, Leistungswerte, Modellrechnungen, ...) adressiert. Zudem werden alle versicherungstechnischen Aspekte der planmäßigen Verarbeitungen (Fortschreibungen) abgedeckt. Als Beispiele können die Überschusszuteilung und -verwendung und die Schlussüberschussbeteiligung genannt werden. Die Komponente Versicherungstechnik stellt auch die Grundwerte für die Bilanz bereit. Sie übernimmt die Entwicklung der Deckungsrückstellung und die Beitragszerlegung.

Die Services erfüllen diese Aufgabe in der Regel für einen Vertrag, d.h. ein Service bekommt den für seine Aufgabe relevanten versicherungstechnischen Ausschnitt des Vertrages, führt die anstehenden Aufgaben für alle Ebenen des Vertrages durch und hinterlässt immer (im Erfolgsfall) einen konsistenten Vertrag. Dadurch werden die aufrufenden Systeme von der extrem produktabhängigen Aufgabe befreit, elementare versicherungstechnische Funktionen für einzelne Vertragsobjekte in der richtigen Reihenfolge und im richtigen Kontext auszuführen. Zudem ergeben sich häufig Abhängigkeiten zwischen Vertragsobjekten (z.B.

zwischen einer Haupt- und einer Zusatzversicherung), die dann im Rahmen des Services abgehandelt werden können.

Es sei darauf hingewiesen, dass diese Vorgehensweise ihre Kraft erst dann richtig entfalten kann, wenn die Versicherungstechnik im Zusammenhang der Komponenten Zeitmodell, Historisierung und Positionierung gesehen wird. An dieser Stelle sei dazu nur gesagt, dass es offensichtlich wichtig ist, einen definierten Service zu einem definierten Wirksamkeitstermin auch auf dem richtigen Zustand des Vertrages auszuführen und nach der Verarbeitung einen geordneten Zustand zu hinterlassen. Diese Aufgabe sollte nicht innerhalb des versicherungstechnischen Services gelöst werden.

Gerade bei der Subkomponente Versicherungstechnik ist die Frage entscheidend, bis zu welchem Grad es sinnvoll ist, versicherungstechnische Aufgaben zu abstrahieren, so dass es möglich wird, einheitliche Services für ganz unterschiedliche Produktfamilien zu konzipieren und zu implementieren. Dies wird insbesondere bei spartenübergreifenden Systemen zu einer essenziellen Frage – doch dazu später.

Zuletzt sei darauf hingewiesen, dass heute bei der Komponente Versicherungstechnik die regulatorischen Rahmenbedingungen einen erheblichen Teil der Komplexität ausmachen. Als Beispiele seien die steuerlichen, vertrags-, handels- und aufsichtsrechtlichen Anforderungen genannt, die innerhalb der versicherungstechnischen Services berücksichtigt werden müssen.

Bei der Bildung von Komponenten sind die „vertikale" fachliche Schicht und die „horizontale" softwaretechnische Schichtung zu beachten. Die Schichten trennen z.B. das User Interface, die Businesslogik und die Persistenz (Datenspeicherung).

Die Subkomponente Versicherungstechnik hat kein User Interface und keine Persistenz. Sie ist also der Businesslogik zuzurechnen. Ein großer Teil der versicherungstechnischen Services wird von Geschäftsprozessen der Bestandsführung aufgerufen, die bestehende Verträge bearbeiten, beauskunften oder neue Verträge anlegen. Wie sehen, unter Berücksichtigung der Schichtung und der oben dargestellten fachlichen Kapselung, die Schnittstellen der Services aus? Die Services operieren auf einer Schnittstelle, deren Struktur und Inhalt genau dem versicherungstechnischen Ausschnitt des Vertrages, der für diesen Service relevant ist, entspricht. Dieser Ausschnitt repräsentiert vollständig den für den Service relevanten Zustand des Vertrages für das betrachtete Produkt. Im Rahmen eines Aufrufes erhält die Versicherungstechnik genau diesen Zustand. Sie greift nicht selbstständig in historische Vertragsdaten. Sofern zurückliegende Größen fachlich benötigt werden, müssen diese in der Modellierung der Schnittstelle des Services berücksichtigt und die entsprechenden Informationen mitgegeben werden. Die Services sind vollständig in dem Sinne, dass nach der Bearbeitung konsistente Vertragsstände hinterlassen werden. Außerhalb der Komponente Produkt sind keine weiteren versicherungstechnischen Bearbeitungen nötig.

Auch wenn hier von Vertragsständen gesprochen wird, ist es wichtig zu verstehen, dass die Versicherungstechnik nicht auf den eigentlichen Verträgen selbst operiert, sondern die logisch notwendigen Informationen in der benötigten Schnittstellenstruktur bereitgestellt werden. Die Schnittstellen der Produktservices müssen von der konkreten Struktur des Vertragsdatenmodells abstrahieren. Sie sollen in unterschiedlichen Anwendungen eines Unternehmens anwendbar sein und mit unterschiedlich strukturierten Beständen arbeiten können.

Im Folgenden werden, ohne Anspruch auf Vollständigkeit, weitere (operative) Subkomponenten der Komponente Produkt aufgezählt:

- Finanzmathematik
- Plausibilisierung / Validierung
- Zeitmodell
- Information.

Auch diese Komponenten werden softwaretechnisch gekapselt, sind der Businesslogik zuzurechnen und stellen Services mit klar definierten Schnittstellen bereit. Das Zeitmodell kapselt die (produktspezifischen) Abhängigkeiten der versicherungstechnischen Services untereinander. Etwas vereinfacht ausgedrückt, beantwortet das Zeitmodell die Frage, in welcher logischen Reihenfolge die versicherungstechnischen Services für einen gegebenen Vertrag und das zugeordnete Produkt durchzuführen sind. Dies ist insbesondere dann wichtig, wenn mehrere Verarbeitungen zu *einem* Wirksamkeitstermin auszuführen sind. Ein anderer wichtiger Anwendungsbereich ist die Steuerung von Modellrechnungen und Simulationen in die Zukunft. Wichtig ist dabei, dass für die Durchführung von Modellrechnungen (häufig innerhalb der Versicherungstechnik) und in der Bestandsführung das gleiche Zeitmodell angewendet wird. Das Zeitmodell ist allerdings keine aktive Prozesskomponente. Sie stellt, als Subkomponente der Komponente Produkt, Services bereit, die z.B. einer Bestandsführung Auskunft darüber geben kann, welche versicherungstechnische Verarbeitung für einen gegebenen Vertrag und einen gegebenen Termin an der Reihe ist. Sie tut dies im Rahmen der Bestandsführung aber nur als Auskunft. Sie löst nicht selbst die Bearbeitung aus.

Die Subkomponente Finanzmathematik hat aus dem Blickwinkel der fachlichen Architektur ähnliche Aufgaben wie die Subkomponente Versicherungstechnik. Im weitesten Sinne handelt es sich hier um Services, die eine Bewertung der Verpflichtungen („Liabilities") zum Inhalt haben, die sich aus einem Versicherungsvertrag ergeben. Als Beispiel sei der Wert der Garantien eines Vertrages aus der Produktfamilie Variable Annuities genannt. Ein weiterer Anwendungsfall kann sich aus IFRS Phase II ergeben – die Ermittlung des „fair values" oder auch des „exit values". Um Missverständnissen vorzubeugen: Es handelt sich hier um Bewertungen, die sich im Rahmen der operativen Bestandsführung bzw. der Bilanzierung ergeben und nicht im Rahmen des Risikomanagements oder dem „profit testing" durchgeführt werden.

Der wesentliche Grund, eine eigene Subkomponente Finanzmathematik zu bilden (und eigene Services zu implementieren), besteht darin, dass die mathematischen Verfahren, die zur Anwendung kommen, vollkommen verschieden von denen der konventionellen Versicherungstechnik sind. Es handelt sich primär um stochastische Verfahren der Finanzmathematik (beispielsweise Monte-Carlo-Simulationen zur Bestimmung von Optionspreisen). Eine sinnvolle und angemessene Verallgemeinerung erscheint kaum möglich. Allerdings schließt die Bildung zweier Subkomponenten die Möglichkeit wechselseitiger Aufrufe explizit mit ein. Im Unterschied zur konventionellen Versicherungstechnik werden die Services der Komponente Finanzmathematik nicht zwangsläufig einzelvertraglich aufgerufen. Es können Services bereitgestellt werden, die ein Portfolio als Ganzes bewerten. Ein weiterer Unterschied zur Versicherungstechnik besteht darin, dass diese Komponente eine komplexe Schnittstelle zum Assetmanagement und zu einem Kapitalmarktmodell besitzt und in der Regel taggenaue Verarbeitungen durchzuführen sind. Zu guter Letzt sei angemerkt, dass die Services der Finanzmathematik im Allgemeinen ausgesprochen umfangreiche Berechnungen erfordern, so dass es angeraten erscheint, von Beginn an die Performance im Auge zu behalten. Dies kann durch Optimierung der mathematischen Verfahren („Computational Finance"), durch Softwaretechnik („Multithreading / Multiprocessing") und durch spezielle Hardwarelösungen im Verbund mit einer entsprechenden Technik („Nutzung von Grafikkarten (GPU)" oder „Grid Computing") angegangen werden.

5.7.4 Produktentwicklung als Prozess

Neben den fachlichen und technischen Eigenschaften einer Komponente mit einem definierten Leistungsumfang spielen heutzutage die Veränderungsprozesse eine wesentliche Rolle. Dies gilt umso mehr für die Komponente Produkt. Für eine „normale" Komponente ist es ausreichend, einen standardisierten und effizienten Softwareengineeringprozess zur kontrollierten Änderung des Verhaltens der Komponente aufzusetzen, der von entsprechend geschulten Mitarbeitern (in der Regel mit IT-Know-how) umgesetzt werden kann.

Der wesentliche Änderungsgrund für die Komponente Produkt ist die Pflege bestehender und die Entwicklung neuer Produkte. Hier müssen also die Anforderungen des Prozesses Produktentwicklung und des Softwareengineeringprozesses in Einklang gebracht werden. Der eingangs erwähnte geschäftskritische Aspekt „Time-to-Market" hängt wesentlich davon ab, wie gut dies gelingt. Aus der Notwendigkeit, den Prozess Produktentwicklung effizient zu gestalten, ergeben sich eine Reihe von Anforderungen. Die fachlichen Definitionen für die Subkomponenten sollen möglichst von den fachlich orientierten Spezialisten ausgeführt werden und dabei so wenig IT-Know-how wie möglich erforderlich sein. Dies führt in der Praxis dazu, dass der Geschäftsprozess Produktentwicklung durch eigens dafür entwickelte Softwarekomponenten unterstützt wird. Man konstruiert ein Repository, das die veränderlichen Eigenschaften der Komponente Produkt enthält. Diese Eigenschaften werden über explizite Schnittstellen vom verbleibenden Kern der Komponente getrennt. Nun gestaltet man auf der Basis dieses Repositories ein User Interface für die Pflege und Entwicklung der Produktinformationen und eine

Persistenzschicht zu ihrer Speicherung und Historisierung. Des Weiteren werden automatisierte Funktionen zur Prüfung und Bereitstellung der Produktinformationen implementiert.

Die Prüfung stellt einerseits sicher, dass die geänderten Informationen mit der im Modell des Repositories hinterlegten „Syntax" übereinstimmen. Dies ist eine nützliche, aber zunächst nur formale Prüfung. Anderseits werden automatisierte Testprozesse integriert, die auch eine Prüfung der „Semantik" sicherstellen, also die fachliche inhaltliche Prüfung vollziehen.

Die Bereitstellung der Produktinformationen für die operativen Systeme erfolgt in der Regel durch Generierung von Runtime-Komponenten. Dabei spielt zunächst die technische Plattform der Zielsysteme eine Rolle. Darüber hinaus können im Zuge der Generierung auch weitere fachliche und technische Anforderungen umgesetzt werden.

Produktinformationen können z.B. plattformunabhängig als XML-Dokument bereitgestellt werden. Diese Dokumente werden von den operativen Anwendungen dann zur Laufzeit mit standardisierten Werkzeugen eingelesen (XML Databinding). Alternativ kann auch direkt Programmcode erzeugt werden (z.B. Linkbibliotheken in C oder JAVA). Sofern auch Formeln oder Methoden generiert werden sollen, werden häufig proprietäre Komponenten eingesetzt, da sich hier noch kein Standard etabliert hat.

Wichtig ist es also, bei der Komponente Produkt die Runtime-Komponenten von den Komponenten zur Produktentwicklung zu unterscheiden. Aus der Sicht der Produktentwicklung hat die Komponente Produkt sehr wohl ein User Interface und eine Persistenz. Fasst man beide Aspekte zusammen, also die Runtime-Komponenten und die Werkzeuge zur Produktentwicklung, wird häufig der Begriff Produktmaschine verwendet. Die Produktmaschine erzeugt bzw. verändert Produkte und treibt die Bestandsführung an. Manchmal wird dafür auch der Begriff Layer verwendet.

Sofern spartenübergreifende Lösungen relevant sind, muss der Produktentwicklungsprozess entsprechend übergreifend aufgesetzt werden. Dies führt zu der Anforderung, einheitliche Werkzeuge einzusetzen. Hier ist bewusst zunächst nur von einheitlichen Werkzeugen und nicht von einheitlichen Runtime-Komponenten die Rede. Die Komponente Produkt stellt heute kein monolithisches Ganzes mehr dar. Der Produktentwicklungsprozess muss es erlauben, die unterschiedlichen Subkomponenten parallel und weitgehend unabhängig voneinander zu entwickeln. Die Konsistenz muss vom System sichergestellt werden. Aus der Sicht eines Konzerns kann es sinnvoll sein, nur eine Komponente Produkt für unterschiedliche Tochtergesellschaften zu entwickeln. Aufgrund der zunehmenden Globalisierung kann dies auch zu Cross-Border Entwicklungen führen. Dabei sollte dann technisch gesehen auch eine verteilte Entwicklung auf der Basis eines einheitlichen Repositories möglich sein. Fachlich bedeutet dies, dass dann auch die regulatorischen Rahmenbedingungen (Steuerrecht, Handelsrecht, ...) abstrahiert und im jeweiligen nationalen Rahmen über das Repository angepasst werden müssen. Dieser Ansatz gilt übrigens auch für Provider von Standardsoftware, die

Produktkomponenten für Unternehmen unterschiedlicher Länder anbieten (wollen).

Zuletzt noch ein Hinweis zur Effizienz und zur eingangs erwähnten Vielschichtigkeit des Prozesses. Im Rahmen der Produktentwicklung müssen unterschiedliche, häufig auch konkurrierende Sichten in Einklang gebracht und vielfältige Informationspflichten erfüllt werden. Die Qualität eines Produktes wird beispielsweise aus der Sicht des Unternehmens anders beurteilt werden, als aus der Sicht des Kunden. Daneben müssen z.B. die Sichtweise der Aufsicht, einer Rating-Agentur, der Steuerbehörden, der Verbraucherschutzverbände oder der Wirtschaftsprüfer berücksichtigt werden. Einen Überblick dazu gibt die folgende Abb. 5.18:

Abb. 5.18 Rahmenbedingungen für die Produktentwicklung

Bezogen auf die Softwarekomponenten zur Produktentwicklung bedeutet dies, dass diese in der Lage sein müssen, auch diese verschiedenen Sichten darzustellen. Idealerweise beginnt der Prozess bereits mit der Produktstudie und bezieht z.B. Elemente des Profit-Testings mit ein. Produktdefinition und Produktanalyse (z.B. aus der Sicht des Unternehmens oder der Aufsicht) werden von gekapselten Subkomponenten unterstützt. Auch eine ökonomische Betrachtung aus der Perspektive des Unternehmens für ein neues Produkt soll unterstützt werden. Der gesamte Prozess läuft iterativ (Analyse – Definition – Verifikation) pro Subkomponente. Damit gehören aber auch die zugehörigen stochastischen Methoden, die heute häufig isoliert entwickelt werden, in einen integrierten Entwicklungsprozess. Ist der iterative Prozess abgeschlossen, d.h., das Produkt ist definiert und analysiert, soll die Bereitstellung für die operativen Anwendungssysteme nur noch durch automatisierte Prozesse erfolgen. Dies setzt voraus, dass die Komponenten zur Produktanalyse die aktuariellen und finanzmathematischen Produktservices verwenden, die auch in den anderen Anwendungen, insbesondere der Bestandsführung eingesetzt werden.

5.7.5 Zentralisierung des Produktwissens als übergreifende Anforderung an die fachliche Anwendungsarchitektur

Wie sieht nun eine ideale Architektur aus und welche Implementierungen dazu gibt es? Zunächst sei angemerkt, dass die Entwicklung der idealen Architektur ein dynamischer Prozess ist, der auch vor dem Hintergrund der Beschränkungen der Informationsverarbeitung, der Ressourcen und der Entwicklungskosten nie ganz abgeschlossen sein wird. Zu den konkreten Implementierungen heute seien hier sieben wichtige Punkte mit kurzen Erläuterungen herausgegriffen:

1. Die Komponente Produkt kapselt alle aktuariellen und finanzmathematischen Fragestellungen für alle Sparten und stellt zentral einheitliche Services für die Abbildung aller entsprechenden Geschäftsprozesse bereit. Es sei ausdrücklich darauf hingewiesen, dass hier nicht nur die Geschäftsprozesse der Bestandsführung, sondern z.B. auch Prozesse aus den Komponenten Beratung/Angebot, Rechnungslegung oder auch Risikomanagement gemeint sind.

2. Die Kapselung der aktuariellen und mathematischen Aspekte ist nicht ausreichend. Zusätzlich benötigt werden Produktservices, die non-aktuarielle Produkteigenschaften bieten. Beispielhaft seien hier sog. „Informationservices" genannt, die z.B. zur produktabhängigen Steuerung des User Interfaces verwendet werden. Weitere Beispiele sind Services zur Validierung/Plausibilisierung und zur Ablaufsteuerung (Zeitmodell).

3. Die Frage nach der Einheitlichkeit der Modellierung, zumal über mehrere Sparten, hat in den letzten 15 Jahren unterschiedliche Wendungen genommen, einiges an Energie gekostet und rückblickend betrachtet zwischenzeitlich auch die eine oder andere Fehlentwicklung genommen. Heute kann folgendes Vorgehen als „State-of-the-Art" bezeichnet werden, auch wenn spartenübergreifende Aspekte, insbesondere im internationalen Vergleich, unterschiedlich gelöst werden. Einerseits besteht die Notwendigkeit, spartenübergreifende „Produktbündel" zu modellieren. Andererseits kann man den Ansatz, ein durchgehend einheitliches Produktmodell über alle Sparten bis auf Attributebene zu schaffen, als „historisch gescheitert" betrachten. Heute versucht man die produktspezifische elementare Businesslogik der einzelnen Sparten weitestgehend separat zu modellieren und im Sinne einer serviceorientierten Architektur bei der Gestaltung eines Bündels zu nutzen. Das Bündel ist dann eine eigene, zusätzliche Komponente, die vor allem eine einheitliche Sicht zum Kunden herstellt und ggf. fachliche Abhängigkeiten der Sparten untereinander modelliert.

4. Innerhalb einer Sparte (z.B. Leben) oder einer Gruppe von Sparten (z.B. Personenversicherung als Vereinigung von Leben und Kranken) sollte ein einheitliches Produktmodell verwendet werden. Insbesondere ist es in der Sparte Leben nicht mehr zeitgemäß, unterschiedliche Modelle für fondsgebundene, (dynamisch-)hybride und traditionelle Produkte zu führen. Ein einheitliches Produktmodell, z.B. in der Sparte Leben, analysiert die Eigenschaften der unterschiedlichen Produktgruppen und stellt diese Eigenschaften in Subkomponenten zur Modellierung und Nutzung bereit. Produkte entstehen dann durch Kombination von Ausprägungen dieser Subkomponenten. Ob die Vereinigung der Sparten Leben und Kranken sinnvoll ist, hängt von der Komplexität ab. Dieser Aspekt ist international unterschiedlich zu beurteilen. Besonders hervorzuheben sind die Unterschiede bezüglich des Aspekts „Leistung (Claims)".

5. Die Beziehung zwischen Produkt und Vertrag wird in der Regel wie folgt modelliert: Zunächst legt man eine Produktstrategie fest. Dann analysiert man das Produktspektrum, das aktuell und strategisch auf den Märkten (und für die Zielgruppen), auf denen das Unternehmen operiert, relevant ist bzw. werden kann. Nun werden in allen fachlichen Komponenten und in allen Schichten (User Interface, Business Logik, Persistenz) fachliche Eigenschaften festgelegt, die allen Produkten gemeinsam sind bzw. die bei einer (noch) akzeptablen Abstraktion durch eine einheitliche Modellierung abgebildet werden können. Die konkreten produktspezifischen Eigenschaften werden durch den beschriebenen Produktentwicklungsprozess festgelegt und in entsprechenden Runtime-Komponenten bereitgestellt. Beispiele:

   – In der Regel liegt (pro Sparte) ein einheitliches Vertragsdatenmodell zu Grunde. Das heißt, dass alle Produkte einer Sparte auf einem Vertragsdatenmodell operieren. Dies erfordert ein ausreichendes Maß an Abstraktion für das Vertragsdatenmodell im folgenden Sinne: Die einheitliche Struktur kann dynamisch, in Abhängigkeit vom Produkt, ergänzt werden (Stichwort „Data Extentions"). Die Semantik eines Attributs oder einer Struktur kann nur zusammen mit Produktinformationen interpretiert werden. Dieses Zusammenspiel erfolgt in enger Abstimmung mit der Modellierung der abstrakt gefassten aktuariellen Methoden. Dieses Vorgehen bedingt allerdings eine strikte Kapselung der Persistenz. Nur aktuarielle Produkt-Services können aktuarielle Vertragsdaten „verstehen". Direkte Zugriffe sind somit „verboten".

   – Es werden einheitliche aktuarielle Methoden für alle Produkte oder Produktgruppen einer Sparte implementiert. Als Beispiel seien die Begriffe Reserve und konstruktive Neuberechnung in der Lebensversicherung genannt. Die zugehörigen Methoden können sehr allgemein formuliert werden (auf der Basis des Äquivalenzprinzips). Dabei werden verallgemeinerte Barwert-, Leistungs- und Beitragsbegriffe verwendet. Die konkreten

Rechnungsgrundlagen und die konkrete Interpretation werden dann dynamisch produktabhängig beigesteuert.

- Es werden weitgehend einheitliche User Interfaces definiert, die auf einem einheitlichen Ansatz zur (fachlichen) Darstellung und Mikrosteuerung bei der Abarbeitung eines Geschäftsvorfalles beruhen. Wie schon bei dem Vertragsdatenmodell ist dabei eine abstrahierte Sicht auf das User Interface und auf die Prozesse zu implementieren. Es können produktabhängig und dynamisch Attribute / Masken ergänzt bzw. vorbelegt werden. „Mussfelder" werden angezeigt. Die Abläufe können produktabhängig gesteuert werden. Dabei ist es sehr wichtig, dass derartige fachliche Produktinformationen tatsächlich von gekapselten Produkt-Services bereitgestellt und nicht im User Interface selbst implementiert werden. Dies ermöglicht es, diese Art von Produktinformationen in unterschiedlichen Zugangswegen und unabhängig von der verwendeten Technologie wiederzuverwenden. Das User-Interface sollte spartenübergreifend einheitlich gestaltet werden (bis auf die genannten sparten- und produktspezifischen Erweiterungen).

6. Ziel des beschriebenen Vorgehens ist es, die Einführung eines neuen Produktes oder die Modifikation eines bestehenden durch den hier beschriebenen Produktentwicklungsprozess abzubilden. Dies bedeutet auch, dass (im Idealfall) nur die Komponente Produkt und ihre Subkomponenten betroffen sind – alle anderen Komponenten (der gesamten Anwendungslandschaft) bleiben möglichst unverändert bestehen. Ist dieses Ziel erreicht, kann man davon ausgehen, einen effizienten und schnellen Entwicklungsprozess erreicht zu haben.

7. Klar ist dann aber auch, dass es sich dabei um keinen statischen Zustand handelt. Mit sich ändernden Anforderungen muss das Gesamtsystem im Sinne der beschriebenen Architektur weiterentwickelt werden.

Ein modernes, einheitliches Produktmodell für die Lebensversicherung (s. oben – Punkt 4) wird in der folgenden Abbildung schematisch dargestellt. Ein derartiges Modell erlaubt es, die Eigenschaften traditioneller Produkte mit denen moderner kapitalmarktorientierter Produkte zu kombinieren. Dies bezieht sich insbesondere auf die Beitrags- und Leistungsflexibilität, die Kapitalanlagemöglichkeiten und die Gestaltung und Finanzierung der Risiken und der Kosten. Wesentlich ist dabei, diese Flexibilität (z.B. die Kapitalanlagemöglichkeiten) bereits auf der Ebene Baustein (also der vierten Ebene im Vertrags- und Produktdatenmodell) bereitzustellen. Anders ausgedrückt: Je stärker die Integration der Eigenschaften und je besser die Abstraktion der Abhängigkeiten von bestehenden Produktfamilien gelingt, desto besser.

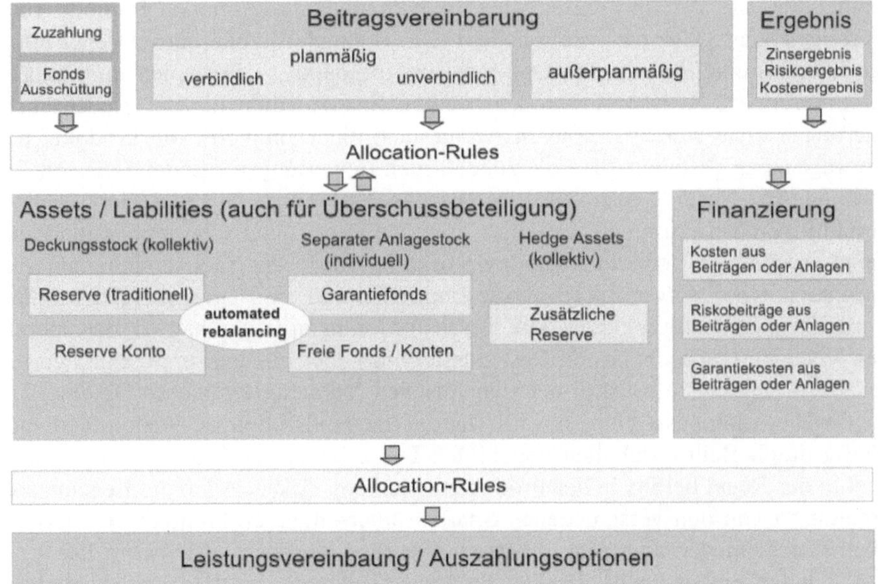

Abb. 5.19 Ein einheitliches Produktmodell für die Lebensversicherung

Im Folgenden werden noch einige Bemerkungen zur spartenübergreifenden Modellierung angefügt. Zunächst sei angemerkt, dass es bei dieser Fragestellung besonders schädlich ist, ein extrem dogmatisches Vorgehen zu wählen. Die richtige Modellierung ist hier ein Balanceakt. Es steht heute außer Zweifel, dass der Versuch, ein durchgängig einheitliches Modell auf der Ebene der konkreten Attribute und der elementaren Methoden zu schaffen, nicht sinnvoll ist. Dies ist bei der Nutzung moderner Methoden auch gar nicht mehr notwendig. Entscheidend ist vielmehr die durchgängige Nutzung einer einheitlichen Methode und einer einheitlichen Architektur. Ein Beispiel: In allen Sparten wird es sinnvoll sein, die Versicherungstechnik in einer Komponente zu kapseln und versicherungstechnische Services bereitzustellen. Wenn dann einzelne Services in allen Sparten verwendet werden können, ist dies ein schönes Ergebnis. Eine große Anzahl von Services wird in unterschiedlichen Sparten die gleiche Aufgabe übernehmen, aber unterschiedliche Implementierungen aufweisen (aufgrund der fachlichen Unterschiede im Innern). Auch dies ist eine gute Architektur. Darüber hinaus werden spartenspezifische Services entstehen, die aber zumindest in der einheitlichen Methode der anderen Services implementiert werden, so dass sie in bekannter Weise angesprochen werden können.

Die versicherungstechnischen Services unterschiedlicher Sparten weisen im Detail tatsächlich viele Unterschiede auf. Dies gilt insbesondere, wenn man die Personenversicherung und die Sachversicherung gegenüberstellt. Die Personenversicherung hat in der Regel komplexe, aber letztlich beherrschbare Vertragsdatenmodelle, die sich im Verlauf der Produktentwicklung und im Rahmen eines Vertragslebenszyklus nur wenig ändern. Die Herausforderung entsteht eher durch die Langfristigkeit, die vielen Optionen und die damit verbundenen funktionalen Anforderungen. Es ist z.B. bei den neueren finanzmathematischen Lebensversicherungen ohne weiteres möglich (wenn auch nicht sinnvoll), die Produkte und Verträge so zu gestalten, dass die zugehörigen Bewertungsmethoden (z.B. zur Berechnung der Reserve oder einer technischen Änderung) entweder nicht in einer vernünftigen Zeit zu einem Ergebnis kommen oder (noch schlimmer) überhaupt keine vernünftige Bewertungsmethode bekannt ist. In der Sachversicherung sind die Laufzeiten der Verträge (zumindest mit Blick auf die Beitragsberechnung und Reservierung) deutlich kürzer. Die Herausforderungen liegen hier (in der operativen Versicherungstechnik und Bestandsführung) eher in der Komplexität der versicherten Objekte selbst und der dynamischen Veränderung dieser Objekte. Die Beitragsberechnungsmethoden sind (in der Bestandsführung) eher einfach und häufig durch Beitragstabellen abgebildet. Die schwierigen Fragestellungen dazu sind in der Regel bereits in der Produktentwicklung gelöst. Auch die Leistungsbearbeitung ist in den verschiedenen Sparten unterschiedlich komplex. Es darf bei allen Unterschieden aber nicht übersehen werden, dass mindestens mit Blick auf den Kunden eine einheitliche Darstellung erforderlich ist. Die Unterschiede in der Implementierung der spezifischen Fragestellungen können ohne weiteres gegenüber dem Versicherungsnehmer in einer einheitlichen Darstellung verborgen werden.

5.7.6 Ausblick

Die Komplexität und Vielschichtigkeit der Thematik „Zentralisierung des Produktwissens" konnte in diesem Kapitel nur ansatzweise dargelegt werden. Positiv ausgedrückt bedeutet dies, dass die Entwicklung hier weiterhin in vollem Gange ist. Einerseits liegen die Lehrjahre zu dieser Themenstellung hinter uns. Man betrachte z.B. die Fortschritte bei der Behandlung der spartenübergreifenden Modellierung.

Alle aktuellen im Markt bekannten Vorschläge für eine Anwendungsarchitektur (z.B. VAA und IAA) berücksichtigen das Paradigma der Zentralisierung des Produktwissens. Die europäischen und insbesondere die deutschen Unternehmen haben hier im internationalen Vergleich eine gute Ausgangsposition. Allerdings sind viele Aspekte in der Praxis noch nicht zufriedenstellend gelöst. Es ist zu hoffen, dass die generelle Weiterentwicklung in der Informationsverarbeitung einerseits und die Fortschritte in der konzeptionellen Arbeit zur Zentralisierung andererseits bereits in der nahen Zukunft weitergehende und bessere Lösungen hervorbringen.

Aus der Sicht der Informationsverarbeitung seien hier beispielhaft die neuen Möglichkeiten genannt, die sich für die Zentralisierung des Produktwissens durch

Serviceorientierte Architekturen (SOA) ergeben. Daneben werden auch für die Komponente Produkt mittelfristig Modellierungsmethoden (z.B. Objektorientierung) und Programmiersprachen (z.B. JAVA) an Bedeutung gewinnen, die sich in anderen Komponenten bereits durchgesetzt haben. Auch neuere Entwicklungen zur Erweiterung modellbasierter Ansätze lassen hoffen, die wachsende Komplexität durch bessere Methoden in den Griff zu bekommen. Dabei geht es z.B. darum, die Beschreibung der Modelle besser an das fachliche Wissen (der Domäne) anzupassen (Stichwort: domain-specific Language / DSL, hier insbesondere im Sinne einer modeling language), die Skalierung der Modelle zu verbessern und die Generierungsmöglichkeiten zu erweitern. Dies alles darf allerdings nicht zu Lasten der Performance gehen und muss immer auch dem Ziel, mehr Transparenz und Verständlichkeit zu schaffen, folgen.

An der eingangs genannten zentralen Bedeutung des Themas für den Geschäftserfolg der Unternehmen hat sich jedenfalls nichts geändert. Im Gegenteil – die Wettbewerbssituation hat sich durch Deregulierung, die Dienstleistungs- und Niederlassungsfreiheit in der EU und durch die fortschreitende Globalisierung noch verschärft, die Produkteinführungszyklen werden immer kürzer und die Produkte immer vielfältiger. Am Beispiel der Einführung der dynamischen Hybridprodukte und der Variable Annuities in Europa, aber auch des erneuten Erstarkens der traditionellen Produkte im Zuge der Finanz- und Wirtschaftskrise, zeigt sich, wie wichtig es für ein Unternehmen ist, bei der Komponente Produkt gut und flexibel aufgestellt zu sein.

Aus der Sicht der Zentralisierung des Produktwissens ist es wichtig, dass auch die neuen Produkte in die bestehende Architektur eingebettet werden. Die dabei für die Bestandsführung neuen stochastischen Methoden dürfen nicht dazu führen, dass die mühsam errungene Architektur nachhaltig gestört wird. Ob eine Methode zur Bewertung von Liabilities, z.B. bei der Berechnung einer Reserve, stochastische Methoden, z.B. eine Monte-Carlo-Simulation basierend auf einem Black-Scholes-Merton Framework bei Variable Annuities, oder traditionelle Methoden, z.B. Leistungs- und Beitragsbarwerte bei einer gemischten Versicherung, verwendet, ist eine Frage der Mathematik und nicht der Architektur. Beide Methoden erfüllen die gleiche Aufgabe und gehören in die gleiche Komponente. Voraussetzung für ein derartiges systemkonformes Vorgehen bei den neuen, am Kapitalmarkt orientierten Produkten ist allerdings, dass auch die Anforderungen an das Zusammenspiel mit dem Assetmanagement gelöst werden.

Neben der Weiterentwicklung der Informationsverarbeitung und der Produkte sei abschließend auch noch auf die Internationalisierung der regulatorischen Rahmenbedingungen hingewiesen. Beispielhaft seien hier Solvency II und IFRS Phase II genannt. Insbesondere in der Lebensversicherung sind einige Änderungen zu erwarten (Marktwerte für Liabilities?), die auch zu einer Reorganisation der Komponente Produkt führen werden (zur Erinnerung: Die Komponente Produkt stellt auch Services zur Berechnung der Werte für die Rechnungslegung bereit).

Wie man sieht, werden gerade in den nächsten Jahren neue Herausforderungen für die Gestaltung der Komponente Produkt an sich als auch für die Zentralisierung des Produktwissens als Prinzip für die gesamte fachliche Anwendungslandschaft zu meistern sein. Aber was kann es Wichtigeres für ein Unternehmen geben, als einen effizienten Prozess zur Entwicklung und Vermarktung von Produkten?

Kurzbiographie

Axel Helmert, Diplom-Mathematiker, ist Geschäftsführer der COR & FJA Austria Ges.m.b.H. in Wien und Leiter des Geschäftsbereiches Mathematik in allen FJA Gesellschaften in Europa und den USA. Er verantwortet in dieser Funktion alle aktuariellen und finanzmathematischen Themen, die versicherungstechnischen Aspekte der Bestandsführung und alle Fragestellungen zur Produktentwicklung. Die Verantwortung umfasst die Erstellung, Pflege und Vermarktung der zugeordneten Softwareprodukte, insbesondere der Komponente Produkt. Seine berufliche Laufbahn begann er 1989 bei einem Erstversicherer in der Lebensversicherung, ehe er 1992 zur FJA wechselte.

5.8 Leistungsbearbeitung in der Personenversicherung

Dr. Joachim von Rieth, **Köln, Deutschland**

Zusammenfassung

Die Leistungsbearbeitung in der Personenversicherung sollte mehr sein als die Abwicklung von Leistungsabrechnungen. Insbesondere in der privaten Krankenversicherung ist der Aktuar gefragt, die Leistungsentstehung mit zu beeinflussen und die Annahme- und Leistungspolitik mitzugestalten. Hierbei helfen in der heutigen Zeit diverse IT-Anwendungen. Auch die Leistungsabwicklung ist mittlerweile weitgehend automatisiert oder automatisierbar. Nur noch die komplexen Anträge bzw. Leistungsfälle erfordern hoch spezialisierte Mitarbeiter. Aufgrund der Zunahme des elektronischen Datenaustauschs sind in den nächsten Jahren weitere Verbesserungen bei Prüfungsvorgängen sowie Automatisierungen zu erwarten.

5.8.1 Vorüberlegungen zur Privaten Krankenversicherung

Die folgenden Abschnitte beschäftigen sich mit der privaten Krankenversicherung, da bei ihr Leistungsfälle wesentlich häufiger und komplexer als in der Lebensversicherung sind. Die Besonderheiten zur Lebensversicherung werden am Ende behandelt.

Leistungsabrechnungen schlicht zu verwalten, kann in Zeiten extremer Kostensteigerungen im Gesundheitswesen nicht Ziel der Leistungsbearbeitung sein. Um für bestehende Kunden, aber auch für neue Kunden langfristig attraktive Produkte bieten zu können, ist weniger die Verwaltung der Leistungsabrechnungen, sondern vielmehr das Management des Prozesses der Leistungsentstehung und der Leistungsabwicklung erforderlich.

Beim Management der Leistungsentstehung und Leistungsabwicklung ist auch der Aktuar gefordert, denn schließlich muss er sicherstellen, dass die Versicherungsverträge auch langfristig erfüllbar sind. Extreme Leistungsentwicklungen führen zu Beitragserhöhungen, dem Abfluss guter Kunden und damit zu einer

M. Aschenbrenner et al. (eds.), *Informationsverarbeitung in Versicherungsunternehmen*,
Springer-Lehrbuch Masterclass, DOI 10.1007/978-3-642-04321-5_22,

ungünstigen Entwicklung für das Versicherungskollektiv und für das Versicherungsunternehmen insgesamt. Der Aktuar muss also ein natürliches Interesse daran haben, die Leistungsentstehung zu verstehen, zu beeinflussen und die Leistungsabwicklung mitzugestalten.

5.8.2 Die Veränderung der Leistungen in PKV-Tarifen

Diverse Faktoren sind für die Veränderung der Leistungen in PKV-Tarifen verantwortlich. Diese Faktoren gilt es zunächst zu verstehen, um dann zu entscheiden, ob sie beeinflussbar sind und welche (IT-)Instrumente die Unternehmen zur Abwicklung und Beeinflussung einsetzen können.

Die Weiterentwicklung der Medizin führt zu besseren, aber in der Regel auch teureren Behandlungsformen und damit auch zu höheren Behandlungskosten. Die Ökonomen rechnen aufgrund des **medizinisch-technischen Fortschritts** mit durchschnittlichen, jährlichen Steigerungen der Gesundheitsausgaben von drei bis vier Prozent. Gerade in den auf beste medizinische Versorgung angelegten Tarifen der PKV wird sich diese Steigerung kaum vermeiden lassen; zumal die heutigen PKV-Tarife lebenslang unveränderte Leistungen vertraglich festlegen und die nachträgliche Streichung von Leistungsinhalten unmöglich machen.

Alle westlichen Gesellschaften altern deutlich. Die **demografische Entwicklung** hat Folgen für das Gesundheitssystem: Bekanntlich sind die Gesundheitsausgaben älterer Menschen um ein Vielfaches höher als die jüngerer Menschen. Die Steigerung der Leistungen in den PKV-Tarifen ist unvermeidlich, wird jedoch durch die regelmäßige Anpassung der Sterbetafeln i.d.R. jährlich in den Beiträgen nachjustiert.

Die **chronischen Erkrankungen** (Diabetes, Asthma, Allergien etc.) nehmen in den letzten Jahrzehnten dramatisch zu. Gleiches gilt für die Erkrankungen der Muskeln, Gelenke und des Bewegungsapparates. Auf der Leistungsausgabenseite sind die Gesamtleistungsausgaben für solche Erkrankungen bereits heute deutlich höher als die Ausgaben für Schwersterkrankungen. Der Krankenversicherer kann solche chronischen (Zivilisations-) Erkrankungen beeinflussen: präventiv (Risikoprüfung, prophylaktische Maßnahmen) und in der Leistungsabwicklung durch Gestaltung von Versorgungsstrukturen (Disease Management).

Schwersterkrankungen (Krebs, Schlaganfall, Schwerstunfall etc.) sind im Vergleich zu chronischen Erkrankungen selten, dafür aber mit hohen Leistungen verbunden. Der Krankenversicherer kann durch den Aufbau eines Case Managements Einfluss auf die Leistungen für solche Fälle nehmen.

Von **Risikoentmischung** spricht man, wenn viele gesunde Kunden einen PKV-Tarif verlassen, während ein Anteil kranker Kunden im alten Tarif verbleibt, oder wenn viele kranke Kunden unternehmensintern in einen anderen PKV-Tarif wechseln und damit das Leistungsverhalten in diesem Tarif stark verändern. Die Folgen sind i.d.R. erhebliche Beitragserhöhungen in solchen Tarifen. Als Gegenmaßnahmen stehen dem Krankenversicherer die Beeinflussung des Leistungsgeschehens und Kundenbindungsaktivitäten zur Verfügung.

Das Prinzip Versicherung verändert das **subjektive Risiko** des Versicherten. So verstärken sich Verhaltensweisen, die sich im Vorfeld durch verminderte Anstrengungen in Bezug auf die Krankheitsverhütung (ex ante, risikoerhöhendes moral hazard; „... ich bin doch versichert, also muss ich jetzt nicht unbedingt regelmäßige Zahnpflege betreiben...") sowie im Nachhinein durch reduzierte Bemühungen um einen sparsamen Umgang mit Gesundheitsleistungen (ex post, mengen- und preiserhöhendes moral hazard; „... ich habe schließlich Prämien bezahlt, also muss ich jetzt auch viele und teure Leistungen in Anspruch nehmen...") auszeichnen. Der Versicherer kann hierauf mit Selbstbehalten und Beitragsrückerstattungen reagieren. Beitragsrückerstattungen sind an Leistungsfreiheit gekoppelt und setzen Anreize, dass der Versicherte die Leistungen nur bei hohen Kosten oder ernsthaften Erkrankungen in Anspruch nimmt. Bei Selbstbehalten ist ein Teil der Leistungskosten vom Versicherten selbst zu tragen, was den eigenverantwortlichen Umgang mit den Leistungskosten fördert.

In Zeiten von Budgetierungen der Leistungsausgaben in der GKV beobachten die PKV-Unternehmen zunehmend Tendenzen einer **Budgetkompensation durch die Leistungserbringer**, d.h. Bemühungen, die Leistungsabrechnungen der PKV-Kunden nach oben zu verändern. Der Versicherer kann dies durch genaue gebührenrechtliche Prüfung (GOÄ, GOZ, DRG etc.), durch Anwendung des Prinzips der medizinischen Notwendigkeit oder des Prinzips der angemessenen, marktüblichen Preise unterbinden.

5.8.3 Aktuarielle Sicht auf das Leistungsmanagement

Wenn er seine Rolle im obigen Sinne umfassend interpretiert, trägt der Aktuar einen wesentlichen Teil der Verantwortung für die Leistungsentwicklung mit.

Die Produkte sollten unter Beteiligung des Aktuars so gestaltet werden, dass moral hazard mithilfe von Selbstbehalten und Beitragsrückerstattungen, Ausnutzungstendenzen durch Leistungserbringer mithilfe von Höchstpreisen oder Erstattungsfähigkeitsbegrenzungen nach Möglichkeit vermieden sowie Anreize zur Prävention und zu gesundem Lebensstil gefördert werden (Verantwortung des Aktuars für die Produktpolitik).

Um nicht bereits beim Start einer Versicherung schon Quersubventionen und hierdurch zukünftige Beitragserhöhungen zu erzeugen, sollte die Risikoprüfung unter aktuariellen Gesichtspunkten erfolgen: Welche Kosten entstehen durch diese Krankheit zukünftig und wie müssen folglich die Mehrkosten in den Beitrag des Versicherten eingerechnet werden, damit er seine erhöhten Krankheitskosten im Kollektiv ähnlich erkrankter Kunden selbst trägt? (Verantwortung des Aktuars für Annahme- und Risikopolitik).

Die Leistungsabwicklung wird vom Aktuar zumindest mitbestimmt. Nach einer Analyse der Leistungsentwicklung (Leistungscontrolling) legt er zusammen mit den Managern für den Leistungsbereich Maßnahmen zur Reduzierung der Leistungsauszahlungen fest und stellt Anforderungen an das Gesundheitsmanagement (Mitverantwortung des Aktuars für die Leistungspolitik).

5.8.4 Kundenbindung und Leistungsservice

Wie weiter oben dargestellt, hängt die Entwicklung der Beiträge in entscheidender Weise mit der Leistungsentstehung und -abwicklung zusammen. Beitragsstabilisierung ist neben Schnelligkeit und Qualität der Leistungsabwicklung ein wichtiger Faktor für Kundenbindung – insbesondere bei gesunden Kunden.

Kunden werden von ihrem Krankenversicherer überzeugt sein, wenn die Abwicklung der Leistung regelmäßig zügig verläuft. Nach Marktforschungsergebnissen erwarten Kunden eine abschließende Abwicklung ihrer eingereichten Rechnungen innerhalb von zwei Wochen. Müssen sie öfter sehr viel länger auf die Begleichung der Rechnungen warten, werden sie mit Unzufriedenheit und im Extremfall mit Kündigung reagieren.

Leistungsablehnungen hingegen sind nicht leicht zu vermitteln. Transparenz über den Versicherungsschutz sowie gute und verständliche Kommunikation in Wort (Telefon) und Schrift (Brief) sind Voraussetzungen dafür, dass Kunden Leistungsablehnungen verstehen und akzeptieren. Wird keine Transparenz hergestellt und nicht sorgfältig argumentiert, kann auch in diesem Fall am Ende die Kündigung des Kunden die Konsequenz sein.

Kunden fühlen sich letztlich dann bei einem Krankenversicherer wohl und werden mit positiver Mundpropaganda reagieren, wenn sie sich im Krankheitsfalle gut beraten und betreut fühlen. Also ist auch ein umfassendes Gesundheitsmanagement für schwerkranke Kunden ein Kundenbindungselement. Gleiches gilt für die Beratung zu präventiven Maßnahmen, damit Kunden gesund bleiben.

5.8.5 IT-Anwendungen im Leistungsbearbeitungsprozess Kranken

Im Folgenden werden die Prozesse beschrieben, die während der Leistungsbearbeitung in der privaten Krankenversicherung ablaufen (s. auch nachfolgende Abb. 5.20). Zudem wird dargelegt, wie IT-Anwendungen hierbei ihren Teil leisten, die Leistungsentstehung und die Leistungsabwicklung positiv zu beeinflussen.

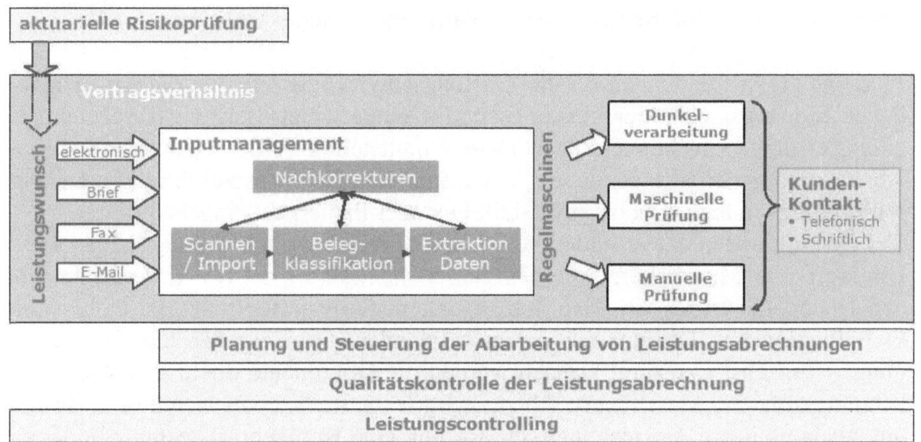

Abb. 5.20 IT-gestützter Prozess der Leistungsbearbeitung.

5.8.5.1 Aktuarielle Risikoprüfungstools

Der eigentlichen Leistungsbearbeitung vorgeschaltet, aber mit enormer Wichtigkeit für die Entwicklung der Leistungsausgaben, ist die aktuarielle Risikoprüfung. Sie findet vor der Policierung statt und gibt Auskunft über die Annahmefähigkeit und die Annahmekonditionen aufgrund des Gesundheitszustands eines Interessenten. Die Risikobewertung kann dabei bereits beim Vermittler erfolgen (Point of Action = PoA) oder nach Antragsaufnahme in zentralen oder dezentralen Abteilungen des Unternehmens.

Zu diesem Zweck sind Methoden und IT-Tools entwickelt worden, die eine unmittelbare aktuarielle Bewertung einer oder mehrerer Krankheiten erlauben. Zur Bewertung durch die IT-Tools sind lediglich eindeutige Diagnosen notwendig. Mit der Methode der multivariaten Analyse wird die Kostenentwicklung von Krankheiten prognostiziert und je nach Unternehmenspolitik in Ablehnung, Leistungsausschluss, Leistungseinschränkung oder Risikozuschlag umgerechnet.

Solche auf großen Datenmengen beruhenden Aussagen sind den in früheren Jahren verwendeten medizinischen Bewertungen aktuariell deutlich überlegen, weil sie den Kostendruck von Krankheiten bewerten und nicht den aus Sicht eines Mediziners vorliegenden Leidensdruck. Der Aktuar will ausschließlich die zukünftigen Kosten bewerten, der Mediziner hingegen will eine Krankheit lindern oder heilen.

5.8.5.2 Scannen, Dokumentklassifizierung und Datenextraktion

Moderne IT-Anwendungen für die Leistungsabwicklung sind auf die unterschiedlichen Eingangskanäle der Leistungsanträge eingerichtet. Leistungsabrechnungen oder Leistungspost können über Datenschnittstellen (z.B. schon heute DRG-Abrechnungen der Krankenhäuser, zukünftig auch Datenaustausch über die elektronische Gesundheitskarte) per E-Mail, Fax oder Papierpost eingehen.

Leistungserbringer versenden heute ihre Abrechnungen überwiegend per Post. Um wertvolle Mitarbeiterressourcen zu schonen, sind die PKV-Unternehmen in den letzten Jahren jedoch dazu übergegangen, Softwaretools für die Dokumentklassifikation und Datenextraktion zu verwenden. Dazu werden die Papierrechnungen zunächst gescannt. Danach werden die Dokumente durch eine Mustererkennungssoftware klassifiziert, d.h., es wird festgestellt, ob es sich beispielsweise um eine ambulante Arztrechnung, ein Rezept, eine Krankenhausrechnung oder eine Zahnarztrechnung handelt. Wird der Rechnungstyp nicht erkannt oder ist die Software unsicher bezüglich des Rechnungstyps, muss ein Mitarbeiter durch Sichtung des gescannten Dokuments manuell nachkorrigieren – in diesem Fall manuell nachklassifizieren.

In einem ähnlichen Arbeitsschritt werden anschließend die wichtigsten Daten einer Rechnung durch die eben beschriebene Mustererkennungssoftware aus der Rechnung extrahiert. Dies können sein: Versicherungsnehmer/versicherte Person, Leistungserbringer, Diagnose(n), Rechnungsdatum, Behandlungsdatum und Rechnungsbetrag. Je nach Rechnungstyp können auch noch PZN-, GOÄ-, GOZ- oder DRG-Ziffern samt Steigerungsfaktoren und Preisen ausgelesen werden. Wie bei der Klassifizierung gibt es auch bei diesem Schritt eine manuelle Nachkorrekturstufe. Häufig werden die erkannten Daten gegen Datenbanken abgeglichen (z.B. Ärztedatenbank, PZN-Datenbank); damit wird die Erkennungsqualität signifikant gesteigert.

Endergebnis dieser „Arbeitsvorbereitung“ sind gescannte und vollständig klassifizierte Dokumente, bei denen die wichtigsten Daten digital erfasst wurden.

Es ist wichtig, die Mustererkennungssoftware regelmäßig durch Referenzdatenerfassung zu „trainieren“, damit auch zukünftig gute Erkennungsraten (z.B. größer 80 Prozent) sichergestellt werden können. Die Qualität der Erkennung und der Nacherfassung durch Mitarbeiter sollte schließlich regelmäßig durch Stichproben oder durch Abgleich von erkannten/erfassten Daten überprüft und verbessert werden.

5.8.5.3 Fachliche Prüf- und Verteilregelmaschinen

Nachdem die Dokumente klassifiziert und die Daten ausgelesen/erfasst sind, muss fachlich entschieden werden, wie weiter verfahren werden soll. Zunächst erfolgt eine Überprüfung des Versicherungsschutzes (Aktuelles Versicherungsverhältnis?

Welcher Tarif? Selbstbehalt? etc.). Danach erfolgt die inhaltliche Prüfungsentscheidung.

Häufig helfen hierbei Regelmaschinen, also Softwareelemente, die über die weitere Verarbeitung der Leistungsrechnungen entscheiden. Das können schlichte Verteil- oder Prioritätsregeln sein oder bereits Abrechnungsroutinen. Abrechnungsroutinen können anhand der Rechnungsparameter wie beispielsweise ärztliche Fachrichtung, Höhe des Rechnungsbetrags oder Art der Rechnung (ambulante Rechnung, Rezept, Krankenhausrechnung) entscheiden, eine Abrechnung ohne weiteren Eingriff eines Mitarbeiters durchzuführen, die Abrechnung zunächst durch Prüfsoftware bearbeiten zu lassen oder direkt an den Mitarbeiter auszusteuern.

Regelmaschinen werden normalerweise im Fachbereich justiert und verändert, damit möglichst schnell und ohne größere IT-Eingriffe auf Rückstandssituationen oder Leistungsentwicklungen reagiert werden kann.

5.8.5.4 Dunkelverarbeitung

Wird die Abrechnung ohne weiteren Eingriff eines Sachbearbeiters erledigt, so nennt man diesen Prozess „Dunkel- oder Batchverarbeitung". Die verwendete Software simuliert die Arbeitsschritte eines Sachbearbeiters und führt die Abrechnung aus. So können z.B. betriebswirtschaftliche Überlegungen dazu führen, eine Auszahlung ohne weitere Detailprüfung vorzunehmen. Findet man bei einem bestimmten Rechnungstyp im Durchschnitt weniger Korrekturpotenzial als die Bearbeitung und die evtl. Einspruchsbearbeitung kosten würden, so wird eine Prüfung auf Ablehnungsmöglichkeiten i.d.R. keinen Sinn machen.

Für die Dunkelverarbeitung eignen sich besonders kleinere Rechnungsbeträge (z.B. ambulante oder zahnärztliche Rechnungen von weniger als 300 Euro oder Rezepte unterhalb von 5 Euro). Mit anderen Worten: Das Massengeschäft kann und sollte der Dunkelverarbeitung zugeführt werden.

5.8.5.5 Automatisierte Prüfungstools für Rechnungen

Sind die Rechnungen als prüfenswert erkannt worden, so gibt es zwei Möglichkeiten. Entweder können die Rechnungen durch Softwaretools maschinell geprüft werden oder fachliche Regeln bzw. die Rechnungskomplexität legen eine Bearbeitung und Prüfung durch hochqualifizierte Mitarbeiter nahe.

Rechnungen zwischen 300 Euro und beispielsweise 3.000 Euro können durch GOÄ-/GOZ-Prüfsoftware oder durch DRG-Prüfprogramme automatisch geprüft und entweder maschinell endbearbeitet oder als Prüfvorschlag dem Mitarbeiter elektronisch vorgelegt werden.

Eine Prüfung auf Erstattungsfähigkeit von Medikamenten oder Hilfsmitteln kann durch Abgleich mit Datenbanken (z.B. PZN-Datenbank für Medikamente) erfolgen. In diesen Datenbanken legen die Unternehmen nieder, welche Medikamente oder Heil- und Hilfsmittel bis zu welcher Höhe erstattet oder aber überhaupt nicht erstattet werden können.

Mit Dunkelverarbeitung und automatisierter Prüfung sollte es gelingen, mindestens 50 bis 70 Prozent der Rechnungen (Belege) ohne weiteren Mitarbeitereingriff zu verarbeiten. Das spart Zeit und Ressourcen für die anspruchsvolle manuelle Prüfung komplexer Rechnungen.

5.8.5.6 Hilfsprogramme bei der manuellen Leistungsabrechnung

Sind die Rechnungen fachlich sehr komplex, was bei Beträgen über 3.000 Euro zu erwarten ist, so werden sie an erfahrene Mitarbeiter weitergeleitet und von diesen manuell bearbeitet.

Solche Rechnungen werden intensiv auf Einhaltung der Gebührenordnungen bzw. DRG-Regeln geprüft. Es empfiehlt sich, den Kunden über die Prüfung zu informieren und per Abtretung direkt mit dem Leistungserbringer über eine Rechnungskürzung zu diskutieren, da die Kunden bei solchen Diskussionen normalerweise fachlich überfordert sind. Bei solchen Prüfungen werden meist nur Hilfsprogramme (z.B. Gebührenordnungsprogramme, DRG-Grouper) genutzt, die die Arbeit des Mitarbeiters zwar unterstützen, aber keine automatische Prüfung durchführen.

Ferner können vergleichsweise hohe Rechnungen auch Fälle enthalten, die ein Disease Management (Behandlung chronischer Erkrankungen), ein Case Management (Behandlung von Schwersterkrankungen), ein Arzneimittelmanagement (Fälle von hohem Medikamentenverbrauch) oder Hilfsmittelmanagement (Fälle von hohem Hilfsmittelverbrauch) erfordern. Derartige Sonderfälle sollten allein von erfahrenen Mitarbeitern bearbeitet werden, denn maschinelle Verfahren können aufgrund der Sensibilität solcher Erkrankungen nicht eingesetzt werden. Selbstverständlich findet auch bei dieser medizinisch orientierten Einzelfallbetreuung ein IT-gestütztes Selektions-, Kontakt- und Aktionsmanagement versichertenbezogene Anwendung.

5.8.5.7 Datengestütztes Leistungscontrolling

Um die Wirkung der Leistungsbearbeitung auf die Leistungsausgaben beurteilen zu können, sollte ein monatliches Leistungscontrolling erfolgen. In diesem Prozess wird nicht nur die Entwicklung der Leistungsauszahlungen insgesamt analysiert, sondern auch die Auswirkung auf eine mögliche Beitragsveränderung (Beitragsanpassung) in einzelnen Tarifen. Grundlage des Leistungscontrollings sind umfangreiche Datenanalysen (Data Mining) und Zeitreihen von Kennzahlen, die aus den vorhandenen Datenwürfeln generiert werden können (s. auch Kap 5.13). Fertige IT-Lösungen gibt es in der Regel nicht.

Darüber hinaus sollten die Gründe für die Veränderung der Leistungsausgaben herausgearbeitet werden (mehr kranke Kunden, „Großschäden", Risikoentmischungen, Mengenausweitung, Preissteigerung etc.). Auswertungen und graphische oder zahlenmäßige Darstellungen der Auswertungen (z.B. in Excel) liefern hierbei Anhaltspunkte. Die wichtige Frage wird dann sein: Handelt es sich „nur" um einen Erkenntnisfortschritt oder kann man die Ursachen der Leistungsentwicklung beeinflussen oder gar beseitigen?

Oft wird eine Mischung aus verschiedenen Ansätzen zum Ziel führen. Neben zielgerichtetem Leistungs- und Gesundheitsmanagement werden auch Finanzierungsmodelle (Beitragsrückerstattung, Kopfschadenfinanzierung etc.) dazu beitragen müssen, die Leistungsentwicklung zu beeinflussen.

5.8.5.8 Planungs- und Steuerungssysteme für die Abarbeitung von Leistungsabrechnungen

Um eine zügige Leistungsbearbeitung (sog. Servicelevel) gewährleisten zu können, ist eine sorgfältige Planung der täglichen Eingänge von Leistungsabrechnungen und sonstiger Post für den Leistungsbereich vorzunehmen. Die Einsatzplanung der Mitarbeiter muss derart gestaltet sein, dass die Personalkapazitäten dem erwartet hohen Eingang von Leistungsabrechnungen angepasst werden. Im Zweifel nimmt dies auch Einfluss auf die Urlaubsplanung und auf Arbeitszeitmodelle insgesamt (z.B. Saisonarbeitszeit).

Die Optimierung von Arbeitszeiten und Ressourceneinsatz wird typischerweise durch die Methode des Operations Research (Optimierung unter Nebenbedingungen) gelöst. Hierzu gibt es umfangreiche Softwarepakete am Markt – u.a. auch als Excel-Makros. Letztere sind zur optimalen Steuerung von Leistungsabrechnungen absolut ausreichend.

Hat man optimale Planungen aufgestellt, gilt es, die zufälligen Prozesse täglich zu beobachten und zu steuern (zufällig höhere Posteingänge, zufällige Arbeitsunfähigkeitsquoten etc.). Dazu benötigt man Workflow Systeme, die die untertägliche Beobachtung des Prozesses der Leistungsbearbeitung sicherstellen und Warnhinweise geben, wenn an bestimmten Stellen die Kapazitäten nicht ausreichen, um Serviceversprechen gegenüber Vertrieb oder Kunden einzuhalten. Droht ein Verfehlen der Servicelevel, gilt es von Seiten des Managements unmittelbar zu reagieren, beispielsweise durch Postumverteilung, Mehrarbeit, Samstagsarbeit.

5.8.5.9 Telefonische und schriftliche Kommunikationstechnik

Ergebnis einer Leistungsprüfung oder allgemeiner Leistungskorrespondenz kann eine Leistungsabrechnung oder eine Leistungszusage in schriftlicher oder telefonischer Form sein. Briefe wie Telefonate mit Kunden und Vermittlern sollten freundlich, verständlich und transparent sein.

Gerade auf dem Großrechner scheitert die elegante schriftliche Kommunikation häufig an starren und wenig flexiblen Textverarbeitungssystemen. Man sollte daher eine Textverarbeitungssoftware auswählen, die flexible Bausteingestaltung und kundenfreundliches graphisches Design erlaubt. Zusätzlich sollte die Software möglichst wartungsfreundlich sein.

Jenseits der computertechnischen Rahmenbedingungen ist natürlich ein durchdachtes Konzept Grundvoraussetzung für die schriftliche Kommunikation mit den Kunden. Denn vielfach geht es dabei auch um die Kommunikation von Leistungsablehnungen, die dem Kunden verständlich mitgeteilt werden müssen. Daher sollte die Transparenz über den Versicherungsschutz bereits aus dem Beginn des Schreibens hervorgehen. Hieraus sollte sich die Tarifleistung und damit auch die Ablehnung logisch ableiten lassen. Nur so und in freundlichem Ton wird der Kunde die negative Botschaft nachvollziehen und akzeptieren können.

Gleiches gilt für die telefonische Kommunikation in Sachen Leistungsbearbeitung. ACD-Telefonanlagen sorgen heute für eine gute Erreichbarkeit der Mitarbeiter. Freundlichkeit und IT-Systeme, die dem Mitarbeiter auf Überblicksseiten die Leistungssituation des Kunden und die aktuelle Leistungsabrechnung transparent machen, sorgen für angenehme und aussagekräftige Telefonate mit den Kunden.

5.8.5.10 Qualitätskontrolle der Leistungsbearbeitung

Die Qualität der Daten und der Leistungsabrechnung oder Korrespondenz sollte wenigstens stichprobenartig geprüft werden. Das geschieht entweder durch ausgesteuerte Fälle, die von besonders qualifizierten Mitarbeitern geprüft werden, oder durch automatisierte Prüfroutinen.

Die Erkennungssoftware für die Datenextraktion aus den Leistungsabrechnungen versucht anhand von Mustererkennung, Texte und Ziffern bzw. Belegtypen zu identifizieren. Obwohl die Softwarepakete hochentwickelt sind, können Fehler auftreten. Solche Fehlerquellen gilt es durch Stichprobenverfahren aufzudecken: Handelt es sich dabei um systematische Erkennungsdefizite der Software, optimiert ein „Training" der Software die Erkennung ähnlicher Sachverhalte.

Auch bei der Nachkorrektur können den Mitarbeitern Fehler unterlaufen. Deshalb ist durch Stichproben ebenfalls sicherzustellen, dass die Qualität der Nachkorrektur ständig überprüft wird. Schulungen helfen dabei, Fehlerhäufungen zu vermeiden bzw. abzustellen.

Die IT-Systeme unterstützen die Kontrolle entweder durch Zufallsgeneratoren, die die Stichproben ziehen, oder durch statistische Qualitätskontrolle, um systematische Fehlerquellen mit hoher Signifikanz zu identifizieren.

5.8.6 Besonderheiten der Lebensversicherung

5.8.6.1 Vorüberlegungen zur Lebensversicherung

Lebensversicherungen sind im Gegensatz zur Krankenversicherung – die eine Schadenversicherung mit einem objektiv ermittelbaren Versicherungswert ist – Summenversicherungen. Das bedeutet, dass bei Eintritt des Versicherungsfalls wie beispielsweise Tod oder Invalidität die vertraglich vereinbarte Leistungssumme in Form von einmaligen oder laufenden Zahlungen fällig wird.

Lebensversicherungen werden auf Basis biometrischer Risiken wie dem Risiko vorzeitigen Todes, dem Langlebigkeitsrisiko oder dem Invaliditätsrisiko kalkuliert, der so genannten Ausscheideordnung. Die gebräuchlichsten Ausscheideordnungen sind die Sterbetafeln der Deutschen Aktuarvereinigung, also der versicherungsmathematischen Sachverständigen. Unter den Rechnungsgrundlagen versteht man die dem Tarif zu Grunde liegende Ausscheideordnung, den Rechnungszins und die Kosten. Zu den festen Vertragsmerkmalen gehören das Beitrags- und das Leistungsspektrum. Sie sind nach Vertragsabschluss abgesehen von im Produkt bereits vorgesehenen Vertragserhöhungen wie einem Dynamikplan oder zusätzlichen Zahlungen im Grundsatz unveränderbar.

Um die oft über viele Jahrzehnte dauernde Erfüllung der Lebensversicherungsverträge gewährleisten zu können, müssen die Beiträge im Hinblick auf mögliche Versicherungsleistungen und Kosten nach versicherungsrechtlichen Maßgaben vorsichtig kalkuliert werden. Wenn es nicht zu wesentlichen, unvorhergesehen Änderungen der Verhältnisse kommt, entstehen in der Lebensversicherung dadurch Überschüsse. Das Versicherungsrecht verpflichtet die Lebensversicherung, einen angemessenen Teil der Überschüsse im Rahmen der Überschussbeteiligung an den Versicherungsnehmer zurückzugeben.

Im Folgenden werden die wichtigsten, aus den genannten Unterschieden der Lebensversicherung zur Krankenversicherung hervorgehenden Abweichungen dargestellt. Unterschiede zeigen sich insbesondere bei den Leistungsveränderungen als auch bei den Bearbeitungsprozessen, wohingegen für die aktuarielle Sicht auf das Leistungsmanagement sowie Kundenbindung und Leistungsservice Ähnliches gilt.

5.8.6.2 Die Veränderung der Leistungen in Lebensversicherungstarifen

Der **medizinisch-technische Fortschritt** wirkt sich bei Risikolebensversicherungen und bei Rentenversicherungen erst dann auf die Höhe der Aufwendungen für Versicherungsfälle aus, wenn dieser dazu führt, dass die Versicherten länger leben. Bei Risikolebensversicherungen führt dies dazu, dass weniger Leistungen fällig werden, während bei Rentenversicherungen die Lebensversicherung länger und damit mehr Leistungen erbringen muss. Die regelmäßige Anpassung der Sterbetafel an die **demografische Entwicklung** berücksichtigt die Lebensversicherung bei der Entwicklung neuer Tarife. Da aber bei Lebensversicherungen das Verhältnis von Beiträgen und Leistungen wegen bei Kalkulation der Tarife nicht vorgesehener Änderungen nach Vertragsabschluss nicht angepasst werden kann, ist ein Ausgleich bei bestehenden Lebensversicherungsverträgen nur durch eine Anpassung der Überschussbeteiligung möglich.

Bei Invaliditätsversicherungen kann der medizinisch-technische Fortschritt einerseits dazu führen, dass Invalidität nicht bzw. später eintritt oder eine (frühere) Reaktivierung möglich ist. Andererseits kann er mit der damit verbundenen längeren Lebenserwartung auch eine längere Dauer der Invalidität bewirken. Die Zunahme von **chronischen (Zivilisations-)Erkrankungen** führt zu einer erhöhten Zahl von Invaliditätsleistungsfällen.

Wodurch die Invalidität letztendlich verursacht wurde – ob nun durch eine Schwersterkrankung mit hohen Behandlungskosten oder durch andere, weniger behandlungsintensive Ursachen –, ist aber für die Höhe der Leistungsaufwendungen an sich gleichgültig, da es sich bei Lebensversicherungen um Summenversicherungen und nicht um Schadenversicherungen handelt.

5.8.6.3 IT-Anwendungen im Leistungsbearbeitungsprozess Leben

Auch in der Lebensversicherung findet bei der Antragsannahme eine auf den Gesundheitszustand bezogene Risikoprüfung statt, die mit zu berücksichtigen hat, dass es ggf. weitere Verträge zu derselben versicherten Person gibt.

Die wichtigsten Leistungsprozesse betreffen Rücktritt durch die Versicherung, Widerruf durch den Kunden, Eintritt von Versicherungsfällen wie Heirat, Unfall, Schwersterkrankungen und Tod, Ablauf der Versicherung und Berufs- sowie Erwerbsunfähigkeit. In bestimmten Fällen wie bei Riester-Produkten kann die Übertragung auf andere Anbieter verlangt werden. Auch plan- und außerplanmäßige Zahlungen während der Leistungszeit sind insbesondere bei neueren Produkten möglich. Generell sind Vorschriften zur möglichen Versteuerungspflicht der Einkünfte zu beachten und gesetzlich vorgeschriebene Meldungen zu Rentenzahlungen zu veranlassen.

Da Leistungsprozesse bezogen auf die Vertragsdauer eher selten auftreten, erfolgen im Wesentlichen Berechnung und Abrechnung voll maschinell, während die Prüfung manuell durchgeführt wird. Häufig ist die technische Unterstützung der Leistungsbearbeitung in Leben Teil des Bestandsverwaltungssystems. Natürlich werden auch hier industrielle Unterstützungsprozesse im Vorfeld genutzt, wie Scannen, Klassifizieren, Daten extrahieren und Vorgänge weiterleiten an den First Level Support für einfache Fälle bzw. an den spezialisierten Second Level Support für komplexere Bearbeitung (s. Abschn. 5.8.5.2 und Kap. 5.12). Manche Versicherungsunternehmen integrieren die Leistungsbearbeitung vor dem Aspekt der

Wiederanlage von Kapitalzahlungen soweit möglich auch in die Rundum-Sachbearbeitung. Mindestens ist aber der Vertrieb in solchen Fällen zu informieren.

Kurzbiographie

Dr. Joachim von Rieth, Jahrgang 1956, ist seit Oktober 2006 Vorstandsvorsitzender der Central Krankenversicherung AG und zeichnet in dieser Funktion u.a. verantwortlich für die Bereiche Mathematik und Produktmanagement, Projekt- und Anforderungsmanagement, Controlling und Unternehmensentwicklung, Risikomanagement und Revision sowie Leistungsservice. Nach Studium der Mathematik und Promotion an der RWTH Aachen begann Dr. von Rieth 1986 seine Laufbahn in der Versicherungsbranche. Im Jahr 1995 wechselte er in den Bereich der privaten Krankenversicherung, seit 1996 bekleidet er dort Vorstandsposten.

5.9 Effektives Schadenmanagement in der Komposit-Versicherung

Dr. Christian Hofer, Rainer Weiß, Coburg, Deutschland

Zusammenfassung

Schadenmanagement ist das zentrale Thema der Schadenregulierung geworden. Ein Kompositversicherer ohne Schadenmanagement wird in naher Zukunft aufgrund des Kostendrucks nicht wettbewerbsfähig sein. Die Einzelbestandteile des Schadenmanagements beeinflussen die Tarifierung, Reservierung und Planung. Der Aktuar ist hierbei zugleich notwendiger Mitgestalter der zwangsläufig Kosten verursachenden, aber auch einsparenden Dienstleistungen und Geschäftsprozesse.

5.9.1 Einführung

Versicherer unterscheiden sich durch Beitrag und Leistung. Schadenmanagement beeinflusst beide Bereiche. Der nachfolgende Beitrag soll aufzeigen, dass Schadenmanagement entgegen der landläufigen Meinung mehr beinhaltet, als Dienstleister und Kunden zusammenzuführen. Nur ein komplexes System, bestehend aus einer kundenorientierten Leistungsoptimierung im Schadenfall mit dazugehörigen Partnern im Dienstleistungsbereich und darauf ausgerichteten Bearbeitungsprozessen, kann die Schadenregulierung zwischen den Versicherungsunternehmen in der Zukunft sowohl im Hinblick auf die Kostenstruktur als auch für den Kunden unterscheidbar machen. Der Erfolg in der Kfz-Versicherung als Schlüsselsparte ist wegweisend für das gesamte Geschäftsfeld Komposit.

M. Aschenbrenner et al. (eds.), *Informationsverarbeitung in Versicherungsunternehmen*,
Springer-Lehrbuch Masterclass, DOI 10.1007/978-3-642-04321-5_23,

5.9.2 Ausgangslage

5.9.2.1 Kostenexplosion

Ende der 90-er Jahre haben die pro Schadenfall angefallenen Kosten ein derart hohes Volumen erreicht, dass die Versicherungsbranche mit Gegenmaßnahmen reagieren musste, wenn Verluste auf Dauer vermieden werden sollten. Die Ursachen hierfür lagen darin, dass Dienstleister rund um den Schadenfall für die gleiche Leistung das X-fache an Rechnungsbetrag verlangten, wenn eine Versicherung statt eines Privatkunden für die Leistung aufzukommen hatte.

Speziell in der Kfz-Versicherung steht der Versicherer auf Grund des Direktanspruchs dem Geschädigten als unmittelbarer Zahler zur Verfügung. Rechtliche Schritte, um diesen steigenden Kosten entgegenzuwirken, standen und stehen nur in sehr begrenztem Umfang zur Verfügung.

Leider hat sich an dieser Situation bis heute wenig geändert und auch in Zukunft ist nicht mit gravierenden Änderungen zu rechnen. Im Gegenteil: Bei sinkenden Margen im Nichtversicherungssektor versuchen Dienstleister, die Gewinne aus dem Schadenbereich gegenüber den Versicherern zu maximieren.

Aufgrund des starken Wettbewerbes zwischen den Schadenversicherern ist an eine Kompensation des gestiegenen Schadenaufwandes durch Prämienerhöhungen nicht zu denken. Alternativ gibt es nur zwei Lösungsansätze: Die Kooperation mit Automobilherstellern, die zunehmend mit Mobilitätspaketen Marktanteile gewinnen, oder den Ansatz zum aktiven Schadenmanagement.

5.9.2.2 Verändertes Kundenbewusstsein

Die gegenwärtige Erwartungshaltung von Kunden wie Geschädigten ist mit derjenigen von vor 20 Jahren nicht zu vergleichen. Durch die rasante Entwicklung im Kommunikationssektor ist eine permanente Erreichbarkeit und zügige Bearbeitung unabdingbar. Kunden, die im Alltag mit Internet, Telefon oder SMS arbeiten, erwarten auch von ihrem Versicherer eine permanente Empfangsbereitschaft und eine schnelle Reaktion.

Zusätzlich ist der Kunde trotz „Servicewüste Deutschland" mit der bloßen Geldzahlung immer seltener einverstanden. Zunehmend werden Dienstleistungen rund um den Schadenfall bei dem Versicherer nachgefragt, damit die eigene zeitliche Inanspruchnahme durch die Schadenbeseitigung so gering wie möglich gehalten wird. Optimal ist der Service nach dem Ergebnis von Kundenworkshops, wenn alle Leistungen durch einen einzigen Anruf ausgelöst werden.

5.9.2.3 Notwendiger Wandel der Schadenregulierung

Um diesen beiden Interessen gerecht zu werden, ist ein komplettes Umdenken für die Bearbeitung von Schadenfällen notwendig. Dienstleister müssen in den

Schadenabwicklungsprozess voll integriert werden. Sachbearbeiter müssen diese Dienstleister systemunterstützend auswählen und vermitteln können. Die Bearbeitungsschritte sollten beschleunigt und technologisch auf höchstem Niveau unterstützt werden. Einzelabrechnungen müssen detailliert verifizierbar sein und das Abrechnungsverhalten eines Dienstleisters insgesamt transparent zur Verfügung stehen. Damit sind folgende Handlungsfelder vorgegeben:

- Höchste Qualität und Attraktivität der Dienstleistung
- Dienstleistungsorientierte Bearbeitungsprozesse
- Schadencontrolling zur Führung und Steuerung.

5.9.3 Instrumente zur schadenmanagementbasierten Regulierung

5.9.3.1 Dienstleistung

Serviceoffensive

Der Schadenfall ist der entscheidende Augenblick, in dem sich der Versicherer beweisen kann. Um diesen Augenblick für den Kunden im Sinne einer wirklichen Absicherung erlebbar zu machen, darf sich die Leistung nicht auf die bloße Wiedergutmachung des Schadens durch Zahlung beschränken, sondern muss sich durch ein Serviceumfeld mittels Dienstleister offenbaren.

Dienstleister müssen für den Kunden attraktiv und für den Versicherer kostengünstig sein. Dieser scheinbare Widerspruch von Preis und Qualität lässt sich rein betriebswirtschaftlich nur über ein gesteuertes Mengenvolumen lösen. Im Gegensatz zum Privateinkauf beim Discounter haben die Endverbraucher, sobald eine Versicherung für den Schaden einzutreten hat, allerdings zusätzlich starke Vorbehalte. Dies hat seine Wurzeln in dem allgemeinen Vorbehalt, dass „einen Versicherungen immer über den Tisch ziehen wollen", obwohl umgekehrt der Versicherungsbetrug Volkssportcharakter erreicht hat.

Unabdingbar neben höchsten Qualitätsansprüchen sind deshalb insbesondere in der Kfz-Versicherung Zusatzleistungen, wie z.B. das Holen und Bringen eines Kfz, ein Ersatzwagen und die Wagenreinigung. Diese Leistungen sollten komplett aus einer Hand erbracht werden, sodass dem Kunden bzw. Geschädigten alle Wege und Mühewaltung abgenommen wird. Idealerweise wird dem Kunden das geschädigte Fahrzeug zu Hause abgeholt, ein Ersatzwagen zur Verfügung gestellt, das Fahrzeug repariert und anschließend gereinigt wieder vor die Haustür gestellt. Umso schneller dies nach der Schadenmeldung des Versicherungsnehmers gelingt und dem Geschädigten sein eigenes Fahrzeug zur Verfügung steht, umso zufriedener wird er mit der Dienstleistung sein und diese weiterempfehlen. Für den Versicherer hat die Schnelligkeit den gewünschten Nebeneffekt, dass z.B. Reparaturzeiten (verbunden mit Mietwagenkosten) entscheidend verkürzt werden können.

Der Erfolg wird von der Qualität des Dienstleisters geprägt. Dazu gehören nicht nur die mangelfreie Reparatur, sondern auch Servicekomponenten, wie äußeres Erscheinungsbild und Freundlichkeit. Die Auswahl der Dienstleister ist deshalb entscheidend.

Der Qualitätsanspruch kann nur durch permanente Kontrollen erreicht werden. Neben stichpunktartigen Qualitätskontrollen müssen auch die Kunden befragt werden, ob sie mit der Reparaturleistung zufrieden sind.

Nach außen, und damit für den Kunden sichtbar, wird die hohe Qualität durch eine Zertifizierung einer bekannten Sachverständigenorganisation.

Die Versicherung muss entscheiden, wer die Kosten für diese Zertifizierung übernimmt.

Wichtig ist in diesem Zusammenhang, dass die Versicherung dem Kunden bei Reparaturmängeln die sofortige Behebung garantiert. Für den Aktuar ein zu berücksichtigender Faktor, auch wenn die Mangelbehebung bei dem ausführenden Dienstleister liegt. Dennoch kann nie ausgeschlossen werden, dass Reparaturmängel, besonders im Kfz-Bereich, zu immensen Schäden führen könnten, die auf Grund der Beauftragung des Dienstleisters und der ausgesprochenen Garantie direkt den Versicherer treffen würden.

Kostenoffensive

Wenn der Versicherer den Dienstleister vermittelt, muss dessen Rechnung deutlich günstiger ausfallen als der Durchschnittspreis für Versicherungsschäden. Da die Auswahl durch den Versicherer qualitätsorientiert erfolgen muss, kann der Endpreis nur durch das vorhandene Volumen beeinflusst werden, das dem Dienstleister zugeführt wird. Die Mengeneffekte führen über eine bessere Auslastung zu einem niedrigeren Preis.

Niedrigerer Preis muss heißen, niedriger *transparenter* Preis (z.B. Stundensatz) und nicht rabattierter Endpreis, denn wie im Einzelhandel zu beobachten, heißt hoher Rabatt nicht günstiger Einkauf. Dieser Preis muss auf einen Zeitraum fixiert und nachgehalten werden können.

Für die Ermittlung, welches Steuerungsvolumen aus dem jeweiligen Versicherungsbestand heraus möglich ist, ist der Aktuar unerlässlich. Gerade im Kfz-Bereich ist nicht jedes Fahrzeug steuerbar (Exot, Leasing etc.).

Für die Auswahl der Werkstätten (Markenbetrieb oder nicht) ist aber entscheidend, welche Fahrzeuge versichert und häufig in Unfälle verwickelt sind. Diese Ermittlung kann so weit spezifiziert werden, inwieweit bestimmte Marken oder Fahrzeuge jüngerer Herstellung zu bestimmten Betrieben gesteuert werden können.

Um so eher das Volumen planbar ist, umso eher wird der Dienstleister bereit sein, für die Zukunft bessere Konditionen einzuräumen. Bei Nichterfüllung der Volumenzusage muss ein Ausgleich erfolgen.

Der Versicherer muss sich hinsichtlich der Zusatzleistungen entscheiden, ob er diese vergüten will oder im Rahmen der Hauptleistung „unentgeltlich" mit bezahlen will. Je nach Häufigkeit können diese Zusatzleistungen eine derart kritische Größe erreichen, dass der Dienstleister die Hauptleistungen nicht mehr zu dem günstigsten Preis erbringen kann oder die Kosten für die Nebenleistungen auf die Tarifierung durchschlagen.

Auch andere Reparaturmethoden können die Hauptleistung deutlich billiger machen. Dienstleister müssen deshalb vertraglich auf diese Methoden verpflichtet werden. In welcher Häufigkeit diese neuartigen Reparaturmethoden zur Anwendung gelangen, stellt für den Aktuar eine wichtige Information dar.

Neue Produktformen

Trotz hoher Qualität der Restitutionsleistung und der Anreize durch weitere Zusatzleistungen ist die Anzahl der vermittelbaren Schäden, die durch ein freiwilliges Angebot an den Geschädigten zustande kommen, gering. Eine Steuerungsquote von über 10 % aller Kfz-Schäden ist nahezu nicht zu erreichen. Dies liegt an der Art bestimmter Schäden, bei denen eine Reparatur nicht möglich ist, und dem besonderen Hang der deutschen Autofahrer zu ihrer Werkstatt. Im Gegensatz zu Reparaturleistungen anderer Sachversicherungen ist der Autofahrer bei der Kfz-Versicherung durch eine hohe Kontaktfrequenz auf „sein" Autohaus festgelegt. Erst allmählich ist auf Grund des unterschiedlichen Preisgefüges zwischen Autohäusern und Servicediscountern (Pitstop, A.T.U.) ein Wandel festzustellen. Kurioserweise sind aber auch Autofahrer, die wegen einer Hauptuntersuchung einen Low-Price-Betrieb aufsuchen, im Schadenfall plötzlich von „ihrer" Markenwerkstatt nicht wegzubewegen.

Um den Anteil gesteuerter Schäden zu erhöhen, ist es deshalb unerlässlich, ein Produkt anzubieten, in dem sich der Autofahrer für den Kaskoschadenfall verpflichtet, eine vom Versicherer ausgewählte Werkstatt aufzusuchen. Im Kfz-Haftpflichtbereich ist dies von vornherein ausgeschlossen, da dem Geschädigten ein gesetzlicher Anspruch gegen den Versicherer des Unfallgegners zusteht.

Der Autofahrer wird sich nur dann für ein solches Produkt entscheiden, soweit er einen Prämienvorteil erlangt und keine Zweifel an der Qualität der Reparaturleistung aufkommen. Wie hoch der Prämienvorteil sein kann und ob in diesem Produkt Zusatzleistungen enthalten sind, liegt überwiegend in der Hand des Aktuars.

Der Bedarf nach solchen Versicherungsprodukten ist ungebrochen. Im Kasko-Neugeschäft entscheidet sich zwischenzeitlich jeder zweite Kunde für ein solches Produkt. Aus diesem Grund bietet nahezu jeder Kfz-Versicherer zwischenzeitlich ein Produkt mit Werkstattbindung an. Der Anteil der gesteuerten Schäden hat sich deshalb innerhalb der letzten zwei Jahre fast verdoppelt. Das damit verbundene, deutlich erhöhte Reparaturvolumen dient entscheidend dazu, das Preisgefüge der Dienstleister stabil zu halten. Nur bei garantierten Reparaturvolumina können die Partner-Dienstleister auf Dauer den für die Tarifierung wichtigen Endpreis garantieren.

Zusätzlich können Supply-Chain-Managementansätze, wie z.B. eine Einkaufsplattform für Original-Ersatzteile, die Kostenstruktur bei den Partnern verbessern. Ersatzteilkosten machen in der Reparaturdienstleistung den größten Kostenblock aus. Versteht sich der Versicherer hier als Systemgeber lässt sich Einkaufsvolumen bündeln, das ansonsten durch den regionalen Einkauf des Dienstleisters pro Reparaturfall verlorengeht.

Welche Kosteneinsparungen zukünftig damit verbunden sind, lässt sich momentan nicht quantifizieren. Untersuchungen haben jedoch ergeben, dass sich Original-Ersatzteile auf ihrem Weg vom Hersteller bis zum Endkunden um durchschnittlich ca. 600 % verteuern. Wichtig ist in erster Linie, dass die Dienstleister als Netzwerkpartner des Versicherers Kostenvorteile erlangen.

5.9.3.2 Dienstleistungsorientierte Bearbeitungsprozesse

Kommunikation mit dem Dienstleister

Die Daten des Dienstleisters müssen in ein System der Informationsverarbeitung eingebettet sein, das schadenmanagementorientiert arbeitet. Dies beginnt bei der Auswahl des Dienstleisters und endet bei der Bezahlung von dessen Rechnung. Dem Sachbearbeiter, der einen Kunden zu einem Dienstleister steuern soll, müssen auf Knopfdruck alle Werkstattdaten zur Verfügung stehen. Die Sammlung und Pflege von Dienstleisterdaten ist deshalb zu einer wichtigen Aufgabe der Schadenabteilung gereift.

Wichtige Grundlage für die Zusammenarbeit zwischen Versicherer und Dienstleister sind standardisierte Prozesse und Abläufe. Dadurch können elektronisch übermittelte Schadendaten direkt in das Schadensystem integriert und weitere Schritte vom Sachbearbeiter ausgelöst werden. Zum Beispiel werden Rechnungsbeträge direkt in die Abrechnungsmaske des Sachbearbeiters eingespielt, der dann die Zahlung nur noch freigeben geben muss.

Die zuvor mit den Dienstleistern festgelegten Abrechnungsvarianten und Konditionen von Hauptleistung und Zusatzleistung können maschinell von dem Schadenmanagementsystem überprüft werden. Damit steht einer Abrechnung nichts mehr im Wege. Nur wenn das System Abweichungen bei einem Beleg feststellt, erhält der Sachbearbeiter einen Hinweis.

Ebenso ist es denkbar, dass der Kunde direkt bei dem Dienstleister wegen seines Schadenfalls erscheint und dieser die Schadenmeldung elektronisch mit den verfügbaren Daten an den Versicherer meldet. Diese Neuschadenmeldung wird automatisch mit den Versicherungsdaten abgeglichen und eine Schadenneuanlage durchgeführt.

Umgekehrt erhält der Dienstleister unmittelbar von dem Versicherer wichtige Daten im Rahmen seiner Beauftragung oder Vermittlung. Natürlich muss der Kunde über diese Datenübermittlung informiert und sein Einverständnis eingeholt werden. Dies stellt jedoch bei der telefonischen Neuschadenaufnahme kein Problem dar.

Der Dienstleister ist mit diesen Daten in der Lage, sich mit dem Kunden in Verbindung zu setzen, Ersatzteile zu bestellen und abschließend die Rechnung zu schreiben. Das System erspart damit viele gegenseitige Rückfragen, die in der Vergangenheit Arbeitsalltag waren. Dadurch ergibt sich wiederum mehr Raum für die Kommunikation mit anderen Kunden, die insgesamt schneller bedient werden können.

Voraussetzung für diese Art der Kommunikation ist die Teilnahme am sog. GDV[1]-Schadennetz (s. Abb. 5.21).

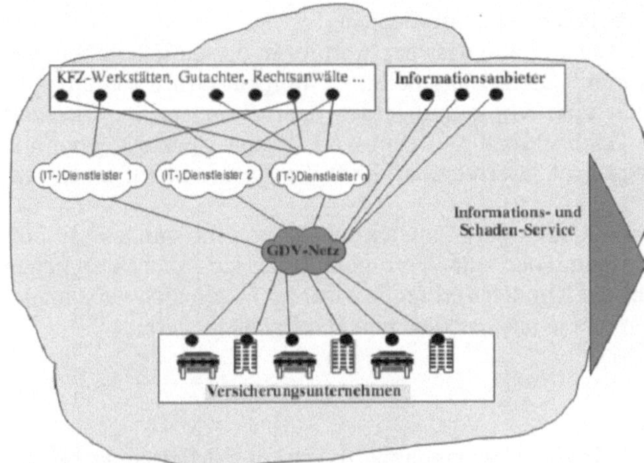

- **Die Netze der verschiedenen Anbieter werden an das GDV-Netz gekoppelt**
- **Eine direkte Anbindung der VUs an die jeweiligen Netze wird somit überflüssig, da die Kommunikation mit allen Anbietern über das GDV-Netz erfolgt**
- **Der GDV ermöglicht den Zugang zu allen Schadennetzen über das GDV-Branchennetz**

Abb. 5.21 GDV Schadennetz

Hierbei handelt es sich um eine abgesicherte und standardisierte Kommunikationsstrecke, die stets über die Schiene Dienstleister, GDV, Versicherungsunternehmen abläuft. Nur wer sich an diesem System als Dienstleister beteiligt, kann sicher sein, dass seine Daten zum richtigen Versicherungsunternehmen gelangen und dort sofort verarbeitet werden können. Dienstleister und Versicherer profitieren also gegenseitig.

Bearbeitungsprozesse

Über 90% aller Schäden sind aus Bearbeitersicht unkompliziert abzurechnen. In dem schadenmanagementbasierten Bearbeitungssystem kann jeder Sachbearbeiter, zu dem wegen dieses Schadenfalls Kontakt aufgenommen wird, sofort den Schadenhergang und die Bearbeitungsphase, in der sich der Schaden befindet, erkennen und weitere Bearbeitungsschritte einleiten. Damit besteht keine Notwendigkeit, jeden einzelnen Schadenfall einem bestimmten Schadensachbearbeiter zuzusteuern. Vielmehr kann jeder Arbeitsauslöser von jedem Sachbearbeiter abgearbeitet werden (process-owner). Für den Kunden ein Vorteil, da er immer

[1] GDV: Gesamtverband der Deutschen Versicherungswirtschaft.

einen kompetenten Ansprechpartner zur Verfügung hat. Die Abwicklungsgeschwindigkeit kann mit dieser Bearbeitung wesentlich erhöht werden.

Diese Teamschadenbearbeitung funktioniert nur, wenn alle Vorgänge in Form von Images in einer elektronischen Schadenakte (s. z.B. auch Kap. 5.12) bereitgestellt werden. Die Verteilung der Vorgänge erfolgt nach einer definierten Systematik auf die Terminkörbe der Sachbearbeiter.

Ausnahmen bestehen natürlich dann, wenn es sich um komplexe Schadenfälle handelt (Deckung, Haftung, Höhe strittig). Wie in der Vergangenheit ist es dann von Vorteil, wenn der Sachbearbeiter schon von Anfang an mit dem Fall vertraut ist und sich nicht neu einarbeiten muss (case-owner).

Wie kann nun gewährleistet werden, dass der Anrufer in diesen Fällen bei „seinem“ Sachbearbeiter ankommt? Die Lösung heißt: „Intelligente Anrufsteuerung“.

Der Teamschaden erhält eine Kopfnummer der Bearbeitungsstelle, eben des Teams. Der Kunde eines Sachbearbeitervorgangs erhält eine spezielle Nummer des Sachbearbeiters. Ist dieser nicht erreichbar, läuft die Nachricht auf einen Anrufbeantworter.

Für die erste Erreichbarkeit steht dem Kunden wiederum eine bundesweit einheitliche Neuschadentelefonnummer zur Verfügung, die auf allen möglichen Kommunikationswegen an die Kunden verbreitet wird. So lassen sich verschiedene Telefonströme erzeugen und je nach Bedarf und Häufigkeit steuern.

Betrugserkennung

Die Betrugserkennung lebte in der Vergangenheit davon, dass Mitarbeiter bei gewissen Fallkonstellationen hellhörig wurden und der Fall anschließend vom Betrugsspezialisten untersucht wurde. Dazu mussten die Sachbearbeiter entsprechende Schulungen durchlaufen.

Mit automatisierten Betrugserkennungsmodulen kann diese Vorgehensweise erleichtert werden. Eine Zusammenführung von Einzelpunkten, die einen Betrugsfall nahe legen, übernimmt das System. Der Sachbearbeiter erhält einen Hinweis auf einen Betrugsverdacht oder es wird direkt ein Termin für einen Betrugsspezialisten erzeugt. Erst anschließend erfolgt die eigentliche Prüfung, ob es sich tatsächlich um einen Betrugsfall handeln könnte.

Die maschinelle Betrugserkennung kann auf statischen oder neuronalen Prüfungen beruhen. Durchsetzen wird sich zukünftig eine Kombination von beiden. Während das statische System anhand eines Datenabgleichs nach festen Kriterien einen Betrugsverdacht äußert, vergleicht die neuronale Prüfung die eingegebenen Daten mit einem Musterfall und schlägt erst dann an, wenn nach vorgegebenen Prozentwerten eine Übereinstimmung mit diesem Musterfall gegeben ist. Die Qualität des Systems steigt mit der Zahl der abgeglichenen Kriterien.

Das System lebt von der Verknüpfung mit anderen Dateien. Das schadenmanagementbasierte System S@bas der HUK-COBURG schafft diese Systemverknüpfung mit allen Datenbeständen, die für den Versicherungsfall zur Verfügung stehen (s. Abb. 5.22). Auf alle Dateien kann somit von dem Betrugsmodul zurückgegriffen und ein Abgleich durchgeführt werden. Weiterhin können externe Dateien, wie z.B. das GDV Hinweis- und Informationssystem (HIS), einbezogen werden, soweit es rechtlich zulässig ist.

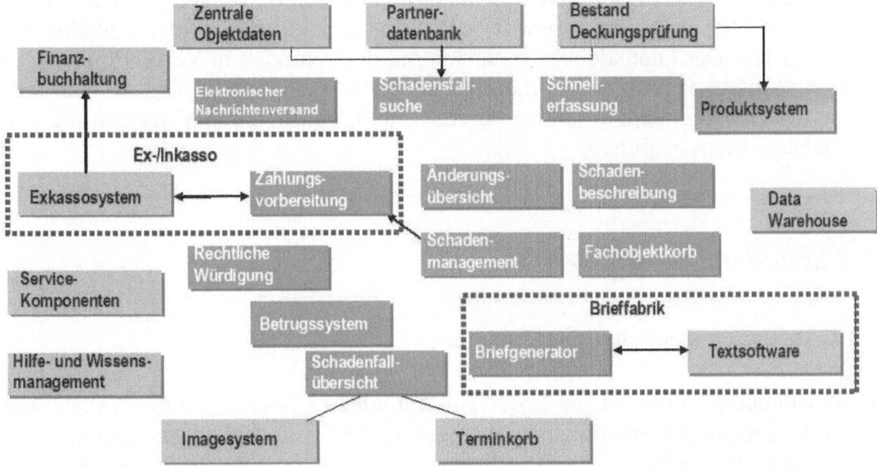

Abb. 5.22 Überblick über die wichtigsten Komponenten und Schnittstellen von S@bas

Die Prüfung des Schadenfalls mit dem Betrugsmodul wird während der Sachbearbeitung des Schadenfalls fortlaufend weitergeführt, sobald der Sachbearbeiter zusätzliche Daten eingibt. Es ist deshalb durchaus denkbar, dass das Betrugsmodul erst beim Zahlungseingang durch die Eingabe der Bankverbindung anschlägt, obwohl bereits zahlreiche Daten zuvor eingegeben worden sind.

Die einzelnen Bearbeitungsschritte

Die Bearbeitungsschritte in einem schadenmanagementbasierten System müssen auf die schnelle Erfassung des Sachverhalts durch den Sachbearbeiter und die Einbeziehung von Dienstleistern ausgerichtet sein. Zunächst ermittelt der Sachbearbeiter nach Eingang des Arbeit auslösenden Kontakts (meist ein Telefonat), ob ein bestimmtes Schadenereignis im System bereits bekannt ist. Ist dies nicht der Fall, wird ein Schadenfall angelegt. Dazu gehört auch die Klassifizierung, um welche Art von Schaden es sich handelt.

Das System stellt nun sofort die Information zur Verfügung, mit welchem Produkt der Versicherungsnehmer versichert und ob Deckung vorhanden ist. Diese Informationen sind ausschlaggebend dafür, ob und wenn ja, in welcher Art und Weise der Versicherte einem Dienstleister zugeführt werden kann. Handelt es sich z.B. um ein Produkt mit Werkstattbindung, muss der Sachbearbeiter nach Abschluss der Deckungsprüfung feststellen, ob ein Reparaturfall oder ein Totalschaden vorliegt. Auch hier hilft das System durch die Ermittlung des Wiederbeschaffungswertes.

Im nächsten Schritt kann er den Dienstleister über das System auswählen und sogar über einen integrierten Routenplaner eine Wegbeschreibung vornehmen. Alle Partner des Versicherers mit Entfernung und Öffnungszeiten sind in einer Datenbank hinterlegt. Sollte der Betrieb ausgelastet sein, wird dies dem Sachbearbeiter ebenfalls angezeigt.

Durch die Eingabe dieser Daten kann automatisch eine Reserve gesetzt, ein Fax für den Dienstleister generiert und ein Wiedervorlagetermin in der Schadenakte gesetzt werden. Der Dienstleister kann sich mit dem Kunden in Verbindung setzen und alles Weitere veranlassen. Innerhalb kürzester Zeit sind so alle wesentlichen Schritte in der Schadenaufnahme bereits erledigt und die Serviceleistung des Dienstleisters kann beginnen.

5.9.4 Schadencontrolling

5.9.4.1 Aufgaben des Schadencontrolling

Das Schadencontrolling ist als fester Bestandteil des Schadenbereichs installiert und stellt dessen Informationsmanagement sicher. Das Schadencontrolling hat insbesondere die Aufgabe, den Erfolg der Schadenmanagementaktivitäten zu sichern, also eine Senkung der Schadenkosten zu erreichen und gleichzeitig die Qualität der Serviceleistung sicherzustellen. Dazu müssen den Führungsverantwortlichen alle relevanten Informationen bedarfsorientiert zur Verfügung gestellt werden.

Der Aktuar stellt ebenfalls Schadenzahlen (Schadenhäufigkeit, Schadenquote etc.) zur Verfügung. Der Unterschied liegt jedoch darin, dass diese Zahlen aus globaler Sicht richtungsweisend für die Steuerung des Gesamtunternehmens sind. Das Schadencontrolling setzt bei einer spezifischen Sichtweise an und unterstützt direkt in der täglichen Führungsarbeit.

Hieraus ergeben sich folgende zu erwartende Nutzenpotenziale:

- Erhöhung der zielgerichteten Führungs- und Steuerungsfähigkeit im Schadenbereich
- Unterstützung der Führungskräfte durch benutzerorientierte und automatisierte Berichte mit Kennzahlen
- Verbesserung der Entscheidungsgrundlagen beim Einleiten neuer Maßnahmen
- Erhöhung der Transparenz über den Erfolg eingeleiteter Maßnahmen
- Verstärkte Ergebnisorientierung der Schadeneinheiten
- Vermeidung unnötiger statistischer Auswertungen
- Bereitstellung der notwendigen Informationen aus dem Schadenbereich für andere Bereiche.

Im Rahmen des Schadencontrollings erfolgt keine Deckungsbeitragsrechnung. Ebenso wenig werden im Rahmen des Schadencontrollings Untersuchungen hinsichtlich der Produkt-/Versicherungsnehmer-Rentabilität durchgeführt. Schadencontrolling liefert aber im Rahmen seines Umfangs die notwendigen Informationen aus dem Bereich Schadenbearbeitung.

Das Schadencontrolling ordnet sich in den Führungsprozess des Schadenressorts ein und ergänzt diesen durch die Bausteine „Analyse“, „Planung“, „Steuerung“ und „Kontrolle“. Außerdem hat es die Aufgabe, das zentrale Unternehmens-Controlling mit den erforderlichen Informationen im Rahmen der Unternehmenssteuerung aus dem Schadenbereich zu versorgen.

Durch die Objektorientiertheit dieses Systems können Neuerungen, die aus Controllingsicht zu ermitteln sind, leichter integriert und ausgewertet werden. Damit ist der Erfolg einer neuen Maßnahme messbar und eine unmittelbare Reaktion möglich.

5.9.4.2 Inhalte des Schadencontrolling

Im Schadencontrolling kann eine Vielzahl von Kennzahlen, die zuvor mit den Führungsverantwortlichen festgelegt wurden, in verschiedensten Dimensionen (z.B. Region, Schadenjahr, Produkt) dargestellt werden. Mittels Zeitreihenvergleichen über einen längeren Zeitraum werden Trends und Veränderungen sichtbar.

Der Verantwortliche für die Zusammenarbeit mit den Dienstleistern muss über Kennzahlen verfügen, um weitere Verhandlungen mit den Dienstleistern führen und die zukünftige Entwicklung planen zu können. Zu den Kennzahlen gehören insbesondere die Anzahl der abgearbeiteten Leistungen und deren Kosten (z.B Abrechnungsdurchschnitte, Dauer der Arbeitsleistung), die Vermittlungsquote (gesteuertes Volumen) und die Qualität (Kundenreklamation).

Für diese Informationsbeschaffung ist ein schadenmanagementbasiertes Bearbeitungssystem unerlässlich. Der Schadensachbearbeiter muss genau dokumentieren, ob der Kunde durch den Versicherer vermittelt wurde oder nicht. Nur dann lassen sich gesteuerte und ungesteuerte Schäden unterscheiden.

Während die Kostenwerte über die von den Sachbearbeitern eingegebenen Zahlungen ermittelt werden können, wird die Kundenzufriedenheit über einen Fragebogen ermittelt, der nach Beendigung der Dienstleistung per Post an den Kunden versandt wird. Im Rücklauf werden diese Fragebögen in einer Datenbank erfasst und im Berichtswesen zur Verfügung gestellt. Der Dienstleistungsverantwortliche kann anhand dieser Zahlen sofort reagieren und bei Problemen in Gespräche mit dem Dienstleister eintreten. Dazu bedarf er nicht nur einer Ad-hoc-Sicht, sondern einer chronologischen Sicht, die ihm Veränderungen quantifizierbar auswirft.

Führungsverantwortliche der Sachbearbeiter müssen die Anzahl der abgewickelten Schäden, die Regulierungsdauer und die Rückstandssituation im Blickfeld haben. Zusätzlich kann im Schadencontrolling die Beschwerdequote zur Verfügung gestellt werden.

Unerlässlich ist die Betrachtung dezentraler Einheiten und nicht nur der gesamten Schadenabteilung. Hier können die steuerungsrelevanten Kennzahlen für jede Organisationseinheit separat eingesehen und auf Grund der gleichen Leistungsdefinition mit der gleichen Sichtweise verglichen werden.

5.9.4.3 Die Belieferung des Schadencontrollings

Der Schadencontroller erhält seine Daten aus einem Data-Warehouse, das aus dem operativen Bestand erzeugt wird. Ziel des Data-Warehouse ist es, dem Benutzer zu ermöglichen, von ihm selbst definierte Sichten auf die Daten werfen zu können, d. h., er stellt Fragen an das Data-Warehouse und dieses liefert ihm einen Wert im Rahmen eines Berichts zurück. Der Vorteil des Data-Warehouse liegt darin, dass bei eindeutigen Fragestellungen zu jeder Zeit die gleichen Antworten produziert werden.

Um gewisse Fragestellungen an ein Data-Warehouse formulieren zu können, ist es daher notwendig, die entsprechenden Informationen aus den operativen Systemen zu extrahieren. Dies geschieht über eine entsprechende Schnittstelle. Die Platzierung dieser Schnittstelle kann sich aus der Zuständigkeits- oder aus Systemgrenzen ergeben. Da ein Data-Warehouse nur Fakten verarbeitet und somit nur gesicherte Informationen bereitstellt, dürfen über diese Schnittstelle auch nur Fakten eingeliefert werden. Mit anderen Worten: Informationen, die sich z.B. noch in einem Schwebezustand befinden und noch durch Eingriff ins operative System geändert werden können, werden nicht ins Data-Warehouse übernommen, da dies sonst zu unterschiedlichen Zeitpunkten zu unterschiedlichen Antworten auf eine bestimmte Frage führen kann.

Der Aktuar greift auf diesen speziellen Datenbestand des Data-Warehouse nicht zurück, sondern extrahiert die für ihn wichtigen Daten direkt aus dem operativen System. Ebenso wenig erfolgt eine automatische Belieferung von Seiten des Schadencontrollers an den Aktuar. Dafür sind die Aufgabenstellungen zu unterschiedlich. Nur bei Bedarf erfolgt ein entsprechender Datenaustausch.

5.9.5 Ausblick

Der Kfz-Versicherungsmarkt wird auf Grund demografischer Faktoren in Zukunft stagnieren. Versicherer, die bereits über ein gut funktionierendes Schadenmanagement verfügen, müssen diese Bausteine nutzen, um ihre Produktlandschaft zu erweitern und sich von der Konkurrenz abzuheben. Die Automobilhersteller haben diesen Schritt durch gebündelte Produkte (inklusive Versicherungspaketen, Wartung etc.) bereits mit Erfolg vollzogen. Versicherungen können nur an Attraktivität gewinnen, wenn sie ebenfalls Komplettlösungen anbieten und dadurch den Schadenfall erlebbar machen. Mit Assistance-Produkten wurde dieser Weg bereits eingeleitet.

Dabei muss die Koordination der zusätzlichen Dienstleistungen bei der Versicherung liegen. Der Versicherer darf aber nicht selbst dieses Tätigkeitsfeld in seine Organisation integrieren.

Sind diese Maßnahmen vollzogen, können sich Versicherer als Komplettlöser neue Märkte erschließen.

Die Automatisierung der Schadenregulierung wird die Zukunft weiter prägen und einen entscheidenden Wettbewerbsvorteil liefern. Die Versicherungswirtschaft folgt damit einem Weg, der durch Industriebetriebe bereits vorgegeben ist.

Kurzbiographien

Dr. Christian Hofer, geboren am 14.11.1946 in München, studierte in München Mathematik mit Nebenfach Wirtschaftswissenschaften. Bis 1987 war Herr Dr. Hofer in verschiedenen Unternehmen in der Praxis als Aktuar tätig, schon seit 1980 auch mit dem Spezialgebiet Krankenversicherung. Von 1988 bis Ende 2009 war Herr Dr. Hofer Mitglied des Vorstandes der HUK-COBURG Versicherungsgruppe. Dort verantwortete er das gesamte Informatik-Ressort und die Krankenversicherung der HUK-COBURG. Dr. Christian Hofer ist seit 1978 Mitglied in der DAV.

Rainer Weiß, geboren 1968 in Coburg, absolvierte in der Zeit von 1988 bis 1992 das Studium der Rechtswissenschaft. Nach seiner Referendarzeit durchlief er ein Traineeprogramm in der Schadenabteilung der HUK-COBURG. Anschließend wechselte der Jurist für 2 Jahre in die Rechtsabteilung der HUK-COBURG. Seit 1998 ist Herr Weiß als Referent im Bereich Schadenmanagement tätig, seit 2008 mit Führungsverantwortung.

5.10 Zahlungsverkehrssysteme für Versicherungen

Rainer Knittel, Köln, Deutschland
Jürgen Schwiedessen, Pulheim, Deutschland

Zusammenfassung

Zahlungsverkehrssysteme für Versicherungen sorgen im Rahmen einer Nebenbuchhaltung für eine Gesamtabrechnung aller Forderungen und Verbindlichkeiten, die in den Unternehmen entstehen. Die berechnenden Systeme, die u.a. Verträge, Provisionen, Schäden und Leistungen sowie Rückversicherungen verwalten, leiten die von ihnen berechneten Forderungen und Verbindlichkeiten an das Zahlungsverkehrssystem weiter. Dieses übernimmt die weiteren Bearbeitungsschritte und übergibt u.a. den verdichteten Buchungsstoff an die Finanzbuchhaltung, die Kostenrechnung sowie das Controlling. Die Zusammenführung von Inkasso und Exkasso bildet auch die Basis für eine verlässliche Liquiditätsplanung. Durch eine kundenorientierte Sicht und Bearbeitungsmöglichkeit werden wesentliche Aspekte des Customer Relationship Managements auch im Bereich Zahlungsverkehr unterstützt. Im Idealfall stellt deshalb wie hier beschrieben ein zentrales System diese Dienste zur Verfügung. Aus der Historie heraus existieren allerdings in vielen Versicherungsunternehmen noch mehrere Systeme, die sparten- oder anwendungsspezifisch ausgerichtet sind. Es geht hier um täglich stattfindende Prozesse mit Außenwirkung, die von geschäftskritischer Bedeutung sind und daher perfekt funktionieren müssen.

5.10.1 Überblick

Diese Abhandlung zum Thema Zahlungsverkehr ist gegliedert in einen Abschnitt **Systemeigenschaften** mit Darstellung der funktionalen Aspekte und der durch das System abgedeckten Anwendungsbereiche sowie in einen Abschnitt **fachliche Abläufe** im zentralen Zahlungsverkehrssystem.

Zu den funktionalen Eigenschaften gehören Funktionalitäten wie Mehrwährungsfähigkeit, hochautomatisierte Abläufe, Möglichkeit der Sachbearbeiter-Steuerung, Führung einer Nebenbuchhaltung, ausgeprägte Kundenorientierung sowie sparten- und gesellschaftsübergreifende Verarbeitung.

M. Aschenbrenner et al. (eds.), *Informationsverarbeitung in Versicherungsunternehmen*, Springer-Lehrbuch Masterclass, DOI 10.1007/978-3-642-04321-5_24,

Zu den Anwendungsbereichen zählen Inkasso, Exkasso, Provisionsverwaltung und Vermittlerabrechnung, Vermittler- und Maklerinkasso, eine spezifische Großkundenabrechnung sowie die Unterstützung von Führungs- und Beteiligungsgeschäft. Ein Teil der dazu notwendigen Integration in die Anwendungslandschaft lässt sich aus Abb. 5.23 ersehen.

Bei den fachlichen Abläufen stehen als wichtige periodische Anwendungen die Übernahme von Sollstellungen bzw. Verbindlichkeiten, die Zusammenführung und Abstimmung der Bewegungen in der Geldeingangsverarbeitung sowie die anschließende Zuordnung zu Einzelposten nach komplexen Regelwerken in der Umsatzverrechnung im Mittelpunkt. Außerdem werden weitere Teilprozesse wie Ausgleichsverrechnung von Überzahlungen und Zahlungslücken, Lastschrifteinzug und Rechnung, Mahnung, Vermittlerabrechung, Exkasso und Buchhaltung kurz erläutert.

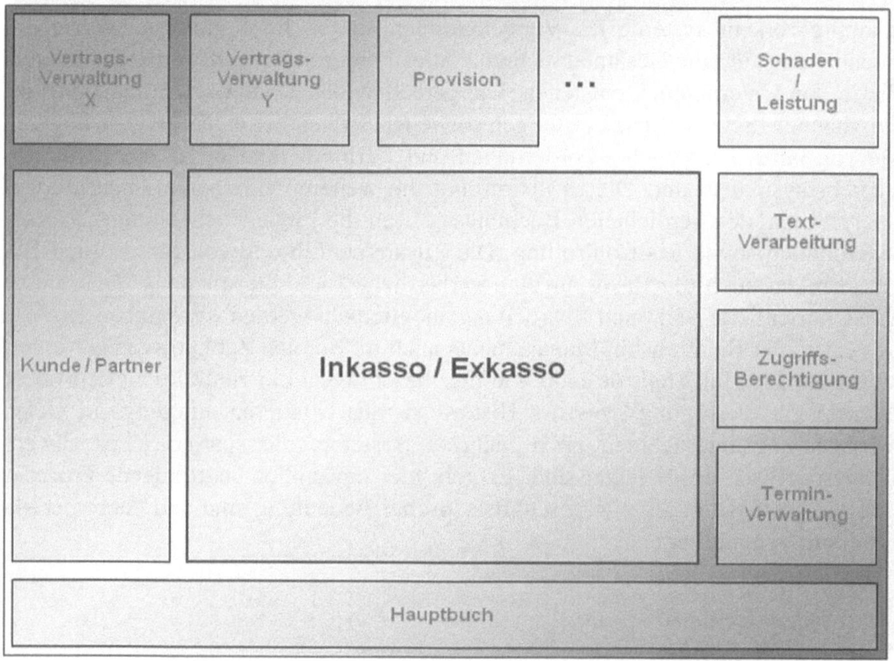

Abb. 5.23 Zahlungsverkehr und seine Umwelt in der Anwendungslandschaft für Versicherungen

5.10.2 Systemeigenschaften

Das Zahlungsverkehrssystem für Inkasso und Exkasso stellt die Abrechnungen für die Versicherungsunternehmen auf der Basis von Massenkontokorrenten sicher. Da es sich hier um die Führung von Millionen von Konten und Buchungen handelt, wird in der Versicherung meist ein eigenständiges Anwendungssystem für dieses Kontokorrent verwendet. Dies geschieht durch die Führung einer Nebenbuchhaltung, die speziell auf die Führung großer Mengen von Einzelkonten und Bewegungen ausgelegt ist. Diese Einzelkonten können entweder auf Vertrags- oder Kundenbasis geführt werden.

In jedem Fall werden die Kunden- und Vertragsbeziehungen über das zentrale Partnersystem des Unternehmens verwaltet, ermittelt und im zentralen Zahlungsverkehrssystem als wesentliches Steuerungsinstrument berücksichtigt.

Moderne Zahlungsverkehrssysteme können weitgehend die unternehmensspezifischen Anforderungen im Management von Forderungen und Verbindlichkeiten durch Parametrisierung berücksichtigen und daher für unterschiedliche Formen der Aufbau- und Ablauforganisation eingesetzt werden.

5.10.2.1 Funktionale Eigenschaften

Ein Zahlungsverkehrssystem muss heute in der Regel mehrwährungsfähig sein. Der Geschäftsgegenstand bestimmt, in welcher Währung mit dem Geschäftspartner abgerechnet wird. Im Zahlungsverkehr wird ggf. zwischen der Währung des Zahlungsvorgangs und der Währung, die für den Geschäftsgegenstand vereinbart ist, umgerechnet. Die Umrechnungen werden in Umrechnungskonten dargestellt. Je Währung werden getrennte Buchungskreise geführt.

Die Abrechnungsvorgänge werden in Standardabläufen automatisch abgewickelt und über Abrechnungsvereinbarungen gemäß den Kundenkonditionen, Spartenbesonderheiten und Organisationserfordernissen gesteuert. Die Ablaufsteuerung des Zahlungsverkehrssystems terminiert die Abläufe und führt sie zu gegebenen Terminen durch.

Durch die Eingabe von Sachbearbeitereingriffen oder besonderen Abrechnungsvereinbarungen kann der Sachbearbeiter in den grundsätzlich automatischen Ablauf steuernd eingreifen oder den automatischen Ablauf durch manuelle Vorgänge übersteuern. Beispiele für Sachbearbeitereingriffe sind Abrufstopp, abweichender Zahlungstermin, erneute Rechnungsschreibung usw. Ein Beispiel für eine besondere Abrechnungsvereinbarung ist die Stundungsvereinbarung mit Ratenplan.

Im Zahlungsverkehrssystem werden die Konten dieser Nebenbuchhaltung mit Hilfe eines Kontenplans definiert und beschrieben. Ein Kontenplan ist die Gesamtheit der Kontenarten, Buchungsarten und Kontierungsregeln. Kontoarten für das Inkasso einer Versicherung sind z.B. Vertragskonten, Schweben für nicht zuordenbare Geldeingänge und Abstimmkonten. Buchungsarten für das Inkasso einer Versicherung sind z.B. Sollstellung, Erst- oder Folgebeitrag, Lastschrift und Überweisung. Die im Kontenplan hinterlegten Kontierungsregeln geben an, welche Buchungsarten welchen Kontoarten zugeordnet werden können.

Mit dem Geschäftspartner (Kunde, Vermittler, Lieferant o.a.) getroffene oder für ihn festgelegte Abrechnungsmodalitäten werden in Abrechnungsvereinbarungen hinterlegt. Ein Partner/Kunde kann dabei für unterschiedliche

Geschäftsgegenstände (z.B. mehrere Versicherungsverträge) durchaus mehrere Abrechnungsvereinbarungen haben. So kann sich eine Abrechnungsvereinbarung auf einen Partner als Ganzes, auf bestimmte festgelegte Geschäftsgegenstände dieses Partners oder auf alle seine Geschäftsgegenstände eines festgelegten Typs beziehen. Der Geschäftspartner kann z.B. spezifizieren:

- welchen Zahlungsweg er wünscht (Lastschrift, Selbstzahler etc.),
- ob er Abrechnungsvorgänge zusammenfassen will oder nicht (z.B. Sammelrechnung / Einzelrechnung, Sammelabruf / Einzelabruf),
- ob er Verrechnungen zwischen Forderungen und Verbindlichkeiten zulassen will,
- ob abweichende Zahlungstermine möglich sind
- und anderes mehr.

Im Versicherungsbereich werden zunehmend sparten- und damit ggf. auch gesellschaftsübergreifende Produkte gebildet, die dem Kunden in Angebot, Antrag und Police als Einheit dargestellt werden. Diese Einheit wird bei der Abrechnung beibehalten, wobei spartenspezifische Besonderheiten (z.B. beim Mahnverfahren und bei der Zuordnung von Minderzahlungen) zu berücksichtigen sind.

Dem Versicherungskunden wird darüber hinaus als besonderer Service angeboten, seine einzelnen Versicherungsverträge gebündelt abzurechnen (z.B. durch Lastschrifteinzug der Beiträge aller Versicherungsverträge des Kunden in einem Betrag). Die erforderliche gesellschaftsbezogene Abgrenzung erfolgt im System.

Alle Abläufe sind u.a. dadurch gekennzeichnet, dass durch Kontroll- und Abstimmverfahren die Sicherheit und Richtigkeit aller Daten zu gewährleisten ist.

5.10.2.2 Anwendungsbereiche

Das Zahlungsverkehrssystem deckt die gesamte Durchführung des **Inkassos** ab. Es übernimmt im Rahmen der später beschriebenen fachlichen Abläufe die Forderungen und Gutschriften z.B. aus Bestandssystemen, Policendarlehen oder Hypotheken, erstellt Abrufe der Forderungen als Rechnung, Lastschrift, Gehaltseinzug oder Abbuchung von einem Beitragsdepot, ordnet Zahlungen den entsprechenden Forderungen zu und führt ggf. Mahnungen durch. Besondere Zahlungsformen mit unterschiedlichen Geschäftspartnern, z.B. die Zahlung vermögenswirksamer Leistungen durch die Arbeitgeber sowie die staatlichen Zulagen für Altersvorsorgeverträge (Riester-Rente, Direktversicherung) sind weitere wichtige Zahlungswege mit teilweise komplexen Schnittstellen.

Neben den Forderungen übernimmt das Zahlungsverkehrssystem analog im Rahmen der **Exkasso**-Komponente Verbindlichkeiten z.B. aus Bestand, Schaden, Leistung oder Provision, rechnet sie gegenüber dem Partner ab, sorgt ggf. für ihre Verrechnung mit Forderungen oder zahlt sie mittels Überweisung oder Scheck aus. Wird über Schecks ausgezahlt, so wird deren Einlösung überwacht. Auszahlungen unterliegen einem Kontrollverfahren.

Das Zahlungsverkehrssystem übernimmt u.a. die errechnete **Provisionsverbindlichkeit** und differenziert je nach Abrechnungsvereinbarung, die der Provisionsempfänger (Vermittler, Betreuer u.a.) mit dem Unternehmen hat, den verdienten Teil der Provision und den Teil, welcher der Provisionshaftung unterliegt. Zum Zeitpunkt der Abrechnung werden die Provisionen dem Verrechnungskonto des Provisionsempfängers gutgeschrieben. Dabei werden vereinbarte Garantien gebucht und die Provisionen werden – falls vereinbart – diskontiert. Je Vertrag und je Provisionsempfänger lässt sich damit jederzeit nachweisen,

- welche Provision ihm ausgezahlt wurde
- welcher Teil davon verdient ist oder der Provisionshaftung unterliegt
- welche Garantien ihm gezahlt
- welche Garantiezuschüsse ihm gewährt wurden.

Neben dem zentral durchgeführten Inkasso spielen **Vermittler- und Maklerinkasso** eine wichtige Rolle. Dabei kann der Vermittler den kassierten Beitrag je kassierter Forderung oder in Summe melden (Zahlungsmeldung). Mit dem gemeldeten Beitrag wird sein Verrechnungskonto belastet. Der Ausgleich erfolgt dann durch Verrechnung und / oder durch seine Zahlung.

In den Fällen, in denen der Vermittler die kassierten Beiträge in Summe meldet, erfolgt von Zeit zu Zeit eine Abrechnung, in der er seinen Außenstand nach Einzelposten belegt. In anderen Abrechnungsformen meldet der Vermittler Kondition und Forderung. Die Forderung wird hierbei als Sollstellung im entsprechenden Konto vermerkt und als gezahlt gekennzeichnet. Mit der Meldung wird sein Verrechnungskonto belastet.

Für Provisionsverwaltung, Vermittlerabrechnung und Vermittlerinkasso können für einzelne Verträge, für Bündelverträge oder auch für den Gesamtbestand Agenturübertragungen durchgeführt werden, die alle Forderungen und Verbindlichkeiten ab einem vorgegebenen Wirksamkeitsdatum von einer Agentur auf eine andere übertragen oder aber auch alles in das zentrale Direktinkasso überführen.

Der Makler meldet je kassierter Forderung den Beitrag und die Provision, die er erhält. Der gemeldete kassierte Beitrag wird auf seinem Verrechnungskonto belastet und die Provision darauf gutgeschrieben.

Differenzen zwischen der Meldung des Maklers oder Vermittlers und der errechneten Sollstellung bzw. Provision können manuell und in vorgegebenen Grenzen maschinell ausgebucht werden. Eventuelle Schadenzahlungen des Vermittlers bzw. Maklers werden verrechnet.

Für **Großkunden** gibt es üblicherweise spezielle Abrechnungsverfahren. Dabei werden oft Fremdschlüssel aufgezeichnet bzw. den Abrechnungssätzen mitgegeben. Das Ratenabrechnungsverfahren kann z.B. einen Ratenplan mit gleichen oder unterschiedlichen Raten nutzen oder Raten periodisch nach kundenspezifischen Regeln errechnen. Periodisch oder auf Anforderung des Sachbearbeiters werden Endabrechnungen über den gesamten Außenstand erstellt. Auch für Großkunden kann sowohl ein Standardmahnverfahren als auch ein individuell konfiguriertes Mahnverfahren gelten.

Im **Führungsgeschäft** verwaltet das führende Unternehmen den Vertrag gegenüber dem Versicherungsnehmer. Es kassiert die Beiträge und reguliert die Schäden. Beitrag und Schaden werden dann entsprechend der prozentualen Beteiligung mit den beteiligten Gesellschaften abgerechnet. Damit das Zahlungsverkehrssystem diese Abrechnungsform unterstützen kann, ist es erforderlich, dass die Beteiligungsverhältnisse festgehalten und Sollstellungen wie Schäden aufgrund dieser Beteiligungsverhältnisse aufgeteilt werden.

Im **Beteiligungsgeschäft** werden Forderungen und Verbindlichkeiten gegenüber der führenden Gesellschaft analog zur Vermittlerabrechnung auf Verrechnungskonten geführt. Eine Abrechnung mit führenden Gesellschaften ist so jederzeit möglich.

5.10.3 Fachliche Abläufe

5.10.3.1 Sollstellungsübernahme

Sollstellungen werden von Bestandsverwaltungen als Ergebnis von Geschäftsvorfällen erzeugt. Die Sollübernahme übernimmt die bereitgestellten Sollstellungen in den Datenbestand des Zahlungsverkehrssystems. Sie werden dabei für die weitere automatisierte Bearbeitung nach den Geschäftsvorfällen klassifiziert, wie

- Erstbeitrag
- Folgebeitrag
- spezifizierte Änderung wie Fahrzeugwechsel, Dynamikerhöhung etc.
- Storno (Rücknahme von Sollstellung)
- Differenzbeitrag
- Einmalbeitrag
- Beiträge zu Führungs- und Beteiligungsgeschäft etc.

Auch Sollstellungen aus anderen Anwendungen wie Miete, Hypotheken etc. können auf diesem Weg verarbeitet werden. Sollstellungen können als Einzelsollstellung je Fälligkeit (hier liegt die Fälligkeitsterminierung bei dem jeweiligen Bestand) oder als Mustersollstellung (hier wird die Fälligkeit im Inkasso terminiert und eine neue Sollstellung generiert) zur Verfügung gestellt werden.

Bei modernen Lebensversicherungsprodukten (freiwillige Zahlungen, staatliche Zuschüsse u.Ä.) oder aber bei Werbemaßnahmen wird erst durch einen Geldeingang, dessen Höhe oft im Vorhinein sogar unbekannt ist, die Erstellung einer Sollstellung durch einen Auftrag an das führende Vertragssystem von dem Zahlungsverkehrssystem selbst angestoßen. Man bezeichnet diesen Ablauf gelegentlich auch als „Iststellung". Diese immer flexibler werdenden produktbedingten Geschäftsvorfälle von Über- oder Unterzahlungen zu vorher ins Soll gestellten Forderungen zu unterscheiden, stellt manche Zahlungsverkehrssysteme durchaus vor neue Herausforderungen.

5.10.3.2 Übernahme von Verbindlichkeiten (z.B. Provisionen)

Provisionsverbindlichkeiten werden von der Provisionsberechnung ebenfalls als Ergebnis von Geschäftsvorfällen erzeugt. Provisionen werden unternehmensspezifisch nach Soll- bzw. Ist-Verfahren ermittelt. Die Basis der Provisionsermittlung ist entweder die gebuchte Sollstellung oder der gebuchte Geldeingang.

Die Provisionsübernahme übernimmt die an der Schnittstelle bereitgestellten Provisionen in den Datenbestand des Zahlungsverkehrssystems. Die Provisions-Verbindlichkeiten werden – differenziert nach Soll- bzw. Ist-Provisionierung – für die weitere automatisierte Bearbeitung klassifiziert nach Geschäftsvorfällen wie

- Abschlussprovision
- Betreuungsprovision
- Änderungsprovision
- Verlängerungsprovision
- pauschale Betreuungsprovision
- Provision zu Führungs- und Beteiligungsgeschäft
- Provisionsrücknahme (Storno von Provisionen)
- Schäden / Leistungen (vom Vermittler an den Kunden ausgezahlt)
- etc.

Die Geschäftsvorfallklassifizierung dient zur Terminhaltung und Auszahlungssteuerung.

Über die Provisionsverbindlichkeiten hinaus können aus Schaden/Leistung, Bestandsverwaltung etc. Buchungen zur Auszahlung bzw. Verrechnung mit Forderungen übernommen werden.

5.10.3.3 Geldeingangsverarbeitung

Die Geldeingangsverarbeitung verwaltet den eingehenden Zahlungsverkehr mit Geldinstituten, Kunden und ggf. anderen beteiligten Partnern (wie Mitversicherern, Vermittlern, Maklern, Rückversicherungen). Die übergebenen Zahlungsverkehrsbelege werden im Datenbestand des Zahlungsverkehrssystems als Belege festgehalten und von Abstimmkonten für den Zahlungsverkehr auf Geldeingangskonten für die weitere Verarbeitung in Kontokorrenten gebucht. Darüber hinaus erfolgt hier eine Zusammenführung nach Sammlern und eine Abstimmung zwischen der Summe der Einzelbelege und der Sammlersumme. Erst nach Abstimmung werden die Belege – zusammengefasst nach Sammlern – für die Umsatzverrechnung freigegeben. Die Sammlerbildung dient vorrangig der transparenteren Abstimmung und Lokalisierung von Fehlern durch überschaubare „Päckchen" des Geldeingangs, der schon einmal mehrere zehntausend Buchungen am Tag umfassen kann. Im Regelfall werden mehrere hundert Belege gleichen Typs zu jeweils einem Sammler zusammengefasst.

Die Bankkonten werden über die Geldeingangskonten abgestimmt.

Fremdbelege (z.B. für andere Nebenbuchhaltungen vorgesehene Geldeingänge) werden zum Ausfiltern und Weiterleiten durch die Umsatzverrechnung vorbereitet. Die für die weitere Verarbeitung bestimmten Belege werden für die Umsatzverrechnung bereitgestellt.
Geldeingangsbelege können sein:

- Datenträgeraustausch mit den Banken zu Klarschriftbelegen (Überweisungen) und Daueraufträgen
- Bank-/Post-Gutschriftsbelege
- Lastschriftrückläufer
- Scheck inkl. Rückscheck
- Rückläufer aus Banküberweisungen
- Kasse Ein-/Auszahlungen
- Kreditkartenzahlungen
- Zahlungen über GSM / Internet
- Provisionsrückzahlungen
- Verrechnungsleistungen (z.B. Verrechnung mit Deckungskapital).

5.10.3.4 Umsatzverrechnung

Die Umsatzverrechnung ordnet einkommende Geldbewegungen nach Sammlern geordnet den Kontokorrenten zu.

Wo immer möglich wird von Versicherungsunternehmen versucht, Zahlungsvorgänge so zu gestalten, dass sie eindeutig ihren Geschäftsgegenstand und Verwendungszweck benennen. Dies ist jedoch nicht immer gegeben. Häufig wählt der Geschäftspartner sein Zahlungsmittel und die Angaben, die er diesem mitgibt. Daher benötigt ein Abrechnungssystem Verfahren, auch weniger genau spezifizierte Belege möglichst sachgerecht zu verarbeiten.

Die Umsatzverrechnung benutzt, um eine hohe Trefferquote und eine hohe Zuordnungsqualität zu gewährleisten, neben Standard-Zuordnungsregeln, die einkommende Geldbewegungen exakt gemäß ihrer Spezifikation zuweisen, auch Algorithmen, die durch Plausibilitäten gesteuert werden. Diese werden im laufenden Betrieb immer wieder angepasst, um die erzielten Ergebnisse weiter zu optimieren.

Die Umsatzverrechnung prüft bei jedem Vorgang, ob der Vorgang mit Salden und Bearbeitungsstand der zu bebuchenden Konten übereinstimmt und reagiert differenziert auf Besonderheiten. Die Umsatzverrechnung kann bei bestimmten Geschäftsvorfällen terminierte Vorgänge für den Sachbearbeiter zur Weiterbearbeitung (Prüfung, manuelle Buchung etc.) auslösen. Eine verbleibende Restmenge nicht identifizierbarer Belege und nicht plausibler Vorgänge wird auf Schweben (Asservatenkonten) gebucht. Hierzu werden ebenfalls terminierte Vorgänge zur Sachbearbeiterklärung und Nachbearbeitung erstellt.

Geldbewegungen für Fremdsysteme steuert die Umsatzverrechnung aus und leitet sie an die Zielsysteme weiter.

Die Umsatzverrechnung arbeitet die Belege nach einem bestimmten Regelwerk (Zuordnungsregeln) ab. Je präziser der Geldeingangsbeleg spezifiziert ist, kann – sofern die spezifizierten Objekte auch im Bestand identifiziert werden können – der Vorgang zugeordnet und verarbeitet werden:

- identifizierter Beleg
  - Ausgangsbeleg (z.B. Rechnung / Sammelrechnung)
  - Rückläufer
  - Dauerauftrag
- identifizierter Posten
- identifiziertes Konto
- identifizierter Ordnungsbegriff des Kunden
- Prioritätenregel (z.B. Pflichtversicherung wie Kfz-Haftpflicht vor anderen Sparten)
- Schwebe.

Für jede dieser Spezifikationen existiert ein differenziertes Regelwerk, nach dem offene Posten gesucht und nach dem gebucht wird.

Zahlungen, die keinen eindeutigen Ordnungsbegriff enthalten, werden durch den Sachbearbeiter nach Klärung manuell zugeordnet. Bei folgenden Geldeingängen mit identischer Kennzeichnung erfolgt auf dieser Basis eine automatische Zuordnung.

Die Umsatzverrechnung arbeitet nach vorgegebenen Algorithmen weitgehend automatisiert. Für die Abarbeitung von Schwebeposten und zur Differenzenklärung wird für den Sachbearbeiter die Möglichkeit der Umbuchung zur Verfügung gestellt.

Die Umsatzverrechnung erkennt Bankgebühren wie Gebühren zu Lastschriftrückläufern, Rückschecks etc. und belastet je nach Vorgabe im Versicherungsunternehmen diese anfallenden Kosten dem Kunden oder bucht sie auf entsprechende Kostenkonten. Die Behandlung von Bagatellüber- und -unterzahlungen (einschließlich der Sonderform bei Nichtzahlung einer Mahngebühr) ist ebenfalls auf die Anforderungen des Versicherungsunternehmens abgestellt. Dabei wird festgehalten, wie viel insgesamt an Bagatellen gebucht wurde, um sie ggf. Nacherheben zu können.

5.10.3.5 Ausgleichsverrechung

Durch Zuordnung von Buchungen (z.B. Storno einer bezahlten Sollstellung) können Abrechnungseinheiten eines Kunden oder Ansprüche innerhalb einer Abrechnungseinheit Überzahlungen aufweisen; andere Abrechnungseinheiten des gleichen Kunden bzw. Ansprüche innerhalb derselben Abrechnungseinheit (z.B. offene Forderung) können Unterzahlungen aufweisen. Mit Hilfe der Ausgleichsverrechnung können nach vorgegebenen Regeln Unterzahlungen oder Zahlungslücken durch Überprüfung nach jeder Bewegung mit Überzahlungen oder Guthaben ausgeglichen werden.

Diese Verrechnungen werden als Umbuchungen durchgeführt und protokolliert. Je nach gewähltem Format des Kontoauszugs werden sie dem Kunden im Kontoauszug nachgewiesen.

5.10.3.6 Einzug und Rechnung

Periodisch – das kann im 14-tägigen Rhythmus bis hin zu einer täglichen Durchführung eines automatischen Ablaufs erfolgen – werden Buchungsbewegungen zum Inkasso erzeugt. Hierzu gehören insbesondere

- Lastschriftabruf vom Kundenkonto (80 – 90 % des Geldeingangs)
- Abbuchung vom Depotkonto bzw.
- Abzug vom Gehaltskonto.

Lastschriftbuchungen zu einem Kontokorrent werden je nach Abrechnungsvereinbarung mit dem Kunden zu einer Lastschrift je Bankkonto gebündelt. Ob und in welcher Form (Rechnung oder Verwendungszweckfeld) der Kunde über die Einzelheiten der Lastschriftbuchung informiert wird, entscheidet das Unternehmen oder räumt es sogar als Wahlmöglichkeit dem einzelnen Kunden ein. Gehaltsabzug und Depotabbuchung werden analog behandelt.

Für Konten mit Abrechnungsvereinbarung „Selbstzahler" bzw. „Lastschriftzahler mit Benachrichtigung" werden zu fälligen offenen Forderungen Rechnungen erstellt. Immer mehr Versicherungen gehen allerdings aus Kostengründen dazu über, auf Rechnungen weitgehend zu verzichten.

5.10.3.7 Mahnung

Mahnverfahren laufen weitgehend automatisch ab. Allerdings sind Besonderheiten bei Kunden und Produkten zu beachten. Hierbei können z.B. spezielle Kundenbindungen (guter Kunde, neutral, schlechter Kunde) berücksichtigt sein. Individuell kann auch in der Abrechnungsvereinbarung auf Mahnmodelle unterschiedlicher Konsequenz verwiesen werden. Es wird sowohl vorgerichtlich als auch gerichtlich gemahnt. Je nach Firmenpolitik, Geschäftsgegenstand, Produkt und Abrechnungsvereinbarung wird deshalb die automatische Mahnbearbeitung in den folgenden Punkten durchaus differenziert gesteuert:

- Mahnstufen und Mindestmahnbetrag
- Mahngebühren und Zinsen
- Anstoß zur Kündigung aus Mahnverfahren heraus

- Benachrichtigung an Drittinteressierte wie Zessionar etc.
- Einleitung von Bestandserhaltungsmaßnahmen mit Beauftragung des Außendienstmitarbeiters etc.

5.10.3.8 Vermittlerabrechnung

Die Abrechnung mit Vermittlern, Maklern und analog im Beteiligungsgeschäft wird ebenfalls periodisch oder auf Anforderung durchgeführt. Darin werden gemäß des Regelwerks des Versicherungsunternehmens sowie der individuellen Vereinbarungen abgerechnet:

- Provisionen unter Berücksichtigung der verdienten und noch nicht verdienten Provision
- ggf. sonstige Vergütungen
- Kosten
- Forderungen aus Vermittlerinkasso.

5.10.3.9 Exkasso

Von den liefernden Systemen wie z.b. Schaden/Leistung, Bestandsverwaltung, Provisionsabrechnung etc. werden Verbindlichkeiten übernommen und zur Fälligkeit – im Regelfall täglich – ausgezahlt.

Ebenso können periodisch Auszahlungen als Buchungsbewegungen erzeugt werden wie

- Rentenzahlungen
- Provisionszahlungen.

Voraussetzung hierzu ist jeweils, dass das Zahlungsverkehrssystem bereits die Verbindlichkeiten, z.B. in Form von Geldkonten zu den entsprechenden Verträgen besitzt oder durch Muster-Verbindlichkeiten (vgl. Mustersollstellung) beauftragt ist, die Verbindlichkeiten zu erzeugen.

In jüngster Zeit wurden die gesetzlichen Anforderungen bei Auszahlungen vor allem bei Renten verschärft, sodass Mitteilungen an Finanzämter und Sozialversicherungsträger zu erstellen sind. Diese werden meist aus eigenständigen Systemen erzeugt.

Auszahlungen erfolgen über Schecks, Banküberweisungen bzw. Postbaranweisungen. In der Anwendung der Auszahlungswege verhalten sich Versicherungsunternehmen aus Unternehmenspolitik teilweise unterschiedlich; so werden z.B. Beitragsrückerstattungen von einigen Unternehmen per Scheck ausgezahlt.

Bei Banküberweisungen und Postbaranweisungen kann es zu Zahlungsrückläufern bei falscher Bankverbindung bzw. falscher Adresse kommen. Diese werden im Rahmen der Umsatzverrechnung den Kontokorrenten zugeordnet und führen zu einem Auftrag für den Sachbearbeiter zur Prüfung und Weiterverarbeitung.

Schecks unterliegen einer Terminüberwachung. Werden Schecks nicht innerhalb eines definierten Zeitraums – spezifisch je Versicherungsunternehmen – eingelöst, wird der Auszahlungsbetrag auf ein Sonderkonto vereinnahmt.

Eventuell mögliche Verrechnungen mit Forderungen bei Auszahlungen werden vom Liefersystem gesteuert.

5.10.3.10 Buchhaltung, Statistik und Liquiditätsplanung

Das Zahlungsverkehrssystem ist als Nebenbuchhaltung wichtiger Teil des zentralen Rechnungswesens und muss dementsprechend auf Anforderung und in zyklischen Auswertungen die gesetzlichen und betrieblichen Anforderungen zum Jahresabschluss bzw. zu unterjährigen Abschlüssen erfüllen und die nötigen Daten für Kostenrechnung und Controlling zur Verfügung stellen. Verlässliche und zeitnahe Informationen zum erwarteten Geldein- und -ausgang sind ein wichtiges Instrument bei der tagesgenauen Liquiditäts- und Kapitalanlageplanung. Vielfältige statistische Auswertungen helfen die Qualität der Prognosen zu verbessern und zusätzliche Informationen zu gewinnen.

Aufgrund der erheblichen Kapitalströme einer Versicherung ist der absolut korrekte und störungsfreie betriebliche Ablauf dieser zentralen Anwendung von lebenswichtiger Bedeutung für die Unternehmen.

Kurzbiographien

Rainer Knittel ist als Direktor und Hauptabteilungsleiter bei den DEVK Versicherungen für zentrale Systeme, darunter Zahlungsverkehr und Partner, zuständig. Seit April 1963 ist er Mitarbeiter der DEVK. Nach vielfältigen Aufgaben im Unternehmen wechselte Herr Knittel 1981 zur Zentrale der DEVK in leitende Funktionen im Bereich Bestandsverwaltung und zentrale Systeme und verantwortete seither eine Vielzahl von Großprojekten zu deren Entwicklung. Er ist Sprecher der leitenden Mitarbeiter der Zentrale.

Jürgen Schwiedessen studierte in Bonn Betriebswirtschaft und begann seine berufliche Laufbahn in der Informationsverarbeitung 1968 bei der DKV. Seit 1974 ist er als selbstständiger Berater und seit 2001 als Gründungsgesellschafter und Geschäftsführer der ASCD GmbH überwiegend in Versicherungsgesellschaften tätig. Neben Coaching und Motivationsentwicklung entwickelte sich vor allem der Bereich Zahlungsverkehr zu einem Beratungsschwerpunkt.

5.11 Außendienst-Vergütungssysteme als Bestandteil wirkungsvoller Vertriebsunterstützung

Sabine Dapper, Dr. Daniel Englberger, Dr. Jens Prusseit,
Bonn, Deutschland

Zusammenfassung

Die Vertriebswege eines Versicherungsunternehmens haben sich in den letzten Jahren von der klassischen Außendienstorganisation und dem Maklervertrieb hin zu einer Vielzahl von Vertriebswegen entwickelt. Kooperationen mit Handelshäusern, Verkauf über Autohändler, Angebot von Versicherungsprodukten über Banken, aber auch der Vertrieb über gesellschaftseigene bzw. freie Vertriebsgruppen und über das Internet sind mittlerweile feste Grundlage des Verkaufs.

Diese Vielfalt an Vertriebswegen erzeugt hohe Anforderungen an die IT-Systeme, die die vertraglich vereinbarten Regelungen abbilden müssen. Unterschiedliche Vergütungsregeln und verschiedene Abrechnungsvereinbarungen sind darin zu berücksichtigen. Erweiterungen der Vertriebs- und Produktpalette müssen mit einfachen Anpassungen möglich sein.

Flexible, parametergesteuerte Anwendungen bilden hier die Grundlage für die Fähigkeit, neue Vertriebswege zu erschließen und in die vorhandene Systemlandschaft zu integrieren.

5.11.1 Einleitung

Außendienst-Vergütungssysteme eines Versicherungsunternehmens setzen sich in der Regel aus drei Hauptkomponenten zusammen (s. Abb. 5.24):

- Verwaltung der Vermittlerdaten (Stammdatenverwaltung)
- Berechnung der aus der Vermittlung und Betreuung von Versicherungsprodukten entstehenden Vergütung (Provisionsermittlung)
- Abrechnung aller Vergütungen mit den Vermittlern (Abrechnung).

Diese Komponenten stehen als eigenständige, zentrale Systeme zur Verfügung und sind über Schnittstellen mit anderen Verwaltungssystemen des Versicherungsunternehmens verbunden. Wirkungsvolle Vergütungssysteme ermöglichen

M. Aschenbrenner et al. (eds.), *Informationsverarbeitung in Versicherungsunternehmen*,
Springer-Lehrbuch Masterclass, DOI 10.1007/978-3-642-04321-5_25,

einen hohen Grad an automatisierter Verarbeitung, unterstützen aber auch notwendige manuelle Eingriffe.

Die Darstellung der Einzelkomponenten und deren Zusammenspiel ist Inhalt dieses Kapitels.

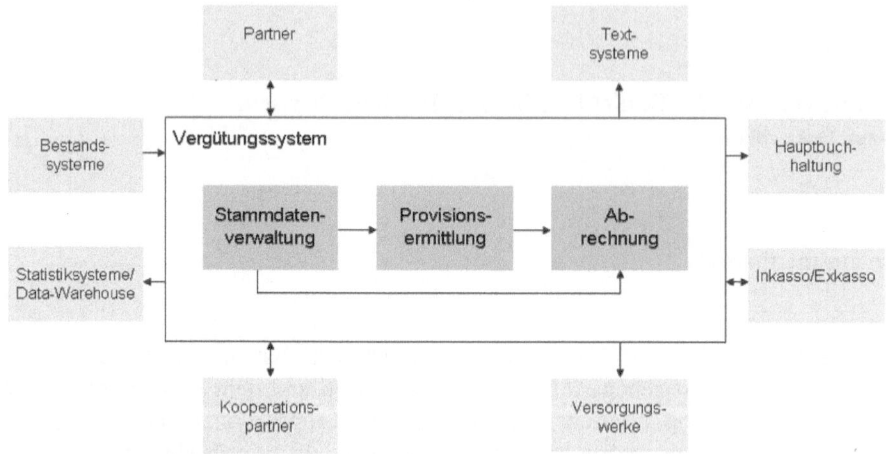

Abb. 5.24 Einbettung der Hauptkomponenten des Vergütungssystems in die Anwendungslandschaft

Abschnitt 5.11.2 beschreibt die Verwaltung der unterschiedlichen Vertriebswege und deren mögliche Strukturen. Abschnitt 5.11.3 gibt einen Überblick über die Grundlagen der Provisionszahlungen, die sich aus der Produktkalkulation ergeben. Abschnitt 5.11.4 stellt die Provisionsermittlung mit den unterschiedlichen Vergütungsarten dar. Abschnitt 5.11.5 gibt einen Überblick über die Abrechnungskomponente im Vergütungssystem. Abschnitt 5.11.6 stellt die Verbindung zu den Controllingsystemen her.

5.11.2 Verwaltung der Stammdaten

5.11.2.1 Vertriebswege und -strukturen

Der klassische Vertriebsweg im Versicherungsbereich war und ist die *Ausschließlichkeitsorganisation,* d.h. Vermittler, die als freie Handelsvertreter ausschließlich für ein Unternehmen tätig sind. Ergänzt wird dieser Vertriebsweg durch den *angestellten Außendienst,* der die freien Vermittler vor Ort in ihren Tätigkeiten unterstützt, und durch *Makler*, die für mehrere Unternehmen als Vertreter des Kunden aktiv sind.

Darüber hinaus existieren sogenannte *Vertriebsgruppen*, die entweder nur für eine Gesellschaft tätig sind oder Vermittlungsverträge mit verschiedenen

Unternehmen haben. Innerhalb der Vertriebsgruppen sind in der eigenen Anwendungsentwicklung besonders solche zu berücksichtigen, deren komplette Unterstruktur dem Versicherungsunternehmen bekannt ist. Dadurch ist es möglich, die Provision für die einzelnen Vermittler zu ermitteln und an diese auszuzahlen. Andere Vertriebsgruppen sind nur als Gesellschaft oder in Filialstrukturen bekannt. Bei diesen wird die Provisionsberechnung und -auszahlung nicht für den einzelnen Vermittler durchgeführt, sondern die ermittelte Zahlung wird an die Vertriebsgesellschaft in Summe abgeführt und die Verteilung an den einzelnen Vermittler erfolgt über die Gesellschaft selbst.

Vertriebswege wie Banken, Handelshäuser und Autohändler sind eine Ergänzung zur klassischen Vertriebsorganisation und werden mit ihren Besonderheiten, die vor allen Dingen im Organisationsaufbau liegen, abgebildet.

Darüber hinaus werden *Kooperationen* mit anderen Versicherungsgesellschaften aufgebaut, um die Produktpalette des eigenen Unternehmens zu ergänzen bzw. die Vertriebswege des anderen Unternehmens zu nutzen. Hierbei sind die Strukturen des kooperierenden Unternehmens in den eigenen Systemen abzubilden, sofern deren Vergütung in den eigenen Systemen be- und abgerechnet wird.

5.11.2.2 Vermittlerverwaltung

In der Vermittlerverwaltung werden die Daten je Vermittler verwaltet (natürliche und juristische Personen).

Diese Daten sind in folgende Gruppen aufgeteilt:

- Persönliche Daten wie Adressdaten, Kontoverbindung, Kommunikationsdaten
- Vertragsdaten wie Einbindung in die Organisationsstruktur, Garantien
- Hierarchiedaten wie Vorgesetzte, Provisionsbeteiligte
- Provisionskonditionen wie Provisionssätze für Eigen- oder Organisationsgeschäft
- Historie bei geänderten Inhalten
- Zielvereinbarungen für vermittlerbezogene Vergütungen.

Die Vermittlerdaten, die Verwendung in weiteren Systemen wie der Bestandsverwaltung oder im Inkassosystem finden, werden oft auch im jeweiligen Partnersystem geführt (redundante Datenhaltung) oder dort verwaltet. Dazu zählen insbesondere die Adressdaten der Vermittler. Rein vertriebsbezogene Daten wie Provisionskonditionen oder Hierarchiedaten werden nur in der Vermittlerverwaltung geführt.

Gemäß §11a der Gewerbeordnung muss sich jeder Vermittler im Vermittlerregister der zuständigen IHK eintragen lassen. Die Meldung neuer Vermittler wird dabei aus den Daten der Vermittlerverwaltung generiert, die Registernummer im System hinterlegt und so der erforderliche Nachweis geführt.

5.11.2.3 Referenztabellen

Als Ergänzung zur Verwaltung der Vermittlerdaten wird oft ein zentrales, komplettes Verzeichnis des jedem Vermittler zugeordneten Vertragsbestandes eingerichtet, die sogenannten *Vertriebsreferenztabellen*. Diese Tabellen ersetzen das Führen des Vermittlers beim Vertrag in den jeweiligen Bestandsführungssystemen und ermöglichen einen Zugriff auf diese Daten ohne Anbindung an die Bestandssysteme. Sie sind zentrales Element bei Bestandsübertragungen und bei der Datenversorgung für andere Systeme, z.B. dem Agentursystem, das dem Außendienstmitarbeiter alle Informationen zu den von ihm betreuten Verträgen liefert.

In den Referenztabellen wird zu jeder Versicherungsscheinnummer der Vermittler in seinen verschiedenen Rollen im Vertrag z.B. als Abschlussvermittler oder Betreuer eingetragen. Dieser Eintrag ist mit einem Gültigkeitseintrag versehen, so dass bei Ausscheiden eines Vermittlers Bestandsübertragungen an noch aktive Vermittler durchgeführt und dokumentiert werden können. Sowohl historische als auch aktuelle Zuordnungen sind damit jederzeit nachvollziehbar.

5.11.3 Provision in der Produktkalkulation bei Lebensversicherungen

Eine genaue Zuordnung der dem Versicherungsunternehmen entstehenden Kosten auf einzelne Verträge bzw. Bestandsgruppen ist im Allgemeinen sehr schwierig. In der Praxis hat sich bei der Berücksichtigung von Kosten in der Kalkulation von Versicherungsprodukten in der Lebensversicherung ein System von Kostensätzen etabliert, welches versucht, die unterschiedlichen Arten von Aufwendungen für den Versicherungsbetrieb zumindest grob abzubilden. Diese Kostenpositionen werden der zur reinen Deckung der Versicherungsleistung nötigen Prämie (der sogenannten Nettoprämie) zugeschlagen und unterscheiden sich nach ihrer Höhe, der Bezugsgröße und ihrer Fälligkeit.

Neben Ratenzuschlägen für unterjährige Prämienzahlung, Stückkosten und sonstigen Zuschlägen wie beispielsweise Risikozuschlägen werden üblicherweise Abschlusskosten und Verwaltungskosten bei der Kalkulation von Lebensversicherungsprodukten berücksichtigt. Die Abschlusskosten werden weiter unterteilt in unmittelbare Abschlusskosten (sog. α^z-Kosten) zur Deckung der mit dem Neuabschluss eines Vertrages zusammenhängenden Aufwendungen wie beispielsweise Abschlussprovisionen, Risikoprüfungen oder die Einrichtung des Vertrages, und laufende Abschluss- bzw. Amortisationskosten (sog. α^γ-Kosten), die ebenfalls der Deckung von Abschlussaufwendungen dienen. Die Bezugsgröße für die Abschlusskosten ist heutzutage in der Regel die Beitragssumme, wohingegen vor der Deregulierung des Versicherungsmarktes im Jahre 1994 die Abschlusskosten üblicherweise auf die Versicherungssumme bezogen waren. Die laufzeitabhängigen Verwaltungskosten gliedern sich in prämienbezogene Inkassokosten (sog. β-Kosten), die u.a. der Deckung von Betreungsprovisionen dienen, und auf die Versicherungssumme bezogene Verwaltungskosten (sog. γ-Kosten).

Obwohl Zahlungen von einmaligen bzw. laufenden Abschlussprovisionen wie auch von laufenden Betreuungs- bzw. Bestandsprovisionen eigentlich aus den in den Produkten kalkulierten Kosten finanziert werden müssen, ist deren Höhe in der Praxis jedoch Verhandlungssache zwischen dem Versicherungsunternehmen und dem jeweiligen Vertriebsweg/-partner. Sofern die Art der Kostenkalkulation und das Verfahren der Provisionszahlung auseinanderlaufen, ergeben sich gegebenenfalls Vorfinanzierungserfordernisse für das Versicherungsunternehmen bzw. Auswirkungen für die Bilanzierung. Bestandteil der Provisionsverhandlungen zwischen Vermittler und Versicherungsunternehmen sind ebenfalls Regelungen zur Rückerstattung von Provisionszahlungen im Falle einer Kündigung des Versicherungsvertrages. Einen besonderen Einfluss auf diese Regelungen hatte die Neugestaltung des Versicherungsvertragsgesetzes (VVG) im Jahre 2008 im Hinblick auf Mindestrückkaufwerte in der Lebensversicherung. Aufgrund der anfänglichen Belastung eines Vertrages durch die einmaligen Abschlusskosten kann in der ersten Zeit nach Vertragsbeginn rein rechnerisch kein Rückkaufswert gewährt werden. Durch das neue VVG sind die Versicherer aber nun verpflichtet, einen Mindestrückkaufswert zu gewähren, der sich so berechnet, als würde die Abschlusskostenbelastung auf die ersten fünf Vertragsjahre verteilt. Im Falle einer Kündigung in der Anfangsphase des Vertrages bedeutet dies also einen Verlust für das Versicherungsunternehmen, was in der Praxis häufig zu einer Verlängerung der Provisionshaftungszeiten geführt hat. Eine Möglichkeit, dieses Problem zu umgehen, sind sogenannte Netto- oder Honorartarife, bei denen zugunsten einer erhöhten Versicherungsleistung bzw. einer reduzierten Prämie keine bzw. reduzierte Abschlusskosten in das Produkt einkalkuliert werden und der Vermittler anstatt einer vom Versicherungsunternehmen gezahlten Provision mit dem Kunden ein Vermittlungshonorar vereinbart.

5.11.4 Provisionsermittlung

Die Provisionsermittlung als ein Bestandteil der Vergütungssysteme steht als eigenständiges, zentrales Anwendungssystem in der Anwendungslandschaft zur Verfügung (s. Abb. 5.25). Der Schwerpunkt der folgenden Betrachtung liegt auf Lebensversicherungen, da diesen in der Regel komplexere Bedingungen zugrunde liegen. Die Kernaussagen gelten aber ebenso für Sach- und Krankenversicherungen.

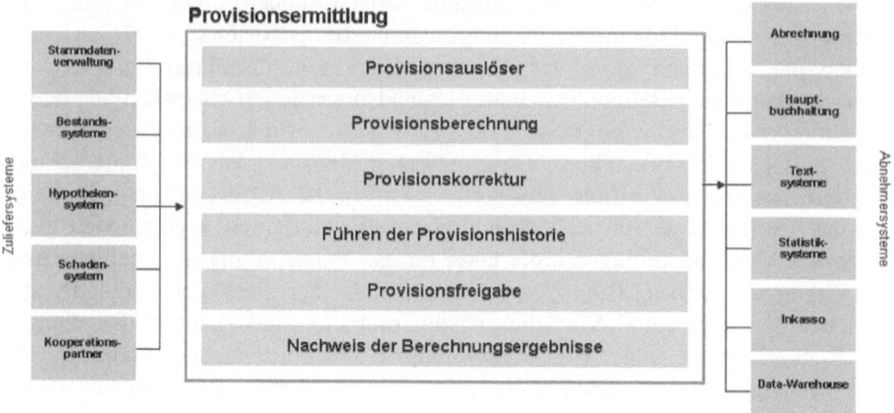

Abb. 5.25 Komponenten der Provisionsermittlung und Einbettung in die Anwendungslandschaft

Der erste Schritt der **vertragsbezogenen Provisionsermittlung** ist das Ableiten provisionsrelevanter Geschäftsvorfälle aus den versicherungstechnischen Bestands- und Bewegungsdaten. Daraus ergeben sich *Provisionsauslöser* für die weitere Bearbeitung. Erkannt werden dabei u.a. Geschäftsvorfälle wie Zugang, Erhöhung, Reduzierung und Abgang des Vertrages.

Je nachdem welche Provisionsbedingungen vereinbart sind, werden Haupt- und Zusatzversicherungen nach Untersparten und Risiken getrennt. Abhängig von den allgemeinen Regelungen wird die Provision an den Abschlussvermittler oder an den Betreuer gezahlt. Dessen interne Kennung (in der Regel die Vermittlernummer) wird in den Provisionsauslöser übernommen. Anhand des Produktes bzw. produktspezifischer Parameter wird die Provisionsbasis ermittelt, die die Grundlage der Provisionsermittlung zur *Abschlussprovision* ist. Hier werden, abhängig davon, welche Kalkulation der Provision zugrunde gelegt wurde, Produktfaktoren angewandt, aus Jahresbeiträgen die Beitragssummen über die Laufzeit des Vertrages errechnet, aus Versicherungssummen die provisionsrelevante Grundlage oder Monatsbeiträge ermittelt. Auch vertriebsfördernde Aspekte, die durch zeitlich befristete höhere Bewertung eines Produktes reguliert werden (Stellschrauben), können hier Anwendung finden.

Abschlussprovisionen werden in der Regel für die nachfolgenden Geschäftsvorfälle gezahlt:

- Erstvermittlung eines Vertrages
- Erhöhung des Beitrages oder der Versicherungssumme
- Verlängerung der Laufzeit eines vorhandenen Vertrages
- Dynamische Erhöhung des Beitrages
- Wiederinkraftsetzung nach Abgang.

Die Basis der *Betreuungsprovision*, die die Pflege der Kundenvertragsbeziehung über die gesamte Laufzeit des Vertrages honoriert, ist in der Regel der Zahlbeitrag.

Der Zyklus der Ermittlung ist dabei die Zahlungsweise (monatlich, jährlich, ...), die für den Vertrag vereinbart wurde.

Für einige Produkte wird auch *durchlaufende Provision* gezahlt, die eine auf die gesamte Laufzeit des Vertrages verteilte Komponente für Abschlussprovision und eine Komponente für Betreuungsprovision enthält und auf Basis des Zahlbeitrages gewährt wird.

Während die Vermittler für den Vertragsabschluss oder die laufende Betreuung des Kundenbestandes vergütet werden, erhalten deren Führungskräfte darüber hinaus eine *Super- oder Leitungsprovision*. Mit dieser werden einerseits die organisatorischen Aufgaben für die Anwerbung, Schulung und Betreuung der ihnen unterstellten Vermittler und andererseits die Durchführung von Spezialistenaufgaben, die z.B. beim Abschluss von Spezialverträgen oder bei der Regulierung von Großschäden erforderlich sind, abgegolten. Möglich ist auch die Zahlung einer *Differenzabschlussprovision*, bei der der Vorgesetzte oder Spezialist einen Provisionsbetrag erhält, der über die Differenz zwischen seinem eigenen Provisionssatz und dem des unterstellten Abschlussvermittlers ermittelt wird.

Neben der Vergütung für Versicherungsabschlüsse wird auch Provision für den Abschluss von Hypothekenverträgen und, als eine Form von Aufwandsentschädigung, *Schadenregulierungsvergütung* gewährt.

Die heutzutage in den Hintergrund getretene *Inkassoprovision*, die den Beitragseinzug durch den Vermittler vergütet, verbindet die Provisionsermittlung mit dem Inkassosystem, da in der Regel der Vermittler die Inkassoprovision vom eingezogenen Beitrag direkt einbehält. Hier muss beim Zuordnen der Beiträge im Inkassosystem der einbehaltene Provisionsbetrag bekannt sein, um die korrekte Prämienzahlung auf den Vertrag erkennen zu können.

Um sowohl bei Vertragszugängen als auch bei -abgängen die Provision unter Berücksichtigung bereits vorhandener Vertragsteile korrekt zu ermitteln, ist die Führung und Fortschreibung einer *Provisionshistorie* unerlässlich. Diese stellt sicher, dass

- der Provisionsfluss zu einzelnen Verträgen und Vorfällen dokumentiert ist
- bei Abgang die belastet werden, die die Provisionen im Zugangsvorfall erhalten haben
- bereits verdiente Provisionen bei Abgang nicht belastet werden.
- Die Provisionshistorie besteht aus folgenden Datengruppen:
  - Zugangsdaten wie Wirksamkeitsdatum der Änderung und Provisionsbasissumme
  - Abgangsdaten wie Wirksamkeitsdatum der Änderung und Provisionsbasissumme
  - Provisionsrelevante Versicherungsvertragsdaten wie Beitrag, Zahlungsweise, Laufzeit, Produktkennung
  - Vermittler-, Beteiligungs- und Hierarchiedaten wie Vermittlernummer und berechnete Provision.

Die *Provisionsberechnung* ermittelt auf Grundlage des Provisionsauslösers unter Auswertung der bereits vorhandenen Provisionshistorie die fällige Abschlussprovision oder Betreuungsprovision für den Vermittler und ggf. seine Hierarchie. Dabei finden auch Regelungen einer Stückkostenvergütung Anwendung, für die als Basis nicht die dem Vertrag zugrunde gelegte Beitragszahlung o. Ä. dient, sondern der reine Stückzugang vergütet wird.

Je nach Vertriebsweg und vertraglicher Regelung wird über die Vermittlerprovision hinaus auch eine *Generalprovision* ermittelt, die an die Gesellschaft des Vermittlers zur Abdeckung entstehender Verwaltungskosten gezahlt wird.

Ist es innerhalb eines Vertriebsweges erlaubt, die Provision zwischen Vermittlern zu teilen, so muss die Provisionsberechnung dieses Provisions-Splitting mit den dazugehörigen Anteilen für die Abschlussvermittler und deren Hierarchie berücksichtigen können.

Verbunden mit der Ermittlung der Provisionsansprüche ist auch die Bestimmung der Provisionshaftungszeit. Die Haftungszeit ist produktbezogen definiert und beschreibt den Zeitraum, in welchem die Provision bei Vertragskündigung voll oder anteilig zurückgezahlt werden muss. Der Haftungszeitraum kann je nach Produkt zwischen einem Monat und mehreren Jahren liegen. Bei Storno oder Reduzierung (Abgang) wird auf Grund der vorgegebenen Regeln ein Belastungsprozentsatz ermittelt, der die Berechnung der zurückzufordernden Provision ermöglicht. Diese erfolgt geschäftsvorfallbezogen unter Berücksichtigung aller vorhandenen Zugänge und stellt sicher, dass die Vermittler (Abschlussvermittler und Vorgesetzte) mit den Abgangsprovisionen belastet werden, die die Provisionen im Zugangsvorfall erhalten haben.

Zur Abdeckung eventueller Provisionsrückforderungen kann bei Lebensversicherungen ein Teil der Provision als sogenannte *Stornoreserve* einbehalten werden. Diese wird auf dem Stornoreservekonto pro Vermittler gesammelt und zum Ausgleich rückbelasteter Provisionen verwendet, wenn die Zugangsprovisionen zum Ausgleich nicht ausreichen.

Über vertragliche Regelungen kann vereinbart werden, dass die Abschlussprovision an den Vermittler nicht in einer Summe, sondern in Raten ausgezahlt wird. Diese Anforderung erfordert eine funktionale Ergänzung der Provisionsberechnung, die *Provisionsfreigabe*, die den Provisionsanspruch verwaltet und die zur Zahlung fälligen Beträge freigibt. Das Freigabeverfahren für eine Provision kann auch genutzt werden, um einen Mindestbetrag für eine Auszahlung zu prüfen oder den Berechnungszyklus vom Auszahlungszyklus zu entkoppeln.

Alle einzelvertraglichen Vergütungsarten können sowohl als Ist- als auch als Sollprovision gezahlt werden. Die Berücksichtigung des tatsächlichen Zahlungseingangs ist z.B. bei Riester-Produkten unerlässlich, da hier kein Mindestbeitrag des Kunden garantiert ist. Bei der *Istprovision* wird die Provisionszahlung an den tatsächlichen Beitragseingang geknüpft, bei der *Sollprovision* dient der ermittelte Sollbeitrag als Grundlage, unabhängig vom Zahlungseingang. Die Berücksichtigung des Zahlungseingangs vor Auszahlung des ermittelten Provisionsanspruches übernimmt die Provisionsfreigabe.

Der Vermittler erhält regelmäßig den Nachweis seiner Provisionsansprüche mittels eines Dokumentes, in dem alle Provisionsvorfälle mit Vertragsbezug und Provisionszahlung aufgelistet sind. Diese vermittlerbezogene, einzelvertragliche Darstellung gewährleistet, dass der Vermittler die Provisionsgutschriften und belastungen nachvollziehen kann.

Die Provisionsermittlung stellt ihre Ergebnisse auch der Kostenrechnung und dem Controlling des Versicherungsunternehmens zur Verfügung und liefert damit einen wesentlichen Anteil an Kostenstellen-, Kostenträger- und Kostenartenrechnungen.

Die Daten der Provisionsermittlung dienen darüber hinaus als Grundlage des *Buchauszugs* und zur Ermittlung des *Ausgleichsanspruchs.* Der Buchauszug gibt dem Vermittler die Möglichkeit, seine Provisionsabrechnungen zu überprüfen und Informationen über die ihm zustehenden Provisionen zu erhalten. Durch den Ausgleichsanspruch erhält der Vermittler bei Vertragsende eine zusätzliche Vergütung für die Schaffung neuer und dauerhafter Verträge. Hierbei werden aufgrund der vorliegenden Provisionsdaten Prognosen auf das Bestandsgeschäft durchgeführt und die daraus zu erwartenden Provisionen, die im direkten Zusammenhang mit dem vom betreffenden Vermittler vermittelten Geschäft stehen, hochgerechnet. Bei dieser Hochrechnung finden insbesondere zukünftige dynamische Erhöhungen, aber auch bei Vertragsbeginn vereinbarte ratierliche Provisionszahlungen Berücksichtigung. Zukünftig zu erwartende Abgänge werden als Abschlag kalkuliert, bei dem u.a. die durchschnittliche Stornoquote des Vermittlers einen Anhaltspunkt bietet.

Im Gegensatz zur vertragsbezogenen Provisionsermittlung werden **vermittlerbezogene Vergütungen** eingesetzt, um das Verkaufsverhalten der Vertriebswege in Bezug auf die Produktwahl zu steuern oder um die Qualität des Bestandes zu erhöhen. Bewertet werden dabei u.a. das Wachstum des Bestandes und die Entwicklung der Stornoquote innerhalb eines definierten Zeitraumes. Aber auch das Erreichen vermittlerbezogen definierter Ziele kann Grundlage der Vergütung sein. *Bestandsvergütungen* können dabei die Betreuungsprovision ersetzen.

Vermittlerbezogene Vergütungen können in Form von Wettbewerben oder Bonifikationen ausgeschrieben werden, die als zusätzliche Zahlung die Vermittlungsleistung honorieren.

5.11.5 Abrechnung und Auszahlung

In der Abrechnung erfolgt die Übernahme der einzelvertraglichen Provisionsgutschriften und -belastungen aus der Provisionsermittlung. Die Verbindung zwischen dem einzelvertraglichen Nachweis und der Abrechnung erfolgt über die Bildung von Vergütungsgruppen, z.B. Abschlussprovision und Dynamikprovision, die sowohl im einzelvertraglichen Nachweis als auch in der Abrechnung dargestellt werden.

Hinzu kommt die Verarbeitung von Provisionsgarantien, Vorschüssen, Rückzahlungen zu Sollsalden, persönlichen Bezügen wie Kostenersatzzahlungen (z.B. für Büro-, Werbe- und Autokosten) und von Abzügen (z.B. Hardware-Mieten).

Abrechnungsseitig sind Besonderheiten der verschiedenen Vertriebswege zu berücksichtigen. Diese können z.B. darin bestehen, dass die Zahlungen für mehrere Vermittlernummern auf einer Vermittlernummer zusammengefasst werden.

Auch die Provisions- und Gehaltsabrechnungen für den angestellten Außendienst mit Berücksichtigung von Steuer- und Sozialversicherungsbestimmungen sind Bestandteil des Abrechnungssystems. Für den selbstständigen Außendienst muss das System gewährleisten, dass alle Zahlungen so dokumentiert werden, dass der Abrechnungsbeleg als verbindlicher Einkommensnachweis des Vermittlers dient.

Über die Abrechnung hinaus führt und verwaltet das Abrechnungssystem auch die Stornoreservekonten, Garantiekonten, Debetsalden und Unterverdienste. Dies bedeutet u.a., dass alle Zahlungsflüsse historisch nachvollziehbar geführt werden.

Das Abrechnungssystem dient als Nebenbuchhaltung im zentralen Rechnungswesen (Hauptbuchhaltung) und liefert die notwendigen Daten zur Erfüllung gesetzlicher oder betrieblicher Anforderungen an den Jahresabschluss bzw. für Monats- und Quartalsabschlüsse. Darüber hinaus werden die Kostenrechnung und das Controlling des Versicherungsunternehmens mit regelmäßigen Auszügen der geführten Daten versorgt.

Die Auszahlung der Abrechnungsergebnisse erfolgt per Überweisung oder Scheck. Zur Abwicklung der Auszahlung wird in vielen Fällen das vorhandene Exkasso-System genutzt, das auch die Überwachung der Zahlungsrückläufer übernimmt.

Im Umfeld der Abrechnung sind auch die Systeme zur Altersversorgung des Außendienstes angesiedelt, die im Bereich des angestellten Außendienstes per Tarifvertrag geregelt sind. Für die Ausschließlichkeitsorganisation sind oft ebenfalls Versorgungswerke installiert, mit denen das Unternehmen die Altersvorsorge ihrer freien Vermittler unterstützt.

5.11.6 Vertriebssteuerung und -controlling

In den Vergütungssystemen fällt eine Vielzahl von Informationen an, die zur Steuerung des Vertriebes eingesetzt werden können. Ausgehend von Erfolgsstatistiken, die den Verkaufserfolg einzelner Vermittler, aber auch kompletter Vertriebsstrukturen darstellen, sowie *Produktions- und Bestandsstatistiken,* die sowohl den Verkaufserfolg als auch die Bestandsveränderungen dokumentieren, basieren heutige Controllingsysteme auf Data-Warehouse Ansätzen (s. auch Kap. 5.13). Die Vergütungssysteme stellen als operative Systeme alle verfügbaren Daten bereit, die in Kombination mit den Daten weiterer operativer Systeme eine umfassende Betrachtung des Verkaufserfolges über die unterschiedlichen Vertriebswege ermöglichen.

Kurzbiographien

Sabine Dapper arbeitet als Projektleiterin in der IT der Zurich Gruppe Deutschland in Bonn. Sie begann ihre Berufstätigkeit in der IT der Deutscher Herold Gesellschaften und arbeitet seit vielen Jahren in IT-Projekten mit unterschiedlichster Aufgabenstellung, u.a. auch aus dem Außendienstbereich.

Dr. Daniel Englberger ist seit November 2008 Leiter IT der Zurich Gruppe Deutschland. Dr. Englberger ist studierter Wirtschaftsingenieur und promovierter Volkswirt und arbeitet seit zwölf Jahren in der Versicherungsindustrie. Vor seinem Einstieg bei der Zurich Gruppe Deutschland war er Partner in einer internationalen Unternehmensberatung.

Dr. Jens Prusseit arbeitet seit 2008 im Produktmanagement Leben der Zurich Gruppe in Bonn. Nach dem Studium der Physik in Bonn promovierte er auf dem Gebiet der Datenanalyse stochastischer Prozesse.

5.12 Vorgangs- und Belegmanagement, Prozessautomatisierung

Ulrich Kuchelmeister, Wiesbaden, Deutschland

Zusammenfassung

Dokumente und Belege zu verarbeiten, ist arbeitsintensiv. Diese Prozesse zu optimieren, ist Teil des Wettbewerbs um Effizienz und Servicequalität. Ausgehend von großen Papierarchiven setzte sich vor einigen Jahren das elektronische Archiv durch. Standard ist heute bei allen großen Unternehmen der Versicherungsbranche zentraler Posteingang, Scannen der Dokumente vor Bearbeitung, elektronische Verteilung oder automatisierte Abarbeitung einfacher Prozesse. Genutzt werden diese Systeme auch für andere Eingangskanäle wie Fax, E-Mail, Arbeitsaufträge aus Telefongesprächen. Orientiert an der R+V Versicherung zeigt der vorliegende Artikel den aktuellen Entwicklungsstand auf. Der dargestellte Zustand ist Momentaufnahme einer Entwicklung, die auf ein industrialisiertes Zielbild ausgerichtet ist: Vorgänge werden möglichst automatisiert bearbeitet, manuelle Eingriffe erfolgen nur noch da, wo Automatisierung nicht wirtschaftlich ist.

5.12.1 Einleitung

Dokumente und Belege zu verarbeiten, ist schon immer wesentlicher Bestandteil der Wertschöpfungskette eines Versicherers. Aufbereitung, Sortierung, Transport, Archivierung sowie Zugriff auf bereits archivierte Vorgänge sind arbeitsintensiv. Diese Prozesse zu optimieren und mit modernster Technik zu unterstützen, ist Teil des Wettbewerbs um Effizienz und Servicequalität. Wie diese Prozesse optimiert werden können, soll hier aufgezeigt werden. Die Darstellung orientiert sich dabei an der Entwicklung der R+V. Dass sich hier Optimierung lohnt, verdeutlichen die Stückzahlen der R+V aus dem Jahr 2008: 8 Mio. Briefe und Faxe, 0,5 Mio. zentral eingehende E-Mails und über 5 Mio. zentral eingehende Telefonate.

Ausgehend von großen Papierarchiven, in Teilen ergänzt durch die Archivierung auf Microfilm, setzte sich vor einigen Jahren das elektronische Archiv durch. Die Papierdokumente wurden zum Archivieren nach Bearbeitung gescannt und standen so, zusammen mit der ebenso elektronisch archivierten Ausgangspost, platzsparend und schnell für einen erneuten Zugriff zur Verfügung.

Doch dies war nur ein Zwischenschritt. Mit zunehmender Qualität der Schriftguterkennung erschloss sich als Optimierungspotenzial die aufwändige manuelle

M. Aschenbrenner et al. (eds.), *Informationsverarbeitung in Versicherungsunternehmen*,
Springer-Lehrbuch Masterclass, DOI 10.1007/978-3-642-04321-5_26,

Postverteilung. Standard ist heute der zentrale Posteingang, wo Dokumente vor Bearbeitung gescannt, die wichtigsten Schlüsselinformationen ausgelesen und dann elektronisch verteilt werden. Zunehmend werden diese Systeme auch für andere Eingangskanäle genutzt und dienen damit der übergreifenden Arbeitsorganisation.

Begleitend zu diesen technischen Veränderungen und durch sie überhaupt erst ermöglicht finden organisatorische Umbrüche statt, hin zu einer Differenzierung zwischen Generalisten und Spezialisten. Generalisten decken im First Level spartenübergreifend Auskunft und einfachere, aber nicht wirtschaftlich automatisierbare Vorgänge ab, Spezialisten im Second Level die verbleibenden komplexen Vorfälle. Ohne diese technischen und organisatorischen Veränderungen – bei zunehmendem Kostendruck – wären immer größer werdende Stückzahlen nicht zu bewältigen, die Erwartungshaltung der Verbraucher nach schneller Reaktion und umfassender Information nicht zu befriedigen und gesetzliche Auflagen nur schwer zu erfüllen.

5.12.2 Teilprozesse der Belegverarbeitung

Der Kundenwunsch kann auf verschiedenen Eingangskanälen zum Versicherer kommen: Brief, Fax, E-Mail, Telefon und übermittelte Daten aus Schnittstellen oder Portalen. Bricht man den Prozess zur Bearbeitung eines Kundenwunsches unter dem Blickwinkel des Beleg- und Vorgangsmanagements auf, so ergibt sich folgende idealtypische Zerlegung in Teilprozesse (s. Abb. 5.26):

Abb. 5.26 Teilprozesse der Belegverarbeitung

- **Digitalisieren:** Der Beleg, in dem der Kundenwunsch dokumentiert ist, wird digitalisiert und mit normierenden Informationen versehen (Belegschlüssel, Eingangsdatum usw.). Damit wird die Voraussetzung für die grundsätzliche weitere technische Verfügbarkeit und Verarbeitbarkeit geschaffen. Die Digitalisierung hängt vom jeweiligen Medium bzw. Eingangskanal ab. Sie ist aber unabhängig von den fachlichen Inhalten oder der Sparte und kann unternehmensübergreifend gestaltet werden.
- **Extrahieren und Klassifizieren:** Geschäftsrelevante Informationen werden vom Informationsmedium extrahiert. Die Extraktion erfolgt in mehreren Stufen, je nach benötigter Informationsmenge. Zuerst sind die Schlüsselinformationen relevant, die der Klassifikation des Vorgangs und damit der weiteren Zu-

ordnung dienen. Dann können Fachdaten extrahiert werden, die für die weitere, insbesondere auch maschinelle Bearbeitung zur Verfügung gestellt werden.

- **Korrigieren und Anreichern:** Falls die Extraktion oder Klassifikation nicht oder unvollständig gelungen ist, wird in einem Qualitätssicherungsschritt der Vorgang manuell nachbearbeitet. Hier besteht auch die Möglichkeit, auf Basis der identifizierten Schlüssel die Daten maschinell nach unterschiedlichen Gesichtspunkten zu prüfen, zu korrigieren oder anzureichern. Am Ende dieses Prozessschrittes liegen die für die weitere Verarbeitung erforderlichen Informationen des zugrunde liegenden Vorgangs unabhängig vom Medium in normierter und geprüfter Form vor.
- **Verteilen:** Auf Basis der gewonnenen Informationen wird über Regelwerke ermittelt, durch wen und mit welcher Priorität der Vorgang zu bearbeiten ist und welche Geschäftsprozesse einzuleiten sind. Erfolgt die Verarbeitung manuell, so wird der Vorgang unter Berücksichtigung der Auslastungssituation einem entsprechenden Sachbearbeiter in den Postkorb eingestellt.
- **Verarbeiten:** Erst jetzt kann die eigentliche Bearbeitung des Kundenwunsches erfolgen, manuell oder automatisch. Erfolgt die Bearbeitung manuell, so stehen dem Sachbearbeiter alle relevanten Daten, Dokumente und Funktionen unmittelbar zur Verfügung.
- **Archivieren:** Nach Abschluss der Bearbeitung des Kundenwunsches werden alle relevanten Belege archiviert, inklusive der an den Kunden versendeten Dokumente oder entsprechender Protokolle telefonischer Beratung.

Die ersten Teilprozesse müssen auf die Besonderheiten der jeweiligen Eingangskanäle Rücksicht nehmen. Um aber die IT-Systeme möglichst durchgängig und effizient entwickeln zu können, ist es von grundlegender Bedeutung, die Abhängigkeiten von den Eingangskanälen möglichst früh in der Prozesskette zu eliminieren.

5.12.3 Eingangskanäle

Die gängigste Form der Korrespondenz zwischen Kunde, Versicherungsunternehmen und anderen am Versicherungsvertrag Beteiligten ist nach wie vor der Brief. Wenn auch langsam und teuer, bietet Briefpost die höchste Form der Rechtssicherheit für alle Beteiligten. Briefe müssen geöffnet, entklammert, sortiert, mit leistungsfähigen Scannern gescannt und als Images gespeichert werden. Die Speicherung erfolgt revisionssicher, d.h., es muss sichergestellt werden, dass der ursprüngliche Inhalt nicht mehr veränderbar ist. Die Originaldokumente werden noch einen Zeitraum von wenigen Monaten aufbewahrt, um im Zweifelsfall das Image mit dem Original vergleichen zu können. Danach werden die Originaldokumente vernichtet.

Das Fax, obwohl aus der Mode gekommen, ist in verschiedenen Geschäftsfeldern immer noch ein sehr geschätztes Medium. Es wird vor allen Dingen dann eingesetzt, wenn es auf Geschwindigkeit und trotzdem ausreichende Rechtssicherheit ankommt. Faxe müssen nicht mehr gescannt werden, sie können direkt als Images in den Verarbeitungsprozess eingesteuert und dann wie Briefe verarbeitet werden.

E-Mails werden zunehmend zur Korrespondenz genutzt. Klarer Vorteil sind Geschwindigkeit und niedrige Kosten. Von Vorteil ist ebenso, dass E-Mails bereits in elektronischer Form vorliegen und die Qualität der enthaltenen Informationen dadurch höher ist. Aufwändiger ist aber der Umgang mit den vielfältigen Anhängen. Zu akzeptieren als Anhang sind die üblichen Text- und Bildformate. Für die weitere Verarbeitung, für die revisions- und zukunftssichere Speicherung, werden E-Mails inklusive Anhänge in ein PDF/A-Dokument umgewandelt, dieses Format wurde eigens für die Langzeitarchivierung entwickelt. Die weitere Verarbeitung erfolgt wie bei Briefen. Nach wie vor von Nachteil ist aber die nicht ausreichende Beweiskraft von E-Mails, wenn keine qualifizierte oder fortgeschrittene Signatur verwendet wird. Diese Signatur- und Verschlüsselungsmechanismen erfordern einen aufwändigen Austausch der Schlüssel zwischen den Kommunikationspartnern, sind dadurch schwer handhabbar, wenig verbreitet und wenig genutzt. Abhilfe zeichnet sich hier möglicherweise durch De-Mail ab (s. 5.12.8 Ausblick).

Das Telefon eignet sich als serviceorientiertes Medium vor allen Dingen für direkte Auskunft und Beratung und zur Betreuung im Schadenfall. Die Gespräche sind zu dokumentieren, die Kundenwünsche können – soweit nicht unmittelbar bearbeitbar – als Beleg erfasst und so als Vorgang in den Verarbeitungsprozess eingesteuert werden.

Zunehmend werden Daten über Schnittstellen (z.B. Vertriebe oder Schadennetzwerk) oder aus Portalen wie z.B. dem Internetauftritt des Unternehmens geliefert. Hier besteht auch die Möglichkeit, diese Daten in Form strukturierter Belege in den Verarbeitungsprozess einzusteuern. Eine manuelle Bearbeitung kann hier im Fehlerfall oder als Übergangslösung sinnvoll sein.

5.12.4 Erkennung und Regelwerke

Die automatisierte Extraktion von Daten aus Dokumenten erfolgt in der Regel stufenweise. Zunächst wird die zugrunde liegende Sparte ermittelt (Leben, Kfz-Betrieb, Kfz-Schaden usw.), dann der Dokumenttyp (Antrag, Schadenmeldung, Kündigung usw.) und im dritten Schritt die Ordnungsinformationen (Versicherungsnummer, Schadennummer, Datum des Dokuments usw.). Am Ende dieser zwingend zu durchlaufenden Extraktionsschritte stehen die Informationen bereit, die für die weitere Verteilung des Vorgangs erforderlich sind:

- Kennzeichen der Organisationseinheit, für die der Vorgang bestimmt ist
- Ordnungsinformationen

- wenn möglich: zu bearbeitender Vorgang
- Ablageort in der elektronischen Akte.

Hier ist anzumerken, dass die Zuordnung von Dokumenten zu Vorgängen durch Ordnungsbegriffe für Vorgänge ermöglicht wird. Eine Schadennummer ist ein solcher vorgangsorientierter Ordnungsbegriff. In anderen Fällen bietet sich ein solcher Ordnungsbegriff nicht unmittelbar an und muss mit dem Übergang von dokumentorientierten Archiven zu vorgangsorientierter Bearbeitung ggf. erst geschaffen werden.

Für die Vorgänge, die bereits stärker automatisiert bearbeitet werden, erfolgt dann in weiteren Schritten die Extraktion von Fachdaten.

Das Ganze klingt einfach, die Wahrheit ist jedoch: Die Extraktion von verwertbaren Informationen aus digitalisierten Dokumenten erfordert hochkomplexe Verfahren. Mittels OCR-Technologie (Optical Character Recognition) werden einzelne Zeichen erkannt. Die Erkennungsrate einzelner Zeichen bei maschineller Schrift ist hoch, sie sinkt aber, wenn viele Zeichen erkannt werden müssen und nur gemeinsam einen Sinn ergeben. Verfahren zur Interpretation der Zeichen im Kontext werden unter dem Begriff ICR (Intelligent Character Recognition) subsummiert. Hierunter fallen z.B. stichwortbasierte Klassifikationen sowie linguistische Verfahren, die auf Methoden der künstlichen Intelligenz basieren.
Diese Verfahren sind auf unterschiedlichste Dokumentformen auszurichten:

- In strukturierten Dokumenten ist klar definiert, wo die benötigten Informationen zu finden sind. Spezielle Software-Module können auf diese Struktur konfiguriert werden und die definierten Datenfelder in hoher Qualität extrahieren. Hohe Qualität kann insbesondere dann erreicht werden, wenn die Dokumente selbst durch das Unternehmen hergestellt bzw. beeinflussbar sind und damit für die Datenextraktion optimiert werden können. Die maschinelle Lesbarkeit ist ein unbedingt zu beachtender Aspekt beim Design neuer Dokumente. Typische Beispiele sind Einzugsermächtigungen und Zulagenanträge für Riester-Verträge.
- Halbstrukturierte Dokumente sind meist ähnlich aufgebaut, die Daten sind aber nicht einheitlich an klar definierten Stellen zu finden. Gesucht werden hier die Inhalte anhand von umfangreichen Regelwerken, die die unterschiedlichsten Gestaltungsmöglichkeiten berücksichtigen müssen. Rechnungen aller Art können auf diese Weise behandelt werden.
- Unstrukturierte Dokumente lassen keine oder nur sehr eingeschränkte Regeln hinsichtlich ihres Aufbaus erkennen. Die übliche Kundenkorrespondenz (Briefe und E-Mails) fällt typischerweise in diese Kategorie. Hierin können geschäftsrelevante Informationen im Kontext, in verbalen Formulierungen versteckt sein. Hier können z.B. fachliche Regelwerke eingesetzt werden, um Beschwerden frühzeitig zu erkennen und diese schnell und bevorzugt zu bearbeiten. Die maschinelle Extraktion der Daten ist aber deutlich schwieriger, oft ist die manuelle Extraktion der Daten erforderlich.

Die Qualität der Datenextraktion ist also umso höher, je höher der Strukturierungsgrad der Dokumente und je ausgefeilter das Regelwerk ist. Da sich Dokumentenstrukturen aber im Lauf der Zeit verändern, lässt die Qualität sukzessive nach. Die Regelwerke müssen daher laufend kontrolliert und angepasst werden. Hilfreich können hier auch selbstlernende Methoden sein, die die Reaktionen der Sachbearbeiter zur Korrektur und Verfeinerung der Regelwerke nutzen.

Welche Qualität der Datenextraktion erreicht werden soll, muss unter wirtschaftlichen Gesichtspunkten abgewogen werden. Zu finden ist die richtige Mischung aus sich gegenseitig beeinflussenden Faktoren:

- Kosten für die Herstellung und Pflege der Regelwerke
- Kosten für die manuelle Nachbearbeitung, falls die Datenextraktion nicht oder nur unvollständig oder unsicher erfolgen konnte
- Kosten für erforderliche Korrekturen aus vermeintlich richtigen Datenextraktionen, die sich aber in der weiteren Verarbeitung als fehlerhaft herausstellen.

Zusammenfassend ist festzustellen, dass sich mit den heutigen Verfahren zur Datenextraktion bereits gute Ergebnisse erzielen lassen. Insbesondere gilt dies für die Ermittlung des Vorgangs und der zuständigen Organisationseinheit. Hier kann breites Wissen über das komplette Versicherungsgeschäft und die -organisation vom Menschen auf die Maschine verlagert werden. Es zeigt sich aber auch, dass die Potenziale zur Verbesserung bei weitem noch nicht ausgeschöpft sind: ein lohnendes und herausforderndes Feld für die Hersteller entsprechender Software, aber auch für Dienstleister, die Extraktion von Daten anbieten, ergänzbar um spezialisierte, fachliche Prüfungen.

5.12.5 Verteilung

Grundlage für die Verteilung der Vorgänge bilden Regelwerke, die die Besonderheiten der zuständigen Organisationseinheiten abbilden. Diese Regelwerke werden durch die jeweiligen Organisationseinheiten direkt gepflegt, sodass erforderliche Veränderungen ohne Verzug wirksam werden können.

Die Verteilung erfolgt durch Zuordnung der Vorgänge auf Postkörbe. Je nach Organisationseinheit gibt es unterschiedliche Systematiken:

- Direkte Zuordnung in den Postkorb des zuständigen Bearbeiters, der dort seinen Arbeitsvorrat findet
- Zuordnung zu einem Teampostkorb, die weitere Verteilung erfolgt über den Teamleiter
- Zuordnung zu einem Teampostkorb, die Mitglieder des Teams holen sich ihre Vorgänge ab oder bekommen einen Vorgang zugeteilt, wenn sie frei sind (z.B. im Call-Center).

Generelles Ziel der Verteilung ist, Vorgänge schnell und entsprechend der Priorität zu einem fachlich richtigen, verfügbaren Bearbeiter zu bringen, eine möglichst adäquate Verteilung der Arbeitslast zu erzielen, Arbeitsspitzen zu verteilen und Transparenz über Rückstände zu geben.

5.12.6 Aktenführung

Die Vorgänge und Dokumente werden in der elektronischen Akte geführt. Der direkte Zugriff auf die elektronische Akte erfolgt über die Ordnungsbegriffe für Kunde, Vertrag oder Schaden sowie über entsprechende unterstützende Suchfunktionen. Die Strukturierung der Akte eines Kunden erfolgt einheitlich über alle Sparten hinweg. Die Struktur muss geeignet sein, den unterschiedlichen Bedürfnissen der verschiedenen Sparten zu genügen, und sie muss es dem Sachbearbeiter ermöglichen, sich im konkreten Fall schnell zu orientieren und die für seine Fragestellung erforderlichen Belege vollständig zu finden. Hierfür geeignete Strukturelemente sind z.B. vorgegebene thematische Mappen, die eine Zuordnung von Belegen ermöglichen, und Klammern, mit denen Belege beliebig zusammengefasst werden können (s. Abb. 5.27). Beispiele für eine solche vorgangsorientierte Zusammenfassung einzelner Belege sind z.B. Antrag und Schaden. Im ersten Fall können zum Antrag ein Arztbericht und Korrespondenz gehören. Im Schadenfall sind neben Schadenmeldung und Telefonaten eine Vielzahl weiterer Elemente wie Fotos, Rechnungen, Gutachten, Korrespondenz mit verschiedensten Beteiligten etc. möglich.

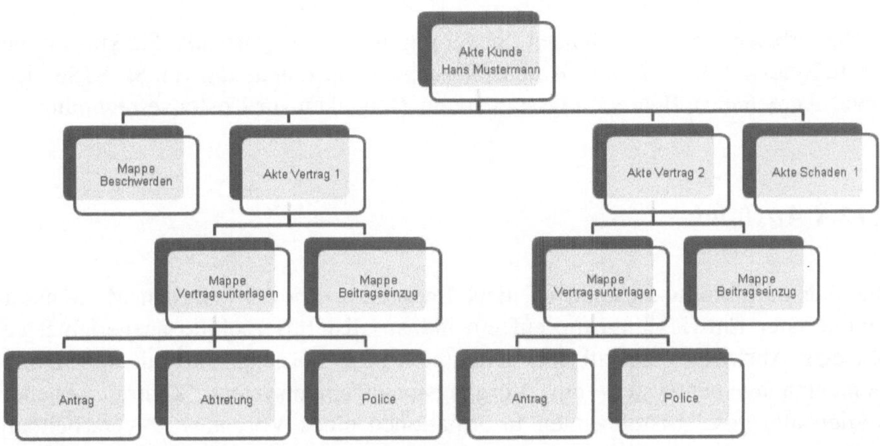

Abb. 5.27 Beispielstruktur einer elektronischen Akte

5.12.7 Sachbearbeitercockpit

Der Arbeitsplatz eines Sachbearbeiters ist heute mit vielschichtigen Funktionen ausgestattet. Er ähnelt dabei mehr und mehr einem Cockpit, in dem der Sachbearbeiter einen umfassenden Blick auf die ihm zugeordneten Vorgänge hat, wo er schnell auf dringende Vorgänge reagieren kann, wo er auf alle relevanten Detailinformationen zugreifen und seine Vorgänge adäquat bearbeiten kann. Die Arbeitsplätze von Generalisten und Spezialisten unterscheiden sich dabei graduell. Generalisten arbeiten eher kundenorientiert und sind stärker auf telefonische Beratung ausgerichtet, Spezialisten arbeiten eher vertragsorientiert.

Die jeweilige Arbeitsplatzausstattung wird über ein funktionales und inhaltliches Berechtigungskonzept im Detail geregelt. Im Wesentlichen verfügt ein Arbeitsplatz über folgende Ausstattung:

- Sicht auf den Arbeitsvorrat (Postkorb, Teampostkörbe, Callverwaltung)
- Übersicht über die gesamte Kundenbeziehung und -kontakthistorie
- Detailsicht auf alle Verträge und Schäden des jeweiligen Kunden und die zugehörige Korrespondenz in der elektronischen Akte
- Bearbeitungsfunktionen für alle Vorgänge, inklusive der Möglichkeit zu Weiterleitung, Terminsetzung, Wiedervorlage, Rückfragen
- Eventgesteuerte Telefoniefunktionen (Telefonbuch, Kurzwahl, Rückfrage und Rückrufmöglichkeiten zum Kunden und zum betreuenden Außendienst)
- Recherchefunktionen
- Hilfesystem.

Zur arbeitsplatzübergreifenden Steuerung werden ergänzende Funktionen benötigt. Relevant sind hier z.B. Arbeitseinsatzplanung, Einhaltung von SLA (Service-Level-Agreement), Bearbeitungsstatistiken, Statistiken zur Kostenverrechnung.

5.12.8 Ausblick

Der hier dargestellte Zustand ist nicht Endpunkt, sondern lediglich Momentaufnahme einer Entwicklung, die auf ein industrialisiertes Zielbild ausgerichtet ist. Mit dem Abstraktionsschritt vom Dokument zum Vorgang wird aus dem Dokumentenmanagementsystem das Vorgangsmanagementsystem. Zentral gesteuert werden alle geschäftsrelevanten Informationen eines Vorgangs in verarbeitbare Daten umgesetzt. Unabhängig vom Eingangskanal werden dann Vorgänge möglichst automatisiert bearbeitet, manuelle Eingriffe erfolgen nur noch da, wo Automatisierung nicht wirtschaftlich oder für die Bearbeitung umfassenderes Wissen erforderlich ist.

Dieses Zielbild wird derzeit in fast allen Unternehmen der Branche in gleicher oder ähnlicher Weise diskutiert und verfolgt. Der Weg dahin ist allerdings anspruchsvoll und herausfordernd. Für einfache Prozesse ist Automatisierung schon erprobte Praxis. Für komplexere Prozesse mit vielen Beteiligten steckt die Entwicklung aber noch in den Grundzügen. Optimierte Prozesse und Organisationen sind hier essentielle Voraussetzung.

Getrieben wird diese Entwicklung zusätzlich durch verschiedene Initiativen der Politik, der Verwaltung und der Wirtschaft (E-Government, E-Justice, Initiative Finanzstandort Deutschland usw.). Hier wächst zunehmend eine Infrastruktur zur Vernetzung, zur besseren elektronischen Kommunikation und zur übergreifenden Bearbeitung von Geschäftsprozessen heran.

Ein nicht unerheblicher Schritt für verbesserte und rechtsverbindliche elektronische Kommunikation zwischen Bürger, Wirtschaft und Verwaltung stellt „De-Mail" dar (s. Abb. 5.28). Mit dem Slogan „So einfach wie E-Mail, so sicher wie Papierpost" wirbt das BMI (Bundesministerium des Innern) im Rahmen des Projekts „Bürgerportale". Das BMI schafft die rechtlichen Rahmenbedingungen, ein Gesetzentwurf liegt vor, und definiert die technischen Grundlagen. Hinter jeder De-Mail-Adresse steht ein identifizierter Kommunikationspartner. Per De-Mail sollen künftig Nachrichten und Dokumente kostengünstig, vertraulich, zuverlässig und geschützt vor Veränderungen versendet werden können.

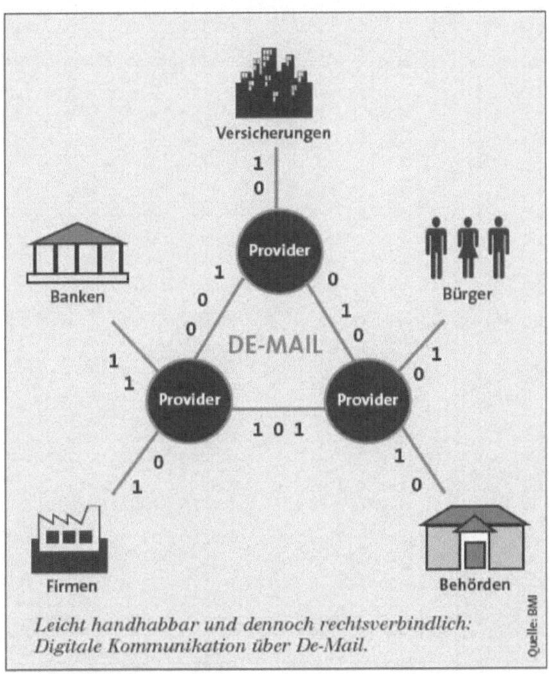

Abb. 5.28 Werbung des BMI für De-Mail

Kurzbiographie

Ulrich Kuchelmeister, Jahrgang 1957, Diplom-Mathematiker, Aktuar (DAV), ist seit 1986 bei R+V Allgemeine Versicherung. Seine Aufgabenschwerpunkte sind Bestandsverwaltungs- und Vetriebsunterstützungssysteme. Zurzeit ist er IT-Kundenmanager für Komposit- und Personenversicherung.

5.13 Business Intelligence

Dr. Ralf Schneider, Dr. László Teleki, München, Deutschland

Zusammenfassung

In den Datenbeständen der Versicherungen liegt ein gewaltiges Potenzial für unterschiedlichste Analysen von Kundenbedürfnissen. Die Spanne reicht von der Planung von Cross-Selling Aktionen bis hin zu Aktuariatsberechnungen und allgemeinen Statistiken. Das integrierte IT-Gesamtkonzept, in dem diese Analysen erfolgen können, wird unter dem Begriff *Business Intelligence,* abgekürzt BI, zusammengefasst. Auf den Erfahrungen der letzten 15 Jahre aufbauend hat sich eine Plattform definiert, welche heute de facto bei allen Versicherungen im Einsatz ist. Im folgenden Artikel wird der grundlegende Aufbau einer BI-Plattform mit den fachlichen und technischen Fragestellungen vorgestellt.

5.13.1 Hintergrund

Seit den 90-er Jahren stehen der Kunde und die gesamtheitliche Kundensicht in der Allianz Deutschland AG im Vordergrund. Die ehemalige, spartenorientierte Sicht wurde durch eine bedarfsorientierte Kundensicht abgelöst.

Die früher getrennten Versicherungsbestände der Sach-, Lebens- und Krankenversicherung bieten enormes Potenzial für eine übergreifende Analyse der Kundenbedürfnisse. Diese operativen Bestände, auf denen der tägliche Versicherungsbetrieb abgewickelt wird, eignen sich allerdings für die gewünschten Auswertungen aus zwei Gründen nicht:

- Die Auswertungen der Anfragen können teilweise sehr rechenintensiv sein und würden damit das operative Geschäft erheblich stören. Eine aktuarielle Auswertung der Daten kann z.B. mehrere Tage dauern.
- Die Datenstrukturen sind nicht für umfangreiche Auswertungen, sondern für das operative Geschäft ausgelegt. In den operativen Systemen sind die Datenstrukturen *normalisiert*, d.h. weitgehend bzw. völlig redundanzfrei. Für die

M. Aschenbrenner et al. (eds.), *Informationsverarbeitung in Versicherungsunternehmen*,
Springer-Lehrbuch Masterclass, DOI 10.1007/978-3-642-04321-5_27,

schnelle und einfache Auswertung der Daten benötigt man hingegen denormalisierte Strukturen, d.h., man nimmt Redundanzen bewusst in Kauf.

Aus diesem Grund werden über die *operativen Bestände* hinaus separate, sogenannte *dispositive Bestände* aufgebaut. Bei den extrem großen Datenmengen, welche z.B. die Allianz Deutschland AG in ihren Beständen hat, wurde nicht nur eine zusätzliche Datenhaltung, sondern auch eine eigene technische Plattform realisiert, die getrennt von den operativen Systemen läuft. Dieses Verfahren ist in der Literatur und in größeren Versicherungen heute Standard. Die Anfragen an diese Plattform unterscheiden sich von Anfragen auf operative Bestände und können z.B. folgende sein:

- Wie hat sich das Geschäft im Jahr x und im darauf folgenden Jahr entwickelt?
- Welche Daten müssen täglich ausgewertet werden (z.B. Schadenentwicklung), oder bei welchen Daten reicht auch eine Auswertung in monatlichen oder noch längeren Zyklen (z.B. Neugeschäftsentwicklung)?
- Wie entwickelt sich die Schadenquote regional getrennt? Gibt es Muster, die eine Diversifizierung oder Vereinfachung der Produktkalkulation beeinflussen?

Der Aufbau dispositiver Datenbestände zur Beantwortung der o.g. Anfragen stellt eine große Herausforderung dar. So haben die gesetzliche Trennung der Versicherungssparten in Europa und die unterschiedlichen fachlichen und gesetzlichen Anforderungen in allen größeren Versicherungsgesellschaften unterschiedliche operative Systeme hervorgebracht. Die große Leistung des Aufbaus der dispositiven Bestände bestand und besteht darin, ein einheitliches Modell für Verträge, Kunden und Schäden aufzubauen und sie in Zeitreihen für längere Zeit aufzubewahren. Auf Grundlage dieser Daten können heute bei der Allianz Deutschland AG beispielsweise jederzeit folgende Anfragen beantwortet werden:

- Kundenzählungen mit Zu- und Abgängen pro Monat und am Ende des Jahres
- Stornierungen und Neuzugänge auf täglicher oder wöchentlicher Basis in den wichtigen Monaten des Kraftversicherungsgeschäftes (Oktober und November)
- Aktuarielle, halbjährliche Gesamtbestände für die Sach- und Lebensversicherung zur Beantwortung aller fachlichen Fragen von Aktuariat und Kundenbindungsprogramm.

5.13.2 Struktur einer Business Intelligence Plattform

In einer ersten Annäherung kann eine BI-Plattform als eine spezialisierte Datenbank eines Unternehmens (Information Hub) betrachtet werden. Im Detail besteht eine BI-Plattform – zunächst unabhängig von der Technik – aus mehreren Schichten (s. Abb. 5.29). Die einzelnen Schichten werden in unterschiedlichen Firmen unterschiedlich genannt, obwohl die logische Trennung oft ähnlich ist und sich an der Literatur orientiert. Nach allgemeiner Definition (Kemper 2006) wird unter

Business Intelligence „ein integriertes IT-Gesamtkonzept verstanden, das für die unterschiedlichen Anforderungen an geeignete Systeme zur Entscheidungsunterstützung tragfähige und miteinander verknüpfte Lösungen anbietet". Zur Speicherung von BI-Systemen werden weiterhin nach (Kemper 2006) „Lösungen genutzt, die auf separaten Datenbanksystemen mit ausgeprägter analytischer Orientierung aufbauen. Derartige Datenbanklösungen lassen sich als Data-Warehouse-Datenbanken (...) bezeichnen, falls sie eine organisationsweite Ausrichtung aufweisen".

Die Grenzen der soeben genannten Definitionen verwischen sich im Alltagsgebrauch. Man spricht z.B. häufig über Data-Warehouse-Datenbanken und meint spezielle Datamarts mit genauer zeitlicher Abgrenzung. Wichtig in diesem Kontext ist die Gesamtsicht: Date-Warehouse-Datenbanken sind integrale Bestandteile einer BI-Umgebung. BI umfasst mehr als eine oder mehrere Data-Warehouse-Datenbanken. In einer Data-Warehouse-Datenbank liegen Daten, die ohne BI Umgebung gar nicht hätten produziert werden können.

Die Bereitstellung der gewünschten Analysen und Auswertungen erfolgt, von den operativen Systemen ausgehend, in drei Schritten (Abb. 5.29 wird von unten nach oben beschrieben):

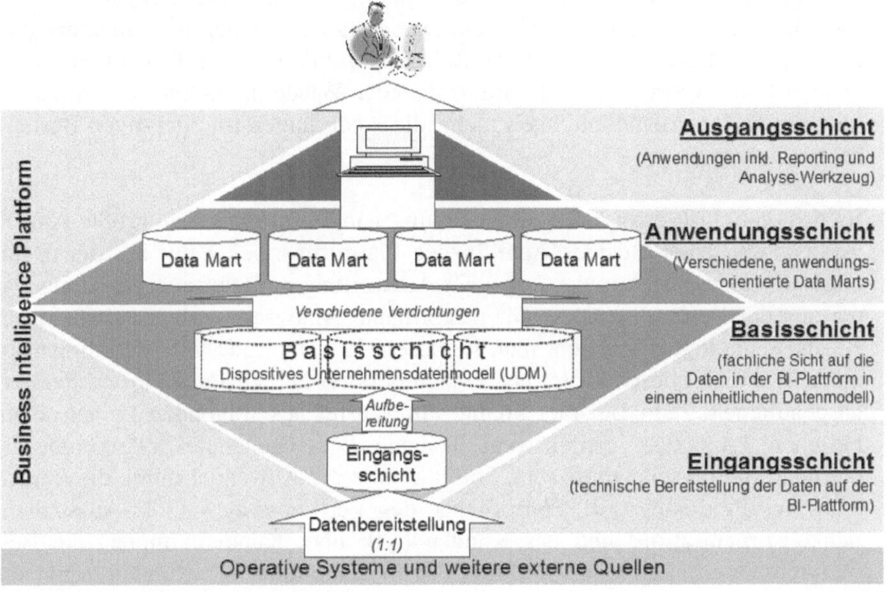

Abb. 5.29 Das dispositive Modell

1. Im ersten Schritt werden die Daten aus den operativen Beständen abgezogen und in der **Eingangsschicht** bereitgestellt. Abhängig von den Datenmengen und von den gewünschten Auswertungen wird der operative Bestand komplett (1:1) oder in Auszügen in die Eingangsschicht extrahiert. Bei allen Schritten in

Abb. 5.29 sprechen IT-Fachleute von einem ETL Prozess: ***Extract Transform Load***.
Die Daten werden aus einem Bestand oder der Zwischendatenhaltung extrahiert (extract), sie durchlaufen fachliche und technische Änderungen (transform) und werden schließlich in eine neue Struktur geladen (load). Dieser Prozess läuft bei der Allianz täglich – nach Abschluss des Tagesgeschäftes – über mehrere Stunden hinweg.

2. Im zweiten Prozessschritt werden die Daten in die **Basisschicht** geladen. Die Basisschicht ist die Grundlage aller dispositiven Auswertungen. Sie liegt bereits auf einer anderen technischen Plattform als die operativen Bestände. Somit stören rechenintensive Auswertungen und Analysen den operativen Betrieb nicht.
Auf der Basisschicht werden – je nach Anforderung – auch die notwendigen Zeitreihen gebildet. Abhängig von den Datenvolumina können die Übertragung der Daten in die Basisschicht (extract) und die unterschiedlichen Bereitstellungen (transform) wieder mehrere Stunden dauern. Erst nach dem Abschluss aller Berechnungen kann der Bestand verwendet werden. Vor Abschluss ist nicht garantiert, dass eine zeitliche Abgrenzung auch konsistent erfolgt ist.
Beispiel: Bei der Allianz werden die Daten täglich geladen und transformiert. Eine wöchentliche oder monatliche Beladung würde mehrere Tage in Anspruch nehmen. Bei Abbrüchen und darauffolgender Wiederaufnahme des Prozesses bestünde ggf. keine Möglichkeit mehr, die Änderungen im operativen Bestand nachzuziehen.

3. Im dritten Schritt erfolgt die Bereitstellung von **Datamarts**. Die größte Anzahl von Nutzern einer Business Intelligence Plattform arbeitet nur auf den Datamarts. Datamarts sind in der Regel zur Auswertung optimierte, organisierte Daten aus der Basisschicht, die für performante Analysen geeignet sind. In der Business Intelligence spricht man in diesem Kontext auch von mehrdimensionalen Würfeln. Diese Würfel lassen sich bei drei Dimensionen am besten veranschaulichen. Zum Beispiel könnte ein Würfel aus folgenden Dimensionen bestehen: Produkte, Vertriebswege, Kunden. Die sogenannte Zelle könnte die jährliche Beitragseinnahme sein. Somit könnte der Anwender durch die Benennung des Produktes (z.B. Haftpflicht), des Vertriebsweges (z.B. Ausschließlichkeitsorganisation) und des Kunden (z.B. über Kundennummer) die Beitragssumme erhalten. Eine Addition der Beiträge über alle Kunden ergibt die Beitragseinnahmen für ein Produkt über einen Vertriebsweg. Von der Kundensicht ausgehend können aus dem gleichen Datamart auch die Beiträge über alle Produkte und Vertriebswege berechnet werden.

5.13.3 Analytische Business Intelligence

Eine BI-Plattform bietet jedoch deutlich mehr Auswertungs- und Analysemöglichkeiten als nur über Datamarts. Bei Datamarts sind die Anforderungen fachlich und technisch definiert und analysiert. Zum Beispiel kann eine Kundenanalyse nach Vertriebswegen monatlich fällig sein. Die Prozesse sind bekannt und ein vollautomatischer Aufbau der Datamarts ist sinnvoll.

Viele Fragen lassen sich jedoch nicht als vollautomatische Prozesse implementieren. Wenn z.B. Kampagnen für spezielle Kundengruppen aufgesetzt werden, ist noch nicht klar, welche Fragen letztendlich gestellt werden. Ziel ist es, Antworten auf kurzfristige oder einmalige Fragestellungen zu geben. An dieser Stelle müssen sogenannte Analysten den Datenbestand in einem iterativen Vorgehen auswerten. Die Analysten sind Mitarbeiter mit tiefen Kenntnissen der Produkte und der vorhandenen Daten. Sie müssen, abhängig von den Fragen, direkt auf der Basisschicht die Informationen extrahieren und analysieren. Dazu nutzen sie alle zur Verfügung stehenden Daten, bilden temporäre Datamarts und führen statistische Analysen durch.

Allgemein spricht man von Data Mining, wenn mithilfe meist statistischer Methoden Muster innerhalb des Datenbestandes gesucht werden. Dabei können, wie oben dargestellt, vorhandene Hypothesen bestätigt oder noch unbekannte Beziehungen aufgedeckt werden.

5.13.4 Fachliche Herausforderungen und Lösungen

Der Weg von verteilt vorliegenden und meist heterogenen Datenbeständen zu einer **konsistenten Datenbasis**, auf der die Analysen erstellt werden, ist wie oben beschrieben eine große Herausforderung, vor der jede Firma im Business Intelligence-Umfeld steht. Eine konsistente Datenbasis muss sowohl in der Basisschicht als auch auf der Datamartebene vorliegen. Die bei der Erstellung auftretenden Probleme sind vielschichtig und können nur in enger Abstimmung zwischen den Fachbereichen und der IT gelöst werden. Folgende Fragen müssen zwingend geklärt werden:

Welche Daten werden für Auswertungen benötigt?
Die Antwort auf die Frage könnte in manchen Fällen lauten: Alle Daten werden benötigt. Ein Abzug aller Daten führt allerdings über die Zeit zu gewaltigen Datenmengen, die nicht mehr einfach ausgewertet werden können. In der Allianz werden deshalb nicht alle Elemente abgezogen. Es werden nur die Daten zur Verfügung gestellt, die für die Statistiken und Aktuare regelmäßig verwendet werden. So muss bei bestimmten Produkten, wie z.B. der Kraft-Versicherung, vermutlich nicht jedes gespeicherte Datenelement auch geladen und ausgewertet werden.

Gegebenenfalls möchten die Aktuare nur den Verlauf des Schadenverhaltens über die Zeit verfolgen.

Immer beachtet werden muss, dass sich die Produkte in regelmäßigen Abständen ändern. Produktänderungen, wie z.B. die Einführung von niedrigeren Beiträgen bei Garagenhaltung bei einer Kraft-Versicherung, erfordern dann zusätzliche Felder für die Produktkalkulation und für das Controlling.

Wie häufig werden Daten bzw. Datamarts zur Verfügung gestellt?
Die Antwort hängt von drei Faktoren ab:

- *Technische Verabeitungsgeschwindigkeit*: Wie schnell können die Daten technisch geladen und verarbeitet werden? Verarbeitungen von mehreren hundert Millionen Datensätzen können in der Praxis durchaus mehrere Tage in Anspruch nehmen. Somit ist die Antwort – zunächst rein technisch getrieben – meist einmal pro Woche oder einmal im Monat. Zum Beispiel kann eine Datenbankverknüpfung über Produkte und Kunden aufgrund des hohen Datenbestandes bei der Allianz Tage dauern.

- *Fachliche Überprüfung und Abnahme der bereitgestellten Daten:* In der Regel ändern sich jedes Jahr ausgewählte Produktmerkmale bei den meisten Produkten. Damit stellt sich jährlich die Frage nach der Anpassung der Datamarts. Die große Herausforderung ist dabei die fachliche Analyse. Es ist zu klären, wie die neuen Felder betrachtet werden, wie sie in die Auswertung eingebunden werden und wie die angepassten Datamarts aussehen sollen. Eine solche Analyse kann sich inklusive der dazugehörenden Implementierung und Abnahme über Wochen hinziehen, sodass die Daten schon aus ökonomischen Gesichtspunkten i.d.R. nur jährlich zur Verfügung gestellt werden.

- Zentral ist auch die trivial erscheinende Frage, *welche Abteilung zu welchen Daten die Vorgaben macht.* Bei unzureichender Klärung können Projekte scheitern. In der Regel gibt es einen eindeutigen Produktgeber, welcher die fachlichen Vorgaben macht. Beim Cross Selling bzw. produktübergreifenden Themen ist dieser hingegen nicht immer eindeutig zu benennen. Bei der Allianz Deutschland AG übernimmt dies ein eigener Bereich, das „Marktmanagement".

Wie deutlich geworden ist, sind die Fragen zu den Daten und zu den Auswertungen vielfältig, insbesondere in der Anfangsphase und bei Umstellungen. Ein sogenanntes **„Business Intelligence Competence Center"** (BICC) kann dabei eine gute Plattform für die Verbreitung des Wissens sein und Lösungen für Fragestellungen aufzeigen. Über ein institutionalisiertes BICC können insbesondere fachliche bzw. übergreifende Fragen deutlich schneller beantwortet werden. Das BICC ist keine feste Organisationseinheit, sondern eine virtuelle Gruppe von Experten, die Probleme analysiert und löst. Die Leitung oder Moderation des BICC sollte, wenn möglich, der Leiter einer Fachabteilung inne haben, da die meisten Fragen eher fachlicher als technischer Natur sind.

Zusammenfassend können wir feststellen, dass es keine Patentrezepte für die fachlichen Fragestellungen gibt. Es bedarf immer einer Abstimmung, welche Daten wie und wann zur Verfügung gestellt werden sollen. Die Datenbereitstellung kann abhängig von Fragestellung und Wirtschaftlichkeit täglich, wöchentlich, monatlich, halbjährlich oder jährlich erfolgen.

5.13.5 Technische Herausforderungen und Lösungen

Die technischen Herausforderungen betreffen folgende Punkte:

- Mit Zunahme der Datenmengen müssen für jede Datenquelle die rechtlichen Auflagen und Vorgaben an **Datenhaltung, Datensicherheit und Datenschutz** berücksichtigt werden. Ein typisches Beispiel ist die Bereitstellung einer Bilanzierungsdatenbank aus dispositiven Beständen, bei welcher die SOX-Vorgaben bezüglich Dokumentation und Freigaben beachtet werden müssen. Dies macht u.a. ein standardisiertes Berechtigungs- und Legitimationssystem notwendig. Die Verwaltung der Berechtigungen bzw. die Einrichtung der Freigabeverfahren verursacht hohen Aufwand.

- Das **Laden bzw. Verarbeiten von großen Datenvolumen** kann teils auch von der performantesten Hardware nicht mehr bewältigt werden. Heute bewegen wir uns im Größenbereich von vielen Terrabytes, Tendenz steigend. Bei der Allianz stehen heute z.B. ca. 100 Terrabyte Daten zur Verfügung, davon alleine 65 Terrabyte rein produktiver Daten. Die restlichen Daten werden in der Entwicklung und Integrationsumgebung verwendet.
  Problematisch sind dabei v.a. die I/O-Zugriffe (Input/Output). Auch wenige Millisekunden pro Plattenzugriff addieren sich sehr schnell, wenn Milliarden Datensätze gelesen und geschrieben werden müssen.
  Einige Anfragen sind zusätzlich auch noch sehr CPU-intensiv. Eine zeitintensive Berechnung ist z.B. die Scoring-Bildung pro Kunde oder Vertrag. Dazu müssen viele Detaildaten aus den Tabellen gelesen und anschließend statistische Methoden für die Score-Bildung aufgerufen werden. Wenn sich die Anzahl der Verträge und die Anzahl der Kunden im Millionenbereich bewegen, kann die Berechnung über mehrere Wochen laufen.
  Diese Herausforderung lässt sich mit intelligenten Algorithmen und virtualisierten Rechnern, die in einem Rechnerverbund arbeiten, lösen. Selbst die performantesten Einzelrechner können die heutigen Datenvolumen nicht verarbeiten.

  Ein weiterer Aspekt bei großen Datenvolumen ist die notwendige Sicherung der Daten. Wenn mehrere Terrabyte Daten über mehrere Generationen gesichert werden müssen, entstehen sehr hohe Datenvolumina. Die Anzahl der gesicherten Generationen bewegt sich real bei 2 bis 3. So können bei wöchentlicher Sicherung die Änderungen maximal 3 Wochen zurückverfolgt werden.

- Mit Zunahme der Datenmengen steigen auch bei performanter Hardware die **Laufzeiten der Abfragen.** Eine möglichst optimale Organisation der Daten und eine optimierte Abfrage der Daten können die Laufzeiten positiv beeinflussen. „Unsaubere" Abfrage-Statements sind unbedingt zu vermeiden und führen zu unnötigen Maschinenbelastungen und langen Antwortzeiten. Sie können sogar zur Blockade der gesamten Infrastruktur führen. Rein technische Vorgaben können das System zwar ausreichend absichern, schränken aber die Funktionalität stark ein: Es kann immer Fälle geben, in denen besondere Berechnungen die gesamten Kapazitäten benötigen. Eine sinnvolle Lösung zur Vermeidung ungewünschter Statements ist deshalb eine Kombination zwischen technischen Restriktionen und organisatorischen Vorgaben.

- Letztlich müssen über die technischen Fragestellungen hinaus auch die **Kosten** einer BI-Plattform berücksichtigt werden. Der ständige Kostendruck zwingt die Verantwortlichen häufig, die Datenmengen und Datenberechnungen zu hinterfragen. Ziel des gesamten Managements muss die Einhaltung einer gesunden Kostenstruktur sein. So sind die in vielen Unternehmen auffindbaren und treffenderweise **„BI-Werkzeug-Zoos"** genannten Landschaften ineffizient: zu viele zerstückelte Lizenzen, Know-how-Inseln, Support- und Betreibermodelle führen zu hohen Kosten. In solchen Fällen ist es unerlässlich, diese "Zoos" im Sinne einer Werkzeugstandardisierung aufzuräumen, d.h. zu standardisieren und zu konsolidieren.

  Der Markt der Werkzeuge hat in den letzten Jahren selbst eine starke Konsolidierung erlebt. Wo es noch Anfang 2000 mehrere Tools und Hersteller gab, sind heute nur noch ein paar große Hersteller mit ihren Werkzeugen am Markt. Die Allianz Deutschland AG hat zwar eine historisch gewachsene Toollandschaft, sie hat sich aber auf ein Tool festgelegt. Damit erreicht die Allianz das Ziel der geringeren Kosten durch erhebliche Reduktion von Wartungs-, Betriebs- und Lizenzkosten.

Kurzbiographien

Dr. Ralf Schneider ist seit 2006 Leiter des Bereichs Informationstechnologie (CIO) der Allianz Deutschland AG. Er startete seine Laufbahn bei der Allianz 1995 und war u.a. mit der Leitung eines Vertriebsbereichs, der Abteilung Anwendungsentwicklung Agentursysteme sowie des Fachbereichs Informationssysteme betraut. Ralf Schneider ist Diplom-Mathematiker und promovierte 1992 an der LMU München in Informatik.

Dr. László Teleki ist sein 2007 Leiter des Business Intelligence-Abteilung in der Allianz Deutschland AG. Er arbeitet seit 1997 bei der Allianz und hat Projekte und Teams mit IT-Schwerpunkt sowohl im nationalen als auch internationalem Bereich geleitet. László Teleki hat Informatik an der Universität Erlangen-Nürnberg studiert und promovierte 1997 an der Universität in Bonn.

Literaturverzeichnis

(Kemper 2006): Kemper H-G, Gluchowski P, Quo Vadis Business Intelligence. In: BI-Spektrum. 01-2006, S. 12–19.

5.14 Unternehmenssteuerung

Laszlo Hrabovszki, Dr. Michael Leitschkis, **Köln, Deutschland**

Zusammenfassung

Die Autoren gehen zunächst auf die aktuellen Anforderungen an die Modellierung der Unternehmenssteuerung ein, welche sich im Kontext des marktkonsistenten Embedded Value (MCEV), MaRisk VA und Solvency II ergeben. Sie diskutieren dann die wesentlichen Bestandteile eines Unternehmensmodells – das Kapitalmarktmodell, das Modell der Aktiva, das Modell der Passiva und vor allem das Modell der Unternehmenssteuerung. Auf dieser Basis erläutern die Autoren, wie die einzelnen Bausteine zu einem leistungsfähigen Gesamtmodell zusammengesetzt und in der Informationsverarbeitung abgebildet werden können.

5.14.1 Einführung und Motivation

Historisch erfolgte die Steuerung von deutschen Versicherungsunternehmen meist auf der Grundlage von HGB-Kennzahlen. Die Akzeptanz der aktuariellen Unternehmensmodelle im Management war oftmals gering, Standards der Modellierung gab es kaum.

Einen wichtigen Impuls zur Modellierung gab dann der Einzug der sog. *Embedded Value*-Methodik im deutschen Markt Ende der 90-er Jahre. Beim klassischen Embedded Value handelte es sich um eine Bewertung des (Lebensversicherungs-)Unternehmens mithilfe einer Bestandsprojektion über 40 Jahre. Gerechnet wurde anhand der „erwarteten" Entwicklung der Kapitalanlagerenditen, Biometrie, Kosten etc. und mit einem eigens festzulegenden Diskontsatz. Besonders die Festlegung des Diskontsatzes wurde allerdings oft als subjektiv kritisiert. Ferner konnte die Projektion entlang eines „erwarteten" Szenarios nicht gut die Volatilität des Geschäfts erfassen – denn gerade in einem extremen Szenario wird etwa die Werthaltigkeit der Zinsgarantie für den Versicherungsnehmer explizit quantifizierbar.

Als Antwort auf die obige Kritik kam ab 2004 der *European* bzw. *Market Consistent Embedded Value,* abgekürzt als EEV bzw. MCEV (für Detailinformationen zu diesen Begriffen s. etwa www.cfoforum.nl/eev). Die MCEV-Methodik erfordert die Auswertung des Unternehmensmodells über 40+ Jahre anhand X Tausend

M. Aschenbrenner et al. (eds.), *Informationsverarbeitung in Versicherungsunternehmen*,
Springer-Lehrbuch Masterclass, DOI 10.1007/978-3-642-04321-5_28,

verschiedener Kapitalmarktszenarien, s. Abschn. 5.14.2.1. Je nach Szenario muss das Modell unterschiedliche Entscheidungen zur Überschusshöhe, zur Aktienquote usw. treffen, die zur jeweiligen Lage passen und die Ansichten des Managements zur Unternehmenssteuerung adäquat abbilden. Ferner sollte es auch die Optionen der Versicherten berücksichtigen, die beispielsweise im Falle einer zu niedrigen Versicherungsnehmer (VN)-Gesamtverzinsung ggf. häufiger ihre Policen stornieren würden als sonst. In diesem Kontext spricht man von einem *stochastischen Modell* in Abgrenzung zu den früher üblichen *deterministischen Modellen*, die nur eines oder ein paar wenige Szenarien hochrechneten, s. etwa (Jaquemod et al. 2005) für eine ausführliche Betrachtung stochastischer Unternehmensmodelle.

Die inzwischen weit verbreitete MCEV-Bewertung ist eine von vielen Anwendungen, die ein stochastisches Unternehmensmodell voraussetzen. Auch eine moderne, risikogerechte Ermittlung des Kapitalbedarfs eines Unternehmens im Sinne der Solvency II-Regelungen benötigt eine stochastische Modellierung der Risiken. Damit gehen u.a. die folgenden Anforderungen einher:

- Berücksichtigung aller wesentlichen Risiken im Modell
- Transparenz des Modells, u.a. durch angemessene Dokumentation
- Interne Verwendung des Modells zur Unternehmenssteuerung.

Insbesondere die letzte Anforderung stellt eine Revolution dar. Wurden die Modelle früher von manchem Manager als „Spielzeug der Aktuare" verspottet, so muss das Management von heute demonstrieren können, dass es das Unternehmensmodell nicht nur versteht, sondern auch einsetzt. Letzteres bedeutet konkret, dass die Beurteilung der Chancen und Risiken neuer Produkte ebenso auf Grundlage des Modells erfolgen muss wie etwa die Messung der Management-Leistung. Ein Abwarten, bis Solvency II tatsächlich in Kraft tritt, ist nicht möglich, denn viele der obigen Anforderungen wurden in Deutschland unter dem Namen MaRisk VA vorweggenommen und im Jahre 2008 eingeführt. Last, but not least: Im Rahmen der künftigen Rechnungslegung nach IFRS 4 Phase II erlangen die stochastischen Unternehmensmodelle auch Relevanz für die Rechnungslegung.

Im Abschn. 5.14.2 diskutieren wir, was genau wir unter einem Unternehmensmodell verstehen und welche Einzelteile ein modernes Unternehmensmodell mindestens umfassen muss. Im Abschn. 5.14.3 reden wir über die Modell-Architektur, also darüber, wie diese Einzelteile zu einem Gesamtmodell zusammengebaut werden können. Dabei konzentrieren wir uns auf die Modellierung der Lebensversicherung. Auf die Krankenversicherung sind viele der unteren Überlegungen zumindest in Teilen übertragbar, sofern sie nach Art der Lebensversicherung betrieben wird.

5.14.2 Bausteine eines Unternehmensmodells

Unter einem **Unternehmensmodell** verstehen wir kein abstraktes Denkkonstrukt, sondern ein *Programm*, welches die Projektion der Unternehmensbilanz sowie -GuV über 40+ Jahre ermöglicht, indem es den Kapitalmarkt, die Aktiva und die Passiva des Unternehmens, die Aktionen des Managements sowie das Kundenverhalten *in einem Gesamt-Zusammenhang* abbildet. Es gibt einige populäre Software-Tools für aktuarielle Projektionen (im weiteren Verlauf des Kapitels einfach *Projektionssoftware* genannt), auf deren Grundlage ein Unternehmensmodell implementiert werden kann. Da diese Tools eine Reihe versicherungs- und finanzmathematischer Standardformeln bereitstellen, helfen sie, den Implementierungsaufwand beim Aufbau des Unternehmensmodells zu reduzieren. Die Spezifika des Unternehmens müssen jedoch in Eigenregie implementiert werden. Ferner muss das Unternehmen (unabhängig davon, ob sein Modell eine Eigenentwicklung darstellt oder auf Basis externer Projektionssoftware entwickelt wird) sein Modell in vollem Umfang beherrschen („own your model" im Sinne von Solvency II), und zwar die Inputs, den Code und die Outputs. Die Abb. 5.30 stellt ein Unternehmensmodell schematisch in diesem Sinne dar (die Abkürzung KA steht hierbei für „Kapitalanlagen").

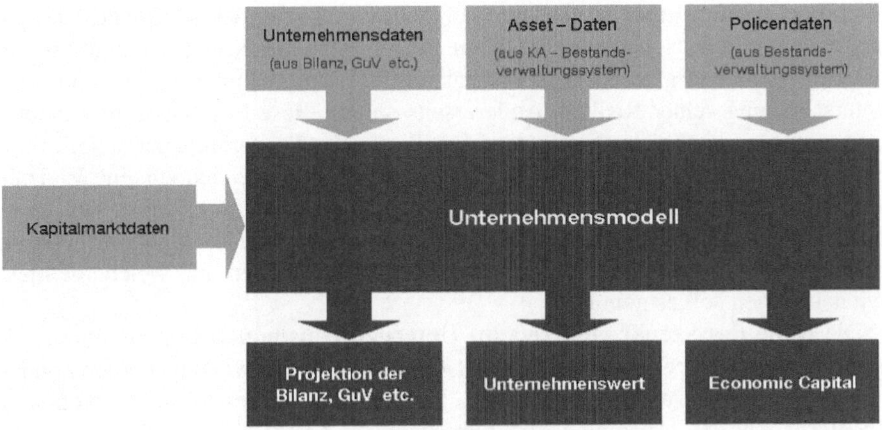

Abb. 5.30 Ein Unternehmensmodell: Input, Code, Output (exemplarisch)

Wir kommen nun zu den einzelnen Bausteinen eines Unternehmensmodells. Grundsätzlich besteht ein Unternehmensmodell aus einem Kapitalmarktmodell, einem Modell der Aktiva, einem Modell der Passiva und einem Modell der Managementregeln sowie des VN-Verhaltens, siehe Abb. 5.31. Im vorliegenden Abschnitt wollen wir über diese „Zutaten" der Reihe nach diskutieren. Die punktierten Pfeile in der Abbildung bedeuten Informationen für das jeweils *folgende* Projektionsjahr.

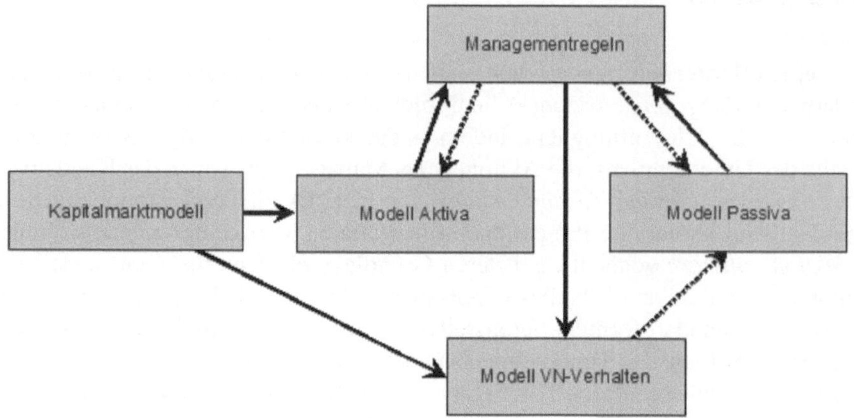

Abb. 5.31 Wichtige Modellbausteine

5.14.2.1 Kapitalmarktmodell

Dem Kapitalmarktmodell bzw. dem mit seiner Hilfe erstellten Szenarienpaket kommt bei der Ermittlung eines Unternehmenswertes oder bei der Quantifizierung der Risiken eine entscheidende Rolle zu. Wären etwa alle Szenarien „gut", so käme man offenkundig zu einer Überschätzung des Unternehmenswertes und einer Unterschätzung seiner Risiken. Andererseits sollten diese Ergebnisse rein theoretisch nicht davon abhängen, wie der Modellierer das Szenarienpaket erstellt bzw. von welchem Anbieter er dieses erwirbt. In der Praxis gibt es jedoch eine Vielzahl wohlbegründeter Kapitalmarktmodelle, welche in einem praktischen Unternehmensmodell zu durchaus verschiedenen Bewertungsergebnissen führen. Welche Informationen soll ein Kapitalmarktmodell also bereitstellen und welchen Objektivitätskriterien soll es genügen?

Die Rolle des Szenarienpakets im Unternehmensmodell besteht darin, die Assets zu projizieren und die Modell-Cashflows zu bewerten. Ferner können Szenariendaten, etwa die Marktzinsen, zur Beurteilung des teilweise rationalen VN-Verhaltens bei Ausübung von Optionen wie Rückkaufsrecht herangezogen werden. Also muss das Szenarienpaket für die gesamte Projektionsdauer von 40+ Jahren zumindest Folgendes enthalten: eine komplette risikolose Zinskurve, Aktienindizes und -Dividenden sowie die Diskontsätze zur Bewertung von Cashflows. Darüber hinaus müssen Angaben für diejenigen weiteren Assetklassen enthalten sein, die im Asset-Modell explizit abgebildet werden. Sollen etwa die Immobilien (explizit) modelliert werden, so muss das Kapitalmarktmodell die entsprechenden Szenarienangaben produzieren etc.

Welchen Objektivitätskriterien muss ein Kapitalmarktmodell für unsere Zwecke genügen? Zum einen soll es *arbitragefrei* sein. Bildhaft gesprochen soll es im Modell keine „Free Lunches" geben, also keine Strategien mit einem sicheren

Geldzufluss bei t = 0 ohne eine zukünftige Zahlungsverpflichtung (s. etwa (Baxter u. Rennie 1996)). Diese Modell-Anforderung ist insofern wichtig, als das Modell ansonsten eine Strategie finden und ausnutzen könnte, mit der zwar im Modell hohe Wertgewinne erreicht werden, die jedoch in der Realität nicht funktionieren würde.

Zum anderen soll das Kapitalmarktmodell für Bewertungsaufgaben im Sinne des MCEV *marktkonsistent* sein. Mit anderen Worten: Die Bewertung von am Markt gehandelten Assets mit dem Szenarienpaket sollte für den Stichtag des Projektionsbeginns die jeweiligen bekannten Marktpreise dieser Assets sehr gut wiedergeben. Diese Objektivitätsanforderung erfordert ganz bestimmte pfadabhängige Diskontsätze und eliminiert die dem klassischen Embedded Value anhaftende Subjektivität bei der Wahl des Diskontsatzes.

Last, but not least, die Dynamik der Szenariendaten für die Dauer der Projektion sollte realistisch sein. Damit diese Anforderung nicht zu abstrakt klingt, wollen wir sie am Beispiel der Zinskurve illustrieren. So sollten verschiedene Formen der Zinskurve, etwa die inverse Zinskurve, im Modell vorkommen. Die Modell-Zinsen für verschiedene Laufzeiten sollten wie in Realität nicht perfekt miteinander korreliert sein. Ferner sollten die Zinsen weder negativ noch sehr hoch werden etc. NB: In der Praxis lassen sich meist nicht all diese Erwartungen gleichzeitig umsetzen.

5.14.2.2 Asset-Modell

Die Kunst der Asset-Modellierung besteht zu einem beträchtlichen Teil darin, dass man die Vielzahl der im Portfolio vorhandenen Kapitalanlagen geeignet klassifiziert und in eine überschaubare Welt der Modell-Assetklassen überführt, wie die Abb. 5.32 schematisch darstellt.

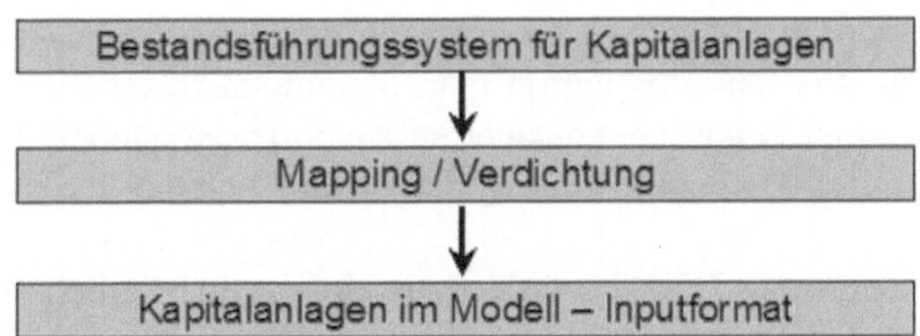

Abb. 5.32 Mapping und Verdichtung der Asset-Daten sind erforderlich

In der Praxis haben es die Kapitalanleger mit einer Vielzahl verschiedener Asset-Klassen zu tun. Je nach Aufgabe ist eine unterschiedlich detaillierte Sicht der einzelnen Asset-Klassen angebracht. Für die Zwecke eines stochastischen Unternehmensmodells sollte man eine überschaubare, möglichst einstellige, Anzahl der explizit modellierten Klassen definieren. Diese Festlegung ist ebensowenig trivial wie das Mapping der anderen Klassen auf die modellierten.

Gleichwohl ist ein solches Vorgehen beim Bau eines Unternehmensmodells ohne Alternative. Einerseits liegt dies daran, dass eine explizite Steuerung von 30-40 Assetklassen im Modell über 40 Jahre und Tausende Szenarien kaum objektiv formalisiert und interpretiert werden kann. Andererseits liegt dies daran, dass die Verarbeitung von Daten zu einer Vielzahl von Asset-Klassen, Subklassen und Titeln eine hohe Bürde für die Modell-Laufzeiten darstellt. Allerdings soll das Asset-Modell für unsere Zwecke nicht nur „schlank", sondern auch recht genau sein. Schließlich verlangen die Anforderungen aus MCEV, Solvency II oder MaRisk VA eine verlässliche Quantifizierung aller relevanten Risiken, und die Marktrisiken spielen für einen Lebensversicherer eine zentrale Rolle. Die optimale Auflösung dieses Dilemmas hängt ganz entscheidend vom jeweiligen Asset-Portfolio und von der jeweiligen Aufgabenstellung ab.

Da wir an dieser Stelle aus Platzgründen nicht auf alle Asset-Klassen eingehen können, legen wir den Schwerpunkt auf die Anleihen inkl. der Corporate Bonds und gehen zum Schluss ein wenig auf die Derivate ein. Bei den Anleihen werden als Inputs aus dem Kapitalanlagenverwaltungssystem die Markt-, Buch- und Anschaffungswerte sowie die Angaben zu deren Fälligkeitsdatum, Kupon, Rating und bilanzieller Einstufung (Anlagevermögen oder Umlaufvermögen) benötigt. Die Anleihen sollten im Unternehmensmodell nicht einzeln, sondern verdichtet verarbeitet werden. Bei der Verdichtung könnten etwa die Titel mit demselben Ablaufsjahr und derselben Rating-Klasse zusammen verdichtet werden. Zur Vereinfachung kann man die Ablaufszeitpunkte im Modell auf den 30. Juni des jeweiligen Jahres legen, indem man implizit eine Gleichverteilung dieser Zeitpunkte über das Jahr unterstellt. Ferner kann man für unsere Zwecke annehmen, dass jede Anleihe einen Kupon im Jahr zahlt, indem mehrere Kuponzahlungen eines Jahres ggf. zusammengefasst werden. Durch solche Maßnahmen kann man die Anzahl der Anleihen-Modellpunkte meist deutlich reduzieren, ohne nennenswerte Einbußen bei der Qualität der Ergebnisse zu erleiden.

Ein möglicher Modellierungsansatz besteht darin, bei den Anleihen zwischen zwei Asset-Klassen zu unterscheiden, nämlich den risikolosen Anleihen und den Corporate Bonds. Als risikolos würde man diejenigen festverzinslichen Titel abbilden, die nicht unter einem nennenswerten Ausfallrisiko stehen. Diese Titel werden im Modell durch Diskontierung der Cashflows anhand der risikofreien Zinskurve bewertet.

Explizit als Corporate Bonds würde man die kreditrisikobehafteten Titel modellieren. Die Modellierung der Spreads und der Ausfallwahrscheinlichkeiten soll dabei insbesondere für Anwendungen wie MCEV und Solvency II marktkonsistent erfolgen. Das heißt, zu Beginn der Projektion muss das Modell die Marktpreise der Corporate Bonds korrekt ermitteln können. Eine Methodik hierfür besteht in der gedanklichen Zerlegung eines Corporate Bonds in mehrere Komponenten, etwa eine risikolose Anleihe, eine Aktie und eine Short Call-Option. Die Ansätze dieser Art gehen ursprünglich auf Merton zurück. Im Lichte der Kreditkrise gewinnt allerdings eine explizite Modellierung der Ratings und der Übergänge zwischen Rating-Klassen an Bedeutung, um anhand des Modells fundierte Aussagen über Kreditrisiken etwa für die Solvency II-Zwecke treffen zu können. In diese Kategorie fällt beispielsweise die JLT-Methodik, so genannt nach ihren Autoren Jarrow, Lando und Turnbull, s. etwa (Jarrow et al. 1997).

Zum Schluss möchten wir ein paar Worte über die Modellierung der Derivate sagen. Es sollten nämlich zumindest die Instrumente aus dem Unternehmensportfolio abgebildet werden, die eine strategische Bedeutung als Risikomanagement-Werkzeug haben. So sollten beispielsweise die Swaptions berücksichtigt werden. Ferner können und sollen einige komplexe Instrumente vor ihrer Modellierung zerlegt werden. Falls das Unternehmen eine Absicherungsstrategie unter Verwendung von Derivaten verfolgt, so soll diese an und für sich modelliert werden – auch wenn dies in der praktischen Umsetzung nicht einfach ist. Beispielsweise stellt sich hier die Frage, mit welchen Volatilitäten während der Projektion die Bewertung dieser Derivate vorzunehmen ist. Trotz dieser Schwierigkeiten halten wir die Modellierung von Absicherungsstrategien für ein sehr bedeutsames Thema.

5.14.2.3. Modell der Passivseite

Unter einem Modell der Passivseite versteht man oft eine detaillierte Abbildung der Tarife gemäß den jeweiligen Geschäftsplänen. Ein solches Modell der Versicherungstarife in einer Projektionssoftware möchten wir an dieser Stelle jedoch nicht diskutieren, sondern vielmehr voraussetzen. Unser Fokus liegt nämlich darauf, wie die Passiva einer Gesellschaft zweckmäßigerweise in einem *stochastischen* Modell abgebildet werden können. Letzteres kann grundsätzlich auf zwei verschiedenen Wegen angegangen werden.

Einerseits kann man die bestehenden Tarifmodelle in der Projektionssoftware als Bausteine in das Unternehmensmodell einbinden. Andererseits kann man eine vereinfachte, komprimierte Abbildung der Passiva vornehmen, um die zeitaufwändigen Policenberechnungen im stochastischen Modell zu beschleunigen. Diese vereinfachte Abbildung der Tarife muss man dann anhand des detaillierten Modells kalibrieren, bevor sie produktiv eingesetzt wird. Der erstere Weg entspricht der so genannten *Bottom-Up-Modellarchitektur*, der letztere entspricht der *Top-Down-Architektur*. Im Abschn. 5.14.3 werden wir die beiden Varianten diskutieren und miteinander vergleichen.

Eine Bemerkung zur Projektionssoftware: Es stellt sich auch die Frage, ob ein Modell von Versicherungstarifen des Unternehmens in einem Rechenkern als Basis beim Aufbau des Unternehmensmodells dienen kann. Grundsätzlich ist dies möglich – man spricht hierbei von sog. *Brückenmodellen* – allerdings raten wir nicht unbedingt zu einer solchen Vorgehensweise und geben vor allem die folgenden Punkte zu bedenken:

- Sind die tariflichen Berechnungen im Rechenkern laufzeitoptimiert oder viel detaillierter abgebildet als im Unternehmensmodell notwendig?

- Ist der Rechenkern hinreichend flexibel, um dynamische Entscheidungen von Managementregeln anstatt statischer Tabellen-Inputs zu verarbeiten?

An dieser Stelle wenden wir uns der Abbildung von Versicherungstarifen im Unternehmensmodell zu. Grundsätzlich sollten alle relevanten Tarife im stochastischen Modell berücksichtigt werden, so dass man eine Bestandsabdeckung jenseits der 95% erreicht. Gleichwohl sollte es gar nicht das Ziel sein, alle Tarife explizit abzubilden. Tatsächlich finden sich im Bestand oftmals einige sehr komplexe Tarife, deren Bestandsstärke so gut wie vernachlässigbar ist. Ferner ist die Berücksichtigung eines Tarifes im Modell nicht gleichbedeutend mit expliziter Modellierung. So kann ein Tarif etwa auf einen ähnlichen Tarif mit demselben Rechnungszins gemappt werden. Ferner kann ein Tarif berücksichtigt werden, indem seine (einmal mit dem Detailmodell berechneten) Prämien, Leistungen und Kosten im stochastischen Modell tabellarisch eingelesen und in allen Szenarien verwendet werden. Der Einsatz dieser sog. *deterministischen Cashflows* empfiehlt sich für diejenigen Tarife, welche kaum oder gar nicht vom Kapitalmarkt abhängen, etwa die Risikoversicherungen.

Wir sehen, dass zwar nicht alle Tarife im Unternehmensmodell explizit verarbeitet werden müssen, jedoch ein recht großer Teilbestand, der je nach Unternehmen aus einigen Hunderttausenden bis hin zu einigen Millionen Policen bestehen kann. Aus Laufzeitgründen soll ein stochastisches Modell jedoch, je nach seiner Architektur, mit 1000-10000 Modellpunkten arbeiten, vgl. Abschn. 5.14.3. Es muss also in jedem Falle ein sehr hoher Grad der passivseitigen Verdichtung erreicht werden, und zwar ohne signifikante Abstriche bei der Qualität der Ergebnisse. Deshalb beenden wir diesen Unterabschnitt mit einer Diskussion des typischen Verdichtungsprozesses.

Schritt 0: Am Anfang verschafft man sich einen Überblick über die Inputs und die Outputs der Verdichtung. Den wichtigsten Input stellt der Bestandsabzug inklusive eines dazugehörigen Datenmodells dar. Das Letztere sollte eindeutig beschreiben, was genau sich hinter welchem Datenfeld verbirgt. Was den Output angeht, so sollte auch von diesem bereits am Anfang ein Datenmodell erstellt werden. Dabei wird abgeklärt, welche Größen und welches Format vom stochastischen Modell erwartet werden.

Schritt 1: Anhand des Output-Datenmodells legt man fest, welche Ausgabegrößen bei der Verdichtung „exakt“ behandelt werden sollen, welche Werte auf andere Werte „gemappt“ werden und welche Werte einer Mittelung unterzogen werden dürfen. Diese Klassifikation hängt stets vom benötigten Verdichtungsgrad, vom Bestand sowie von der Aufgabe ab.

Beispiele:

(a) *Ablaufsjahr einer gemischten Versicherung.* Dies ist ein wichtiges Merkmal des Vertrages, denn es wird auf das Ablaufsjahr hin das Deckungskapital angespart. Daher empfehlen wir eine exakte Berücksichtigung des Ablaufsjahres bei der Verdichtung.

(b) *Beitragszahlungsweise eines Vertrages.* Wir empfehlen das Mapping aller Zahlungsweisen auf die Jahreszahler und die Monatszahler oder sogar sämtlicher Zahlungsweisen auf die Monatszahler.
(c) *Geschlecht des Versicherungsnehmers.* Wir empfehlen eine Mittelung, auf eine Nachkommastelle genau. Steht 0 für „Mann" und 1 für „Frau", so kann etwa beim Geschlecht 0,3 mit der „0,3-Tafel", definiert als 0,7 * Männertafel + 0,3 * Frauentafel, gerechnet werden.

Schritt 2: Ist die Klassifikation der Ausgabegrößen im Sinne des obigen Schrittes erfolgt, so sollte die Granularität der Verdichtung definiert werden. Soll im Modell der Tarif A auf den Tarif B gemappt werden, so sollten diese Tarife auch gemeinsam verdichtet werden. Damit hat man weniger Verdichtungsaufgaben zu bearbeiten und produziert zugleich weniger Modellpunkte. Ist die Granularität der Verdichtung festgelegt, so steht der technischen Umsetzung der Verdichtung grundsätzlich nichts im Wege. Allerdings können in der Praxis einige typische Probleme auftreten. Ein Beispiel dafür sind „dünn besetzte" Modellpunkte – zu einem untypischen Vertrag finden sich per definitionem nicht viele Analoga. Ein anderes Beispiel stellen abgeleitete Größen wie die GuV-relevante Position „Veränderung der Reserven" dar. Bei manchem alten Tarif kann es sich dabei nämlich um die Differenz zwischen zwei sehr großen Zahlen handeln. Diese kann auch dann numerisch instabil sein, wenn die Reserve selbst bei der Verdichtung keine Probleme bereitet.

Schritt 3: Ist eine Verdichtung gemäß Schritt 2 vollzogen, steht ihre Qualitätssicherung an. Hierbei vergleicht man eine Projektion mit verdichteten Modellpunkten mit einer „unverdichteten" Projektion. Zum einen betrachtet man die grafischen Verläufe der GuV- und Bilanzgrößen über die gesamte Projektionsdauer. Zum anderen bildet man die Barwerte wichtiger Größen wie etwa Rohüberschuss für die beiden Projektionen. Dabei kann man z.B. definieren, dass Abweichungen unter 2% toleriert werden. Doch was tun, wenn es z.B. signifikante Probleme mit der Veränderung der Reserve oder einfach zu viele Modellpunkte im Output gibt?

Schritt 4. Zur Lösung der am Ende von Schritt 3 verbleibenden Probleme kann man einen Optimierungsalgorithmus verwenden. Dabei kann man die bisherige Verdichtung als Vorverdichtung auffassen und die Frage aufwerfen, mit welcher Gewichtung der bisher produzierten Modellpunkte die „unverdichteten" Ergebnisse bestmöglich angenähert werden können. Ein Optimierungsalgorithmus stellt typischerweise fest, dass 50–80% der vorverdichteten Modellpunkte mit dem Gewicht Null zu versehen sind. Ferner kann die Optimierung einen guten Fit bei abgeleiteten Größen wie der Veränderung der Reserven erwirken. Natürlich sollen die Ergebnisse der Optimierung ihrerseits den QS-Maßnahmen aus Schritt 3 unterzogen werden.

5.14.2.4. Managementregeln und finanzrationales VN-Verhalten

Ein stochastisches Unternehmensmodell „durchlebt" Jahr für Jahr und Szenario für Szenario eine Reihe unterschiedlicher Situationen. Je nach Finanzkraft und Risikotragfähigkeit des Unternehmens sollten die Entscheidungen des Managements für das kommende Projektionsjahr unterschiedlich ausfallen. Den Algorithmus zur Abbildung dieser Entscheidungen im Modell nennt man meist die *Managementregeln*. **Die Managementregeln verwenden einerseits aktuelle Daten aus dem Modell der Aktiva und dem Modell der Passiva als Input. Andererseits stellen die Managemententscheidungen selbst einen Input für die Hochrechnung der Aktiva und der Passiva im Folgejahr dar,** vgl. Abb. 5.31 im Abschn. 5.14.2.

Zu den Beispielen für typische Themen der Managementregeln gehören die Strategische Asset-Allokation (SAA), die Überschussdeklaration, der Wettbewerb, die Solva-Bedeckung, die Auflösung von stillen Reserven und die zum Teil rationale Ausübung der Rückkaufs- sowie der Kapitalwahloption durch den Versicherungsnehmer. Das letztere Thema, oft das VN-Verhalten genannt, erwähnen wir mit an dieser Stelle, auch wenn es sich hierbei natürlich nicht um eine Entscheidung des Managements handelt.

Die wichtigste Anforderung bei der Formulierung der Managementregeln ist deren Realitätsnähe. Deshalb möchten sich externe Prüfer vergewissern, dass das Konzept und die Parametrisierung der Regeln zu den tatsächlichen Entscheidungen des Managements am Anfang der Projektion und in der näheren Vergangenheit passen. Ferner müssen die Managementregeln robust und transparent sein. Wenn die Managementregeln als solche zu komplex sind oder ihre Parametrisierung problematisch ist, sind Probleme bei der Interpretation und Verwendung der Modell-Ergebnisse vorprogrammiert. An dieser Stelle wollen wir zumindest auf zwei der obigen Themen kurz eingehen.

Beispiele:

(a) *Aktienquote.* Der einfachste Modellierungsansatz besteht wohl darin, die „echte" Quote am Anfang der Projektion zu ermitteln und sie während der Projektion konstant zu lassen. Leider weist dieser Ansatz jedoch einige grundlegende Mängel auf. Zum einen ist er wenig realitätsnah, es sei denn, das Unternehmen hält kaum Aktien und beabsichtigt dies auch nicht für die Zukunft. Zum anderen führt dieser Ansatz bei nennenswerten „Startquoten" meist zu problematischen Ergebnissen. Im Falle einer schlechten Risikotragfähigkeit des Unternehmens ist ja in der Tat von einer signifikanten Aktienquote abzuraten. Der konstante Ansatz ist jedoch insofern „blind", als er gerade nach einem Aktiencrash und der entsprechenden Verschlechterung der Unternehmenslage ein Nachkaufen der Aktien erzwingt. Sinnvoller ist daher eine dynamische Steuerung der Aktienquote je nach der Risikotragfähigkeit des Unternehmens. Die letztere kann vom Modell anhand von einigen Kennzahlen definiert und gemessen werden, wobei sowohl die aktivseitigen als auch die passivseitigen Puffer zu beachten sind.

(b) *Wettbewerbsmodell.* Aus Einfachheitsgründen fehlt ein solches in vielen Unternehmensmodellen. In der Realität stehen die Versicherer jedoch in einem recht scharfen Wettbewerb miteinander sowie mit Banken etc. Beispielsweise ist es für einen Lebensversicherer wichtig, eine ansprechende VN-Gesamtverzinsung anzubieten. Doch wie kann dieser Wettbewerb im Modell berücksichtigt werden? Ein Versuch, künftige Entscheidungen der Konkurrenz direkt zu modellieren, wäre unserer Meinung nach nicht seriös. Allerdings kann hierbei indirekt vorgegangen werden. Eine Möglichkeit besteht darin, die rationalen Erwartungen des Kunden an die VN-Gesamtverzinsung als eine Funktion der Marktdaten zu bestimmen. Diese Kundenerwartungen können ihrerseits als einer der Inputs zur Deklarationsentscheidung des Versicherers verwendet werden. Es ist übrigens ein Trugschluss, dass die Berücksichtigung des Wettbewerbs im Modell zu niedrigeren Bewertungsergebnissen führen muss. In der Tat bedeutet eine bessere Kundenbindung u.a. auch höhere Zinserträge in der Projektion.

5.14.3. Bottom-Up- vs. Top-Down-Architektur

Im vorigen Abschnitt haben wir die einzelnen Bestandteile eines Unternehmensmodells separat besprochen. Nun kommen wir zu der Frage, wie diese Einzelteile zu einem Gesamtmodell zusammengebaut werden können.

Die **Bottom-Up-Architektur** besteht darin, dass die Teilmodelle der Aktiva und der Passiva zunächst einmal separat ihre jeweiligen Berechnungen für das erste Projektionsjahr vornehmen. Daraufhin erhält das Modell der Managementregeln die Ergebnisse der obigen Teilmodelle und quantifiziert die Management-Entscheidungen für das Folgejahr. Diese Entscheidungen werden ihrerseits an die Teilmodelle der Aktiva und der Passiva kommuniziert, so dass die Berechnungen für das nächste Projektionsjahr beginnen können. Die Abb. 5.33 stellt ein Bottom-Up-Modell schematisch dar. Man beachte bitte, dass ein realistisches Bottom-Up-Modell aus einer zwei- bis dreistelligen Anzahl der Bausteine bestehen kann, insbesondere wenn es sehr viele Tarife gibt und wenn diese durch separate Modell-Bausteine abgebildet sind. Man beachte ferner, dass die involvierten Tarifmodelle meist in monatlichen Schritten rechnen. Deshalb und aufgrund der umfangreichen Kommunikation zwischen den Teilmodellen ist die Bottom-Up-Architektur sehr laufzeitintensiv. Daher ist oftmals eine starke Verdichtung der Passiva auf 500-1000 Modellpunkte ebenso erforderlich wie eine möglichst leistungsfähige Hardware – nicht selten eine Rechnerfarm aus über 100 Prozessoren.

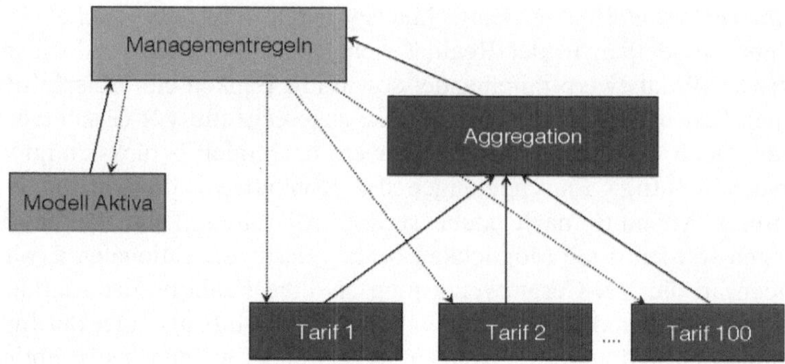

Abb. 5.33 Schematische Darstellung der Bottom-Up-Architektur

Die **Top-Down-Architektur** besteht darin, alle Teilmodelle sowie deren oben beschriebene Interaktionen innerhalb einer einzigen **„Gesamt-Box“** abzubilden. Deshalb ist bei dieser Architektur eine speziell komprimierte Abbildung der Passiva notwendig. Diese kann durch gezielte Maßnahmen wie z.B. jährliche Berechnungsfrequenz aller Größen laufzeitoptimiert gestaltet werden. Eine solche Abbildung der Passiva ist anhand eines Detailmodells zu kalibrieren. Diese Architektur ermöglicht eine höhere Qualität bei der Verdichtung der Passiva, da mit 5000-10000 Modellpunkten gearbeitet werden kann. Ferner ermöglicht sie sehr schnelle Laufzeiten bei einem sparsameren Hardware-Einsatz.

Unserer Meinung nach haben die beiden Ansätze jeweils ihre Berechtigung. Wenn man ein (Detail-)Modell der Passiva für alle Anwendungen verwenden möchte, liegt die Entscheidung für die Bottom-Up-Architektur nahe. Wenn man sich wünscht, einen Modell-Run mit etwa 1000 Szenarien in zehn Minuten durchführen zu können, so hat die Top-Down-Architektur ihren Charme. Bei Generali Deutschland haben wir uns für die Top-Down-Architektur entschieden, damit das historisch bekannte längere Warten der Modell-Anwender auf das Ende des jeweiligen Laufs der Vergangenheit angehört und die Anwender mehr Zeit in die Interpretation ihrer Ergebnisse investieren können.

Kurzbiographien

Laszlo Hrabovszki ist Chefaktuar (Group Chief Life & Health Actuary) der Generali Deutschland Holding AG. Er ist seit 2003 bei der Generali Deutschland, zuvor war er für die PartnerRe als Client Partner CEE & SEE Life & Health sowie bei der Winterthur Lebensversicherung in der Schweiz, in Mittel- und Osteuropa und in Asien in unterschiedlichen Positionen tätig. Herr Hrabovszki verantwortet im Generali Deutschland-Konzern die Themen VBM & RBM, Product Approval und strategische Koordination der Lebens- und Krankenversicherung.

Dr. Michael Leitschkis hat Mathematik und Informatik in Köln und Bonn studiert. Er promovierte in Köln und Philadelphia über Mathematik. Dr. Leitschkis ist bei Generali Deutschland als Leiter Modellierung für die Weiterentwicklung des stochastischen Unternehmensmodells zuständig. Bis 2007 war er bei B&W Deloitte als Unternehmensberater tätig.

Literaturverzeichnis

(Baxter u. Rennie 1996): Baxter M, Rennie A, Financial Calculus. Cambridge University Press, 1996

(Jaquemod et al. 2005): Jaquemod R, Stochastisches Unternehmensmodell für deutsche Lebensversicherungen. VVW Karlsruhe, 2005

www.cfoforum.nl/eev MCEV/EEV Principles, 2008

(Jarrow et al. 1997): Jarrow, Lando, Tumbull, A Markov Model for the Term Structure of Credit Risk Spreads. In Review of Financial Studies, Vol. 10, No. 2, S. 481–523

6
Projekte und Methoden

6.1 Management von IT-Projekten

Joachim Mauersberger, Torsten Arnold, Wolfgang Krebs, Uwe Wursthorn,
Stuttgart, Deutschland

Zusammenfassung

Die Autoren konzentrieren sich im vorliegenden Beitrag auf die wesentlichen Erkenntnisse aus ihren langjährigen Erfahrungen im Management von IT-Projekten. Ziel ist es, einen praxisnahen Überblick über das Thema aus Sicht der Autoren zu vermitteln, ohne dabei einen Anspruch auf Vollständigkeit zu erheben. Eine weitere Ausbildung in Kursen und vor allem auch die praktische Erfahrung in Projekten sind damit natürlich nicht zu ersetzen. Ausführlicher kann sich der geneigte Leser gerne auch mit Hilfe einer Auswahl von Büchern im Literaturverzeichnis weiter in das Thema einarbeiten.

6.1.1 Begriffliche Grundlage zum Projektmanagement

Gemäß der Deutschen Industrienorm DIN 69 901 (Bechler u. Lange) ist ein Projekt ein Vorhaben, das im Wesentlichen durch die Einmaligkeit der Bedingungen in ihrer Gesamtheit gekennzeichnet ist, wie z.B.:

- Zielvorgabe
- zeitliche, finanzielle, personelle oder andere Begrenzungen
- Abgrenzung gegenüber anderen Vorhaben
- projektspezifische Organisation.

Projektmanagement ist die Gesamtheit von Führungsaufgaben, -organisation, -techniken und -mittel für die Abwicklung eines Projekts.

M. Aschenbrenner et al. (eds.), *Informationsverarbeitung in Versicherungsunternehmen*,
Springer-Lehrbuch Masterclass, DOI 10.1007/978-3-642-04321-5_29,

6.1.2 Besonderheiten bei IT-Projekten

Es sollen hier vor allem Softwareentwicklungsprojekte im Versicherungsumfeld und deren Besonderheiten für den Aktuar betrachtet werden, die wir in der Folge auch „Informationstechnologie-Projekte", kurz „IT-Projekte", nennen wollen. Andere Projekte wie z.B. Infrastrukturprojekte werden hier nicht weiter betrachtet.

Üblicherweise ist zu Beginn eines IT-Projekts der Aufwand beispielsweise im Vergleich zum Bau eines Einfamilienhauses nur sehr schwer einschätzbar. Das folgende Kap. 6.1.4.3 „Fachliche Komplexität in Versicherungsprojekten" wird dies anhand von Versicherungsbeispielen noch verdeutlichen.

Die Entwicklung von Software wird dadurch geprägt, dass Software als immaterielles Gut wenig mit unseren Sinnen zu sehen, zu begreifen und zu messen ist. Bei der Entwicklung von Software fallen natürliche physikalische Grenzen weg, wie wir sie beispielsweise bei dem Bau eines Hauses kennen. Bei der Entwicklung von Software sind der Phantasie deshalb kaum Grenzen gesetzt, und es ist in der Praxis oft ein Ausufern der Anforderungen an die Software zu beobachten.

Hinzu kommt, dass in IT-Projekten Menschen aus verschiedenen Fachbereichen mit unterschiedlichen Zielsetzungen, Hintergründen und Qualifikationen zusammenarbeiten. Eine sehr große Herausforderung für den Erfolg von IT-Projekten entsteht dadurch, dass die beteiligten „Fraktionen" in IT-Projekten oft sehr unterschiedliche Auffassungen sowohl über das Projektziel selbst als auch über den Prozess zum Erreichen dieses Zieles haben. Erschwerend kommt oft hinzu, dass die Beteiligten unterschiedliche Erfahrungen mit der Arbeit in Projekten und damit unterschiedliche Erwartungen an andere Projektbeteiligte haben.

6.1.3 Die Schlüsselprozesse im Management von IT-Projekten

6.1.3.1 Projektdefinition

Die Erfahrung zeigt, dass die Auftraggeber für ein Projekt, der Projektleiter und die Projektbeteiligten oft unterschiedliche Vorstellungen bezüglich der Ziele und Rahmenbedingungen eines IT-Projekts haben. So kennen z.B. die Projektmitarbeiter häufig zu wenig die Unternehmensziele und deren Bedeutung für das Projekt. Gleichzeitig wissen die Auftraggeber oder insbesondere auch die Unternehmensleitung oft zu wenig darüber, was im Projekt geschieht.

Aus diesem Grund wird empfohlen, dass der Projektleiter zur Sicherstellung eines durchgehend gemeinsamen Verständnisses des Projekts von Anfang an aktiv eine Projektdefinition erstellt, dokumentiert und verantwortet.

Ein entsprechendes „Projektdefinitionsdokument (PDD)“ kann abhängig von der Projektkomplexität im Wesentlichen folgende Gliederungspunkte enthalten:

- Einführung, u.a. mit der Vorgeschichte zum Projekt, d. h. mit der Fragestellung „Wie kam es zu dem Projekt?“ und mit einer Zusammenfassung des PDD für das Management („Management Summary“)
- Umfeld und Zielsetzung des Projekts
- Beteiligte Organisationseinheiten, Projektorganisation
- Projektmeilensteine und zugehörige Projektergebnisse
- Projekttermine, -aufgaben und -ressourcenplanung. Hierzu ist es von Vorteil, wenn parallel schon eine Planung begonnen wird (s. Kap. 6.1.3.2)
- Leistungsbeschreibung, Anforderungen an die Ergebnisse
- Budget
- Vorgehensweisen, Regeln und Normen
- Projektrisiken, Notfallplan
- Fortschrittskontrolle und Eskalationsverfahren
- Qualitätsmanagement
- Abnahme von Projektergebnissen
- Technische Vorgaben
- Unterschriften, Verpflichtungen

Selbstverständlich können abhängig von der Projektkomplexität Gliederungspunkte entfallen oder hinzugenommen werden.

6.1.3.2 Projektplanung

In der Planung liegt ein wichtiger Erfolgsfaktor für das Gelingen des Projekts.

Eine wesentliche Grundlage für die Planung eines Projekts sind natürlich klare Projektziele, die **s**pezifisch, **m**essbar, **a**ttraktiv, **r**ealistisch und **t**erminiert („smart“) sein sollen. Diese wurden ja bereits, wie in Kap. 6.1.3.1 erläutert, im Projektdefinitionsdokument festgehalten.

Darüber hinaus fließen Informationen über die für das Projekt verfügbaren Ressourcen, insbesondere also bezüglich der Projektmitarbeiter und deren Qualifikationen, in die Projektplanung ein. Um realistisch planen zu können, müssen alle Einschränkungen berücksichtigt werden, die sich z.B. aus Urlaub, abweichenden Arbeitszeiten, Tagesgeschäft, Meetings, Weiterbildung usw. ergeben können.

Risiken und Handlungen beim Eintreten dieser Risiken haben ebenfalls Einfluss auf die Projektplanung (s. Kap. 6.1.3.5).

Der Planungsprozess läuft über die ganze Projektlaufzeit iterativ ab. Dies bedeutet, dass die Planung aufgrund des aktuellen Kenntnisstandes auf der Basis neuer Fakten schrittweise überarbeitet wird, um die Flexibilität über den Verlauf des Projekts sicherzustellen.

Der Planungsprozess beginnt üblicherweise damit, die fachlichen Anforderungen und deren Priorität zu vereinbaren. Es muss klar sein, wie der zu unterstützende Geschäftsprozess aussieht und wie der Auftraggeber die Prioritäten innerhalb dieses Prozesses sieht. Dies bestimmt dann die Prioritäten innerhalb des IT-Projekts.

Im nächsten Schritt werden terminliche Rahmenbedingungen für notwendige Meilensteine festgelegt. Meilensteine sind wohldefinierte Ereignisse im Projekt, zu denen auf der Basis eines möglichst konsolidierten Projektstands über die Freigabe nachfolgender Aktivitäten entschieden wird. Den Meilensteinen werden feste Zeitpunkte zugeordnet, zu denen die mit den Auftraggebern vereinbarten Arbeitsergebnisse erwartet und geprüft werden.

Nun können die notwendigen im Projekt durchzuführenden Arbeitsschritte, soweit sie bekannt sind, erfasst und in eine logische Reihenfolge gebracht werden. Eine logische Reihenfolge ergibt sich beispielsweise daraus, dass die fachliche Analyse vor der Realisierung von Funktionalitäten des Systems erfolgen muss. In dieser Phase der Planung ist es noch zu früh bzw. es fehlen noch Voraussetzungen dafür, die Durchführung der Arbeitsschritte in die Zeitachse einzuordnen.

Im nächsten Schritt müssen nämlich zuerst die Arbeitsschritte mit den Ressourcen verknüpft werden, welche die Aufgaben erfüllen. Ein Erfolgsfaktor hierbei ist, wenn die Arbeitsschritte so definiert sind, dass jede zu einem Arbeitsschritt gehörende Aufgabe genau durch einen verantwortlichen Projektmitarbeiter erledigt werden kann.

Nun kann zusammen mit dem verantwortlichen Projektmitarbeiter und abhängig von dessen Qualifikation der Arbeitsaufwand je Arbeitsschritt eingeschätzt werden. Wichtig hierbei ist, dass zunächst nicht die Dauer der Arbeit auf der kalendarischen Zeitachse, sondern der tatsächliche, reine Arbeitsaufwand geschätzt wird. So kann ein Arbeitsschritt einen reinen Arbeitsaufwand von z.B. fünf „Personentagen" durch einen bestimmten Mitarbeiter erfordern. Im Rahmen der folgenden zeitlichen Planung kann dies aber z.B. aufgrund eines Urlaubs zu einer Arbeitsdauer von 15 Tagen führen.

Auf der Basis der Kenntnisse über die Verfügbarkeit der Ressourcen, insbesondere also der Projektmitarbeiter, können die Arbeitsschritte nun in eine zeitliche Reihenfolge auf der Zeitachse gebracht werden und wir erhalten damit den gewünschten Zeitplan. Jetzt ist es auch möglich, drohende Überlastungen oder unnötige freie Kapazitäten von Ressourcen zu erkennen. Des Weiteren kann der sogenannte „kritische Weg", d.h. diejenige Aufgabenfolge, die bei Terminverschiebungen sofort Auswirkungen auf den Projektendtermin hat, erkannt werden.

Durch die Veränderung obiger Arbeitsschritte kann nun die Planung iterativ optimiert werden.

Damit sind die wichtigsten Plantermine und Aufwände sichtbar und können den Auftraggebern z.B. über das PDD (s. Kap. 6.3.1.1) bei Bedarf in zusam mengefasster Form mitgeteilt werden.

In Abb. 6.1 ist beispielhaft aufgezeigt, wie ein Projektplan nach Abschluss einer Planung aussehen kann. Die grafische Darstellung der Arbeitsschritte als Balken auf der Zeitachse wird auch „Gantt-Chart“ genannt.

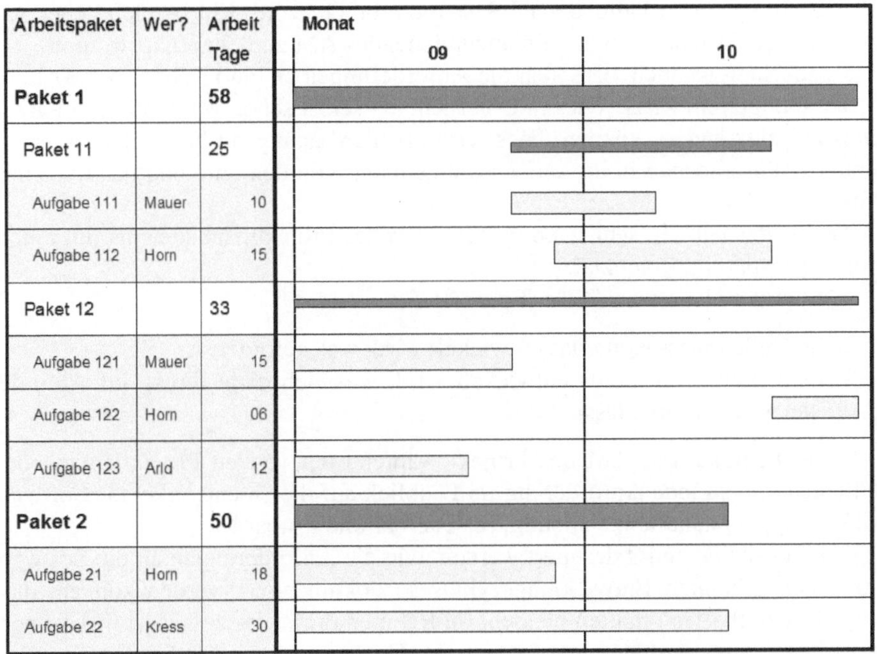

Abb. 6.1 Beispielhafte Darstellung einer Planung

Die Planung muss nach Abschluss der Planungsphase stabil sein, d.h., die Grundlage darf sich nicht ständig ändern. Eine zu erwartende Dynamik in den Anforderungen muss über ein gutes Anforderungsmanagement (s. Kap. 6.1.2.3) und durch die Verwendung von Pufferzeiten abgedeckt werden.

Als Werkzeug für eine effiziente Projektplanung kann abhängig von der Komplexität des Projekts vom Blatt Papier, einer Tabellenkalkulation bis hin zu großen Projektplanungssystemen ein großes Spektrum an Hilfsmitteln eingesetzt werden. Bei der Auswahl ist vor allem darauf zu achten, dass der geplante Einsatzschwerpunkt wie Planung, Steuerung und Controlling vollständig abgedeckt wird. Weitere Punkte, auf die geachtet werden sollte, sind die Einbindung der Teammitglieder, ein Berechtigungskonzept und einfache Auswertungsmöglichkeiten.

6.1.3.3 Anforderungsmanagement

Als einen wichtigen Bereich in den frühen Phasen eines IT-Projekts wollen wir hier das Anforderungsmanagement (AM) hervorheben.

In unseren Projekten konnten wir beobachten, dass am Ende jeweils nur ein erstaunlich geringer Teil des ursprünglich gewünschten Umfangs an Funktionen tatsächlich ausgeliefert wurde und davon auch wiederum nur ein Teil in der Praxis genutzt wird.

Des Weiteren fällt auf, dass in den Unternehmen sehr viel Aufwand für die Überarbeitung schon laufender IT-Systeme erbracht wird. Ein beträchtlicher Anteil dieses Aufwands kann auf ein unzureichendes AM zurückgeführt werden.

Zu beachten ist auch, dass sich die Anforderungen an ein IT-System z.B. durch Veränderungen im Markt oder in Unternehmen selbst schon während der Laufzeit eines Projekts ändern können. Dies wird oft nicht genügend beobachtet oder akzeptiert. Wir sprechen in diesem Zusammenhang von den „moving targets“ eines Projekts.

AM ist deshalb ein sehr wichtiger Bereich des Projektmanagements mit einem großen Einsparungspotenzial.

AM hat vor allem zwei Ziele (Ebert 2005):

- Sicherstellen, dass exakt das entwickelt wird, was gefordert ist.
- Sicherstellen, dass nichts entwickelt wird, was sich nicht direkt auf Anforderungen zurückführen lässt.

Daher begleitet das AM das Projekt während der ganzen Projektlaufzeit und stellt sicher, dass jede Anforderung im Hinblick auf die zu entwickelnde Software vollständig, verständlich, eindeutig, realisierbar und testbar ist.

Darüber hinaus muss definiert werden, wie die Anforderungen an die Software durch den gesamten Entwicklungszyklus so dokumentiert werden können, dass obige Eigenschaften erhalten bleiben. Im Rahmen dieses Prozesses ist insbesondere zu klären, wer wofür verantwortlich ist. Hierzu gehören u.a. Festlegungen bezüglich entscheidungsbefugter Personen und der sogenannten „Eskalationswege“, mit denen beschrieben wird, wer in kritischen Situationen informiert und in die notwendigen Diskussionen und Entscheidungen einzubeziehen ist. Darüber hinaus wird dokumentiert, wer Anforderungen stellen oder ändern darf, welche Schritte zur Abnahme der Anforderungen notwendig sind, welche Planungsrunden oder Projektreviews stattfinden sollen und welche Informationen, z.B. Checklisten, jeweils dafür notwendig sind.

Unterstützend, aber oft bei weitem nicht ausreichend, ist die Definition einer Tool-Umgebung, in der die Anforderungen verwaltet werden. Hier gibt es zahlreiche Tools am Markt, die jeweils unterschiedlichen Fokus haben.

6.1.3.4 Konfigurationsmanagement

Das Konfigurationsmanagement (KM) verfolgt im Wesentlichen das Ziel, stets den Überblick über die sogenannten „Artefakte“ und deren Abhängigkeiten im Projekt zu haben. Artefakte können Stücke von Software, Dokumente, Konfigurationsbeschreibungen oder aber auch Teile der Hardware sein.

Grundlage des Konfigurationsmanagements ist das Identifizieren und Dokumentieren der Artefakte und deren Zusammenhänge. Auf Basis dieses Wissens darüber soll das parallele Arbeiten mit den Artefakten in den verschiedenen Arbeitsschritten stabilisiert werden. Des Weiteren soll organisiert werden, dass stets der Überblick über die Varianten von Artefakten z.B. für verschiedene Kunden, Releases etc. bewahrt wird und eine ordnungsgemäße Entwicklung der Artefakte nachgewiesen werden kann.

Das Konfigurationsmanagement geht also über die reine Versionierung von Software weit hinaus, da vor allem die Abhängigkeiten zwischen Konfigurationselementen genauso verwaltet werden wie die Elemente selbst.

Hierzu wird meist ein Werkzeug verwendet, das diese Verwaltung sinnvoll unterstützt.

Daneben ist die Definition eines Konfigurationsmanagement-Prozesses notwendig. Dieser besteht vor allem aus folgenden Elementen:

- Konfigurationsidentifizierung: Welche Elemente unterliegen der Konfigurationsverwaltung?
- Konfigurationsüberwachung: Wie fließen Änderungen kontrolliert in eine Konfiguration ein?
- Konfigurationsbuchführung: Wie werden Konfigurationen verwaltet? Hier ist meist ein spezielles KM-Tool im Einsatz, das ermöglicht, einfach zu allen definierten Konfigurationen zu wechseln.
- Konfigurationsaudit: Wie finden Überprüfungen der Konfigurationen statt?

6.1.3.5 Risikomanagement

Gerade im Bereich der Finanzdienstleistung wurde in der Vergangenheit immer deutlicher, welche Unternehmensrisiken Banken oder Versicherungen finanztechnisch eingehen. Mit „Basel“ im Bankenbereich und „Solvency“ im Versicherungsbereich wurden den Unternehmen deshalb Regularien an die Hand gegeben, um diese Risiken zu verringern. Die Aktuare haben die Aufgabe, die aktuariellen Risiken für Versicherungsunternehmen zu erkennen, und müssen für ihr Unternehmen die finanztechnische Sicherheit gewährleisten.

Zusätzlich zu diesen finanztechnischen Risiken existieren aber auch solche, die unabhängig davon u.a. alleine schon im Projektmanagement, den beteiligten Ressourcen und der IT-spezifischen Vorgehensweise begründet sein können. Dies führt natürlich zu erheblichen zusätzlichen Anforderungen an das Projektmanagement bei der Entwicklung von Software in IT-Projekten.

Sei es durch zunehmenden Innovationsdruck, zunehmende Komplexität oder Kostensenkung und verkürzte Entwicklungszeiten: Unabhängig vom Thema oder dem Projektumfeld ist zu beobachten, dass Projekte in zunehmend engerem Rahmen durchgeführt werden müssen. Dieser Druck bringt mit sich, dass nicht mehr alle Ereignisse während der Projektdauer vollständig durchgeplant oder im Voraus zu Ende überlegt werden können. Projekte werden also in dem Wissen gestartet, dass es auf dem Weg zum Ziel teilweise erhebliche Risiken gibt.

Um den Projekterfolg trotzdem nicht zu gefährden, gewinnt effektives Risikomanagement zunehmend an Bedeutung. Die hierzu notwendigen Schritte werden im Folgenden beschrieben.

Risikoermittlung

Voraussetzung für den ersten Schritt des Risikomanagements ist eine dokumentierte Vereinbarung über das, was im Projekt erarbeitet werden soll (Anforderungsmanagement) und welche Ressourcen dafür zur Verfügung gestellt werden (Ressourcenmanagement).

Als Ausgangspunkt zur Ermittlung der Risiken gelten die geforderten Projekt-Ergebnisse. Um diese Ergebnisse liefern zu können, müssen bestimmte (auch implizite) Voraussetzungen vom Projekt-Umfeld gegeben sein. Das Projektteam muss zudem Zwischenergebnisse und Vorgehensweisen erarbeiten. Als Startpunkt für diese Analyse wird eine Checkliste mit relevanten expliziten und impliziten Voraussetzungen aus den Erfahrungen aus vorigen Projekten genutzt. So wird der Benutzer dieser Checkliste bei der Klärung der enthaltenen Fragen zu den tatsächlichen Herausforderungen im Projekt hingeführt. Vor allem besondere Risiken, die ihren Ursprung in der Projektorganisation oder in den technischen Details haben und die eng mit den projektspezifischen Ergebnissen verbunden sind, gehen in die Analyse ein. Das nötige Expertenwissen zur Erkennung der Risiken ist in der Regel in den Entwicklungsprojekten vorhanden und kann mit der richtigen Fragetechnik aktiviert werden.

Risikobewertung

Neben dem Aufdecken der Risiken muss eine Priorisierung der Risiken durchgeführt werden, um die verfügbare Kapazität optimal auf eine Untermenge der Risiken zu konzentrieren.

Ein gängiges Verfahren ist die Bewertung der Eintrittswahrscheinlichkeit und des Schadensmaßes. Beide werden zu einer Risikozahl aggregiert. Weitere Verfahren integrieren z.B. Experteneinschätzungen oder berücksichtigen weitere Faktoren der Risikobewertung (z.B. Beeinflussbarkeit des Risikos).

Der Zeitpunkt, zu dem eine solche Bewertung erstellt werden kann, hat einen großen Einfluss darauf, wie realistisch die Einschätzung des Risikos erfolgen kann und wie aufwändig die beschlossenen Korrekturmaßnahmen werden. Es kann auch aus Kapazitätsgründen sinnvoll sein, zweistufig vorzugehen: zunächst früh zu entscheiden, ob und wann ein Risiko näher betrachtet werden soll, um anschließend eine genauere Analyse durchzuführen.

Maßnahmendefinition
Um die erkannten und ausgewählten Risiken für ein zu betrachtendes Teilergebnis (Meilenstein) zu reduzieren, werden Maßnahmen erarbeitet. Eine vollständige Definition der Maßnahme bedingt neben der Beschreibung der Aktivität eine Zuordnung des verantwortlichen Projektmitarbeiters, eine Abschätzung des Aufwands und der Maßnahmenlaufzeit. Diese Maßnahmenlaufzeit bestimmt, zusammen mit dem Zeitpunkt, an dem die Ergebnisse vorliegen sollen, den spätmöglichen Zeitpunkt, zu dem die Maßnahme auszulösen ist.

Überprüfung der Risikosituation
Im Laufe der Projektdurchführung, der Verfolgung und beim Überprüfen der Risiken kann es vorkommen, dass eine erneute Priorisierung der Risiken oder auch eine Anpassung der definierten Meilensteine notwendig wird. Entsprechend sollten die nachfolgenden Schritte (Risiko-Analyse, Maßnahmendefinition und festlegen der Zeitpunkte) bei Bedarf revidiert, aktualisiert oder ergänzt werden.

Integration des Risikomanagements in das Projektmanagement
In der Regel geschieht die Integration des Risikomanagements in das Projektmanagement über die Person des Projektleiters. Es werden oft unterschiedliche Werkzeuge und Dokumente für die Bereiche Risikomanagement und Projektmanagement benutzt. Es gibt jedoch einige Ansätze, die zur Integration der beiden Aspekte führen. Diese können allerdings im Rahmen dieses Beitrags nicht weiter im Detail beschrieben werden.

6.1.3.6 Projektcontrolling

Als Basis des Projektcontrollings dient vor allem die erstellte Planungsgrundlage. Sie bestimmt auch durch die dort festgelegte Planungstiefe, in welcher Detaillierung die Rückmeldungen der Projektteilnehmer erfolgen müssen. Die Häufigkeit der Rückmeldungen ist ebenfalls davon abhängig. Aus diesem Grund muss vor Projektbeginn festgelegt werden, wann und über welches Medium welche Rückmeldungen erfolgen sollen.

Eine der wichtigsten Aufgaben eines Projektleiters ist die Kommunikation im Team. Nur sie ermöglicht eine frühzeitige Erkennung der Risiken in Bezug auf Termin, Ergebnisse und Kosten. Ein evtl. verwendetes Planungswerkzeug darf diese Kommunikation niemals ersetzen, sondern kann sie nur ergänzen.

Voraussetzung für das Controlling ist, dass die zu betrachtenden Elemente messbar und verständlich sind. Es ist wichtig, die Beziehungen zwischen Zeit, Fortschritt und Aufgabe zu kennen. Nur dann kann festgestellt werden, wie hoch z.B. der Fertigstellungsgrad tatsächlich ist, wenn bei 80% der geplanten Zeit noch 50% der Aufgaben zu erledigen sind.

6.1.4 Management von IT-Projekten im Versicherungsumfeld

Die Autoren konnten speziell in ihren Versicherungsprojekten immer wieder feststellen, dass das Management eines IT-Projekts, insbesondere die Planungsstruktur, u.a. erheblich von den abzubildenden versicherungsfachlichen Prozessen und der Struktur der Fachobjekte abhängt bzw. im Kern sogar daraus abgeleitet werden kann.

In der Folge werden nun verschiedene für das Versicherungswesen bedeutsame Architekturen kurz vorgestellt. An kleinen Beispielen wird verdeutlicht, welchen Einfluss solche Architekturen auf das Management von IT-Projekten haben.

6.1.4.1 Versicherungsarchitekturen

IBM Insurance Application Architecture (IAA)

IBM erkannte, dass für ihre Versicherungsprojekte ein gemeinsamer Rahmen mit einer gemeinsamen Sprache benötigt wird, um Strategien wirkungsvoll umsetzen zu können. IBM hat hierfür als Rahmen die „Insurance Application Architecture (IAA)“ entwickelt, die sämtliche Aspekte des Geschäfts durchgängig beschreibt. Dies hat den Vorteil, dass die strategischen Vorgaben für weitere Schritte besser verstanden und umgesetzt werden können. Weiter können die einzelnen Komponenten des Modells für die fachliche Diskussion und für die Implementierung der Infrastruktur verwendet werden.

Die IAA von IBM wurde aufgrund von weit über 120 Großlizenznehmern in allen Kontinenten zu einem wichtigen Standard für Versicherungsarchitekturen.

Versicherungs-Anwendungs-Architektur (VAA)

In einer Zusammenarbeit von Versicherungsunternehmen entstand unter der Führung des Gesamtverbands der Versicherungen (GDV) die „Versicherungs-Anwendungs-Architektur (VAA, s. www.gdv-online.de/vaa)“ mit der Intention, spartenübergreifend eine gemeinsame fachliche Grundlage zu erstellen, auf der gemeinsame IT-Komponenten für diese Versicherungsunternehmen entwickelt werden können.

In Abb. 6.2 sind die wesentlichen Hauptbestandteile der VAA dargestellt.

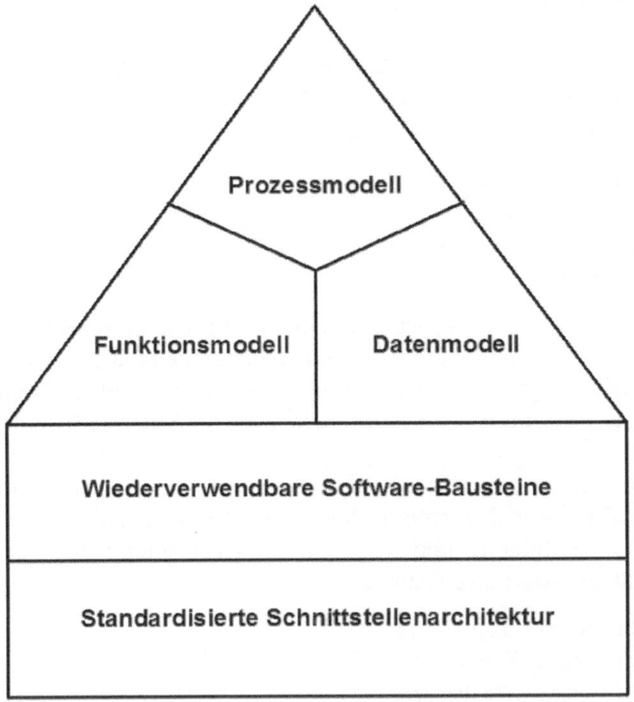

Abb. 6.2 Hauptbestandteile von VAA

VAA ist ein Konstruktionsprinzip für ein Softwaresystem und besteht im Wesentlichen aus den folgenden Teilen:

- dem Prozessmodell mit seiner geregelten Folge von Teilprozessen (den Geschäftsvorgängen) zur Erledigung der Aufgaben des Unternehmens;
- dem Datenmodell mit den Entitäten (= betriebswirtschaftliche Datenobjekte), ihren Attributen und den fachlichen Beziehungen zwischen den Entitäten;
- dem Funktionsmodell, das die Art der Funktionen und ihre betriebswirtschaftlichen Rollen, ihre interne statische Struktur und ihren internen Ablauf zeigt;

Enterprise-Architecture (EA)
Die oben angeführten Architekturen sind als Business-Architekturen für das Versicherungswesen zu verstehen. Für alle Branchen verbindet die sog. Enterprise-Architektur (EA) die Business Architektur mit der IT-Architektur. Damit soll die IT auf die Businessmodelle bzw. die Geschäftsprozesse ausgerichtet werden. Eine EA enthält die Geschäftsarchitektur (Geschäftsprozesse), die Informations- und Datenarchitektur (Beschreibung der Daten, die für die Geschäftsprozesse benötigt werden) sowie die Technologiearchitektur, d. h. die IT-Infrastruktur. Bei Bedarf werden noch die Sicherheits- und die IT-Betriebsarchitektur mit aufgenommen und beschrieben.

6.1.4.2 Facharchitektur und Management

Ohne Betrachtung der Facharchitektur könnte ein Projektleiter versucht sein, die Planung des Projekts auf der obersten Ebene einfach an den üblichen Entwicklungsschritten in IT-Projekten zu orientieren, z.B.:

- Entwickeln Fachmodell
- Entwickeln IT-Konzept
- Realisieren des IT-Systems
- Test des IT-Systems

Möglicherweise setzt er für jeden dieser vier Entwicklungsschritte ein eigenes Team ein und vereinbart, dass jedes Team erst beginnen darf, wenn das Team mit dem dafür notwendigen Schritt davor fertig ist. Diese früher durchaus übliche Vorgehensweise nannte man auch das „Wasserfallmodell" im IT-Projektmanagement.

Betrachten wir typische Fachobjekte eines Versicherungsunternehmens, wie z.B. Produkt, Partner und Vertrag in VAA, so liegt nahe, auf der obersten Ebene der Planung, Teambildung und Verantwortungszuordnung eher den folgenden fachlich gestützten Ansatz zu wählen:

- Entwickeln Produkt-Teilsystem
- Entwickeln Partner-Teilsystem
- Entwickeln Vertrags-Teilsystem

Dadurch erhalten wir möglicherweise besser voneinander abgegrenzte Fachkomponenten bzw. daraus resultierende „IT-Komponenten".

Die zweite Planungsebene könnte z.B. auf den Prozessen basieren, die sich mit den Kernentitäten befassen. Erst auf der untersten Ebene werden die üblichen Arbeitsschritte in der IT-Entwicklung (Analyse, IT-Konzept, Realisierung, Test) angewandt.

Aus fachlichen Beziehungen zwischen Kernentitäten können weitere Erkenntnisse für die Projektplanung gewonnen werden. So kann einem Datenmodell bei näherer Betrachtung z.B. entnommen werden, dass ein Vertrag eine Beziehung zwischen genau einem Produkt und mehreren Partnern herstellt. Produkt und Partner sind also eher unabhängige „Basis-Entitäten", während Vertrag eine davon abhängige verknüpfende Entität ist.

Für die Planungsstruktur liegt deshalb nahe, die Entwicklung des Produkt-Teilsystems und des Partner-Teilsystems als erstes in Angriff zu nehmen und als Voraussetzung für die Entwicklung des Vertrags-Teilsystems zu verstehen.

Als Fazit wird also empfohlen, die Planungs-, Team- und Verantwortungsstrukturen im Rahmen des Managements von IT-Projekten auf der Basis der Facharchitektur zu entwickeln. Insbesondere können einzelne Fachkomponenten gegeneinander inhaltlich besser abgegrenzt und dadurch zeitlich unabhängiger voneinander entwickelt werden. Die Effizienz des Projekts kann somit deutlich gesteigert werden.

6.1.4.3 Fachliche Komplexität in Versicherungsprojekten

Am Beispiel der Lebensversicherung wird nun vereinfacht dargestellt, wie unterschiedlich die Komplexität einer versicherungsfachlichen Logik in IT-Systemen abgebildet werden kann.

Zunächst einmal fällt auf, wie viele versicherungsfachliche Informationen alleine schon in einer Berechnungsformel zu einem Versicherungsprodukt enthalten sind. Nehmen wir z.B. einmal die übliche Formel zur Berechnung des Beitrags in einer gemischten Lebensversicherung mit einem Todesfall-Risikoschutz und einer Kapitalzahlung am Ende der Versicherungsdauer:

$$P_{x:\overline{n}|} := P(A_{x:\overline{n}|}) = \frac{A_{x:\overline{n}|}}{\ddot{a}_{x:\overline{n}|}} = \frac{M_x - M_{x+n} + D_{x+n}}{N_x - N_{x+n}}$$

Ohne auf die Formel jetzt hier näher einzugehen, erkennt der Aktuar sofort, dass es sich um eine Versicherung mit folgenden Eigenschaften handelt:

- Todesfallabsicherung für eine x-jährige versicherte Person jährlich kalkuliert für die nächsten n Jahre mit gleichbleibenden Todesfallleistungen, nachschüssig am Ende des Jahres
- Erlebensfallleistung in gleicher Höhe wie die Todesfallleistung einmalig am Ende der Versicherungsdauer n, nachschüssig im letzten Jahr
- Gleichbleibende Beiträge („Prämien" P) über die ganze Versicherungsdauer, jährlich vorschüssig

Die Gestaltung anderer Zahlungsvereinbarungen in der Lebensversicherung erfolgt üblicherweise durch andere Produkte wiederum mit dafür geeigneten anderen Formeln.

In Abb. 6.3 ist ausschnittsweise in einem Entity-Relationship-Modell (ERM) bzw. Datenmodell stark vereinfacht dargestellt, wie die Zahlungsvereinbarungen einer Lebensversicherung aus den Formeln heraus in die Daten verlagert werden können.

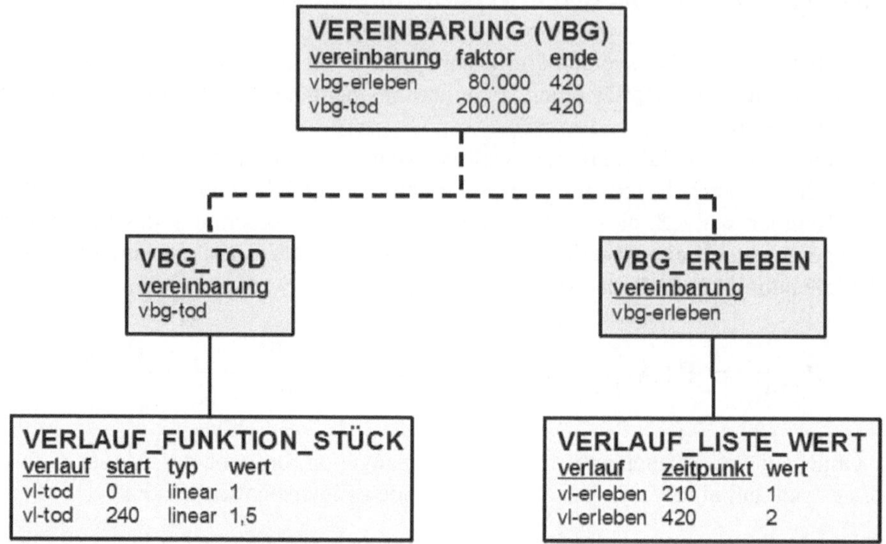

Abb. 6.3 ERM-Ausschnitt Zahlungsvereinbarungen

Die Daten im Beispiel in Abb. 6.3 beschreiben eine Erlebensfall- und eine Todesfall-Vereinbarung einer konkreten Lebensversicherung. Für den Erlebensfall beschreiben die Werte in VERLAUF_LISTE_WERT, dass im Falle des Erlebens der versicherten Person des 210. Monats innerhalb der versicherten Zeit ein Kapital von 80.000 Euro (= faktor 80.000 * wert 1) und im Falle des Erlebens im 420. Monat, also am Ende der vereinbarten Dauer, von 160.000 Euro (= faktor 80.000 * wert 2) ausgezahlt wird. Für den Todesfall beschreiben die zugehörigen Funktionsstücke in VERLAUF_FUNKTION_STÜCK, dass im Falle des Ablebens der versicherten Person im Zeitraum vom Beginn bis zum 239. Monat 200.000 Euro (= faktor 200.000 * wert 1) und im Zeitraum vom 240. Monat bis zum Ende 300.000 Euro (= faktor 200.000 * wert 1,5) linear, d. h. mit gleichbleibender Versicherungssumme, an die Bezugsberechtigten auszuzahlen sind.

Das Verlagern der Informationen in die Datengrundlage gemäß obigem Datenmodell ermöglicht es, sehr flexibel verschiedene Zahlungsströme abzubilden, für die ursprünglich viele verschiedene Formeln benötigt würden. In entsprechenden Projekten wurden solche verallgemeinerte Funktionen zur Kalkulation der Beiträge auf Basis dieser Daten bereits eingesetzt. Damit ist es möglich, verschiedene Produkte mit bisher verschiedenen Formeln standardisiert mit einem einzigen verallgemeinerten Algorithmus zu kalkulieren.

An folgenden Beispielen können wir sehen, welche Möglichkeiten des Weiteren die „Verallgemeinerung und Spezialisierung von Entitäten“ in Datenmodellen bietet. Dies kann ebenfalls einen erheblichen Einfluss auf die Qualität von Ergebnissen in IT-Projekten haben und ist deshalb für das Management von Projekten sehr wichtig.

Folgender Ausschnitt aus VAA zeigt das Zusammenspiel der verallgemeinerten Entität „Partner“ und zugehöriger spezieller Entitäten, wie z.B. „Versicherungskunde“ oder „Leistungspartner“.

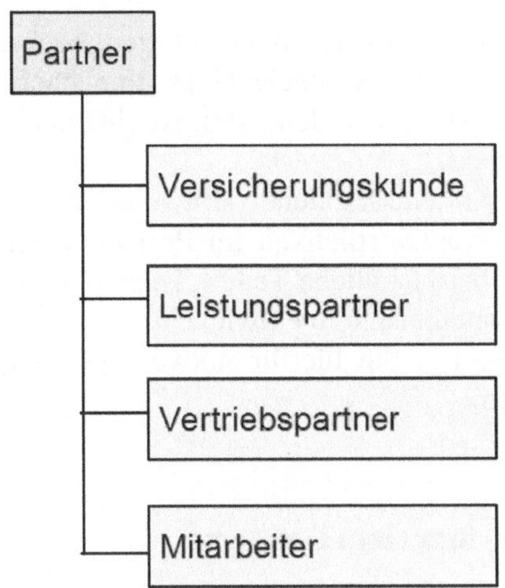

Abb. 6.4 Partner und mögliche Spezialisierungen

Die Erfahrung zeigt, dass sich unterschiedliche Modelle oft durch den Grad der Verallgemeinerung und Spezialisierung erheblich unterscheiden. Manche Modelle beinhalten vorwiegend allgemein gehaltene Entitäten, wie hier z.B. „Partner“. Andere Modelle konzentrieren sich ausschließlich auf spezialisierte Entitäten, wie hier z.B. „Versicherungskunde“, „Leistungspartner“.

In Abb. 6.3 können wir jetzt rückblickend ein weiteres Beispiel dazu erkennen: Die darin abgebildeten Entitäten „vbg-tod“ und „vbg-erleben“ sind Spezialisierungen der Entität „Vereinbarung (vbg)“. Die Spezialisierungen ermöglichen es, realitätsnah den Todesfall-Vereinbarungen „vbg-tod“ speziell nur Funktionsverläufe und den Erlebensfall-Vereinbarungen „vbg-erleben“ nur Listenverläufe zuzuordnen. Ohne die Spezialisierung müssten alle Verläufe direkt den Vereinbarungen „vbg“ zugeordnet werden und die differenzierte Zuordnung wäre durch das Modell nicht gewährleistet.

Spezialisierungen fördern also eher eine detaillierte fachliche Differenzierung und damit bessere fachliche Aussagekraft des Modells. Verallgemeinerungen ermöglichen das Erkennen und Realisieren übergeordnet gemeinsamer Aspekte und damit möglicher Verallgemeinerungen und Standardisierungen, bergen aber die Gefahr der Verschleierung fachlicher Details und fachlicher Präzision. Deshalb ist es gerade in Versicherungsprojekten eine hohe Kunst, das richtige Maß an Verallgemeinerung und Spezialisierung zu finden und bei Bedarf auch beides – wie in den Abb. 6.3 und 6.4 gezeigt – mit Augenmaß in das Modell zu integrieren.

6.1.4.4 Fachliche Komplexität und Management

Für das Management des IT-Projekts in der Versicherung können wir Folgendes aus den Überlegungen in Kap. 6.1.4.3 zur fachlichen Komplexität folgern:

- Die Entwicklung einer qualitativ hochwertigen Facharchitektur, wie es die VAA aufzeigt, die aus der Strategie eines Versicherunternehmens und den fachlichen Regeln abgeleitet werden kann, ist eine der ganz wesentlichen Voraussetzungen im Projekt.
- Die Facharchitektur gibt entscheidende Hinweise auf eine sinnvolle Gliederung der Aufgaben und Verantwortlichkeit im Projekt, verbunden mit der Chance, kleine und überschaubare fachliche Teile („Fachkomponenten") zu kapseln und relativ unabhängig voneinander zu entwickeln.
- Der Projektleiter benötigt die hierfür notwendigen fachlichen und methodischen Qualifikationen.

6.1.4.5 Die Rolle des Aktuars im IT-Projekt

Der Aktuar bringt die entscheidenden fachlichen Kompetenzen mit, um ein Fachmodell zu entwickeln, zu interpretieren, die Qualität zu sichern und die Projektstrukturen daraus abzuleiten. Wenn er zusätzlich ein gutes Grundwissen in der IT, insbesondere in der Prozessmodellierung sowie Daten- oder Objektmodellierung mitbringt, ist er sogar prädestiniert, ein IT-Projekt im Versicherungsumfeld zu leiten, selbstverständlich mit Unterstützung durch die Spezialisten im Projekt, um die Erfüllung der Detailanforderungen sicherstellen zu können.

Der Vollständigkeit halber soll erwähnt werden, dass Projektleiter aus anderen Bereichen, z.B. aus der Betriebsorganisation oder der IT-Abteilung, ebenfalls dieses Grundwissen benötigen.

6.1.5 Integrative und wertorientierte Aspekte, quantitative Aspekte

Um festzustellen, ob ein Projekt erfolgreich ist, muss man sich nicht nur fragen, ob das Projekt „in Time", „in Budget" und „in Quality" (= „magisches Dreieck") abgeschlossen wurde und somit in traditioneller Betrachtung gut gelaufen ist, sondern auch, welche Werte durch dieses Projekt geschaffen wurden.

Es gibt unter diesem Blickwinkel durchaus Projekte, die im herkömmlichen Sinne erfolgreich waren, d.h., dass sie dem „magischen Dreieck" entsprochen haben, gleichzeitig aber keinen Mehrwert für das Unternehmen schufen, da sie möglicherweise von Anfang an falsch aufgesetzt waren oder weil unternehmenskritische Anforderungen gar nicht berücksichtigt wurden.

Auf der anderen Seite gibt es Projekte, die zunächst als Fehlschlag eingestuft wurden, der Organisation aber gleichzeitig so viel Grundlagenwissen vermittelten, dass folgende Projekte sehr viel kostengünstiger und zielgerichteter abgewickelt wurden.

Ein ganz wichtiger integrativer Aspekt des Projektmanagements bzw. eines Projekts an sich ist die Chance, unterschiedliche Menschen, Kulturen und Sichtweisen unter einem Ziel zusammenzufassen und dadurch gemeinsam erfolgreich zu sein. Ein solches heterogenes Team, das einmal im Sinne einer wertorientierten Betrachtung erfolgreich war, wird in Zukunft sehr effizient und sehr motiviert zusammenarbeiten.

In der Zukunft müssen sich Projektleiter immer mehr der Frage der Nachhaltigkeit und der Wertschöpfung ihres Projekts stellen. Der Beitrag des Projekts zum Business, zu den Wertschöpfungsprozessen, wird in Zukunft über den Erfolg entscheiden. Dies erfordert vom Projektleiter, dass er sich dessen bewusst ist und immer den Nutzen für das Business im Auge hat.

6.1.6 Einbettung in die Aufbau- / Ablauforganisation

Die Aufbauorganisation eines IT-Projekts enthält mindestens den Auftraggeber und den Auftragnehmer. Auftragnehmer ist normalerweise das Projektteam, vertreten durch den Projektleiter.

Bei größeren Projekten kann der Projektleiter Aufgaben an Teilprojektleiter delegieren. Der Auftraggeber benennt möglicherweise entsprechende Teilprojektleiter des Fachbereichs, wenn kein gemeinsames Team geplant wird. Oft wird auch ein sog. „Projekt-Management-Office (PMO)“ installiert, welches die kompletten Administrationsaufgaben wie z.B. die Organisation von Meetings, das Erstellen und Pflegen von Projektplänen sowie das Überprüfen von Arbeitsergebnissen übernimmt.

Zu beachten bei der Organisation eines Projekts ist, dass die Projektmitglieder meistens sowohl in einer Linienorganisation als auch in der Projektorganisation eingebettet sind. Aus diesem Grund ist die hierarchische und/oder disziplinarische Verantwortung im Vorfeld genau zu regeln.

6.1.7 Vorgehensmodelle

6.1.7.1 Elemente von Vorgehensmodellen

Zur sicheren Abwicklung von IT-Projekten wurden diverse Vorgehensmodelle entwickelt. Viele Vorgehensmodelle haben folgende Elemente gemeinsam:

- Projektphasen

- Meilensteine
- Aktivitäten
- Qualifikationen und Rollen
- Detailvorgaben

Es gibt branchenspezifische und firmenspezifische Vorgehensmodelle, die jeweils für ein bestimmtes Umfeld eingesetzt werden sollen.

6.1.7.2 Beispiel V-Modell

Beispielsweise ist das V-Modell ein allgemeines Vorgehensmodell für Entwicklungsprojekte. Der Name leuchtet ein, wenn man die einzelnen Phasen wie in der folgenden Abb. 6.5 darstellt. Dabei ist der zeitliche Verlauf in der horizontalen dargestellt und der Detaillierungsgrad nimmt von oben nach unten zu.

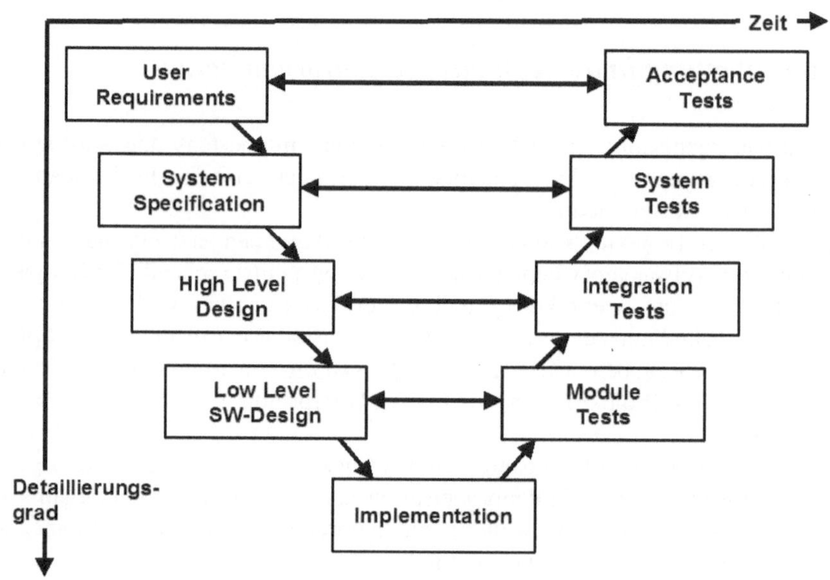

Abb. 6.5 V-Modell

Die Kernidee des V-Modells besteht darin, dass Elemente auf gleicher vertikaler Höhe einander fachlich entsprechen, d.h. die Kunden-Anforderungen (User-Requirements, oberste Ebene) haben Entsprechungen in Abnahme-Tests (Acceptance-Tests), die genau diese Anforderungen verifizieren. Und Spezifikationen im Low-Level-Design (in der Software befinden wir uns hier schon auf Funktions- und Parameter-Ebene) werden durch entsprechende Modul-Tests verifiziert.

Im Verlaufe des Projekts wird die Spezifikation also immer detaillierter, während nach der Implementation die Tests immer gröber werden, bis letztendlich das Gesamtsystem aus Sicht des Benutzers komplett getestet wird.

Diese Vorgehensweise ermöglicht insbesondere ein striktes Anforderungsmanagement, da sehr gut von Schritt zu Schritt überwacht werden kann, welche Artefakte aus den ursprünglichen Anforderungen entstanden sind („Traceability").

6.1.8 Optimierung der Projektmanagementprozesse

In verschiedenen Initiativen haben sich Ausschüsse in der Vergangenheit intensiv mit der Frage auseinandergesetzt, wie Organisationen die Qualität ihrer Prozesse, insbesondere auch die Prozesse für die Entwicklung von IT-Lösungen, verbessern können.

Die beiden international anerkannten und vielfach angewandten internationalen Standards CMMI und SPICE zur Durchführung von Bewertungen („Assessments") von Unternehmensprozessen sollen hier hervorgehoben werden.

6.1.8.1 Capability Maturity Model Integration (CMMI)

CMMI (Capability Maturity Model Integration) ist eine Sammlung von Best-Practices für die verschiedenen Prozessbereiche. Ziel ist es, die Prozesse einer Organisation kontinuierlich zu verbessern. Da CMMI eine qualitative Hierarchie von fünf Stufen definiert, wird es in der Industrie auch als Instrument zum Messen des Reifegrades anerkannt.

Für jeden Prozessbereich wie beispielsweise Projektplanung, Anforderungsmanagement, Konfigurationsmanagement, Risikomanagement etc. werden verschiedene Qualitätsstufen definiert. In diesen Stufen ist jeweils ausgeführt, *was* zum Erreichen dieser Stufe des Reifegrads gegeben sein muss, d.h., welche Tätigkeiten dafür durchgeführt werden müssen. Das *Wie,* d.h., wie dieses Ziel erreicht wird bzw. wie die Tätigkeiten durchgeführt werden, ist durch CMMI nicht beschrieben und wird projektabhängig unterschiedlich gehandhabt.

6.1.8.2 SPICE

SPICE (Software Process Improvement and Capability Determination) basiert auf der Norm ISO/IEC 15504 und ist ähnlich wie CMMI ein internationaler Standard zur Durchführung von Bewertungen (Assessments) von Unternehmensprozessen mit Schwerpunkten insbesondere im Bereich der Managementprozesse in IT-Projekten.

SPICE definiert typische Qualitätsaspekte für die Entwicklung von IT-Lösungen wie z.B. Fehlerfreiheit, Zuverlässigkeit, Anpassbarkeit, Erweiterbarkeit, Portierbarkeit, effizienter Umgang mit Speicher und Laufzeit. Darüber hinaus gehören die folgenden Aspekte dazu: Die Software soll rechtzeitig fertig bzw. lieferbar sein, die Lösung darf nicht zu teuer sein und Fehler müssen schnell ausgebessert werden können. Welches die wichtigen Kriterien für die Produktqualität sind, ist von Produkt zu Produkt unterschiedlich. Oft ergibt sich die Priorität eines Aspekts der Produktqualität erst bei der Entwicklung der Software in der Phase der Anforderungsanalyse.

SPICE hat normativen Charakter für die Durchführung von Prozessbewertungen („Assessments") und definiert Anforderungen an diese. Darüber hinaus werden Leitfäden zur Nutzung der Norm angeboten.[1]

6.1.8.3 Bezug zu Versicherung / Empfehlung / Erfahrungen

Die oben angeführten Ansätze zur Optimierung des Projektmanagements werden häufig bereits im Automobilsektor eingesetzt, und zwar vor allem in der Produktentwicklung, weil dort besonders hohe Qualitätsanforderungen bestehen.

Viele Versicherungsunternehmen und ggf. deren ausgegliederte IT-Abteilungen bemühen sich seit einigen Jahren, die Projekte mit modernen Projektmanagement-Ansätzen erfolgreicher abzuwickeln. Viele Projekte zeigen aber, dass die Erfahrungen aus dem Automobilbereich nicht einfach auf den Versicherungsbereich übertragen werden können. Spezielle Umstände und Rahmenbedingungen von Versicherungsunternehmen müssen berücksichtigt werden. Darüber hinaus werden oft die Widerstände der betroffenen Projektmitarbeiter unterschätzt, denen die notwendigen Aktivitäten eines zu optimierenden Projektmanagements neu sind und zunächst oft lästig erscheinen. Hier wird ein Change-Management empfohlen, welches die Mitarbeiter aktiv auf die Veränderungen vorbereitet und begleitet und die Vorteile insbesondere auch für jeden einzelnen Mitarbeiter klarstellt.

Kurzbiographien

Torsten Arnold studierte Informatik in Bonn und in London. Von 1993 bis 2000 arbeitete er als Software-Entwickler und IT-Projektleiter bei einem Großunternehmen der Telekom-Branche. Von 2000 bis 2005 war er Senior IT Consultant und Projektleiter in der technischen Unternehmensberatung und spezialisierte sich dabei vor allem auf CMMI-Prozessthemen, insbesondere auf das Anforderungs- und Konfigurationsmanagement. Seit 2005 leitet er bei der BeOne Stuttgart als Business Unit Manager einen Bereich, der sich schwerpunktmäßig mit Prozess-

[1] Quelle: (Hörmann et al. 2007)

themen in Entwicklungsprojekten beschäftigt. 2007 hielt er auf der Requirements Engineering Conference (REConf2007) einen Vortrag mit dem Titel: „Herausforderungen bei firmenübergreifendem Anforderungsmanagement".

Wolfgang Krebs hat elektrische Energietechnik studiert und dann berufliche Erfahrung auf verschiedenen Gebieten gesammelt. Dies begann in der Automatisierung auf dem Gebiet der Fördertechnik, setzte sich dann fort mit der Softwareentwicklung auf diesem Gebiet und führte dann zu User Interfaces bei Logic Analysern. Nächste Stationen waren die Leitung der Markt- und Wettbewerbsanalyse bei einem Hersteller von Automatisierungsprodukten und dann der Strategischen Planung Europa in diesem Bereich. In diese Zeit fällt die Übernahme und Integration eines Wettbewerbers in den USA und dann ein Joint Venture mit einem französischen Wettbewerber, später dann die Übernahme durch diesen. Im Rahmen der strategischen Planung wurde in dieser Zeit eine industrieorientierte Neuausrichtung geplant. Im Rahmen der Umsetzung dieser Strategie übernahm Herr Krebs dann die strategische Planung und das Controlling für einen neugeschaffen industrieorientierten Bereich sowie die Verantwortung für die Infrastrukturautomatisierung mit Mitarbeitern in Deutschland, Frankreich, den USA und Singapur. Vor einigen Jahren wechselte Herr Krebs dann in die Beratungsbranche. Heute ist er Mitglied der Geschäftsleitung der BeOne Group GmbH.

Joachim Mauersberger studierte in Stuttgart Mathematik mit dem Nebenfach Informatik. Von 1975 bis 1986 arbeitete als Software-Entwickler, IT-Projektleiter und IT-Führungskraft bei einem führenden deutschen Versicherungsunternehmen. 1986 war er Mitbegründer des Beratungshauses BERATA GmbH und bis 2003 als Geschäftsführer in diesem Unternehmen tätig. Als Consultant arbeitete er vorwiegend als Projektleiter, Modellierer und Analytiker in Kundenprojekten mit dem Hauptschwerpunkt der Softwareentwicklung von Kalkulations- und Provisionssystemen in der Lebensversicherung. Er wirkte maßgeblich bei der Entwicklung der versicherungsfachlichen Inhalte der Versicherungs-Anwendungs-Architektur (VAA) in den Arbeitsgruppen Produkt, Vertrag und Provision mit. Seit 2005 arbeitet er als Management Consultant und ist Mitgesellschafter und Mitglied der Geschäftsleitung bei der BeOne Group GmbH.

Uwe Wursthorn absolvierte eine Ausbildung als Industriekaufmann in einem mittelständischen Unternehmen. Nach dem Wehrdienst erfolgte unmittelbar der Einstieg in die IT. Nebenberuflich bildete er sich zum Industriefachwirt (IHK) weiter. Ab Anfang der 90-er Jahre übernahm er die Leitung der IT. Gleichzeitig dazu leitete er u.a. ein großes Projekt zur Entwicklung und Einführung eines Warenwirtschaftssystems für mehrere Werke u.a. in den USA. Nach einer Zwischenstation wiederum als IT-Leiter wechselte er 2000 in das Beratergeschäft. Schwerpunkte in den folgenden Jahren waren Projektmanagement-Aufgaben bei einem großen Automobilhersteller. Ab 2004 übernahm er vermehrt Management-Aufgaben. Seit 2005 ist der bei der BeOne, zunächst in München, dann bei der BeOne Stuttgart GmbH tätig. Hier ist er Mitgesellschafter und Prokurist. Schwerpunktthemen seiner Business-Unit sind Versicherung und Business Intelligence.

Literaturverzeichnis

(Bechler u. Lange): Bechler K J, Lange D, DIN-Normen im Projektmanagement. Bundesverband Deutscher Unternehmer BDU / Beuth Verlag, S. 56

(Ebert 2005): Ebert C, Systematisches Requirements Management- Dpunkt.verlag, 2005, S. 113ff

(Gaulke 2004): Gaulke M, Risikomanagement in IT-Projekten. Oldenbourg, 2004

(Höhn u. Höppner 2008): Höhn R, Höppner S, Das V-Modell XT. Grundlagen, Methodik und Anwendungen. Springer Verlag, 2008

(Hörmann et al. 2007): Hörmann K, Dittmann L, Hindel B, Müller M, SPICE in der Praxis. Dpunkt.verlag, 2007

(Kittel et al.): Kittel M, Koerting T J, Schött D, Kompendium für ITIL-Projekte. readIT / Books on Demand

(Krebs u. De Winter 2008): Krebs W, De Winter S, Stressfreies Projektmanagement. Fachzeitschrift Automobil-Elektronik, Ausgabe 04/2008

(Mangold 2009): Mangold P, IT-Projektmanagement kompakt. Spektrum Akademischer Verlag, 2009

(Mertens u. Wieczorrek 2008): Mertens P, Wieczorrek H W, Management von IT-Projekten: Von der Planung zur Realisierung. Springer, Berlin, 2008

(Moormann u. Schmidt 2007): Moormann J, Schmidt G, IT in der Finanzbranche: Management und Methoden. Springer, Berlin, Heidelberg, 2007, 370 Seiten

(Pichler 2007): Pichler R, Scrum – Agiles Projektmanagement erfolgreich einsetzen. Dpunkt.verlag, 2007

(PMI): Project Management Institut (PMI), A Guide to the Project Management Body of Knowledge (PMBOK Guide). Project Management Institute (PMI), 2009

(Schelle et al. 2008): Schelle H, Ottmann R, Pfeiffer A, ProjektManager. GPM Deutsche Gesellschaft für Projektmanagement, 2008

(Schmid et al. 2008): Schmid J, Wentzel P-R, Gerdom,M, Hehn U, Mit CMMI Prozesse verbessern: Umsetzung am Beispiel Requirements Engineering. Dpunkt.verlag, 2008

6.2 Zur Qualität von IT-Systemen – Methoden und Verfahren für den Aktuar

Marei Colditz, Köln, Deutschland
Jörg Henning, Leinfelden-Echterdingen, Deutschland
Prof. Dr. Franz Schweiggert, Ulm, Deutschland

Zusammenfassung

Die Qualität der Informationsverarbeitung ist ein essenzieller Faktor für den Erfolg eines Unternehmens. Nach einer kurzen Begriffsbildung werden Methoden und Techniken vorgestellt, die für den Aktuar in seiner Mitwirkung bei Entwicklung und Gestaltung von Informationssystemen von Bedeutung sein können. Neben strukturierten Reviews kommt dem Test in der Software-Entwicklung eine ganz zentrale Bedeutung bei. Testmanagement, Testorganisation, Testmethoden, Teststufen, Testprozess wie auch Testwerkzeuge sind Gegenstand dieses Abschnitts.

6.2.1. Qualitätssicherung

6.2.1.1 Qualität – schwer zu fassen

Der Begriff „Qualität" wird im Alltag sehr unterschiedlich verwendet. In seiner ursprünglichen Bedeutung (im Griechischen) stand er für Beschaffenheit, war also ein Oberbegriff für Attribute wie etwa Geschmack, Farbe oder Größe, die einen Gegenstand in seiner Beschaffenheit beschrieben („süß, lila, winzig"). Heute wird er meist in einer wertenden Form verwendet; man spricht von hoher oder geringer Qualität und verbindet damit eine Wertung. Wenn es um einen Gebrauchsgegenstand geht, so wird „hohe Qualität" im Sinne eines „hohen Gebrauchs- oder Nutzenwertes" umgesetzt. Diese wertende Interpretation hat Ludwig Erhard einmal artikuliert in „Qualität ist einfach das Anständige".

Um solchen philosophischen Betrachtungen ein Ende zu bereiten, haben Normungsgremien auf nationaler wie internationaler Ebene folgende Begriffsbildung gefunden:

M. Aschenbrenner et al. (eds.), *Informationsverarbeitung in Versicherungsunternehmen*,
Springer-Lehrbuch Masterclass, DOI 10.1007/978-3-642-04321-5_30,

„Qualität ist die Gesamtheit von Eigenschaften und Merkmalen eines Produkts oder einer Tätigkeit, die sich auf deren Eignung zur Erfüllung gegebener Erfordernisse beziehen". (DIN 55300)

Denkt man hier an IT-Systeme oder noch enger an Software und bezieht sich bei den Erfordernissen auf die Unterstützung von Geschäftsprozessen, so kann man obige Definition beziehen auf alle die Eigenschaften und Merkmale des IT-Systems / der Software, die den zu unterstützenden Prozess effektiv, effizient und vielleicht auch nachhaltig unterstützen. Welche Eigenschaften und Merkmale dieses jeweils sind, hängt also vom Anwendungsprozess und auch von dessen Systemumgebung ab. Bei letzterem denke man beispielsweise an Aspekte der Handhabbarkeit eines Dialogsystems, was eben nicht nur die Dialogschnittstelle anspricht, sondern auch das Benutzerprofil, die Benutzererwartungshaltung oder die Benutzererfahrung mit einbezieht.

Da im Folgenden Qualität mit Blick auf den Einsatz von IT-Systemen betrachtet wird, werden andere mit Software verbundene Prozesse wie „Prüfung von Software" (Merkmal könnte dann „Prüfbarkeit" heißen) oder „Integration in eine bestehende Anwendungslandschaft" (Merkmal „Integrierbarkeit") nicht weiter angesprochen (s. dazu z.B. (Wallmüller 2001) oder (Wieczorek u. Meyerhoff 2001)).

Die ISO-Norm 9126 (inzwischen integriert in die ISO-Norm 25000) fasst den Begriff „Qualität" wie in Abb. 6.6 dargestellt. Diese Festlegung umfasst neben statischen, am Produkt feststellbaren Merkmalen auch dynamische Merkmale, die sich auf die Software als Unterstützer von betrieblichen Prozessen beziehen.

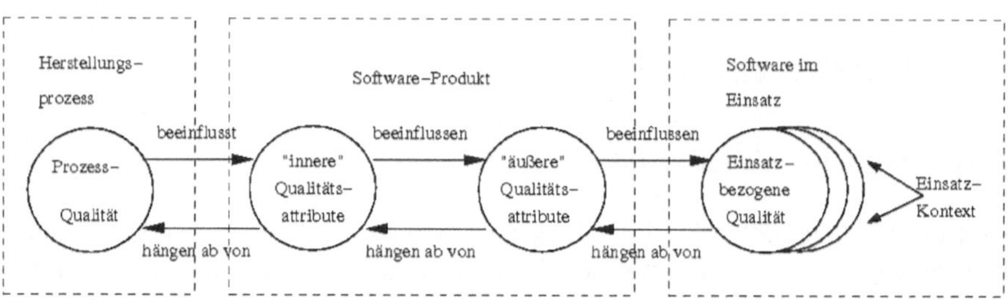

Abb. 6.6 Qualitätsmerkmale nach ISO 9126

In dem hier gegebenen Zusammenhang sind aus dieser Norm nur bestimmte Teilmerkmale von Bedeutung. Bei den „inneren" und „äußeren" Attributen sind dies im Wesentlichen

- **die Funktionalität** („die Fähigkeit des Softwareprodukts, Funktionen bereitzustellen, die angegebenen und unterstellten Anforderungen zu erfüllen, wenn die Software unter spezifizierten Bedingungen eingesetzt wird") mit dem Teilmerkmal **Genauigkeit** („die Fähigkeit des Softwareprodukts, die richtigen oder vereinbarten Ergebnisse oder Effekte im benötigten Grad an Genauigkeit zu erbringen")

- **die Zuverlässigkeit** („die Fähigkeit des Softwareprodukts, ein spezifiziertes Niveau an Performanz zu erbringen, wenn sie unter spezifizierten Bedingungen benutzt wird") mit dem Teilmerkmal **Reife** („die Fähigkeit des Softwareprodukts, Ausfälle oder Störungen als Folge von Fehlern in der Software zu vermeiden")
- **die Gebrauchstauglichkeit** („die Fähigkeit des Softwareprodukts, vom Benutzer verstanden, erlernt und benutzt werden zu können und für ihn auch attraktiv zu sein, wenn es unter spezifizierten Bedingungen eingesetzt wird")

Bei den einsatzbezogenen Attributen dürfte das Merkmal **Produktivität** das Interessanteste sein: „Die Fähigkeit des Softwareprodukts, Benutzer in die Lage zu versetzen, ihren Wirkungsgrad in einem spezifizierten Kontext zu steigern."

Da es den Rahmen dieses Beitrags sprengen würde, alle diese Attribute detailliert zu betrachten, soll der Fokus auf die (funktionale) Korrektheit und (numerische) Genauigkeit gelegt werden. Mit dieser Einschränkung kann man Qualität auch auf den Begriff Fehlerfreiheit reduzieren. Es bleibt aber anzumerken, dass der Begriff „Fehler" sehr vielschichtig ist. Im Deutschen kennen wir Begriffe wie Irrtum, Ausfall, Störung, Defekt, unzulässige Abweichung, Fehlstelle, Fehlwirkung; im Englischen verwendet man Begriffe wie error, mistake, defect, fault, failure. Man könnte den Begriff „Fehler" allgemein definieren als „Abweichung eines Ist-Zustandes von einem Soll-Zustand".

Für das Verständnis des Folgenden ist es wichtig, die in Abb. 6.7 dargestellte Kausalitätskette zu beachten. Ein Irrtum (des Programmierers) führt zu einer Fehlstelle im Programm (statt „a+b" ein „a-b"), was wiederum zu einer Fehlwirkung (falsches Ergebnis) führt. Eine falsch formulierte Anforderung kann zu einer Fehlstelle in einem Programm (Anweisungen fehlen) führen, was wiederum zu falschen Ergebnissen führen kann.

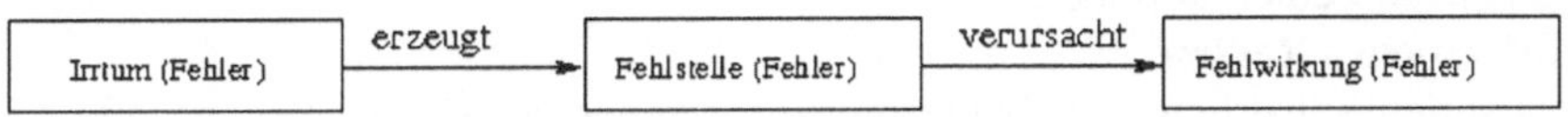

Abb. 6.7 Kausalkette der Fehlerbegriffe

Die in Abb. 6.7 dargestellte Kausalkette der Fehlerbegriffe ließe sich noch um den Begriff „Fehlerfolge" ergänzen, so dass die Analogie zu dem ISO 9126 Qualitätsmodell (vgl. Abb. 6.6) offenkundig wird.

Für den Aktuar wird Qualitätssicherung in erster Linie auf die Vermeidung bzw. (frühzeitige) Aufdeckung von Fehlwirkungen gerichtet sein. Um Fehlwirkungen aufzudecken, kann er sich natürlich auch auf die Entdeckung von Fehlstellen konzentrieren; dazu muss er sich aber mit dem „Innenleben" der Software auseinandersetzen. Er kann auch einen Schritt nach vorne in der Kausalkette gehen und sich ganz konzentriert den Anforderungen und der Projektorganisation widmen, um sicherzustellen, dass keine „Irrtümer" passieren, somit keine Fehlstellen entstehen, letztlich keine falschen Ergebnisse produziert werden und in letzter Konsequenz die Software die gestellten Anforderungen voll erfüllt. Qualitätsanforderungen müssen wie andere (funktionale) Anforderungen auch vor Beginn einer Entwicklung festgelegt werden! Qualität kann nicht post mortem in eine IT-Lösung hineingeprüft werden.

6.2.1.2. Methoden und Verfahren zur Qualitätssicherung

So breit wie der Qualitätsbegriff ist, so vielfältig sind auch die Methoden und Verfahren zur Sicherstellung der Qualität. Da oben der Qualitätsbegriff auf (funktionale) Korrektheit und (numerische) Genauigkeit reduziert wurde, sollen im Folgenden auch nur einige Methoden und Verfahren mit Fokus darauf betrachtet werden. Man spricht hier dann auch von analytischen QS-Maßnahmen oder auch Prüfverfahren. Hier unterscheidet man in statische und dynamische Prüfungen. Dynamische Prüfungen suchen nach Fehlern im dynamischen Verhalten; dies ist im Wesentlichen der Software-Test, der in den folgenden Abschnitten näher beleuchtet wird.

Statische Verfahren analysieren Eigenschaften der Software, ohne diese selbst auszuführen. Für den Informatiker wären hier Verfahren der statischen Codeanalyse von Interesse und Nutzen (s. z.B. (Simon et al. 2006)). Für den Aktuar sind dies Verfahren, wie sie unter dem Begriff Review bekannt sind. Im IEEE[1]-Standard 1028 werden verschiedene Review-Arten unterschieden:

- **Fachliches Review**
  Hier geht es um die fachliche Prüfung eines Dokumentes auf Übereinstimmung mit Vorgaben und Spezifikationen mit dem Zweck Alternativen zu diskutieren und zu bewerten, Entscheidungen zu treffen, technische Probleme zu lösen, aber auch Fehler zu finden
- **Informelles Review**
  Entspricht inhaltlich dem fachlichen Review, der Prozess der Durchführung ist eher informell und nicht streng geregelt
- **Walkthrough**
  Anhand von Szenarien, Beispielen oder Probeläufen wird untersucht, ob ein Dokument oder ein Programm seinen Vorgaben entspricht
- **Inspektion**
  Diese Technik geht auf M. Fagan (Fagan 1976) zurück und ist relativ formal beschrieben. Wesentliche Merkmale sind: kleines Team mit definierten Rollen, klar definierte und klar strukturierte Vorgehensweise mit ausschließlichem Fokus auf Fehlerfindung

[1] Institute of Electric and Electronic Engineers

Gerade bei Inspektionen kann sich der Aktuar als Prüfer (Fokus auf korrekte Umsetzung des mathematischen Modells in den Code) wie auch als Moderator (Vorbereitung, Auswahl der Prüfer, Leitung der Durchführung) sicherlich bestens einbringen. Für weitere Informationen sei auf das Buch (Gilb u. Graham 1993) verwiesen. Da Reviews wie Inspektionen in kleinen Teams durchgeführt werden, ist es wichtig, dass neben der Festlegung von Rollen der gesamte Prozess (s. Abb. 6.8) wie auch die eigentliche Prüfung klar strukturiert werden. Für die Prüfung kann dies bedeuten, dass vorher klare Prüfziele wie auch eine stringente Vorgehensweise (entlang der Verwendung eines bestimmten Aspektes oder einfach „Zeile für Zeile“) festgelegt werden. Aufgabe des Moderators ist dann auch, auf deren Einhaltung zu achten. Insbesondere dienen vor allem Inspektionen ausschließlich der Fehlersuche – eine Diskussion über Lösungen sollte tunlichst dem Autor überlassen bleiben.

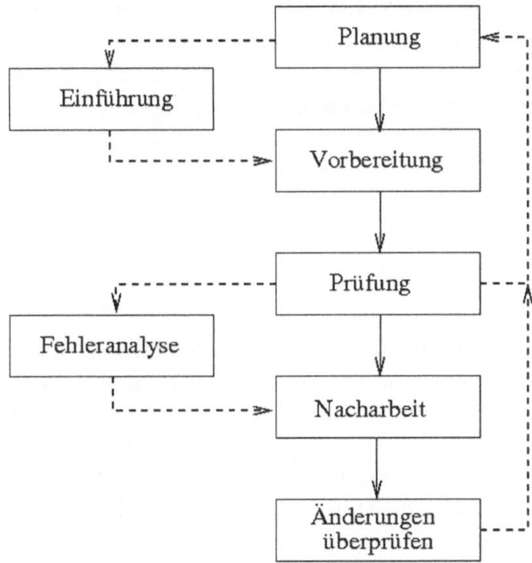

Abb. 6.8 Inspektionsprozess

Wesentlich Faktoren sind also:

- kleines Team mit definierten Rollen (Autor, Moderator, Prüfer)
- strukturierter Gesamtprozess (s. Abb. 6.8)
- definierte Zielsetzung und definierte Vorgehensweise in der eigentlichen Prüfung

In der Praxis werden Reviews und Inspektionen leider eher selten in dieser systematischen Form durchgeführt, obwohl sie gegenüber dem im Folgenden beschriebenen Software-Test klare Vorteile besitzen: der Test kann Fehlwirkungen aufdecken, die Suche nach der Fehlstelle bleibt – die Inspektion deckt Fehlstellen direkt auf! So gesehen ist die Inspektion effizienter; auf der anderen Seite gibt es viele Fehler, die mit Inspektionen nur sehr schwer zu entdecken sind.

6.2.2 Software-Test

Wie bereits aus den vorangehenden Abschnitten deutlich wurde, ist der Test eine wesentliche Maßnahme zur Überprüfung und Sicherstellung der Software-Qualität. Daher soll dieser Bereich im Folgenden näher betrachtet werden.

Nach der einleitenden Definition zentraler Begriffe und einem Überblick über die Rollen in einem Testprojekt sowie verschiedene Testmethodiken werden am Beispiel des Tests eines Bestandsführungssystems die Teststufen beschrieben, die zu durchlaufen sind, und die einzelnen Bestandteile des Testprozesses werden dargestellt. Bevor abschließend auf die Infrastruktur eines Testprojekts eingegangen wird, wird der Fehlerverfolgungsprozess beleuchtet. Der Umgang mit im Test festgestellten Fehlern ist ein entscheidender Faktor für ein erfolgreiches Testprojekt: Denn es gilt: Je früher ein Fehler im Test erkannt wird, desto kostengünstiger ist seine Behebung.

6.2.2.1 Begriffe

Test

In der Literatur sind verschiedene Definitionen des Testbegriffs zu finden, z.B.:

„Testen ist der Prozess, ein Programm mit der Absicht auszuführen, Fehler zu finden." (Myers 2001)

„Testen von Software ist die stichprobenartige Ausführung eines Testobjekts, die der Überprüfung des Testobjekts dient." (Spillner u. Linz 2005)

Testen dient dem Nachweis der korrekten Umsetzung der Anforderungen und der Aufdeckung von Fehlerwirkungen. Beim Software-Test geht es nicht um das Lokalisieren der Fehlstelle und die Behebung des Fehlers (vgl. Abschn. 6.2.1.2).

Testgegenstand / Testobjekt

Der *Testgegenstand* oder auch das *Testobjekt* kann eine einzelne Komponente (z.B. der Geschäftsvorfall Policierung), ein integriertes Teilsystem (z.B. das Angebotssystem) oder ein Gesamtsystem (z.B. das Bestandsverwaltungssystem inkl. der Randsysteme in einer bestimmten Version) sein, das einem Test unterzogen wird.

Testfall

Ein *Testfall* beschreibt die systematisch festgelegten Bedingungen, die zur Überprüfung eines Testobjektes erforderlich sind. Dazu gehört, dass die Rahmenbedingungen definiert, die Eingabewerte und die erwarteten Ausgabewerte dokumentiert und auch die Prüfanweisungen („Wie sind die Ein-/Ausgaben zu übergeben?) festgelegt werden.

Zu unterscheiden ist zwischen *Positiv-Testfällen* (mit gültigen Vorbedingungen bzw. Eingabewerten) und *Negativ-Testfällen* (mit ungültigen Vorbedingungen bzw. Eingabewerten). In einen Test sollten möglichst beide Kategorien einbezogen werden.

Fehler

Der *Fehler* wurde bereits im vorherigen Abschnitt als Abweichung zwischen Soll- und Istverhalten definiert. Die Praxis zeigt, dass es manchmal schwer ist, festzustellen, wann tatsächlich ein Fehler vorliegt. Es kann auch der Fall eintreten, dass das aktuelle Istverhalten auf eine zuvor nicht oder zumindest nicht eindeutig formulierte Anforderung zurückzuführen ist. Die eindeutige Spezifikation der Anforderungen im Vorfeld des Tests ist daher eine wesentliche Voraussetzung für eine eindeutige Einordnung. Für einen effizienten Fehlerverfolgungsprozess (s. Abschn. 6.2.2.5) ist auch die Klassifizierung bzw. Priorisierung des Fehlers wichtig.

6.2.2.2 Testmanagement

Einbettung in den Entwicklungsprozess

Um das Testen von Software effizient durchführen zu können, muss genau wie für die eigentliche Entwicklung des Systems ein detaillierter Prozess aufgesetzt werden (s. Abschn. 6.2.2.4). Der Testprozess soll sicherstellen, dass die Beschäftigung mit dem Testen der Software schon frühzeitig erfolgt. Ziel ist es, das Testen nicht an das Ende der Entwicklungsphase kurz vor die geplante Auslieferung des Systems zu schieben, sondern schon so früh wie möglich so viel wie nötig zu testen. Sonst besteht die Gefahr, dass z.B. aufgrund von einzuhaltenden Einführungsterminen für den Test nicht die erforderliche Zeit zur Verfügung steht und die Qualitätssicherung nicht in ausreichendem Maße erfolgt. Das Testen sollte daher als ein Prozess betrachtet werden, der parallel zur Systementwicklung läuft.

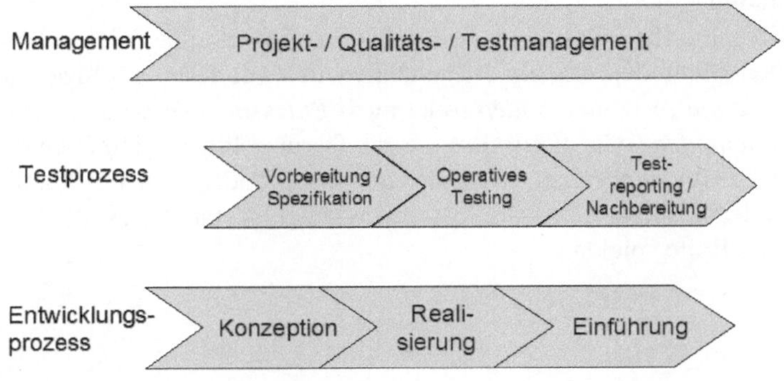

Abb. 6.9 Entwicklungs- und Testprozess

Das Testmanagement ist von entscheidender Bedeutung für einen erfolgreichen Test. Dabei spielen sowohl eine effiziente Testplanung wie auch die Organisation des Testteams und die Qualifikation der Teammitglieder eine wichtige Rolle.

Testteam und Rollen

Neben den unmittelbaren Testaktivitäten in den unterschiedlichen Teststufen sind auch übergreifende oder unterstützende Tätigkeiten zu erbringen. Daher gehören zu einem Testteam nicht nur die eigentlichen „Tester", sondern aus den zu bewältigenden Aufgaben leiten sich unterschiedliche Rollen innerhalb eines Testteams ab. Je nach Struktur und Umfang des Projektes kann eine Person dabei auch mehrere Rollen einnehmen.

Der *Testmanager* oder *Testkoordinator* ist in das Projektmanagement involviert, er steuert den Testprozess und delegiert und verteilt die Testarbeiten, kümmert sich darum, dass Testaktivitäten zur richtigen Zeit ausgeführt werden und stellt sicher, dass die dazu benötigen Ressourcen zur Verfügung stehen.

Der *Testkonzept-Ersteller* schreibt das Testkonzept und stimmt es mit allen beteiligten Bereichen ab.

Der *Tester* führt die Tests durch, überprüft die Ergebnisse und dokumentiert das Ergebnis der Prüfung. Im Fehlerfall erstellt er den Fehlerbereicht.

Der *Testadministrator* sorgt dafür, dass die für den Test erforderliche technische Infrastruktur (Systemumgebung, Testbestände, Testtools) zur Verfügung steht.

Der *Fehlerkoordinator* steuert die Fehlerzuordnung und überwacht die Abarbeitung der Fehler. Er leitet die erforderlichen Maßnahmen ein (z.B. Programmkorrekturen oder auch fachliche Anpassungen), ggf. in Abstimmung mit dem Testkoordinator (vgl. auch Abschn. 6.2.2.5).

Der Aktuar kann innerhalb eines Testteams als Testkonzept-Ersteller und Tester einen wesentlichen Beitrag leisten, insbesondere dann, wenn aktuarielle Sachverhalte, d.h. die Prüfung von mathematischen Werten und Verfahren, eine Rolle spielen.

Testmethoden

Bei den dynamischen Software-Testverfahren gibt es eine Vielzahl von unterschiedlichen Methoden, die im Allgemeinen in zwei Klassen eingeteilt werden: *funktionsorientierte Testmethoden* (oder auch *Black-Box-Tests*) und *strukturorientierte Testmethoden* (oder *White-Box-Tests*). Darüber hinaus sind noch die *diversifizierenden Testmethoden* zu beachten, die insbesondere bei der Qualitätssicherung von releasefähigen Softwarelösungen wie bei Bestandsverwaltungssystemen eine zentrale Rolle spielen.

Tabelle 6.1 Wesentliche Merkmale der Testmethoden

Black-Box-Test	White-Box-Test
Testfälle werden ausgehend von der Spezifikation definiert	Testfälle werden ausgehend vom Programm selbst definiert
Einzelheiten des Testobjektes (Codes) sind unbekannt, Testfälle werden durch Tester entwickelt	Test wird mit Kenntnis des Codes und die Funktionsweise des Programms durch Entwickler entwickelt
Testfallüberdeckung wird am Ein-/Ausgabeverhalten gemessen	Testfallüberdeckung wird anhand von Kriterien für die Codeüberdeckung gemessen

Black-Box-Test

Die wichtigsten funktionsorientierten Testmethoden sind:

- Äquivalenzklassenbildung
- Grenzwertanalyse
- Zustandsbezogener Test

Die Grundidee bei der *Äquivalenzklassenbildung* ist, die Menge der möglichen Eingabewerte in Klassen einzuteilen. Als Äquivalenzklasse werden dabei die Werte betrachtet, für die laut der zu testenden Spezifikation dasselbe Verhalten erwartet wird. Das heißt, liefert ein Vertreter der Klasse ein korrektes Ergebnis, so ist dies auch für alle anderen Vertreter der Klasse zu erwarten. Wichtig ist dabei, auch Klassen von ungültigen Werten zu betrachten. Beim Test der Beitragsberechnung einer Kapitalversicherung kann z.B. eine Klassenbildung bezüglich der Versicherungssummen erforderlich sein, wenn ein nach Versicherungssumme gestaffelter Summenrabatt relevant ist. Da bei einer Auswahl sämtlicher Kombinationsmöglichkeiten der Äquivalenzklassen die Anzahl der möglichen Testfälle sehr groß werden kann, muss durch geeignete Kombinationen die Testfallanzahl auf ein vertretbares Maß reduziert werden.

Tabelle 6.2 Äquivalenzklassenbildung bzgl. Versicherungssumme

	Testfall 1	Testfall 2
Äquivalenzklasse (Versicherungssumme)	5.000–50.000	50.001–100.000
Tarif	A1	A1
Eintrittsalter	25	50
Geschlecht	m	w
Laufzeit	40	5
Versicherungssumme	30.000	77.777

Die *Grenzwertanalyse* ergänzt die Äquivalenzklassenbildung. (Myers 2001) bezeichnet sie sogar als eine der nützlichsten Testmethoden: „Testfälle, die Grenzwerte untersuchen, haben einen größeren Erfolg als Testfälle, die das nicht tun.“ Bei der Grenzwertanalyse werden die Randbereiche der Äquivalenzklassen näher betrachtet. Wenn z.B. ab 50.001 Euro Versicherungssumme die nächste Summenrabattstaffel greift, sollten die Summen 50.000 Euro und 50.001 Euro geprüft werden, um sicherzustellen, dass nicht bereits bei 50.000 Euro der neue Wert greift. Gerade in solchen Randbereichen zeigen sich in der Praxis häufig Fehler in der Implementierung.

Tabelle 6.3 Grenzwertanalyse

	Testfall 3	Testfall 4
Äquivalenzklasse (Versicherungssumme)	5.000–50.000 Grenzwert	50.001–100.000 Grenzwert
Versicherungssumme	50.000	50.001

Ein *zustandsbezogener Test* wird angewandt, wenn neben den Eingabewerten auch der bisherige Ablauf eines Systems Einfluss auf das Systemverhalten hat. So spielt es für den Test einer Vertragsänderung auf einem Versicherungsvertrag eine Rolle, ob der Vertrag seit Policierung unverändert war oder ob zuvor bereits eine andere Änderung (z.B. Beitragsfreistellung) erfolgt ist. Wichtig sind hier also Zustände und Zustandsübergänge. Formal werden die möglichen Systemzustände anhand eines sog. endlichen Automaten oder Zustandsautomaten beschrieben.

Eine Äquivalenzklassenbildung in Verbindung mit einer Grenzwertanalyse ist beim Test eines Bestandsverwaltungssystems sicher das geeignete Instrument, wenn es um einen mathematischen Test der Berechnungen bzw. um den Test des Neugeschäfts (Policierung) geht. Beim Test des Gesamtsystems und insbesondere für den Test von Geschäftsvorfällen ist dagegen die Methodik des zustandsbezogenen Tests zu favorisieren, da hierüber die Testschritte im „Lebenszyklus“ eines Versicherungsvertrags abgebildet werden können.

White-Box-Test

Im Gegensatz zum Black-Box-Test muss beim White-Box-Test die Kenntnis über das zu testende Programm vorhanden sein. Zur genaueren Darstellung der einzelnen Verfahren und deren Vor- und Nachteile wird auf die weiterführende Literatur verwiesen, z.B. (Spillner u. Linz 2005) (Liggesmeyer 2002).

Diversifizierende Testmethoden

Bei den diversifizierenden Testmethoden erfolgt bewusst kein Abgleich zwischen der Spezifikation und den Testergebnissen, sondern es werden verschiedene Versionen der Software miteinander verglichen.

Die wichtigste Testmethode ist dabei der *Regressionstest*, d.h. die Wiederholung aller (oder zumindest eines Teils) der Testfälle, die bereits in einer früheren Version durchgeführt wurden. Dadurch soll nachgewiesen werden, dass sich das Verhalten der Software z.B. durch die Pflege oder Erweiterung um zusätzliche, neue Funktionalitäten bezüglich der bisherigen Funktionalitäten nicht ändert und unerwünschte Seiteneffekte ausgeschlossen werden. Es genügt nicht, nur einen Fehlernachtest durchzuführen oder nur die neuen oder geänderten Komponenten der Software zu testen. Der Regressionstest ergänzt somit die Spezifikationstests und ist eine wesentliche Qualitätssicherungsmaßnahme im Rahmen der Software-Entwicklungszyklen.

In der Entwicklung eines Standard-Bestandsführungssystems werden in der Regel in sehr kurzen Abständen (täglich oder wöchentlich) neue Versionen der Software erstellt. Das heißt, es müssen auch regelmäßig die erforderlichen Tests erfolgen. Aufgrund der Häufigkeit der Testdurchführung ist eine Automatisierung der Regressionstests zwingend erforderlich. Dabei müssen nicht nur die Testfälle automatisch ablaufen, sondern auch der Abgleich der Testergebnisse zwischen den Versionen und die Erstellung der Fehlerlisten muss automatisch erfolgen. Ein Testfall ist dabei erfolgreich durchgelaufen, wenn die Ausgabe identisch mit der Ausgabe der Vorversion ist. Zuvor muss das Soll-Testergebnis durch eine andere Testmethode bestimmt worden sein, dieses dient dann als Referenz für den Regressionstest.

Regressionstests finden nahezu in allen Teststufen (s. Abschn. 6.2.2.3) statt. Da ein vollständiger Regressionstest, insbesondere bei häufigen Wiederholungen, sehr zeit- und kostenintensiv sein kann, ist es wichtig, eine geeignete Testfallauswahl zu treffen. Ein Kriterium für die Auswahl kann z.B. sein, dass die Hauptfunktionalität des Programms auf jeden Fall geprüft werden soll und evtl. auf bestimmte Sonderfälle verzichtet wird. Die Basistestfälle eines Regressionstests müssen ständig optimiert und dem Stand der Entwicklung angepasst werden, wobei für neue Funktionalitäten auch zusätzliche Testfälle in den Regressionstest aufgenommen werden müssen.

Testendekriterien

Testendekriterien sind ein wesentlicher Bestandteil des Testkonzepts (s. Abschn. 6.2.2.5). Die Kriterien dafür, wann ein Test beendet wird, können dabei unterschiedlich sein: Eine definierte Testabdeckung ist erreicht, alle Fehler einer bestimmten Klassifizierung bzw. Priorität sind behoben oder aber ein vorab festgelegter Zeit- oder Kostenrahmen ist erreicht (dies ist zwar ein indirektes, aber in der Praxis auftretendes Kriterium). Die Testendekriterien müssen messbar sein. Ein Kriterium insbesondere beim Test eines Bestandsverwaltungssystems ist auch die Einhaltung bestimmter Toleranzgrenzen. So kann z.B. definiert werden, dass der errechnete Beitrag nur maximal 1 Cent vom vorgegebenen Soll-Wert abweichen darf oder der Rückkaufswert nicht unterhalb und maximal 1 Euro oberhalb des Referenzwertes liegen darf. Zur Festlegung solcher Toleranzen ist eine enge und gemeinsame Abstimmung zwischen den Testern und den Aktuaren des Versicherungsunternehmens erforderlich.

6.2.2.3 Teststufen

Ein Softwareentwicklungsprojekt wird nach einem bestimmten Vorgehensmodell wie z.B. dem V-Modell oder dem Wasserfallmodell, geplant und durchgeführt. Passend zum definierten Vorgehensmodell sollte auch der Test modelliert werden. In der Literatur, z.B. in (Spillner u. Linz 2005), finden sich dazu ausführliche Darstellungen.

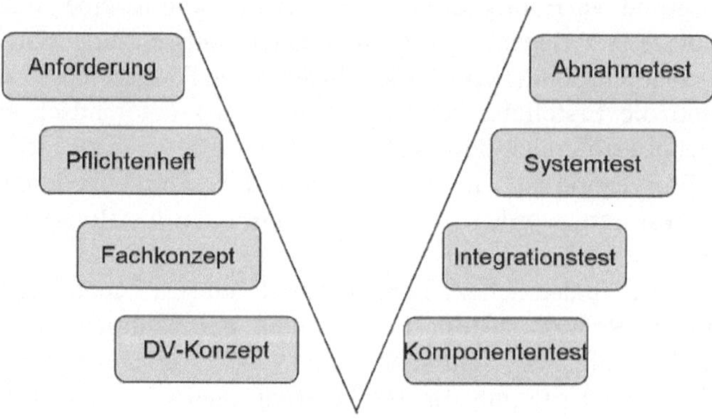

Abb. 6.10 V-Modell

Die Beschreibung der verschiedenen Teststufen orientiert sich im Folgenden am konkreten Beispiel eines Bestandsverwaltungssystems, in dem eine neue Tarifgeneration eingeführt werden soll. Die Teststufen werden unterteilt in den

- Komponententest
- Integrationstest
- Systemtest
- Abnahmetest

Komponententest

Beim *Komponententest* werden einzelne Bausteine der Software geprüft, z.B. die Versicherungstechnik (der mathematische Rechenkern).

Da die Komponente Versicherungstechnik sich wiederum in kleinere Einheiten aufteilt, erfolgt zunächst ein Test des einzelnen geänderten oder neuen Moduls durch den Entwickler selbst im sogenannten *Entwicklertest*. Dieser Test wird vor einer Integration in die Gesamtkomponente durchgeführt. Vor einer Freigabe des Moduls muss der Entwickler dabei nicht nur die Lauffähigkeit des neuen Moduls prüfen, sondern auch über einen ersten Regressionstest sicherstellen, dass die vorhandene Funktionalität nicht verändert wurde. Der Entwickler prüft hierbei nicht die numerische Korrektheit, dies erfolgt im nächsten Schritt im Rahmen des mathematischen Abnahmetests durch den Aktuar.

Der *mathematische Abnahmetest* ist innerhalb des Tests eines Bestandsführungssystems ein zentrales Instrument für den Aktuar und nach der Spezifikation der Anforderung im Rahmen eines Pflichtenheftes eine der Hauptaufgaben bei der Qualitätssicherung. Für den mathematischen Test ist in der Regel die Verwendung von Testtreibern und der Aufruf des Rechenkerns über eine eigene, zusätzliche Schnittstelle zum Rechenkern erforderlich.

Beim Einsatz eines Standard-Bestandsführungssystems hat sich in der Vergangenheit gezeigt, dass ein zweigliedriger mathematischer Test sowohl zunächst durch die Aktuare beim Software-Anbieter wie auch anschließend durch die Aktuare beim Versicherungsunternehmen (als Kunde des Software-Anbieters) sinnvoll ist. Dazu werden gemeinsam Testfälle abgestimmt und vom Kunden die erwarteten Werte definiert. Durch den internen mathematischen Test kann so bereits eine hohe Qualität noch vor der Auslieferung des Systems sichergestellt werden. Dem Versicherungsunternehmen werden die Testfall-Ausgaben zur Abnahme zur Verfügung gestellt. Bei Bedarf kann das Unternehmen dann nach Auslieferung und bei entsprechenden technischen Möglichkeiten (Bereitstellung des Testtreibers für den Rechenkern) selbstständig noch weitere mathematische Tests durchführen. Zur Testunterstützung beim Test des Rechenkerns werden oft Zweitrechnungstools eingesetzt (s. Abschn. 6.2.2.6). Auch beim mathematischen Test ist der Einsatz eines Regressionstests sinnvoll.

Falls neben dem Rechenkern für die Einführung der neuen Tarife noch weitere Komponenten des Systems angepasst werden mussten (z.B. die Aufnahme neuer Eingabefelder in den Oberflächen-Masken), werden diese ebenfalls in einem Komponententest geprüft.

Integrationstest

Der *Integrationstest* dient dazu, die verschiedenen voneinander abhängigen Komponenten im Zusammenspiel zu testen. Dazu müssen diese Komponenten zu einem Teilsystem verbunden werden. Auch der Integrationstest kann mehrstufig gesehen werden. Innerhalb des Vertragsverwaltungssystems als Kernsystem müssen z.B. die Geschäftsvorfallsteuerung und die Versicherungstechnik korrekt zusammenarbeiten. Vertragsdaten, die über die Oberfläche eingegeben werden, müssen vom Rechenkern korrekt verarbeitet und die erwarteten Werte wieder an die Oberfläche zurückgegeben werden. Dieser Test wird als Funktionstest im sogenannten *Gevo-Test* durchgeführt. Im Idealfall können dabei die gleichen Testfallkonstellationen wie bereits im mathematischen Test verwendet werden. Aufgrund der unterschiedlichen Testziele ist dies zwar nicht vollständig möglich, aber zumindest ein Teil dieser Testfälle kann als Ausgangsbasis dienen. Im Testkonzept (s. Abschn. 6.2.2.4) muss festgelegt werden, in welchem Umfang an dieser Stelle neben dem Funktionstest auch nochmals eine Prüfung der mathematischen Werte erfolgt.

Die nächste Stufe des Integrationstests ist dann das Zusammenspiel mit den weiteren Komponenten wie Inkassosystem, Provisionssystem usw. Hierbei wird der korrekte Datenaustausch zwischen den Einzelsystemen und die Belegung der

Schnittstellen getestet: Dieser *Schnittstellentest* soll z.B. folgende Fragen beantworten:

- Wird bei der Policierung eines Versicherungsvertrages ein Auftrag zum Beitragseinzug an das Inkassosystem übermittelt?
- Wird die Provisionsberechnung im Provisionssystem angestoßen?
- Werden die Daten zum Policendruck an das Dokumentensystem übergeben?
- Wird im Statistiksystem ein Neuzugang verbucht?

Den Schwerpunkt beim Integrationstest bilden die neu realisierten Funktionalitäten. Dazu werden passende Testfälle erstellt und vorhandene Testfälle bei Bedarf an die neuen Funktionalitäten angepasst. Bei einem manuellen Test ist dabei der Einsatz eines Testfallrecorders sinnvoll. Damit können die Testfälle aufgezeichnet und so anschließend in den automatischen Regressionstest einbezogen werden.

Systemtest

Beim *Systemtest* wird das Bestandsverwaltungssystem inklusive der angebundenen Randsysteme als Einheit betrachtet. Es wird angestrebt, eine Testumgebung einzurichten, die der Umgebung im Produktionsbetrieb beim Versicherungsunternehmen sehr nahe kommt. Dies gelingt beispielsweise dadurch, dass nicht auf einer leeren Testdatenbank getestet wird, sondern ein Produktionsabzug in die Testumgebung eingespielt wird. Neben dem funktionalen Test der spezifizierten Anforderungen werden auch nichtfunktionale Anforderungen geprüft. Insbesondere sollte ein Performance- und Lasttest erfolgen oder die Qualität der Benutzerdokumentation und die Benutzerfreundlichkeit überprüft werden.

Obwohl der Systemtest noch beim Hersteller der Software durchgeführt wird, hat es sich als äußerst vorteilhaft erwiesen, das Versicherungsunternehmen als Kunden in dieser Testphase aktiv mit einzubinden. Wenn ein Testteam des Kunden beim Anbieter vor Ort ist, können die Tester nicht nur selbst Testfälle anlegen, sondern es kann auch viel schneller und direkter auf Fehler und noch notwendige Änderungen reagiert werden. Dieser Test stellt für den Kunden dann einen Vortest zum Abnahmetest dar und dient auch dazu, sich mit dem System und den neuen Funktionalitäten bereits vertraut zu machen.
Nach dem erfolgreich abgeschlossenen Systemtest ist das Bestandsverwaltungssystem dann zur Auslieferung an das Versicherungsunternehmen bereit.

Abnahmetest

Der *Abnahmetest* stellt den abschließenden Schritt vor der Produktivnahme des Systems beim Versicherungsunternehmen dar. Er erfolgt in der Systemumgebung des Versicherers, die sich nochmals von der im Systemtest zugrunde gelegten Umgebung unterscheiden wird. Wichtig für die Abnahme ist dabei, dass vorab Abnahmekriterien und Abnahmetestfälle definiert wurden. Die Abnahmetestfälle sollten bereits beim Systemtest berücksichtigt und in den Regressionstest aufgenommen werden. Sie werden dann bei einer späteren Auslieferung immer mitgetestet.

Zum Teil können bereits in früheren Teststufen für Teilkomponenten Abnahmetests unter Beteiligung des Versicherungsunternehmens erfolgt sein (s. Mathematischer Abnahmetest).

Die formale Abnahme bekräftigt die Erfüllung der vertraglich zugesagten Leistung.

6.2.2.4 Testprozess

Um den Test so effizient wie möglich zu gestalten, ist es sinnvoll, den Testprozess zu betrachten und in die folgenden vier Bestandteile zu zerlegen:

- Testvorbereitung und Spezifikation
- Operatives Testing
- Testreporting
- Testnachbereitung

Abbildung 6.11 vermittelt einen ersten Eindruck von den relevanten Schritten:

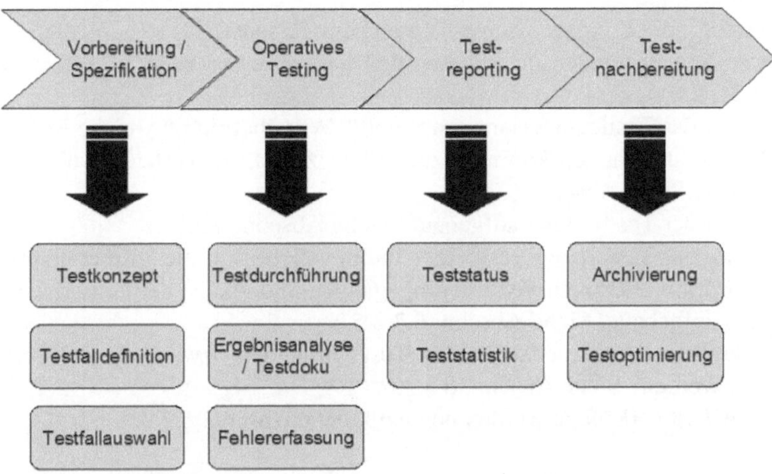

Abb. 6.11 Der Testprozess

Testvorbereitung und Spezifikation

Der „Test" startet keineswegs – wie oft angenommen – mit der (manuellen) Testdurchführung. Zunächst sind einige Vorbereitungen notwendig. Dazu gehört die Erstellung eines Testkonzeptes.

Testkonzept
Im Testkonzept werden alle für den Test relevanten Inhalte zusammengetragen und dokumentiert. Das ist wichtig, da alle Testbeteiligten sowie die Auftraggeber (Projektleiter, Abteilungsleiter etc.) die gleichen Vorstellungen vom Test haben sollten und sich insbesondere über die zu erreichenden Testziele sowie die dafür benötigten und ggf. noch zu schaffenden Rahmenbedingungen einig sein sollten. Das Testkonzept ist somit ein Instrument, um dem Test eine transparente und nachvollziehbare Struktur zu verleihen. Die folgenden Fragen sollen daher im Testkonzept beantwortet werden:

- Welcher Testgegenstand soll getestet werden? Siehe Abschn. 6.2.2.1.
- Handelt es sich um einen einmaligen Test oder um einen je Software-Release wiederkehrenden Test?
- Wie ist der Test in den Softwareentwicklungsprozess eingebettet? Siehe Abschn. 6.2.2.2.
- Zu welcher Teststufe gehört der Test? Siehe Abschn. 6.2.2.3.
- Wie sind die Testziele definiert? Siehe Abschn. 6.2.2.3
- Welche Testendekriterien (ggf. mit welchen Toleranzen) sind festgelegt? Siehe Abschn. 6.2.2.2.
- Wie erfolgt die Freigabe nach erfolgreichem Testende?
- Welche Rollen werden im Rahmen des Testprozesses benutzt? Siehe Abschn. 6.2.2.2.
- Wie wird das Testteam zusammengestellt? Wer übernimmt welche Rolle?
- Welche Testmethoden kommen zum Einsatz, um die Testziele vollständig zu erreichen? Siehe Abschn. 6.2.2.2.
- Wie wird der Testbestand aufgebaut? Siehe Abschn. 6.2.2.4.
- Wie wird der Testprozess festgelegt und in welche Schritte wird er unterteilt?
- Wie wird mit erkannten Fehlern umgegangen und wie ist der Fehlerbehebungsprozess aufgebaut? Siehe Abschn. 6.2.2.5.
- Welche Testarchitektur ist für den Test vorhanden bzw. muss zur Verfügung gestellt werden? Siehe Abschn. 6.2.2.6.
- Welche Testwerkzeuge werden benutzt? Siehe Abschn. 6.2.2.6.

Ein Testkonzept, das diese Fragen vollständig beantwortet, ist eine wertvolle Hilfe für alle Testbeteiligten bei der Durchführung des Tests sowie in der Diskussion mit den diversen involvierten Personen im Testumfeld. Die Erfahrungen in zahlreichen Projekten von COR zeigen, dass ein solches Testkonzept ein oft benutztes Nachschlagewerk ist und bei regelmäßiger Aktualisierung einen großen Mehrwert für den Test bietet.

Bedenkt man, dass in der Versicherungswirtschaft Verwaltungssysteme und Softwarelösungen fortlaufend gewartet und erweitert werden müssen, so gilt die alte Fußballerweisheit in abgewandelter Form: „Nach dem Test ist vor dem Test!" Der Test eines Testobjektes ist erfahrungsgemäß niemals ein einmaliges und für sich selbst stehendes Ereignis, sondern in eine Folge von unterschiedlichen Tests eingebettet. Darum sind zwei Aspekte von zentraler Bedeutung:

Zum einen wird ein Test in der Regel in einem späteren Release in ähnlicher Form erneut durchgeführt. Darum ist ein ausführliches und ständig aktualisiertes Testkonzept bereits eine gute Basis für den nächsten Test. Wird das Testkonzept von Release zu Release gepflegt und weiterentwickelt, so ist eine stetige Optimierung des Testbetriebes die logische Konsequenz.

Zum anderen finden in einer Softwarelandschaft verschiedene Tests parallel oder sequentiell statt (Tests verschiedener Module, Tests von Schnittstellen, Tests von Druckstücken etc.). Eine genaue Abgrenzung der einzelnen Testvorhaben ist von grundlegender Bedeutung für einen vollständigen und weitestgehend überschneidungsfreien Testbetrieb. Wird für jedes Testvorhaben ein separates Testkonzept erstellt bzw. vorab geklärt, welche Testkonzepte welche Testvorhaben beschreiben, so sind spätere Abgrenzungsprobleme unwahrscheinlich. Es besteht überdies die Möglichkeit, Testkonzepte auf unterschiedlichen „Ebenen" zu erstellen. Ein übergeordnetes Testkonzept für die Teststufe „Komponententest" kann beispielsweise die Besonderheiten dieser Teststufe und die grundsätzlichen Prinzipien des Komponententests beschreiben. Für jede einzelne Softwarekomponente werden im jeweiligen Komponententestkonzept die Details für diese Komponente festgelegt (z.B. für das Rechenmodul im Verwaltungssystem, für den Angebotsrechner im Außendienstsystem, für das Partnersystem).

Weitere Darstellungen zu den Inhalten eines Testkonzeptes finden sich in der Standardliteratur, z.B. (Spillner u. Linz 2005), (Spillner et al. 2006).

Testfalldefinition

Liegt ein Testkonzept vor, so besteht ein weiterer Teil der Testvorbereitung in der Definition der einzelnen Testfälle. Dazu wird der Testgegenstand mit seinen Eigenschaften durchleuchtet. Die Erfahrung zeigt, dass eine tabellarische Aufbereitung von zu testenden Features und zugehörigen Produkten oder Tarifen eine gute Ausgangsbasis für den Aufbau eines Testbestandes ist.

Tabelle 6.4 Testfallabdeckung für „Dynamik"

Testfeature	Tarif A	Tarif B
Leistungsdynamik absolut	Testfall 101	Testfall 201
Leistungsdynamik relativ	Testfall 102	Testfall 202
Beitragsdynamik absolut	Testfall 103	Testfall 203
Beitragsdynamik relativ	Testfall 104	Testfall 204

Der Testbestand sollte so klein wie möglich sein, da jeder zusätzliche Testfall Arbeitszeit und Kosten verursacht und somit Aufwand generiert. Andererseits muss der Testbestand groß genug sein, um die Testziele vollständig zu erreichen. Dazu müssen alle Eigenschaften des Testgegenstands umfangreich getestet werden

(Geschäftsvorfälle, Masken, hinterlegte Berechnungsformeln etc.). Die Festlegung von Testfällen erfordert daher Erfahrung und Fingerspitzengefühl.

Hilfreich kann dabei auch der Blick in die Vergangenheit sein. Wurden bei einem früheren Test viele Fehler erst im Produktionsbetrieb „gefunden", so war der Testbestand damals entweder zu klein oder es gab zwar eine große Anzahl von Testfällen, die aber die wesentlichen Eigenschaften des Testobjektes nicht vollständig abgedeckt haben. Jeder definierte Testfall sollte eines der zu testenden Features abdecken. Die Überschneidungen zwischen den Testfällen sind somit auf ein Minimum reduziert.

Ein Beispiel für die Testfallermittlung wird in (Abele 2008) für den Rechenkerntest bei COR gegeben.

Testfallauswahl

Wird die Policierung eines Vertrages getestet, so ist die Testfalldefinition relativ einfach. Der zu testende Vertrag wird mit seinen wesentlichen Kriterien beschrieben und im Rahmen der Testdurchführung im System erfasst. Soll hingegen eine technische Vertragsänderung getestet werden, so ist nicht nur die gewünschte Änderung zu beschreiben (z.B. Summenerhöhung um 100.000 EUR mit gleichzeitiger Verlängerung der Versicherungsdauer um fünf Jahre), sondern auch der Vertragszustand, auf dem diese Änderung durchgeführt werden muss (Vertrag Nr. 9999 mit einer abgelaufenen Vertragsdauer von drei Jahren). Bei der Testdurchführung muss zunächst der Vertrag Nr. 9999 angelegt und dann für drei Jahre fortgeschrieben werden. Alternativ kann ein Vertrag aus einer Testdatenbank ausgewählt werden, der diese Eigenschaften erfüllt, insbesondere also bereits drei Jahre „alt ist".

Tabelle 6.5 Testfallauswahl für „Summenerhöhung"

	Testfall 5	Testfall 6
Versicherungsnummer zum Basisvertrag aus Testdatenbank	9999	8008
Abgelaufene Dauer	3	5,5
Versicherungssumme	200.000	12.000
Versicherungsdauer	25	20
Vorgaben für Änderung		
Versicherungssumme neu	300.000	18.000
Versicherungsdauer neu	30	22

Als Testdatenbank bietet sich ein Abzug aus der Produktionsdatenbank mit anonymisierten Personendaten an. So ist sichergestellt, dass die ausgewählten Testverträge der Realität im Produktionsbetrieb entsprechen. Überdies ist der Test einfacher, weil auf bestehende Verträge in der Testdatenbank aufgesetzt werden kann und die künstliche Produktion von brauchbaren Testverträgen entfällt.

Operatives Testing

Nach der Testvorbereitung erfolgt das operative Testing mit den ausgewählten Testfällen.

Testdurchführung

Das operative Testing startet mit der Durchführung der Testfälle. Dabei ist ein manuelles oder maschinelles Vorgehen möglich. Im Folgenden wird von einer manuellen Testdurchführung ausgegangen. Auf den maschinellen Test wird in Abschn. 6.2.2.6 eingegangen.

Bei der manuellen Testdurchführung gibt ein Tester die in einem Testfall definierten Eingabedaten in den Oberflächen des Testobjekts ein und startet die Verarbeitung. Wird z.B. eine Summenerhöhung im Verwaltungssystem getestet, so muss zunächst ein bestehender Vertrag aufgerufen werden, der die erforderlichen Kriterien erfüllt. Für diesen Vertrag wird der Geschäftsvorfall „Summenerhöhung" gestartet. Im Verlaufe dieses Geschäftsvorfalls gibt der Tester die erforderlichen Eingabedaten in den Masken ein und schließt den Vorfall ab.

Ergebnisanalyse und Testdokumentation

Während und nach der Testdurchführung muss der Tester die vom System gelieferten Ergebnisse (Reihenfolge der Oberflächen im Geschäftsvorfall, Rechenergebnisse, Druckstücke etc.) einer genauen Prüfung unterziehen und gegen die Sollergebnisse in der Testfalldefinition abgleichen. Liegt eine Abweichung zwischen Soll- und Istergebnis vor, so handelt es sich um einen Fehler.

Die Durchführung des Testfalls sowie das positive oder negative Testergebnis werden dokumentiert, z.B. in einer Testadministrationsdatenbank wie in Abschn. 6.2.2.6 beschrieben. Die Dokumentation dient der Nachvollziehbarkeit und Auswertbarkeit der Testdurchführung.

Fehlererfassung

Im Zusammenhang mit der Testdokumentation werden auch die gefundenen Fehler dokumentiert, s. Abschn. 6.2.2.5.

Testreporting

Nach dem operativen Testing ist die Berichterstattung über den erfolgten Test notwendig. Ohne Auswertung des durchgeführten Tests ist eine Aussage über die Qualität der untersuchten Software oder über die Fortschritte im Testbetrieb nicht möglich.

Teststatus

Der Teststatus gibt die Ist-Situation in der aktuellen Testphase wieder. Typische Inhalte eines Teststatus sind:

- Gesamtanzahl definierter Testfälle mit Unterteilung nach Testinhalten
- Anzahl durchgeführter Testfälle mit Unterteilung nach Testinhalten

- Anzahl von Fehlerfällen mit Unterteilung nach Testinhalten
- Bewertung der Ist-Situation bzw. der Produktqualität
- Bewertung der Testsituation bezogen auf die Testendekriterien
- Maßnahmen für das weitere Vorgehen

Abbildung 6.12 enthält die Beispielgrafik eines Teststatus, in der die erstellten, durchgeführten und erledigten Testfälle in Relation zu den benötigten Testfällen je Geschäftsvorfall dargestellt werden.

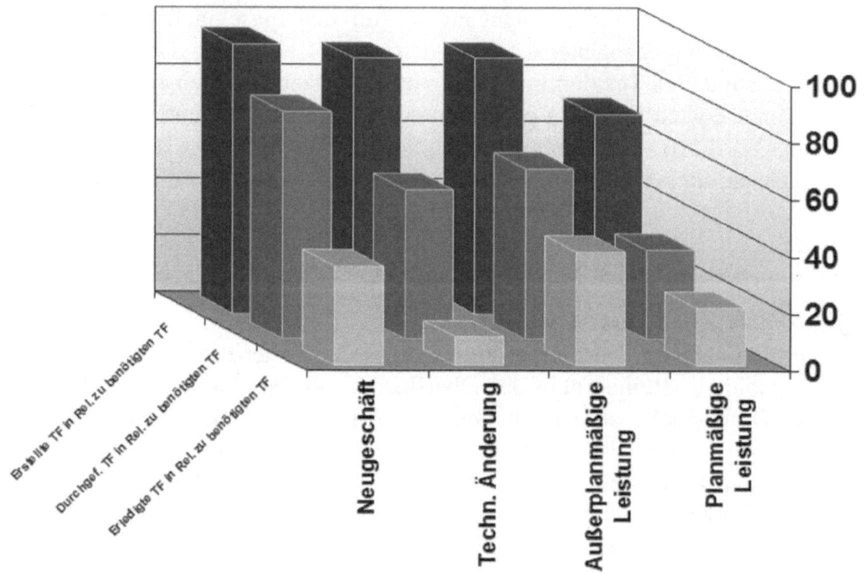

Abb. 6.12 Grafische Darstellung eines Teststatus

Teststatistik
Die Teststatistik ist eine Fortschreibung des Teststatus. In der Statistik stehen folglich die Entwicklungen im Testbetrieb über mehrere Wochen oder Monate im Vordergrund. Relevante Inhalte sind demnach Aussagen zum Testfortschritt im Verlaufe eines Testzyklus und Vergleiche zwischen verschiedenen Testzyklen. Dadurch können Kennzahlen entwickelt werden, um für zukünftige Testaufgaben eine optimale Testplanung zu ermöglichen. Beispielsweise kann für einen neuen Testauftrag die Anzahl der benötigten Testfälle über Untersuchungen der Vergangenheit ermittelt werden.

Weitere Informationen zum Teststatus oder Testbericht sind z.B. (Spillner u. Linz 2005), (Spillner et al. 2006) zu entnehmen.

Testnachbereitung

Zum Abschluss des Testprozesses muss die aus Revisionsgründen notwendige Ablage des Tests erfolgen. Auch sollte der abgelaufene Testprozess zur Optimierung zukünftiger Testaufträge benutzt werden.

Archivierung

Alle Testdaten und Testdokumente sollten im Rahmen der Testnachbereitung archiviert werden. Somit ist ein Zugriff auf alle Informationen in späteren Testreleases möglich. Die Testergebnisse können z.B. in späteren Testphasen als Referenzwerte benutzt, Testkonzepte weiterentwickelt und Teststatistiken fortgeschrieben werden.

Testoptimierung

Nach Ablauf eines Testprozesses sollte ein „kritischer Rückblick" zur Gewohnheit werden. Wo lagen die Schwachstellen? Was hätte man rückblickend anders und besser machen können? Welche Ideen sind im Verlaufe des Prozesses aufgekommen, die im nächsten Prozess eingebracht werden sollen? Einige Anmerkungen zu lernenden Organisationen sind in (DeMarco u. Lister 1999) enthalten.

Eine Optimierung des bestehenden Testbetriebes ist auch im Rahmen eines einmaligen Test-Audits oder Test-Benchmarkings möglich, s. (Colditz 2008), (Colditz u. Baumann 2005).

6.2.2.5 Fehlerverfolgungsprozess

Ähnlich wie der Testprozess wird auch die Fehlerverfolgung als Prozess beschrieben. Die Schritte dieses Prozesses sind der Abb. 6.13 zu entnehmen:

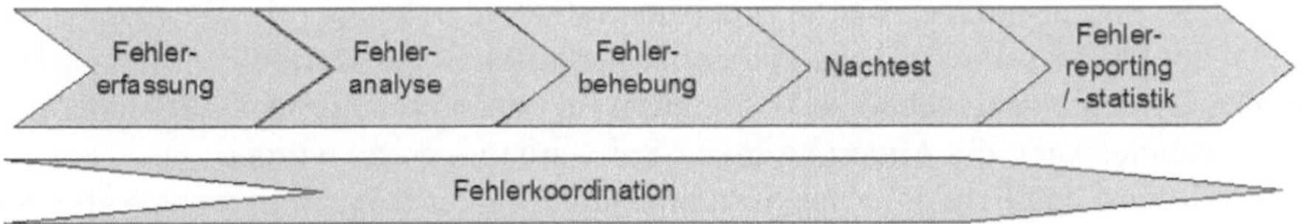

Abb. 6.13 Der Fehlerverfolgungsprozess

Fehlererfassung

Wird ein Fehler bei der Testdurchführung gefunden (vgl. Abschn. 6.2.2.4), so muss er zunächst dokumentiert werden. Wichtig sind dabei die Detailangaben zur getesteten Version der Software, zum Testfall und zum genauen Vorgehen beim Test. Nur so kann der Fehler von den Entwicklern nachvollzogen und im späteren Verlauf des Fehlerbehebungsprozesses von den Testern nachgetestet werden. Die Klassifizierung des Fehlers nach seinen Konsequenzen für den weiteren Testverlauf ist für die Fehlerkoordination von großer Bedeutung.

Für die Fehlererfassung bzw. -dokumentation wird optimalerweise eine Fehlerdatenbank benutzt, s. Abschn. 6.2.2.6.

Fehleranalyse

Ist ein Fehler beim Test aufgetreten, so muss er näher analysiert werden, um eine spätere Fehlerbehebung möglich zu machen. Die Ursache für den Fehler ist zu identifizieren. Im ersten Schritt wird das System oder Modul eingegrenzt, in dem der Fehler voraussichtlich zu finden ist. Im Anschluss wird der Fehler immer weiter lokalisiert, bis der genaue Grund für die Abweichung von der Spezifikation feststeht.

Die Fehleranalyse beginnt beim Tester, der aufgrund seines Expertenwissens im aktuariellen oder versicherungsfachlichen Bereich eine fachliche Einschätzung für das Problem liefert. Diese Fachanalyse ist idealerweise in der Fehlererfassung dokumentiert, so dass der Entwickler bei seiner Detailanalyse auf die Ersteinschätzung aufsetzen kann. Dem Entwickler stehen für die Fehleranalyse spezielle Methoden aus dem Bereich der Software-Entwicklung zur Verfügung, beispielsweise Debug-Verfahren.

An dieser Stelle sei an die Anmerkung aus Abschn. 6.2.2.1 zur Fehlerdefinition erinnert: in der Praxis kann ein Fehler seine Ursache auch in einer falschen oder unvollständigen Spezifikation haben. In diesem Fall ist nicht nach der Abweichung zwischen Systemverhalten und Fachvorgabe zu suchen, sondern im Rahmen der Fachanalyse durch den Tester nach einer fehlerhaften oder missverständlichen Vorgabe in der Spezifikation.

Fehlerbehebung

Bei einer Abweichung des Testfall-Ist-Ergebnisses von der Spezifikation kann der Entwickler den gemäß Fehleranalyse identifizierten Fehler im Programmcode, im Datenmodell, in einer Schnittstellenbelegung etc. korrigieren. Die Software steht danach in einer neuen Version für den Nachtest zur Verfügung.

Hat der Fehler seine Ursache in einer fehlerhaften Spezifikation, so ist zunächst die Konzeption entsprechend zu korrigieren. Erst nach erneuter Qualitätssicherung des Konzeptes kann die Änderung in der Software umgesetzt werden.

Damit wird deutlich, dass Spezifikationsfehler in der Behebung mehr Aufwand verursachen, weil nicht nur der Code, sondern auch die Konzepte zu korrigieren sind. Eine gewissenhafte Durchführung von Review-Maßnahmen für jedes erzeugte Dokument hilft dabei, solche Fehler zu minimieren, s. Abschn. 6.2.1.4.

Nachtest

Ist die Fehlerbehebung im Testobjekt erfolgt, so muss der Fehler nachgetestet werden. Dabei wird die Fehlerdokumentation zu Hilfe genommen und der Testfall, der zum Fehler geführt hat, in exakt der gleichen Weise erneut durchlaufen.

Wenn das neue Ist-Ergebnis dem Soll-Ergebnis entspricht, ist der Fehler behoben und kann als „gelöst" gekennzeichnet werden.

Wenn es erneut eine Abweichung zwischen Ist-Ergebnis und Soll-Ergebnis gibt, ist die Fehlerbehebung offenbar nicht korrekt erfolgt. In diesem Fall wird der

Fehler „zurückgewiesen" und muss erneut vom Entwickler geprüft werden. Denkbar ist auch, dass die neue Abweichung von der Spezifikation eine andere Ursache hat als der ursprüngliche Fehler. In diesem Fall ist der erste Fehler „gelöst" und es wird ein zweiter Fehler in der Fehlerdatenbank dokumentiert.

Fehlerreporting / -statistik

Analog zum Testreporting im Testprozess werden auch die Fehler im Fehlerbehebungsprozess ausgewertet. Dazu werden die Angaben in der Fehlerdatenbank u.a. nach Anzahl der Fehler zu einzelnen Testthemen, nach Fehlerpriorität und nach betroffenen Systembestandteilen untersucht. Das Ergebnis sind Aussagen über die aktuelle Fehlersituation, über die erreichte Softwarequalität und über den Testfortschritt in Bezug auf das Fehleraufkommen.

Fehlerkoordination

Parallel zu den obigen Prozessschritten wird der Fehlerbehebungsprozess durch die Fehlerkoordination unterstützt. Die koordinierende Tätigkeit sorgt für eine optimale Abstimmung der obigen Schritte und für eine gute Integration des Fehlerbehebungsprozesses in den Testprozess und in den gesamten Softwareentwicklungsprozess.

Eine wichtige Aufgabe der Fehlerkoordination besteht auch darin, die im Test oft zahlreich aufgetretenen Fehler so zu klassifizieren, dass eine effiziente Abarbeitung durch die Entwickler möglich ist. Dazu gehören die Priorisierung der Fehler und die Festlegung der Reihenfolge ihrer Behebung. In der Praxis bei COR haben sich „Fehlermeetings" bewährt, die in regelmäßigen Abständen stattfinden und zur Entscheidungsfindung bezüglich einzelner Fehler dienen. Teilnehmer an diesen Meetings können Testmanager, Fehlerkoordinatoren, Fachspezialisten und Systemverantwortliche sein.

6.2.2.6 Infrastruktur und Toolunterstützung

Grundlage für einen guten Testbetrieb ist eine Infrastruktur, die die Testbelange in jeder Hinsicht unterstützt. Da in großen Softwarevorhaben ein manuelles Vorgehen kaum möglich ist, wird heute in fast allen Testprojekten mit Testwerkzeugen gearbeitet. Die Menge und die Qualität der eingesetzten „Tools" unterscheidet sich in der Praxis jedoch recht stark.

Testarchitektur

Die Testarchitektur gibt einen Überblick über das Testvorgehen und über das Zusammenspiel zwischen Testern, Testobjekt und Testtools.

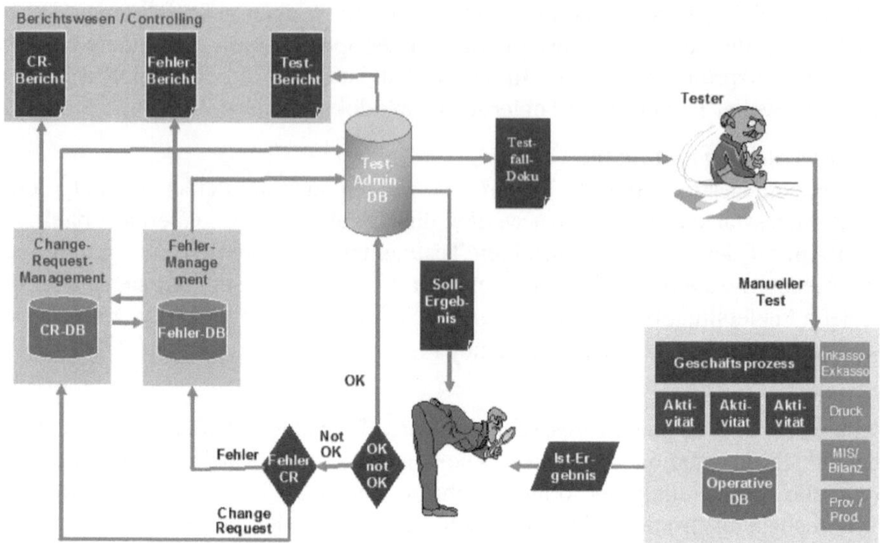

Abb. 6.14 Testarchitektur für den manuellen Test

Wird der Tester durch einen Testautomaten ersetzt, so ergibt sich eine Testarchitektur für den maschinellen Test (s. Abb. 6.15):

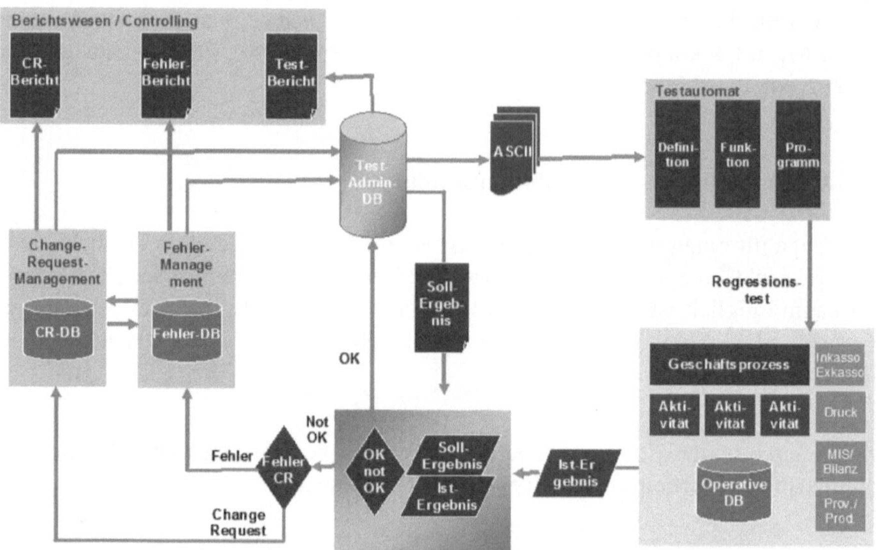

Abb. 6.15 Testarchitektur für den maschinellen Test

Testwerkzeuge

Zur Unterstützung der Testtätigkeiten wurden Testwerkzeuge (Tools) entwickelt. Da es Werkzeuge von diversen Herstellern gibt und einige Versicherungen auch Eigenentwicklungen benutzen, kann hier nicht auf einzelne Produkte eingegangen werden. Wir beschränken uns auf eine Beschreibung der wesentlichen Funktionen der wichtigsten Testtools.

Eine *Testadministrationsdatenbank* verwaltet den Testbestand. Dort sind alle Testfälle mit ihrer genauen Beschreibung sowie ihrem Soll-Ergebnis abgelegt. Auch die Durchführung von Tests mit dem erzielten Ist-Ergebnis wird in dieser Datenbank dokumentiert.

In einer *Fehlerdatenbank* werden alle gefundenen Fehler erfasst und im Detail dokumentiert. Dazu gehören alle Angaben, die zur Reproduzierbarkeit von Fehlern relevant sind. Auch die Klassifizierung des Fehlers sowie der aktuelle Status und die Historie der Fehlerbehebung werden dort abgelegt.

Grundsätzlich können sowohl die Testfälle als auch die Fehler in einer Datei (z.B. in MS-Word oder in MS-Excel) verwaltet werden. Damit gestaltet sich aber das Reporting deutlich aufwändiger als bei der Ablage in einer Datenbank. Daher empfehlen wir die Nutzung von Datenbanken für die Testfall- und Fehlerdokumentation.

Des Weiteren werden *Testdatenbanken* benötigt, in denen die Verträge (bzw. Vertragsdaten) liegen oder im Rahmen der Testdurchführung angelegt werden können. Um einen möglichst realitätsnahen Testbestand nutzen zu können, eignet sich ein Abzug der Produktionsdatenbank nach Anonymisierung der Personendaten für die Nutzung im Testbetrieb. In der Regel finden verschiedene Tests mit unterschiedlichen Testzielen durch diverse Testergruppen in verschiedenen Teststufen parallel statt. In solchen Fällen reicht eine einzige Testdatenbank oft nicht aus. Eine größere Flexibilität im Test ist gegeben, wenn mehrere Testdatenbanken für die unterschiedlichen Testzwecke zur Verfügung stehen.

Gerade für den Test von versicherungsmathematischen Werten ist ein *Zweitrechnungstool* von großer Bedeutung. Es handelt sich dabei um eine Nachbildung des zu testenden Rechenkerns, die aber in anderer Form umgesetzt wurde, so dass die Existenz des gleichen Fehlers in beiden Rechenmodulen sehr unwahrscheinlich ist. Steht kein Zweitrechnungstool für den Test der mathematischen Größen zur Verfügung, so müssen alle wichtigen Werte manuell nachgerechnet werden. Der Test stößt dabei schnell an seine zeitlichen und personellen Grenzen.

Ein *Abgleichsprogramm* dient zum maschinellen Vergleich der beim Test erzeugten Ist-Werte mit definierten Referenzen. Dabei können die Referenzgrößen in einer Datei oder Datenbank vorliegen. Alternativ ist auch eine Berechnung der Referenzgrößen zum Abgleichszeitpunkt mit einem Zweitrechnungstool möglich, sofern es sich beim Testobjekt um einen mathematischen Rechenkern handelt.

Ein *Testautomat* (auch „Tool zur automatischen Testdurchführung") dient zur maschinellen Abarbeitung von Testfällen, so dass der manuelle Test durch einen Tester entfallen kann. Dabei wird ein im manuellen Test als fehlerfrei erkannter

Testfall einmalig „aufgezeichnet" und kann anschließend beliebig oft im Testobjekt automatisiert durchgeführt werden. Testautomaten werden insbesondere bei Regressionstests eingesetzt, so dass der gleiche Testfall in jedem Release ohne großen Aufwand erneut überprüft werden kann.

Weitere Informationen zu Testwerkzeugen sind in der Standardliteratur zu finden, z.B. bei (Spillner u. Linz 2005).

Kurzbiographien

Prof. Dr. Franz Schweiggert studierte von 1970 bis 1975 an der TU München Mathematik mit Nebenfach Informatik und promovierte dort am Institut für Statistik und Unternehmensforschung 1979 zum Dr. rer. nat. Begleitend dazu absolvierte er an der Verwaltungs- und Wirtschaftsakademie ein berufsbegleitendes dreijähriges betriebswirtschaftliches Studium. Von 1980 bis 1984 war er bei der Fa. AEG-Telefunken im Bereich Qualitätssicherung tätig. Seit 1984 ist er Professor für Informatik an der Universität Ulm. In Form zahlreicher Industrie-Kooperationen, so u.a. mit dem Haftpflichtverband der Deutschen Industrie (HDI), VaG oder der Daimler AG, hält er intensiven Kontakt zu angewandten Fragestellungen aus dem Bereich IT-/Software-Entwicklung.

Marei Colditz studierte an der Universität zu Köln Mathematik mit Nebenfach Betriebswirtschaftslehre und schloss 1994 mit dem Diplom ab. Von 1994 bis 1997 war sie bei der Tellit Direct Lebensversicherung in der mathematischen Abteilung tätig. 1997 wechselte sie zur COR AG Financial Technologies und wickelt seitdem zahlreiche Beratungsprojekte zu Testthemen, aktuariellen Fragestellungen und Migrationen ab. Dabei bewegt sie sich vorwiegend an der Schnittstelle zwischen Versicherungsfachlichkeit und IT. Nach der Ausbildung zur Aktuarin (DAV) wurde Frau Colditz 2001 Teamleiterin im Versicherungsconsulting und ist als Principal Consultant u.a. für das Thema Test verantwortlich.

Jörg Henning schloss sein Mathematik-Studium mit Nebenfach Informatik an der Universität Stuttgart 1993 mit dem Diplom ab. Von 1994 bis 2003 arbeitete er im Bereich Produktentwicklung der VPV Versicherungen in Stuttgart. In dieser Zeit absolvierte er auch die Ausbildung zum Aktuar (DAV). Seit 2003 ist er als Senior Consultant bei der COR AG Financial Technologies in Leinfelden-Echterdingen tätig. In zahlreichen Projekten mit deutschen und internationalen Lebensversicherungsunternehmen steht dabei die Konzeption und der Test von Lebensversicherungsprodukten in einem Standard-Bestandsführungssystem sowie die Migration von Versicherungsbeständen im Mittelpunkt seiner Aufgaben.

Literaturverweise

(Abele 2008): Abele S, Diplomarbeit im Studiengang Wirtschaftsmathematik: Testfallabdeckung eines mathematischen Rechenkerns. Universität Ulm Mai 2008

(Colditz 2008): Colditz M, Softwaretest auf dem Prüfstand. Versicherungsbetriebe 3/2008:26-27 (Jg. 38)

(Colditz u. Baumann 2005): Colditz M, Baumann J, Test-Benchmarking in der Assekuranz: Software-Test unter der Lupe. Versicherungswirtschaft 20/2005 (Jg. 60)

(DeMarco u. Lister 1999): DeMarco T, Lister T, Wien wartet auf dich! Der Faktor Mensch im DV-Management. Hanser, München Wien, 1999

(Fagan 1976): Fagan M E, Design and code inspections to reduce errors in program development. IBM Systems Journal, Vol 15, No 3, 1976

(Gilb u. Graham 1993): Gilb T, Graham D, Software Inspection. Addison-Wesley, Amsterdam, 1993

(Liggesmeyer 2002): Liggesmeyer P, Software-Qualität: Testen, Analysieren und Verifizieren von Software. Spektrum-Verlag, Heidelberg, 2002

(Myers 2001): Myers G J, Methodisches Testen von Programmen. Oldenburg, München, 2001

(Simon et al. 2006): Simon F, Seng O, Mohaupt T, Code-Quality-Management. D.punkt Verlag, 2006

(Spillner u. Linz 2005): Spillner A, Linz T, Basiswissen Softwaretest. dpunkt.verlag, Heidelberg, 2005

(Spillner et al. 2006): Spillner A, Roßner T, Winter M, Linz T, Praxiswissen Softwaretest – Testmanagement. dpunkt.verlag, Heidelberg, 2006

(Wallmüller 2001): Wallmüller E, Software-Qualitätsmanagement in der Praxis. Hanser-Verlag, 2001

(Wieczorek u. Meyerhoff 2001): Wieczorek M, Meyerhoff D, Software Quality. Springer, 2001

6.3 Statische und dynamische Modellierung von Anforderungen

Maria Deeg, Andreas Ditze, **Nürnberg, Deutschland**

Zusammenfassung

Klare, eindeutige Anforderungen an eine IT-Anwendung sind eine wesentliche Voraussetzung für die Entwicklung einer benutzerfreundlichen, stabilen und wartbaren Software. Reine unstrukturierte Textdokumente eignen sich bei komplexeren Anwendungen dazu wenig. In den letzten Jahren hat sich daher immer mehr die Modellierung von Anforderungen mit statischen und dynamischen Diagrammen durchgesetzt.

Nach einer kurzen Einführung zu Modellen erläutern wir in diesem Kapitel an einem Beispiel, was die wesentlichen Aspekte einer statischen bzw. dynamischen Modellierung sind. Darauf aufbauend geben wir eine Einführung in die UML 2, die als objektorientierte Notation statische und dynamische Modellierung in einem gemeinsamen Modell verbindet.

6.3.1 Modelle

Ähnlich wie beim Hausbau dient ein Modell dazu, frühzeitig eine Vorstellung von der gewünschten Anwendung zu bekommen. Auftragnehmer und Auftraggeber nutzen es als Diskussionsgrundlage, immer häufiger sogar als Bestandteil der vertraglichen Vereinbarungen. Modelle können auch in den späteren Phasen beim Software-Design und in der Realisierung eingesetzt werden. Im Folgenden werden wir uns auf die Modelle zur Beschreibung von Anforderungen beschränken.

Bei der Erhebung von Anforderungen für eine IT-Anwendung beschreibt das Modell, was die Anwendung nach außen hin leisten soll, für welche Anwendungsfälle sie genutzt werden soll und welche Kriterien sie dabei erfüllen muss. Es beschreibt nicht, wie die Anwendung die Anforderungen erfüllen wird.

IT-Anwendungen speichern Daten und verarbeiten sie. Statische Modelle eignen sich sehr gut zur Darstellung von Anforderungen zur Speicherung von Daten, während mit dynamischen Modellen gut die Anforderungen an die Verarbeitung der Daten dokumentiert werden können.

M. Aschenbrenner et al. (eds.), *Informationsverarbeitung in Versicherungsunternehmen*,
Springer-Lehrbuch Masterclass, DOI 10.1007/978-3-642-04321-5_31,

Im Folgenden erläutern wir statische Modelle an Hand des Entity-Relationship-Modells (ERM), auf Deutsch: Gegenstands-Beziehungs-Modells. Als Beispiel für ein dynamisches Modell erklären wir Petri-Netze,[1] die sich besser als einfache Datenflussdiagramme oder Ereignisgesteuerte Prozessketten (EPK) zur Beschreibung von modernen IT-Anwendungen eignen.

Ergänzend zu statischen und dynamischen Modellen behandeln wir objektorientierte Modelle mit UML 2 (Unified Modeling Language Version 2) als eine Notation, die beide Modelltypen verbindet. Hier werden die statischen und dynamischen Aspekte der IT-Anwendung in einem gemeinsamen Modell mit einer Notation beschrieben. Strukturdiagramme zur Beschreibung der Statik und Verhaltensdiagramme zur Beschreibung der Dynamik sind miteinander vernetzt. Statisches und dynamisches Modell stehen nicht mehr nebeneinander, sondern werden integriert modelliert.

6.3.2 Statische Modellierung mit Entity-Relationship-Diagrammen

Seit dem Siegeszug der relationalen Datenbanken sind Entity-Relationship-Modelle[2] (ER-Modelle) aus der IT nicht mehr weg zu denken. Sie sind heute der Standard für Datenmodellierung, auch wenn es unterschiedliche grafische Darstellungsformen gibt. Angefangen bei der Analyse der Anforderungen, den Eingabemasken, über Schnittstellenformate, bis hin zur physischen Tabellenstruktur in der Datenbank haben Entity-Relationship-Modelle ein breites Einsatzfeld.
Bei der Definition der Anforderungen an eine IT-Anwendung beschreiben Entity-Relationship-Modelle in der Regel das konzeptionelle Datenmodell zur Speicherung der Daten sowie zum Austausch von Daten mit anderen Systemen.

Am folgenden Beispiel, das ein ER-Modell zu einem Kunden mit Versicherungsvertrag zeigt (s. Abb. 6.16), wollen wir die einzelnen Elemente erläutern:

[1] Benannt nach Carl Adam Petri, der die Grundideen 1961 in seiner Disseration formulierte.
[2] Erstmals 1976 von Peter Chen publiziert.

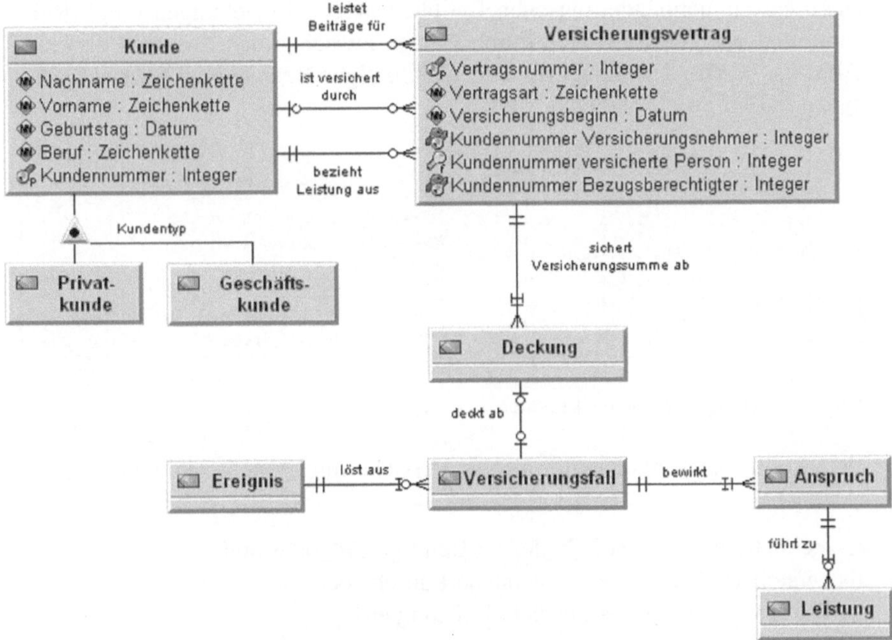

Abb. 6.16 Entity-Relationship-Modell

Ausgangspunkt des Entity-Relationship-Modells ist der Begriff der Entität. Eine Entität ist ein individuelles und identifizierbares Exemplar von Dingen, Personen oder Begriffen der realen oder der Vorstellungswelt. So ist der Kunde „Herr Müller" eine Entität.

Die Entität kann durch Attribute näher beschrieben. So hat „Herr Müller"

- den Namen = „Müller",
- den Vornamen = „Peter",
- den Geburtstag = „1.1.1960",
- den Beruf = „Lehrer" und
- die Kundennummer = „4711".

Die Gruppe von Entitäten, zu der Herr Müller gehört, ist der Entitätstyp „Kunde".

Die Kundennummer nimmt dabei eine besondere Stellung unter den Attributen ein, da sie ein Primärschlüssel für die Entität ist. Das heißt zwei verschiedene Entitäten haben auch verschiedene Kundennummern. Der Wert eines Primärschlüssels kann in einem Attribut einer anderen Entität gespeichert werden, um auf diese Entität zu verweisen, beim Versicherungsvertrag wird z.B. die Kundennummer des Versicherungsnehmers gespeichert. Das Attribut, das den Primärschlüssel aufnimmt, wird auch Fremdschlüssel genannt, da es den Schlüssel einer fremden Entität speichert.

Diese Zusammenhänge zwischen Entitäten heißen Beziehungen (engl. Relationships) und werden im Modell durch Kanten zwischen den Entitäten dargestellt (s. Abb. 6.17). Die Zusammenfassung gleichartiger Beziehungen zwischen Entitätstypen erfolgt durch Beziehungstypen.

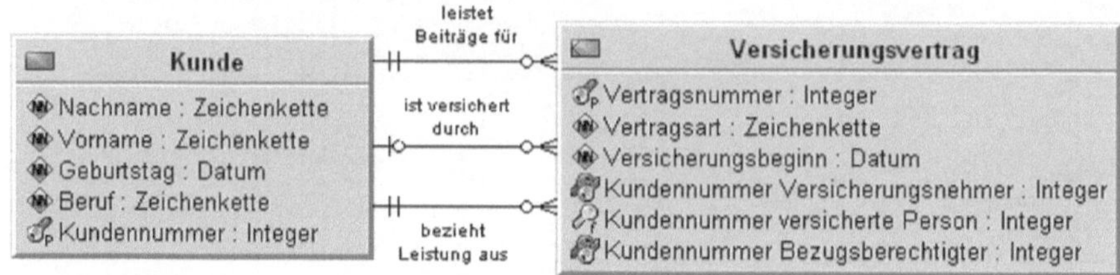

Abb. 6.17 Beziehungen zwischen Entitäten

Herr Müller kann als Kunde mit der Versicherung in unterschiedlicher Beziehung stehen:

- als Versicherungsnehmer → „leistet Beiträge für" oder/und
- als versicherte Person → „ist versichert durch" oder/und
- als Bezugsberechtiger → „bezieht Leistung aus".

Das Modell lässt auch zu, dass der Versicherungsnehmer und die versicherte Person zwei verschiedene konkrete Kunden sind. So könnte Herr Müller der Versicherungsnehmer für die Krankenversicherung seiner Tochter Katrin Müller sein.

Für einen Beziehungstyp gibt die Kardinalität an, wie viele Entitäten diese Beziehung mit einer anderen Entität eingehen können.

- steht für 0 oder 1 Element
- steht für genau 1 Element
- steht für 0 oder n Elemente
- steht für 1 oder n Elemente
- steht für 0 oder n hierarchisch untergeordnete Elemente
- steht für 1 oder n hierarchisch untergeordnete Elemente

Für die Kombination der Kardinalitäten an beiden Seiten sind folgenden Beziehungstypen sind am weitesten verbreitet:

Tabelle 6.6 Elemente im Entity-Relationship-Modell

Kardinalität	Notation und Beispiel
1:1	0,1:0,1-Beziehung Beispiel: Eine Deckung bezieht sich auf einen oder keinen Versicherungsfall. Der Versicherungsfall ist durch eine oder keine Deckung abgedeckt.
1:n	1:n-Beziehung Beispiel: Ein Versicherungsfall bewirkt eine oder mehrere Ansprüche. Ein Anspruch wird durch genau einen Versicherungsfall bewirkt. Die Bankverbindung gehört zu genau einem Kunden.
n:1	n:1-Beziehung Beispiel: Ein Kunde hat genau eine Adresse als Rechnungsanschrift. Eine Adresse kann mehreren Kunden als Rechnungsanschrift zugeordnet sein.
n:m	n:m-Beziehung Beispiel: Ein Partner ist an mehreren Partner-Abkommen (Verträgen zwischen der Versicherung und den Partnern) beteiligt. Ein Partner-Abkommen beteiligt mehrere Partner.
Hierarchisch	hierarchische Beziehung Beispiel: Ein Vertrag hat mehrere Vertragspositionen, die genau zu diesem Vertrag gehören. Wird der Vertrag gelöscht, werden die Vertragspositionen mit gelöst.

Damit ähnliche Entitätstypen nicht redundant modelliert werden müssen, gibt es das Konzept der Generalisierung (s. Abb. 6.18). Dabei wird ein allgemeiner Entitätstyp in spezifischere Entitätstypen untergliedert.

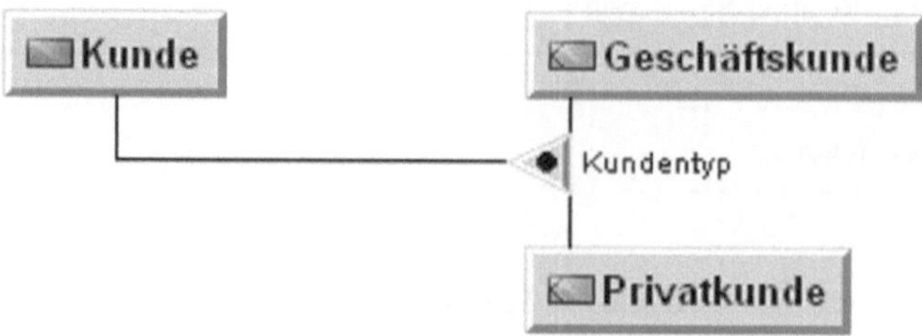

Abb. 6.18 Generalisierung von Entitätstypen

Kunden können so in Geschäfts- und Privatkunden untergliedert werden. Die gemeinsamen Attribute werden beim Kunden modelliert.

Tabelle 6.7 Elemente im Entity-Relationship-Modell

Element	Notation
Entitätstyp	Kunde
Attribut	Kunde Nachname : Zeichenkette Vorname : Zeichenkette Geburtstag : Datum Beruf : Zeichenkette Kundennummer : Integer
Beziehungstyp	Kunde — ist versichert durch — Versicherungsvertrag
Generalisierung	Versicherungs-vertrag — Versicherungstyp — Rentenversicherungs-vertrag

Vertiefende Informationen finden sich z.B. in (Gadatsch 2008) und (Kemper u. Eickler 2006).

6.3.3 Dynamische Modellierung mit Petri-Netzen

Für die Modellierung dynamischer Modelle eignen sich Petri-Netze besonders gut, weil auch nebenläufige Abläufe genau dargestellt werden können.

Das Grundkonzept von Petri-Netzen kommt aus der Mathematik. Der zugrunde liegende mathematische Formalismus ist für die Implementierung von Simulationen und Auswertungen entscheidend. Wir wollen ihn hier aber nicht näher betrachten. Wir beschränken uns im Folgenden auf eine einfache Beschreibung an Hand des Beispiels einer Rentenversicherung.

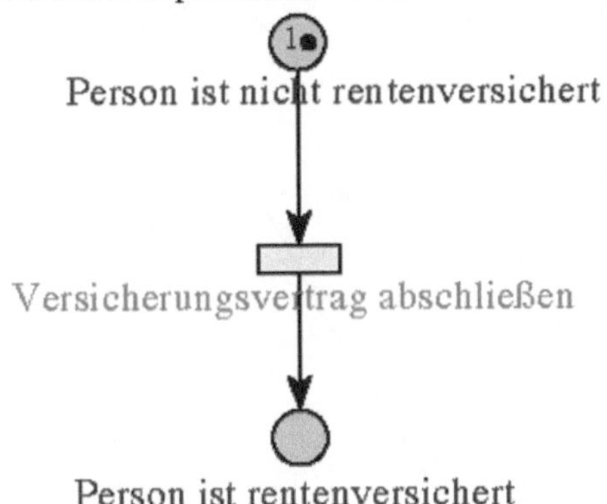

Abb. 6.19 Petri-Netz

Ist eine „Person nicht rentenversichert", so kann sie einen „Versicherungsvertrag abschließen". Sobald sie den Versicherungsvertrag abgeschlossen hat, ist die „Person rentenversichert". Die Aktion „Versicherungsvertrag abschließen" wird in einem Petri-Netz als Übergang (Transition) durch ein kleines Rechteck modelliert (s. Abb. 6.19). Die Vor- und Nachbedingung, die für die Aktion gelten, werden über sogenannte Plätze mit einem Kreis modelliert und über Pfeile mit der Aktion verbunden. (Grundregel ist, dass immer nur Plätze mit Übergängen und umgekehrt miteinander verbunden werden dürfen, nie aber zwei Plätze oder zwei Übergänge miteinander.)

Token markieren die Plätze, deren Bedingungen erfüllt sind. Im Beispiel ist „Person ist nicht rentenversichert" mit einem Token markiert und daher gültig. Wenn ein Übergang schaltet, dann verbraucht er den Token von den vorgelagerten Plätzen und erzeugt Token für alle nachgelagerten Plätze. Ein Übergang kann daher nur schalten, wenn alle vorgelagerten Plätze einen Token enthalten und alle nachgelagerten Plätze einen Token aufnehmen können. Nach dem Schalten der Aktion „Versicherungsvertrag abschließen" ist also „Person ist rentenversichert" markiert, während „Person ist nicht rentenversichert" nicht mehr markiert ist.

Ausnahme von dieser Regel ist, wenn der „Zugriff“ auf den Platz nur lesend ist. Der entsprechende Platz muss dann mit einem Token belegt sein, damit der Übergang schalten kann, der Token wird aber nicht verbraucht, der Platz ist also nach dem Schalten immer noch von einem Token belegt.

Im Folgenden wollen wir ein Petri-Netz näher betrachten.

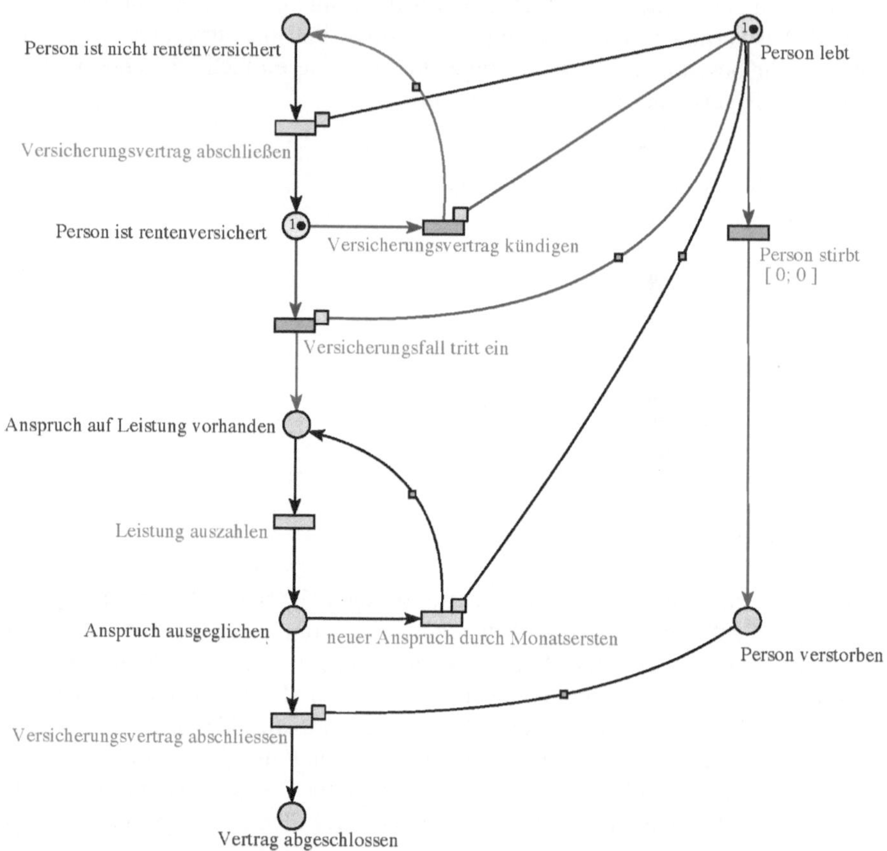

Abb. 6.20 Vollständiges Petri-Netz

Das Petri-Netz in Abb. 6.20 zeigt den Gesamtzustand für eine lebende Person, die rentenversichert ist. Vom Platz „Person lebt“ ist der Übergang „Person stirbt“ schaltbereit. Von Platz „Person ist rentenversichert“ sind die zwei Übergänge schaltbereit, es gibt daher zwei alternative Übergänge:

1. Versicherungsfall tritt ein
2. Versicherungsvertrag kündigen

Alternativen gibt es überall, wo mehr als ein Pfeil einen Platz verlässt. Je nach dem was früher eintritt, wird der eine oder der andere Übergang gewählt. Im Beispiel wird entweder die „Versicherung gekündigt" oder der „Versicherungsfall tritt ein".

In dem Petri-Netz sind zwei zunächst unabhängige Abläufe als Nebenläufigkeit modelliert, (a) die Rentenversicherung und (b) der Lebenszyklus der Person.

Beide Abläufe sind allerdings an einigen Stellen gekoppelt, da die Rentenversicherung von dem Lebenszyklus der Person abhängt. Nur für lebende Personen kann eine Rentenversicherung abgeschlossen werden.

Es gibt meist nicht nur eine Möglichkeit ein Petri-Netz für eine bestimmte Situation zu modellieren. Meist gibt es mehrere isomorphe Petri-Netze bzw. Petri-Netze, die fachlich nahezu dieselbe Aussage haben. Beispielsweise hat der belegte Platz „Person lebt" dieselbe fachliche Bedeutung wie der unbelegte Platz „Person verstorben". Man bräuchte daher nicht unbedingt beide. Wir haben die Darstellung mit beiden Plätzen gewählt, weil das Netz so leichter zu verstehen ist.

Tabelle 6.8 Elemente im Petri-Netz

Element	Notation
Platz	Person ist nicht rentenversichert
Übergang (Transition)	Versicherungsvertrag abschließen
Kanten	
Markierung (Token) mit schaltbarer Transition	Person ist rentenversichert 1 Versicherungsvertrag kündigen
Lesender Zugriff auf Token	Person lebt Versicherung abschließen

Vertiefende Informationen finden sich z.B. in (Baumgarten 1996). Petri-Netze haben die Ereignisgesteuerten Prozesskettendiagramme (Gadatsch 2008), die Aktivitätsdiagrammen der UML 2 und in jüngster Zeit die BPMN-Diagramme stark beeinflusst. Die ersten beiden werden im Folgenden erläutert.

6.3.4 Ereignisgesteuerte Prozessketten

Ereignisgesteuerte Prozessketten (EPK) wurden in den 90-er Jahren vom Institut für Wirtschaftsinformatik (IwI) an der Universität des Saarlandes entwickelt.

EPKs werden mit zwei grundlegenden Notationselementen beschrieben: Ereignisse und Funktionen. Diese werden mit einem Kontrollfluss verbunden, der über logische Operatoren gesteuert wird. Organisationseinheiten und Informationsobjekte werden an den Funktionen ergänzt, man spricht dann von einer erweiterten EPK.

Tabelle 6.9 Elemente der EPK

Element	Notation
Ereignis	
Funktion (Transition)	
Logische Operatoren	XOR V Λ
Kontrollfluss	
Organisationseinheit	
Informationsobjekt	

Über Regeln ist festgelegt, wie Ereignisse und Funktionen verbunden werden:

Regel 1
Ein EPK-Modell muss mit einem Ereignis, dem sogenannten StartEreignis, beginnen!

Regel 2
Ein EPK-Modell muss mit einem Ereignis, dem sogenannten End-Ereignis, enden!

Regel 3
Funktionen und Ereignisse sollen abwechselnd vorkommen!

Regel 4
Bezüglich jeder Verbindung zwischen Ereignissen und Funktionen gilt, dass jedes Ereignis und jede Funktion nicht mehr als einen Input- und einen Output-Konnektor haben dürfen!

Regel 5
Ein Ereignis ist immer passiv, es hat keine Entscheidungsgewalt!

Regel 4 gilt nur für die Verbindung von Funktionen und Ereignissen, nicht aber für die Verbindungen zu anderen Elementen, wie logische Operatoren, Organisationseinheiten oder Informationsobjekte.

Mit den Grundelementen Ereignis und Funktion (Transition) erinnern Ereignisgesteuerte Prozessketten (EPK) an Petri-Netze. Im Gegensatz zu Petri-Netzen sind sie allerdings nur eine halbformale grafische Darstellung und haben keine exakte Syntax. Beispielsweise gibt es keine Möglichkeit zu unterscheiden, ob ein Ereignis ausgelöst wird oder ob nur auf das Auftreten reagiert wird.

Daher sind EPKs nur dann für die Dokumentation von Prozessen geeignet, wenn diese nur als Erläuterung verwendet werden soll. Sollen die Prozesse als Grundlage für die Entwicklung von IT-Anwendungen dienen, stößt man unweigerlich sehr schnell an die Grenzen der EPK und muss auf genauere Darstellungsmöglichkeiten umsteigen.

6.3.5 Objektorientierte Modelle mit UML 2

Im Zuge der Objektorientierung wurden schnell die Nachteile von Modellen klar, die nur statische oder nur dynamische Aspekte darstellen: Die Modelle haben keine Verbindung, sondern stehen nebeneinander.

Das Grundprinzip der Objektorientierung ist aber gerade, die dynamischen Veränderungsmöglichkeiten direkt mit den Objekten der statischen Strukturen zu verbinden. Für die Modellierung objektorientierter Anwendungen war daher eine Notation nötig, die es ermöglicht dynamische und statische Modelle zu verbinden. Hierfür wurde die UML (Unified Modeling Language) aus mehreren erprobten Modellierungsansätzen entwickelt und ist heute in der Version 2 verfügbar, deren Spezifikation über 700 Seiten umfasst.

Wir wollen uns hier auf vier Aspekte der UML beschränken, indem wir

1. die Idee von Anwendungsfällen,
2. das Klassendiagramm (als Parallele zur ER-Modellierung),
3. das Zustandsdiagramm und
4. das Aktivitätsdiagramm (als Parallele zu den Petri-Netzen)
   erläutern.

Die einzelnen Diagramme sind dabei so mächtig, dass die vollständige Beschreibung nur des Diagramms den Rahmen hier schon sprengen würde (s. z.B. (Jeckle et al. 2004)). Wir werden daher hier nur jeweils das grundlegende Konzept an einem Beispiel beschreiben. Am Ende des Kapitels finden Sie eine Auflistung der wichtigsten Modellierungselemente.

6.3.5.1 Anwendungsfalldiagramme

Wir beginnen mit der Erläuterung von Anwendungsfällen, da dieses Konzept zur bisher dargestellten statischen und dynamischen Modellierung eine deutliche Erweiterung darstellt.

Viele Software-Projekte, die nur mit Entity-Relationship-Modellen oder Ablaufbeschreibungen arbeiteten, litten an ähnlichen Schwierigkeiten: In der realen Anwendung der Software traten Probleme oder Fehler auf, die in den Modellen nicht erkennbar waren. Die Modelle waren scheinbar korrekt und der Tenor lautete: „Wenn wir gewusst hätten, wofür und wie die Anwender die Software nutzen wollten ...".

Die Ursache ist leicht erklärt: Die Modelle beschrieben die statische Struktur der fachlichen Daten und die Systemabläufe zur Datenverarbeitung. Was aus den Modellen aber nicht ersichtlich war, ist, für wofür die Software genutzt werden und wie die Nutzung aussehen soll. Also für welche Anwendungsfälle die Software eingesetzt werden soll und welcher Automatisierungsgrad genau angefordert wird.

Die Idee ist daher, in der Phase der Anforderungsanalyse explizit die Anwendungsfälle zu beschreiben, für die das zu entwickelnde System als Ganzes eingesetzt werden soll. Dabei wird das System als Black-Box betrachtet und lediglich die Außensicht beschrieben. Wichtig ist hierbei, dass die Außensicht nicht mit der Benutzeroberfläche verwechselt werden darf. Die Außensicht ist dabei, soweit möglich, unabhängig davon, ob das System über eine grafische Benutzeroberfläche oder eine Spracheingabe gesteuert wird oder aber die Anweisungen per Papier und Bleistift an eine andere Person übergeben werden.

Im Folgenden wollen wir die wichtigsten Elemente der Anwendungsfallmodellierung erklären:

In einem Anwendungsfalldiagramm werden Anwendungsfälle mit ihren Akteuren modelliert (s. Abb 6.21). Der Akteur ist dabei der Urheber für die Ausführung des Anwendungsfalls. Dieser steht daher außerhalb des Systems, zu dem der Anwendungsfall gehört. Auch andere Beteiligte wie die versicherte Person werden als Akteure modelliert. Wesentlich ist dabei, dass hier Rollen modelliert werden. Häufig werden alle drei Rollen durch eine einzige Person besetzt, z.B. wenn man eine Versicherung für sich selbst abschließt.

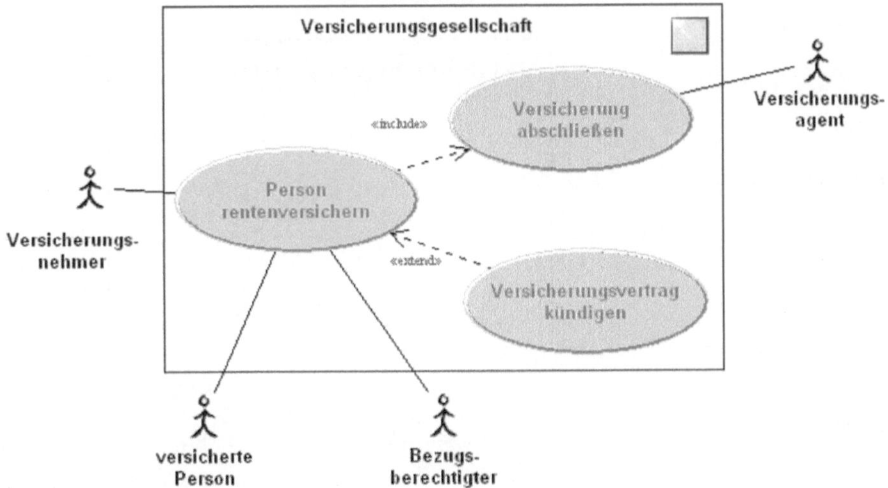

Abb. 6.21 Anwendungsfalldiagramm

Anwendungsfälle haben unterschiedliche Granularität. „Person rentenversichern" ist umfangreicher als „Versicherung abschließen". Über eine „Include"-Beziehung wird dargestellt, dass „Versicherung abschließen" ein Teil von „Person rentenversichern" ist. Über die „Extend"-Beziehung wird dargestellt, dass „Versicherungsvertrag kündigen" eine mögliche Erweiterung von „Person rentenversichern" ist.

Tabelle 6.10 Wichtigste Elemente im Anwendungsfalldiagramm

Element	Notation
Akteure	Versicherungs-agent
Anwendungsfall	Versicherung abschließen
Assoziation	Versicherungs-agent — Versicherung abschließen

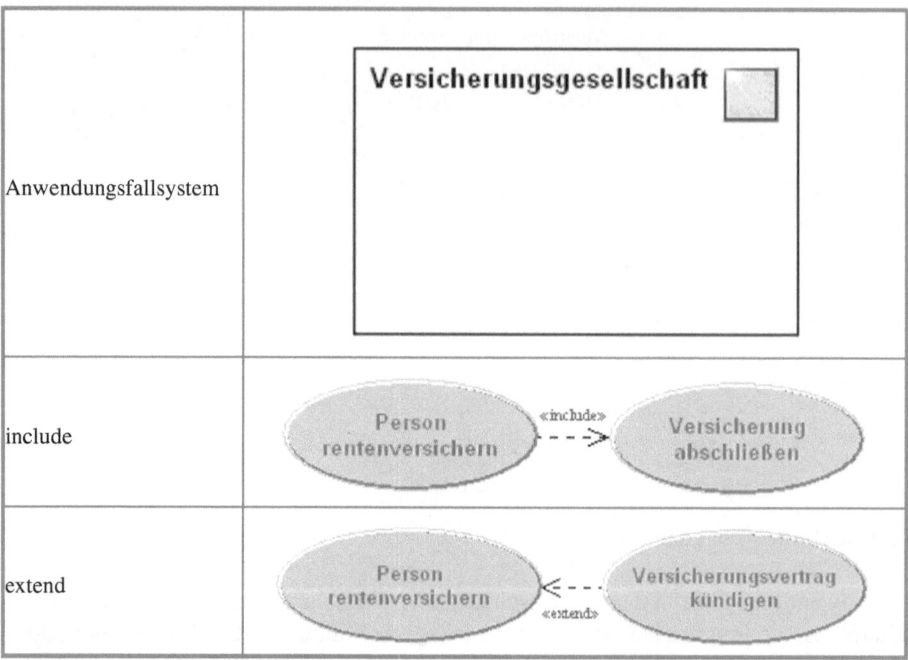

Zur Detaillierung eines Anwendungsfalls ist eine strukturierte Beschreibung üblich:

Tabelle 6.11 Beschreibung zum Anwendungsfall

Element	Erklärung	Beispiel: Versicherung abschließen
Beschreibung	Was soll mit dem Anwendungsfall erreicht werden?	Der Kunde möchte bei einer Versicherungsgesellschaft eine Versicherung abschließen, um ein Risiko abzusichern.
Akteure	Wer kann den Anwendungsfall anstoßen?	Versicherungsnehmer oder Versicherungsagent
Auslöser	Aus welchem Anlass wird der Anwendungsfall angestoßen?	Versicherungsnehmer hat sich für Abschluss entschieden.
Ergebnis	Welches Ergebnis erhält man, wenn der Anwendungsfall erfolgreich war?	Die Versicherung ist abgeschlossen.
Vorbedingung	Was muss vor Beginn erfüllt sein?	Ärztliches Gutachten über den Gesundheitszustand muss vorliegen.
Nachbedingung	Was ist nach erfolgreicher Beendigung des Anwendungsfalls erfüllt?	Versicherungsvertrag ist unterschrieben. Erster Beitrag ist bezahlt. Police liegt dem Versicherungsnehmer vor.
Normalablauf	Wie läuft der Anwendungsfall ab?	Versicherungsvertrag wird erstellt. Versicherungsvertrag wird unterschrieben.

		Police wird erstellt. Police wird zugestellt. Erstbeitrag wird überwiesen.
Ausnahmen	Welche Ausnahmen vom Normalablauf gibt es?	Versicherungsvertrag wird nicht unterschrieben.

6.3.5.2 Klassendiagramme

Klassendiagramme (s. Abb. 6.22) ähneln auf den ersten Blick sehr den Entity-Relationship-Diagrammen und sind in der UML eines der wichtigsten Diagramme für statische Modellierung.

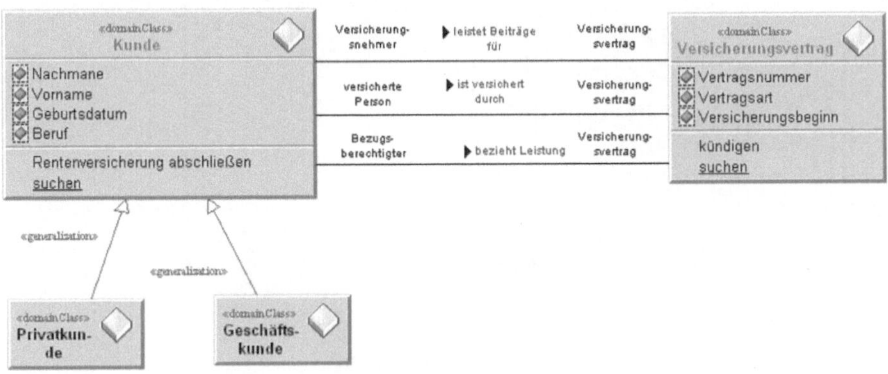

Abb. 6.22 Klassendiagramm

Klassen, Attribute, Assoziationen und Generalisierungen entsprechen im Wesentlichen den Entitätstypen, Attributen und Beziehungstypen. Objekte entsprechen den Entitäten.
Hinzu kommen in der UML Operationen und Schnittstellen, um wesentliche Konzepte der Objektorientierung modellieren zu können. Nachdem in der fachlichen Klassenmodellierung selten Schnittstellen verwendet werden, verzichten wir hier auf die Darstellung.

Ein wichtiger Unterschied besteht in der Nutzung der Begriffe Kardinalität und Multiplizität. Bezeichnet im Entity-Relationship-Digarmm die Kardinalität die erlaubte Anzahl, so wird in der UML hierfür der Begriff Multiplizität benutzt. Kardinalität bezeichnet in der UML dagegen die konkrete Anzahl von Assoziationen, die ein Objekt hat.

Tabelle 6.12 Wichtigste Elemente im Klassendiagramm

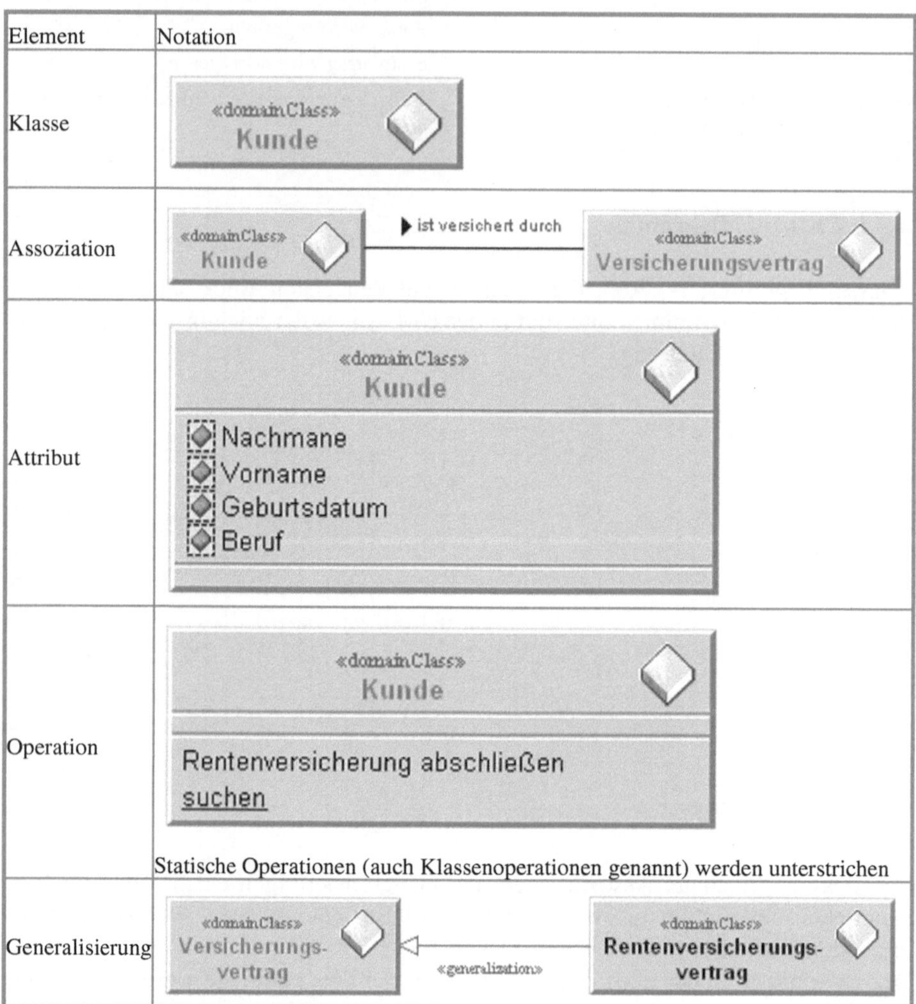

Element	Notation
Klasse	«domainClass» Kunde
Assoziation	«domainClass» Kunde ▶ ist versichert durch «domainClass» Versicherungsvertrag
Attribut	«domainClass» Kunde Nachmane Vorname Geburtsdatum Beruf
Operation	«domainClass» Kunde Rentenversicherung abschließen suchen Statische Operationen (auch Klassenoperationen genannt) werden unterstrichen
Generalisierung	«domainClass» Versicherungs-vertrag ◁ «generalization» «domainClass» Rentenversicherungs-vertrag

6.3.5.3 Zustandsdiagramme

Das Zustandsdiagramm (s. Abb. 6.23) gehört zu den Verhaltensdiagrammen und damit zum dynamischen Modell. Ein Zustandsdiagramm steht aber nicht für sich alleine, sondern beschreibt die Zustände, die ein Objekt haben kann. Es stellt damit die erste Verbindung zwischen dynamischem und statischem Modell dar.

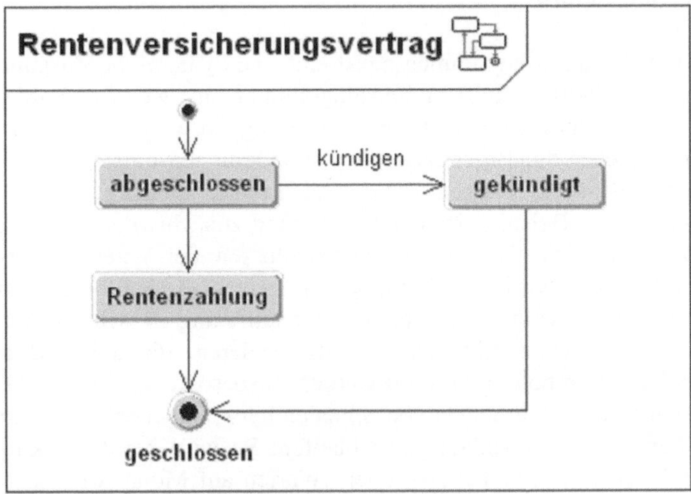

Abb. 6.23 Zustandsdiagramm

Für eine Klasse, beispielsweise den Rentenversicherungsvertrag, kann modelliert werden, welche Zustände relevant sind. Die Transitionen zwischen den Zuständen geben die möglichen Zustandswechsel an. Für einen Zustandswechsel können zusätzliche Bedingungen an der Transition modelliert werden, die erfüllt sein müssen. Zusätzlich kann angegeben werden, wodurch ein Zustandswechsel ausgelöst wird. Die gebräuchlichsten Auslöser sind Operationen der Klasse, zu der das Zustandsdiagramm gehört, Signale und zeitliche Ereignisse. Im Beispiel Zustandswechsel von „abgeschlossen" nach „gekündigt" wird durch die Operation „kündigen" am Rentenversicherungsvertrag ausgelöst.

Tabelle 6.13 wichtigste Elemente im Zustandsdiagramm

Element	Notation
Zustand	gekündigt
Kontrollfluss	abgeschlossen → gekündigt
Auslöser	abgeschlossen —kündigen→ gekündigt

6.3.5.4 Aktivitätsdiagramme

Beschreibt man mit Zustandsdiagrammen meist einfache dynamische Zusammenhänge, so steht dem Modellierer in Aktivitätsdiagrammen eine weitaus vielfältigere Auswahl an Modellierungselementen zur Verfügung. Im Gegensatz zum Zustandsdiagramm, das eher die Ergebnisse der Veränderungen darstellt, wird im Aktivitätsdiagramm genau beschrieben, wie die Änderungen ablaufen.

Betrachten wir für das Beispiel Rentenversicherung zunächst den groben Ablauf (s. Abb. 6.24): Die Versicherung wird abgeschlossen, der Versicherungsfall tritt ein usw. Mit Aktionen wird modelliert, was in welcher Reihenfolge passiert. Die UML bietet dabei die Möglichkeit, bei der Modellierung zwischen mehr als einem Dutzend verschiedenen Aktionen zu differenzieren, die teilweise auch durch unterschiedliche Symbole dargestellt werden. Insbesondere sind die Aktionen für das Versenden und Empfangen von Signalen hervorzuheben. Sie ermöglichen die Modellierung von nebenläufigen Abläufen. So wird bei den Aktionen „Warten auf Erreichen des Rentenalters" oder „Warten auf Monatswechsel" der Ablauf angehalten bis das entsprechende Ereignis eintritt oder das Signal eintrifft.

Ergänzt wird der Ablauf mit Entscheidungen, wenn es alternative Ablaufmöglichkeiten gibt. Ist die Aktion „Rentenversicherung abschließen" nicht erfolgreich, weil der Vertrag abgelehnt wurde, so wird im Ablauf abgezweigt und direkt ein Endpunkt erreicht.

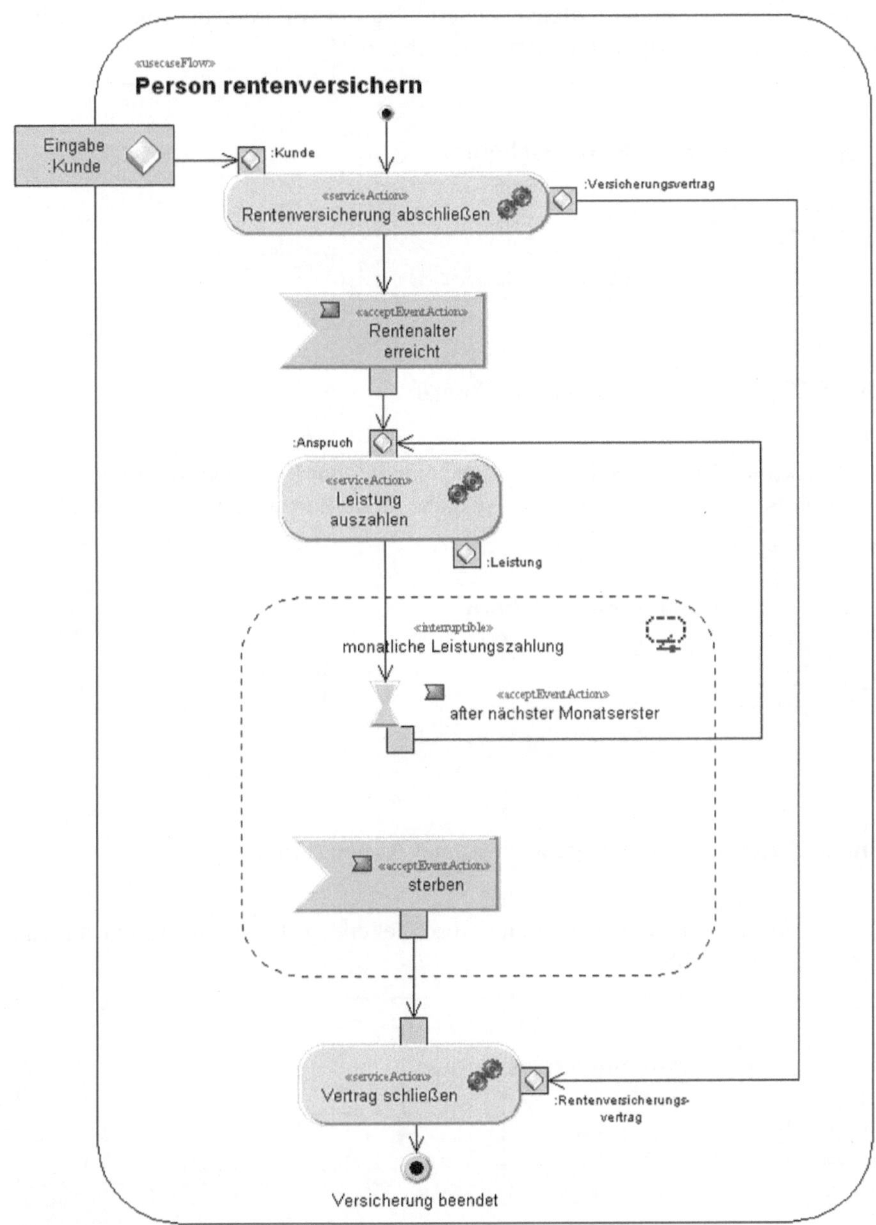

Abb. 6.24 Aktivitätsdiagramm

Als Verbindung zum statischen Modell werden hier mehrere Möglichkeiten genutzt:

- Die Aktivität „ Person rentenversichern“ hat einen Parameter vom Typ Eingabe, der mit einer Klasse typisiert ist (s. Abb. 6.25).

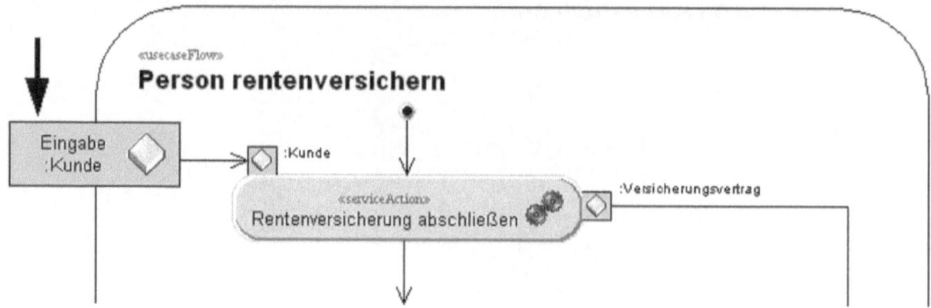

Abb. 6.25 Eingabeparameter einer Aktivität

- Die Aktion „Rentenversicherung abschließen“ hat Pins, über die Objekte einer bestimmten Klasse als Ein- oder Ausgabe modelliert werden (s. Abb. 6.26).

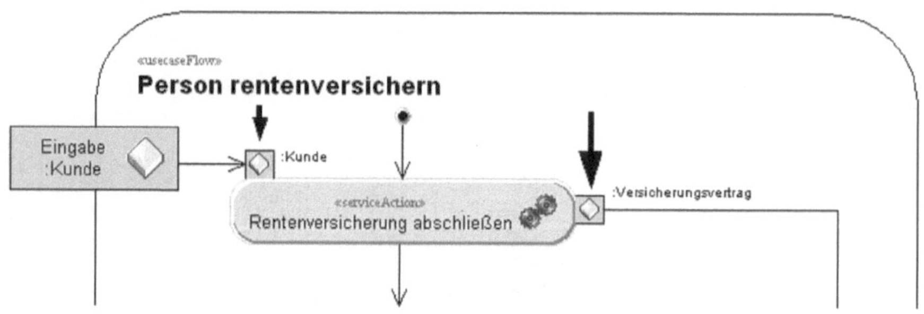

Abb. 6.26 Ein- und Ausgabeparameter einer Aktion (Pins)

- Die Aktion „Rentenversicherung abschließen“ ruft eine Operation an einer Klasse auf (s. Abb. 6.27).

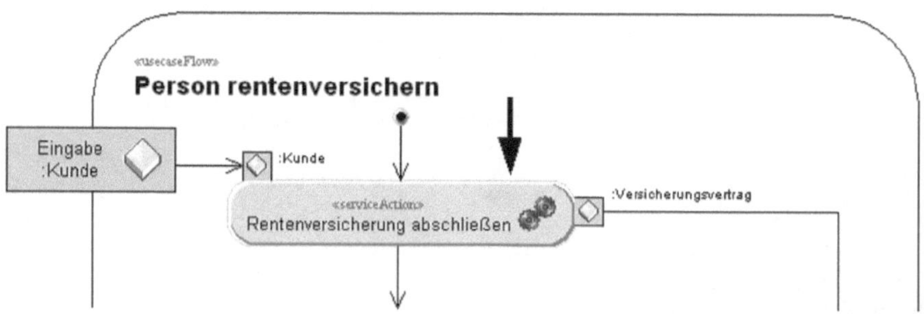

Abb. 6.27 Aktion als Aufruf einer Operation einer Klasse

Um eine Rentenversicherung abzuschließen, braucht man einen Versicherungsnehmer. Durch den Abschluss entsteht ein Versicherungsvertrag im Zustand „abgeschlossen". Die Aktion ruft die Operation „Versicherung abschließen" am Kunden auf. Statisches und dynamischen Modell sind damit verbunden.

In der Phase der Rentenzahlung wird jeweils der Monatserste abgewartet, durch ihn entsteht ein Anspruch der versicherten Person auf die Auszahlung der Leistung. Sobald die Leistung ausgezahlt ist, wird erneut auf den nächsten Monatsersten gewartet. Der Kreislauf läuft solange bis in der Warteschleife die versicherte Person stirbt, bevor ein neuer Anspruch entsteht. Sobald dies der Fall ist, wird die Schleife der Leistungszahlung verlassen und der Vertrag geschlossen.

Dieser Kreislauf ist mit einem unterbrechbaren Bereich modelliert. Der unterbrechbare Bereich umschließt einen Teil des Ablaufs. Der umschlossene Teil ist damit als unterbrechbar markiert, d.h., er wird unter bestimmten Umständen abgebrochen. Die Abbruchbedingung wird als Aktion, die ein Ereignis abwartet, modelliert. Im unterbrechbaren Bereich können natürlich auch viel größere Teile des Ablaufes liegen, wodurch eine übersichtliche Modellierung möglich wird, weil andernfalls viele Kanten gezogen werden müssten.

Tabelle 6.14 Wichtigste Elemente im Aktivitätsdiagramm

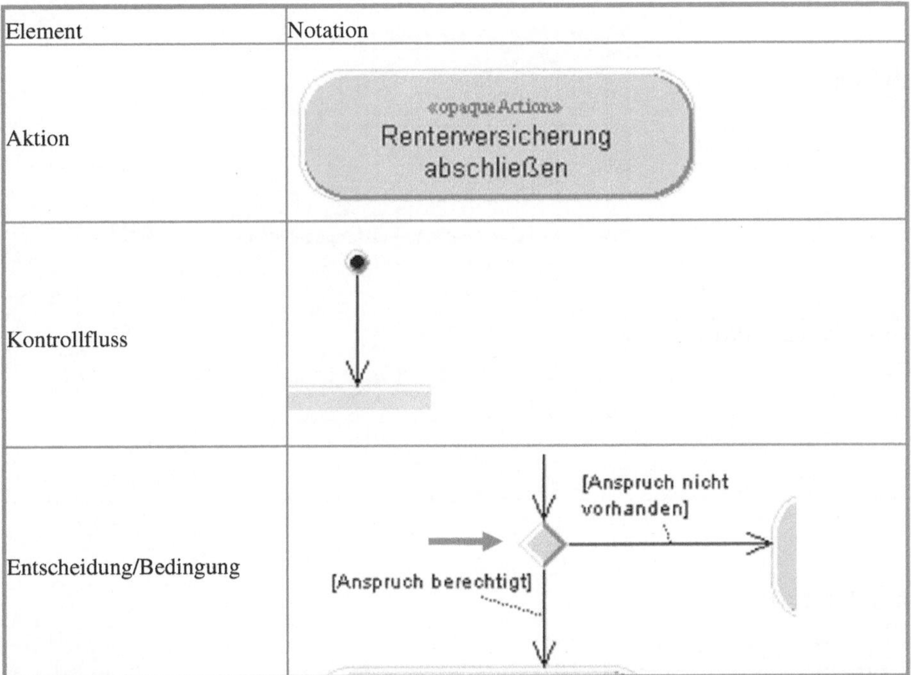

Element	Notation
Aktion	«opaqueAction» Rentenversicherung abschließen
Kontrollfluss	
Entscheidung/Bedingung	[Anspruch nicht vorhanden] [Anspruch berechtigt]

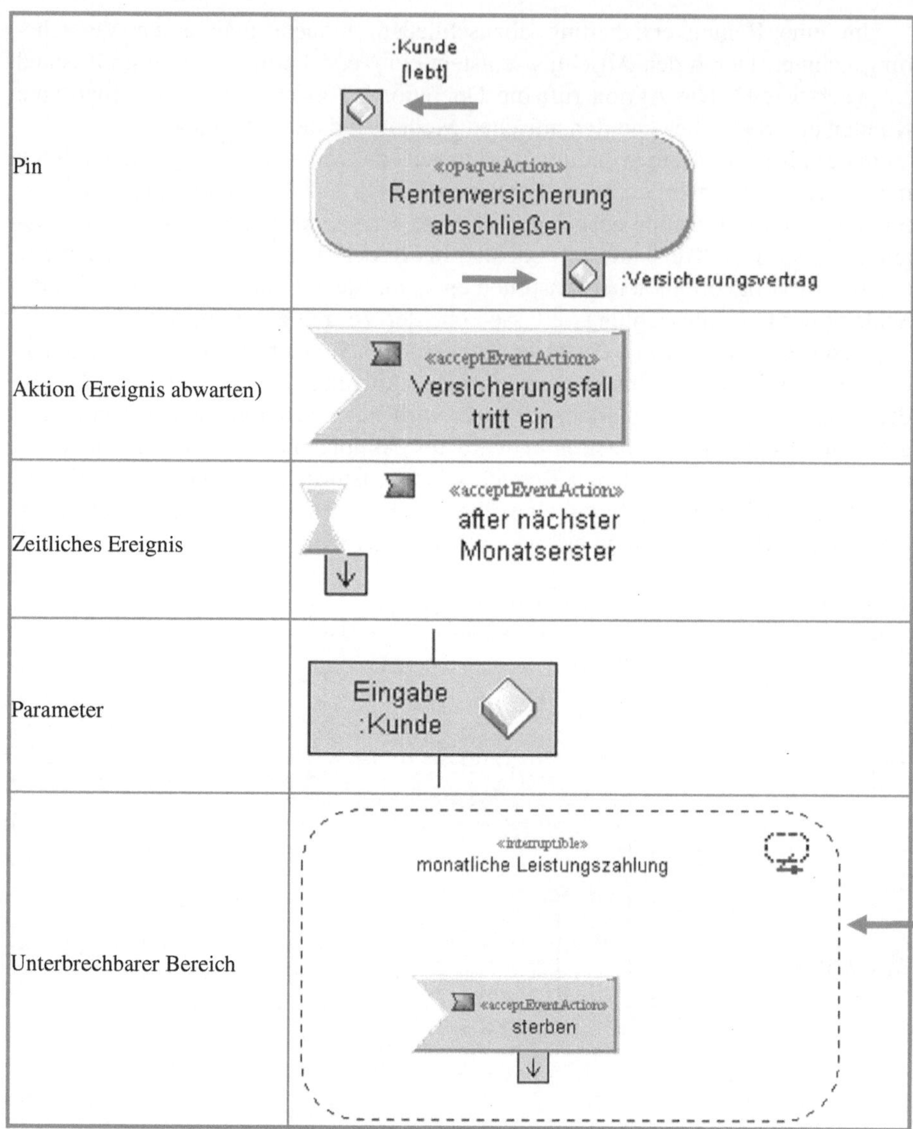

6.3.6 *Fazit*

UML eignet sich durch die Verbindung von statischen und dynamischen Modellen sehr gut, um Anforderungen und Konzepte für fachliche Anwendungen zu modellieren. Sollen die Datenstrukturen für die Datenbank modelliert werden, wird zusätzlich oft ein passendes ER-Modell erstellt.

Petri-Netze spielen in der Praxis kaum eine Rolle, sie haben aber die Entwicklung der dynamischen Modellierung entscheidend beeinflusst. Die Grundkonzepte sind in den neueren Notationen wiederzufinden. Die Kenntnis der Petri-Netze bildet eine wichtige Grundlage für einen guten Prozessmodellierer.

Gespannt darf man auf die Spezifikation der BPMN 2.0 sein. Mit ihren einfachen Grundkonzepten, die konsequent erweitert werden können und stark auf eine Ausführbarkeit ausgerichtet sind, hat die BPMN das Potenzial, *die* Notation für Prozessmodellierung zu werden. Sie erlaubt einen einfachen Einstieg und die nötige Exaktheit für die Entwicklung von IT-Anwendungen.

Kurzbiographien

Maria Deeg ist Project Manager und Leiterin der MID Akademie bei der MID GmbH und hat ihre Schwerpunkte im Consulting vor allem in den Bereichen Geschäftsprozessmodellierung und Analyse. Sie hat an der Universität Bayreuth studiert (Lehramt Gymnasium Mathematik und Physik). Nach zweijähriger Tätigkeit als Prozessberaterin und Trainerin im Bereich CallCenter arbeitete sie seit 1999 als IT-Consultant, Trainerin und Projektleiterin und kam Anfang 2007 zur MID.

Andreas Ditze ist innerhalb der Geschäftsführung der MID GmbH verantwortlich für Consulting, Competence Center und die Akademie. Darüber hinaus berät er als Principal Consultant bei der effizienten Einführung und Nutzung strukturierter und objektorientierter Modellierungstechniken für modellbasiertes Software-Engineering und Geschäftsprozessmodellierung. Er studierte an der Georg-Simon-Ohm-Fachhochschule Nürnberg und kam nach einer siebenjährigen Tätigkeit als Softwareentwickler und Projektleiter Ende 1997 zur MID.

Literaturverzeichnis

(Baumgarten 1996): Baumgarten B, Petri-Netze: Grundlagen und Anwendungen. Spektrum Akademischer Verlag, Heidelberg, 1996

(Gadatsch 2008): Gadatsch A, Grundkurs Geschäftsprozess-Management. Vieweg Verlag, 5. Auflage, 2008

(Jeckle et al. 2004): Jeckle M, Rupp C, Hahn J, Zengler B, Queins S, UML 2 glasklar. Hanser Verlag, 2004

(Kemper u. Eickler 2006): Kemper A, Eickler A, Datenbanksysteme. Oldenbourg Verlag, 6. Auflage, 2006

Index

M. Aschenbrenner et al. (eds.), *Informationsverarbeitung in Versicherungsunternehmen*, Springer-Lehrbuch Masterclass, DOI 10.1007/978-3-642-04321-5,

W

Z